東洋古典譯註叢書 130

譯註 世說新語補 1

刪定 王世貞
책임번역 金鎭玉
공동번역 南誠佑 金泰勳

전통문화연구회

東洋古典譯註叢書를 발간하면서

우리의 古典國譯事業은 민족문화 진흥의 기초사업으로 1960년대부터 政府 支援으로 古文獻 現代化 작업을 추진하여 많은 成果를 거두었다. 당시 이 사업 추진의 先行課題로 東洋古典이라 일컬어지는 중국의 基本古典을 먼저 飜譯하여야 한다는 學界의 주장이 있었음에도 불구하고 우리 고전이 아니라는 일부의 偏狹한 視角과 財政 事情 등으로 인하여 배제되어 왔다.

전통적으로 중국의 기본고전은 우리 歷史와 함께 숨쉬며 각종 교육기관의 敎科書로 활용됨은 물론이고 지식인들의 必讀書가 되어 왔으며, 우리 文化의 基底에 자리잡고 거의 모든 방면의 體系와 根幹을 형성하여 왔다. 그래서 학문연구의 기본서 역할을 해 왔을 뿐만 아니라 오늘날에도 우리의 國學徒 및 東洋學 硏究者들에게 같은 역할을 하고 있음은 주지의 사실이다. 그럼에도 불구하고 中國古典은 우리 것이 아니라 하여 專門機關의 飜譯對象에 포함하지 않음으로써, 대부분 原典에서의 직접 번역이 아닌 重譯이나 拔萃譯의 방식이 주를 이루면서 敎養水準으로 出版되어 왔다.

오늘날 東洋 三國 중에서 우리의 東洋學 연구가 가장 부진한 이유는, 東洋基本古典에 대한 폭넓은 이해의 부족과 漢文古典 讀解力의 저하에 기인함을 우리는 솔직히 인정하여야 한다. 따라서 이들 중국고전에 대한 신뢰할 만한 國譯이 이루어지는 것이 한국학 연구를 촉진시키는 시급한 先行課題라 할 수 있다.

이에 韓國學 및 東洋學의 연구와 古典現代化의 基盤構築을 위해서는, 전문기관으로 하여금 동양고전을 단기간에 각 분야의 專門 硏究者와 漢學者가 상호 협동하여 연구번역하여 飜譯의 傳統性과 效率性, 硏究의 專門性을 높일 수 있도록 政策的 配慮가 있어야 한다.

이에 本會에서는 元老 및 中堅 漢學者와 斯界의 專攻者로 하여금 協同硏究飜譯하여 공부하는 사람들이 믿고 引用하거나 깊이 있는 註釋 등을 활용할 수 있게 하고, 知識人들의 敎養을 증진시켜 줄 수 있는 東洋古典의 國譯書 간행을 지속적으로 추진해 왔다. 근래에 다행히 이 사업에 대하여 각계 지도층의 폭넓은 이해와 지원에 힘입어 2001년도부터 國庫補助를 받아 東洋古典譯註叢書를 간행하게 되었다. 이를 계기로 우리 先學의 註釋과 見解를 반영하는 등 국역사업의 內實을 기하게 되었음을 이 자리를 빌려 衷心으로 감사드리며, 아울러 國譯에 參與하신 관계자 여러분의 勞苦에 깊은 謝意를 표한다.

끝으로 우리의 이러한 작업은 오랜 역사 위에 축적된 先賢들의 業績과 現代學問을 이어주는 튼튼한 架橋와 礎石이 되어 진정한 韓國學과 東洋學 발전에 기여할 것을 굳게 믿으며, 21세기를 우리 文化의 世紀로 열어 가는 밑거름이 되도록 우리의 力量을 本 事業에 경주하고자 한다. 江湖諸賢의 부단한 관심과 지원을 기대해 마지않는다.

社團法人 傳統文化硏究會 會長 李啓晃

解 題

金鎭玉*)

≪世說新語補≫는 明代의 문인인 王世貞(1526~1590)이 劉義慶(403~444)이 편찬한 ≪世說新語≫와 何良俊(1506~1573)이 편찬한 ≪何氏語林≫ 중에서 각각 일부분을 뽑아내어 합쳐서 만든 것이다.

본서의 근간이 되는 ≪세설신어≫는 魏晉南北朝시대에 劉宋의 유의경이 後漢 말부터 東晉 말까지 실존했던 名士들의 언행과 일화를 모아 주제별로 실어놓은 서적이다. 이 책에 실린 인물들이 실제 생존했던 사람들이고 당시의 명사들이었기 때문에 이후 ≪세설신어≫는 문인들의 필독서가 되었다. 나아가 중국 뿐 아니라 우리나라와 일본 등에서도 널리 읽혔다.

≪세설신어≫ 출현 이후 이 책의 서명, 체재, 문체 등을 모방한 續書들이 연이어 나왔다. 明나라 때 나온 ≪하씨어림≫과 ≪세설신어보≫도 속서 중의 하나였다. ≪하씨어림≫은 ≪세설신어≫를 모방하되 위진시대에서 그친 일화의 시대 범위를 宋元代까지 확장시켰다. 그러나 ≪하씨어림≫이 ≪세설신어≫가 지닌 고상함에 미치지 못한다고 판단한 왕세정은 그 책에서 '典雅하고 純正〔雅馴〕'한 일화를 뽑아내어 ≪세설신어≫의 일화와 합쳐 다시 ≪세설신어보≫를 편찬하였다. 왕세정의 ≪세설신어보≫가 출현하자, 이 책의 인기는 원본 ≪세설신어≫를 능가하였다. 나아가

---

*) 한국고전번역원 책임연구원

이 책에 批點을 찍고 주석을 더한 ≪李卓吾批點世說新語補≫, ≪鍾伯敬批點世說新語補≫ 등의 批點本들도 성행하게 되었다.

이러한 현상은 중국뿐 아니라 우리나라와 일본에서도 나타났다. 우리나라의 경우, 17세기 초에 중국 사신 朱之蕃이 국내에 ≪세설신어보≫를 들여온 이후 수요층의 요구에 의해 국내에서 활자본으로 간행하기에 이르렀다. 그런데 이때 대상으로 삼은 것은 유의경의 ≪세설신어≫가 아니라 왕세정의 ≪세설신어보≫였다. 일본에서도 江戶시대(1603~1867)에 번역서, 주해서, 일본식 世說類 등이 등장할 정도로 ≪세설신어≫에 대한 관심이 높아졌는데, 이때 그 대상이 된 것도 유의경의 원본 ≪세설신어≫가 아니라 왕세정의 ≪세설신어보≫였다. 이는 ≪세설신어보≫가 위진시대부터 송원대까지 1500년간의 중국에서 실존했던 名士들의 언어, 문학, 사회, 정치, 일상생활 등을 보여주는 서적으로 인정받았기 때문으로 보인다.

이에 본 해제에서는 중국에서 ≪세설신어보≫가 출현하게 된 배경을 이해하기 위하여 ≪세설신어≫와 ≪하씨어림≫의 편찬을 먼저 다룬다. 또 본 역주서가 대본으로 삼은 현종실록자본 ≪세설신어보≫의 주요 판본과 이본의 계통을 살피고, 본서의 체재와 내용을 살펴보겠다. 선행 번역서 및 연구논문, 국내외 연구성과도 제시해 보도록 한다. 마지막으로 ≪세설신어보≫의 영향과 의의에 대해 검토하겠다.

1. 편찬 과정

1) ≪世說新語≫

≪세설신어≫[1]는 5세기 인물인 劉義慶(403~444)이 찬술한 책으로, 後漢 말부터

---

1) ≪세설신어≫의 이칭으로는 ≪世說≫, ≪世說新書≫가 있다. 초기의 기록인 ≪南史 劉義慶傳≫과 ≪隋書 經籍志≫에는 ≪세설≫이라 하였고, 唐나라 때부터 ≪세설신서≫라는 명칭이 등장하였으나 보편화되지는 않았다. 북송 이후부터 ≪세설신어≫라는 명칭이 널리 쓰였다. 본서의 서발문에도 이 책을 ≪세설≫이라고 지칭

東晉 말까지 실존했던 왕족・고관・승려・학자・부녀자 등 수백여 명에 달하는 인물들의 언행과 일화를 주제별로 수록한 책이다. 유의경은 臨川王에 봉해진 劉宋의 宗室로, 상서성 좌복야, 형주자사 등을 지낸 이름난 문학가이자 정치가였다. 文史를 애호하였기 때문에 그의 주변에는 士人과 문인들이 많이 모여들어 당시의 명사인 袁淑・陸展・何長瑜・鮑照 등이 막하에 있었다고 한다. 그는 ≪徐州先賢傳≫, ≪幽明錄≫, ≪宣驗記≫ 등을 편찬하였다고 하나 모두 전하지 않고 ≪세설신어≫만 전해지고 있다. ≪세설신어≫는 후대에 소설류로 분류되었으나, 그 내용은 현대 문학에서 말하는 'fiction'이 아니라 당시에 생존했던 실존인물들의 일화를 수집하여 편찬한 것이므로 ≪晉書≫ 등의 正史를 편찬할 때 상당 부분이 반영될 정도로 사실성을 인정받았다.[2]

≪세설신어≫에는 1,130여 개의 일화가 덕행, 언어, 문학 등 36개의 주제로 나뉘어 실려 있다. 일화는 대개 시대 순으로 실려 있는데, 각 일화의 분량은 보통 100여 자 정도로 이루어져 있고 길어도 3~400자를 넘지 않을 정도로 짧다. 하지만 그 내용은 심오하고 깊이가 있어 王世貞은 이 책에 대해 "한 마디 말에서 미묘함이 생기기도 하고 한 구절의 글에서 교묘함이 드러나기도 하며, 칭찬에 의지하여 풍자를 드러내기도 하고 비난에 의지하여 찬사와 통하기도 하여, 사람으로 하여금 짧게 읊어도 놀라게 하며 길게 생각하여도 끝나지 않게"[3]한다고 묘사하였다.

이후 ≪세설신어≫는 문인들의 필독서로 자리 잡았다. ≪세설신어≫가 문인들의 필독서로 인정받게 된 데는 劉孝標(462~521)의 공도 크다. 유의경이 처음 이 책을 편찬하였을 때는 注가 달리지 않았는데, 유효표가 각종 서적을 수집하여 유의경의

한 경우가 종종 있는데, 같은 책임을 보이기 위해 본서 안에서는 ≪세설신어≫로 명칭을 통일하여 번역하였음을 밝혀둔다. ≪세설신어≫의 서명 변천에 대해서는 尤雅姿(2002), 〈≪世說新語≫書名異稱辨疑〉, 興大人文學報 第32期 참조.

2) 후대에……인정받았다 : 김진옥, 〈世說新語에 대한 일고찰-청담을 중심으로-〉, ≪역사학보≫ 104, 1984. 15쪽 참고.

3) 왕세정, 〈世說新語補序〉, 본서 41쪽.

無注本에 정확하고 상세한 주를 달아 이 책의 가치를 높였기 때문이다. 유효표(462~521)는 이름이 峻이고 孝標는 자이다. 南朝의 文學家로, ≪世說新語≫에 주석을 낸 것으로 이름이 났으나 문장으로도 당시에 칭송을 받았다. 高似孫의 ≪緯略≫에 ≪세설신어≫에 미친 그의 공로에 대해 다음과 같은 평가가 있다.

劉宋의 臨川王 劉義慶이 漢나라와 晉나라 이후의 뛰어난 일화와 담론을 채집하여 ≪세설신어≫를 편찬하였는데 지극히 정묘하고 빼어났으나 그래도 진기할 정도는 아니었다. 그런데 梁나라의 劉孝標(劉峻)가 이 책에 注를 다니 인용한 것이 상세하고 정확하여 말로 표현할 수 없는 묘미가 생겼다.[4)]

2) ≪세설신어≫의 續書 : ≪何氏語林≫ · ≪世說新語輔≫

≪세설신어≫가 문인들의 교과서라 불릴 정도로 인기를 얻게 되자 이 책의 書名, 體裁, 文體 등을 모방한 續書들이 대거 출현하였다. 唐代 劉肅의 ≪大唐新語≫, 宋代 孔平仲의 ≪續世說≫, 李垕의 ≪南北史續世說≫, 王讜의 ≪唐語林≫, 明代 何良俊의 ≪何氏語林≫, 李紹文의 ≪明世說新語≫, 焦竑의 ≪玉堂叢語≫, 王世貞의 ≪世說新語補≫, 曹臣의 ≪舌話錄≫, 清代 梁維樞의 ≪玉劍尊聞≫, 吳肅公의 ≪明語林≫ 등이 그것이다.[5)] 본 해제에서 다루려는 ≪하씨어림≫과 ≪세설신어보≫ 역시 이들 續書 계통에 속한다.

≪하씨어림≫[6)]은 明代 何良俊이 가정 29년(1550)에 편찬하였다. 하양준(1506~

---

4) 高似孫, 〈世說舊題〉, 본서 65쪽.

5) ≪세설신어≫의 속서에 대한 연구로는 김장환(2001), 〈≪世說新語≫ 續書 硏究 : ≪世說新語補≫〉(≪중국어문학논집≫16)가 있다.

6) ≪하씨어림≫은 ≪語林≫이라고 불리기도 한다. 東晉 裴啓가 편찬한 ≪語林≫에서 서명을 취하였다. 배계의 ≪어림≫은 동진 인물들을 품평한 名著였으나, 謝安에 대한 일을 싣지 않은 것으로 인해 일실되어 지금은 전해지지 않는다. 본서 원문에 하양준이 편찬한 책을 '語林'이라고 약칭한 경우에는 ≪하씨어림≫으로 통일

1573)은 字가 元朗, 號는 柘湖·淸溪漫叟·紫溪眞逸·四友齋이며 華亭(지금의 上海 松江) 사람이다. 嘉靖 11년(1532)에 國學에 들어가 공부하고 여러 번 과거에 응시하였으나 합격하지 못하였다. 가정 31년(1552)에 추천을 받아 南京의 翰林院 孔目에 제수되었으나 얼마 후 벼슬을 버리고 고향으로 돌아갔다. 張之象·文徵明 등과 교유하였다. 저술로 ≪하씨어림≫ 30권, ≪四友齋叢說≫ 38권, ≪柘湖集≫ 28권 등이 있다.

그의 벗 문징명은 〈何氏語林舊序〉에 "≪하씨어림≫ 30권은 나의 친구 何元朗이 편찬한 것이니, 劉氏(劉義慶)의 ≪세설신어≫를 모방하여 만든 것이다."라고 써서 ≪하씨어림≫이 ≪세설신어≫를 모방한 속서임을 분명히 밝혔다. 이어서 그는 이 책이 5세기에서 그친 ≪세설신어≫의 시대적 한계를 뛰어넘어 "兩漢으로부터 시작하여 元나라에 이르기까지 상하 천여 년에 걸쳐 正史에 열거한 내용과 傳記에 남아 있는 진기한 사적과 뛰어난 자취를 남김없이 수집하니, 무려 2,700여 가지 일화에 총 10여만 자에 달하였다. 類別로 나열한 체재는 한결같이 劉氏의 책을 따랐으나, 유씨가 이미 보여준 것은 중복하여 싣지 않았다."7)는 차별점이 있음을 밝혔다. 또 그는 ≪세설신어≫가 유의경의 막하에 있던 문인들의 도움을 받아 편찬되고 유효표의 주석에 힘입어 정교해진 것에 비해 ≪하씨어림≫은 방대한 작업을 하양준 혼자의 힘으로 해냈다는 점도 높이 평가하였다.

마찬가지로 ≪세설신어≫의 속서 중의 하나인 ≪세설신어보≫는 明代 王世貞이 편찬하였다. 왕세정(1526~1590)은 字가 元美이고 號는 鳳洲·弇州山人이다. 명나라의 文學家이며 史學家로, 어려서부터 총명하여 한번 본 글은 종신토록 잊지 않았다고 한다. 李攀龍과 함께 문단의 盟主가 되었으며 이반룡이 죽은 뒤 20년간 홀로 그 역할을 맡아 당시의 사대부, 山人, 詞客들이 모두 그의 문하에 모여 들었고 그의 평가 한 마디에 인물의 가치가 달라졌다고 한다. ≪세설신어보≫ 외에도 ≪弇州山人

하여 번역하였음을 밝혀둔다.

7) 文徵明, 〈何氏語林舊序〉, 본서 68쪽.

四部稿≫ 174권, ≪弇山堂別集≫ 100권, ≪藝苑卮言≫ 12권, ≪鳴鳳記≫, ≪史乘考誤≫ 등이 전한다.

그가 ≪세설신어보≫를 산정한 것은 가정 35년(1556)인데, 이때는 하양준의 ≪하씨어림≫이 나온 지 불과 6년 뒤였다. ≪하씨어림≫이 나온 지 얼마 되지 않아 다시 ≪세설신어보≫를 편찬하게 된 이유를 왕세정은 이렇게 기술하였다.

나중에 ≪何氏語林≫을 얻었는데, 이 책은 대체로 ≪세설신어≫를 모방하였고 시대를 조금 늘려 元代 末까지 다루었으나 일화와 담론이 섞여 나와 典雅하고 純正하지 못하였으니 요컨대 ≪세설신어≫의 그림자나 메아리에 불과할 뿐이다.[8]

왕세정이 보기에 ≪하씨어림≫은 시대의 확장은 있었으나 내용이 ≪세설신어≫보다 典雅하고 純正하지 못하다고 평가한 것이다. 그리하여 그는 "산만한 것을 제거하고 典雅하고 純正한 것만 남겨"[9] 두는 원칙을 가지고 두 책을 합하되 "≪세설신어≫에서 없앤 것은 10분의 2를 넘지 않고 ≪하씨어림≫에서 채택한 것은 10분의 3을 넘지 않"[10]게 하였다. 그리하여 1,426조의 일화로 이루어져 있는 ≪세설신어보≫는 ≪세설신어≫에서 채록한 일화가 849조이고 ≪하씨어림≫에서 채록한 일화가 577조이다. 체재는 ≪세설신어≫의 36편을 그대로 따랐다. 본래 ≪하씨어림≫은 ≪세설신어≫의 36개 편명에 〈言志〉와 〈博識〉 편을 더 추가하여 38개 편명으로 이루어져 있었는데, 왕세정은 이 두 편을 삭제하여 ≪세설신어≫ 원래의 체재를 따른 것이다.

≪세설신어보≫가 나온 이후 중국에서는 유의경의 ≪세설신어≫ 원본보다 왕세정이 산정한 ≪세설신어보≫가 더 널리 유행하게 되었다. 나아가 주변 국가에도

---

8) 王世貞, 〈世說新語補序〉, 본서 41쪽.
9) 陳文燭, 〈刻世說新語補序〉, 본서 54쪽.
10) 王世貞, 〈世說新語補序〉, 본서 42쪽.

전파되어 한국과 일본 문단에서 이를 번각하거나 증보하여 출판하거나 주석본과 해설서를 내기에 이르렀다.

2. 판본과 이본

현재 우리나라에는 많은 종류의 중국본과 한국본 ≪세설신어≫가 존재한다.[11] 〈한국고전적종합목록시스템〉에서 '세설신어'로 검색하면 146건이 검색되며, 민관동 교수팀 조사에서는 ≪세설신어≫ 99종, ≪세설신어보≫ 88종으로 보고한 바 있다. 이를 ≪세설신어보≫에 집중하여 정리해보면, 전래 초기에는 중국에서 간행한 목판본을 그대로 수입하였고, 이후에 조선 간행본이 출현한 것으로 보인다.

1) 중국본

현재 남아 있는 중국본은 ≪세설신어≫와 분책하여 따로 엮은 4권본 ≪세설신어보≫와 ≪세설신어≫와 통합하여 만든 20권본 ≪세설신어보≫ 이렇게 두 종류로 구분할 수 있다.[12] 4권본 ≪세설신어보≫의 판본을 정리하면 다음과 같다.

① 분책본(≪세설신어≫+≪세설신어보≫(4권))

- ≪世說新語≫8권+≪世說新語補≫4권(합12권 4책), 劉義慶(宋)撰・劉孝標(梁)注・張懋辰(明)訂・何良俊(明)撰補・王世貞(明)刪定・張懋辰(明)攷訂, 목판, 성균관대

11) 민관동 외(2013), ≪韓國 所藏 中國文言小說의 板本目錄과 解題≫, 학고방 ; 민관동・정영호(2012), ≪中國古典小說의 國內 出版本 整理 및 解題≫, 경희대 비교문학연구소.

12) 다음의 내용을 참고하여 정리하였다. 노경희(2013), 〈현종실록자본 ≪세설신어보≫ 간행과 流傳의 문화사적 의미〉, ≪한국한문학연구≫ 제52집 ; 김장환(2010), ≪세설신어보≫ 해제, 지식을 만드는 지식.

(D7C-46), 성균관대(D7C-47b), 고려대(화산C14 B76C) 등

- ≪世說新語鼓吹≫6권+≪世說新語補鼓吹≫4권(합10권 10책), 劉義慶(宋)撰・劉峻(梁)注・何良俊(明)撰補・王世貞(明)刪定・張懋辰(明)校注・凌濛初(明)攷訂, 목판, 규장각(일사고952.01-H11s), 고려대 3종, 서울대 4종, 경희대, 한양대, 이대(고812.3 유78ㅅA)
- ≪世說新語≫8권+≪世說新語補≫4권(합12권 4책), 劉義慶(宋)撰・劉峻(梁)注・劉辰翁(宋)訂・何良俊(明)撰補・王世貞(明)刪定・王世懋(明)注・程稱(淸)重訂, 고려대(대학원C14B76G)

≪세설신어보≫ 4권본은 대부분 ≪세설신어≫와 합각한 형태로 간행되었기 때문에 ≪세설신어≫의 일화를 다시 수록할 필요가 없어 ≪하씨어림≫에서 뽑은 일화만을 실어놓았다. 따라서 ≪세설신어≫와 같이 보아야 완전한 한 세트가 된다.

② ≪세설신어보≫ 20권 통합본

20권본은 ≪세설신어≫와 ≪하씨어림≫을 산정해 통합해놓은 것이다. 주요 판본은 다음과 같다.

- ≪李卓吾批點世說新語補(批點世說補)≫, 20권 6책, 목판, 劉義慶(宋)撰・劉孝標(梁)注・劉辰翁(宋)批・何良俊(明)增・王世貞(明)刪定・王世懋(明)批釋・李贄(明)批點・張文柱(明)校注, 9행18자, 규장각(가람古920.052-Y91s), 고려대(만송C14B83A)
- ≪鍾伯敬批點世說新語補≫, 1책(零本 8・9권), 목판, 劉義慶(宋)撰・劉孝標(梁)注・劉辰翁(宋)批・何良俊(明)增・王世貞(明)刪定・王世懋(明)批釋・鍾惺(明)批點, 9행 18자, 대전 燕享國樂院
- ≪世說新語補(世說補)≫, 20권 10책, 목판, 劉義慶(宋)撰・劉孝標(梁)注・劉辰翁(宋)批・何良俊(明)增・王世貞(明)刪定・王世懋(明)批釋・張文柱(明)校注・王湛(明)・彭燧(明)校訂, 9행 18자, 성균관대(D7C-47a), 고려대(C14B83), 연세대(고서(묵용실)812.38세설신판)

- ≪世說新語補(世說補)≫, 20권 6책, 목판, 劉義慶(宋)撰・劉孝標(梁)注・劉應登(宋)評・何良俊(明)增・王世貞(明)刪・王世懋(明)評・張文柱(明)注・黃汝琳(淸)補訂重刻・延凝齋・和心耘・勉蘭畹(淸)校字, 9행 18자, 성균관대(D7C-47c/D7C-47d), 영남대, 중앙대, 해군사관, 충북대, 한중연 2질

20권 통합본의 경우, 모두 목판본이며 책의 편찬자인 하양준(명) 증, 왕세정(명) 산정, 장문주(명) 교주, 왕세무(명) 비석을 공통사항으로 한다는 점을 특징으로 볼 수 있다. 편찬에 관련한 인물들을 보면, 20권 통합본과 4권 분책본 모두 유의경(송) 찬, 유효표(양) 주, 하양준(명) 증, 왕세정(명) 산정은 공통이다.

2) 조선 간행본

조선시대는 ≪세설신어(보)≫가 문인들의 애독서로 자리 잡은 시기라 할 수 있다. 이 시기에는 명청대에 간행된 ≪세설신어≫ 목판본이 수입되었을 뿐 아니라, 조선에서 다시 활자로 간행되기도 하였으며, 재편집한 형태의 새로운 판본이 등장하기도 하였다.

조선에서 간행된 ≪세설신어≫의 특징을 보면 첫째, 판각의 대상이 유의경의 원본 ≪세설신어≫가 아니라 明代에 증보된 왕세정의 ≪세설신어보≫라는 점이다. 둘째, 조선에서 간행된 ≪세설신어보≫는 목판으로 간행된 중국본과 달리 금속활자(현종실록자)로 간행되었다는 점이다.[13] 셋째, 중국본에는 없는 ≪世說新語姓彙韻

13) 당시 조선의 출판 사정을 고려할 때 ≪세설신어보≫가 ≪현종실록≫을 찍은 금속활자로 인쇄된 것은 상당히 특이한 일이라 할 수 있다. 금속활자는 정교한 활자 주조 기술과 고가의 금속 재료를 확보해야 하므로 국가, 관청의 필요가 있어야 가능하고 또 한정된 부수를 인쇄한 후 판형을 없애기 때문에 대량 인쇄에 적합하지 않다. 그리하여 조선에서는 중앙의 관청에서 필요한 서적을 먼저 금속활자로 찍어내고 이 중 전국적인 보급이 필요한 책은 인쇄된 책을 지방의 관청에 배포하여 이를 목판본으로 번각하게 하여 유통시키는 방식을 썼다. 노경희(2013), 전

分≫이라는 새로운 판본이 간행되었다는 점을 들 수 있는데, 이것은 ≪세설신어보≫를 완전히 해체하여 전체 일화를 등장인물의 성씨별로 재배치한 희귀한 판본이라 할 수 있다.

조선에서 간행된 현종실록자본 ≪세설신어보≫에는 간행에 관한 序跋文이 없어 간행 경위나 저본으로 삼은 중국본에 대한 정보가 거의 알려져 있지 않다. 최근에 현종실록자본의 저본과 이 판본의 유전 상황을 추적한 연구[14]가 나와 그에 의거하여 현종실록자본의 간행 경위를 정리해보았다.

현종실록자는 숙종 3년(1677)에 ≪현종실록≫을 인출하기 위해 '洛東契'라는 민간 모임에서 빌려 온 금속활자 3만 5830자와 새로 주조한 활자 4만 825자를 합하여 만든 것이다.[15] '낙동계'는 '洛東' 지역을 기반으로 한 계를 말하는데, 여기서 말하는 '낙동'은 경상도의 낙동이 아니라 '서울의 동쪽', 즉 행정구역상 한양의 東部에 속하는 駱山(駱峯) 아래 三坊 주변을 가리킨다. 이 계는 이 지역에 거주하며 교류하던 문인들이 兩亂 이후 서적이 부족한 상황에서 자금을 모아 서적을 함께 인쇄하기 위한 목적으로 만든 것으로 추정된다.[16] ≪현종실록≫을 간행한 뒤 남은 활자를 이용하여 여러 서적을 간행하였는데, ≪세설신어보≫도 이 현종실록자로 간행한 서적 중 하나이다.

그렇다면 현종실록자본 ≪세설신어보≫는 국내에 들어온 중국본 중 어떤 판본을 저본으로 삼아 간행되었을까? 이를 알아보기 위해 앞에서 제시한 중국본들의 서지사항과 현종실록자본의 서지사항을 비교해볼 필요가 있다. 현종실록자본 ≪세설신어보≫의 서지사항은 다음과 같다.

게논문, 233쪽.

14) 노경희(2013, 2014), 전게논문 참조.

15) 이재정(2013), 〈洛東契字를 통해 본 조선시대 文人들의 지적 교류〉, ≪민족문화연구≫ 60호, 고려대 민족문화연구원 ; 이재정(2012), 〈국립중앙박물관 소장 實錄字 고찰〉, ≪규장각≫40, 서울대학교 규장각 한국학연구원.

16) 이재정(2013), 전게논문, 367~372쪽 참조.

≪世說新語補≫20권, 劉義慶(宋)撰・劉孝標(梁)注・劉辰翁(宋)批・何良俊(明)增・王世貞(明)刪定・王世懋(明)批釋・鍾惺(明)批點・張文柱(明)校注

四周單邊 半郭：23.5×15.8㎝, 10행18자 註雙行, 內向黑魚尾

王世貞〈世說新語補序〉(1556), 王世懋〈世說新語序〉(1580)・〈再識〉(1585), 陳文燭〈刻世說新語補序〉(1586), 劉應登〈世說新語補舊序〉(1227), 袁褧〈世說新語序〉(1535), 高似孫〈世說舊題〉, 董弅〈世說舊跋〉(1138), 陸游〈世說舊跋〉(1188), 文徵明〈何氏語林舊序〉(1611), 陸師道〈何氏語林序〉

앞에서 제시한 국내에 유입된 중국본은 ≪李卓吾批點世說新語補≫, ≪鍾伯敬批點世說新語補≫, ≪王湛・彭燧批點世說新語補≫, ≪黃汝琳重刻世說新語補≫ 등이 있었다. 현종실록자본의 서지사항을 중국본의 서지사항과 비교하면, 현종실록자본은 20권 통합본 중에서도 ≪鍾伯敬批點世說新語補≫의 서지사항과 일치함을 알 수 있다. 따라서 우리나라에서 현종실록자로 간행한 ≪세설신어보≫는 중국에서 수입한 ≪종백경비점세설신어보≫를 저본으로 간행한 것이라 할 수 있다.[17] 그런데 종백경비점본에는 본문 위의 여백에 이탁오와 유진옹, 왕세무의 비평이 실려 있는 반면, 현종실록자본에는 두주가 빠져 있다. 이는 조선에서 활자본으로 제작할 때 목판으로 간행된 중국본 두주의 내용을 생략하고 제작하던 관행에서 비롯된 것으

17) 현재 우리나라에 전해지는 종백경비점본은 대전 연정국악원에 권8,9만이 유일본으로 남아 있어 그 전모를 알 수는 없다. 하지만 남은 내용을 가지고 검토해보면, 序跋文이나 본문과 주석 모두 이탁오비점본과 동일하고, 본문 위의 여백에 있는 頭註 또한 '李云……'라 하여 李卓吾의 비점이 실려 있다. 여기에서 이 종백경비점본은 본래 이탁오비점본이었는데 명대의 서점상이 卷首의 비점자 이름만 '이탁오' 대신 '종백경'으로 바꾸어놓은 것이라는 추정이 나온다. 그렇다하더라도, 현재 남은 자료로 보면 이탁오비점본이 훨씬 더 많이 유통되었는데 왜 이탁오비점본이 아닌 종백경비점본을 저본으로 택했는지는 여전히 의문으로 남는다. 이러한 주장은 노경희의 전게 논문 〈조선 후기 ≪세설신어≫ 간행과 문화사적 의미〉에 실려 있다.

로 보인다.

이외에도 목활자로 간행된 ≪세설신어보≫(이화여대 812.3 유78t)와 필사본도 남아 있다. 목활자본은 현종실록자본과 같은 판본을 저본으로 하여 간행되었으며, 제한된 수량의 금속활자본을 구하지 못한 수요층이 존재하였음을 추측하게 한다. 필사본(연세대 고서(Ⅲ)4917/0)은 각 책 마지막에 필사자를 '沃溝下吏'라고 쓴 것에서 관아의 아전을 동원하여 제작한 것임을 짐작할 수 있다. 목활자본과 필사본 ≪세설신어보≫의 출현에서 당시에 이 책에 대한 수요층이 확대되었음을 확인할 수 있다.

본 역주서가 대본으로 삼은 것은 현종실록자본 ≪세설신어보≫ 중에서도 20권 7책본이다. 이 판본은 현재 전하는 조선 간행본 자료의 다수를 차지하고 있고, 간행 연대가 숙종 34년(1708)으로 비교적 확실하다.[18] 또한 간행 과정을 보여주는 序・跋文을 거의 갖추고 있다는 장점이 있다.

3. 체재와 내용

≪세설신어보≫는 총 1,426조의 일화로 이루어져 있다. 이 중 ≪세설신어≫에서 채록한 일화가 849조이고 ≪하씨어림≫에서 채록한 일화가 577조이다. ≪세설신어≫는 1,130여 조목이고 ≪하씨어림≫은 2,781조목으로 이루어져 있으므로, 이러한 구성은 "≪세설신어≫에서 없앤 것은 10분의 2를 넘지 않고 ≪하씨어림≫에서 채택한 것은 10분의 3을 넘지 않는다."라고 한 刪定者 왕세정의 기술과 대략 일치한다. 왕세정은 ≪세설신어≫를 주축으로 하고 ≪하씨어림≫을 補續으로 삼아

---

18) 현종실록자본의 간행 연대에 대해서 선행 연구와 도서관 목록에 대부분 1708년(숙종33)으로 기록되어 있으나, 노경희는 이 간년에 대한 정확한 근거는 없다고 주장하였다. 다만 서적에 찍힌 장서인 중에 1700년대 초반의 몰년 인물들의 것이 있어 1700년 전후에 간행되었음은 확인할 수 있다 하였다. 노경희(2013), 전게논문, 514쪽 주 17 참조.

≪세설신어≫의 續書를 편찬하였고 서명도 그러한 자신의 취지를 반영하여 ≪세설신어보≫라 명명하였다.

체재 역시 ≪세설신어≫의 주제별 편목을 그대로 따랐다. ≪하씨어림≫은 ≪세설신어≫의 36편에 〈言志〉와 〈博識〉을 더해 38편이었는데, ≪세설신어보≫는 〈언지〉와 〈박식〉을 빼고 ≪세설신어≫ 본래의 편명을 그대로 따랐다. 36개의 내용별 주제 즉, 德行・言語・政事・文學・方正・雅量・識鑑・賞譽・品藻・規箴・捷悟・夙慧・豪爽・容止・自新・企羨・傷逝・棲逸・賢媛・術解・巧藝・寵禮・任誕・簡傲・排調・輕詆・假譎・黜免・儉嗇・汰侈・忿狷・讒險・尤悔・紕漏・惑溺・仇隙에 따라 일화를 수록하되, 각 편의 일화는 대체로 시대순으로 수록하였다. 36편에 수록된 일화수와 주제의 개요를 소개하면 다음과 같다.

- 德行(81) : 유교의 미덕인 효제・인애・절의・청렴 등과 任放・放達 등에 관한 일화
- 言語(116) : 기지 넘치고 재치 있는 언어에 관한 일화
- 政事(30) : 官吏의 仁政을 칭송하거나 기타 魏晉시대의 無爲의 政事 등을 다룬 일화
- 文學(108) : 淸談과 관련된 문장과 문장가에 대한 품평 등에 관한 일화
- 方正(61) : 불의와 타협하지 않으며 외압에 굴복하지 않는 태도에 관련된 일화
- 雅量(58) : 관대한 도량, 큰일 앞에서의 태연자약함, 평정심 유지 등에 관한 일화
- 識鑑(34) : 인물에 대한 감별 능력, 일에 대한 통찰 등에 관한 일화
- 賞譽(157) : 위진 시대 士人의 개별적인 治國 능력, 品行, 처세태도 등을 칭찬하는 일화
- 品藻(80) : 다수의 인물을 비교하여 인물을 품평하는 것에 관한 일화
- 規箴(43) : 개인의 부적절한 언행을 지적하거나 勸誡하는 것에 관한 일화
- 捷悟(14) : 총명하고 순발력 넘치는 것에 관한 일화
- 夙慧(33) : 어린 아이의 총명함에 대한 일화
- 豪爽(22) : 호방한 성격, 명쾌한 일처리 등에 대한 일화

- 容止(49) : 인물의 의연한 행동거지, 그로 인한 風度 등에 관한 일화
- 自新(4) : 자신의 잘못된 행동을 고쳐 새사람이 되는 것에 관한 일화
- 企羨(19) : 어떤 일이나 인물에 대한 기대, 선망에 관한 일화
- 傷逝(31) : 세상을 떠난 인물에 대한 애도 방식에 관한 일화
- 棲逸(41) : 出仕하지 않고 산림에 은거한 인물들에 관한 일화
- 賢媛(41) : 덕과 재능을 겸비한 현숙한 여자에 관한 일화
- 術解(20) : 占卜・醫藥・音樂 등 技藝에 뛰어난 인물들에 관한 일화
- 巧藝(16) : 회화・書法・건축・바둑 등 예술의 경지에 이른 인물들에 관한 일화
- 寵禮(23) : 인재를 총애하거나 예우하는 것에 관한 일화
- 任誕(64) : 禮制에 얽매이지 않고 任達放誕한 인물들에 관한 일화
- 簡傲(35) : 士人이나 권세를 輕視하거나 경멸하는 오만무례함에 대한 일화
- 排調(74) : 士人 사이의 善意의 嘲笑에 관한 일화
- 輕詆(53) : 특정 사인에 대해 輕視하는 언사나 태도에 관한 일화
- 假譎(14) : 어려움을 해결하기 위한 속임수나 虛僞 등에 관한 일화
- 黜免(11) : 권력 투쟁 중의 退出, 免官 등에 관한 일화
- 儉嗇(5) : 미덕으로서의 節儉에 관한 일화와 인색함에 대한 일화
- 汰侈(11) : 극도의 사치스런 생활에 대한 일화
- 忿狷(17) : 조급한 성격과 화를 참지 못함에 대한 일화
- 讒險(3) : 비방과 험담에 관한 일화
- 尤悔(13) : 과실과 후회에 관한 일화
- 紕漏(19) : 착오와 실수에 관한 일화
- 惑溺(15) : 미혹과 탐닉에 관한 일화
- 仇隙(9) : 원한과 불화에 관한 일화

≪세설신어보≫의 특징은 철저하게 人物 위주의 내용을 다루고 있다는 점을 들 수 있다. 그 대상은 後漢부터 宋元까지 실제 생존했던 제왕・고관・귀족・승려・학자・

은자・부녀자 등인데, 일화의 내용이 이들의 가치관, 재능, 품성, 개성, 인간관계 등을 다루고 있으므로 자연히 人物品評의 성격을 띤다는 점도 두드러진 특징이다. 이러한 일화들을 36개의 주제별 편목으로 나누어 수록하였다는 것 또한 이 책이 특별한 점이다. 각 일화의 분량은 평균 100여 글자 정도로 짧고 10여 글자로 이루어진 것도 있다. 이러한 분량 안에 대상 인물의 언행 중에서 각 주제에 맞는 가장 특출한 부분을 간결하고 함축적으로 묘사하였으므로, 이 책의 간결하고 생동적인 표현은 높은 문학적 가치를 인정받아 왔다. 劉應登은 이 책에 실린 일화들이 "꿈속에서도 생각하게 하고, 맛이 있고 정취가 있어 삼키면 삼킬수록 더욱 그 맛이 풍부해지고 아무리 씹어도 그 정취를 다 알지 못하게 한다."[19]라고 평가하였다.

4. 선행 번역서 및 연구논문, 국내외 연구성과

≪세설신어보≫는 조선시대에 왕실과 문인들 사이에서 애호되어 조선 간행본이나 필사본 형태로 유통되었으나, 조선 이후 대한제국시대와 일제 통치기에는 漢學 전체가 침체되어 별다른 연구 성과가 나오지 않았다. 1980년대에 들어서면서 학위논문과 소논문 형식으로 ≪세설신어≫에 대한 연구가 시작되었다. 향후의 ≪세설신어(보)≫ 연구에 일조하기 위해 그간에 이루어진 국내 연구 성과들을 제시하고, 중국과 일본의 연구 성과도 아울러 살펴보고자 한다.

〈표1〉 ≪世說新語≫・≪世說新語補≫ 선행 번역서

	성 명	서 명	발행처	발행년도
1	임동석	世說新語	교학연구사	1984
2	김현진	東洋古典 8권 ≪世說新語≫	두성	1991

19) 劉應登, 〈世說新語補舊序〉, 본서 58쪽 참조.

	성 명	서 명	발행처	발행년도
3	김장환	世說新語 上	살림	1996
4	김장환	世說新語 中	살림	1997
5	김장환	世說新語 下	살림	2000
6	안길환	(新完譯) 世說新語(전3책)	명문당	2006
7	김장환	세상의 참신한 이야기 : 세설신어(전3책)	신서원	2008
8	김장환	세설신어보(전4책)	지식을만드는지식	2010
9	임동석	世說新語(전4책)	동서문화사	2011
10	김장환	世說新語姓彙韻分(전3책)	학고방	2012

이 중에 1984년에 출간된 임동석의 ≪세설신어≫는 국내에서 처음 나온 번역본이라는 의미가 있으나, 전체 분량의 절반 정도인 613조의 일화를 선별하여 번역했다는 한계가 있다. 김장환의 ≪世說新語≫ 上·中·下와 ≪세설신어보≫는 전체 본문과 주석을 번역하고 譯註를 달아 完譯한 것으로, ≪세설신어≫와 관련하여 가장 의미 있는 성과들을 제시하였다.

〈표2〉 ≪世說新語≫·≪世說新語補≫ 관련 국내 연구논문[20)]

	성 명	서 명	학술지명	연 도
1	김진옥	≪세설신어≫에 대한 一考察 : 淸談과 관련하여	역사학보104	1984
2	김장환	≪세설신어≫ 創作의 小說史的 背景과 志人小說的 特性	文鏡2·3	1991
3	이병관	≪세설신어≫ 被動文硏究	文鏡4	1992
4	김원중	≪세설신어≫와 魏晉淸談의 聯關問題	中國小說論叢2	1993

20) 여기에 제시한 연구논문은 KCI 등재지에 실린 것 위주로 제시한 것이다. 이외에도 KCI 등재 후보지에 실린 논문에도 상당수의 ≪세설신어(보)≫ 연구 논문이 있다.

	성 명	서 명	학술지명	연 도
5	박경희	≪세설신어≫ 현원편 소고	중국학연구8・9	1994
6	김장환	≪세설신어≫ 佚文 研究	中國小說論叢5	1996
7	김장환	≪세설신어≫의 韓國 傳來 時期에 대하여	중국어문학논집9	1997
8	김민나	≪세설신어≫에 표현된 위진명사의 풍류	중국어문학33	1999
9	김장환	≪세설신어≫의 國內 流傳狀況과 研究槪況	동방학지104집	1999
10	박경희	≪세설신어≫ 인물품평의 심미의식	中語中文學29	2001
11	김장환	≪세설신어≫ 續書 研究 : ≪世說新語補≫	중국어문학논집16	2001
12	김진영	≪세설신어≫ 중 주요인물의 품평내용 분석	中國文學研究22	2001
13	김장환	≪세설신어≫ 번역 : 그 '傳神'의 어려움	중국어문학논집22	2003
14	이화범	≪세설신어≫・≪搜神記≫ 감탄문 고찰	중국언어연구17	2003
15	최병규	≪세설신어≫를 통해서 본 "癡情"과 "無情"의 경지	中語中文學33	2003
16	김진영	≪世說新語≫의 품평을 통해 본 王導와 謝安의 인물형상	중국문화연구3	2004
17	한방임	위진현학과 초기 산수화론에 대한 연구 - 劉義慶의 ≪世說新語≫를 중심으로 -	조형미술논문집4	2004
18	김진영	≪세설신어≫를 통해 본 魏晉名士와 佛敎	중국문화연구15	2009
19	현성준	≪세설신어≫에 나타난 중고시기 중국어 부정문 특징 고찰	중국언어연구33	2010
20	노경희	현종실록자본 ≪세설신어보≫ 간행과 流傳의 문화사적 의미	韓國漢文學研究52	2013
21	박경희	≪세설신어≫를 통해 본 생태학	중국어문학논집78	2013
22	박경희	≪세설신어≫에 나타난 팬덤 현상	중국어문학논집84	2014
23	김정숙	≪세설신어≫독자 형성에 대한 사회문화적 고찰	동방학지171	2015
24	노경희	≪세설신어보≫의 조선과 에도 문단의 출판과 향유층 비교	한국문화72	2015
25	최세륜	≪世說新語≫ 속에 나타난 '美男子' 形象 연구	중국어문학논집101	2016
26	조문혜	≪世說新語≫"自然"德行觀辨析	중국어문학71	2016

1980년대에 들어서면서 ≪세설신어(보)≫와 관련한 연구 논문은 사학·문학·철학·출판 등 다양한 방면에서 학위논문과 소논문의 형식으로 발표되었다. 김진옥의 논문(1984)은 史學의 관점에서 ≪세설신어≫의 사료적 가치를 검토한 연구이고, 김장환의 일련의 논문(1991~)들은 중문학의 관점에서 ≪세설신어(보)≫를 종합적으로 다룬 연구이며, 노경희의 논문(2013·2015)들은 조선의 출판문화와 관련하여 ≪세설신어(보)≫를 검토한 성과로 볼 수 있다.

〈표3〉 ≪世說新語≫·≪世說新語補≫ 관련 외국의 번역서·연구서

	성 명	서 명	출판사	연 도	비 고
1	余嘉錫	世說新語箋疏	中華書局	1983	중국
2	徐震堮	世說新語校箋	文史哲出版社	1989	〃
3	張萬起	世說新語詞典	商務印書館	1993	〃
4	王能憲	世說新語研究	江蘇古籍出版社	1992	〃
5	柳士鎭·劉開驊	世說新語全譯	貴州人民出版社	1996	〃
6	朱鑄禹	世說新語彙校集注	上海古籍出版社	2002	〃
7	勇楊	世說新語校箋	中華書局	2006	〃
8	劉强	世說新語會評	鳳凰出版社	2007	〃
9	博客來	世說新語校釋(上·中·下)	上海古籍出版社	2011	〃
10	龔斌	世說新語校釋(上·中·下)	上海古籍出版社	2012	〃
11	松岡榮志；木村守	マンガ世說新語	凱風社	1955	일본
12	大村梅雄	世說新語(中國古典文學全集32)	平凡社	1959	〃
13	川勝義雄·福永光司·村上嘉實·吉川忠夫	世說新語(世界文學大系71「中國古小說集」)	筑摩書房	1964	〃
14	森三樹三郎	世說新語(中國古典文學大系9)	平凡社	1969	〃
15	目加田誠	新譯漢文大系 世說新語(上·中·下)	明治書院	1975~7	〃

	성 명	서 명	출판사	연 도	비 고
16	竹田晃	世說新語(上·下)	學習硏究社	1983~4	〃
17	井波律子	世說新語(鑑賞中國の古典14)	角川書店	1988	〃
18	Richard B.Mather	A New Account of Tales of the World(世說新語)	University of Minnesota Press	1976	미국

현대에 들어서 출간된 중국과 일본 등의 ≪세설신어≫ 관련 번역서와 연구서는 ≪세설신어보≫가 아니라 ≪세설신어≫ 중심으로 이루어졌다. 중국의 연구서로는 余嘉錫의 ≪世說新語箋疏≫(1983), 徐震堮의 ≪世說新語校箋≫(1989), 王能憲의 ≪世說新語硏究≫(1992), 博客來의 ≪世說新語校釋≫(2011) 등이 그간에 이루어진 중국의 높은 연구 성과를 보여준다. 일본에서 나온 번역서 중 森三樹三郎과 目加田誠의 ≪세설신어≫는 完譯本이고, 竹田晃과 井波律子의 ≪세설신어≫는 일부를 발췌한 選譯이다. Richard B.Mather의 번역서는 영미문화권의 ≪세설신어≫ 연구의 수준을 보여준다.

5. 影響 및 意義

≪세설신어≫는 실제 생존한 名士들의 言行과 文學, 道德, 人間關係 등을 기록하면서도 志怪的인 요소를 배제한 中國志人小說의 典範으로, 이후 世說體 文學을 형성할 정도로 많은 이들이 즐겨 읽었다. ≪세설신어보≫는 ≪세설신어≫의 續書로 출현하였는데, ≪세설신어보≫가 나온 이후 중국에서는 劉義慶의 ≪세설신어≫ 원본보다 더 널리 유행하게 되어, 왕세정이 ≪세설신어≫ 원문과 舊注를 지나치게 산삭하였다는 불만을 가진 일부 문인이 ≪세설신어≫ 원본을 구하려 하여도 구할 수 없어 탄식할 정도였다고 한다.21) 또한 주변 국가에도 신속하게 전파되

어 한국과 일본 문단에서는 ≪세설신어≫라고 하면 곧 ≪세설신어보≫라고 생각하게 되었다.

1) 우리나라에 미친 영향[22]

≪세설신어≫가 우리나라에 전래된 정확한 시기는 알 수 없다. 하지만 崔致遠(857~?)의 시 〈봄날의 새벽에 우연히 쓰다〔春曉偶書〕〉에서 ≪세설신어≫에 나오는 劉伶의 고사를 典故로 사용[23]한 것으로 보아 통일신라 말 즉 900년 대 초에 국내에 전래되었을 것으로 추정된다. 문헌상에 ≪世說≫이라는 명칭이 언급된 것은 고려시대 李奎報(1169~1241)의 ≪東國李相國集≫에 처음 나타나는데, 〈동각 오세문이 고원의 여러 학사에게 드린 삼백운의 시에 차운하다〔次韻吳東閣世文呈誥院諸學士三百韻詩〕〉라는 시에 이규보 자신이 주를 달아, "이 일은 ≪世說≫에 보인다.〔事見世說〕"라 하였다.[24] 그의 연보에 따르면 이 시는 고려 明宗 25년(1195)에 지어졌으므로, 이때에 ≪세설신어≫가 우리나라에 존재하였다는 분명한 근거가 될 수 있을 것이다.

≪세설신어보≫는 선조 39년(1606)에 우리나라에 온 명나라 사신 朱之蕃에 의해 전래되었다. 이에 대해서는 李宜顯이 ≪陶谷集≫에서 "명나라 사신 주지번이 가지

---

21) 周心如, ≪世說新語≫ 권6(국립중앙도서관본〈한古朝48-224〉) "宋劉義慶撰世說新語 爲淸言淵藪 梁劉孝標注 尤稱該博 明王元美參合何氏語林 併爲新語補 張文柱爲之注 原文舊注刪削頗多 其書盛行而世說原本傳者寢少 囊與家弟錡雲搜訪不得 每相歎惋"

22) 우리나라의 ≪세설신어≫·≪세설신어보≫ 수용에 대해 연구한 논문으로는 노경희(2014), 〈조선후기 ≪세설신어≫의 간행과 유전의 문화사적 의미〉, ≪동아시아의 문헌교류≫, 소명출판 ; 노경희(2013), 〈현종실록자본 ≪세설신어보≫간행과 유전의 문화사적인 의미〉, ≪한문학연구≫52 ; 김장환(1999), 〈≪세설신어≫의 國內 流傳狀況과 硏究槪況〉, ≪동방학지≫104집 ; 孫勇進(2015), 〈朝鮮王朝時期的≪世說新語≫在韓傳播〉, 文學與文化 등이 있다.

23) 최치원, 이상현 역, ≪孤雲集≫ 권1, 한국고전번역원, 2009.

24) 이규보, ≪東國李相國集≫卷第五 〈古律詩〉, 한국문집총간1~2, 민족문화추진회.

고 와서 西坰(柳根)에게 증정하여 마침내 우리나라 문인들이 즐겨 보게 되었다."[25] 고 하였고, 許筠이 〈世說刪補注解序〉에서 "병오년(1606, 선조39) 봄에 朱太史(之蕃)가 詔書를 받들고 우리나라에 왔는데 -중략- 작별할 때 여러 종의 서적을 주었는데 이 책도 그 중의 하나였다."[26]라고 한 것에서 확인할 수 있다. 1606년에 우리나라에 전래되었다면, 1586년에 왕세정의 ≪세설신어보≫가 閩中에서 刊行되어 나온 지 약 20년 정도 밖에 되지 않았을 때였으니 얼마나 신속하게 이 책이 우리나라에 전파되었는지 알 수 있다.

≪세설신어보≫가 전파된 이후로 조선에 나타난 주목할 만한 변화가 있었다. 우선, 그동안 중국에서 木版本 ≪세설신어≫・≪세설신어보≫를 수입해서 보거나 그것을 筆寫하여 보던 방식에서 벗어나 조선에서 직접 활자본으로 간행하였다는 점을 들 수 있다. 간행은 肅宗 연간에 금속활자인 顯宗實錄字를 사용하여 이루어졌는데, 간행본을 낼 때 저본으로 삼은 대상은 유의경의 ≪세설신어≫가 아니라 왕세정이 산정한 ≪세설신어보≫였다. 여기에서 당시 朝鮮 文壇에서 ≪세설신어≫보다 ≪세설신어보≫가 더 선호되었음을 추측할 수 있고, 또 ≪顯宗實錄≫을 찍은 금속활자로 중국의 小說에 해당하는 이 책을 찍어냈다는 것은 조선의 출판 상황에서는 상당히 특별한 경우로 보아야 할 것이다. 또 하나 두드러진 점은 ≪世說新語姓彙韻分≫이라는 독특한 판본이 간행되었다는 것이다. ≪세설신어성휘운분≫은 주제별로 편집된 ≪세설신어보≫의 일화를 완전히 해체하여 등장인물의 성씨별로 재배치한 것으로, 역시 현종실록자로 간행되었으며 우리나라에만 있는 세계적으로 희귀한 판본이다. 이 책은 ≪세설신어보≫에 등장하는 수많은 인물들이 여러 편에 산재되어 있어 한 인물의 전체 면모를 종합적으로 이해하기 어려운 단점을 해결하고자 만들어진 것이라 할 수 있다.

---

25) 이의현, ≪陶谷集≫ 권28, 잡저, 〈陶峽叢說〉, 한국문집총간181, 민족문화추진회.
26) 허균, ≪惺所覆瓿藁≫ 권4, 〈世說刪補注解序〉, 한국문집총간74, 민족문화추진회.

2) ≪세설신어보≫의 意義

우선, ≪세설신어보≫는 ≪세설신어≫를 모방하여 만들어진 續書 중 가장 널리 읽혀진 서적이다. 이 작품은 순수한 창작물이 아니라 ≪세설신어≫와 ≪하씨어림≫ 두 작품에서 일화를 선별하여 재편집하여 만들어졌다. 그 편찬 의도는 晉代에서 끝나버린 ≪세설신어≫의 정신을 후대에까지 연결시켜 ≪세설신어≫의 내용, 형식, 묘사를 구현하고자 한 것이었다. ≪세설신어보≫에 수록된 晉代 이후의 일화를 읽다보면, 진대 이전의 일화와 별다른 차이를 느끼지 못할 정도로 ≪세설신어≫와 내용이나 체재 등이 흡사함을 느낄 수 있다. 따라서 ≪세설신어보≫는 世說體 文學을 가장 잘 구현한 古典으로서의 가치를 지녔다고 평가할 수 있다. 이렇게 만들어진 ≪세설신어보≫에는 그 안에 수록된 인물들의 시대 범위가 漢・魏・晉代에서부터 宋・元代까지 이어져서, 약 1500년간에 실존했던 700여 명의 인물 정보와 역사 지식을 이 책을 통해 한꺼번에 얻을 수 있다. 시대 범위가 晉代에서 끝나고 수록 인물도 400여 명에 불과한 ≪세설신어≫ 와 비교해볼 때, 名士들의 言行과 人物品評을 훨씬 더 풍부하게 수록하고 있어 明代에 이 책이 나오자 유의경의 ≪세설신어≫ 원본을 구할 수 없을 정도로 문인들의 필독서가 된 이유를 짐작하게 한다. 따라서 이 책을 통해 중국 小說類 古典의 典範이자 世說體 文學의 진수를 접할 수 있으며, 한・위・진에서부터 송・원에 이르는 1500년간의 중국 지식인 사회의 인물・사회・문화 전반의 모습을 파악할 수 있을 것이다.

둘째, ≪세설신어보≫는 인물들의 행적과 대화, 비평을 담고 있어 문학적으로는 六朝의 口語를 연구하는 교재이고, 사상 철학적으로는 儒・佛・老를 포함한 淸談을 연구하는 자료이며, 문화방면으로는 人物品評과 관련한 중국의 비평문화를 엿볼 수 있는 훌륭한 교재라 할 수 있다. 따라서 이 책은 생생한 일화의 내용을 통해 현대의 독자에게 경전과는 다른 매력과 고전을 익히는 재미를 선사하게 될 것이며, 아울러 원문에 懸吐하는 전통적인 독법과 그간의 연구 성과를 반영한 상세한 주석을 통해 고전에 대한 지식을 배가시켜줄 수 있는 교재로 활용될 수 있을 것이다.

셋째, ≪세설신어보≫는 중국에서 명사들의 교과서로 불릴 정도로 애독되었을 뿐 아니라 그 주변국인 우리나라와 일본에도 큰 영향을 미쳤다. 이 책은 우리나라에 수입된 뒤 금속활자와 목활자로 간행되었으며, 금속활자로 간행될 때 ≪세설신어≫를 제치고 저본으로 선택되었다. 또 이 책의 일화 전체를 해체하여 인물 姓氏別로 일화를 재배치한 ≪世說新語姓彙韻分≫이 나왔는데, 이는 세계에서 유일한 판본이다. 일본에서도 에도시기에 '世說熱'이 일 정도로 이 책에 열광하여 評點하는 풍토와 世說學이 발달하였고, 특히 李贄가 批點한 ≪李卓吾批點世說新語補≫를 대상으로 한 주석서와 해설서가 대거 출현하였다. 따라서 이 책은 17세기 이후 중국과 한국, 일본의 지식인 사회를 이해하는 데 도움을 줄 수 있을 것이다.

참고문헌

原典

- ≪世說新語補≫ 규장각, 奎中1801-v.1-7(현종실록자본)
- ≪世說新語補≫ 국립중앙도서관 古373-1(목활자본)
- ≪李卓吾批點世說新語補≫ 국립중앙도서관 古古10-30-나34
- ≪李卓吾批點世說新語補≫ 安永本(安永8〔1779〕), 와세다대학 소장본(ヌ08 04889)
- ≪李卓吾批點世說新語補≫ 와세다대학 소장본(イ17_02080)
- ≪鍾伯敬批點世說新語補≫ 대전 연정국악원 소장본
- ≪世說新語≫ 董弅本, 일본 尊経閣叢刊, 育德財団, 1929(昭和4).
- ≪世說新語≫ 思賢講舍本, 上海古跡出版社 影印, 1984.
- ≪世說新語≫ 元刊本, 內閣文庫本.
- ≪世說新語≫ 八卷本, 中華書局, 2017.
- ≪宋本世說新語≫ 全5冊, 國家圖書館出版社, 2017.

- ≪何氏語林≫ 규장각한국학연구원(奎中 3300-v.1-6)
- ≪世說音釋≫, 恩田仲任 編・礒谷正卿・岡田守常 校, 국립중앙도서관(古古10-30-가100)
- ≪世說講義≫, 국립중앙도서관(古3235-9-58-2)
- ≪世說啓微≫, 국립중앙도서관(古古10-30-가178)
- ≪世說新語補觽≫, 국립중앙도서관(古古10-30-나61)
- ≪世說箋本≫, 국립중앙도서관(古古10-30-나28)
- ≪世說新語補考≫, 국립중앙도서관(古古10-30-나59)
- 李贄, ≪李贄全集注≫ 第20冊, 社會科學文獻出版社, 2010.
- 李奎報, ≪東國李相國集≫, 한국문집총간 1~2, 민족문화추진회.
- 李宜顯, ≪陶谷集≫, 한국문집총간 181, 민족문화추진회.
- 許筠, ≪惺所覆瓿藁≫ 한국문집총간 74, 민족문화추진회.

單行本

- 민관동 외, ≪韓國 所藏 中國文言小說의 板本目錄과 解題≫, 학고방, 2013.
- 민관동・정영호, ≪中國古典小說의 國內 出版本 整理 및 解題≫, 경희대비교문학연구소, 2012.
- 余嘉錫, ≪世說新語箋疏≫, 中華書局, 1987.
- 王世貞 산정, 김장환, ≪세설신어보≫, 지식을만드는지식, 2010.
- 崔致遠, 이상현 역, ≪고운집≫, 한국고전번역원, 2009.

論 文

〔韓 國〕

- 김장환, 〈≪世說新語≫ 續書 研究 : ≪世說新語補≫〉, ≪중국어문학논집≫16, 중국어문학연구회, 2001.
- 김장환, 〈≪세설신어≫의 國內 流傳狀況과 研究概況〉, ≪동방학지≫ 104, 연세

대학교국학연구원, 1999.

- 노경희, 〈현종실록자본 ≪세설신어보≫간행과 流傳의 문화사적 의미〉, ≪한국한문학연구≫ 52, 2013.
- 노경희, 〈조선후기 ≪세설신어≫의 간행과 유전의 문화사적 의미〉, ≪동아시아의 문헌교류≫, 소명출판, 2014.
- 노경희, 〈≪세설신어보≫의 조선과 애도 문단의 출판과 향유층 비교〉, ≪한국문화≫ 72, 서울대학교 규장각 한국학연구원, 2015.
- 민관동, 〈朝鮮出版本 中國古典小說의 서지학적 考察〉, ≪중국소설논총≫ 39, 2013.
- 유희준·민관동, 〈≪皇明世說新語≫의 국내 출판과 수용 연구〉, ≪중국소설논총≫ 40, 2013.
- 이재정, 〈洛東契字를 통해 본 조선시대 文人들의 지적 교류〉, ≪민족문화연구≫ 60, 고려대 민족문화연구원, 2013.
- 이재정, 〈국립중앙박물관 소장 實錄字 고찰〉, ≪규장각≫40, 서울대학교 규장각 한국학연구원, 2012.

〔中 國〕

- 馬興國, 〈≪世說新語≫在日本的流傳及影嚮〉, 東北師大學報(哲學社會科學版), 1989 第3期, 1989.
- 傅想容, 〈論王世貞、王世懋對≪世說新語≫的刪編和評點〉, 南臺學報 第40卷 第2期, 國立成功大學中國文學研究所, 2015.
- 孫勇進, 〈朝鮮王朝時期的≪世說新語≫在韓傳播〉, 文學與文化, 2015.
- 尤雅姿, 〈≪世說新語≫書名異稱辨疑〉, 興大人文學報 第32期, 2002.
- 劉强, 〈王世貞及其≪世說新語補≫〉, 文史智識, 2017.
- 鄭幸雅, 〈王世貞刪定≪世說新語補≫的板本考述〉, 南華大學文學, 屆中國古代小說、戲曲文獻暨數位化國際研討會, 2012.

- 鄭幸雅, 〈豎義綴文,事詞錯出－論何良俊≪語林≫對≪世說新語≫文體的因革〉, ≪成大中文學報≫39期, 國立成功大學中文系, 2012.
- 鄭幸雅, 〈王世貞≪世說新語補≫對≪世說新語≫體例的回歸與衍異研究〉, 王世貞與明淸文化國際學術交流會, 2015.
- 胡海英, 〈≪何氏語林≫引≪世說新語≫考〉, 明淸小說研究總第90期, 2008.
- 胡海英, 〈≪世說新語補≫成書與板本考〉, 明淸小說研究總第116期, 2015.

凡 例

1. 본서는 ≪譯註 世說新語補≫의 제1책이다.
2. 본서는 ≪世說新語補≫ 간행본의 대부분을 차지하는 顯宗實錄字本 중 상태가 가장 양호하며 印記로 '弘文館'이 찍힌 규장각본 ≪世說新語補≫(奎中 1801-v.1-7)을 底本으로 하되, 顯宗實錄字本 중 상태가 양호한 국립중앙도서관본 ≪世說新語補≫(古032-59)와 木活字로 인쇄된 국립중앙도서관본 ≪世說新語補≫(古373-1)를 참고하였다.
3. ≪世說新語補≫는 ≪世說新語≫와 ≪何氏語林≫의 기사를 발췌한 다음 합하여 刪定한 것으로, 선본인 일본 尊經閣叢刊 ≪世說新語≫(昭和 4年), 규장각 소장 天啓4年本 ≪何氏語林≫(奎中 3300-v.1-6)을 교감 자료로 활용하였다.
4. 저본인 규장각본 ≪世說新語補≫는 간행 과정에서 批點이 빠져 보이지 않는다. 저본에 실리지 않은 批點의 내용은 頭註 항목을 두어 일본 와세다대학 소장 安永8年本 ≪李卓吾批點世說新語補≫(ヌ08 04889)에서 취하여 번역하였다. 한편 이를 '安永本'으로 약칭하고, 교감에도 적극 활용하였다.
5. 저본에는 卷의 첫머리에만 '世說新語補 卷○'이 있으나, 번역서에서는 篇 단위로 別面을 하였기 때문에 篇名마다 앞에 '世說新語補 卷○'을 삽입하였다.
6. 본서는 원전의 傳統性과 번역의 現代性을 구현하기 위해 노력하였다.
7. 原文은 우리나라 전통 방식으로 懸吐하였다.
8. 原文은 저본의 體制에 따라 단락을 구분하고, 각 단락마다 일련번호를 부여하였다.
9. 讀音이 특수하거나 僻字인 경우에는 ( ) 속에 한글로 音을 달아주었다.

10. 각 篇마다 간략한 해설을 달아 독자의 이해를 돕고자 하였다.
11. 飜譯은 原義에 충실하게 하되, 이해가 어려운 부분은 意譯 또는 補充譯을 하였다.
12. 飜譯文은 한글과 漢字를 混用하였으며, 맞춤법과 띄어쓰기는 한글 맞춤법과 표준어 규정을 따르는 것을 원칙으로 하였다.
13. 譯註는 故事, 官職, 校勘, 難解語, 역사적 사건, 人物, 인용문의 出典, 전문용어, 制度, 異說 등에 관한 사항을 밝혔다. 이 가운데 주로 일본의 ≪세설≫ 연구 중 가장 권위 있는 저작으로 꼽히는 ≪世說音釋≫을 역주에 반영하였다.
14. 校勘은 원문의 衍字, 誤字, 脫字, 倒文 등을 대상으로 하였다.
15. 본서의 校勘에 사용된 符號는 다음과 같다.

( )〔 〕: (저본의 誤字)〔교감한 正字〕

〔 〕: 저본의 脫字 보충

( ): 저본의 衍字 삭제

16. 본서에 사용된 주요 符號는 다음과 같다.

“ ”: 對話, 각종 引用

‘ ’: “ ” 안에서 再引用, 强調

「 」: ‘ ’ 안에서 再引用, 强調

( ): 원문에서는 讀音이 특수한 글자나 僻字의 音
번역문에서는 간단한 譯註

〔 〕: 번역문과 뜻은 같으나 音이 다른 漢字나 句節, 譯註에서 인용한 原文, 疏에서 설명 대상으로 제시한 經이나 傳의 단어나 구절

≪ ≫: 書名이나 典據

〈 〉: 篇章名, 作品名, 補充譯

【 】: ‘輔’ 및 ‘頭註’에 표시

○ : 저본에 사용된 단락 구분 표시 遵用

○ : 頭註 구분 표시

參考文獻

◇ 底本 및 주요 참고도서

- ≪世說新語補≫ 규장각한국학연구원, 奎中 1801-v.1-7(현종실록자본).
- ≪世說新語補≫ 국립중앙도서관 古373-1(목활자본).
- ≪李卓吾批點世說新語補≫ 국립중앙도서관 古古10-30-나34.
- ≪李卓吾批點世說新語補≫ 와세다대학 소장본(イ17 02080).
- ≪李卓吾批點世說新語補≫ 와세다대학 소장 安永本(ヌ08 04889).
- ≪鍾伯敬批點世說新語補≫ 대전 연정국악원 소장본.
- ≪世說新語≫ 董弅本, 日本 尊経閣叢刊, 育德財団.
- ≪世說新語≫ 思賢講舍本, 上海古跡出版社 影印, 1984.
- ≪世說新語≫ 元刊本, 內閣文庫本.
- ≪世說新語≫ 八卷本, 中華書局, 2017.
- ≪宋本世說新語≫ 全5冊, 國家圖書館出版社, 2017.
- ≪何氏語林≫, 규장각한국학연구원(奎中 3300-v.1-6)
- ≪何氏語林≫, 文淵閣四庫全書, 臺灣商務印書館, 1986.

◇ 교감주해서 및 번역서

〔日本〕

- ≪世說音釋≫, 恩田仲任 編, 국립중앙도서관(古古10-30-가100), 1802.
- ≪世說講義≫, 田中頤, 국립중앙도서관(古3235-9-58-2), 1816.
- ≪世說啓微≫, 皆川淇園, 국립중앙도서관(古古10-30-가178), 1815.

- ≪世說新語補觿≫, 岡白駒, 국립중앙도서관(古古10-30-나61), 1749.
- ≪世說箋本≫, 秦士鉉, 국립중앙도서관(古古10-30-나28), 1826.
- ≪世說新語補考≫, 桃源藏, 국립중앙도서관(古古10-30-나59), 1762.
- ≪新釋漢文大系 世說新語(上・中・下)≫, 目加田誠, 明治書院, 1975~7.
- ≪世說新語≫(中國古典文學全集32), 大村梅雄, 平凡社, 1959.
- ≪世說新語≫(中國古典文學大系9), 森三樹三郞, 平凡社, 1969.
- ≪世說新語≫(世界文學大系71「中國古小說集」), 川勝義雄 等, 筑摩書房, 1964.
- ≪世說新語(上・下)≫, 竹田晃, 學習硏究社, 1983~4.
- ≪世說新語≫(鑑賞中國の古典14), 井波律子, 角川書店, 1988.

〔中國〕

- ≪世說新語校釋≫(上・中・下), 博客來 譯註, 上海古籍出版社, 2011.
- ≪世說新語校釋≫(上・中・下), 龔斌 譯註, 上海古籍出版社, 2012.
- ≪世說新語校箋≫, 勇 楊 譯註, 中華書局, 2006.
- ≪世說新語校箋≫, 徐震堮 譯註, 文史哲出版社, 1989.
- ≪世說新語硏究≫, 王能憲 譯註, 江蘇古籍出版社, 1992.
- ≪世說新語箋疏≫, 余嘉錫 譯註, 中華書局, 1983
- ≪世說新語全譯≫, 柳士鎭 等 譯註, 貴州人民出版社, 1996.
- ≪世說新語彙校集注≫, 朱鑄禹 譯註, 上海古籍出版社, 2002.
- ≪世說新語會評≫, 劉强 譯註, 鳳凰出版社, 2007.
- ≪王世貞年譜≫, 鄭利華, 上海, 復旦大學出版社, 1993.
- ≪李贄全集注≫ 第20冊, 李贄, 社會科學文獻出版社, 2010.

〔韓國〕

- ≪세설신어≫, 김현진 역, 두성, 1991.
- ≪세설신어≫(전3책), 김장환 역, 살림, 1996~2000.

- ≪세설신어≫(전4책), 임동석 역, 동서문화사, 2011.
- ≪세설신어≫(전3책), 안길환 역, 명문당, 2006.
- ≪세설신어보≫(전4책), 김장환 역, 지식을만드는지식, 2010.
- ≪세설신어성휘운분≫(전3책), 김장환 역, 학고방, 2012.

〔其他〕

- ≪A New Account of Tales of the World(世說新語)≫, Richard B.Mather, University of Minnesota Press, 1976.

◇ 經部

- ≪經典釋文≫, 陸德明 撰, 文淵閣四庫全書, 臺灣商務印書館, 1986.
- ≪老子道德經≫, 文淵閣四庫全書, 臺灣商務印書館, 1986.
- ≪論語注疏≫, 何晏 注, 邢昺 疏, 北京大學出版社, 1999.
- ≪論語集註大全≫, 朱熹 集註, 胡廣 等 編, 朝鮮 內閣本, 影印本, 學民文化社.
- ≪孟子注疏≫, 趙岐 注, 孫奭 疏, 北京大學出版社, 1999.
- ≪孟子集註大全≫, 朱熹 集註, 胡廣 等 編, 朝鮮 內閣本, 影印本, 學民文化社.
- ≪毛詩正義≫, 毛公 傳, 鄭玄 箋, 孔穎達 正義, 北京大學出版社, 1999.
- ≪書傳大全≫, 蔡沈 集傳, 胡廣 等 編, 朝鮮 內閣本, 影印本, 學民文化社.
- ≪尙書正義≫, 孔安國 傳, 孔穎達 正義, 北京大學出版社, 1999.
- ≪詩傳大全≫, 朱熹 注, 胡廣 等 編, 朝鮮 內閣本, 影印本, 學民文化社.
- ≪禮記正義≫, 鄭玄 注, 孔穎達 正義, 北京大學出版社, 1999.
- ≪禮記集說大全≫, 陳澔 集說, 胡廣 等 編, 朝鮮 內閣本, 影印本, 學民文化社.
- ≪儀禮注疏≫, 鄭玄 注, 賈公彦 疏, 文淵閣四庫全書, 臺灣商務印書館, 1986.
- ≪周易正義≫, 王弼・韓康伯 注, 孔穎達 正義, 北京大學出版社, 1999.
- ≪周易傳義大全≫, 程頤 傳, 朱熹 本義, 胡廣 等 編, 朝鮮 內閣本, 影印本, 學民文化社.

- ≪春秋公羊傳注疏≫, 何休 註, 徐彦 疏, 北京大學出版社, 2000.
- ≪春秋左氏傳注疏≫, 杜預 註, 孔穎達 疏, 北京大學出版社, 2000.
- ≪韓詩外傳今註今譯≫, 賴炎元 註譯, 臺灣商務印書館, 1974.
- ≪孝經注疏≫, 唐 玄宗 注, 邢昺 疏, 北京大學出版社, 1999.

◇ 史部

- ≪高士傳≫, 皇甫謐 撰, 文淵閣四庫全書, 臺灣商務印書館, 1986.
- ≪南史≫, 文淵閣四庫全書, 臺灣商務印書館, 1986.
- ≪南齊書≫, 文淵閣四庫全書, 臺灣商務印書館, 1986.
- ≪唐書≫, 文淵閣四庫全書, 臺灣商務印書館, 1986.
- ≪東都事略≫, 王稱 撰, 文淵閣四庫全書, 臺灣商務印書館, 1986.
- ≪馬氏南唐書≫, 馬令 撰, 文淵閣四庫全書, 臺灣商務印書館, 1986.
- ≪明史≫, 文淵閣四庫全書, 臺灣商務印書館, 1986.
- ≪北史≫, 文淵閣四庫全書, 臺灣商務印書館, 1986.
- ≪史記索隱≫, 司馬貞 編, 文淵閣四庫全書, 臺灣商務印書館, 1986.
- ≪史記正義≫, 張守節 撰, 文淵閣四庫全書, 臺灣商務印書館, 1986.
- ≪史記集解≫, 裴駰 撰, 文淵閣四庫全書, 臺灣商務印書館, 1986.
- ≪史通≫, 文淵閣四庫全書, 臺灣商務印書館, 1986.
- ≪山西通志≫, 李維禎 撰, 文淵閣四庫全書, 臺灣商務印書館, 1986.
- ≪三國志≫, 陳壽 撰, 文淵閣四庫全書, 臺灣商務印書館, 1986.
- ≪續後漢書≫, 郝經 撰, 文淵閣四庫全書, 臺灣商務印書館, 1986.
- ≪宋史≫, 文淵閣四庫全書, 臺灣商務印書館, 1986.
- ≪宋書≫, 文淵閣四庫全書, 臺灣商務印書館, 1986.
- ≪隋書≫, 長孫無忌 撰, 文淵閣四庫全書, 臺灣商務印書館, 1986.
- ≪御批資治通鑑綱目≫, 朱熹(宋) 撰, 商務印書館, 1990.
- ≪吳越春秋≫, 文淵閣四庫全書, 臺灣商務印書館, 1986.

- ≪魏書≫, 文淵閣四庫全書, 臺灣商務印書館, 1986.
- ≪廿二史考異≫, 錢大昕 撰, 藝文印書館, 1964.
- ≪晉書≫, 文淵閣四庫全書, 臺灣商務印書館, 1986.
- ≪通鑑節要≫, 文淵閣四庫全書, 臺灣商務印書館, 1986.
- ≪通志≫, 鄭樵 撰, 文淵閣四庫全書, 臺灣商務印書館, 1986.
- ≪冊府元龜≫, 王欽若 等編, 鳳凰出版社, 2006.
- ≪漢書≫, 班固 撰, 文淵閣四庫全書, 臺灣商務印書館, 1986.
- ≪後漢書≫, 司馬彪 撰, 文淵閣四庫全書, 臺灣商務印書館, 1986.
- ≪後漢書補逸≫, 文淵閣四庫全書, 臺灣商務印書館, 1986.

◇ 子部

- ≪高僧傳≫, 釋慧皎 撰, 湯用彤 校注, 中華書局, 1992.
- ≪文子≫, 辛研 著, 四部備要, 中華書局, 1936.
- ≪法言義疏≫, 汪榮寶 撰, 中華書局, 1996.
- ≪荀子箋釋≫, 盧文弨 校, 謝墉 輯校, 上海古籍出版社, 1986.
- ≪荀子集解≫, 王先謙 集解, 中華書局, 1988.
- ≪揚子法言≫, 揚雄 撰, 文淵閣四庫全書, 臺灣商務印書館, 1986.
- ≪列女傳≫, 劉向 撰, 文淵閣四庫全書, 臺灣商務印書館, 1986.
- ≪列仙傳≫, 劉向 撰, 文淵閣四庫全書, 臺灣商務印書館, 1986.
- ≪列子≫, 文淵閣四庫全書, 臺灣商務印書館, 1986.
- ≪莊子≫, 文淵閣四庫全書, 臺灣商務印書館, 1986.
- ≪太平廣記≫, 李昉 等 撰, 中華書局, 1961.
- ≪太平御覽≫, 李昉 等 撰, 文淵閣四庫全書, 臺灣商務印書館, 1986.
- ≪抱朴子內外篇≫, 葛洪 撰, 文淵閣四庫全書, 臺灣商務印書館, 1986.
- ≪韓詩外傳≫, 韓嬰 撰, 文淵閣四庫全書, 臺灣商務印書館, 1986.
- ≪韓非子≫, 韓非 撰, 文淵閣四庫全書, 臺灣商務印書館, 1986.

- ≪淮南子≫, 劉安 撰, 高誘 注, 文淵閣四庫全書, 臺灣商務印書館, 1986.
- ≪淮南鴻烈集解≫, 劉文典 撰, 中華書局, 1997.

◇ 集部

- ≪陶淵明集箋注≫, 袁行霈 箋注, 中華書局, 2003.
- ≪文選≫, 蕭統 撰, 文淵閣四庫全書, 臺灣商務印書館, 1986.
- ≪文選注≫, 蕭統 撰, 李善 注, 世界書局, 1962.
- ≪西京雜記≫, 劉歆 著, 成林 譯, 貴州人民出版社, 1993.
- ≪西晉文紀≫, 梅鼎祚 撰, 文淵閣四庫全書, 臺灣商務印書館, 1986.
- ≪呂氏春秋≫, 呂不韋 編, 高誘 注, 文淵閣四庫全書, 臺灣商務印書館, 1986.
- ≪緯略≫, 高似孫 撰, 廣文書局, 1970.
- ≪初潭集≫, 李贄 撰, 中華書局, 2009.
- ≪嵇中散集≫, 嵇康 撰, 讀書出版社, 1988.

◇ 데이터베이스(DB) 자료

- 동양고전종합DB(http://db.cyberseodang.or.kr)
- 상우천고(http://www.s-sangwoo.kr)
- 電子版 文淵閣四庫全書, 迪志文化出版社, 北京, 1999.
- 國學大師(http://www.guoxuedashi.com/search/?keyword)
- 搜韻(https://sou-yun.cn/index.aspx)
- 中華百科全書(https://ctext.org)
- Kanseki Repository Catalog 四庫全書(http://www.kanripo.org)
- 한국고전종합DB(http://db.itkc.or.kr)

目 次

世說新語補 卷三

世說新語補 卷四

〔附 錄〕

≪世說新語補≫ 서문 世說新語補序

王世貞

내가 젊었을 때 ≪世說新語≫의 善本을 吳中[1]에서 얻고는 내심 매우 좋아하여, 읽을 때마다 번번이 빨리 끝나는 것을 아쉬워하였다. 또 이 책이 겨우 後漢에서 시작하여 晉에서 끝나는 것을 이상하게 여겨 '六朝[2]의 군자 중에 어찌 持論이나 風旨 면에서 내세울 만한 한두 사람도 없었겠는가'라고 생각하였다.

나중에 ≪何氏語林≫을 얻었는데, 이 책은 대체로 ≪세설신어≫를 모방하였고 시대를 조금 늘려 元代 末까지 다루었으나 일화와 담론이 섞여 나와 典雅하고 純正하지 못하였으니 요컨대 ≪세설신어≫의 그림자나 메아리에 불과할 뿐이었다. ≪세설신어≫의 장점은 한마디 말에서 미묘함이 생기기도 하고 한 구절의 글에서 교묘함이 드러나기도 하며, 칭찬에 의지하여 풍자를 드러내기도 하고 비난에 의지하여 찬사와 통하기도 하여, 종종 사람으로 하여금 짧게 읊어도 놀라게 하며 길게 생각하여도 끝나지 않게 하

---

1) 吳中 : 오늘날의 江蘇省 吳縣 일대를 가리키며, 보통 吳地라고 한다. 吳地는 春秋시대 때 吳나라가 있던 지역인데, 東漢 때는 吳郡이라 하였다.

2) 六朝 : 後漢이 멸망한 뒤 隋나라가 통일할 때까지 揚子江 남쪽에 있었던 여섯 왕조, 즉 吳·晉·宋·齊·梁·陳나라를 이른다.

는데, 何氏(何良俊)[3]는 이러한 것을 알지 못했다.

내가 燕趙 郡國의 獄을 맡고 있으면서[4] 잠시 일이 없을 때 짐 속을 뒤져보니 두 책[5]이 거기에 있었다. 그리하여 약간 刪定하고 합하여 유사함을 보였으니,[6] 대체로 ≪세설신어≫에서 없앤 것은 10분의 2를 넘지 않고 ≪하씨어림≫에서 채택한 것은 10분의 3을 넘지 않는다.

나는 평소에 늘 송나라 때 經儒先生[7]들이 매번 淸言이 난리를 초래하였다고 비난하나, 〈그것은〉 晉나라와 宋나라 때의 江左의 상황이 매한가지였다[8]는 것을 몰라서 그런 것이라고 생각하였다. 〈적의〉 군사를 축출하면서 經生[9]이 되

---

3) 何氏(何良俊) : 1506~1573. 字는 元朗, 號는 柘湖이며 華亭(지금의 上海 松江) 사람이다. 아우인 何良傅와 함께 俊才로 이름이 났다. 嘉靖 11년(1532)에 國學에 들어가 공부하고 여러 번 과거에 응시하였으나 합격하지 못하였다. 가정 31년(1552)에 추천을 받아 南京의 翰林院 孔目에 제수되었으나 얼마 후 벼슬을 버리고 고향으로 돌아갔다. 왜구의 침입으로 蘇州로 옮겨갔으며 張之象·文徵明 등과 교유하였다. 저술로 ≪何氏語林≫ 30권, ≪四友齋叢說≫ 38권 등이 있다.

4) 내가……있으면서 : 燕趙 지역은 戰國時代 때 연나라와 조나라가 있던 지역으로 지금의 河北省 북부와 山西省 서부 일대를 가리킨다. ≪왕세정연보≫에 의하면 왕세정은 가정 34년(1555) 12월에 北直隷의 獄을 살피라는 황제의 명을 받았고, 이때 그의 나이 30세였다. 그는 가정 35년 1월부터 5월까지 반 년 동안에 이 책을 刪定한 것으로 보인다. (鄭利華, ≪王世貞年譜≫ 99쪽)

5) 두 책 : ≪世說新語≫와 ≪何氏語林≫을 말한다.

6) 약간……보였으니 : ≪世說新語≫는 36개의 類門으로 구성되었고 ≪何氏語林≫은 거기에 〈言志〉와 〈博識〉이 더 있어 38개의 유문으로 되어 있었으나, 왕세정이 ≪世說新語補≫를 편찬할 때 〈언지〉와 〈박식〉을 제거하고 ≪世說新語≫의 체재를 따른 것을 말한다.

7) 經儒先生 : 宋나라 때 經學만이 正道라고 주장하던 士人들을 말한다.

8) 江左의 상황이 매한가지였다 : 강좌는 江東 즉 揚子江 이남의 동쪽 지역을 가리킨다. 西晉이 북방의 五胡의 공격을 받아 수도 洛陽이 함락되자 晉 왕조의 종실인 司馬睿가 양자강 이남에서 황제에 즉위하여 東晉이 시작되었다. 宋나라는 여진족이 세운 金나라의 공격을 받아 徽宗과 欽宗이 금에 잡혀가자, 高宗이 양자강 이남으로 건너와 臨安에 도읍을 정하고 南宋이 시작되었다. 여기서는 진나라와 송나라 모두 적에게 패하여 양자강 이남으로 쫓겨 내려온 뒤 국토를 회복하기 위해 북벌전쟁을 수행하던 중이었다는 상황이 같다는 것을 말한다.

었다면 〈적의〉 군사를 축출하면서 淸談을 한 것[10]과 같은 게 아니겠는가. 그렇다면 그것을 또 어찌 구별한단 말인가.

嘉靖 丙辰年(1556) 6월에 琅琊의 王世貞[11]이 찬술하다.

余少時에 得世說新語善本吳中하여 私心已好之하여 每讀에 輒患其易(이)竟이라 又怪是書가 僅自後漢終於晉하여 以爲六朝諸君子에 卽所持論風旨가 寧無一二可稱者아하다 最後에 得何氏語林한대 大抵規摹世說하고 而稍衍之하여 至元末이나 然其事詞錯出하여 不雅馴하니 要以影響而已라 至於世說之所長하여는 或造微於單辭하고 或徵巧於隻行하며 或因美以見風하고 或因刺以通贊하여 往往使人으로 短詠而躍然하고 長思而未罄이어늘 何氏는 蓋未之知也라 余治燕趙郡國獄에 小間無事하여 探槖中所藏하니 則二書在焉이라 因稍爲删定하고 合而見(현)其類하니 蓋世說之所去는 不過十之二요 而何氏之所采는 則不過十之三耳라 余居恒謂 宋時經儒先生이 每譏讁淸言致亂하니 而不知晉宋之于江左一也라 驅介冑而經生之乎인댄 則毋乃驅介冑而淸言也와 其又奚擇矣리오 嘉靖丙辰季夏에 琅琊王世貞이 譔(찬)하노라

【頭註】

○ 李贄 : 經生과 淸言을 병칭한 것은 너무 지나치게 폄하한 듯하다. 〈晉나라에서〉 王導・溫嶠・謝安은 모두 淸言을 하였으나 그들을 武將에 기용한 것이 어떠하였는가. 나는 〈宋나라에서〉 經生이면서 무장이었던 자를 보지 못하였다.

---

9) 經生 : 經儒先生을 가리킨다.(≪世說音釋≫)

10) 군사를……것 : 송나라가 양자강 이남으로 쫓겨 내려온 후 다시 중원을 회복하기 위해 몇 차례의 北伐전쟁을 하는 중에 관료사대부들이 유교 경전의 연구에 몰두하였던 것이나, 晉나라가 五胡의 침략을 받아 양자강 이남으로 쫓겨 내려온 후 華北을 회복하기 위한 북벌전쟁을 하는 중에 사대부들 사이에 淸談이 유행하였던 것이나 마찬가지임을 지적한 것이다.

11) 王世貞 : 1526~1590. 字는 元美, 號는 鳳洲・弇州山人이다. 直隸 太倉州(지금의 江蘇 太倉) 사람으로, 明나라의 文學家이며 史學家이다. 李攀龍과 함께 '後七子'의 한 사람이다. ≪弇州山人四部稿≫ 174권, ≪弇山堂別集≫ 100권, ≪藝苑卮言≫ 12권, ≪鳴鳳記≫, ≪史乘考誤≫ 등이 전한다. 그가 ≪世說新語≫와 ≪何氏語林≫을 합하여 ≪世說新語補≫를 편찬하였다.

李云 "與經生淸言竝稱, 似貶之太過. 王導·溫嶠·謝安皆淸言也, 用之介胄, 何如哉? 吾未見經生而介胄者也."

≪世說新語≫ 서문 世說新語序

≪周易≫에 "글로는 〈하고 싶은〉 말을 다 표현하지 못하고, 말로는 〈가슴속의〉 뜻을 다 표현하지 못한다."[1]라 하였으니, 그렇다면 글이란 말의 餘韻이요 말이란 뜻을 헤아리는 그림자이다. 이리하여 막역한 우정이란 늘 서로 만나는 데 달려 있고,[2] 술지게미에 불과하다고 비유한 것[3]은 마음을 전하는 것과는 아무 상관이 없게 된다. 그렇다면 백 세대 이후에 그 사람의 책을 읽어 그 사람의 마음을 헤아리고자 하는 것은 너무 우활하지 않은가. 이것이 책을 저술하는 것〔立言〕이 어려운 이유이다.

晉나라 사람들이 평소 淸談을 숭상하여 풍류가 후세에 전해졌는데, 臨川王[4]이 晉代 末에 나고 자라 그러한 풍류에 젖어 이 책을 저술하였다. 그리하여 오늘날까지 그것을 외고 익히는 것이 여전히 사람들로 하여금 춤추게 하여 마치

---

1) 글로는……못한다 : ≪周易≫ 〈繫辭傳 上〉에 나오는 孔子의 말이다.

2) 막역한……있고 : ≪莊子≫ 〈大宗師〉에 子桑戶・孟子反・子琴張 세 사람이 늘 서로 만나고 벗하며 마음에 거스르는 것이 없는 막역한 친구가 되었다는 내용이 있다.

3) 술지게미에……것 : ≪莊子≫ 〈天道〉에, 齊 桓公이 堂 위에서 책을 읽는 것을 輪扁이 보고는 그것은 이미 죽은 옛사람이 먹다가 남긴 술지게미일 뿐이라고 한 말을 가리킨다. 즉 여기서 술지게미에 불과하다고 비유한 것은 '책'을 말한다.

4) 臨川王 : 劉義慶(403~444)을 가리킨다. 彭城(지금의 江蘇 徐州市) 사람이다. 劉宋의 宗室로, 臨川王에 봉해졌다. 그는 이름난 문학가이자 정치가로 尙書省 左僕射(좌복야), 荊州刺史, 南兗州刺史 등을 지냈다. 성품이 담박하고 욕심이 없으며 文史를 애호하였기 때문에 士人과 문인들이 그의 주변에 많이 모여, 당시의 명사인 袁淑・陸展・何長瑜・鮑照 등이 막하에 있었다. 저술로 ≪徐州先賢傳≫・≪幽明錄≫・≪宣驗記≫ 등이 있었다고 하나 모두 산실되어 전하지 않고 ≪世說新語≫만이 전해지고 있다.

술잔을 주고받는 그들의 모습을 직접 보는 것과 같게 한다. 만일 당시에 살아 樂廣(악광)[5]과 衛玠[6]의 낭랑한 소리를 듣고 殷浩[7]와 劉惔[8]의 부드러운 음성을 들었다면, 그들의 절묘한 담론이 심장을 관통하고 비장에 들어가게 되었을 것이니, 尙書(何晏)가 이로 인해 미소 짓고[9] 平子(王澄)가 이로 인해 극도로 찬탄한 것[10]이 당연하지 않겠는가. 대개 晉나라 사람의 청담은 말이 뜻에 가까운 경우이고, 臨川(劉義慶)의 이 책은 또한 글이 말에 가까운 경우라 이를 만하다.

내가 어려서부터 이 책에 매우 탐닉하였고 중년에는 더욱 심하여 항상 책상자 속에 넣어두고 〈필사하느라〉 분필과 書板을 자주 갈았으며 〈책을 묶은〉 가

---

5) 樂廣(악광) : ?~304. 字는 彦輔이고, 南陽(山東省) 사람이다. 西晉 때의 官員으로 관직이 상서령에 이르렀다. 당시에 談論의 名手로 명성이 높았고 樂令이라고도 불렸다. 성품이 담박하고 儉約하였으며 멀리 내다보는 안목이 있었고, 욕심이 없었으며 남과 경쟁하려는 마음이 없었다.(≪晉書≫ 〈樂廣傳〉)

6) 衛玠 : 286~312. 字는 叔寶이고, 어릴 때 이름은 虎이다. 河東 安邑(山西省) 사람이다. 太子洗馬였을 때 西晉 말의 난리를 피해 江南으로 내려갔다가 27세 때 죽었다. 용모가 준수하고 풍채가 좋았으며 담론에 뛰어나 당시에 추앙을 받았다.(≪晉書≫ 〈衛玠傳〉)

7) 殷浩 : 303(?)~356. 東晉의 관원이자 軍人으로, 字는 深源이고, 陳郡 長平 사람이다. 젊어서부터 식견과 도량으로 명성이 높았고, 숙부 殷融과 함께 ≪老子≫·≪易經≫에 심취하였으며 담론에 뛰어났다. 建武將軍, 揚州刺史를 지냈으며, 북벌전쟁을 수행하다가 실패하여 庶人으로 폐해졌다가 病死하였다.(≪晉書≫ 〈殷浩傳〉)

8) 劉惔 : ?~?. 字는 眞長이고 어릴 때 이름은 道生이다. 沛國 相縣 사람으로, 劉耽의 아들이다. 東晉 때의 淸談家로 이름 높으며 丹楊尹을 지냈다. 그 누이는 謝安의 夫人이다. ≪老子≫와 ≪莊子≫에 심취하였고 자연에 순응하였다. 36세 때 단양윤으로 재임 중 임지에서 죽었다.

9) 尙書(何晏)가……짓고 : ≪世說新語補≫ 〈言語〉에 나오는 일화를 가리킨다. 尙書인 何晏이 ≪周易≫에 능통한 管輅의 담론을 듣고 미소 지으며, 요체를 아는 말은 번거롭지 않다고 칭찬하는 말을 하였다.

10) 平子(王澄)가……것 : ≪世說新語補≫ 〈賞譽〉에 나오는 일화를 가리킨다. 王澄 자신도 뛰어난 인재였으나 그는 젊어서부터 衛玠의 담론을 들을 때마다 극도로 찬탄하였다고 한다.

王世懋

죽 끈이 거의 끊어지려 하였다. 다만 구절이 더러 난삽하고 언어가 方言에 가까우니, 구절이 심오하면 판단하기 어렵고 말이 다르면 알아듣기 어려운 법이라 깊이 생각하고 여러 번 교정하여 약간 소통되게 하였으나, 마지막에 의문 나는 것을 비워두어 성인의 가르침을 따랐다.[11)]

널리 인용하고 사방으로 종합한 劉孝標[12)]의 註는 이전에 〈이 정도로 주석을 낸〉 古人이 없었으니 裴松之[13)]의 ≪三國志≫ 註가 약간 이에 비견될 수 있을 것이다. 그러나 俗夫들이 말세의 담론을 그 속에 상당히 집어넣었는데, 그것을 다 분별하고 그때마다 일일이 드러내어 卯金氏[14)]의 원한을 풀어줄 수 없었던 것

11) 마지막에……따랐다 : ≪論語≫ 〈爲政〉에 祿을 구하는 방법을 묻는 子張에게 孔子가 "많이 듣고 의심나는 것은 비워두며 그 나머지를 신중하게 말하면 잘못이 적다."라고 답한 구절이 있다. 여기서는 공자의 가르침을 따라 의심나는 것은 비워두어 오류를 적게 하였다는 말이다.

12) 劉孝標 : 462~521. 孝標는 자이고 이름이 峻이다. 법명은 法武이다. 平原(지금의 山東省 平原縣) 사람이다. 南朝의 文學家로, 劉義慶이 편찬한 ≪世說新語≫의 주석을 낸 것으로 이름이 났으며 그의 문장 역시 당시에 칭송을 받았다. 그는 난리 중에 태어나 어려서 식구들과 헤어져 부자인 劉實의 집에 팔려갔는데 학문을 좋아하고 항상 밤낮으로 책을 읽어 淸河 崔慰祖는 그를 "書淫"이라 불렀다 한다. 泰始 5년(469)에 北魏가 靑州를 점령하자, 平城(지금의 山西省 大同市)에서 出家하였다가 얼마 뒤 還俗하였다. ≪梁書≫와 ≪南史≫에 모두 傳이 있다.(≪南史≫ 〈劉懷珍傳附劉峻傳〉)

13) 裴松之 : 372~451. 東晉 말~南朝 宋 초의 정치가로, 字는 世期이며 河東郡 聞喜縣 사람이다. 元嘉 6년(429)에 宋 文帝의 명으로 陳壽의 ≪三國志≫에 주석을 달았는데, 여러 기록을 수집하고 많은 이설을 모아 완성하였으므로, 황제가 보고 "裴世期의 이름은 오래도록 남을 것이다."라고 하였다 한다. ≪晉記≫를 저술하였으나, 이후 소실되었다.(≪宋書≫ 〈裴松之傳〉)

14) 卯金氏 : 卯金은 '劉'라는 글자의 破字이다. ≪後漢書≫ 〈光武帝紀 上〉에 "卯金이 덕

이 한스럽다.

처음에는 이 책을 장막 속에 감춰두었으나 이윽고 公共의 즐길 거리로 삼고자 하였는데 參知 喬公[15]이 보고는 매우 칭찬하고 즉시 梓人[16]에게 주어 간행하게 하였다. 이제 마지막 장을 끝내고 간행하게 된 까닭을 서술하니, 이 책을 완성함에 내 어찌 감히 두 분[17]의 忠臣이라 이를 수 있겠는가. 風雅의 죄인이 되지 않기만 바랄 뿐이다.

萬曆 庚辰年(1580) 가을에 吳郡의 王世懋[18]가 찬술하다.

易稱 書不盡言하고 言不盡意라하니 然則書者는 言之餘響이요 而言者는 意之景測也라 是以로 莫逆之旨는 恒存乎相視하고 糟粕之喩는 無與於心傳이니 由百世之下로 讀其書하여 而欲想見其爲心이 不亦遠乎아 此立言者之所以難也라 晉人이 雅尙淸談하여 風流映於後世한대 而臨川王이 生長晉末하여 沐浴浸漑하여 述爲此書하니 至今諷習之者가 猶能令人舞蹈하여 若親覩其獻酬라 儻在當時하여 聆樂衛之韶音하고 承殷劉之潤響하면 引(宮)〔商〕刻羽[19]가 貫心入髀리니 尙書가 爲之含笑하고 平子가 由斯絶倒가 不亦宜乎아

을 닦아 천자가 된다.〔卯金修德爲天子〕"라는 讖記가 돌았다는 구절에 대해 唐나라의 李賢이 "卯金은 劉字이다."라고 주를 달았다. 여기서는 ≪세설신어≫에 주를 단 劉峻(劉孝標)을 가리킨다.

15) 參知 喬公 : 喬懋敬(?~?)을 가리킨다. 교무경은 字가 允德이고, 直隸 松江府 上海縣 사람이다. 軍籍에 속하며, 明 嘉靖 44년(1565) 進士 출신이다.(王能憲, ≪世說新語硏究≫ 74쪽) 이와는 달리 ≪世說音釋≫에서는 교공은 喬正寧을 가리킨다고 하였다. 교정녕은 자가 景叔이고 耀州 사람이다. 가정 무술년(1538)에 進士가 되었고 河南에서 벼슬하여 四川按察使에 발탁되었다. ≪丘隅集≫이 있다.

16) 梓人 : '梓'는 木板에 글자를 새기는 것을 말하므로, 梓人은 판각하는 사람이다.(≪世說音釋≫)

17) 두 분 : ≪세설신어≫의 저자인 劉義慶과 ≪세설신어≫에 주를 단 劉峻(劉孝標)을 가리킨다.

18) 王世懋 : 1536~1588. 字가 敬美이고 號가 麟州·損齋·牆東生이다. 直隸 太倉(지금의 江蘇省) 사람이다. 南京刑部尙書이자 史學家인 王世貞의 아우이며 嘉靖 38년 進仕 출신이다. 南京禮部主事, 陝西福建提學副使를 지내고 南京太常少卿에 올랐다. 저술로 ≪王儀部集≫·≪二酉委譚摘錄≫·≪名山游記≫·≪奉常集詞≫·≪窺天外乘≫·≪藝圃擷餘≫ 등이 있다. ≪明史≫ 〈王世貞傳〉에 그의 傳이 붙어 있다.

盖晉人之談은 所謂言之近意요 而臨川此書는 抑亦書之近言者也라 余幼而酷嗜此書하고 中年彌甚하여 恒著(착)巾箱하고 鉛槧數(삭)易하며 韋編欲絶이라 第其句或勾棘하고 語近方言하니 句深則難斷하고 語異則難通이라 積思累校하여 小獲疏明이나 終乎闕疑하여 以遵聖訓이라 至於孝標一注博引旁綜하여는 前無古人하니 裴松之三國志註가 差得比肩이로대 而頗爲俗夫攙入叔世之談하니 恨不能盡別淄澠하여 時一標出하여 以洗卯金氏之冤이라 初雖閟之帳中이나 既欲公之炙嗜한대 參知喬公이 見之하고 亟相賞譽하여 即授梓人이라 爰綴末章에 敍所繇梓하니 是編也成에 吾豈敢謂二氏之忠臣이리오 抑庶幾不爲風雅之罪人乎인저 萬曆庚辰秋에 吳郡王世懋가 譔(찬)하노라

---

19) 引(宮)〔商〕刻羽 : 저본에는 '引宮刻羽'로 되어 있는데, ≪文選≫ 권45 〈對楚王問〉에 의거하여 '宮'을 '商'으로 바로잡았다. 楚(戰國)나라 宋玉이 楚王의 질문에 답하기를 "引商과 刻羽에 流徵(유치)를 섞어 연주하니, 나라 사람 중에 따라 화답하는 자가 몇 명에 불과하였습니다."라고 한 말에서 원용한 말이다. 古樂律의 音階에는 宮·商·角·徵(치)·羽와 變徵·變宮이 있는데, 商聲은 五音 중에 가장 높아 '引'이라 칭하고, 羽聲은 비교적 가늘어 '刻'이라 칭한다. 따라서 "引商刻羽"는 원래 曲調가 가장 높고 聲律을 요구하는 연주를 뜻하나, 여기서는 담론에 조리가 있고 次序가 있음을 빗대어 표현한 것으로 보고 '절묘한 담론'으로 번역하였다.(≪世說音釋≫)

≪世說新語≫ 서문　世說新語序[1)]

내가 豫章에서 ≪세설신어≫를 간행하여 예전에 난삽하여 의미가 통하지 않아 병통으로 여겼던 구절도 이웃고 조리가 있게 되었으나, 안타깝게도 子固(曾鞏)[2)]처럼 공들여 교감하지 못하였다. 그리하여 찾아낸 글자나 소통시킨 구절이 왕왕 잘못되어 자칫 사람들을 미혹시킬 수 있었고, 품평하는 짤막한 구절도 계속 이어서 얻었으나 때때로 다시 차근차근 살펴보니 제대로 고찰하지 못한 것이 한스러웠다.

家兄 元美(王世貞)가 전에 ≪何氏語林≫을 병합할 때 수록하기에 마땅하지 않은 일화를 제거하고 〈≪세설신어≫와〉 합하여 한 책으로 만들었는데, 〈이 책은〉 오래되어 결국 散失되었다. 친구인 張仲立[3)]이 이 책을 얻고는 좋아하여 차례로 註를 달았고, 다시 何氏(何良俊)가 잘못한 것을 정정하는 한편 미비한 주석을 보충하느라 수 년 동안 작업하여 校註한 원고가 방안에 가득하였다.[4)]

---

1) 世說新語序 : 저본에는 이 제목이 없고 단지 王世懋의 서문 아래에 이어서 기술하였으나 여기서는 독자의 편의를 위해 제목을 붙였다.

2) 子固(曾鞏) : 曾鞏(1019~1083)은 北宋의 政治家이며 散文家이다. 南宋 理宗 때 '文定'이라는 시호를 받았다. 建昌 南豐(지금의 江西) 사람이므로, '南豐先生'이라고 불렸다. 嘉祐 2년(1057) 進士이다. '唐宋八大家' 중의 한 명이며 '南豐七曾'(曾鞏・曾肇・曾布・曾紆・曾紘・曾協・曾敦)의 한 사람이다. 藏書가 2만 권에 달했는데 직접 교감하는 일을 늙었을 때까지 쉬지 않았다고 한다. 저술에 ≪元豐類稿≫・≪隆平集≫이 있다. (≪宋史≫ 〈曾鞏傳〉)

3) 張仲立 : 이 책을 校註한 張文柱를 말한다. ≪歷朝小傳≫에, 字가 '中立'이며 崑山 사람으로 萬曆 戊子年(1588)에 鄕薦에 의해 青州守로 부임하였다가 4년 뒤에 죽었다고 하였다.(≪世說音釋≫)

마침 내가 閩中에 가게 되자, 그가 손수 〈그 원고를〉 보여주고 또 작자의 뜻을 서문으로 써줄 것을 청하므로 예장에서 간행한 뒤 다시 교감해둔 善本을 아낌없이 그에게 주었다.

대개 臨川(劉義慶)과 劉孝標(劉峻)는 업적이 대략 같으며 元郎(何良俊)이 〈유의경을〉 보완해준 것은 그 뜻이 또한 근실하였으니, 예전에는 오히려 반쪽으로 갈라졌던 玉이 오늘에야 비로소 온전한 옥으로 합쳐진 것이다. 내가 끝까지 해결하지 못한 것은 장차 鄭玄이 服氏(服虔)를 만난 것처럼[5] 해결되지 않겠는가. 유효표의 주는 중간에 섞여들어 간 것이 있는 것으로 의심되어 약간 지적을 받으나, 끝내 이 사람을 저승에서 살아오게 하여 천 년 뒤인 오늘날에 밝히게 할 수는 없으리라. 서문을 지어 장중립에게 돌려주고 이어 이러한 뜻을 갖추어 써서 서로 함께 상의하고자 한다.

乙酉年(1585) 1월에 王世懋가 다시 쓰다.

予刻世說豫章하여 舊所病勾棘難通者도 亦旣有倫矣로대 惜也라 子固讎對之功闕焉이여 採字踈句가 往往而訛하여 幾於誤人하고 標評小語도 亦續有得이나 時復(부)循覽에 而恨其未覈也라 家兄元美가 嘗並何氏語林에 刪其無當하고 合爲一編한대 久乃散落이라 友人張仲立이 得而嗜之하여 次第修註하고 而更爲訂何氏之乖迕하고 與益其註之未備하니 鉛槧[6]經年하여 殺青滿室이라 會予將之閩中할새 手以相示하고 且請序作者之意하니 予

---

4) 校註한……가득하였다 : 원문의 '殺青'은 '대나무 껍질의 푸른색을 죽인다.'는 의미인데, 나중에 죽간에 좀이 생기지 않게 하기 위해 먼저 죽간을 불에 살짝 구워 대나무에서 땀이 나듯 나오는 물기를 없앤 뒤 껍질을 벗기는 공정을 거친 죽간을 말한다. 이런 죽간이 방에 가득하였다는 것은 張文柱가 ≪世說新語補≫를 교감하고 주석을 내느라 많은 공력을 들였음을 묘사한 것이다.(≪世說音釋≫)

5) 鄭玄이……것처럼 : 鄭玄(127~200)은 후한 말 경학의 대가이다. 자는 康成이다. 모든 經에 정통하여 漢代 經學을 통일적으로 집대성하였다. ≪毛詩≫·≪周禮≫·≪儀禮≫·≪禮記≫ 등의 주를 내었는데, ≪春秋左氏傳≫은 특별히 服虔에게 전수하였다. 복건은 후한의 학자로, 자는 子愼이며, 河南 滎陽 사람이다. 九江太守를 지냈으며, 명저인 ≪春秋左氏傳解≫를 남겼다. 여기서는 미진한 부분에 대한 연구가 후학을 만나 완성될 것을 기대한다는 뜻으로 쓰였다.

豫章後重校善本을 不吝授之라 盖臨川과 孝標는 功緖略當하며 元朗의 羽翼은 意亦勤矣하니 昔猶璋判이나 今始珪合이라 予所硏覈不賓者는 將無鄭玄之遇服氏哉아 若孝標一註는 疑有羼入中間하여 稍爲指擿이나 終未得起斯人于九原하여 令千載洗然也리라 書以復仲立하고 仍具此意하여 相與商求之라 是歲乙酉初春에 世懋가 再識(지)하노라

---

6) 鉛槧 : 옛날에 문필에 종사하는 사람들이 가지고 다니는 도구로, '鉛'은 푸른색 주석으로 만든 鉛粉이고 '槧'은 나무를 잘라 만든 書板이다. ≪西京雜記≫에 "揚子雲(揚雄)이 항상 鉛粉을 품고 木板을 들고 다녔다.〔揚子雲 好事常懷鉛提槧〕"라고 한 데서 유래하였으며, 훗날에는 종이와 붓, 문필에 종사하는 것을 비유하기도 한다.

≪世說新語補≫ 간행 서문 刻世說新語補序

예전에 나는 ≪世說新語≫를 읽을 때마다 손에서 책을 놓지 못하였다. 대개 臨川王(劉義慶)은 은거하면서 뜻을 연마하고 經典을 탐독하여 宗室의 표본이 되었다. 그는 자신이 애호하던 아름다운 일화와 깨끗한 담론을 채집하여 기록하였는데, 당시에 太尉 袁淑,[1] 吳郡의 陸展,[2] 東海의 何長瑜[3]・鮑照[4] 같은 사

---

1) 袁淑 : 408~453. 字는 陽源이고, 陳郡 陽夏(河南省) 사람이다. 宋(南朝)나라의 大臣으로, 젊어서부터 기풍이 있어 고모부 王弘에게 인정을 받았으며, 章句만 따지는 학문을 따르지 않고 폭넓게 학문을 섭렵하였으며 문장을 잘 짓고 才辯이 뛰어났다. 임천왕 유의경이 초빙하여 諮議參軍으로 삼았다. 부친 宋文帝를 시해한 태자 劉劭 편에 서지 않아 46세에 죽임을 당했다. 문집으로 ≪袁陽源集≫ 10권이 있다.(≪宋書≫ 〈袁淑傳〉)

2) 陸展 : ?~454. 吳郡 吳縣 사람으로, 益州刺史 陸徽의 아들이다. 관직이 車騎長史, 尋陽太守에 이르렀다. 文辭에 뛰어나 임천왕 유의경이 江州刺史로 나갔을 때 초빙되어, 당시에 뛰어난 문사를 지닌 何長瑜・鮑照・袁淑 등과 같이 유의경의 幕下에 있었다. 454년에 臧質이 승상 겸 荊州刺史인 南郡王 劉義宣 등과 같이 宋 孝武帝에 반란을 일으켰다가 패하자, 연루되어 피살되었다.(≪宋書≫ 〈良吏 陸徽傳〉, ≪宋書≫ 〈宗室 劉義慶傳〉)

3) 何長瑜 : ?~443. 東海郡(지금의 江蘇省) 사람이다. 이름난 시인이며 謝靈運의 벗으로, 謝惠連・荀雍・羊濬와 함께 '靈運四友'로 불렸다. 謝方明 가문에 들어가 그 아들 사혜련의 사부가 되었는데, 이때 사영운이 그를 매우 인정하였다. 후에 임천왕 유의경의 幕府에 들어가 參軍이 되었다. 443년에 廬陵王 劉紹의 초빙을 받아 참군으로 가던 중 폭풍우를 만나 익사하였다. 문집 8권이 있었다고 하나 전하지 않고, ≪詩品≫에 그의 시 2首가 남아 있다.

4) 鮑照 : 414~466. 宋(南朝)의 관원이자 시인이다. 字는 明遠이고, 東海郡(江蘇省) 사람이다. 西晉 元嘉(424~453) 연간에 유의경의 막하에 들어가 國侍郎이 되었다. 마지막 관직이 '前軍參軍'이었기 때문에 후세에 '鮑參軍'으로 불리기도 한다. 송 문제 원가

람들을 초빙하여 佐吏國臣[5]으로 삼았기 때문에 기재한 내용이 세밀하였다. 劉孝標는 해박한 학문을 지녔고 또 신기한 서적들을 좋아하여 그에 근거하여 주를 냈으므로 인용하여 증험한 것이 특히 상세하였다. 저 崔慰祖가 그를 '書淫'이라 하였으니[6] 아마도 이 책을 병적으로 매우 좋아하였던 것 같다.

우리나라(明)의 何元朗(何良俊)은 학식이 넓고 옛 것을 좋아하여 위로는 漢나라와 晉나라까지 올라가고 아래로는 元나라까지 확장하여 ≪何氏語林≫을 만들었다. 王元美(王世貞)는 〈그 책에서〉 산만한 것을 제거하고 典雅하고 純正한 것만 남겨 ≪世說新語補≫를 만들었다. 王敬美(王世懋)가 어려서부터 이 책을 매우 좋아하여 오랫동안 공을 들여 字句 중에 난삽하여 의미가 통하지 않는 것을 소통시켜 분명하게 하고, 예전 註 중에 俗人들이 끼워 넣은 것을 찾아내 자신이 卯金氏의 한을 풀어주려 하였다. 그리하여 전에 豫章에서 판각하고 이어서 수정한 것을 吳郡에서 復刻하니, 張仲立(張文柱)이 교정하여 더욱 善本이 된 데다가 왕경미가 또 지적을 더하여 批評이 劉辰翁[7]에 비해 더욱 상세하였다.

연간을 대표하는 시인으로, 같은 시기에 활약한 謝靈運·顏延之와 더불어 '元嘉三大家'로 불린다. ≪鮑參軍集≫ 10권이 있다.

5) 佐吏國臣 : 州의 長官을 보좌하는 僚屬이다. ≪通典≫에 州의 佐吏로는 別駕·治中·主簿·功曹書佐 등이 있다고 하였고, 이들은 장관이 추천하여 임명하였다.(≪世說音釋≫)

6) 崔慰祖가……하였으니 : ≪梁書≫ 〈文學列傳 下〉 劉峻 條에, 유준(字 孝標)은 집이 가난하여 남의 집에서 일하며 살면서도 책을 좋아하여 밤을 새워 독서하였으며 스스로 본 것이 넓지 않다고 생각하여 신기한 책이 있다는 말을 들으면 반드시 찾아가 빌려서 읽었기 때문에 최위조가 그를 '書淫'이라 칭하였다는 말이 나온다. 書淫은 책 읽기를 좋아하는 병에 걸린 사람이라는 뜻으로 학문을 좋아하는 사람을 일컫는다. 최위조(465~499)는 南齊 시대 사람이며 字는 悅宗이고 淸河 東武城 사람이다. 학문을 좋아하고 만여 권의 藏書를 소유하였는데 인근의 책 좋아하는 젊은이들에게 책을 빌려주어 문화를 전파하였다. 이때 유준도 그에게서 책을 많이 빌려보았다고 한다.(≪南齊書≫ 〈崔慰祖傳〉)

7) 劉辰翁 : ≪世說新語≫에 가장 먼저 批點을 붙인 사람으로 劉應登과 劉辰翁이 거론되는데, 이 중 유진옹의 비점본이 인정을 받고 있다. 유진옹(1232~1297)은 南宋의 시인으로 字는 會孟이고 號는 須溪이다. 吉州 廬陵(지금의 江西 吉安) 사람이다. 對策을

다시 閩中에서 판각할 때 王汝存(王湛)[8]이 교정한 뒤 나에게 서문을 써줄 수 있는지를 물었다. 내가 그로 인해 다시 이 책을 읽어보았는데, 전에 없었던 고상한 담론에 놀라고 다른 시대의 긴 휘파람소리를 듣는 것 같았으니 이 또한 얼마나 통쾌한가. 〈劉知幾는〉 ≪세설신어≫를 孔思尙의 ≪宋齊語錄≫[9]과 동등하게 여기면서 일체 '자질구레한 말〔瑣言〕'이라 하였고,[10] 劉彤(유동)의 ≪晉紀≫[11]에 견주면서 모두 '재주가 부족하다.'고 하였으니,[12] 무슨 말을 그리 쉽게 하여 천 년 동안 비웃음을 받는가. 나는 劉子玄(유지기) 역시 남의 잘못만 보고 자신의 잘못은 모른다고 비웃노라.[13]

통해 당시의 權奸 賈似道를 공격하였고, 송나라가 망한 뒤에는 벼슬하지 않고 은거하다가 생을 마쳤다.

8) 王汝存(王湛) : 王湛은 閩縣 사람으로, 字가 汝存이며 萬曆(1573~1620) 연간에 歲貢(국자감 생원)이었다.(≪世說音釋≫)

9) 孔思尙의 ≪宋齊語錄≫ : ≪舊唐書≫ 〈藝文志〉에 "孔思尙의 ≪宋齊語錄≫ 10卷"이라는 기록이 있는 것으로 보아, 唐나라 이전에 편찬된 서적으로 추정된다. 劉知幾의 ≪史通≫에서는 '孔思尙의 語錄'이라고 기술하였는데, 이는 ≪송제어록≫의 약칭으로 보인다.

10) ≪세설신어≫를……하였고 : 劉知幾가 ≪史通≫ 〈雜術〉에서, 劉義慶의 ≪世說≫, 裴榮期(裴啓)의 ≪語林≫, 孔思尙의 ≪宋齊語錄≫, 陽松의 ≪談藪≫와 같은 것을 瑣言이라고 비평하였다.

11) 劉彤(유동)의 ≪晉紀≫ : 劉彤은 立傳되지 않아 자세한 인적사항은 미상이며, ≪山東通志≫ 〈經籍志〉에 "劉彤이 干寶의 ≪晉紀≫에 註를 냈다. -40권이다.-〔劉彤註干寶晉紀-四十卷-〕"라는 기록이 남아 있다. '劉彤晉紀'는 '유동이 편찬한 ≪진기≫'라는 말이 아니라, '유동이 주를 낸 干寶의 ≪晉紀≫'를 가리키는 것으로 보인다.

12) 모두……하였으니 : 劉知幾가 ≪史通≫ 〈補注〉에서, 裴松之의 ≪三國志≫, 陸澄・劉昭兩의 ≪漢書≫, 劉彤의 ≪晉紀≫, 劉孝標의 ≪世說≫을 가리켜, 好事家들이 능력이 부족하고 역량이 없어 스스로 통달할 수 없자 前人의 업적에 힘입어 남보다 뛰어나고자 여러 서적의 진기한 내용들을 두루 수집하여 前書의 부족함을 보충한 것이라고 비평하였다.

13) 남의……비웃노라 : 원문은 "目睫之譏"인데, 여기서 目睫은 "目不見睫"의 줄임말이다. 눈으로 자기 눈썹을 보지 못한다는 뜻으로 자신의 허물을 잘 알지 못하고 남의 잘못은 잘 봄을 비유한 말이다. ≪史記≫ 〈越王勾踐世家〉의 "눈은 미세한 털을 보나 자신의 눈썹을 보지 못하니, 지금 왕은 晉나라의 잘못된 계책은 알면서 越나라의 잘못은

何氏(하양준)가 臨川(유의경)을 보완해주었으니 그 공이 크거니와 마침내 두 王氏(왕세정·왕세무)가 밝게 드러내어 하나로 합하여 江左(六朝)의 풍류를 東京(後漢)과 이어지게 함으로써 천만세를 하루처럼 만들었으니, 임천의 혼령이 있다면 장차 "音을 감상할 줄 아는 선비가 어찌 유독 劉玄靖(劉峻)만 있다고 하겠는가."라고 할 것이다. 속담에 "천금 가치의 갖옷은 여우 한 마리의 겨드랑이 털로 된 것이 아니다."[14]라는 말이 있으니, 나는 이 책 역시 그렇다고 하노라.

萬曆 丙戌年(1586) 가을날에 沔陽의 陳文燭[15] 玉叔이 짓다.

往余讀世說新語에 輒手之不釋이라 盖臨川王은 潛居研志하고 耽情墳籍하여 爲宗室之表라 所愛佳事淸言을 采而書之한대 當時如太尉袁淑과 吳郡陸展과 東海何長瑜鮑照諸公을 引爲佐(史)〔吏〕[16]國臣하니 故紀載周悉이라 劉子孝標는 學旣該博하고 又好異書하여 從而註之하니 故引證特詳이라 彼崔慰祖가 謂爲書淫이라하니 或於是書에 有癖也라 國朝의 何元朗이 博洽嗜古하여 上遡漢晉하고 下逮勝國하여 廣爲語林이라 王元美가 刪其冗褋하고 存其雅馴者하여 爲世說新語補라 敬美가 自幼로 酷好是書하여 鑽厲有日하여 于字句에 勾棘難通者를 疏明之하고 于舊註에 爲俗子攙入者를 標出之하고 自謂洗卯金氏之冤하여 曾刻豫章하고 續有正者를 復刻吳郡하니 張仲立校之하여 已爲善本한대 敬美가 又加指摘하니 其批評이 視劉辰翁加詳이라 再刻閩中에 王汝存校之하고 問序于不佞하니 因得再讀에 驚高論于曠代하고 聞長嘯于異時하니 又何快也아 若以世說로 等孔思尙之語錄하여 而槩爲瑣言이라하고 比劉彤之晉紀하여 而都云才短이라하니 談何容

알지 못한다."라는 말에서 유래하였다.

14) 천금……아니다 : 원문은 "千金之裘 非一狐之腋"인데, 여우의 겨드랑이에서 나는 白毛는 아름다우나 얻기 어려운데 이것을 모아 천금 가치의 갖옷을 만들었다는 뜻이다. 이 말은 ≪史記≫ 〈劉敬叔孫通列傳〉에서 太史公이 인용한 속담에서 유래하였고, 이후 작은 것을 모아 큰 것을 이루고 大家의 힘을 모아 큰일을 이룬다는 비유로 쓰인다.

15) 陳文燭 : 1536～1595. 字는 玉叔, 號는 五嶽山人이며, 湖廣 承天府 沔陽州 사람이다. 軍籍에 속하며 ≪書經≫에 정통하였다. 관직은 南京大理寺卿을 지냈다. 저술로 ≪二酉園詩集≫ 12권, 文集 14권, 續集 23권이 있다.

16) (史)〔吏〕 : 저본에는 '史'로 되어 있으나, ≪南史≫와 ≪世說箋本≫ 등에 의거하여 '吏'로 바로잡았다.

易(이)하여 受嗤千載아 吾于劉子玄에 亦有目睫之譏云이라 夫何氏羽翼臨川하니 厥功偉矣요 乃二王表章하여 合而爲一하여 俾江左風流紹述東京者로 千萬世而一日하니 臨川이 有知면 將謂賞音之士가 寧獨劉玄靖邪(야)아하리라 語曰 千金之裘는 非一狐之腋也라하니 余于玆編에도 亦云하노라 萬曆丙戌秋日에 沔陽陳文燭玉叔이 撰하노라

≪世說新語補≫ 옛 서문 2수 世說新語補舊序二首[1]

1.

晉나라 사람들은 曠達함을 좋아하고 기이한 정취가 많았다. 그러므로 그들의 언어와 문장은 색다른 특색이 있었으니 ≪世說新語≫에서 그러한 모습을 볼 수 있다. ≪세설신어≫는 晉나라 위주로 편찬되었고 漢나라와 魏나라에 대한 것은 부수적일 뿐이다. 비록 典雅함은 左氏의 ≪國語≫만 못하고 종횡무진함은 ≪諸國策≫[2]만 못하나, 깨끗하면서 은미하고 간결하면서 심원하며, 확연히 세속을 초월하였다. 衛虎(衛玠)가 강을 건널 때 한 말[3]과 安石(謝安)이 자식을 가르치는 일[4]을 예로 들어보면 기민하면서도 침착한 듯하고 해학적이면서도 냉정하여 사람으로 하여금 꿈속에서도 생각하게 하고, 맛이 있고 정취가 있어 삼키면 삼킬수록 더욱 〈그 맛이〉 풍부해지고 아무리 씹어도 〈그 정취를〉 다 알지 못하

---

1) 世說新語補舊序二首 : 이 두 서문은 ≪世說新語補≫의 서문이 아니라 ≪世說新語≫의 서문이다.

2) 諸國策 : 여러〔諸〕 나라〔國〕의 책략〔策〕을 모은 ≪戰國策≫을 가리키는 것으로 보인다. ≪전국책≫은 중국 고대 전국시대 여러 국가의 유세객들의 언행이나 각 국가의 정치 책략, 변론술 등을 기록한 33권 12만 자에 달하는 방대한 저서로, 원저자는 미상이고 한나라의 劉向이 編訂하였다.

3) 衛虎(衛玠)가……말 : ≪世說新語≫ 〈言語〉에 나오는 일화로, 衛玠가 난리를 피해 양자강을 건너면서 주위 사람들에게 "이렇게 망망한 물을 보니 나도 모르게 만감이 교차한다……."라고 한 말을 가리킨다.

4) 安石(謝安)이……일 : 안석은 東晉의 정승인 謝安의 字이다. ≪世說新語≫ 〈德行〉에 나오는 일화로, 사안의 부인이 남편에게 "왜 당신은 아이들을 통 가르치려 하지 않는 겁니까?" 하자, 사안이 "나는 늘 일상 속에서 자연스럽게 아이들을 교육하고 있소."라고 대답한 일을 말한다.(≪世說新語≫ 〈德行〉)

게 한다. 대체로 당시의 인사들은 오로지 한마디 말이나 짧은 구절로 일생을 품평했으니, 후대의 인사들이 부지런히 붓을 놀려 〈많이 써야〉 비로소 자신의 이름값이 정해지는 것과는 달랐다.

臨川(유의경)은 저술을 잘하였고 또 스스로 고상하고 소탈하며 법도가 있었으나, 〈이 책에〉 어찌 正道에 어긋난 비평과 실제에 맞지 않는 기술이 더러 포함되지 않았겠는가. 그래도 칭송하여 여타의 다른 서책과 나란히 행해지게 해야 마땅하나, 후대의 습속이 천박해져서 〈이 책의 진가를〉 아는 사람을 딱히 찾을 수 없으니 어찌하겠는가. 아, 사람들은 江左(六朝)에서 清談하느라 정사를 등한시하였다고 말하나, 걸출한 한 노인이 유희하고 남은 힘을 내어 오히려 백만의 적을 상대하기에 충분하였으니[5] 이것이 담론의 으뜸이 아니겠는가. 그렇지만 나는 그 문장을 취할 뿐이고 그 사람됨을 논평하지는 않겠다.

丙戌年(1226) 6월에 병으로 생각이 무료해져 직접 교감한 家本을 토대로 긴 주석을 정밀하게 깎아내고 간간이 풀리지 않던 의미를 통하게 하여 이듬해에 梓人에게 주니 마침내 5월 16일에 간행하게 되었다. 耘廬 劉應登[6]이 스스로 첫머리에 써서 서문을 삼노라.

晉人은 樂曠하고 多奇情이라 故其言語文章이 別是一色하니 世說可觀已라 說爲晉作하고 及于漢魏者는 其餘耳라 雖典雅는 不如左氏國語하고 馳騖(무)는 不如諸國策이로대 而清微簡遠하고 居然玄勝이라 槩舉如衛虎度江과 安石教兒하면 機鋒似沉하고 滑稽又冷하여

---

5) 걸출한……충분하였으니 : 여기서 걸출한 노인은 謝安을 가리킨다. ≪晉書≫ 〈謝安傳〉과 ≪世說新語≫ 〈雅量〉편에 의하면, 前秦의 苻堅이 백만 명의 군사를 이끌고 남쪽으로 침공해 왔을 때 사안은 별장에서 형의 아들 謝玄과 바둑을 두었고 들판을 노닐다가 밤에 돌아와 부견의 군대와 싸울 將帥를 임명하고 각기 그 직임을 정해주었는데 결국 전쟁에서 크게 승리하였다고 한다.

6) 劉應登 : ?~? 자는 堯咨, 호는 耘廬이며 廬陵 安福(지금의 江西 안복) 사람이다. 景定 3년(1262)에 進士가 되었으나 당시는 송나라 말의 혼란한 시기였으므로 벼슬하지 않았다. 經史에 박식하여 당대 巨儒들의 존경을 받았고 당대의 이름난 학자인 劉辰翁·趙文 등과 교유하였다. 가장 이른 시기에 ≪世說新語≫의 批注本을 간행한 것으로도 알려져 있다.(≪世說音釋≫)

類入人夢思하고 有味有情하여 噍之愈多하고 嚼之不見이라 盖于時諸公은 剸以一言半句로 爲終身之目하니 未若後來人士가 俛焉下筆이라야 始定名價라 臨川은 善述하고 更自高簡有法이나 反正之評과 戾實之載가 豈不或有리오마는 亦當頌之하여 使與諸書竝行也어늘 晩後淺俗하니 奈[7]解人을 正不可得가 嗚呼라 人言江左淸談遺事라하나 槃槃一老가 出其游戱餘力하여 尙足辦此百萬之敵하니 玆非談之宗歟아 抑吾取其文하고 而非論其人也라 丙戌長夏에 病思無聊하여 因手校家本하여 精剗其長註하고 間疏其滯義하여 明年에 以授梓하니 迺五月旣望에 梓成하다 耘廬劉應登이 自書其端하여 是爲序하노라

2.

내가 전에 載記[8]에 기술된 것을 보니 晉나라 사람의 일화와 대화는 간결하고 담박하며 雅正하고 韻致가 있었다. 세간에서 江左 사람들은 淸談을 잘하였다고 말하는데 지금 ≪世說新語≫를 열람해보니 참으로 그 말과 같다. 臨川(劉義慶)이 이 책을 편찬하였는데 일화를 선별하고 종합한 것이 분명하고 번잡하지 않으며, 劉孝標의 注는 諸家의 小史들을 수록하여 그 뜻을 분석하였으니, 그 훈고에 대한 칭찬이 高似孫[9]의 ≪緯略≫에 실려 있다. 우리 집안에 보관된

---

7) 奈 : ≪世說箋本≫과 日本 安永 8년본 ≪李卓吾批點世說新語補≫(이하 '安永本'으로 약칭)에는 이 글자가 '索'으로 되어 있다.

8) 載記 : 舊史에서 正統이 아닌 자를 위해 지은 傳記를 本紀나 列傳과 구별하기 위해 붙인 명칭이다. ≪後漢書≫ 〈班固傳 上〉에 班固가 "列傳과 載記 28편을 지어 황제에게 아뢰었다."라 하여 한나라 때에 열전과 재기를 구별하였음을 알 수 있고, 淸나라 趙翼은 자신의 저술인 ≪廿二史箚記≫ 卷1에서 ≪晉書≫는 僭僞한 나라들의 군주에 대한 일을 世家라고 하지 않고 재기라고 불렀다고 하였다. 실제로 ≪진서≫에는 〈慕容皝載記〉·〈劉聰載記〉 등 재기가 붙은 명칭이 많다.

9) 高似孫 : 1158~1231. 字는 續古, 號는 疏寮이며, 明州 鄞縣(지금의 浙江 寧波) 사람이다. 方志學家이며 目錄學家이다. 동시대의 陳振孫은 ≪疎寮集≫의 解題에서 高似孫에 대해 惡評을 하였으나, 실제로는 鄭樵 이후의 目錄學에 신기원을 이루었다고 평가받았다. 저술에 ≪子略≫ 4권, ≪史略≫ 6권, ≪緯略≫ 1권, ≪騷略≫ 3권, ≪蟹略≫ 4권, ≪剡錄≫ 10권 등 다수가 있다.(≪宋史≫ 〈藝文志〉)

宋本은 放翁[10)]이 교감하여 간행한 본인데, 나 謝湖(袁褧)가 농사짓는 틈틈이 직접 열람하면서 마음을 붙이다가 스스로 볼만하다고 생각하여 梓人에게 맡겨 함께 즐길 거리로 전하게 되었다.

나는 옛사람들이 司馬氏(晉나라)의 國統이 淸談으로 인해 망했다고 논한 것에 대해 탄식하니, 이 말은 지나치게 심한 말이 아닌가. 竹林의 무리[11)]는 沂水의 즐거움[12)]을 사모하였고 蘭亭의 모임[13)]에서는 堯임금의 禮樂制度를 노래하였으며, 陶荊州(陶侃)[14)]는 근면하고 기민하며 謝東山(謝安)[15)]은 조용하며 진중하

10) 放翁 : 陸游(1125~1210)를 말한다. 字는 務觀, 號는 放翁이며, 越州 山陰(지금의 紹興) 사람이다. 南宋의 文學家, 史學家, 愛國詩人이다. 그가 살던 시대는 北宋이 멸망하던 시기였는데, 그는 金나라에 抗戰할 것을 주장하여 主和派에게 배척을 받았다. 황제의 명으로 孝宗·光宗의 ≪實錄≫과 ≪三朝史≫의 편수를 맡았으며, 詩詞에 뛰어났고 史才 또한 있어 그의 ≪南唐書≫는 핵심을 살피고 원칙이 있으며〔簡核有法〕 史評의 색채가 선명하여 사료 가치가 높게 평가된다. ≪劍南集≫이 있다.(≪世說音釋≫)

11) 竹林의 무리 : 竹林七賢을 가리키는 말이다. 魏나라 正始 연간에 阮籍·嵇康·山濤·向秀(상수)·阮咸·王戎·劉伶 등 7인이 서로 친하게 지내면서 모두 禮俗에 얽매이지 않고 老莊의 학설을 말하기 좋아하며 술을 즐겨 마시면서 항상 竹林 사이에 모여 놀았으므로, 당시 사람들이 그들을 죽림칠현이라고 일컬었다.

12) 沂水의 즐거움 : ≪論語≫ 〈先進〉에서 孔子가 제자들에게 "너희들을 알아준다면 어찌하겠느냐?"라고 물었을 때에 曾點이 "늦은 봄에 봄옷이 완성되면 어른 대여섯 명과 어린이 예닐곱 명과 함께 沂水에서 목욕하고 舞雩에서 바람 쐬고서 노래하며 돌아오겠습니다."라고 한 말에서 인용한 것이다. 여기서는 자연과 산수에서 노니는 즐거움을 말한다.

13) 蘭亭의 모임 : 난정은 會稽의 山陰에 있던 정자 이름이다. 晉 穆帝 永和 9년(353) 3월 삼짇날, 즉 上巳日에 王羲之·謝安·孫綽 등 당대의 명사 40여 인이 이곳에 모여서 禊事를 행하고, 이어 曲水에 술잔을 띄우고 시를 읊으면서 놀았다. 이때의 모습을 왕희지가 〈蘭亭記〉로 남겼다.

14) 陶荊州(陶侃) : 259~334. 西晉·東晉의 名將이다. 본명은 陶侃이고 字는 士行이며, 鄱陽郡 鄡陽縣 사람이다. 부친 陶丹을 일찍 여의고, 모친 湛氏의 길쌈에 의지하여 생활하며 성장하였다. 한미한 집안 출신이었는데 張昌의 叛亂을 평정한 후 연이어 戰功을 쌓아 太尉에 이르렀고, 병권을 장악하여 8州의 군사를 지휘하는 都督이 되었으며 江州刺史와 荊州刺史를 지냈다. 그는 동진의 건립과 유지에 군사상 큰 공헌을 하였을 뿐 아니라, 형주를 잘 다스려 백성들의 추앙을 받았다.(≪晉書≫ 〈陶侃傳〉)

15) 謝東山(謝安) : 320~385. 본명은 謝安이고 字는 安石이며 河南省 陳郡 사람이다.

였다. ≪莊子≫와 ≪周易≫을 해석하는 데는 輔嗣(王弼)[16]와 平叔(何晏)[17]이 宗主를 차지하였고, 부처의 말을 분석하는 데는 道林(支遁)[18]과 法深(竺道潛)[19]

젊은 시절에는 출사하지 않고 會稽의 東山에 은거하면서 명필로 유명한 王羲之 등과 깊은 교분을 나누며 淸談만 탐구했으나, 40세에 벼슬길에 나와 당시 동진의 최고 권력자 桓溫의 司馬가 되었다. 대사마 桓溫이 황위를 찬탈하려 하자 王坦之 등과 함께 이를 저지하고 동진의 실권을 잡았다. 383년 화북을 통일한 前秦이 前燕을 멸망시키고 백만 대군으로 남하하자 征討大都督이 되어 동생 謝石, 조카 謝玄 등과 함께 前秦에 맞서 싸워 승리했다. 이 여세를 몰아 사안은 계속 북벌을 주창했지만 그의 성장을 경계한 황족 司馬道子의 방해로 좌절되었고, 중앙 정계에서 퇴출되어 廣陵步丘로 좌천되었다가 66세에 病死하였다.(≪晉書≫ 〈謝安傳〉)

16) 輔嗣(王弼) : 226~249. 보사는 王弼의 字이다. 왕필은 兗州 山陽郡 사람으로, 祖父는 王凱이고, 父는 王業이며, 兄은 王宏이다. 魏(三國)나라 때의 학자이자 정치가로, 傅嘏 · 裴徽 · 何晏에게 높이 평가되었고, 鍾會와 병칭되었다. 그는 요절하였으나 그가 남긴 학술적 영향은 지대하여, 老莊思想을 중심으로 체계적이고 완비된 玄學哲學을 세웠다. 저술로는 ≪老子注≫, ≪老子指略≫, ≪周易注≫, ≪周易略例≫, ≪論語釋疑≫, ≪周易大衍論≫ 3권, ≪周易究微論≫ 1권, ≪易辯≫ 1권 등이 있다. 24세 때 딸 하나를 남기고 病死하였다.(≪三國志≫ 〈魏志 鍾會傳〉)

17) 平叔(何晏) : ?~249. 평숙은 何晏의 字이다. 하안은 南陽(지금의 河南省) 宛 사람으로, 魏(三國)나라 때의 大臣이자 玄學家이다. 부친이 일찍 죽어 모친 尹氏가 曹操의 妾이 되었기 때문에 7세 때부터 魏나라 궁궐에서 살았고, 조조의 딸인 金鄕公主에게 장가들었다. 소년이었을 때부터 재주와 용모로 명망이 높았고 老莊을 좋아하였다. 대장군 曹爽이 집정할 때 侍中, 吏部尙書 등 고위직에 기용되었으므로 나중에 조상과 司馬懿의 권력 다툼이 생겼을 때 사마의에게 피살되고 三族이 멸해졌다. 魏晉 시기 淸談 貴族의 대표적인 인물이다. ≪論語集解≫, ≪無爲論≫ 등의 저작이 있다.(≪三國志≫ 〈魏志 諸夏侯曹傳〉)

18) 道林(支遁) : 314~366. 본명이 支遁이고 道林은 字이다. 陳留(지금의 河南省 開封) 사람으로, 東晉의 불교학자이자 高僧이다. 25세 때 出家하였고, 후에 建康에서 講經하면서 謝安 · 王羲之 등과 교유하였으며 玄理에 대해 담론하기를 좋아하였다. ≪莊子≫ 〈逍遙游〉에 注를 내어 독창적인 견해를 보였고, ≪卽色游玄論≫을 저술하여 "卽色本空"사상을 주장하여 般若學 6大家 중 한 사람으로 꼽힌다. 그밖에 ≪釋卽色本無義≫ 등의 저술이 있다.(≪高僧傳≫ 권4)

19) 法深(竺道潛) : 286~374. 竺道潛 또는 竺潛이 본명이고 字가 法深이다. 東晉의 高僧으로 瑯琊(지금의 山東省) 사람이다. 18세 때 出家하여 劉元眞에게 배웠고, 24세 때 ≪法華經≫ · ≪放光般若經≫ 등을 설법하였다. 永嘉 初年에 혼란을 피해 江南으로 건너갔고, 晉 元帝, 晉 明帝, 簡文帝의 존경을 받았다. 후에 剡山에 은거하였고, 支遁과 교

이 佛壇을 이끌었다. 혹은 말은 냉정하나 취지는 심원하며 혹은 일은 자잘하나 의미는 심오하여 風旨가 각기 다르고 사람마다 興趣가 있었다. 王茂弘(王導)[20]과 祖士雅(祖逖)[21]의 무리는 才氣가 빼어났고, 그들이 마음을 다해 왕실을 도왔던 자취가 여러 서책에 여기저기 실려 있으니 어찌 그들을 비난할 수 있겠는가. ≪詩經≫ 〈大雅 文王〉에서 말하지 않았던가. "많고 많은 선비들이여. 文王이 이들 때문에 평안하도다." 나는 琅琊王(司馬睿)이 양자강을 건넌 이후에[22] 여러 賢士의 도움을 많이 받았다고 생각하니, 이는 억지가 아니다.

談話는 대부분 화려한 수식이 더해져 마침내 평생의 品評이 되었으므로 품평으로 서로를 높여주었고, 玄遠하고 虛無함을 추구하는 풍조가 습속을 이루어 당대에 극히 숭상을 받았으니 東京(後漢)의 걸출한 인물들의 유풍[23]이 있었다. 그러나 豁達하고 放蕩함이 도를 넘는 것을 막지 못하여 世敎(유교)의 비난을 받

유하였다. 문하의 僧侶에 竺法友·竺法義·康法識·竺法濟 등이 있다.(≪高僧傳≫ 권4)

20) 王茂弘(王導) : 276~339. 본명이 王導이고 字는 茂弘이며, 瑯琊(지금의 山東省) 臨沂 사람이다. 東晉 초기의 權臣으로, 晉 元帝·明帝·成帝 3대를 섬겼으며 東晉政權의 기초를 세웠다. 晉元帝를 따라 강남으로 내려와 남방의 사족들을 적극 연결시켜 晉室을 지지하게 하고, 북방에서 내려온 사족들을 단결시켜 東晉을 건립하는 데 힘썼다. 후에 堂兄인 王敦이 반란을 일으켰을 때도 晉室을 지지하여 난이 평정된 뒤에도 계속 높은 지위를 누렸다.(≪晉書≫ 〈王導傳〉)

21) 祖士雅(祖逖) : 266~321. 본명은 祖逖이고 字는 士稚이며 范陽郡(지금의 河北省) 遒縣 사람이다. 東晉 초기에 북벌을 추진한 장군이다. 그의 노력으로 黃河 이남의 땅을 한때 수복하였으나, 조정의 내란으로 인해 그의 사후에는 북벌이 실패로 돌아갔다. 평소 백성들의 추앙을 받아, 그가 죽자 豫州의 백성들이 마치 부모를 잃은 것처럼 슬퍼하였다고 한다.(≪晉書≫ 〈祖逖傳〉)

22) 瑯琊王(司馬睿)이……이후에 : 前趙의 劉曜가 침략하여 西晉이 멸망된 후 당시 서진의 종실의 일원인 瑯琊王 司馬睿가 양자강 이남으로 쫓겨 내려가 建康에서 東晉 元帝에 즉위하여 자리를 잡게 될 즈음을 말한다.

23) 東京(後漢)의……유풍 : 八廚와 八俊을 가리킨다. 팔주는 東漢 때의 걸출한 인물들인 度尙·張邈·王考·劉儒·胡毋班·秦周·蕃嚮·王章을 가리킨다.(≪後漢書≫ 〈黨錮傳〉) 팔준 역시 동한 때의 재주와 명망이 있던 인물들을 가리키는데, ≪후한서≫ 〈周擧傳〉에는 周擧·杜喬·周栩·馮羨·欒巴·張綱·郭遵·劉班 8인을 거론하였고, ≪후한서≫ 〈당고전〉에는 李膺·荀翌·杜密·王暢·劉祐·魏朗·趙典 등 8인을 지목하였다.

았으니 이 책을 어루만지며 〈그 점을〉 애석하게 여긴다. 이에 대해서는 여러 賢士에게 유감이 없을 수 없다. 판각이 완성되어 서문을 쓰노라.

嘉靖 乙未年(1535) 立秋日에 吳郡의 袁褧[24]이 짓다.

嘗攷載記所述하니 晉人話言은 簡約玄澹하고 爾雅有韻이라 世言江左善清談이라한대 今閱新語하니 信乎其言之也라 臨川이 撰爲此書한대 采掇綜敍가 明暢不繁하고 孝標所注는 能收錄諸家小史하여 分釋其義하니 詁訓之賞이 見(현)於高似孫緯略이라 余家藏宋本하니 是는 放翁校刊本이라 謝湖가 躬耕之暇에 手披心寄라가 自謂可觀하여 爰付梓人하여 傳之同好라 因歎昔人이 論司馬氏之祚가 亡於清談하니 斯言也無乃過甚矣乎아 竹林之儔는 希慕沂樂하고 蘭亭之集은 咏歌堯風하며 陶荊州之勤敏이요 謝東山之恬鎭이라 解莊易하여는 則輔嗣와 平叔이 擅其宗하고 析梵言하여는 則道林과 法深이 領其乘이라 或詞冷而趣遠하고 或事瑣而意奧하여 風旨各殊하고 人有興託이라 王茂弘과 祖士雅之流는 才通氣峻하고 心翼王室이 又斑斑載諸冊簡하니 是可非之者哉아 詩에 不云乎아 濟濟多士여 文王以寧이로다 余以瑯琊王之渡江에 諸賢弘贊之力爲多하니 非强說也라 夫諸晤言은 率遇藻裁하여 遂爲終身品目하니 故類以標格相高하고 玄虛成習하여 一時雅尙하니 有東京廚俊之流風焉이라 然曠達拓落하여 濫觴莫拯하여 取譏世教하니 撫卷惜之라 此於諸賢에 不無遺憾焉耳矣하노라 刻成에 序之하노라 嘉靖乙未歲立秋日也에 吳郡袁褧이 撰하노라

【頭註】

○ 李贄 : 〈사마씨의 국통이 청담으로 인해 망했다는 말은〉 어찌 반드시 이와 같겠는가.
李云 "何必如此."

---

24) 袁褧 : 1495~1573. 明의 藏書家・刻書家이다. 字는 尙之이고, 號는 謝湖이며, 別號는 中皐子, 謝湖居士이다. 吳郡(지금의 江蘇 蘇州) 사람이다. 書法은 米芾・文徵明과 이름을 나란히 하였다. 그의 집에는 백 년 동안의 藏書가 있었으며, 宋・元・明나라 사람들의 저술인 ≪世說新語≫・≪楚辭集注≫・≪大戴禮記注≫・≪夏小正戴氏傳≫・≪奉天刑賞錄≫ 등 수십 종의 책을 간행하였다.

≪世說新語≫ 舊題 1수 舊跋 2수 世說舊題一首舊跋二首

구제舊題

劉宋의 臨川王 劉義慶이 漢나라와 晉나라 이후의 뛰어난 일화와 담론을 채집하여 ≪세설신어≫를 편찬하였는데 지극히 정묘하고 빼어났으나 그래도 진기할 정도는 아니었다. 그런데 梁나라의 劉孝標(劉峻)가 이 책에 注를 다니 인용한 것이 상세하고 정확하여 말로 표현할 수 없는 묘미가 생겼다. 이를테면 漢·魏·吳나라의 史書 및 列傳·地理書에서 인용한 것은 모두 말할 것도 없고, 단지 晉代 한 시대의 사서와 진나라 인물들의 열전·譜錄의 문장 무려 166종과 같은 경우는 모두 正史 이외에서 나와 기술이 특히 상세하고 듣도 보도 못한 내용이었으니, 이것이 注書하는 법이 되었다.

宋臨川王義慶이 采擷漢晉以來佳事佳話하여 爲世說新語한대 極爲精絶이나 而猶未爲奇也라 梁劉孝標가 注此書하니 引援詳確하여 有不言之妙라 如引漢魏吳諸史及子傳地理之書는 皆不必言이어니와 只如晉氏一朝史及晉諸公列傳譜錄文章凡一百六十六家[1]가 皆出於正史之外하여 記載特詳하고 聞見未接하니 寔爲注書之法이라[①]

① 이상은 高氏(高似孫)의 ≪緯略≫에 보인다.
右는 見(현)高氏緯略이라

구발舊跋 1

이상은 ≪세설신어≫ 36편이다. 세상에 전해지는 것을 10권으로 정리하였거

1) 凡一百六十家 : 高似孫의 ≪緯略≫ 권9에는 이 6자가 없다.

나 혹은 45편으로 만들기도 하였으나 마지막 권은 단지 앞부분의 9권에 실린 것이 중복하여 나온다. 우리 집안에 오래 간직해온 것은 王原叔[2] 집안에서 얻었는데, 나중에 晏元獻公[3]이 손수 교감한 본을 얻어 중복된 것을 모두 제거하고 주석 또한 조금 깎아내어 가장 善本이 되었다.

晉나라 사람들은 평소에 淸談을 숭상하였는데, 唐나라 초기에 史臣이 史書를 편찬할 때 멋대로 고쳐서 옛날의 말이 아닌 것이 많았지만 그래도 이 책에 힘입어 후세에 전해지게 되었다. 그러나 글자 중에는 잘못된 것도 있고 담론 중에는 이해하기 어려운 것도 있어 다른 서적으로 증험하여 간간이 바로잡아야 했던 곳도 있고, 注 또한 晏殊本에 비하여 때때로 증감하기도 하였다. 의심스런 부분에 대해서는 감히 마음대로 교감하지 않고 일단 의심나는 대로 전하여 박학다식한 사람이 나타나길 기다리노라.

紹興 8년(1138) 여름 4월 癸亥日 廣川의 董弅[4]이 쓰다.

右는 世說三十六篇이라 世所傳을 釐爲十卷이어나 或作四十五篇이로대 而末卷은 但重出前九卷中所載라 余家舊藏은 盖得之王原叔家한대 後得晏元獻公手自校本하여 盡去重復하고 其注亦小加剪截하여 最爲善本이라 晉人은 雅尙淸談한대 唐初史臣修書에 率意

---

2) 王原叔 : 王洙(997~1057)를 가리킨다. 字는 原叔 또는 源叔·尙汶이다. 北宋 應天府 宋城(지금의 河南 商丘) 사람이다. 方技·術數·陰陽·五行·音韻·訓詁·書法 등에 모두 정통하였으며 翰林學士를 지냈다. 북송 때의 저명한 藏書家로, 類書類를 제외하고도 43,000권의 장서를 보유하였으며, 책을 수집하게 되면 항상 別本을 구해 교감을 하고 오류가 없으면 각각 빌려줄 책과 보관용 책을 함께 필사하게 하였으므로 당시의 장서가들이 앞다퉈 이를 모방하였다고 한다. 질병·음식·禁忌를 다룬 ≪金匱要略≫ 20편을 저술한 것으로도 유명하다.

3) 晏元獻公 : 晏殊(991~1055)를 가리킨다. 字는 同叔이고 撫州 臨川(지금의 江西 臨川) 사람이다. 시호가 元獻이라 사람들이 晏元獻이라 불렀다. 어려서부터 신동으로 이름났으며 7세 때 진사에 합격한 중국 최연소 진사이다.(≪宋史≫ 〈晏殊傳〉)

4) 董弅 : 董棻이라고도 한다. 字는 令升이고, 山東 東平 사람이다. 北宋 徽宗 때 鎭江府學教授, 集英殿 修撰 등을 역임하였다. ≪侍兒小名錄拾遺≫·≪嚴陵集≫·≪淳熙嚴州圖經≫·≪閒燕常談≫ 등이 전한다. 紹興 8년(1138)에 董弅이 판각한 3卷本이 ≪世說新語≫의 가장 이른 판본으로 알려져 있다.

竄定하여 多非舊語로대 尙賴此書하여 以傳後世라 然字有譌舛하고 語有難解하여 以它書로 證之하여 間有可是正處하고 而注亦比晏本에 時爲增損이로대 至於所疑하여는 則不敢妄下雌黃하고 姑亦傳疑하여 以竢通博하노라 紹興八年夏四月癸亥에 廣川董弅이 題하노라

구발舊跋 2

예전에 郡 안에 ≪南史≫와 ≪劉賓客集≫5) 刻板이 있었는데 모두 불에 타 없어졌고 ≪세설신어≫ 역시 더 이상 존재하지 않았다. 내가 부임하여 비로소 다시 판각하여 故事를 보존하였다. ≪세설신어≫가 가장 나중에 완성되어 그 참에 권말에 아울러서 기록한다. 淳熙 戊申年(1188) 5월 5일에 新定6)郡守 笠澤7) 陸游가 쓰다.

郡中에 舊有南史와 劉賓客集版한대 皆廢于火하고 世說亦不復在라 游到官하여 始重刻之하여 以存故事라 世說이 最後成하여 因併識(지)于卷末하노라 淳熙戊申重五日에 新定郡守笠澤陸游가 書하다

---

5) 劉賓客集 : 劉禹錫(772~842)의 문집을 가리킨다. 유우석은 字가 夢得이고 唐나라 때의 文學家・哲學家이다. 시인으로 유명하여 '詩豪'라는 칭호가 있다. 太子賓客을 지냈으므로 유빈객이라 하였다.(≪世說音釋≫)

6) 新定 : 歙州를 가리킨다.(≪世說音釋≫)

7) 笠澤 : 陸游의 別號가 '笠澤老翁'이다. 입택은 松江을 가리킨다.(≪世說音釋≫)

≪何氏語林≫ 옛 서문 2수　何氏語林舊序二首

1.

≪하씨어림≫ 30권은 나의 친구 何元朗(何良俊)이 편찬한 것이니, 劉氏(劉義慶)의 ≪세설신어≫를 모방하여 만든 것이다. 처음에 유의경이 漢나라와 晉나라 이후의 理言(議論)과 遺事를 채집하여 論次하여 책을 만들었는데, 〈은미한 뜻을〉 겉으로 드러내고 분명하게 밝히며 확연히 세속을 초월하였다. 이로부터 稗官小說이 무려 백으로 헤아릴 정도로 많아졌으나 이 책이 특히 뛰어나서 그 정교하고 심오하며 진기하고 초탈함은 어떤 책도 이를 계승할 수 없었다.

하원랑이 평소 이 책을 좋아하여 여러 해 동안 깊이 탐구하고 演繹하였으며 서책들을 찾아서 열람하여 前賢의 자취를 따르고자 노력하여, 兩漢으로부터 시작하여 元나라에 이르기까지 상하 천여 년에 걸쳐 正史에 열거한 내용과 傳記에 남아 있는 진기한 사적과 뛰어난 자취를 남김없이 수집하니, 무려 2,700여 가지 일화에 총 10여 만 자에 달하였다. 類別로 나열한 체재는 한결같이 유씨의 책을 따랐으나, 유씨가 이미 보여준 것은 중복하여 싣지 않았다. 항목은 비록 38개로 나눴으나 근원을 추구하고 중점을 둔 것은 사실 〈言語〉편이 으뜸이다. 한마디 말이나 짧은 구절이 종종 사람들로 하여금 〈세속의〉 뜻을 잊게 하고 생각을 깊은 곳에 이르게 하여 족히 찬탄을 금치 못하게 하니, 참으로 이 책 또한 지극한 이치가 깃든 문학과 行義의 저장고이다.

그러나 혹자는 이 책이 자잘한 일들을 주워 모아 취할 만한 점이 없고 이해하기 어려우며 편벽되고 뒤섞여 있어, 오직 문사를 수식하는 데만 빛을 발하고 도덕과 性命에 대해서는 밝혀낸 점이 없다고 평가하였다. 아, 사물의 이치는 무궁하니 배움에 어찌 끝이 있겠는가. 이치에 혹 밝지 못하면 실로 性命의 깊은 뜻을 탐구하기에 부족하고, 말에 통달하지 못하면 道를 어디서 볼 수 있겠는가. 이 때문에 널리 배우고 상세히 해설하는 것을 성현의 가르침에서 중요하게 여긴 것이며,[1] 말을 할 때 성실하게 하는 것은 덕을 쌓는 근원인 것이다.[2]

宋나라 말기에 學者들이 性命說에 이끌려 마음속으로 묵묵히 침잠하고 단정히 앉아 아무 일도 하지 않으면서도 眞性을 함양하고 氣質을 변화시키기에 충분하다고 여겼는데, 그 마음에 보존한 것을 살펴보면 비난할 만한 점이 많다. 아무리 스승이 道의 淵源에 대해 전수하더라도 자신이 본 것에 미혹되고 또 간편한 것만을 나날이 추구한다면, 경박하게 스스로 한계를 짓고 아름다운 말로 가장하여 부족한 점을 옹호하며, 기꺼이 담에 얼굴을 대고 있으면서도[3] 자신이 용렬한 수준으로 떨어지는 것을 알지 못하게 마련이다. 아, '좋아하는 사물에 빠지면 뜻을 잃는다〔玩物喪志〕'라는 말[4]이 마침내 후학들의 깊은 고질병이 되었으니 군자가 예전에 이를 애석하게 여겼다.

원랑은 이에 대해 참으로 미혹되지 않을 수 있었다. 원랑은 이치를 꿰뚫어 알고 학식이 깊고 넓었으며, 문사가 순수하고 정밀하여 저술에 나타낸 것이 매우 아름답고 심오하여 저절로 세상에 이름날 만하였으니, 이 책은 단지 그 부산물일 뿐이다. 〈이 책은〉 담론을 돕고 문예의 규식이 되니 요컨대 또한 전하

---

1) 널리……것이며 : ≪孟子≫ 〈離婁 下〉에 "널리 배우면서 상세히 해설하는 목적은 장차 이를 돌이켜서 요약적으로 말할 수 있게 하기 위해서이다.〔博學而詳說之 將以反說約也〕"라고 한 것을 말한다.

2) 말을……것이다 : 孔子가 "군자는 덕을 진보시키고 학업을 닦나니, 忠과 信이 덕을 진취시키는 것이요, 말을 함에 있어서 성실하게 하는 것이 학업을 保有하는 것이다.〔君子進德修業 忠信 所以進德也 修辭立其誠 所以居業也〕"라고 하였다.(≪周易≫ 乾卦 〈文言傳〉)

3) 기꺼이……있으면서도 : 원문은 "甘於面墻"인데 여기서 面墻은 사람이 배우지 아니하면 마치 낯을 담에다 대고 선 것과 같이 답답하다는 말이다. ≪書經≫ 〈周書 周官〉에 "배우지 않으면 낯을 담에 댄 것과 같다."는 말이 있고, 또한 ≪論語≫ 〈陽貨〉에서 孔子가 아들 伯魚에게 한 말에도 이러한 내용이 있다.

4) 좋아하는……말 : ≪書經≫ 〈周書 旅獒〉의 "사람을 함부로 대하면 덕을 잃고, 좋아하는 사물에 빠지면 뜻을 잃는다.〔玩人喪德 玩物喪志〕"에서 인용한 말이다.

지 않아서는 안 된다.

辛亥年(1551) 4월 15일에 文徵明이 쓰다.

何氏語林三十卷은 吾友何元朗氏之所編이니 類倣劉氏世說而作也라 初에 劉義慶氏가 採擷漢晉以來理言遺事하여 論次爲書한대 摽表揚確하고 奕奕玄勝이라 自玆以還으로 稗官小說이 無慮百數로대 而此書特爲雋(전)永하고 精深奇逸하니 莫或繼之라 元朗이 雅好其書하여 研尋演繹에 積有歲年하되 摎[5]覽篇籍하고 思企芳躅하여 昉自兩漢으로 迄於胡元히 上下千餘年에 正史所列과 傳記所存의 奇蹤勝踐을 漁獵靡遺하니 凡二千七百餘事에 總十餘萬言이라 類列義例는 一惟劉氏之書로대 而凡劉所已見(현)은 則不復出이라 品目昈分은 雖三十有八이나 而原情執要는 寔惟語言爲宗이라 單詞隻句가 往往令人意消하고 思致淵永하여 足深唱歎하니 誠亦至理攸寓文學行義之淵也어늘 而或者以爲摭裂委瑣하여 無所取裁요 骫骳偏(駿)〔駁〕[6]하여 獨能發藻飾詞하고 於道德性命에 無所發明이라 嗚呼라 事理無窮하니 學奚底極가 理或不明하면 固不足以探性命之蘊하고 而辭有不達이면 道何從見가 是故로 博學詳說은 聖訓攸先이요 修辭立誠은 蓄德之源也라 宋之末季에 學者牽於性命之說하여 深中厚默하고 端居無爲하여 謂足以涵養性眞하고 變化氣質이나 而考厥所存하면 多可議者하니 是雖師授淵源이라도 惑於所見하고 亦惟簡便日趨하면 偸薄自畫하고 假美言하여 以護所不足하고 甘於面墻이로대 而不自知其墮於庸劣焉爾라 嗚呼라 翫物喪志之一言이 遂爲後學之深痼하니 君子蓋嘗惜之라 元朗은 於此에 眞能不爲所惑哉인저 元朗은 貫綜深博하고 文詞粹精하여 見諸(현저)論撰이 偉麗淵宏하여 足(目)〔自〕[7]名世하니 此書는 特其緖餘耳라 輔談式藝하니 要亦不可以無傳也라 辛亥四月之望에 文徵明이 書하노라

---

5) 摎 : '搜'자와 같은 글자이다.

6) (駿)〔駁〕: 저본에는 '駿'으로 되어 있으나, 사고전서본 ≪何氏語林≫과 文徵明의 ≪甫田集≫에 의거하여 '駁'으로 바로잡았다. '駿'과 '駁'의 글자가 비슷하여 잘못된 듯하며, '駁'은 '駁'과 같다.

7) (目)〔自〕: 저본에는 '目'으로 되어 있으나, 사고전서본 ≪何氏語林≫과 文徵明의 ≪甫田集≫에 의거하여 '自'로 바로잡았다.

2.

華亭 何元朗(何良俊)이 劉氏(劉義慶)의 ≪세설신어≫를 모방하여 ≪하씨어림≫을 편찬하고, 완성되자 翰林待詔 文公(文徵明)이 이미 서문을 지어주어 전해지고 있는데, 또 나(陸師道)에게 보여주며 책의 말미에 기록하게 하였다. 내가 생각하기에, ≪세설신어≫는 漢나라와 晉나라 이후의 아름다운 일화와 담론을 기술하여 교훈을 전하였는데, 깨끗하고 빼어난 내용을 선별 수집하여 지극히 정묘하고 뛰어났다. 그러므로 房玄齡[8)]과 許敬宗[9)] 등 여러 사람이 晉史(≪晉書≫)를 편찬할 때 종종 이 책을 사용하여 成篇하였던 것인데, ≪唐書≫ 〈藝文志〉는 무슨 이유에서 이 책을 小說家類 속에 나열하였는지 모르겠다.

대개 이 책이 실제 기록이 아니라고 말한 것은 劉知幾에서 시작되었으니,[10)] 그는 유의경이 한나라와 진나라에서 그다지 멀지 않은 시기에 살아 기록한 내용들이 자연히 근거가 있다는 것을 알지 못한 것이다. 비록 전해들은 말과 특이한 글을 조정하거나 수식하는 약간의 잘못이 있긴 하나, 한 시대가 숭상한 것과 인사들의 풍류를 말한 점에서는 백세 뒤에 이를 상상해볼 수 있게 하였으니, 이 책을 良史라고 하지 않아서는 안 될 것이다. 어찌 단지 ≪志怪≫·≪述異記≫·≪稽神錄≫·≪纂異記≫처럼 허황되고 황당한 담론서와 같겠는가.[11)]

---

8) 房玄齡 : 579~648. 이름은 喬이고 字는 玄齡이며 齊州(지금의 相公庄鎭) 臨淄 사람이다. 唐나라 초기의 명재상이며 정치가이다. 詩文에 능하였고 經史를 두루 섭렵하였다. 秦王 李世民을 보좌한 謀士 중 한 사람이며, 唐太宗 즉위 후에 中書令에 오르고 邢國公에 봉해졌다. 조정의 일을 총괄하고 정무를 20년간 훌륭하게 처리하였고, 당나라의 典章制度를 제정하고 ≪唐律疏議≫ 등의 율령을 편찬하였으며, ≪高祖實錄≫·≪太宗實錄≫·≪晉書≫ 등의 史書를 감수하였다. 杜如晦와 함께 명재상의 전범으로 꼽혀 '房·杜'로 병칭된다.(≪舊唐書≫ 〈房玄齡傳〉, ≪新唐書≫ 〈房玄齡傳〉)

9) 許敬宗 : 592~672. 唐나라 때의 政治家이자 歷史家이다. 字는 延族이고, 高陽郡(지금의 河北省) 新城縣 사람이다. ≪高祖實錄≫, ≪文館詞林≫, ≪西域圖志≫ 등의 편찬에 참여하였다. 문학적인 재주는 뛰어났으나 好色하고 탐욕스러웠으며 냉혹하고 잔인한 인물이었다고 한다.(≪舊唐書≫ 〈許敬宗傳〉)

10) 이 책이……시작되었으니 : 劉知幾의 ≪史通≫ 〈采撰〉에 보인다.

11) 어찌……같겠는가 : 여기에 기술된 책들은 ≪世說新語≫와 함께 小說家類로 분류되

이 때문에 齊나라와 梁나라 이후로 學士大夫가 늘 이 책을 즐겨 언급하였고, 宗師와 大儒가 왕왕 이 책의 주석을 내거나 續編을 내고 敍錄하거나 교감하였던 것이니, 신뢰하는 이가 많아질수록 이 책도 더욱 유명해졌다. 이에 이것을 모방하여 ≪唐語林≫·≪續世說≫이 만들어졌으나, 혹은 한 姓氏의 기록에 그치고 혹은 겨우 몇몇 왕조를 수록하는 데 그쳐 백 세대를 꿰뚫어 종합하고 천 년을 통합하여 논하는 데까지는 미치지 못하였고, 채록한 내용도 유씨만큼 정밀하지 못하였다.

그런데 하원랑만이 유독 위로 西京(西漢)으로 거슬러 올라가고 아래로 朔漠[12]에 이르기까지 심오하고 玄遠한 담론과 기이하고 특출한 사적들을 모두 수집하여 기술하되, 유씨가 빠뜨린 것은 더욱 찾아내고 비슷한 것은 잘라내서 엄정하고 정돈된 것이 前書(≪세설신어≫)에 못지않았으니, 그 자신이 박식하여 두루 통달한 선비가 아니고서야 어느 누가 여기에 참여할 수 있었겠는가. 그런데 유의경은 종실의 일원이고 수령이어서 막하에 유능한 인재들이 많았다. 당시에 袁淑·陸展·鮑照·何長瑜와 같은 무리는 모두 당대의 이름난 인물들이었는데, 이들을 佐吏로 삼았으니 비록 筆削을 자신이 하였다고 하나 점검하고 도와준 이가 어찌 없었겠는가.

하원랑으로 말할 것 같으면, 바닷가에서 기량을 닦아 明經으로 과거에 응시하였으나 帖括[13]을 외우느라 자신이 좋아하는 것을 버리지도 않았고 일화를 수집해달라고 동지들에게 부탁하지도 않았으니, 유씨와 견주어볼 때 그 어려

어 있는 서적들이다. ≪志怪≫는 祖台之가 편찬한 것(2권)과 孔氏가 편찬한 것(4권)이 있고, ≪述異記≫ 10권은 祖沖之, ≪稽神錄≫ 10권은 徐鉉, ≪纂異記≫ 1권은 李玫이 편찬하였다.(≪隋書≫ 〈經籍志〉, ≪新唐書≫ 〈藝文志〉, ≪宋史≫ 〈藝文志〉)

12) 朔漠 : 元朝를 말한다. 元이 북방의 사막지대에서 일어났기 때문에 삭막이라 불렀다.(≪世說音釋≫)

13) 帖括 : 唐代에 帖經의 응시자가 經書의 難語句를 뽑아 모아 노래와 같이 만들어 기억하게 좋게 만든 것을 말한다. 대개 科擧에 응시하기 위한 文章을 암기하는 것을 뜻하며 明淸시대에는 八股文을 가리키는 말로도 쓰였다.(≪世說音釋≫)

움이 어찌 열 배, 백 배 뿐이었겠는가.

더구나 ≪세설신어≫가 정묘하고 뛰어나게 된 것은 劉孝標가 낸 註가 자세하고 확실하여 말할 수 없는 묘미가 생긴 덕택이기도 한데, 일이 두 사람에 의해 이루어져 편찬과 주석이 균일한 솜씨가 아니다. 하지만 하원랑이 낸 주석은 일시에 같이 편찬되어 綱目이 서로 호응하고, 자세하고 소략한 정도가 서로 맞고, 펼치고 수습하는 것에 원칙이 있어 전혀 어그러짐이 없다. 그가 인용한 것으로 말하면, 진기하고 심오한 서적들을 모두 갖추어 열거하고 있어 유씨와 비교할 때 내용의 풍부한 정도가 거의 대등하니 참으로 해박함으로 이룬 큰 볼거리요, 문필의 위대한 결과물이다.

그런데 비평하는 이 중에는 도리어 이 책이 대부분 근세의 雜家에서 일화를 많이 취하여 〈≪세설신어≫가 지닌〉 간결함과 雅正함을 상당히 손상시킨 문제가 있으며, 또 譯官인 선비[14]를 中華에 섞어 두어 오랑캐와 중화인이 구분되지 않게 함으로써 범과 양의 털 벗긴 가죽처럼 구별할 수 없게 만들었다[15]고 의심하였다. 그러나 이는 하원랑의 의도가 교훈을 전하는 데에 있었기 때문에 먼 시대나 가까운 시대의 일들을 다 취하여 열거하지 않을 수 없었음을 몰라서 그런 것이다. 耶律과 蒙古[16]는 시대가 가까워 징험할 수 있었으니, 이것이 이른바 商나라를 거울삼고 秦나라를 교훈 삼는다는 것[17]인데 어찌 그것을 버릴

---

14) 譯官인 선비 : 원문은 '鞮譯之士'인데, 역관인 선비를 가리킨다. ≪禮記≫ 〈王制〉에, "동방을 寄, 남방을 象, 서방을 狄鞮, 북방을 譯이라 하는데, 이는 사방 외국의 통역을 맡은 관원이다."라고 하였다.

15) 범과……만들었다 : 원문은 '虎羊之鞹'인데, 여기서 '鞹'은 '털 벗긴 가죽' 또는 '무두질한 가죽'을 말한다. ≪論語≫ 〈顔淵〉 편에서 춘추시대 衛나라 大夫 棘子成이 "범이나 표범의 털 벗긴 가죽은 개나 양의 털 벗긴 가죽과 같다.〔虎豹之鞹 猶犬羊之鞹也〕"라고 한 데서 온 말이다.

16) 耶律과 蒙古 : 耶律은 遼나라의 姓이고, 元나라 태조의 선조는 蒙古部의 首長이었다. 여기서 야율은 요나라를 가리키는 것으로 보고, 몽고는 원나라를 가리키는 말로 쓰였다고 보았다.(≪世說音釋≫)

17) 商나라를……것 : 殷(商)나라는 前代인 夏나라를 거울로 삼고, 漢나라는 전대인 秦

수 있었겠는가. 그 문장으로 말할 것 같으면 역사 기록이니, 〈역사란〉 시대에 따라 浮沈이 있게 마련인데 또 어찌 다 없앨 수 있었겠는가. 하원랑이 〈言語〉편을 서술할 때 실로 玄遠하고 虛無하며 간결하고 심원함이 유씨와 똑같을 수는 없다고 스스로 말했으니[18] 이 책을 읽는 자라면 저절로 알게 될 것이다. 하원랑의 저술 원칙은 이미 서문에서 상세하게 밝혔으니 나는 다만 이 책이 ≪세설신어≫와 어떤 점이 같고 다른지에 대해 논하여 밝힐 뿐이고, 또 이 책을 지은 자가 고심한 점에 대해 말할 뿐이다.

長洲의 陸師道[19]가 짓다.

華亭何元朗이 擬劉氏世說하여 作語林成에 翰林待詔文公이 旣爲序之以傳矣한대 又以示師道하여 俾志其末簡이라 予惟世說은 紀述漢晉以來佳事佳話하여 以垂法戒한대 而選集清英하여 至爲精絶이라 故房許諸人收晉史者가 往往用以成篇이어늘 不知唐藝文志는 何故乃列之小說家라 蓋言此書非實錄者는 自劉知幾始하니 而不知義慶去漢晉未遠하여 其所述載가 要自有據라 雖傳聞異詞를 抑揚緣飾하여 不無少過나 至其言世代崇尙하고 人士風流하여는 百世之下에 可以想見하니 不謂之良史면 不可也라 豈直與志怪述(妖)〔異〕[20]稽神纂異誣誕慌惚之談으로 類哉리오 是故로 齊梁以來로 學士大夫가

나라를 교훈 삼는다는 말이다. 여기서는 ≪何氏語林≫의 저자인 何良俊이 이민족이 세운 遼나라·元나라 때의 일화도 자신의 책에 포함시켜 교훈을 주려 하였다고 옹호하는 말이다.

18) 하원랑이……말했으니 : 何良俊은 ≪何氏語林≫ 〈言語〉편에서, ≪世說新語≫를 모방하여 ≪하씨어림≫을 편찬하였으나 후대로 갈수록 서책이 없어지고 기록이 사라지게 될까 두려워 ≪세설신어≫처럼 현허하고 간원한 것만 싣지 않고 여러 서적들에 나오는 기록들을 두루 포함시켰으므로 그 점에서는 ≪세설신어≫와 똑같지 않다고 기술하였다.

19) 陸師道 : 1517~1574. 字는 子傳이고, 號는 元洲·五湖이며, 南直隸 長洲縣(지금의 江蘇 蘇州市) 사람이다. 明나라 嘉靖(1522~1566) 연간의 저명한 學士, 詩人, 畫家, 書法家이다. 1538년에 進士가 되어 工部主事에 제수되었는데 얼마 뒤 모친 봉양을 이유로 귀향하여 14년간 은거하였다. 文徵明을 스승으로 모시고 弟子라 자칭하였다. 詩·畫·小楷·文章에 모두 뛰어나 사람들이 "徵明四絶"이라 하였다.(≪明史≫ 〈文苑 三〉)

恒喜言之하고 宗工鉅儒가 往往爲之註釋綴續하고 敍錄刪校하니 尊信益衆에 而此書亦益顯이라 於是에 有擬之而作唐語林과 續世說者矣로대 然或止紀一姓하고 或僅載數朝하여 固未及貫綜百代하고 統論千祀也어니와 其所採擷도 亦終不能如劉氏之精이라 而元朗은 乃獨上泝西京하고 下逮朔漠하여 悉取其精深玄遠之言과 瓌詭卓絶之跡하여 聚而陳之하되 而劉氏所遺는 更加搜抉하고 翦裁屬比하여 嚴約整潔이 不下前書하니 自非博雅通方之士면 其孰能與於斯哉리오 抑義慶은 宗王牧將으로 幕府多賢하니 當時如袁淑과 陸展과 鮑照와 何長瑜之徒가 皆一世名彦이어늘 爲之佐吏하니 雖曰筆削自已나 而檢尋贊潤에 夫豈無人이리오 若元朗은 則藏器海濱하여 明經應擧로대 而不以帖括佔僤로 奪所嗜好하고 紬繹會萃에 不仰同志하니 校之劉氏면 難易豈啻什百哉리오 況世說精絶은 亦由孝標作註에 詳援確證하여 有不言之妙한대 顧事出二手하여 作述不同이로대 而元朗所註는 乃一時竝撰하여 綱目互發하고 詳略相成하며 開闔貫通하여 一無抵牾요 至其所引하여는 奧篇秘典을 靡不具列하여 視之劉氏에 富贍略等하니 信該洽之鉅觀이요 而文筆之弘致也라 而說者顧以其多取近世襍家하여 頗傷玄雅하고 而又以鞮譯之士를 厠之中(古)[21]華하여 〔夷〕[22]夏幾不分하여 虎羊之鞹爲疑하니 是는 不知元朗之志가 在於法戒하니 則不得不兼取久近而具列焉이라 耶律과 蒙古는 近而可徵하니 盖所謂商監秦喩也어늘 惡(오)得而舍諸(저)아 若夫其文則史니 隨世汙隆者를 又安能盡汰之哉아 元朗之敍言語篇에 固自謂 玄虛簡遠은 不得盡同劉氏라하니 覽者可自得之矣라 元朗著述大方은 已詳文序하여 予獨論其與世說로 所以同異者著之하고 亦以白作者之苦心云爾라 長洲陸師道가 撰하노라

---

20) (妖)〔異〕: 저본에는 '妖'로 되어 있으나, ≪世說音釋≫과 ≪新唐書≫〈藝文志〉 등에 의거하여 '異'로 바로잡았다.

21) (古) : 저본에는 '古'가 있으나, 安永本과 ≪世說箋本≫에 의거하여 삭제하였다.

22) 〔夷〕: 저본에는 '夷'가 없으나, 安永本과 ≪世說箋本≫에 의거하여 보충하였다.

부 이름 설명 附釋名

郭泰(128~169)는 字가 林宗이고, 有道라고도 부른다.

郭泰, 字林宗, 亦稱有道.

荀淑(83~149)은 字가 季和이고, 朗陵이라고도 부른다.

荀淑, 字季和, 亦稱朗陵.

蔡邕(133~192)은 字가 伯喈이고, 中郎이라고도 부른다.

蔡邕, 字伯喈, 亦稱中郎.

楊彪(142~225)는 字가 文先이고, 太尉라고도 부른다.

楊彪, 字文先, 亦稱太尉.

曹操(155~220)는 字가 孟德이고, 曹公이라고도 부르고, 魏 武帝라고도 부르고, 魏公이라고도 부르고, 魏 太祖라고도 부른다.

曹操, 字孟德, 亦稱曹公, 亦稱魏武, 亦稱魏公, 亦稱魏太祖.

劉表(142~208)는 字가 景升이고, 荊州라고도 부른다.

劉表, 字景升, 亦稱荊州.

劉備(161~223)는 字가 玄德이고, 豫州라고도 부르고, 先主라고도 부른다.

劉備, 字玄德, 亦稱豫州, 亦稱先主.

張昭(156~236)는 字가 子布이고, 輔吳라고도 부른다.

張昭, 字子布, 亦稱輔吳.

荀彧(163~212)은 字가 文若이고, 令君이라고도 부른다.

荀彧, 字文若, 亦稱令君.

陳群(?~237)은 字가 長文이고, 司空이라고도 부른다.

陳群, 字長文, 亦稱司空.

孫策(175~200)은 字가 伯符이고, 討逆이라고도 부른다.

孫策, 字伯符, 亦稱討逆.

曹丕(187~226)는 魏 文帝라고도 부르고, 五官將이라고도 부른다.

曹丕, 亦稱魏文帝, 亦稱五官將.

曹植(192~232)은 字가 子建이고, 臨淄侯라고도 부른다.

曹植, 字子建, 亦稱臨淄侯.

司馬師(208~255)는 字가 子元이고, 司馬景王이라고도 부르고, 晉景王이라고도 부른다.

司馬師, 字子元, 亦稱司馬景王, 亦稱晉景王.

司馬昭(211~265)는 字가 子上이고, 司馬文王이라고도 부르고, 晉文王이라고도 부른다.

司馬昭, 字子上, 亦稱司馬文王, 亦稱晉文王.

簡文帝 司馬昱(320~372)은 字가 道萬이고, 文帝라고도 부르고, 會稽王이라고도 부르고, 相王이라고도 부르고, 撫軍이라고도 부른다.

簡文帝昱, 字道萬, 亦稱文帝, 亦稱會稽王, 亦稱相王, 亦稱撫軍.

司馬晞(316~381)는 太宰라고도 부르고, 武陵王이라고도 부른다.

司馬晞, 亦稱太宰, 亦稱武陵王.

司馬道子(364~403)는 太傅라고도 부르고 會稽王이라고도 부른다.

司馬道子, 亦稱太傅, 亦稱會稽王.

王祥(184?~268)은 字가 休徵이고, 太保라고도 부른다.

王祥, 字休徵, 亦稱太保.

王渾(223~297)은 字가 玄冲이고, 司徒라고도 부르고, 京陵이라고도 부른다.

王渾, 字玄冲, 亦稱司徒, 亦稱京陵.

王昶(?~259)은 字가 文舒이고, 司空이라고도 부른다.

王昶, 字文舒, 亦稱司空.

裴徽(?~?)는 字가 文季이고, 冀州라고도 부르고, 使君이라고도 부른다.

裴徽, 字文季, 亦稱冀州, 亦稱使君.

何晏(?~249)은 字가 平叔이고, 尙書라고도 부른다.

何晏, 字平叔, 亦稱尙書.

鄧颺(?~249)은 字가 玄茂이고, 尙書라고도 부른다.

鄧颺(양), 字玄茂, 亦稱尙書.

張華(232~300)는 字가 茂先이고, 張公이라고도 부른다.

張華, 字茂先, 亦稱張公.

裴頠(267~300)는 字가 逸民이고, 僕射라고도 부르고 成公이라고도 부른다.

裴頠(외), 字逸民, 亦稱僕射(야), 亦稱成公.

陸機(261~303)는 字가 士衡이고, 平原이라고도 부른다.

陸機, 字士衡, 亦稱平原.

陸雲(262~303)은 字가 士龍이고, 淸河라고도 부른다.

陸雲, 字士龍, 亦稱淸河.

蔡洪(?~?)은 字가 叔開이고, 秀才라고도 부른다.

蔡洪, 字叔開, 亦稱秀才.

羊祜(221~278)는 字가 叔子이고, 太傅라고도 부르고, 羊公이라고도 부른다.

羊祜, 字叔子, 亦稱太傅, 亦稱羊公.

王衍(256~311)은 字가 夷甫이고, 太尉라고도 부른다.

王衍, 字夷甫, 亦稱太尉.

阮籍(210~263)은 字가 嗣宗이고, 步兵이라고도 부른다.

阮籍, 字嗣宗, 亦稱步兵.

嵇康(223~263)은 字가 叔夜이고, 中散이라고도 부르고, 嵇公이라고도 부른다.

嵇康, 字叔夜, 亦稱中散, 亦稱嵇公.

王戎(234~305)은 字가 濬沖이고, 安豐이라고도 부른다.

王戎, 字濬沖, 亦稱安豐.

山濤(205~283)는 字가 巨源이고, 司徒라고도 부르고, 山公이라고도 부른다.

山濤, 字巨源, 亦稱司徒, 亦稱山公.

裴楷(237~291)는 字가 叔則이고, 裴令이라고도 부르고, 令公이라고도 부른다.

裴楷, 字叔則, 亦稱裴令, 亦稱令公.

王乂(?~?)는 字가 叔元이고, 平北이라고도 부른다.

王乂, 字叔元, 亦稱平北.

樂廣(?~304)은 字가 彦輔이고, 樂令이라고도 부른다.

樂(악)廣, 字彦輔, 亦稱樂令.

荀勖(?~289)은 字가 公曾이고, 濟北이라고도 부른다.

荀勖, 字公曾, 亦稱濟北.

謝鯤(281~323)은 字가 幼輿이고, 豫章이라고도 부른다.

謝鯤, 字幼輿, 亦稱豫章.

賀循(260~319)은 字가 彦先이고, 司空이라고도 부른다.

賀循, 字彦先, 亦稱司空.

劉寔(220~310)은 字가 子眞이고, 太常이라고도 부른다.

劉寔, 字子眞, 亦稱太常.

王澄(269~312)은 字가 平子이고, 阿平이라고도 부른다.

王澄, 字平子, 亦稱阿平.

王敦(266~324)은 字가 處仲이고, 阿黑이라고도 부르고, 大將軍이라고도 부른다.

王敦, 字處仲, 亦稱阿黑, 亦稱大將軍.

王導(276~339)는 字가 茂弘이고, 阿龍이라고도 부르고, 丞相이라고도 부르고, 王公이라고도 부르고, 治城公이라고도 부른다.

王導, 字茂弘, 亦稱阿龍, 亦稱丞相, 亦稱王公, 亦稱治城公.

庾亮(289~340)은 字가 元規이고, 庾公이라고도 부르고, 文康이라고도 부른다.

庾亮, 字元規, 亦稱庾公, 亦稱文康.

祖納(?~?)은 字가 士言이고, 光祿이라고도 부른다.

祖納, 字士言, 亦稱光祿.

顔含(?~?)은 字가 弘都이고, 光祿이라고도 부른다.

顔含, 字弘都, 亦稱光祿.

王湛(?~?)은 字가 處沖이고, 汝南이라고도 부른다.

王湛, 字處沖, 亦稱汝南.

諸葛恢(284~345)는 字가 道明이고, 諸葛令이라고도 부른다.

諸葛恢, 字道明, 亦稱諸葛令.

謝裒(?~?)는 字가 幼儒이고, 尙書라고도 부른다.

謝裒, 字幼儒, 亦稱尙書.

庾敳(262~311)는 字가 子嵩이고, 中郎이라고도 부른다.

庾敳(애), 字子嵩, 亦稱中郎.

庾琮(?~?)은 字가 子躬이고, 庾公이라고도 부른다.

庾琮, 字子躬, 亦稱庾公.

祖逖(266~321)은 字가 士雅이고, 車騎라고도 부른다.

祖逖, 字士雅, 亦稱車騎.

衛玠(286~312)는 字가 叔寶이고, 虎라고도 부르고, 洗馬라고도 부른다.

衛玠, 字叔寶, 亦稱虎, 亦稱洗馬.

周顗(269~322)는 字가 伯仁이고, 僕射라고도 부르고, 周侯라고도 부른다.

周顗(의), 字伯仁, 亦稱僕射, 亦稱周侯.

陶侃(259~334)은 字가 士行이고, 陶公이라고도 부른다.

陶侃, 字士行, 亦稱陶公.

桓彝(276~328)는 字가 茂倫이고, 廷尉라고도 부른다.

桓彝, 字茂倫, 亦稱廷尉.

殷羡(?~?)은 字가 洪喬이고, 豫章이라고도 부른다.

殷羡, 字洪喬, 亦稱豫章.

褚裒(303~350)는 字가 季野이고, 褚公이라고도 부르고, 太傅라고도 부른다.

褚裒, 字季野, 亦稱褚公, 亦稱太傅.

殷融(?~?)은 字가 洪遠이고, 太常이라고도 부른다.

殷融, 字洪遠, 亦稱太常.

劉惔(?~?)은 字가 眞長이고, 劉尹이라고도 부르고, 丹陽이라고도 부른다.

劉惔(담), 字眞長, 亦稱劉尹, 亦稱丹陽.

王承(?~?)은 字가 安期이고, 參軍이라고도 부르고, 東海라고도 부른다.

王承, 字安期, 亦稱參軍, 亦稱東海.

韓伯(332~380)은 字가 康伯이고, 豫章이라고도 부르고, 太常이라고도 부른다.

韓伯, 字康伯, 亦稱豫章, 亦稱太常.

許詢(?~?)은 字가 玄度이고, 阿訥이라고도 부르고, 許掾이라고도 부른다.

許詢, 字玄度, 亦稱阿訥, 亦稱許掾.

顧和(288~351)는 字가 君孝이고, 司空이라고도 부른다.

顧和, 字君孝, 亦稱司空.

郗鑒(269~339)은 字가 道徽이고, 太尉라고도 부르고, 太傅라고도 부르고, 司空이라고도 부른다.

郗(치)鑒, 字道徽, 亦稱太尉, 亦稱太傅, 亦稱司空.

謝尙(308~357)은 字가 仁祖이고, 堅石이라고도 부르고, 鎭西라고도 부른다.

謝尙, 字仁祖, 亦稱堅石, 亦稱鎭西.

謝奕(?~358)은 字가 無奕이고, 安西라고도 부른다.

謝奕, 字無奕, 亦稱安西.

謝奉(?~?)은 字가 弘道이고, 安南이라고도 부른다.

謝奉, 字弘道, 亦稱安南.

謝安(320~385)은 字가 安石이고, 太傅라고도 부르고, 謝公이라고도 부르고, 文靖이라고도 부르고, 僕射라고도 부르고, 侍中이라고도 부른다.

謝安, 字安石, 亦稱太傅, 亦稱謝公, 亦稱文靖, 亦稱僕射, 亦稱侍中.

謝萬(320~361)은 字가 萬石이고, 阿萬이라고도 부르고, 中郎이라고도 부른다.
謝萬, 字萬石, 亦稱阿萬, 亦稱中郎.

王述(303~368)은 字가 懷祖이고, 藍田이라고도 부르고, 宛陵이라고도 부른다.
王述, 字懷祖, 亦稱藍田, 亦稱宛陵.

王胡之(?~348)는 字가 修齡이고, 阿齡이라고도 부르고, 司州라고도 부른다.
王胡之, 字修齡, 亦稱阿齡, 亦稱司州.

王濛(309~347)은 字가 仲祖이고, 阿奴라고도 부르고, 長史라고도 부른다.
王濛, 字仲祖, 亦稱阿奴, 亦稱長史.

江虨(?~368)은 字가 思玄이고, 僕射라고도 부른다.
江虨(반), 字思玄, 亦稱僕射.

王微(?~?)는 字가 幼仁이고, 荊產이라고도 부른다.
王微, 字幼仁, 亦稱荊產.

孫綽(314~371)은 字가 興公이고, 長樂이라고도 부른다.
孫綽, 字興公, 亦稱長樂.

郗愔(313~384)은 字가 方回이고, 司空이라고도 부르고, 郗公이라고도 부른다.

郗愔(치음), 字方回, 亦稱司空, 亦稱郗公.

桓溫(312~373)은 字가 元子이고, 桓公이라고도 부르고, 征西라고도 부르고, 大司馬라고도 부르고, 宣武라고도 부른다.

桓溫, 字元子, 亦稱桓公, 亦稱征西, 亦稱大司馬, 亦稱宣武.

孫盛(302~373)은 字가 安國이고, 孫監이라고도 부른다.

孫盛, 字安國, 亦稱孫監.

王羲之(303~361 또는 321~379)는 字가 逸少이고, 右軍이라고도 부르고, 臨川이라고도 부른다.

王羲之, 字逸少, 亦稱右軍, 亦稱臨川.

荀羨(322~359)은 字가 令則이고, 中郎이라고도 부른다.

荀羨, 字令則, 亦稱中郎.

庾翼(305~345)은 字가 穉恭이고, 征西라고도 부르고, 小庾라고도 부른다.

庾翼, 字穉恭, 亦稱征西, 亦稱小庾.

何充(292~346)은 字가 次道이고, 驃騎라고도 부르고, 揚州라고도 부른다.

何充, 字次道, 亦稱驃騎, 亦稱揚州.

蔡謨(281~356)는 字가 道明이고, 蔡公이라고도 부르고, 司徒라고도 부른다.

蔡謨, 字道明, 亦稱蔡公, 亦稱司徒.

阮裕(?~?)는 字가 思曠이고, 光祿이라고도 부르고, 阮公이라고도 부른다.

阮裕, 字思曠, 亦稱光祿, 亦稱阮公.

庾氷(296~344)은 字가 季堅이고, 司空이라고도 부른다.

庾氷, 字季堅, 亦稱司空.

袁宏(328~376)은 字가 彦伯이고, 虎라고도 부른다.

袁宏, 字彦伯, 亦稱虎.

桓冲(328~384)은 字가 玄叔이고, 車騎라고도 부른다.

桓冲, 字玄叔, 亦稱車騎.

殷浩(?~356)는 字가 淵源이고, 阿源이라고도 부르고, 揚州라고도 부르고, 中軍이라고도 부른다.

殷浩, 字淵源, 亦稱阿源, 亦稱揚州, 亦稱中軍.

陸玩(278~342)은 字가 士瑤이고, 太尉라고도 부른다.

陸玩, 字士瑤, 亦稱太尉.

郗曇(320~361)은 字가 重熙이고, 中郎이라고도 부른다.

郗曇(치담), 字重熙, 亦稱中郎.

王修(334~357)는 字가 敬仁이고, 苟子라고도 부른다.

王修, 字敬仁, 亦稱苟子.

王蘊(330~384)은 字가 叔仁이고, 阿興이라고도 부르고, 光祿이라고도 부른다.

王蘊, 字叔仁, 亦稱阿興, 亦稱光祿.

謝玄(343~388)은 字가 幼度이고, 遏이라고도 부르고, 車騎라고도 부른다.

謝玄, 字幼度, 亦稱遏, 亦稱車騎.

王恬(?~?)은 字가 敬豫이고, 王螭라고도 부르고, 阿螭라고도 부른다.

王恬, 字敬豫, 亦稱王螭, 亦稱阿螭.

王洽(323~358)은 字가 敬和이고, 領軍이라고도 부르고, 車騎라고도 부른다.

王洽, 字敬和, 亦稱領軍, 亦稱車騎.

王薈(?~?)는 字가 敬文이고, 小奴라고도 부르고, 衛軍이라고도 부른다.

王薈, 字敬文, 亦稱小奴, 亦稱衛軍.

謝琰(352~400)은 字가 瑗度이고, 末婢라고도 부르고, 望蔡라고도 부른다.

謝琰, 字瑗度, 亦稱末婢, 亦稱望蔡.

桓謙(?~410)은 字가 敬祖이고, 中軍이라고도 부른다.

桓謙, 字敬祖, 亦稱中軍.

謝朗(?~?)은 字가 長度이고, 胡兒라고도 부르고, 東陽이라고도 부른다.

謝朗, 字長度, 亦稱胡兒, 亦稱東陽.

袁山松[1](?~401)은 府君이라고도 부른다.

袁山松, 亦稱府君.

桓伊(?~391)는 字가 叔夏이고, 子野라고도 부르고, 護軍이라고도 부른다.

桓伊, 字叔夏, 亦稱子野, 亦稱護軍.

戴逵(326~396)는 字가 安道이고, 戴公이라고도 부른다.

戴逵, 字安道, 亦稱戴公.

王凝之(334~399)는 字가 叔平이고, 江州라고도 부른다.

王凝之, 字叔平, 亦稱江州.

王徽之(338~386)는 字가 子猷이고, 黃門이라고도 부른다.

---

1) 袁山松 : ≪全晉文≫ 권56에는 '袁崧'으로 되어 있고, 자가 '山松' 또는 '喬孫'이라고 하였다. 그런데 丁國鈞의 ≪補晉書藝文志≫ 〈乙部史錄〉에 '崧'으로 되어 있는 것은 '山松'을 書寫하는 과정에서 생긴 오류라고 하였다.

王徽之, 字子猷, 亦稱黃門.

郗恢(?~398)는 字가 道胤이고, 尙書라고도 부른다.

郗恢, 字道胤, 亦稱尙書.

王坦之(330~375)는 字가 文度이고, 中郞이라고도 부르고, 安北이라고도 부르고, 北中郞이라고도 부른다.

王坦之, 字文度, 亦稱中郞, 亦稱安北, 亦稱北中郞.

王獻之(344~386)는 字가 子敬이고, 阿敬이라고도 부르고, 王令이라고도 부른다.

王獻之, 字子敬, 亦稱阿敬, 亦稱王令.

張玄之(?~?)는 字가 祖希이고, 冠軍이라고도 부르고, 吳興이라고도 부른다.

張玄之, 字祖希, 亦稱冠軍, 亦稱吳興.

王珣(349~400)은 字가 元琳이고, 法護라고도 부르고, 東亭이라고도 부른다.

王珣, 字元琳, 亦稱法護, 亦稱東亭.

王珉(351~388)은 字가 季琰이고, 僧彌라고도 부르고, 小令이라고도 부른다.

王珉, 字季琰, 亦稱僧彌, 亦稱小令.

王忱(?~392)은 字가 佛大이고, 王大라고도 부르고, 阿大라고도 부르고, 建武

라고도 부른다.

王忱, 字佛大, 亦稱王大, 亦稱阿大, 亦稱建武.

桓玄(369~404)은 字가 敬道이고, 靈寶라고도 부르고, 南郡이라고도 부른다.

桓玄, 字敬道, 亦稱靈寶, 亦稱南郡.

王廞(?~?)은 字가 伯輿이고, 長史라고도 부른다.

王廞(흠), 字伯輿, 亦稱長史.

殷仲堪(?~399)은 荊州라고도 부른다.

殷仲堪, 亦稱荊州.

王謐(360~408)은 字가 雅遠[2]이고, 武岡이라고도 부르고, 司徒라고도 부른다.

王謐, 字雅遠, 亦稱武岡, 亦稱司徒.

陶潛(365~427)은 字가 淵明이고,[3] 靖節이라고도 부르고, 徵士라고도 부른다.

陶潛, 字淵明, 亦稱靖節, 亦稱徵士.

謝混(?~412)은 字가 叔源이고, 益壽라고도 부르고, 望蔡라고도 부른다.

謝混, 字叔源, 亦稱益壽, 亦稱望蔡.

---

2) 雅遠 : ≪晉書≫ 〈王謐傳〉에는 '稚遠'으로 되어 있다.

3) 陶潛……淵明이고 : 일설에는 이름이 '淵明'이고, 자가 '元亮'이라고 한다.

謝靈運(385~433)은 康樂이라고도 부른다.

謝靈運, 亦稱康樂.

陸慧曉(?~?)는 字가 叔明이고, 東海라고도 부른다.

陸慧曉, 字叔明, 亦稱東海.

張融(444~497)은 字가 思光이고, 黃門이라고도 부른다.

張融, 字思光, 亦稱黃門.

袁粲(420~477)은 字가 景倩이고, 袁尹이라고도 부르고, 司徒라고도 부른다.

袁粲, 字景倩, 亦稱袁尹, 亦稱司徒.

褚淵(435~482)은 字가 彥回이고, 司徒라고도 부르고, 太宰라고도 부른다.

褚淵, 字彥回, 亦稱司徒, 亦稱太宰.

王儉(452~489)은 字가 仲寶이고, 僕射라고도 부르고, 文憲이라고도 부른다.

王儉, 字仲寶, 亦稱僕射, 亦稱文憲.

劉孝綽(?~539)은 字가 孝綽이고, 阿士라고도 부르고, 長史라고도 부른다.

劉孝綽, 字孝綽, 亦稱阿士, 亦稱長史.

陶弘景(456~536)은 字가 通明이고, 隱居라고도 부르고, 貞白이라고도 부른다.

陶弘景, 字通明, 亦稱隱居, 亦稱貞白.

法汰(320~387)는 汰法師라고도 부른다.

法汰, 亦稱汰法師.

竺法深(?~?)은 深公이라고도 부른다.

竺法深, 亦稱深公.

支遁(314~366)은 字가 道林이고, 林公이라고도 부르고, 支公이라고도 부르고, 支法師라고도 부르고, 林道人이라고도 부르고, 林法師라고도 부른다.

支遁, 字道林, 亦稱林公, 亦稱支公, 亦稱支法師, 亦稱林道人, 亦稱林法師.

世說新語補 卷一

宋 劉義慶 撰　梁 劉孝標 注　宋 劉辰翁 批
明 何良俊 增　王世貞 刪定　王世懋 批釋
鍾惺 批點　張文柱 校注

1. 덕행 상　德行 上

본서의 앞 4편은 〈德行〉·〈言語〉·〈政事〉·〈文學〉인데, 이는 ≪論語≫ 〈先進〉에 나오는 '孔門四科'의 순서와 같다. 〈덕행〉편에는 총 81條의 일화가 상편(58)과 하편(23)으로 나뉘어 실려 있는데, ≪世說新語≫에서 34條, ≪何氏語林≫에서 47條를 가져왔다. 전체적인 내용은 크게 두 가지로, 하나는 전통적인 儒家의 덕목 즉, 孝悌·仁愛·淸廉 등을 기리는 내용이고, 다른 하나는 魏晉시대 이후 士人들의 특징적인 모습 즉, 淸談·無爲 등을 묘사한 내용들이다.

1-1 **【補】** 閔仲叔(閔貢)이 콩죽을 먹고 맹물을 마시니 세상이 그를 절조 있는 선비라 칭하였다.[1] 늙고 병든 데다 집이 가난하여 고기를 먹을 수 없자 날마다 돼지 간을 한 조각씩 샀는데 간혹 백정이 주지 않으려 하였다. 安邑의 수령이

---

1) 콩죽을……칭하였다 : 남에게 폐를 끼치지 않고 淸貧한 생활을 하였기 때문에 절조 있는 선비라 칭한 것이다. ≪荀子≫ 〈天論〉에 "군자가 콩죽을 먹고 맹물을 마시는 것은 어리석은 것이 아니라 절조가 있어서 그런 것이다.〔君子啜菽飮水 非愚也 是節然也〕"라 한 것과 ≪禮記≫ 〈檀弓 下〉에 "孔子가 '콩죽을 먹고 맹물을 마시더라도 기쁘게 해 드리는 일을 극진히 행한다면 그것이 바로 孝이다.'라고 하였다.〔孔子曰 啜菽飮水盡其歡斯之謂孝〕"라 한 것을 보면 당시에는 콩죽과 맹물만 먹는 빈궁한 생활을 하면서도 개의치 않는 것을 미덕으로 여겼음을 알 수 있다.

그 이야기를 듣고 아전을 시켜 항상 그에게 고기를 대주었다. 민중숙이 괴이하게 여겨 그 이유를 묻고는 탄식하며 말하였다.

"민중숙이 어찌 입과 배 때문에 安邑에 누를 끼치겠는가."

마침내 〈안읍을〉 떠나 沛 땅에서 객지살이를 하였다.

閔仲叔이 **含菽飮水**하니 **世稱節士**라 **老病家貧**하여 **不能得肉**하여 **日買猪肝一片**한대 **屠者**가 **或不肯與**어늘 **安邑令**이 **聞之**하고 **勑吏常給焉**이라 **仲叔**이 **怪問其故**하고 **歎曰 閔仲叔**이 **豈以口腹**으로 **累安邑邪**(야)아하고 **遂去客沛**[①]하다

① 謝承의 ≪後漢書≫에 "閔貢은 字가 仲叔이고 太原 사람이다." 하였다.

皇甫謐의 ≪高士傳≫에 말하였다. "중숙과 같은 郡 사람인 周黨은 곧고 깨끗한 선비였다. 중숙이 채소 없이 식사하는 것을 보고는 그에게 생마늘을 보내니 중숙이 말하였다. '내가 번거로운 것을 줄이려고 하는데 지금 다시 번거롭게 만드는가?' 하고는 받아두고 먹지 않았다."

○생마늘은 냄새가 나고 음식을 소화시킨다. 먹지 않은 데는 이유가 있었으니, 보낸 자를 비웃을 만하다. 필시 주당이 전에 道學을 강론하러 왔었을 것이다.

閔仲叔

謝承後漢書曰 "閔貢, 字仲叔, 太原人." 皇甫謐高士傳曰 "仲叔同郡周黨, 貞介之士. 見仲叔食無菜, 遺之生蒜, 仲叔曰 '我欲省煩耳, 今更(갱)作煩邪(야)?' 受而不食." ○生蒜臭且消食. 不食有理, 遺者可笑也. 必是曾講道學來.

【頭註】

○ 李贄 : 아무 맛이 없다.

李云 "無味."

○ 李贄 : 돼지 간을 한 조각씩 산 일은 심히 잘못 처신한 일이니, 입과 배 때문에 남에게 폐를 끼치면 名聲도 추해진다.

又云 猪肝一片, 甚不濟事, 口腹累人, 名聲亦醜.

1-2【補】趙孝는 부친(趙普)이 田禾將軍이어서 郎官에 임명되었는데[2] 휴가를 받아 돌아갈 때마다 항상 白衣[3]를 입고 짐을 멘 채 걸어서 갔다. 한번은 長安에서 돌아갈 적에 郵亭(驛館)에 묵으려고 하였는데, 亭長이 조효가 지나갈 것이라는 소식을 미리 듣고 청소를 하고 기다리고 있었다. 조효가 도착하여 이름을 밝히지 않자 정장이 그를 〈우정에〉 들이려 하지 않고 물었다.

"전화장군의 아들이 장안에서 올 것이라 들었는데 어느 때나 도착하겠는가?"

조효가 말하였다.

"곧 도착할 것이오."

그리고는 마침내 가버렸다.

趙普

趙孝가 以父田禾將軍①으로 任爲郎한대 每告歸에 常白衣步擔이라 嘗從長安還에 欲止郵亭하니 亭長이 先時聞孝當過하고 掃灑待之라 孝既至에 不白[4]名하니 長不肯內(납)하고 因問曰〔聞〕[5]田禾將軍子가 當從長安來라한대 何時에 至乎아 孝曰 尋到矣라하고 於是에 遂去②하다

---

2) 부친(趙普)이……임명되었는데 : 漢나라 때 '任子令法'이 있었는데, 이는 二千石 이상의 관리가 3년의 근무기간을 채우면 아들 한 명을 郎官에 임명해주는 법이다.(≪世說音釋≫) 趙孝의 부친 趙普가 田禾將軍에 임명되어 그 아들인 조효가 이 법의 적용을 받아 낭관에 제수되었음을 의미한다.

3) 白衣 : 漢나라 때의 관례에 官吏는 검정색 옷을 입었고, 官府에서 심부름하는 사람은 흰색 옷을 입었다.(≪世說音釋≫) 趙孝가 흰색 옷을 입었기 때문에 亭長이 심부름꾼으로 알고 조효의 소식을 물은 것이다.

4) 白 : ≪後漢書≫ 〈趙孝傳〉에는 '自'로 되어 있고, "이름을 말하지 않았다〔不稱名也〕"라는 주가 있다.

5) 〔聞〕 : 저본에는 '聞'이 없으나, ≪後漢書≫ 〈趙孝傳〉에 의거하여 보충하였다.

① ≪後漢書≫〈趙孝傳〉註에 "王莽 때 田禾將軍을 배치하여 북쪽 변방에서 屯田하게 했다." 하였다.
後漢書註曰 "王莽時, 置田禾將軍, 屯田北邊."

② 范曄의 ≪後漢書≫〈趙孝傳〉에 말하였다. "趙孝는 자가 長平이고 沛國 蘄縣 사람이다. 州郡이 그를 초빙하니 나아가고 물러남이 반드시 예에 맞았다. 顯宗[6]이 그의 행실을 듣고 조서를 내려 諫議大夫에 제수하였다. 〈조효가〉 衛尉로 옮겼을 때 아우 趙禮가 御史中丞이 되었는데 조례의 공경하고 겸손한 행실이 조효와 같았다. 황제가 그들 형제의 독실한 행실을 가상하게 여겨 조서를 내려 조례를 10일에 한 번씩 衛尉府에 보내고 大官[7]에게 술과 음식을 보내게 하여 〈형제가〉 서로 만나 한껏 즐기게 하였다."
范曄後漢書曰 "趙孝字長平, 沛國蘄(기)人. 州郡辟召, 進退必以禮. 顯宗聞其行, 詔拜諫議大夫, 遷衛尉. 弟禮爲御史中丞, 禮恭謙行已, 類於孝. 帝嘉其兄弟篤行, 詔禮十日一就衛尉府, 大官送供具, 令相對盡歡."

【頭註】

○ 〈不白名의〉 '白'이 어떤 본에 '自'로 되어 있다.
白一作自.

1-3 **【補】** 朱文季(朱暉)는 張堪과 같은 縣 사람이다. 장감이 太學에서 주문계를 만나 그를 매우 존중하며 그의 팔을 잡고 말하였다.

"나의 처자식을 朱生(朱暉) 그대에게 부탁하겠소."

주문계가 감히 대답하지 못하였다. 장감이 죽은 뒤에 주문계가 그의 처자식이 빈곤하다는 소식을 듣고 직접 가서 살펴보고 후하게 구제해주었다. 그의 아

---

6) 顯宗 : 東晉의 제3대 황제인 晉成帝 司馬衍의 廟號이다. 부친인 明帝가 서거하자 5살의 나이로 즉위하니 모친인 皇太后 庾文君이 대리청정하였고 司徒 王導와 中書令 庾亮이 輔政하였다. ≪後漢書≫〈趙孝傳〉에는 '明帝'로 되어 있다.(≪後漢書≫〈趙孝傳〉, ≪晉書≫〈帝紀〉)

7) 大官 : 太官이라고도 한다. ≪漢書≫〈百官公卿表〉에 少府의 屬官에 大官이 있다고 하였고, 그 註에 대관은 膳食을 담당한다고 하였으니, 궁중의 음식을 담당한 요리 전담 관원을 말한다.(≪世說音釋≫)

들이 이상하게 여겨 물었다.

"大人께서는 장감과 교우하지 않았는데 어찌 갑자기 이렇게 하십니까?"

주문계가 말하였다.

"장감이 전에 나를 알아주는 말을 하여 내가 그 말을 마음속으로 실천하려 하였다."

朱文季[①]는 **與張堪**[②]으로 **同縣**이라 **張於太學中**에 **見文季**하고 **甚重之**하여 **把臂語曰 欲以妻子託朱生**이라한대 **文季不敢對**라 **張亡後**에 **聞其妻子貧困**하고 **自往候視**하여 **厚賑贍之**하다 **子怪問曰 大人**은 **不與堪爲友**어늘 **何忽如此**잇가하니 **文季曰 堪**이 **嘗有知己之言**하여 **吾以信於心也**라하다

① 范曄의 ≪後漢書≫ 〈朱暉傳〉에 "朱暉는 자가 文季이고 南陽 宛 사람이다. 집안이 대대로 벼슬을 하였다. 주휘는 어려서 부친을 여의었으나 과감한 기백이 있었다." 하였다.
范曄後漢書曰 "朱暉, 字文季, 南陽宛人. 家世衣冠. 暉早孤, 有氣決."

② 范曄의 ≪後漢書≫ 〈張堪傳〉에 말하였다. "張堪은 자가 君游이고 남양 宛 사람이다. 품은 뜻이 훌륭하고 행실이 방정하여 世祖(後漢 光武帝)가 그를 불러 郞中에 임명하였다. 漁陽太守를 역임하였는데, 관직을 떠나는 날에 끌채가 부러진 마차를 타고 이불 포대만 가지고 갔다."
范曄後漢書曰 "張堪, 字君游, 南陽宛人. 志美行厲, 世祖召拜郎中. 歷漁陽太守, 去職之日, 乘折轅車, 布被囊而已."

1-4 **【補】** 高文通(高鳳)이 향리에 있을 때 이웃 마을에서 재산 다툼이 생겨 무기를 들고 다투었다. 고문통이 가서 화해시키려 하였으나 다툼이 그치지 않자 두건을 벗고 머리를 조아리며 청하였다.

"仁義와 양보를 어찌 버린단 말인가."

그러자 다투던 자들이 무기를 버리고 사죄하였다.

高文通이 **居鄕時**에 **隣里**에 **有爭財**하여 **持兵而鬪**러니 **文通**이 **往解之**나 **不已**어늘 **乃脫巾叩頭**하고 **請曰 仁義遜讓**을 **奈何棄之**리오하니 **爭者**가 **投兵謝罪**[①]하다

① 嵇康의 ≪高士傳≫에 말하였다. "高鳳은 字가 文通이고 南陽 葉(섭) 사람이다. 젊어서 書生이었을 때 집안은 농사를 업으로 삼았으나 고봉은 외우고 익히는 데 전념하였다. 아내는 항상 밭에 나갈 때면 마당에 보리를 널어놓고 고봉에게 〈보리를 먹지 못하도록〉 닭을 지키게 하였다. 갑자기 소나기가 내렸는데 고봉은 막대기를 쥔 채 경문을 외우느라 빗물에 보리가 떠내려가는 것도 알아채지 못하였다. 아내가 돌아와 이상하게 여겨 물어보니 그제야 알았다. 그는 후에 마침내 이름난 儒者가 되었다."
嵇康高士傳曰 "高鳳, 字文通, 南陽葉人. 少爲書生, 家以農畝爲業, 鳳專精誦習. 妻常之田, 曝麥於庭, 令鳳護雞. 時天暴雨, 鳳持竿誦經, 不覺潦水流麥. 妻還怪問, 乃省. 其後遂爲名儒."

【頭註】

○ 李贄 : 아무 맛이 없다.
李云 "無味."

1-5 【補】 梁伯鸞(梁鴻)은 어려서 부친을 여의고 항상 홀로 지냈고 남과 함께 밥을 먹지 않았다. 이웃집에서 먼저 밥을 하고 난 뒤에 양백란을 불러 불이 있을 때 솥에 밥을 하라 하니 양백란이 말하였다.
"동자 鴻은 남의 불에 의지하지 않는 사람입니다."
그리고는 아궁이의 불을 끈 뒤 다시 불을 붙였다.

梁伯鸞은 少孤하여 (嘗)〔常〕[8]獨止하고 不與人同食이러니 比舍先炊已에 呼伯鸞하여 及熱釜炊하니 伯鸞曰 童子鴻은 不因人熱者也라하고 滅竈하고 更(갱)燃之[①]하다

① 范曄의 ≪後漢書≫ 〈梁鴻傳〉에 말하였다.
"梁鴻은 자가 伯鸞으로, 扶風 平陵 사람이다. 太學에서 수업할 때 집이 가난하였으나 節介를 숭상하였고 전적을 두루 열람하였으나 章句를 추구하지는 않았다.[9]

8) (嘗)〔常〕 : 저본에는 '嘗'으로 되어 있으나, ≪何氏語林≫에 의거하여 '常'으로 바로잡았다.

9) 章句를 추구하지는 않았다 : 章은 의미가 끊어지는 곳이고 句는 말이 끊어지는 곳이

학업을 마친 뒤 上林苑에서 돼지를 쳤는데, 실수로 불을 내 이웃집까지 불이 번졌다. 양홍이 불에 탄 집을 찾아가 모두 돼지로 배상하였으나 그 주인은 여전히 배상이 적다고 여겼다. 양홍이 '다른 재물이 없으니 제가 고용살이를 하겠습니다.' 라고 하여 그 집에 잡혀 살았다. 양홍이 부지런히 일하고 게으르지 않으니 이웃의 노인들이 모두 주인을 비난하고 양홍을 長者라고 칭찬하였다. 〈그 주인이〉 그제야 양홍을 존경하고 다르게 대하며 그의 돼지를 다 돌려주려 하였다. 양홍은 받지 않고 떠나 고향으로 돌아갔다.

권세 있는 가문에서 그의 고상한 절개를 사모하여 그를 사위 삼으려 하는 곳이 많았으나 양홍이 모두 아내 삼지 않았다. 같은 현에 사는 孟氏에게 딸이 있는데 살찌고 추하며 살빛이 검고 힘이 돌절구를 들 정도로 셌다. 딸이 혼인 상대를 가리며 시집가지 않자 부모가 까닭을 물었다. 딸이 '양백란처럼 어진 사람에게 시집가고 싶습니다.' 하였다. 양홍이 이 말을 듣고 그에게 장가들었다. 〈妻가〉 처음에 치장하고 문에 들어가자 7일 동안 양홍이 상대하지 않으니 그 처가 침상 아래 무릎을 꿇고 청하였다. '제가 듣기에, 夫子는 고상하고 정의로워 여러 명의 여자를 멀리하였다 하고, 妾 역시 여러 남자들에게 오만하게 대하다가 지금에야 간택을 받았으니 어찌 죄를 청하지 않겠습니까.' 양홍이 '나는 허름한 옷을 입고 함께 깊은 산에 은거할 만한 사람을 원했는데 〈그대는〉 지금 화려한 옷을 입고 분칠을 하였으니 어찌 내가 원하던 짝이겠는가?' 하니, 처가 '夫子의 의지를 살펴보려 그런 것일 뿐입니다.' 하고는 다시 머리에 쪽을 찌고 베옷을 입었으며 베틀을 가지고[10] 나왔다. 양홍이 크게 기뻐

梁鴻

니, 章句를 따지는 것이 儒生이 공부하는 방식이다.(≪世說箋本≫, ≪世說音釋≫)

10) 베틀을 가지고 : 원문은 '操作'인데, ≪世說音釋≫에서 "직물을 짜는 도구를 가지는

하며 '이 사람이 진정 나의 처이다.' 하고 德曜라고 字를 지어주었다. 처의 이름은 孟光이다.

얼마 있다 처가 '첩은 늘 부자께서 은거하여 환란을 피하고자 한다고 들었는데 지금 어찌 묵묵히 계십니까? 머리를 조아리고 〈권세가에게〉 나아가려 하는 것이 아닙니까?' 하니, 양홍이 '그 말이 맞소.'라고 하고 마침내 霸陵山에 들어가 밭 갈고 길쌈하는 것을 업으로 삼고 시를 읊고 거문고를 타면서 스스로 즐겼다.

高士를 사모하여 四皓[11] 이후의 24인을 위한 노래를 지었다. 동쪽으로 關門을 나가 京師를 지나며 〈五噫歌〉를 지었다.

저 北芒山에 오름이여, 아
皇京을 돌아봄이여, 아
궁실이 높고 높음이여, 아
사람들의 수고로움이여, 아
까마득히 끝이 없음이여, 아

肅宗(後漢 章帝)이 듣고 비난하자 마침내 성명을 바꾸고 齊와 魯 사이에서 살았다. 얼마 뒤에 그곳을 떠나 吳로 갈 때 시를 지었다.

옛 나라[12] 유람하러 멀리 가서
장차 저 동남쪽에 모이려 하네
마음은 근심으로 애가 타고
뜻은 갈팡질팡 오락가락
수레 타고 채찍 휘두르며 맘껏 달리고프니
讒言 일삼는 우리네 세태 싫어라
앞다퉈 굽은 이 올리고 곧은 이 내치며[13]

것이다.〔操持織作之具也〕"라고 하였다.

11) 四皓 : 漢나라 때의 네 隱者로 東園公·甪(녹)里先生·綺里季·夏黃公을 말한다. 모두 商山에 은거하였기 때문에 '商山四皓'라고도 하였다.

12) 옛 나라 : 齊·魯·吳나라 지역으로, 季札과 魯連이 살던 곳이다.(≪世說箋本≫)

13) 굽은……내치며 : 원문은 '擧枉兮錯直'인데, ≪論語≫ 〈爲政〉에 魯나라 임금인 哀公이 孔子에게 백성을 복종시킬 수 있는 방법을 묻자, 공자가 "곧은 사람을 들어 쓰고

모두들 앞장서 아첨하며 참소하네
실로 부끄럽지 않게 홀로 섰으니
다른 고을에서 어진 이 높여주길 기대하네
오로지 소요하며 즐겁게 노닐면서
천하를 주유했던 仲尼(공자)를 따르리라
만일 내 기뻐하는 이 볼 수 있다 하면
마침내 수레 버리고 배에 오르리
季札 만나러 延陵에 가고[14]
魯仲連 찾아 바닷가로 가리라[15]
그들의 빛나는 모습 볼 수 없더라도
그들의 신령과 함께 아름다워지길 바라네
늦봄이라 꽃 흐드러지고
보리 익어 한창 이삭이 패였네
애달프다 한창때는 갈수록 멀어져가고
가엾어라 꽃향기는 날로 악취 풍기리니
슬프다 내 마음의 이루지 못함이여
오랜 회한 어찌 다할 수 있으리
쑥덕쑥덕 입으로 날 비난하니
아, 두렵구나 누구에게 가 머물까나

吳에 이르러 皐伯通에게 의지하여 곁채에 살면서 남을 위해 곡식을 빻아주는 일

굽은 사람들을 버리면 백성들은 복종하고, 굽은 사람을 들어 쓰고 곧은 사람들을 버리면 백성들은 복종하지 않습니다.〔擧直錯諸枉則民服 擧枉錯諸直則民不服〕"라고 대답한 것에 나온다.

14) 季札……가고 : 季札은 춘추시대 吳나라 왕 壽夢의 넷째 아들로서, 왕위를 사양하고 여러 나라를 다니면서 당시의 현인들과 교유하였다. 延陵은 그가 봉해진 지명이다. (≪史記≫ 〈吳太伯世家〉)

15) 魯仲連……가리라 : 魯連은 魯仲連(B.C. 305~B.C. 245)의 약칭으로, 戰國時代 齊나라의 遊說家(유세가)이자 策士였다. 그는 제나라 茌平 사람인데, 그곳은 오늘날의 山東省 茌平縣에 해당하여 바다와 인접한 지역이므로 노중련을 만나러 바닷가로 가겠다고 한 것이다.(≪史記≫ 〈魯仲連傳〉)

을 하였다. 그 처가 밥을 차려줄 때 밥상을 눈썹 높이로 들어 올리니 고백통이 기이하게 여기기를, '저 머슴이 자기 처에게 저처럼 공경받을 수 있으니 보통 사람이 아니다.' 하고는 자기 집에 살게 하였다. 양홍은 문을 닫고 남몰래 글 10여 편을 지었다.

병들고 곤궁하게 되자 주인에게 고하기를, '옛날에 延陵季子가 嬴邑과 博邑 사이에 자식을 장사 지내고 고향으로 돌아가지 않았으니[16] 부디 제 아들이 喪具를 가지고 돌아가지 않게 해주십시오.' 하였다. 그가 죽자 고백통이 要離[17]의 무덤 곁에 葬地를 구해주니, 모두 말하기를 '요리는 烈士요, 백란은 淸高한 사람이니 서로 가깝게 둘 만하다.'라 하였다. 장례를 치른 뒤 그의 妻子는 扶風으로 돌아갔다."

范曄後漢書曰 "梁鴻, 字伯鸞, 扶風平陵人. 受業太學, 家貧尙節介, 博覽不爲章句. 學畢, 牧豕上林苑中, 誤遺火, 延及他舍. 鴻尋訪燒者, 悉以豕償之, 其主猶以爲少. 鴻曰 '無他財, 願以身居作.' 因爲執, 勤不懈, 隣家耆老共責讓主人, 而稱鴻長者. 始敬異焉, 悉還其豕, 鴻不受而去歸鄕里. 勢家慕其高節, 多欲女之, 鴻並不娶. 同縣孟氏有女, 肥醜而黑, 力擧石臼. 擇對不嫁, 父母問其故. 女曰 '欲得賢如梁伯鸞者.' 鴻聞而聘之. 始以裝飾入門, 七日而鴻不答, 妻跪牀下, 請曰 '竊聞夫子高義, 簡斥數婦, 妾亦偃蹇數夫, 今而見擇, 敢不請罪?' 鴻曰 '吾欲裘褐之人可與俱隱深山者, 今衣綺縞, 傅粉墨, 豈鴻所願哉.' 妻曰 '以觀夫子之志耳.' 乃更爲椎髻, 著布衣, 操作而前, 鴻大喜曰 '此眞梁鴻妻也.' 字之曰德曜, 名孟光. 居有頃, 妻曰 '常聞夫子欲隱居避患, 今何爲默默? 無乃欲低頭就之乎?' 鴻曰 '諾.' 乃入(灞)〔霸〕[18]陵山中, 以耕織爲業, 詠詩彈琴以自娛. 仰慕高士, 爲四皓以來二十四人作頌. 因東出關過京, 作五

---

16) 延陵季子가……않았으니 : 연릉계자는 吳나라의 공자 季札이다. 그가 齊나라에 갔다가 돌아오는 도중에 그의 맏아들이 죽어서 제나라의 嬴邑과 博邑 사이에 장사 지냈다.(≪禮記≫ 〈檀弓〉)

17) 要離 : 춘추시대 吳나라의 刺客이다. 吳王 闔閭가 요리에게 衛나라에 망명해 있는 오왕 僚의 아들 慶忌를 죽이게 하였다. 이에 요리가 오왕에게 자기 오른팔을 자르게 하고 妻子를 다 죽이게 한 다음, 죄인을 사칭하고 위나라에 들어갔다. 그리고 경기를 만나서 오왕 합려를 공격하자는 뜻으로 거짓 모의를 하고는 함께 오나라로 돌아가던 중 배 안에서 경기를 죽여서 강물에 던져버렸다. 요리는 요행히 자기 목숨은 부지했으나 스스로 仁・義・勇을 저버린 악인이 무슨 면목으로 살아남을 수 있겠느냐면서 마침내 자살하였다.(≪吳越春秋≫ 〈闔閭內傳〉)

18) (灞)〔霸〕: 저본에는 '灞(파)'로 되어 있으나, ≪後漢書≫ 〈逸民傳〉에 의거하여 '霸(패)'로 바로잡았다.

噫歌曰 '陟彼北芒兮噫. 顧覽帝京兮噫. 宮室崔嵬兮噫. 人之劬勞兮噫. 遼遼未央兮噫.' 肅宗聞而非之, 乃易姓名, 居齊魯之間. 有頃, 去適吳, 作詩曰 '遊舊邦兮遐征, 將遙集兮東南. 心惙怛兮傷悴, 志菲菲兮升降. 欲乘策兮縱邁, 疾吾俗兮作讒. 競擧枉兮措直, 咸先佞兮唌唌(연연). 固靡慙兮獨建, 冀異州兮尙賢. 聊逍遙兮遨嬉, 纘仲尼兮周流. 儻云覩兮我悅, 遂舍車兮即浮. 過季札兮延陵, 求魯連兮海隅. 雖不察兮光貌, 幸神靈兮與休. 惟季春兮華阜, 麥含含兮方秀. 哀茂時兮逾邁, 愍芳香兮日臭. 悼吾心兮不獲, 長委結兮焉究. 口囂囂兮余訕, 嗟恇恇兮誰留.' 至吳依皐伯通, 居廡下, 爲人賃舂. 妻具食, 擧案齊眉, 伯通異之曰 '彼傭能使其妻敬之如此, 非凡人也.' 乃舍之於家. 鴻潛閉著書十餘篇. 疾且困, 告主人曰 '昔延陵季子葬子嬴博之間, 不歸鄕里, 愼勿令我子持喪歸.' 及卒, 伯通爲求葬地於要離冢傍, 咸曰要離烈士, 伯鸞清高, 可令相近.' 葬畢, 妻子歸扶風."

【頭註】

○ 좋은 이야기이다.
好話.

○ 王世懋 : 이러한 절개는 바보에 가깝다.
王云 "此介近癡."

○ 기이하다.
奇.

○ 李贄 : 皐伯通 역시 보통 사람이 아니니 梁鴻은 제대로 주인 삼았다고 할 수 있다. 또 누가 양홍이 진정한 열사임을 알았겠으며, 누가 淸高하다고 말했겠는가.
李云 伯通亦非常人, 鴻可謂得所主矣. 又誰知鴻眞烈士乎. 何說淸高也.

1-6【補】范巨卿(范式)이 荊州刺史였을 때였다. 친구인 孔仲山(孔嵩)이 집이 가난하여 부모를 봉양하기 위하여 성명을 바꾸고 新野縣의 街卒[19]로 고용되었다. 범거경이 관할하는 郡邑을 순시할 때가 되어 신야현에서 공중산을 導騎(길을 인도하는 騎兵)로 선발하였다. 범거경이 공중산을 보고 깜짝 놀라 그의 팔을 잡고 말했다.

"그대는 공중산이 아닌가. 내가 예전에 그대와 함께 긴 도포 자락을 끌면서

19) 街卒 : 길거리의 치안・청소 등을 맡은 差役이다.

太學에서 遊息20)했었지. 나는 國恩을 입어 刺史가 되었는데 그대는 道를 품고 몸을 숨겨 군졸 가운데 있으니 또한 애석하지 않은가."

공중산이 말했다.

"侯嬴은 오랫동안 천한 업을 지켰고 晨門은 관문을 지키면서 뜻대로 살았네. 가난이란 선비에게 당연한 것인데 어찌 비루하게 생각하는가."

범거경이 縣에 지시하여 〈다른 사람으로〉 공중산을 바꿔주도록 하였으나, 공중산은 앞서 맡은 일이 끝나지 않았다는 이유로 가려 하지 않았다.

范巨卿이 爲荊州刺史①에 友人孔仲山이 家貧奉親하여 變姓名하여 傭爲新野縣街卒②이라 値巨卿行部에 縣選仲山爲導騎한대 巨卿見仲山하고 驚捉臂曰 子非孔仲山邪(야)아 吾昔與子로 俱曳長裾하고 遊息太學한대 吾蒙國恩하여 致位牧伯이어늘 而子懷道隱身하여 處於卒伍하니 不亦惜乎아 仲山曰 侯嬴長守於賤業③하고 晨門肆志於抱關④하니 貧者는 士之宜어늘 豈爲鄙哉아 巨卿이 敕縣代仲山이로대 仲山以先傭未竟이라하여 不肯去하다

① 謝承의 ≪後漢書≫ 〈范式傳〉에 "范式은 자가 巨卿이고, 다른 이름은 氾(사)이며, 山陽 金鄕 사람이다." 하였다.
謝承後漢書曰 "范式, 字巨卿, 一名氾, 山陽金鄕人."

② 范曄의 ≪後漢書≫ 〈孔嵩傳〉에 말하였다. "孔嵩은 자가 仲山이고, 南陽 新野 사람이다. 阿里의 街卒이 되었는데 몸가짐이 바르고 행실이 엄정하여 街의 자제들이 모두 그의 가르침에 복종하였다. 公府의 부름을 받아 경사에 갈 때 도중에 下亭21)에 묵었는데 도적이 그의 말을 모두 훔쳐갔다. 얼마 뒤 물어서 공숭의 〈말이라는 것을〉 알고는 서로 책망하면서 '공중산은 善士인데 어찌 도둑을 맞기에 마땅하겠는가.' 하고는 말을 돌려보내고 사죄하였다."

---

20) 遊息 : '藏修遊息'의 줄임말로, 학문을 할 때 공부에 힘쓰기도 하고 유유자적하며 쉬기도 하는 것을 말한다. ≪禮記≫ 〈學記〉에 "군자가 학문을 함에 藏하고 修하며, 息하고 游한다."라고 하였는데, 鄭玄의 주에 "藏은 학문에 대한 생각을 품고 있는 것이요, 修는 익히는 것이요, 息은 피곤하여 쉬는 것이요, 游는 한가하게 노니는 것이다."라고 하였다.

21) 下亭 : 都亭을 가리키며 都邑 안에 있는 傳舍이다. 秦法에 10里마다 亭을 두었는데, 郡縣의 治所에는 都亭을 두었다.

范曄後漢書曰"孔嵩, 字仲山, 南陽新野人. 爲阿里街卒, 正身厲行, 街中子弟皆服其訓. 辟公府, 之京師, 道宿下亭, 盜共竊其馬. 尋問知嵩, 乃相責讓曰'孔仲山善士, 豈宜侵盜?' 送馬謝之."

③ ≪史記≫〈魏公子列傳〉侯嬴 條에 말하였다. "魏나라에 隱士인 侯嬴이 있었는데, 집이 가난하여 大梁의 夷門[22]을 지키는 자가 되었다. 위나라의 公子가 그에게 후하게 예물을 보내주고자 하였으나 받으려 하지 않고 '신이 몸가짐을 닦고 행실을 깨끗이 한 지 수십 년이 되었으니 결코 곤궁하다는 이유로 공자의 재물을 받지는 않겠습니다.' 하였다."

史記曰"魏有隱士侯嬴, 家貧, 爲大梁夷門監者. 魏公子欲厚遺之, 不肯受, 曰'臣修身絜行數十年, 終不以困故受公子財.'"

④ ≪論語≫〈憲問〉疏에 "晨門은 문지기이다." 하였다.

≪高士傳≫에 말하였다. "石門을 지키는 자는 魯나라 사람이다. 세상을 피해 벼슬하지 않고 스스로 성명을 숨기고 노나라의 石門을 지키는 사람이 되어 새벽부터 밤까지 문을 열고 닫는 일을 주관하였다. 子路가 孔子를 따라 석문에서 묵게 되었는데, 晨門이 자로에게 '어디서 왔소?' 하고 묻자 자로가 '孔氏 문하에서 왔습니다.' 하였다. 마침내 그가 공자를 비웃기를, '불가능한 걸 알면서 하려는 그 사람이로군.' 하니, 당시 사람들이 그를 현명하다고 하였다."

論語疏曰"晨門, 閽人也." 高士傳曰"石門守者, 魯人也. 避世不仕, 自隱姓名, 爲魯守石門, 主晨夜開閉. 子路從孔子, 石門而宿, 問子路曰'奚自?' 子路曰'自孔氏.' 遂譏孔子曰'是知其不可爲之者與.' 時人賢焉."

1-7 **【補】** 范史雲(范丹)이 黨錮의 화[23]를 만나 처자를 태운 鹿車[24]를 밀고 〈땅에 떨어진 낟알을〉 주워 먹으면서 생계를 이어갔다. 한번은 아이가 보리 5斛[25]을

---

22) 夷門 : 전국시대 魏나라의 國都인 大梁의 東門이다.

23) 黨錮의 화 : 東漢 桓帝・靈帝 때 사대부와 귀족들이 宦官이 정사를 어지럽히는 것에 불만을 품고 환관들과 黨爭을 한 사건을 가리킨다. 환관이 자신들을 반대하는 士人을 '黨人'이라는 죄로 禁錮하여 仕官을 막거나 誅殺하였으므로 '黨錮의 禍'로 일컬어졌다. 黃巾의 亂과 함께 漢朝의 멸망을 초래한 주요한 원인이 되었다.(≪後漢書≫〈黨錮列傳〉)

24) 鹿車 : 사슴 한 마리가 탈 만한 작은 수레로, 소나 말이 없이도 갈 수 있다.

25) 斛 : 용량의 단위로, 10말〔斗〕이 1斛이다.

주웠는데 이웃 사람인 尹臺가 1곡을 주면서 아이에게 그 일을 〈다른 사람에게〉 알리지 말라고 당부했다. 범사운이 나중에 알고 즉시 6곡 모두 윤대에게 되돌려주게 하고 보리가 이미 섞였다고 말하며[26] 앞으로 절대 받지 않겠다고 맹세하였다.

范史雲이 **遭黨錮**하여 **推鹿車載妻子**하고 **以捃拾自資**러니 **兒嘗拾得五斛麥**한대 **隣人尹臺**가 **遺之一斛**하고 **囑兒不得通**하다 **史雲**이 **後知**하고 **卽令併送六斛還尹**하고 **言麥已雜**이라하고 **誓不肯受**①하다

① 范曄의 ≪後漢書≫ 〈范冉傳〉에 말하였다. "范丹[27]은 자가 史雲이고, 陳留 外黃 사람이다. 樊英[28]과 馬融[29]에게 경학을 배웠는데, 시대와 어긋나고 시속과 동떨어진 것을 좋아하고, 기괴하고 파격적인 행동을 하였다. 桓帝 때 萊蕪長이 되어 梁과 沛 사이에 숨어 살았는데, 사는 곳은 단출하고 누추하였으며 어떤 때는 쌀이 떨어져 곤궁하게 지냈는데도 태연자약하였다. 나중에 太尉府의 부름을 받았으나 병을 이유로 가지 않았다. 74세에 죽었다. 시호는 貞節先生이다."

---

26) 보리가……말하며 : 尹臺가 준 보리와 아들이 주운 보리가 섞였다는 것을 말한다.

27) 范丹 : ≪後漢書≫에는 '范冉(범염)'으로 되어 있으며, 李賢의 注에 "〈冉이〉 '丹'으로 되어 있기도 하다."고 하였다.(≪後漢書≫ 〈范冉傳〉) 蔡邕의 ≪蔡中郎集≫ 〈貞節先生陳留范史雲碑〉에는 '丹'으로 되어 있다.

28) 樊英 : 東漢 安帝・順帝 때 활동한 易學家이자 術數家로, 字는 季齊이고 南陽郡 魯陽縣(지금의 河南省 魯山縣) 사람이다. 어려서 三輔(長安 京畿 지역)에 가서 ≪京氏易≫과 ≪五經≫을 배웠고 讖緯學에 뛰어났다. 후에 壺山 남쪽에 은거하였는데 사방에서 그에게 배우려는 사람들이 모여들었고, 道術에도 뛰어나 조정에 災異가 있으면 늘 그에게 물었다 한다. 그가 저술한 ≪易章句≫는 사람들이 "樊氏學"이라 부를 정도로 영향을 미쳤는데 지금은 전해지지 않는다.(≪後漢書≫ 〈方術傳〉)

29) 馬融 : 79~166. 東漢 때의 經學家로 ≪易經≫에 정통하였으며, 字는 季長이고 扶風郡 茂陵縣(지금의 陝西省 興平東北) 사람이다. 동한의 名將 馬援의 종손이다. 南郡太守를 지냈기 때문에 馬南郡이라고도 부른다. ≪孝經≫・≪論語≫・≪詩≫・≪周易≫・≪三禮≫・≪尙書≫・≪列女傳≫・≪老子≫・≪淮南子≫ 등과 같은 여러 경전의 注를 내서 儒術을 전파하는데 공헌하였으나 모두 散佚되었고, 明나라 때 輯錄한 ≪馬季長集≫과 淸나라 때 집록한 ≪玉函山房叢書≫・≪漢學堂叢書≫가 남아 있다. 盧植과 鄭玄 등이 모두 그의 門徒이다.(≪後漢書≫ 〈馬融傳〉)

范曄後漢書曰 "范丹, 字史雲, 陳留外黃人. 從樊英·馬融受經, 好違時絶俗, 爲詭激之行. 桓帝時, 爲萊蕪長, 遁居梁·沛之間, 所止單陋, 有時絶粒, 窮居自若. 後辟太尉府, 以疾不行. 年七十四卒. 謚曰貞節先生."

【頭註】

○ 李贊 : 아무 맛이 없다.
李云 "無味."

1-8 周子居(周乘)가 항상 말했다.

"나는 한동안30) 黃叔度(黃憲)를 보지 못하면 비루하고 인색한 마음이 다시 생긴다."

周子居①常云 吾時月不見黃叔度면 **則鄙吝之心**이 **已復**(부)**生矣**②라하다

① 周乘은 따로 보인다.
周乘, 別見.

② ≪典略≫31)에 말하였다. "黃憲은 자가 叔度이고, 汝南 愼陽 사람이다. 당시에 품평하는 자들이 〈황헌을 가리켜〉 모두 '顔子(顔回)가 다시 태어났다.'고 하였는데 그의 집안은 한미하고 부친은 牛醫였다. 潁川의 荀季和(荀淑)가 황헌의 손을 잡고 '그대는 나의 스승입니다.'라 하였다. 후에 袁奉高(袁閬)를 만나 '경의 지역에 안자가 있는데 정녕 알고 있습니까?' 하니, 원봉고가 '경이 우리 숙도를 만났습니까?' 하였다. 戴良은 남에게 잘 굽히지 않았는데 황헌을 만나면 저절로 자신감이 떨어져 서글프게 무엇을 잃은 사람 같았다. 모친이 '너는 어찌하여 즐겁지 않으냐? 또 牛醫의 아들에게 갔다 온 것이냐?'라고 물으니 대량이 말했다. '바라보면 앞에 있다가 홀연히 뒤에 있으니32) 이른바 저의 스승입니다.'"

---

30) 한동안 : 원문은 '時月'인데 時는 석 달이고 月은 한 달을 말한다.(≪世說音釋≫)

31) 典略 : 魏(三國)나라에서 晉나라 초기에 魚豢이 편찬하였다. 이 책은 周나라·秦나라에서부터 三國까지를 다룬 野史인데 현재는 散失되었으며, 淸나라 학자 納蘭性德이 집록한 輯本이 남아 있다. 어환은 魏나라의 郎中을 지낸 저명한 史學家로, 正史에 열전이 없어 자세한 행적은 알 수 없다.

32) 바라보면……있으니 : 顔回가 스승인 孔子의 덕을 칭송한 말로, "우러러볼수록 더욱 높고 뚫을수록 더욱 견고하며, 바라보면 앞에 있는 듯하다가도 홀연히 뒤에 있다.〔仰

典略曰 "黃憲, 字叔度, 汝南愼陽人. 時論者咸云 '顔子復生.' 而族出孤鄙, 父爲牛醫. (潁)〔穎〕33)川荀季和執憲手曰 '足下, 吾師範也.' 後見袁奉高曰 '卿國有顔子, 寧知之乎?' 奉高曰 '卿見吾叔度邪(야)?' 戴良少所服下, 見憲則自降薄, 悵然若有所失. 母問 '汝何不樂乎? 復從牛醫兒所來邪(야)?' 良曰 '瞻之在前, 忽焉在後, 所謂良之師也.'"

1-9 陳仲擧(陳蕃)가 豫章太守가 되었을 적에 부임하자마자 徐孺子(徐穉)가 있는 곳을 묻고 먼저 그를 만나고자 하였다. 主簿가 말하였다.

"사람들이 府君34)을 뵙기를 원하니 먼저 관청에 들어가소서."

진중거가 말하였다.

"武王은 商容이 사는 마을의 문에 절을 하느라 앉은 자리가 따뜻할 겨를이 없었는데, 내가 賢者를 예우하는 것이 어찌 안 된단 말인가."

陳仲擧가 爲豫章太守①에 至便問徐孺子所在하고 欲先看之②하니 主簿白 群情이 欲府君하니 先入廨하소서하다 陳曰 武王이 式商容之閭하여 席不暇煖③하시니 吾之禮賢이 有何不可④리오하다

① ≪汝南先賢傳≫35)에 말하였다. "陳蕃은 자가 仲擧이고 汝南 平輿(평예) 사람이다. 집이 있었는데 황폐하게 버려두고 청소하지 않으면서 '대장부는 국가를 위하여 천하를 청소해야 한다.' 하였다. 漢 桓帝 말에 환관이 권력을 남용하고 외척이 횡포를 부렸는데, 太傅에 임명되자 대장군 竇武와 함께 환관을 제거하고자 도모하다가 도리어 죽임을 당했다."

≪海內先賢傳≫36)에 말하였다. "진번이 尙書가 되었는데 그의 忠正함이 貴戚에

之彌高 鑽之彌堅 瞻之在前 忽焉在後]"라고 한 말에서 인용하였다.(≪論語≫ 〈子罕〉)

33) (穎)〔潁〕: 저본에는 '穎'으로 되어 있으나, 宋本 ≪世說新語≫와 安永本에 의거하여 '潁'으로 바로잡았다. 이하 '潁川'과 '潁陰'의 경우도 모두 같다.

34) 府君 : 郡守를 가리킨다.(≪世說音釋≫)

35) 汝南先賢傳 : 魏(三國)나라 사람 周斐(주비)가 편찬한 책으로, 汝南(河南省) 출신 인물들의 전기를 다루었다. 5권으로 되어 있었는데 散失되었고 輯本이 있다. 주비는 여남군 安成 사람으로, 西晉때 인물인 周浚의 부친이며, 少府卿(3品)을 지냈다.

게 거슬렸기 때문에 尙書省에 있을 수 없어 예장태수로 옮겼다."

汝南先賢傳曰"陳蕃, 字仲擧, 汝南平輿人. 有室, 荒蕪不掃除, 曰'大丈夫當爲國家掃天下.' 値漢桓之末, 閹竪用事, 外戚豪橫, 及拜太傅, 與大將軍竇武謀誅宦官, 反爲所害." 海內先賢傳曰"蕃爲尙書, 以忠正忤貴戚, 不得在臺, 遷豫章太守."

② 謝承의 ≪後漢書≫에 말하였다. "徐穉는 字가 孺子이고, 豫章 南昌 사람이다. 깨끗하고 고상함이 특출하였고 세속을 초탈하였다. 전후로 여러 公의 부름을 받았는데 비록 응하여 나아가지는 않았으나 그들이 죽으면 만 리 밖까지 조문하러 갔다. 〈갈 때는〉 항상 미리 구운 닭 한 마리를 준비하고 綿을 술에다 적셨다가 다 마르면 그것으로 닭을 싸서 곧바로 조문할 墓道 밖에 가서 면을 물에 적셔 쌀밥 한 말에 흰 띠풀을 깔고 닭을 앞에 놓았다. 강신하고 술을 올려 제사한 뒤 명함만 남기고 즉시 떠나 喪主를 만나지 않았다."

謝承後漢書曰"徐穉, 字孺子, 豫章南昌人. 淸妙高跱, 超世絶俗. 前後爲諸公所辟, 雖不就, 及其死, 萬里赴弔, 常豫炙雞一隻, 以綿漬酒中, 暴乾, 以裹雞, 徑到所赴冢隧外, 以水漬綿, 斗米飯, 白茅爲藉, 以雞置前. 酹酒畢, 留謁卽去, 不見喪主."

③ 許叔重(許愼)이 말하였다. "商容은 殷나라의 현인으로 老子의 스승이다. 수레 위에서 몸을 굽혀 절하는 것을 式이라 한다."

許叔重曰"商容, 殷之賢人, 老子師也. 車上跽曰式."

④ 袁宏의 ≪後漢紀≫에 말하였다. "陳蕃이 豫章에 있을 때 오로지 徐穉만을 위해 걸상 하나를 마련하고 그가 가고 나면 그것을 매달아놓았으니, 〈서치가〉 예우를 받은 것이 이와 같았다."

袁宏漢紀曰"蕃在豫章, 爲稚獨設一榻, 去則懸之, 見禮如此."

【頭註】

○ 劉應登 : 陳蕃은 곧바로 孺子(徐穉)를 만나기를 원하였고, 主簿는 그가 관청에 들어간 뒤 나중에 만나기를 원하였음을 말한다.

劉應登曰"謂陳欲便看孺子, 而主簿欲其候入廨後."

1-10 **【補】 徐孺子**(徐穉)가 한때 **江夏**의 **黃公**(黃瓊)을 섬긴 적이 있었다. 후에 황

---

36) 海內先賢傳 : 魏(三國)나라 明帝 때 4권으로 편찬된 책이다. 撰者는 미상이나 ≪舊唐書≫ 〈藝文志〉에는 이 책의 찬자를 魏 明帝라 하였다.

공이 죽었을 때 서유자가 장례에 참석하고자 하였으나 노자를 스스로 마련할 길이 없었다. 그래서 그는 거울 가는 도구37)를 스스로 가지고 다니면서 가는 곳마다 삯을 받아가며 앞으로 나아갈 수 있었다.

徐孺子가 **嘗事江夏黃公**하니 **後**에 **黃公亡歿**에 **孺子往會葬**이나 **無資以自致**하여 **齎磨鏡具自隨**하여 **所在取直**(치)**然後**에 **得前**①하다

徐穉

① 范曄의 ≪後漢書≫에 말하였다. "黃瓊은 자가 世英이고, 江夏 安陸 사람이며, 魏郡 太守 黃香의 아들이다. 처음에 부친으로 인해 太子舍人에 임명되었는데 병을 핑계로 나아가지 않았다. 五府38)에서 모두 불렀으나 응하지 않았다. 후에 벼슬길에 나아가려 할 때 李固가 미리 서찰을 그에게 주었다.39) 議郎·尙書僕射를 지냈고 延熹 2년(159)에 太尉에 임명되었다. 邡鄕侯에 봉해졌다. 梁冀이 주살되자 가장 먼저 公의 지위를 차지하였으나 얼마 뒤 五侯40)가 권력을 멋대로 휘두르자 병을 핑계로 나가지 않았다."

范曄後漢書曰 "黃瓊, 字世英, 江夏安陸人, 魏郡太守香之子也. 初以父任爲太子舍人, 辭病不就, 五府俱辟, 不應. 後將出, 李固以書逆遺之. 歷議郎·尙書僕射(야),

37) 거울 가는 도구 : 고대에는 銅鏡을 사용했는데 항상 문질러서 광채를 내야 비추어볼 수 있었다.

38) 五府 : 太傅, 太尉, 司徒, 司空, 大將軍의 府를 말한다.(≪後漢書≫ 〈樊准傳〉 注)

39) 李固가……주었다 : ≪後漢書≫ 〈黃瓊傳〉에 李固가 황경에게 보낸 서찰의 내용이 실려 있다. 이고는 황경에게 堯舜과 같은 군주를 기다린다면 끝내 뜻을 펼 기회가 없을 것이니 정사를 돕고 백성을 구제하려는 뜻이 있다면 지금이 출사할 적기라는 것을 말하여 벼슬할 것을 권하고, 출사하게 되면 명성에 걸맞는 말과 행실을 하여 명예를 훔쳤다는 비난을 받지 않도록 충고하였다.

40) 五侯 : 東漢 靈帝 때 외척 梁冀를 제거하는 데 공을 세워 동시에 侯에 봉해진 5명의 환관 單超(新豐侯)·徐璜(武原侯)·具瑗(東武陽侯)·左悺(上蔡侯)·唐衡(汝陽侯)을 말한다.(≪後漢書≫ 〈宦者傳〉)

延熹二年, 拜太尉. 封(邧)〔郖〕41)鄕侯. 梁冀誅, 首居公位, 尋而五侯擅權, 稱疾不起."

郭泰

1-11【補】郭林宗(郭泰)은 매번 길을 떠나 여관에 묵을 때마다 자신이 직접 방을 쓸고 닦았다. 다음날 그가 떠난 뒤 뒷사람이 도착하여 그곳을 보고는 말했다.

"이곳은 필시 郭有道(郭泰)가 어제 묵었던 곳이리라."

郭林宗은 每行宿逆旅에 輒躬自灑掃라 及明去하여 後人至하여 見之曰 此는 必郭有道昨宿處也①리라하다

① ≪續漢書≫42)에 말하였다. "郭泰는 자가 林宗이고, 太原 介休 사람이다. 곽태는 어려서 부친을 여의었다. 20세 때 공부하러 成皐에 있는 屈伯彦의 學舍에 갔다. 먹을 것이 부족하고 의복이 몸을 제대로 가리지 못하였으나 곤궁한 중에서도 도를 음미하였고 자신의 즐거움을 고치지 않았다. 李元禮(李膺)가 한 번 그를 보고는 '내가 선비들을 많이 보았으나 임종만 한 이는 없었다.'라고 칭찬하였다. 곽태가 죽자 蔡伯喈(蔡邕)가 그의 비문을 짓고는 '내가 남을 위하여 묘지명을 지으면서 민망한 마음이 안 든 적이 없었으나, 오직 郭有道를 위해 묘비명을 지을 때만 부끄러운 마음이 없었다.' 하였다. 처음에 有道君子로 부름을 받았는데,43) 곽태는 '내

---

41) (邧)〔郖〕: 저본에는 '邧'으로 되어 있으나 ≪後漢書≫ 〈黃瓊傳〉에 의거하여 '郖'으로 바로잡았다.

42) 續漢書 : 西晉 때 사람 司馬彪가 편찬한 紀傳體 史書이다. 帝紀 9권, 志 8권, 列傳 65권, 餘篇 1권 총 83권이었으나 모두 散失되었고, 輯本이 남아 있다. 梁나라 사람 劉昭가 이 책의 8志에 注를 낸 것이 별도로 간행되었는데, 范曄의 ≪後漢書≫에 포함되었다. 사마표(240~306)는 字가 紹統이고 河內 溫(지금의 河南 溫縣) 사람으로, 서진의 史學家이자 文學家이다.

43) 有道君子로 부름을 받았는데 : 漢나라 초부터 황제의 명으로 賢良하고 方正한 사람을 천거하게 하였고, 이후에 敦樸·有道·賢能·獨行·高節·質直·淸白·敦厚의 부

가 天文과 人事를 살펴보니 하늘이 없애는 것은 부지할 수 없다.'라 하고 마침내 병을 핑계로 거절하였다."

續漢書曰"郭泰, 字林宗, 太原介休人. 泰少孤, 年二十行學, 至(城阜)〔成皐〕44)屈伯彦精廬. 乏食, 衣不蓋形, 而處約味道, 不改其樂. 李元禮一見, 稱之曰'吾見士多矣, 無如林宗者也.' 及卒, 蔡伯喈爲作碑, 曰'吾爲人作銘, 未嘗不有慙容, 唯爲郭有道碑頌, 無愧耳.' 初, 以有道君子徵, 泰曰'吾觀乾象・人事, 天之所廢, 不可支也.' 遂辭以疾."

1-12 李元禮(李膺)는 풍채가 빼어나고 단정하며 고상한 품격이 있었고, 천하의 名敎45)를 유지하고 是非를 바로잡는 것으로 자신의 임무를 삼았다. 후배 선비 중에 그의 堂에 올라간 자가 있으면 모두들 '龍門에 올랐다〔登龍門〕'라고 하였다.

李元禮風格秀整하고 高自標持하며 欲以天下名敎是非로 爲己任①이라 後進之士에 有升其堂者면 皆以爲登龍門②이라하다

李膺

① 薛瑩의 ≪後漢書≫46) 〈黨錮列傳〉 李膺 조에 말하였다. "李膺은 자가 元禮이고 潁

류로 늘려 천거하였다. 여기서는 郭泰가 '有道'의 부류로 천거받았음을 말한다.(≪世說音釋≫)

44) (城阜)〔成皐〕: 저본에는 '城阜'로 되어 있으나, 司馬彪의 ≪續漢書≫ 〈郭泰傳〉, 范曄의 ≪後漢書≫ 〈郭泰傳〉, 安永本에 의거하여 '成皐'로 바로잡았다. 成皐는 지금의 河南省 汜水縣 서북쪽에 있던 縣 이름이다.

45) 名敎 : 名分을 위주로 하는 禮敎를 의미하며 구체적으로는 儒敎를 말한다.

46) 薛瑩의 ≪後漢書≫ : 吳(三國)나라 사람 薛瑩이 편찬한 紀傳體 史書로, 원래 100권이었으나 散失되었고, 輯本이 있다. 설형(?~282)은 字가 道言이고 沛郡 竹邑(지금의 安徽省 宿州市北) 사람으로, 오나라의 官員이었고 오나라가 망한 뒤에는 晉나라에서 벼슬하였다.

川 襄城 사람이다. 고상한 뜻을 지녔고 맑고 묘한 품격을 지녔으며 文才와 武才가 뛰어났다. 司隸校尉를 역임하였는데 黨錮의 難[47]으로 인해 자살하였다."

薛瑩後漢書曰"李膺, 字元禮, (潁)〔潁〕川襄城人. 抗志淸妙, 有文武儁才. 遷司隷校尉, 爲黨事自殺."

② ≪三秦記≫[48]에 말하였다. "龍門은 일명 河津으로 長安과 900리 거리에 있는데 물이 높은 데서 떨어져 거북이나 물고기들이 올라갈 수 없었으며, 올라가게 되면 龍으로 변했다."

三秦記曰"龍門, 一名河津, 去長安九百里, 水懸絶, 龜魚之屬莫能上, 上則化爲龍矣."

【頭註】

○ 劉辰翁 : 이것이 또 무슨 덕행이란 말인가.

劉云"此復何德行."

1-13 李元禮(李膺)가 언젠가 荀淑과 鍾皓에 대해 탄복하여 말하였다.

"荀君(荀淑)의 맑은 식견은 그보다 더 나을 수 없고, 鍾君(鍾皓)의 지극한 덕은 스승 삼을 만하다."

李元禮가 嘗歎荀淑鍾皓①曰 荀君은 淸識難尙하고 鍾君은 至德可師②라하다

① ≪先賢行狀≫[49]에 말하였다. "荀淑은 자가 季和이고, 潁川 潁陰 사람이다. 그가

---

47) 黨錮의 難 : 東漢 桓帝 때 宦官이 국정을 장악하자 사대부 李膺·陳蕃 등이 太學生 郭泰·賈彪등과 연합하여 환관 집단을 공격하였는데, 환관들은 그들이 朋黨을 만들어 조정을 비방하였다고 황제에게 誣告하여 李膺 등 200여 인이 체포되었다. 靈帝 때 이응 등이 다시 대장군 竇武와 결탁하여 환관들을 제거하려다가 패하여 사대부 100여 인이 죽고 이와 관련하여 유배되거나 구금된 사람이 600~700여 인에 달한 사건을 가리킨다.(≪後漢書≫〈黨錮傳〉)

48) 三秦記 : 漢나라 辛氏가 편찬하였고 1권이 남아 있다. 三秦은 秦(全國)나라의 故地인데, 項羽가 진나라를 멸망시키고 그 땅을 나누어 雍·塞·翟 3국으로 만들고 三秦이라 하였다. 이 책은 秦·漢 시기 三秦의 地理·沿革·民情·都邑·宮室·山川을 기록한 중국 초기 地方志書의 대표작이다. 저자 辛氏는 본래 한나라 때 隴西 지방의 大姓이었는데, 이름은 미상이다.

49) 先賢行狀 : 주로 漢末 三國시대의 역사 인물의 언행과 事迹을 기록하여 行狀文體로

평민과 천민 중에서 발탁하여 문서를 다루는 刀筆吏[50]가 된 자는 모두 뛰어난 인물이었다. 方正科에 천거되어 朗陵侯相에 보임되었으며 그가 있는 곳마다 교화되었다. 鍾皓는 자가 季明이고, 潁川 長社 사람이다. 조부와 부친은 지극한 덕을 지닌 것으로 이름이 드러났으며 종호는 고상한 풍격으로 선대를 이었다. 林慮長에 제수되었으나 고을에 부임하지 않았다. 사람이 준 지위는 부족하였으나 하늘이 준 관작[51]은 넉넉하였다."

先賢行狀曰 "荀淑, 字季和, (頴)〔潁〕川(頴)〔潁〕陰人也. 所拔韋褐芻牧之中, 執案刀筆之吏, 皆爲英彥. 擧方正, 補朗陵侯相, 所在流化. 鍾皓, 字季明, (頴)〔潁〕川長社人. 父·祖至德著名, 皓高風承世. 除林慮長, 不之官, 人位不足, 天爵有餘."

② ≪海內先賢傳≫에 말하였다. "潁川의 선배로서 海內에 스승 삼을 만한 자는 定陵의 陳穉叔(陳臨), 潁陰의 荀淑, 長社의 鍾皓이다. 小府 李膺이 이 세 사람을 존경하여 늘 '荀君(순숙)의 맑은 식견은 그보다 더 나을 수 없고, 진림과 종호의 지극한 덕은 스승 삼을 만하다.' 하였다."

海內先賢傳曰 "(頴)〔潁〕川先輩爲海內所師者, 定陵陳穉叔·(頴)〔潁〕陰荀淑·長社鍾皓. 少府李膺宗此三君, 常言'荀君淸識難尙, 陳鍾至德可師.'"

1-14 陳太丘(陳寔)가 荀朗陵(荀淑)을 방문할 적에 집이 빈궁하고 검소하여 하인이 없었으므로 〈맏아들〉 元方(陳紀)에게 수레를 몰게 하고 〈작은 아들〉 季方(陳諶)에게 지팡이를 가지고 뒤를 따르게 하며 〈손자〉 長文(陳群)은 아직 어려 수레에 태웠다. 도착하니 荀淑이 〈맏아들〉 叔慈(荀靖)에게 문에서 응대하게 하고 〈여섯째 아들〉 慈明(荀爽)에게 술을 따르게 하며 나머지 六龍에게는 식사를 차

발전해가는 교량 역할을 한 서책으로, 裴松之가 ≪三國志≫의 주를 낼 때 이 책에서 다수 인용하였다.

50) 刀筆吏 : 刀筆은 고대의 書寫 공구로, 종이가 없던 시대에는 竹簡에 글을 썼는데 잘못 쓰면 칼로 긁어내고 그 자리에 다시 썼기 때문에 붙여진 이름이다. 문안을 다루는 관리는 모두 刀筆을 가지고 다녔으므로, '刀筆吏'라 하였다. 후대에는 '문서를 관장하는 관리'를 가리키는 말로 쓰였다.(≪世說音釋≫)

51) 사람이……관작 : ≪孟子≫ 〈告子 上〉에 "하늘이 주는 관작이 있고 사람이 주는 관작이 있다. 仁義·忠信·善을 즐겨 행하고 게을리하지 않는 것은 하늘이 주는 관작이고, 公卿과 大夫는 사람이 주는 관작이다."라고 한 말을 가리킨다.

리게 하고 文若(荀彧)은 아직 어려서 무릎에 앉혔다. 이 무렵 太史[52]가 황제에게 "眞人星이 동쪽으로 갔습니다."라고 아뢰었다.

陳太丘가 **詣荀朗陵**에 **貧儉無僕役**①하여 **乃使元方將車**②하고 **季方持杖後從**③하며 **長文尙小**하여 **載著車中**하다 **旣至**에 **荀使叔慈應門**하고 **慈明行酒**하며 **餘六龍下食**④하고 **文若**⑤**亦小**하여 **坐著膝前**하다 **于時**에 **太史奏 眞人東行**⑥이라하다

① 〈陳寔傳〉에 "陳寔은 자가 仲弓이고 潁川 許昌 사람이다. 聞喜令과 太丘長을 지냈는데, 풍속의 교화를 두루 펼쳤다." 하였다.
陳寔傳曰 "寔, 字仲弓, (頴)〔潁〕川許昌人. 爲聞喜令·太丘長, 風化宣流."

② ≪先賢行狀≫에 말하였다. "陳紀는 자가 元方이고 陳寔의 맏아들이다. 지극한 덕이 세속을 뛰어넘어 진식과 더불어 높은 명망이 함께 드러났으며, 아우 陳諶 또한 그에 짝하였다. 매번 宰相府의 부름을 받아 염소와 기러기가 무리를 이룰 정도였다.[53] 세상에서 이들을 '三君'이라 호칭하였으며, 〈豫州의〉 모든 성에서 그들의 초상을 그렸다.[54]"
先賢行狀曰 "陳紀, 字元方, 寔長子也. 至德絶俗, 與寔高名並著, 而弟諶又配之. 每宰府辟召, 羔鴈成群. 世號三君, 百城皆圖畫."

③ ≪海內先賢傳≫에 말하였다. "陳諶은 자가 季方이고 陳寔의 작은 아들이다. 두루 재능이 있고 식견이 통달하였는데, 公車[55]에서 司空掾으로 초빙하였으나 나아가지 않았다."
海內先賢傳曰 "陳諶, 字季方, 寔少子也. 才識博達, 司空椽公車徵, 不就."

④ 張璠의 ≪後漢紀≫[56]에 말하였다. "荀淑에게 8명의 아들이 있었으니, 荀儉·荀

---

52) 太史 : 天時와 星曆을 관장하는 관원이다.(≪世說音釋≫)

53) 염소와……정도였다 : 옛날에 제후가 天子를 만날 때는 卿은 염소를 폐백으로 가져갔고, 大夫는 기러기를 가져갔으며, 士는 꿩을 가져갔다. 여기서는 陳寔과 두 아들이 동시에 관원으로 초빙을 받아 군주를 만날 때 쓸 폐백이 많이 들었음을 뜻한다.(≪世說音釋≫)

54) 모든……그렸다 : 원문은 "百城皆圖畫"인데, ≪三國志≫〈魏志 陳群傳〉注에서는 百城 위에 '豫州' 두 자가 더 있다. 三君은 潁川 사람인데, 영천은 예주에 속하며, 예주에는 99개의 城이 있다.(≪後漢書≫〈郡國志〉, ≪世說音釋≫)

55) 公車 : 漢나라 때의 官司로, 公車令은 모든 上書와 徵召의 일을 총괄하였다.(≪世說音釋≫)

緄・荀靖・荀燾・荀汪・荀爽・荀肅・荀敷이다. 순숙은 西豪里에 살았는데 현령 苑康이 '옛날에 高陽氏에게 재주 있는 아들 8人이 있었다.'라 하고 마침내 그 마을을 高陽里라 이름 지었다. 당시 사람들이 이들을 '八龍'이라 불렀다."

張璠漢紀曰 "淑有八子, 儉・緄・靖・燾・汪・爽・肅・敷. 淑居西豪里, 縣令苑康曰 '昔高陽氏有才子八人', 遂署其里爲高陽里. 時人號曰 '八龍'."

⑤ 〈荀淑의 손자이자 荀緄의 아들인〉 荀彧은 따로 보인다.

彧別見.

⑥ 檀道鸞의 ≪續晉陽秋≫[57]에 말하였다. "陳仲弓(陳寔)이 아들들과 조카들을 데리고 荀淑 부자를 찾아갔는데, 이때 〈하늘에〉 德星이 모이니, 太史가 황제에게 '500里의 현인들이 모였습니다.'라고 아뢰었다."

檀道鸞續晉陽秋曰 "陳仲弓從諸子姪, 造荀父子, 于時德星聚. 太史奏 '五百里賢人聚.'"

【頭註】

○ 劉辰翁 : 六龍에 대한 말이 비루하다.

劉云 "六龍語鄙."

○ 李贄 : 어찌 비루함이 있단 말인가.

李云 "何鄙之有."

○ 劉辰翁 : 〈眞人東行의〉 元注에 '500里 안에 있다.'고 한 것은 더 적어져서는 안 된다.

劉云 "元注在五百里內, 復不可少."

1-15 陳元方(陳紀)의 아들 長文(陳群)은 뛰어난 재주를 지녔다. 季方(陳諶)의 아

---

56) 張璠의 ≪後漢紀≫ : 晉나라 때 張璠이 편찬한 編年体 史書로, 원래는 30권이었으나 散失되었고 지금 輯本 1권이 있다. 이 책은 미완성인 책이며, 널리 流傳되지 못하고 일찍 산실되었다. 張璠은 魏(三國)나라 安定郡 사람으로, 東晉의 秘書郎・著作郎을 지냈으며 虞溥・郭頒과 더불어 晉朝의 令史로 알려졌다.(≪三國志≫ 〈魏志 高貴鄕公紀〉)

57) 檀道鸞의 ≪續晉陽秋≫ : ≪속진양추≫는 ≪新唐書≫ 〈藝文志〉에서 ≪晉陽秋≫라고도 하였다. 宋(南朝) 檀道鸞이 20권으로 편찬하였으며, 東晉의 역사를 기술하였다. 원본은 산실되었고, 黃奭이 ≪世說新語≫, ≪文選≫ 등의 注에서 80여 인의 사적을 수집하여 만든 輯本이 있다. 檀道鸞은 字가 萬安이며, 高平(지금의 山東省) 金鄕 사람으로, 관직이 永嘉太守에 이르렀다.

들인 孝先(陳忠)과 각각 자기 부친의 功과 德을 논하다가 아무리 다투어도 결론이 나지 않자 〈조부인〉 太丘(陳寔)에게 물으니 태구가 말하였다.

"원방은 형 되기 어렵고, 계방은 아우 되기 어렵다."

陳元方子長文은 有英才①라 與季方子孝先②으로 各論其父功德이라가 爭之不能決하여 咨於太丘하니 太丘曰 元方은 難爲兄하고 季方은 難爲弟③라하다

① ≪魏書≫에 말하였다. "陳群은 자가 長文이다. 조부인 陳寔이 한번은 친척에게 '이 아이가 반드시 우리 가문을 흥하게 할 것이다.'라 하였다. 성장하여서는 식견과 도량이 있었고 그가 교우하던 사람들은 모두 부친의 친족이었다."
魏書曰 "陳群, 字長文. 祖寔嘗謂宗人曰 '此兒必興吾宗.' 及長, 有識度, 其所善皆父黨."

② ≪陳氏譜≫에 "陳諶의 아들 陳忠은 字가 孝先으로, 州에서 불렀으나 나아가지 않았다." 하였다.
陳氏譜曰 "諶子忠, 字孝先, 州辟不就."

③ 한편으로는 "원방은 아우 되기 어렵고, 계방은 형 되기 어렵다."라고도 한다.
一作元方難爲弟, 季方難爲兄.

【頭註】

○ 劉辰翁 : 祖父가 한 말이다.
劉云 "家翁語."

1-16 荀巨伯이 멀리서 병든 친구를 만나러 왔을 때 胡賊이 郡을 공격해왔다. 친구가 순거백에게 말하였다.

"나는 이제 죽게 될 것이니, 그대는 떠나가라."

순거백이 말하였다.

"멀리서 와서 서로 만났는데 그대가 나를 떠나게 하니, 의리를 버리고 목숨을 구하는 것을 어찌 나 순거백이 할 행동이겠는가."

적이 도착하여 순거백에게 말하였다.

"대군이 이르러 온 郡이 다 비었는데 너는 어떤 사내이기에 감히 홀로 남았는가?"

순거백이 말하였다.

"친구가 병들어 차마 내버려둘 수 없으니 차라리 내가 친구의 목숨을 대신하겠다."

적들이 서로 말했다.

"우리는 道義가 없는 자들인데 도의가 있는 나라에 들어왔구나."

마침내 군대를 철수하여 돌아가니 군 전체가 모두 보전되었다.

荀巨伯이 遠看友人疾[①]에 値胡賊攻郡하니 友人語巨伯曰 吾今死矣니 子可去하라 巨伯曰 遠來相視어늘 子令吾去하니 敗義以求生을 豈荀巨伯所行邪(야)아하다 賊旣至에 謂巨伯曰 大軍至하여 一郡盡空이어늘 汝何男子而敢獨止아하니 巨伯曰 友人有疾하여 不忍委之니 寧以我身으로 代友人命이라하다 賊相謂曰 我輩는 無義之人이어늘 而入有義之國이라하고 遂班軍而還하니 一郡並獲全하다

① ≪荀氏家傳≫에 "荀巨伯은 漢 桓帝 때 사람이며, 그 역시 潁川 출신인데 그의 내력은 자세하지 않다." 하였다.
荀氏家傳曰 "巨伯, 漢桓帝時人也, 亦出(穎)〔潁〕川, 未詳其始末."

【頭註】

○ 劉辰翁 : 荀巨伯은 본래 고상하고 이 胡賊 또한 덕행이 뛰어난 사람에 들어간다.
劉云 "巨伯固高, 此賊亦入德行之選矣."

○ 王世懋 : 胡賊의 말도 훌륭하다.
王云 "賊語亦佳."

○ 李贄 : 이러한 친구가 있다면 이는 죽을 수 있는 것이다.
李云 "有友如此, 此可以死."

1-17 華歆은 자제들을 대할 때 매우 엄정하여 비록 한가한 집안 내에서도 조정의 의식을 행하는 것같이 엄격하였고, 陳元方(陳紀) 형제는 온유하고 자애로운 방식으로 내버려두었는데, 두 가문은 양쪽 다 화락한 기풍을 잃지 않았다.

華歆은 遇子弟甚整하여 雖閒室之內라도 嚴若朝典[①]하고 陳元方兄弟는 恣柔愛之道로대 而二門之裏는 兩不失雍熙之軌焉하다

① ≪三國志≫〈魏志 華歆傳〉에 "華歆은 자가 子魚이고 平原 高唐 사람이다." 하였다. ≪魏略≫58)에 말하였다. "〈화흠은〉 靈帝 때 北海 사람인 邴原·管寧과 더불어 타향에서 함께 공부하며 서로 친하게 지냈다. 당시 사람들이 세 사람을 '한 마리 용'이라 불렀는데, 화흠은 용의 머리〔龍頭〕, 관녕은 용의 배〔龍腹〕, 병원은 용의 꼬리〔龍尾〕라 하였다."

魏志曰 "歆, 字子魚, 平原高唐人." 魏略曰 "靈帝時, 與北海邴原·管寧, 俱遊學相善. 時號三人爲一龍, 謂歆爲龍頭, 寧爲龍腹, 原爲龍尾."

【頭註】

○ 劉辰翁 : 묘사가 볼만하다.
劉云 "寫得可觀."

1-18 管寧과 華歆이 같이 정원에서 호미로 채소를 김매고 있다가 땅에서 금 조각을 보았다. 관녕은 호미를 휘둘러 그것을 기와조각이나 돌과 같이 다루었고, 화흠은 집어서 던져버렸다. 또 언젠가 같은 돗자리에서 책을 읽고 있는데 大夫의 수레를 타고 문을 지나는 자가 있었다.59) 관녕은 그전처럼 책을 읽었고, 화흠은 책을 덮고 나가서 구경하였다. 그러자 관녕이 돗자리를 잘라 좌석을 나누고 말했다.

"그대는 나의 벗이 아니다."

管寧華歆이 **共園中鋤菜**①라가 **見地有片金**한대 **管**은 **揮鋤與瓦石不異**하고 **華**는 **捉而擲去之**하다 **又嘗同席讀書**할새 **有乘軒冕過門者**한대 **寧**은 **讀如故**하고 **歆**은 **廢書出看**하니 **寧**이 **割席分坐曰 子非吾友也**②라하다

① ≪傅子≫60)에 "管寧은 자가 幼安이고, 北海 朱虛 사람이다. 齊나라 재상 管仲의

58) 魏略 : 魏나라의 郎中을 지낸 魚豢이 魏(三國)나라의 역사를 기술한 史書로, 50권으로 편찬하였다. 원본은 散失되었고 지금 淸나라의 王仁俊과 張鵬一이 집록한 輯本이 있다. 어환은 ≪典略≫의 편찬자이기도 하다.

59) 大夫의……있었다 : 저본에는 '乘軒冕'이라고 되어 있는데, "軒冕"은 단지 '軒'의 의미만을 취하는 復詞이다. ≪春秋左氏傳≫ 閔公 2년 조 杜預의 注에 '軒은 大夫의 수레이다.〔軒 大夫車也〕'라 하였다.

후손이다." 하였다.

傅子曰 "寧, 字幼安, 北海朱虛人. 齊相管仲之後也."

② ≪魏略≫에 말하였다. "管寧은 젊어서부터 욕심이 없었고 邴原과 華子魚(華歆)가 벼슬할 뜻을 지닌 것을 늘 비웃었다. 화흠이 司徒가 되었을 때 관녕에게 자신의 관직을 양보하겠다고 황제에게 상서하였다.61) 관녕이 그 소식을 듣고 비웃으며 말하였다. '子魚는 본래 老成한 관리가 되기를 원하였기 때문에62) 그것을 영화롭게 여길 뿐이다.'"

魏略曰 "寧少恬靜, 常笑邴原・華子魚有仕宦意. 及歆爲司徒, 上書讓寧, 寧聞之, 笑曰 '子魚本欲作老吏, 故榮之耳.'"

【頭註】

○ 劉辰翁 : 〈금 조각을〉 집어서 던져버린 것은 眞性에 해롭지 않으니 억지로 우열을 만든 것이다. 우열은 여기에 있지 않다.

劉云 "捉擲未害其眞, 强生優劣. 其優劣不在此."

○ 李贄 : 호미를 휘두를 필요도 없고 집어서 던져버린 것도 거짓이다. 정말로 마음속에서 잊었다면 본래 불가할 것이 없다. 나는 누가 더 낫고 누가 더 못한지 알지 못하겠다.

李云 "揮鋤不必, 捉擲亦詐. 果內忘于懷, 固無所不可. 吾未見其孰優孰劣也."

1-19【補】管幼安(管寧)이 遼東에 있을 때 이웃 사람에게 소가 있었는데 그 소가 幼安의 밭을 짓밟아놓았다. 유안이 소를 끌어다 서늘한 곳에 두고 직접 먹

---

60) 傅子 : 晉나라의 傅玄(217~278)이 편찬하였고, 주로 儒家사상을 선양하는 내용으로 되어 있어 儒家類에 속한다. ≪隋書≫〈經籍志〉와 ≪新唐書≫〈藝文志〉에는 140권이라 하였으나, 唐宋시기에 점차 散失되어 ≪宋史≫〈藝文志〉에는 5권이라 하였다. 淸나라 때 집록한 輯本 여러 종이 있다. 傅玄은 字가 休奕이고, 北地 泥陽(지금의 陝西 耀縣) 사람이며, 晉나라의 철학가이자 문학가이다.(≪晉書≫〈傅玄傳〉)

61) 화흠이……상서하였다 : 管寧이 여러 번의 부름에도 벼슬하러 나오지 않자 魏 明帝가 즉위했을 때 太尉 華歆이 자신의 직위를 관녕에게 양보하겠다고 상서한 것을 말한다.(≪三國志≫〈魏志 管寧傳〉)

62) 老成한……때문에 : 저본에는 '欲作老吏'라고 되어 있는데, 여기서 老吏는 '老成한 관리'를 의미한다. 화흠은 평소 높은 벼슬에 오르기를 원했기 때문에 司徒가 되는 것을 영화롭게 여긴다는 뜻이다.(≪世說箋本≫)

이고 마시게 하니 소 주인보다 나았다. 소 주인이 소를 찾고는 마치 엄한 형벌을 받은 것처럼 크게 부끄러워하였다.[63]

管幼安이 **在遼東**에 **隣人有牛**한대 **暴幼安田**이어늘 **幼安**이 **爲牽牛着凉處**하고 **自與飮食**(임사)하니 **過於牛主**라 **牛主得牛**하고 **大慙若犯嚴刑**①하다

① ≪三國志≫ 〈魏志 管寧傳〉에 말하였다. "管寧은 華歆·邴原과 타향에서 함께 공부하였다. 천하가 어지러웠는데 公孫度의 威令이 해외에까지 행해졌다는 말을 듣고[64] 병원·王烈과 함께 遼東에 가니, 공손도가 관사를 비워놓고 그들을 기다렸다."

魏志曰 "寧與華歆·邴原俱遊學, 天下亂, 聞公孫度令行海外, 與原及王烈至遼東, 度虛館候之."

1-20 華歆과 王朗이 함께 배를 타고 피란을 가는데 어떤 사람이 함께 데려가주기를 원하였다. 화흠은 대뜸 난색을 표하였는데 왕랑이 말하였다.

"다행히 〈자리가〉 아직 넉넉하니 어찌 안 될 게 있겠는가."

나중에 적이 추격해오자 왕랑이 데려가던 사람을 내버리려 하니, 화흠이 말하였다.

"〈내가〉 본래 머뭇거렸던 것이 바로 이 때문이었소. 이미 자신을 의탁해온 사람을 받아준 이상 어찌 위급하다는 이유로 버릴 수 있겠소."

마침내 처음처럼 그를 데려가 구해주었다. 세상 사람들이 이 일로 화흠과 왕랑의 優劣을 정하였다.

---

63) 소 주인이……부끄러워하였다 : 管寧이 소를 사랑하는 것을 본 소 주인은 소가 본래 난폭하여 밭을 망쳐놓은 것이 아니라 소를 잘 대해주지 않은 자신에게 원인이 있음을 깨닫고 크게 부끄러워한 것이다.(≪世說講義≫)

64) 公孫度의……듣고 : 공손도는 당시 遼東太守인데, 遼東郡의 호족이나 大姓을 모두 法律에 의해 처형하였고 100여 가문을 絶滅시켜 군 전체가 두려워하였으며 동쪽으로는 高句麗를 치고 서쪽으로는 烏丸을 격파하여 그 위세가 해외에까지 떨쳤다.(≪三國志≫ 〈魏志 管寧傳〉)

華歆과 王朗①이 俱乘船避亂에 有一人欲依附한대 歆輒難之하니 朗曰 幸尙寬하니 何爲不可리오하다 後賊追至하니 王欲舍所攜人하니 歆曰 本所以疑가 正爲此耳라 旣已納其自託하니 寧可以急相棄邪(야)아하고 遂攜拯如初하다 世以此로 定華王之優劣②하다

① ≪魏書≫에 "王朗은 字가 景興이고 東海 剡 사람이다. 魏나라 司徒이다." 하였다.
魏書曰 "朗, 字景興, 東海剡人. 魏司徒."

② 華嶠의 ≪譜敍≫에 말하였다. "화흠이 下邽令이 되었을 때 漢 왕실이 한창 어지러웠다. 마침내 뜻을 같이하는 선비 鄭泰65) 등 6, 7인과 더불어 세상을 피해 武關66)을 나갔다. 도중에 홀로 가던 한 丈夫를 만났는데 그가 함께 가기를 원하자 모두 불쌍히 여겨 허락하였다. 화흠만이 '안 됩니다. 지금 〈우리는〉 위험한 상황에 처하여 禍福과 患害에 있어서 모두 의리를 같이하고 있습니다. 이제 아무 이유 없이 그를 받아주려 하니 그 의리를 모르겠습니다. 만약 進退兩難에 처한다면 중도에 그를 버리겠습니까?' 하였다. 무리가 차마 버려두지 못하고 마침내 데리고 같이 갔는데, 그 장부가 도중에 우물에 빠지자 모두 그를 버리고자 하였다. 화흠이 '이미 함께하였는데 버리는 것은 의리가 아닙니다.' 하고 마침내 같이 돌아가 우물에서 꺼내준 뒤 작별하였다."
華嶠譜敍曰 "歆爲下邽令, 漢室方亂, 乃與同志士鄭泰等六七人避世, 自武關出. 道遇一丈夫獨行, 願得與俱, 皆哀許之. 歆獨曰 '不可. 今在危險中, 禍福患害, 義猶一也. 今無故受之, 不知其義. 若有進退, 可中棄乎.' 衆不忍, 卒與俱行, (比)〔此〕67)丈夫中道墮井, 皆欲棄之. 歆乃曰 '已與俱矣, 棄之不義.' 卒共還, 出

---

65) 鄭泰 : 150~190. 字는 公業이고, 河南 開封 사람이다. 東漢의 名儒 鄭衆의 曾孫이다. 젊었을 때부터 재주와 기략이 있어, 漢 靈帝 말년에 이미 천하가 크게 어지러울 줄 알아 은밀히 호걸들과 교분을 쌓았다. 후에 荀攸 등과 함께 董卓을 암살하려 하다가 기밀이 누설되어 武關에서 長安으로 달아나 袁術에게 의탁하였는데, 양주자사로 부임하던 중에 41세로 죽었다.(≪後漢書≫ 〈鄭泰傳〉)

66) 武關 : 지금의 陝西省 商洛市 丹鳳縣 동쪽에 있는 少習山 협곡의 武關河 북쪽을 가리킨다. 이곳은 역사가 오래되어 춘추시대에 이미 '少習關'이라 불렸고, 戰國시대에 '武關'이라 불렸다. 函谷關·蕭關·大散關과 더불어 '秦나라의 네 요새〔秦之四塞〕'로 꼽힌다. 춘추전국시대 秦나라의 남쪽 대문이다.

67) (比)〔此〕 : 저본에는 '比'로 되어 있으나, ≪三國志≫ 〈魏志 華歆傳〉에 의거하여 '此'로 바로잡았다.

之而後別."

【頭註】

○ 劉辰翁 : 세월을 거친 후에 그 어려움을 아는 것이니, 그 덕분에 이 말을 한 것이다.
劉云 "閱世而後知其難, 賴有此語."

○ 劉辰翁 : 管寧이 華歆보다 낫고, 화흠이 또 王朗보다 나은 것을 사람들은 분별하지 않아서는 안 된다.
又云 "管勝華, 華復勝王, 人不可以無辨."

○ 李贄 : 단지 優劣이 있을 뿐만이 아니라 바로 군자와 소인의 차이이다. 저들이 한가할 때 호의를 베풀기를 좋아하다가 위급할 때는 아랑곳하지 않았으니, 이는 스스로 호의를 베풀 때 이미 이 마음이 있었던 것이다. 소인의 일처리에 初心을 생각하지 않는 것이 대체로 이와 유사하다. 이와 같은 것에 근거하니, 이것이 국가가 〈그들에게〉 의뢰할 수 없는 이유이다.
李云 "非直有優劣, 直君子小人之殊途也. 彼閑時愛買好, 急則不顧, 蓋自買好時已存此心矣. 小人擧事, 不慮始, 大率類此. 憑準若此, 此國家所以罔攸賴也."

1-21 【補】 華子魚(華歆)가 會稽에서 도성으로 돌아갈 때 빈객과 옛 친구들이 수백 금을 송별금으로 주었다. 화자어는 거절하지 않고 모두 받아 몰래 각각 표시해두었다가 떠날 때가 되자 사람들에게 말하였다.

"본래 여러분의 마음을 거절할 뜻은 없었으나 받은 것이 많아졌으니, 수레 한 대로 멀리 가는 동안 장차 재물이 많은 것으로 죄가 되는 일이 없도록 부디 잘 생각해주십시오."

그러자 사람들이 마침내 각기 주었던 것을 받았다.

華子魚가 從會稽還都에 賓客義故가 贈遺累數百金한대 子魚皆無所拒하고 密各題識(지)라가 臨去에 語衆人曰 本無拒諸君之心이나 而所受遂多하니 單車遠行에 將無以懷璧爲罪①니 願爲之計하노이다하니 衆乃各留所贈②하다

① ≪春秋左氏傳≫에 "庶人은 죄가 없으나 구슬을 품은 것이 그 죄이다."68) 하였다.

---

68) 庶人은……죄이다 : ≪春秋左氏傳≫ 桓公 10년에 나오는 말로, "周나라 속담에 匹夫

左傳曰 "庶人[69]無罪, 懷璧其罪."

② 華嶠의 ≪譜敍≫에 말하였다. "華歆은 재물 욕심이 적었다. 전후의 총애로 인해 하사받은 물품이 여러 公이 미칠 수 없을 〈정도로 많았으나〉 끝내 家産을 불리지 않았다. 陳群이 감탄하기를 '화흠은 통달하였으면서도 교만하지 않고, 청렴하면서도 孤高하지 않다.' 하였다."

華嶠譜敍曰 "歆淡於財欲. 前後寵賜, 諸公莫及, 然終不植産業. 陳群歎曰 '若華公可謂通而不泰, 淸而不介矣.'"

【頭註】

○ 李贄 : 말은 좋으나 행할 수 없을 뿐이다.

李云 "且語言勝, 不能行而已."

1-22 **【補】** 王叔治(王修)가 일곱 살 때 모친을 여의었는데 모친이 돌아가신 날이 社日[70]이었다. 다음 해에 인근 마을에서 社會를 거행하였는데 왕숙치가 별세한 모친을 생각하여 初喪 때보다 더 슬퍼하였으므로 인근 마을이 그 때문에 社를 없앴다.

王叔治가 **七歲**에 **喪母**한대 **母以社日亡**이라 **來歲**에 **隣里修社會**에 **叔治感念亡母**하여 **哀甚初喪**하니 **隣里爲之罷社**[①]하다

① ≪三國志≫ 〈魏志 王修傳〉에 말하였다. "王修(朝廷)는 字가 叔治이고, 北海 營陵 사람이다. 孔融이 北海에 있을 때 왕수를 불러 主簿로 삼았다. 나중에 孝廉[71]으로 천거하려 하였으나 사양하니, 공융이 답하였다. '掾吏[72]는 처신이 청렴하고 여

에게 죄가 없다. 구슬을 품은 것이 죄이다." 하였는데, 그 注에 "사람은 그 구슬을 이롭게 여기나 구슬 때문에 죄가 된다." 하였다. 사람이 분수에 넘는 재물을 가지면 재앙을 만나게 된다는 의미이다.

69) 庶人 : ≪春秋左氏傳≫ 襄公 15년 기사에는 '匹夫'로 되어 있다.

70) 社日 : 토지신인 社에게 제사하는 날을 말한다. 일반적으로 立春과 立秋가 지난 뒤의 다섯 번째 戊日, 혹은 春分과 秋分을 지난 뒤의 첫 戊子日로 사일을 삼는다.(≪禮記≫ 〈月令〉)

71) 孝廉 : '孝'는 부모에게 효도함을 말하고 '廉'은 처신을 청결하게 하고 염치가 있는 것을 말한다.(≪世說音釋≫)

러 어려움을 두루 거쳤으며, 도모하되 잘못이 적고 가르침을 베풀되 게으르지 않았다. 내가 그대의 공로를 가상히 여기고 그대의 아름다운 덕에 부응하여 王庭(朝廷)에 그대를 추천해 올리려 하는데 어찌 사양하는가.'"

魏志曰"王修, 字叔治, 北海營陵人. 孔融在北海, 召修爲主簿. 後擧孝廉, 辭, 融答曰'(椽)〔掾〕[73]淸身潔己, 歷試諸難, 謀而鮮過, 惠訓不倦. 余嘉乃勳, 應乃懿德, 用升爾於王庭, 其可辭乎?[74]'"

1-23 王祥은 계모 朱夫人을 지극히 정성스럽게 섬겼다. 집에 오얏나무 한 그루가 있었는데 과실이 매우 탐스럽게 열리자 계모가 왕상에게 항상 그 나무를 지키게 하였다. 어느 날 비바람이 갑자기 불자 〈과실이 떨어질까 봐〉 왕상이 나무를 끌어안고서 울었다.

왕상이 한번은 別牀에서 자고 있는데 계모가 직접 와서 몰래 베어 죽이려 하였으나 마침 왕상이 일어나 소변을 보러 가는 바람에 공연히 이불만 베었다. 왕상이 돌아와 계모의 원한이 그지없다는 것을 알고는 계모에게 무릎을 꿇고 죽여줄 것을 청하였다. 계모가 이에 감동하여 뉘우치고 자기 자식처럼 그를 사랑하였다.

王祥事後母朱夫人甚謹①이라 家有一李樹한대 結子殊好하니 母恒使守之라 時風雨忽至하니 祥抱樹而泣②하다 祥嘗在別牀眠할새 母自往闇斫之나 値祥私起[75]하여 空斫得被라 旣還에 知母憾之不已하고 因跪前請死하니 母於是感悟하여 愛之如己子③하다

① ≪晉諸公贊≫[76]에 "王祥은 자가 休徵이고 瑯琊 臨沂 사람이다." 하였다.

---

72) 掾吏 : 官府에서 官吏를 보좌하는 사람의 통칭으로, 여기서는 王修를 가리킨다.

73) (椽)〔掾〕: 저본에는 '椽'으로 되어 있으나, ≪三國志≫〈魏志 王修傳〉 裴松之의 注와 ≪孔北海集≫에 의거하여 '掾'으로 바로잡았다.

74) 融答曰……其可辭乎 : 이 부분은 ≪三國志≫〈魏志 王修傳〉 裴松之의 注에 보인다.

75) 私起 : 한밤중에 일어나 小便을 보는 것이다. '私'는 소변을 뜻한다.

76) 晉諸公贊 : 西晉의 傅暢이 편찬하였고, 22권이다. 晉나라의 王公·大臣의 傳記이며 뒤에 論贊하는 말이 있다. ≪晉諸公敍贊≫이라고도 한다. 원본은 산실되었고, 지금 淸나라 때 黃奭과 傅以禮가 각각 집록한 輯本이 있다. 傅暢(?~330)은 字가 世道이

≪王祥世家≫에 "왕상의 부친은 王融이며 高平 薛氏에게 장가들어 왕상을 낳았다. 繼室인 廬江 朱氏에게서 王覽을 낳았다." 하였다.

≪晉陽秋≫77)에 말하였다. "계모가 자주 왕상을 誣告하였고 누차 이치에 맞지 않게 왕상을 부렸는데 아우인 왕람이 그때마다 왕상과 같이하였다. 또 왕상의 처를 혹독하게 부렸는데 왕람의 처 역시 따라가 함께 일했다. 계모가 병이 났을 때 마침 엄동설한이라 얼음이 얼었는데 계모가 생선을 원하자 왕상이 옷을 벗고 얼음을 깨뜨려 생선을 구하려 하였다. 마침 얼음이 조금 녹은 곳이 있어 생선이 나왔다."

蕭廣濟의 ≪孝子傳≫78)에 말하였다. "왕상의 계모가 갑자기 참새구이를 원하였다. 왕상이 참새들을 갑자기 구해 바치기 어렵다고 생각하였는데 얼마 뒤에 수십 마리의 참새들이 장막 안으로 날아 들어왔다. 〈왕상은〉 모친이 원하는 것은 반드시 직접 달려가 구해오지 않은 적이 없었으니, 그 정성이 이와 같이 지극하였다."

晉諸公贊曰"祥, 字休徵, 瑯琊臨沂人." 祥世家曰"祥父融, 娶高平薛氏, 生祥. 繼室以廬江朱氏, 生覽." 晉陽秋曰"後母數譖祥, 屢以非理使祥, 弟覽輒與祥俱. 又虐使祥婦, 覽妻亦趨而共之. 母患, 方盛寒冰凍, 母欲生魚, 祥解衣, 將剖冰求之, 會有處冰小(鮮)〔解〕79), 魚出." 蕭廣濟孝子傳曰"祥後母忽欲黃雀炙. 祥念難卒致, 須臾有數十黃雀飛入其幕. 母之所須, 必自奔走, 無不得焉, 其誠至如此."

② 蕭廣濟의 ≪孝子傳≫에 말하였다. "왕상의 계모가 사는 집 마당에 오얏나무가 있었는데 과실이 열리기 시작하자 왕상을 시켜 낮에는 새들이 쪼지 못하게 하고 밤

고, 西晉 말에 後趙의 관원이었다. 서진의 司徒인 傅祗의 아들이고, 曹魏의 太常인 傅嘏의 손자이다. 이 책 외에 ≪公卿故事≫ 9권을 편찬하였다.

77) 晉陽秋 : 東晉의 孫盛이 편찬한 책으로 32권이며 서진과 동진의 역사를 기술하였다. 원본은 산실되었고 지금 輯本이 남아 있다. 孫盛(302~374)은 字가 安國이고, 太原 中都(지금의 山西 平遙) 사람이다. 대대로 仕宦한 가문 출신으로, 조부 孫楚는 馮翊太守, 부친 孫恂은 潁川太守를 지냈다. 관직이 長沙太守, 秘書監 給事中에 이르렀다. 이 책 외에 ≪魏氏春秋≫ 20권, 文集 10권이 있다.(≪晉書≫ 〈孫盛傳〉)

78) 蕭廣濟의 ≪孝子傳≫ : ≪孝子傳≫은 晉나라 때 蕭廣濟가 15권으로 편찬하였다. 원본은 散失되었고 淸나라 때 陶方琦가 집록한 輯本 1권이 있다. 宋代에 王欽若 등이 편찬한 ≪冊府元龜≫ 〈國史部〉에 "蕭廣濟는 輔國將軍을 지냈고, 孝子傳 5卷을 편찬하였다."라는 기록이 있다.

79) (鮮)〔解〕: 저본에는 '鮮'으로 되어 있으나, 凌瀛初 校訂本 ≪世說新語≫와 張懋辰 교정본 ≪세설신어≫에 의거하여 '解'로 바로잡았다.

에는 쥐를 쫓게 하였다. 어느 날 밤 비바람이 세차게 불자 왕상이 날이 밝을 때까지 〈나무를〉 끌어안고 우니, 계모가 그 모습을 보고 측은하게 여겼다."

蕭廣濟孝子傳曰 "祥後母庭中有李, 始結子, 使祥晝視鳥雀, 夜則趨鼠. 一夜風雨大至, 祥抱泣至曉, 母見之惻然."

③ 虞預의 ≪晉書≫[80]에 말하였다. "왕상이 계모 때문에 지체되어[81] 벼슬하지 못하였다. 나이 60세가 될 무렵 刺史 呂虔이 檄文으로 초빙하여 別駕로 삼으니[82] 당시 사람들이 노래하기를 '海沂[83]가 편안한 것은 실로 왕상 덕분이요, 邦國이 텅 비지 않은 것도 別駕의 공이로다.' 하였다. 여러 번 자리를 옮겨 太保에 이르렀다."

虞預晉書曰 "祥以後母故, 陵遲不仕. 年向六十, 刺史呂虔檄爲別駕, 時人歌之曰 '海沂之康, 寔賴王祥, 邦國不空, 別駕之功.' 累遷太保."

【頭註】

○ 劉辰翁 : 60세에 벼슬하여도 太保가 되기에 지장이 없다.

劉云 "六十而仕, 不害爲太保."

1-24 晉 文王(司馬昭)이 阮嗣宗(阮籍)을 칭찬하였다.

"참으로 신중하구나. 매번 그와 대화해보면 하는 말마다 모두 玄遠하고 인물의 장단점을 논한 적이 없다."

---

80) 虞預의 ≪晉書≫ : 晉나라 散騎常侍를 지낸 虞預가 편찬한 私撰 史書로, ≪唐書≫ 〈藝文志〉에 58권이라고 하였다. 虞預는 字가 叔寧이고, 본명은 '茂'인데 후에 '預'로 개명하였다. 會稽 餘姚(지금의 浙江 紹興) 사람이다. 이외에 ≪會稽典錄≫ 20편을 편찬하였다.(≪晉書≫ 〈虞預傳〉)

81) 지체되어 : 저본에는 '陵遲'로 되어 있는데, 이는 '淹滯'와 같은 뜻으로 ≪晉書≫ 〈卞壺傳〉에 "여러 해 동안 지체되다.〔陵遲積年〕"라 한 것과 같은 경우이다.

82) 刺史……삼으니 : 王祥이 徐州刺史 呂虔의 부름을 받아 그의 別駕가 되자 여건이 州事를 일체 왕상에게 위임하였다. 마침 그 지역에 도적이 극성하였으므로 왕상이 친히 병사들을 거느리고 독려하여 자주 도적을 토벌하니 온 고을이 조용해지고 政化가 크게 행해졌다.(≪晉書≫ 〈王祥傳〉)

83) 海沂 : 徐州를 말한다. 서주의 땅이 동쪽으로 바다〔海〕에 닿고 서쪽으로 泗水와 沂水에 이어졌으므로 이렇게 불렀다.(≪世說音釋≫)

晉文王이 稱阮嗣宗하되 至愼이라 每與之言에 言皆玄遠하고 未嘗臧否人物①이라하다

① ≪魏書≫에 "晉 文王은 諱가 昭이고 字가 子上이며 晉 宣帝(司馬懿)의 둘째 아들이다." 하였다.

≪魏氏春秋≫84)에 말하였다. "阮籍은 字가 嗣宗이고, 陳留 尉氏 사람이며, 阮瑀의 아들이다. 대범하고 거리낌이 없었으며 예속에 얽매이지 않았다. 兗州刺史 王昶이 함께 만나기를 청하였는데 종일토록 제대로 대화를 하지 못하니, 왕창이 부끄러워 탄식하며 자신은 〈그를〉 가늠할 수 없다고 생각하였다. 완적은 정사를 논하는 말을 하지 않아 자연히 고상하였다."

司馬昭

李秉85)의 ≪家誡≫에 말하였다. "예전에 어느 날 先帝(司馬昭)를 모시고 앉았을 때 마침 세 명의 長史들을 같이 만났다. 그들이 하직인사하려고 나오자 上이 말하였다. '官長이 된 자는 청렴해야 하고 신중해야 하며 근면해야 한다. 이 세 가지를 수행한다면 어찌 다스려지지 않을까 염려하겠는가.' 하니 모두 詔書를 받들었다. 상이 돌아보며 우리들에게 이르기를 '반드시 부득이하게 이 세 가지 중에서 빼내야 한다면 어느 것을 먼저 빼내겠는가?' 하니 어떤 이가 '청렴이 본래 근본입니다.'라고 대답하였다. 다시 나에게 묻자 내가 '청렴함과 신중함의 도리는 서로 필요로 하여 완성되니 반드시 부득이할 경우에는 신중함이 중요합니다.'라고 대답하였다.

---

84) 魏氏春秋 : 東晉의 孫盛이 편찬한 책으로 20권이며 삼국시대 曹魏의 역사를 기술하였다. 원본이 散失되어 지금 ≪弘明集≫, ≪全晉文≫, ≪三國志≫ 裴松之 注, ≪世說新語≫ 등에 일부가 남아 있다. 孫盛에 대해서는 1-23 주 77) 참조.

85) 李秉 : 魏(三國)나라의 관원으로 字는 玄胄이고, 南陽 宛 사람이다. 위나라 大將 李通의 손자이고, 李緖의 아들이다. 뛰어난 재주가 있어 당시 사람들의 존경을 받았다. 晉 文王(司馬昭)의 질문에 답하기 위해 ≪家誡≫를 지었다 한다.(≪三國志文類≫ 〈戒責〉)

상이 '경의 말이 맞다. 近世에 신중한 인물로 추천할 만한 사람이 누구인가?' 하여, 내가 마침내 작고한 太尉 荀景倩(荀顗), 尙書 董仲達, 僕射 王公仲을 천거하였다. 상이 '이 사람들은 아침부터 저녁까지 온유하고 공손하며 일을 집행하는 데 성실하며 각각 신중하기도 하다. 그러나 천하에 지극히 신중한 자는 오직 阮嗣宗(阮籍)일 것이다. 매번 함께 말할 때 하는 말마다 玄遠하고, 時事를 논평하거나 인물의 장단점을 평가한 적이 없으니 지극히 신중하다 할 수 있다.' 하였다."

魏書曰 "文王, 諱昭, 字子上, 宣帝第二子也." 魏氏春秋曰 "阮籍, 字嗣宗, 陳留尉氏人, 阮瑀子也. 宏達不羈, 不拘禮俗. 兗州刺史王昶, 請與相見, 終日不得與言, 昶愧歎之, 自以不能測也. 口不論事, 自然高邁." 李(康)〔秉〕[86]≪家誡≫曰 "昔嘗侍坐於先帝, 時有三長史俱見(현), 臨辭出, 上曰 '爲官長, 當淸, 當愼, 當勤, 修此三者, 何患不治乎.' 並受詔. 上顧謂吾等曰 '必不得已而去於斯三者, 何先?' 或對曰 '淸固爲本.' 復(부)問吾, 吾對曰 '淸愼之道, 相須而成, 必不得已, 愼乃爲大.' 上曰 '卿言得之矣. 可擧近世能愼者, 誰乎?' 吾乃擧故太尉荀景倩・尙書董仲達・僕射(야)王公仲. 上曰 '此諸人者, 溫恭朝夕, 執事有恪, 亦各其愼也. 然天下之至愼者, 其唯阮嗣宗乎. 每與之言, 言及玄遠, 而未嘗評論時事, 臧否人物, 可謂至愼乎.'"

【頭註】

○ 劉辰翁 : 〈阮籍은〉 曠達한 사람인데 그를 지극히 신중하다고 칭찬하였으니, 늙은이(晉 文王)가 또 나름 견해가 있어서 그렇게 말했을 것이다.
劉云 "曠達之人, 而稱其至愼, 老賊復自有見也."

1-25 王戎과 和嶠가 같은 때에 부모상을 당했는데 모두 효성스럽다고 일컬어졌다. 왕융은 닭 뼈가 상 위에서 지탱하고 있는 것처럼 말랐고,[87] 화교는 곡하고 우는 것이 예법에 맞았다. 晉 武帝가 劉仲雄(劉毅)에게 말하였다.

"경은 자주 왕융과 화교를 살펴보았으니 화교가 정해진 예법보다 지나치게 애통해하여 사람들을 걱정시켰다는 말을 들어보지 못했는가?"

---

86) (康)〔秉〕: 저본에는 '康'으로 되어 있으나, ≪三國志文類≫ 〈戒責〉, ≪世說新語箋疏≫ 등에 의거하여 '秉'으로 바로잡았다.

87) 닭……말랐고 : 저본에는 '雞骨支牀'으로 되어 있는데, '雞骨'은 수척한 상주의 모습을 가리킨다.(≪世說音釋≫)

유중웅이 말하였다.

“화교는 예법에 맞긴 하나 정신과 기운이 손상되지 않았고, 왕융은 예법에 맞지 않으나 애통함으로 인해 앙상하게 말랐습니다. 신은 화교는 生孝요 왕융은 死孝라고[88] 생각합니다. 폐하는 화교를 걱정하지 말고 왕융을 걱정해야 합니다.”

王戎①과 **和嶠**②가 **同時遭大喪**한대 **俱以孝稱**하니 **王**은 **雞骨支牀**하고 **和**는 **哭泣備禮**③라 **武帝**④**謂劉仲雄曰**⑤ **卿數**(삭)**省王和**하니 **不聞和哀苦過禮**하여 **使人憂之**오 **仲雄曰 和嶠**는 **雖備禮**나 **神氣不損**하고 **王戎**은 **雖不備禮**나 **而哀毁骨立**하니 **臣**은 **以和嶠生孝**요 **王戎死孝**하니 **陛下**는 **不應憂嶠而應憂戎**⑥이니이다하다

① ≪晉諸公贊≫에 말하였다. “王戎은 字가 濬沖이고, 瑯琊 사람이며, 太保 王祥의 宗族이다. 文皇帝(司馬昭)가 輔政할 때 鍾會가 천거하기를 ‘裴楷는 淸通하며 王戎은 簡要합니다.’[89] 하니 즉시 모두 초빙하여 관리로 삼았다. 晉나라가 開創한 후 여러 번 자리를 옮겨 荊州刺史에 이르렀다. 吳나라를 평정한 공로로 安豊侯에 봉해졌다.”

晉諸公贊曰 “戎, 字濬沖, 瑯琊人, 太保祥宗族也. 文皇帝輔政, 鍾會薦之曰 ‘裴楷淸通, 王戎簡要.’ 卽俱辟爲(椽)〔掾〕[90]. 晉踐祚, 累遷荊州刺史. 以平吳功, 封安豊侯.”

② ≪晉諸公贊≫에 말하였다. “和嶠는 字가 長輿이고, 汝南 西平 사람이다. 부친 和逌는 魏나라 太常이었다. 화교는 젊어서부터 雅量을 지닌 것으로 칭찬받아 賈充이 매번 世祖에게 그를 칭찬하였다. 尙書를 지냈다.”

晉諸公贊曰 “嶠, 字長輿, 汝南西平人. 父逌(유), 魏太常. 嶠少以雅量稱, 賈充每向世祖稱之. 歷官尙書.”

---

88) 화교는……死孝라고 : 부모의 喪을 치를 때 슬퍼하고 애통해하지만 생명을 해치는 지경에 이르지 않은 것을 ‘生孝’라고 하고, 지나치게 슬퍼하고 애통해하여 거의 죽을 지경에 이른 것을 ‘死孝’라고 한다.

89) 裴楷는……簡要합니다 : 淸通은 속마음은 깨끗하고 밖으로는 통달한 것이다. 簡要는 禮法의 근본을 알고 행하는 것을 말한다. 두 가지 모두 老莊의 道이다.(徐震堮, ≪世說新語校箋≫)

90) (椽)〔掾〕: 저본에는 ‘椽’으로 되어 있으나, 明 萬曆 14년본 ≪李卓吾批點世說新語補≫(이하 ‘萬曆 14년본’으로 약칭)에 의거하여 ‘掾’으로 바로잡았다.

③ ≪晉陽秋≫에 말하였다. "王戎이 豫州刺史가 되었을 때 모친상을 당했다. 성품이 지극히 효성스러웠는데 禮制에 구애받지 않고 술을 마시고 고기를 먹으며 혹은 바둑 두는 것을 구경하였으나 용모는 수척하고 초췌하였으며 지팡이를 짚고서야 일어났다. 당시 汝南 사람인 和嶠 역시 名士였는데 예법에 맞게 처신하여 부모상을 당했을 때 쌀의 양을 재서 먹었지만[91] 슬픔으로 인해 마르고 초췌한 모습은 왕융에 미치지 못하였다."

晉陽秋曰"戎爲豫州刺史, 遭母憂. 性至孝, 不拘禮制, 飮酒食肉, 或觀棊奕, 而容貌毁悴, 杖而後起. 時汝南和嶠亦名士也, 以禮法自持, 處大憂, 量米而食, 然顦顇哀毁, 不逮戎也."

④ ≪晉世譜≫에 말하였다. "世祖 武帝는 諱가 炎이고 字가 安世이며 文帝의 맏아들이다. 관대하고 仁厚하며 진중하고 도량을 지녔다. 咸熙 2년(265)에 魏나라의 禪讓을 받았다."

晉世譜曰"世祖武帝, 諱炎, 字安世, 文帝長子也. 寬惠仁厚, 沉深有度量. 咸熙二年, 受魏禪."

⑤ 王隱의 ≪晉書≫[92]에 말하였다. "劉毅는 字가 仲雄이고 東萊 掖 사람이며, 漢나라 城陽景王(劉章)의 후손이다. 진실하고 정직하며 깨끗하고 방정하여 不善을 보게 되면 반드시 비평하였으므로 王公과 大人들이 소문을 듣고 그를 꺼려하였다. 陽平에 잠시 살 적에 태수 杜恕가 초빙하여 功曹[93]로 삼아 郡吏 300여 인을 선발하게 하였는데 三魏[94] 지역 사람들이 모두 '단지 劉功曹(劉毅)에 대해서 들었을 뿐이요, 杜府君(杜恕)에 대해서는 듣지 못하였다.' 하였다. 여러 번 자리를 옮겨 尙書·

---

91) 쌀의……먹었지만 : ≪儀禮≫ 〈喪服〉에 喪을 당한 자는 "죽을 먹되 아침에 쌀 1溢을 먹고 저녁에 쌀 1일을 먹는다.〔歠粥 朝一溢米 夕一溢米〕" 하였다. 溢은 단위사로, '줌', '움큼'의 뜻으로 한 손으로 쥘 만한 분량이다. 여기서는 和嶠가 喪禮에 정해진 양대로 지켜서 먹었다는 것을 말한다.(≪世說箋本≫)

92) 王隱의 ≪晉書≫ : ≪진서≫는 晉나라 著作郎인 王隱과 그 부친인 王銓이 공동 편찬한 진나라 역사를 기술한 紀傳體 史書이다. 본래 93권이었으나 隋나라 때는 86권이 남았고, 지금은 湯球가 집록한 輯本 11권이 있다. 王隱은 字가 處叔이고, 陳郡 陳縣 사람이다. 晉 元帝 때 활동했으며 王敦의 난을 평정하는 데 공이 있어 平陵鄕侯에 봉해졌다.(≪晉書≫ 〈王隱傳〉)

93) 功曹 : 관직명으로, 功曹吏라고도 불렀다. 西漢 때 처음 설치하였고 군수나 현령의 중요한 佐吏였다. 주로 人事를 담당하였으며 北齊 이후에는 功曹參軍이라 불렀다.

94) 三魏 : 魏郡·廣平·陽平을 가리킨다.(≪世說音釋≫)

司隷校尉에 이르렀다."

王隱晉書曰 "劉毅, 字仲雄, 東萊掖人, 漢城陽景王後也. 亮直淸方, 見有不善, 必評論之, 王公大人望風憚之. 僑居陽平, 太守杜恕致爲功曹, 沙汰郡吏三百餘人, 三魏僉曰 '但聞劉功曹, 不聞杜府君.' 累遷尙書・司隷校尉."

⑥ ≪晉陽秋≫에 "世祖가 당시의 담론을 듣고 이 때문에 왕융을 귀하게 여겼다." 하였다.

晉陽秋曰 "世祖及時談, 以此貴戎也."

【頭註】

○ 劉應登 : 〈닭 뼈가 상 위에서 지탱하고 있는 것 같다는 것은〉 그의 몸이 뼈만 남았음을 말한다.

應登曰 "言其骨立."

1-26【補】沐德信(沐並)은 젊어서부터 깨끗하고 곧은 성품을 지닌 것으로 이름이 났다. 吳나라가 諸葛子瑜(諸葛瑾)와 朱義封(朱然)에게 樊城을 포위하게 하였을 때 峴山 동쪽에 船兵을 보내 말뚝 용도로 쓸 나무를 베게 하였다. 병사들이 밥을 지을 때 먼저 밥을 한 자가 나중에 밥을 짓는 자를 불러 말했다.

"같이 먹읍시다."

나중에 밥을 짓던 자가 대답했다.

"그대를 번거롭게 하지 않겠소."

부른 자가 말하였다.

"당신은 목덕신이 되고 싶은가?[95]"

沐德信은 少以淸介名①이라 吳使諸葛子瑜②와 朱義封③으로 圍樊城에 遣船兵於峴山東하여 斫材牂牁[96]한대 兵人作食에 有先熟者가 呼後熟者 共食하라한대 後熟者答言 不煩爾라하니

---

95) 당신은……싶은가? : 배고픈데도 함께 먹기를 거절한 병사에게 네가 만일 沐德信이라면 그렇게 할 수 있겠으나 그런 덕을 지니지 않았으면서 어찌 그를 본받으려 하느냐고 조롱한 것이다. 조롱하는 말 속에도 목덕신을 칭송하는 의미가 담겨 있다.(≪世說講義≫)

96) 牂牁 : 배를 묶는 말뚝〔杙〕이란 의미이기도 하고 지금의 貴州를 가리키는 지명이기

呼者曰 汝欲作沐德信邪④아하다

① 魚豢의 ≪魏略≫97)에 "沐並은 字가 德信이고 河間 사람이다. 志氣와 節操가 있었다. 黃初(220~226) 연간에 成皐令이 되었다." 하였다.
魚豢(환)魏略曰 "沐並, 字德信, 河間人. 有志介. 黃初中爲成皐令."

② 諸葛瑾은 따로 보인다.
諸葛瑾, 別見.

③ ≪三國志≫ 〈吳志 朱然傳〉에 "朱然은 字가 義封이고 丹陽 故鄣 사람이다. 吳나라에서 벼슬하여 左大司馬가 되었다." 하였다.
吳志曰 "朱然, 字義封, 丹陽故鄣人.98) 仕吳爲左大司馬."

④ ≪魏略≫에 말하였다. "沐並이 미리 자신의 喪葬禮制에 대해 당부하여 아들들에게 경계하여 말하였다. '雲과 儀 등에게 고하노라. 禮라는 것은 백성에게 처음 가르치는 교육이요 百世 동안 전해온 中正한 도리이다. 그러므로 힘써 행하면 君子가 되고 힘쓰지 않는 자는 小人이 된다. 그러나 성인이 아니면 그 중정한 도리를 저절로 실행할 수는 없다. 이 때문에 부귀한 자는 교만과 사치에 빠지는 잘못이 있게 되고 빈천한 자는 거의 고루하게 된다. 그러므로 산 자를 봉양하고 죽은 자를 보낼 때 苟且한 것은 禮가 아니다. 이를 통해 볼 때 陽虎가 寶玉을 써 장사 지낸 것99)은 백골이 드러나게 한 것보다 심하고, 桓魋(환퇴)가 石槨을 쓴 것100)은 시

도 하다. 귀주의 강은 물살이 빠르고 거세 양쪽 강가에 말뚝을 박아 노끈으로 그것을 연결하여 뱃사람들이 그 줄을 잡고서 건넜다고 한다. 여기서는 배를 묶는 말뚝이란 의미로 보고 번역하였다.(≪世說箋本≫)

97) 魏略 : 西晉 武帝 太康 연간에 魏의 郎中이었던 魚豢이 私撰한 삼국시대 위나라의 역사를 기록한 史書로, 紀·志·列傳의 체제로 되어 있다. 원문은 산실되어 전해지지 않으나, ≪三國志≫ 裴松之의 注, ≪太平御覽≫, ≪翰苑≫ 등에 逸文이 있으며, 淸나라의 張鵬一이 그것을 집성하여 ≪魏略輯本≫ 25권을 편찬하였다. 陳壽가 지은 ≪삼국지≫도 이 ≪위략≫을 토대로 서술된 부분이 많다.

98) 丹陽故鄣人 : 朱然은 본래 성이 施氏이며, 어머니의 동생인 朱治의 양자로 들어가 성을 朱氏로 바꿨다.

99) 陽虎가……것 : 저본에는 '陽虎璵璠'로 되어 있는데, 陽虎는 일명 陽貨로 춘추전국시대 魯나라 季平子(季孫意如)의 家臣이다. 주군인 계평자가 죽자 美玉인 璵璠을 써서 斂을 하였다.(≪春秋左氏傳≫ 定公 5년)

100) 桓魋(환퇴)가……것 : 孔子가 宋나라에 있을 적에 桓魋가 자기의 石槨을 만드는 데

신을 빨리 썩게 한 것만 못하다. 이것은 혼란을 없애 바른 도리를 회복하며 죄를 성토하여 세속을 바로잡는 儒學의 大義를 말하는 것이고, 天理를 궁구하고 心性을 다 밝혀 陶冶하고 變化시키는 실제적인 논의는 아니다. 만약 시초와 종말을 꿰뚫을 수 있다면 天地를 같은 구역으로 여기고 만물을 芻狗처럼 〈하찮게〉 보게 될 것이요, 하늘의 현묘한 이치를 두루 살피게 되면 형체와 그림자가 하나임을 추구하고 禍와 福이 본래 같다고 여기며 生과 死의 운명을 똑같이 여기게 될 것이다.[101) 나는 道를 추구한다. 道라는 것은 恍惚하여 알기 어렵다. 장수하는 것은 欺魄과 같이 되는 것이고[102) 요절하는 것은 오리가 물속에 잠깐 잠기는 것과 같은 것이며, 육신이 존재하면 정신도 존재하고 육신이 소멸하면 정신도 소멸한다. 陰陽에서 기쁨을 느끼고 太極을 즐겨 꿈꾸게 되면 어찌 棺槨으로 감옥을 만들고 衣裳으로 시신을 묶겠느냐. 시신을 지하에 가두고 신체를 영영 刑具에 묶어두면 어찌 애처롭지 않겠느냐. 예전에 莊周는 闊達하여 可否의 구분이 없었고, 또 楊王孫[103) 은 자신의 裸體가 오래 보존되지 않는 것을 귀하게 여겼다. 그런데 말세에 이르러 삶에 연연해하고 죽음을 두려워하는 무리가 시신을 구슬로 치장하여 비늘처럼 번쩍거리게 하고 옥으로 침상을 만들며 상아못을 써서 관을 만들고[104) 사람을 죽여

3년이 되도록 완성하지 못하는 것을 보고는, "이처럼 사치스럽게 하기보다는 죽으면 속히 썩게 하는 것이 더 낫다.〔若是其靡也 死不如速朽之愈也〕"라고 말한 내용이 ≪禮記≫ 〈檀弓 上〉에 나온다.

101) 만물을……것이다 : 이 내용은 老子의 ≪道德經≫에서 인용한 것인데, 天地는 仁하다고 하는 것도 없고 不仁하다고 하는 것도 없이 만물을 그저 芻狗나 매한가지로 보며 사람에 대해서도 특별히 好不好를 따지지 않는다는 의미이다. 추구는 고대에 제사에 쓰던, 풀을 엮어 만든 개를 가리킨다. 제사가 끝나면 버리기 때문에 하찮거나 쓸모없는 것을 비유한다.

102) 欺魄과……것이고 : 기백은 흙인형이니 ≪列子≫에서 열자가 南郭子에게 한 말에서 나온다. 여기서 모양은 사람처럼 보이나 죽은 것과 마찬가지라는 의미로 사용하였다.(≪世說音釋≫)

103) 楊王孫 : 西漢 武帝 때 사람으로, 王孫은 字이고 이름은 貴이다. 千金을 소유한 부자였으나 임종 전에 자식들에게 관곽을 쓰지 말 것을 당부하여 終南山에 裸葬하였다.(≪漢書≫ 〈楊王孫傳〉)

104) 상아못을……만들고 : 저본에는 '象衽'으로 되어 있는데, 衽은 양 끝은 넓고 가운데는 잘록한 형태로, 관 가장자리와 양쪽 끝이 합쳐지는 곳을 연결시켜 관을 고정시키는 역할을 한다. 보통은 소나무로 만드나, 여기서는 상아로 衽을 만들어 호사스런 관을 만들었다는 것을 의미한다.(≪禮記≫ 〈檀弓〉, ≪常變通攷≫ 〈喪禮〉)

殉葬하였다. 墓 안을 명주솜으로 가득 채우고 蜃炭[105]을 바닥에 깔아 천 년 동안 썩지 않는 僵屍가 되게 하여 神仙과 같아지기를 구하였다. 이리하여 위대한 가르침이 쇠퇴하게 되자 앞다투어 厚葬하고, 莊子를 放蕩하다고 하고 양왕손의 裸葬을 戮屍하는 형벌로 만들었으니, 어찌 다시 옛날에 초목으로 시신이 덮인 人鬼가 있었고[106] 들판에 여우나 이리가 먹던 시체가 있었던 줄[107]알겠느냐. 나는 타고난 자질이 부족하여 淸流에게 부끄러웠는데 금년에 60세가 넘으니 문득 무상함을 느꼈다. 만일 내가 명대로 죽게 된다면 나의 몸은 왕양손을 계승하여 위로는 세상에 지은 죄를 속죄하고 아래로는 道化한 靈祖[108]와 친해지고자 한다. 그러나 너희가 어리고 무지하여 어떤 것이 좋은 것인지 알지 못하여 세속을 따르고 나의 뜻을 무시한다면 아비의 遺命을 저버리는 것이니 누가 그것을 칭찬하겠느냐. 만일 죽은 뒤에도 지각이 있다면 내 장차 시신을 살펴보겠노라."

魏略曰 "並豫作終制, 戒其子曰 '告雲·儀等. 夫禮者, 生民之始教, 百世之中庸也. 故力行則爲君子, 不務者終爲小人. 然非聖人, 莫能履其從容也. 是以富貴者, 有驕奢之過, 貧賤者, 幾於固陋. 於是養生送死, 苟竊非禮. 由斯觀之, 陽虎璵璠甚於暴骨, 桓魋石槨不如速朽. 此言儒教撥亂反正鳴鼓矯俗之大義, 未是窮理盡性陶冶變化之實論也. 若能原始要終, 以天地爲一區, 萬物爲芻狗, 該覽玄通, 求形景(영)之宗, 同禍福之素, 一死生之命. 吾有慕於道矣. 夫道之爲物, 惟怳惟忽. 壽爲欺魄, 夭爲鳧沒, 身淪有無, 與神消息. 含悅陰陽, 甘夢太極, 奚以棺槨爲牢, 衣裳爲纏, 屍繫地下, 長幽桎梏, 豈不哀哉. 昔莊周闊達, 無所適莫, 又楊王孫裸體, 〔貴不久容耳.〕[109]

---

105) 蜃炭 : 조개의 껍질을 태워서 만든 가루로 무덤의 벽에 칠하여 해로운 것을 쫓는 데에 사용하였다.(≪周禮≫ 〈秋官〉)

106) 옛날에……있었고 : ≪周易≫ 〈繫辭傳 下〉에 "옛날의 장례는 시신에 섶을 두텁게 덮어서 들 가운데 매장하여, 봉분도 하지 않고 나무도 심지 않으며 喪을 치르는 기간도 일정하지 않았다."라는 내용이 있고, 孔穎達의 疏에 "棺槨은 殷나라 이후에 생긴 것이고 夏나라 이전에는 관곽을 갖추지 않았다." 하였다.

107) 들판에……줄 : ≪孟子≫ 〈滕文公 上〉에 上古시대에는 부모를 장사 지내지 않는 풍속이 있어 어떤 사람이 부모가 죽자 골짜기에 버렸는데 후일에 그곳을 지나다가 보니, 여우와 삵이 시체를 파먹고 파리와 모기떼가 들끓고 있는 것을 보고 부끄럽게 여겼다는 내용이 있다.

108) 靈祖 : ≪世說音釋≫에서 "〈靈祖는〉 아마 '흙'을 이르는 듯하다. ≪白虎通≫에 이르기를 '땅은 元氣가 생겨나는 곳이니 만물의 조상이다.' 하였다.〔蓋謂土也 白虎通曰 地者元氣所生 萬物之祖也〕"라고 하였다.

至夫末世, 緣生怨死之徒, 含珠鱗押, 玉牀象衽, 殺人以殉. 壙穴之內, 錮以紵絮, 藉以蜃炭, 千載僵燥, 託類神仙. 於是大教陵遲, 競於厚葬, 謂莊子爲放蕩, 以王孫爲戮屍, 豈復識古有衣薪之鬼, 而野有狐貍之齒哉. 吾以材質滓濁, 汙於淸流, 今年過耳順, 奄忽無常. 苟得獲沒, 卽以吾身襲於王孫矣. 上以贖市朝之逋罪, 下以親道化之靈祖. 顧爾幼昏, 未知臧否, 若將逐俗, 抑廢吾志, 爲棄父之命, 誰或矜之? 使死而有知, 吾將屍視."

【頭註】

○ 〈劉孝標 注에서 '幾於固陋'의〉 '幾'는 어떤 본에 '譏'로 되어 있다.
幾一作譏.

1-27 【補】 杜恕가 〈家戒〉를 저술하여 말하였다.

"張子臺(張閣)는 보기에는 촌스럽고 소박한 사람 같으나 그의 마음속은 천지간에 어느 것이 아름답고 좋은지의 구별이 없다. 사람됨이 이와 같으니 자연히 부귀해질 수는 없겠으나 근심이나 재앙이 어디에서 오겠는가."

杜恕著家戒①道 張子臺②는 視之似鄙朴人이나 然其心中은 不知天地間何者美好라 作人如此하니 自可不富貴나 患禍當何從而來리오하다

① ≪三國志≫ 〈魏志 杜畿傳〉에 "杜恕는 字가 務伯이다. ≪杜氏新書≫에 말하였다. '두서는 젊었을 때 馮翊 李豊과 친하게 지냈다. 나중에 이풍이 명성과 품행을 갈고닦아 세상의 명예를 추구한 반면 杜恕는 예절에 구애받지 않고 자신의 마음대로 하여 이풍과는 취향이 달랐다. 이풍은 조정에서 높은 자리에 올랐고 두서는 그대로 집에 있었는데 明帝가 발탁하여 散騎常侍에 제수하였고 黃門侍郎으로 옮겼다.'" 하였다.
魏志曰 "杜恕, 字務伯. 杜氏新書曰 '恕, 少與馮翊李豊相善. 後豊砥礪名行, 以要世譽, 而恕誕節直意, 與豊殊趣. 豊顯仕朝廷, 恕猶家居, 明帝擢拜散騎, 轉黃門侍郎.110)'"

---

109) 〔貴不久容耳〕: 저본에는 '貴不久容耳'가 없으나, ≪三國志≫ 〈魏志 常林傳〉의 裴松之 注에 의거하여 보충하였다.

110) 杜氏新書曰……轉黃門侍郎 : 이 부분은 ≪三國志≫ 〈魏志 杜畿傳〉 裴松之의 注에

② ≪典略≫에 "張閣은 字가 子臺이고 東都 사람이다. 관직이 太僕에 이르렀다." 하였다.
典略曰 "張閣, 字子臺, 東都人, 官至太僕."

1-28 【補】 皇甫謐에게는 從祖姑[111]의 아들인 梁柳가 있었는데 城陽太守가 되었다. 그가 고을에 부임하러 갈 때 어떤 이가 士安(황보밀)에게 전송하러 나갈 것을 권하니 사안이 말하였다.

"양류가 평민이었을 때 나를 방문하면 내가 문 밖을 나가지 않고서 맞이하고 전송하였으며 대접한 음식도 소금과 채소에 불과하였는데, 지금 전송하러 나간다면 이는 성양태수를 귀하게 여기는 것이고 양류를 가볍게 여기는 것이니 내 마음이 편안치 않다."

皇甫謐(밀)①有從姑子梁柳한대 爲城陽太守라 將之官할새 或勸士安餞之하니 士安曰 柳爲布衣時에 過吾면 吾送迎不出門하고 食不過鹽菜러니 今送之하면 是貴城陽太守而輕梁柳니 非心所安②이라하다

① 王隱의 ≪晉書≫에 말하였다. "皇甫謐은 字가 士安이고, 安定 朝那 사람이며, 漢나라 太尉 皇甫嵩의 증손이다. 조부 皇甫叔獻은 灞陵令이었고, 부친 皇甫叔侯는 孝廉으로 천거되었다. 황보밀의 친족은 모두 대대로 부귀하였는데 유독 그만 한미하고 평범하였다. 그를 길러준 숙모가 탄식하기를 '예전에 孟母는 세 번 이사하여 자식을 성공시켰고,[112] 曾父는 돼지를 삶아서 가르침을 남겼으니[113] 어찌 내가

보인다.

111) 從祖姑 : 저본에는 '從姑'로 되어 있는데 '從祖姑'의 줄임말이며 祖父의 형제의 딸을 말한다.(≪世說音釋≫) 皇甫謐과 梁柳는 再從兄弟간이다.

112) 孟母는……성공시켰고 : 孟子의 모친 鄒氏가 아들 맹자의 교육을 위해 공동묘지, 시장, 學宮이 있는 곳으로 세 번 이사한 것을 말한다.(≪列女傳≫ 〈母儀〉)

113) 曾父는……남겼으니 : 여기서 曾父는 曾子를 가리킨다. 증자의 妻가 시장을 가는데 울며 따라오는 아들을 만류하기 위해 집에 가 있으면 돌아와 돼지를 잡아주겠다고 거짓으로 약속하였다. 돌아와 보니 증자가 자식은 부모의 가르침을 듣고 배우므로 속여서는 안 된다고 하며 실제로 돼지를 잡아주어 그 약속을 지켰다는 고사를 말한

이웃을 고르지 않고 살았겠는가. 그런데 어찌하여 너는 이다지도 미련하단 말이냐. 자신을 수양하고 배움을 독실히 하여 자연히 네가 터득한다면 나에게 무슨 어려움이 있겠는가.' 하고서 마주하여 눈물을 흘렸다. 황보밀이 마침내 마음이 크게 움직여 20세 남짓에 마을 사람 席坦에게 나아가 글을 배웠는데 만나는 사람마다 묻느라 잠시도 한가한 날이 없었다. 晉 武帝가 그에게 수레 2대 분량의 책을 빌려주니 마침내 두루 읽을 수 있었다. 太子中庶子·議郎으로 부름을 받았으나 모두 나아가지 않고 집에서 죽었다."

王隱晉書曰 "謐, 字士安, 安定朝那人, 漢太尉嵩曾孫也. 祖叔獻, 灞陵令, 父叔侯, 擧孝廉. 謐族從皆累世富貴, 獨守寒素. 所養叔母歎曰 '昔孟母以三徙以成子, 曾父以烹豕存敎, 豈我居不卜隣. 何爾魯之甚乎? 修身篤學, 自汝得之, 於我何有?' 因對之流涕. 謐乃感激, 年二十餘就鄕里席坦受書, 遭人而問, 少有寧日. 武帝借其書二車, 遂博覽. 太子中庶子·議郎徵, 竝不就, 卒于家."

② ≪玄晏春秋≫[114]에 말하였다. "7살 되던 해 봄에 내 키가 3자 4치였는데 경서와 역사를 터득하지 못하였고 從祖姑의 아들인 梁柳와 함께 가시나무를 엮고 억새를 잡고서 陳(陣)을 나누어 서로 찌르며 같이 놀았다."

玄晏春秋曰 "七年春, 予長三尺四寸[115]矣, 未通書史, 與從姑子梁柳編荊執荻, 分陳相刺, 共以爲樂."

1-29 **【補】** 鬲[116]令인 袁毅는 정무를 처리할 때 탐욕스럽고 부정하게 하고 조정의 고관에게 선물을 바쳐 영예를 구하였다. 한번은 山巨源(山濤)에게 실 100근을 보냈는데 산거원이 유별나게 보이고 싶지 않아 받아서 대들보에 매달아두

다.(≪韓非子≫ 〈外儲說 左上〉)

114) 玄晏春秋 : 西晉의 학자 皇甫謐이 편찬한 3권의 雜傳記이다. 황보밀(215~282)은 字가 士安이고, 安定 朝那(지금의 甘肅 平凉西北) 사람으로, 自號가 玄晏先生이며 평생 벼슬하지 않고 저술에 전념하였다. 이 책은 이미 散失되었고 지금 輯本 2권이 남아 있다. 그의 다른 저작으로는 〈三都賦序〉·〈釋勸論〉·〈玄守論〉·〈篤終論〉 등의 문장과 ≪帝王世紀≫·≪年曆≫·≪高士傳≫·≪逸士傳≫·≪列女傳≫ 등의 역사전기서, ≪針灸甲乙經≫ 등의 의학서가 있다.

115) 三尺四寸 : ≪何氏語林≫에는 '七尺四寸'으로 되어 있다.

116) 鬲 : 지금의 山東省 德州市 부근에 있던 縣 이름이다.

라고 명하였다. 나중에 원의의 〈부정한〉 일이 드러나 여러 관원을 조사하게 되어 관리가 산거원에게 왔다. 대들보 위에서 실을 찾았는데 이미 몇 년이 지나 먼지가 앉았고 封印은 〈뜯지 않고〉 그대로였다.

山濤

鬲(격)令袁毅는 在政貪濁하고 饋遺朝貴하여 以營譽①라 嘗遺山巨源絲百斤한대 巨源不欲爲異하여 受之하고 命懸之梁하다 後毅事露에 案驗衆官하니 吏至巨源하여 於梁上得絲한대 已數年塵埃요 封印如故②라

① ≪晉書≫에 "陳郡의 袁毅가 鬲令이 된 적이 있었는데, 탐욕스럽고 부패하였으며 公卿에게 뇌물을 바쳐 헛된 영예를 구하였다." 하였다.
晉書曰 "陳郡袁毅嘗爲鬲令, 貪濁而賂遺公卿, 以求虛譽."

② 虞預의 ≪晉書≫에 말하였다. "山濤는 字가 巨源이고, 河內 懷 사람이다. 부친 山曜는 冤句令을 지냈다. 산도는 젊어서부터 器量이 있었다. 17세 때 친족이 晉 宣帝(司馬懿)에게 '산도는 景帝(司馬師)·文帝(司馬昭)와 함께 천하의 기강을 잡을 사람입니다.' 하니, 선제가 농담으로 '경은 한미한 가문인데 어떻게 이렇게 호방한 사람이 있을 수 있겠는가?' 하였다. ≪老子≫와 ≪莊子≫를 좋아하였으며 嵇康과 친하였다.

河內從事였을 때 石鑒과 함께 역참에 묵게 되었는데 산도가 밤에 일어나 석감을 깨우며 말하였다. '지금이 어느 때인데 잠을 잔단 말입니까. 太傅(司馬懿)가 병으로 누운 것이 무슨 의미인지 아십니까?' 석감이 '재상이 3일 동안 조회에 참석하지 않으면 황제가 詔書117)를 주어 집에 돌아가게 하니, 그대는 어찌 걱정하는가?'

117) 詔書 : 원문은 '尺一'이다. 옛날에 詔板의 길이가 1尺 1寸이었으므로 天子의 詔書를 가리키는 말로 쓰였다. ≪後漢書≫ 〈陳蕃傳〉의 李賢의 注에 "尺一은 길이 1尺의 板에

하니, 산도가 '아, 石生은 말발굽 사이에서도 무사하겠구나.' 하고서 통행증〔傳〕을 내던지고 떠나갔다.[118] 과연 曹爽의 일[119]이 생기자 마침내 몸을 숨기고 세상일에 간섭하지 않았다. 여러 번 자리를 옮겨 吏部尙書·僕射·太子少傅·司徒를 지냈다. 시호는 康侯이다."

虞預晉書曰 "山濤, 字巨源, 河內懷人, 父曜, 宛句令. 濤少有器量. 年十七, 宗人謂(先)〔宣〕[120]帝曰 '濤, 當與景·文共綱紀天下者也.' 帝戲曰 '卿, 小族, 那得此快人耶?' 好老莊, 與嵇康善. 爲河內從事, 與石鑒共傳宿, 濤夜起蹋鑒曰 '今何等時而眠也? 知太傅臥何意?' 鑒曰 '宰相三日不朝, 與(夫)〔尺〕[121]一, 令歸第, 君何慮焉?' 濤曰 '咄, 石生無事馬蹄間也.' 投傳而去. 果有曹爽事, 遂隱身不交世務. 累遷吏部尙書·僕射(야)·太子少傅·司徒, 謚康侯."

【頭註】

○ 王世懋 : 嵇康과 阮籍이 山公(山濤)을 識見이 있다고 추숭하였으니, 이는 옳다.
王云 "嵇阮以識推山公, 此是也."

1-30 **【補】** 王偉元(王裒)의 문하생이 本縣의 役을 지게 되자 〈스승에게〉 현령에게 부탁하여 자신을 역에서 빼줄 것을 청하니 왕위원이 말하였다.

"경의 학문은 자신을 비호하기에 부족하고 나의 덕은 경을 비호하기에 부족하니 부탁한들 무슨 도움이 되겠는가."

조서를 쓴 것을 말한다.〔尺一 謂板長尺一 以寫詔書也〕" 하였다.

118) 통행증〔傳〕을……떠나갔다 : 원문에는 '投傳而去'라고 되어 있는데, 여기서 傳은 '信'과 같은 것으로 관원들이 여행 시 關門을 출입할 때 제시하는 증표이다.(≪世說音釋≫) 傳을 내던지고 떠나갔다는 것은 곧 벼슬을 버리고 떠났다는 의미이다.

119) 曹爽의 일 : 당시 조상과 司馬懿는 魏나라의 權臣으로 서로 반목하였는데 사마의가 重病에 걸린 것처럼 속여 조상을 방심하게 한 뒤 君臣이 모두 高平陵에 참배할 때를 틈타 쿠데타를 일으켜 조상의 세력을 물리친 사건을 말한다.(≪晉書≫ 〈宣帝紀〉)

120) (先)〔宣〕: 저본에는 '先'으로 되어 있으나, ≪世說新語≫ 〈政事〉에 의거하여 '宣'으로 바로잡았다. 宣帝는 司馬懿를 말하며 이때에는 아직 황제가 되기 전이나 후인들이 '帝'로 追述한 것이다. 景帝·文帝도 같다.

121) (夫)〔尺〕: 저본에는 '夫'로 되어 있으나, ≪世說新語≫ 〈政事〉에 의거하여 '尺'으로 바로잡았다.

마침내 도보로 〈자신은〉 마른 밥을 지고 아이에게는 된장을 지게 하여 역을 지러 가는 문하생을 전송하러 현에 도착하니 그를 따르는 생도들이 천 명이었다. 현령은 왕위원이 자신을 만나러 온다고 생각하여 의복을 갖추고 환영하러 나왔다. 왕위원이 마침내 小路로 土牛 근처에 이르러[122] 공손히 몸을 굽히고 서서 문하생이 縣役을 지게 되었기 때문에 작별하러 왔노라고 스스로 말하고는 〈문하생의〉 손을 잡고 눈물을 흘리고 떠났다. 현령이 즉시 이 문하생을 역에서 풀어주고 돌려보냈다. 현 사람들 모두가 이 일을 부끄럽게 여겼다.[123]

王偉元門生이 爲本縣所役하여 求屬(촉)令爲脫하니 王曰 卿學은 不足以庇身하고 吾德은 不足以庇卿하니 屬之何益이리오하고 乃步擔乾(간)飯하고 兒負鹽豉(시)하여 送所役生하여 到縣하니 諸生隨者千人이러라 令이 以偉元詣己라하여 整衣出迎이라 偉元乃下道로 至土牛傍하여 磬折立하고 自言 門生爲縣役하여 故來送別이라하고 因執手涕泣而去하니 令이 卽放遣此生하다 一縣皆以爲耻①하다

① 王隱의 ≪晉書≫에 말하였다. "王裒는 字가 偉元이고, 城陽 營陵 사람이다. 조부 王修는 魏나라 때 명성이 있었다. 왕부는 젊어서부터 절조가 있었다. 왕부는 부친 王儀가 晉 文王(司馬昭)에게 죽임을 당했기 때문에[124] 세상과 단절하고 벼슬하지 않았으며, 부친의 묘 옆에 집을 짓고 은거하면서 생도들을 가르치는 것을 책무로 삼았다. 아침부터 저녁까지 항상 묘 앞에 가서 참배하였는데 슬프게 부르짖는 소

---

122) 小路로……이르러 : 원문에는 '下道至土牛傍'으로 되어 있는데, ≪春秋左氏傳≫에 의하면 '下道'는 '間道'와 같은 의미로, 왕부가 大路로 가지 않았음을 말한다. 土牛는 ≪禮記≫ 〈月令〉에 음력 11월에 수도의 도성 밖 丑 방향의 땅에 흙으로 소 6마리를 세워 추위를 전송한다고 하였다. 여기서는 偏僻한 땅이라는 의미로 쓰였다.(≪世說講義≫)

123) 현 사람들……여겼다 : 役에 차출한 것이 잘못되었음을 부끄러워한 것이다.(≪世說講義≫)

124) 부친……때문에 : 왕부의 부친 王儀가 晉 文帝의 司馬가 되었는데, 東關에서의 전투에서 패한 뒤 문제가 누구에게 책임이 있느냐고 여러 사람에게 물었을 때 왕의가 그 책임이 元帥 즉 문제에게 있다고 대답하였다. 이에 문제가 노하여 그를 죽였다.(≪晉書≫ 〈王裒傳〉)

리가 매우 처절하였다. 묘 앞에 전나무 한 그루가 있었는데 왕부가 항상 그 나무를 어루만져 나뭇잎이 그 때문에 말라버렸다."

王隱晉書曰"王裒, 字偉元, 城陽營陵人. 祖修, 有名魏世. 裒少立操. 裒以父儀爲晉文王所害, 絶世不仕, 立屋墓側, 隱居以教授爲務. 旦夕常至墓前朝拜, 悲號斷絶. 墓前一栢, 裒常所攀, 枝葉爲之枯."

【頭註】

- 李贄 : 청탁을 교묘하게 하였으니 道學의 宗祖이다. 만약 탁월하고 노련한 사람을 만났다면 계책이 성공하지 못했을 것이다.

  李云"巧於屬託, 道學之宗祖也. 倘若逢卓老, 計不行矣."

- 원문에는 〈墓前朝拜의〉 '朝'자가 없다.

  元文無朝字.

1-31 梁王(司馬肜)과 趙王(司馬倫)은 천자의 近親으로 당시에 지위가 높고 권력이 막중하였다. 裴令公(裴楷)이 해마다 두 왕에게 租稅 수백만 전을 청하여 친인척 중 빈곤한 자들을 도와주니, 어떤 이가 비난하여 말하였다.

"어찌하여 구걸한 재물로 은혜를 베푸십니까?"

배영공이 말하였다.

"남는 것을 덜어내 부족한 데 보태는 것이 天道라네."

梁王趙王①은 國之近屬으로 貴重當時라 裴令公②이 歲請二國租錢數百萬하여 以恤中表之貧者하니 或譏之曰 何以乞物行惠오하니 裴曰 損(其)〔有〕125)餘하여 補不足이 天之道也③라하다

① 朱鳳의 ≪晉書≫에 말하였다. "晉 宣帝의 張夫人 소생인 梁孝王 肜은 字가 子徽이고, 지위가 太宰에 이르렀다. 桓夫人 소생 趙王倫은 字가 子彝이고, 지위가 相國에 이르렀다."

朱鳳晉書曰"宣帝張夫人生梁孝王肜, 字子徽, 位至太宰. (栢)〔桓〕126)夫人生趙王

---

125) (其)〔有〕: 저본에는 '其'로 되어 있으나, ≪世說新語≫에 의거하여 '有'로 바로잡았다.

倫, 字子彝, 位至相國."

② ≪晉諸公贊≫에 말하였다. "裴楷는 字가 叔則이고 河東 聞喜 사람이며, 司空 裴秀의 從弟이다. 부친 裴徽는 冀州刺史를 지냈으며 빼어난 식견이 있었다. 배해는 특히 ≪周易≫의 뜻에 정통하였다. 여러 번 자리를 옮겨 河南尹에 이르렀으며 中書令으로 죽었다."

晉諸公贊曰 "裴楷, 字叔則, 河東聞喜人, 司空秀之從弟也. 父徽, 冀州刺史, 有俊識. 楷特精易義. 累遷河南尹, 中書令卒."

③ ≪名士傳≫[127]에 "裴楷는 자신의 처신이나 주고받는 것을 마음 가는 대로 하였으며, 비방과 칭찬이 이르러도 느긋하게 대처한 것이 모두 이와 같다." 하였다.

名士傳曰 "楷, 行己取與, 任心而動, 毁譽雖至, 處之晏然, 皆此類."

【頭註】

○ 劉辰翁 : 이 말은 佛經의 註疏에 들어갈 만하다. 다만 부족한 사람을 도와주려 하였다면 친인척에 그친 것은 너무 치우쳤다.

劉云 "此語可入佛經註疏. 第已奉不足, 中表恨偏[128]."

1-32 王戎이 말하였다.

"太保(王祥)는 正始[129](240~249) 연간에 살았는데 언변이 좋은 부류에 속하지 않았다. 그러나 그분과 대화를 해보면 이치에 맞고 淸遠하니 분명 德行으로 인해 言語가 가려졌을 것이다."

---

126) (栢)〔桓〕: 저본에는 '栢'으로 되어 있으나, ≪世說新語≫에 의거하여 '桓'으로 바로잡았다. ≪晉書≫에는 '栢'으로 되어 있다.

127) 名士傳 : 東晉의 袁宏이 편찬한 志人小說集으로, 일명 ≪正始名士傳≫이라고도 한다. 魏晉시대 名士들의 遺聞과 軼事를 다루었다. 원본은 散失되었고 ≪世說新語≫ 注, ≪水經注≫, ≪文選≫ 注 등에 佚文 20여 則이 남아 있을 뿐이다. 袁宏(328~376)은 字가 彦伯이고, 어릴 때 이름이 虎이다. 陳郡 陽夏縣(지금의 河南省 周口市 太康縣) 사람이다. 동진의 文學家이자 史學家이다.(≪晉書≫ 〈文苑傳〉)

128) 中表恨偏 : ≪世說音釋≫에 "기왕 賑恤을 펼치려 하였다면 어찌 다만 친인척에 그쳤는가를 말한 것이다.〔言 旣行施賑恤 何止限中表也〕"라고 하였다.

129) 正始 : 魏나라의 연호이다. 이 시기는 何晏이나 王弼과 같은 淸談家들로 대표되던 청담의 전성기였다.

王戎云 太保는 居在正始中한대 不在能言之流나 及與之言하면 理中[130]淸遠하니 將無[131]以德掩其言①이라하다

王祥

① ≪晉陽秋≫에 "王祥은 젊어서 아름다운 덕행이 있었다." 하였다.
晉陽秋曰 "祥, 少有美德行."

【頭註】

○ 劉辰翁 : 王祥은 王戎의 從祖[132]이니, 같은 시기에 살면서 대화한 듯하다.
劉云 "〔祥〕[133], 戎從祖, 語似同時."

○ 王世懋 : 王祥은 晉나라 초기에 죽었고 王戎은 실제 〈왕상과〉 같은 시기에 살았으니 유진옹의 이 비평은 어째서 한 것인가.
王云 "祥卒於晉初, 戎寔曾同時, 劉此評何爲者?"

1-33 王安豐(王戎)이 喪을 당했을 때 지극한 정이 남들보다 지나치니, 裵令(裵楷)이 가서 조문하고 말하였다.

"만약 한 번의 통곡이 사람을 상하게 할 수 있다면 濬沖(왕융)은 필시 생명을 해쳤다는 비난을 면하지 못할 것이다."

王安豐遭艱(난)한대 至性過人하니 裴令往弔之曰 若使一慟果能傷人이면 濬沖必不免滅性之譏①라하다

① ≪禮記≫ 〈曲禮 上〉에 말하였다. "居喪하는 예절은 비록 〈슬픔으로 인해〉 수척해졌다 하더라도 뼈가 드러날 정도가 되게 해서는 안 되고, 시력과 청력도 쇠하게

---

130) 中 : ≪世說新語≫에는 '致'로 되어 있다.
131) 將無 : '莫非'의 뜻이다.
132) 從祖 : ≪晉書≫ 〈王祥傳〉에 王戎이 王祥의 族孫이라 하였다.
133) 〔祥〕 : 저본에는 '祥'이 없으나, 元刊本 ≪世說新語≫에 의거하여 보충하였다.

해서는 안 된다. 喪을 제대로 치르지 못하는 것은 바로 자애롭지 못하고 효도하지 못하는 것과 같다."

≪孝經≫ 〈喪親〉에 "〈슬픔으로〉 수척해졌다 하더라도 생명을 해치는 데 이르지 않게 하는 것이 성인의 가르침이다." 하였다.

曲禮曰"居喪之禮, 毁瘠不形, 視聽不衰. 不勝喪, 乃比於不慈不孝." 孝經曰"毁不滅性, 聖人之敎也."

【頭註】

○ 劉辰翁 : 묘사가 매우 지극하다.
劉云"形容甚至."

1-34 王戎의 부친 王渾은 명성이 높았고 관직이 凉州刺史에 이르렀다. 왕혼이 죽자, 그가 재직했던 9개 郡의 옛 지인들이 그의 덕행과 은혜를 생각하여 서로 부의금 수백만 전을 보냈으나 왕융은 모두 받지 않았다.

王戎父渾有令名하고 **官至凉州刺史**①하다 **渾薨**에 **所歷九郡義故**가 **懷其德惠**하여 **相率致賻數百萬**이나 **戎悉不受**②하다

① ≪世語≫134)에 "王渾은 字가 長源이다. 재주와 명망이 있었고 尙書와 凉州刺史를 지냈다." 하였다.
世語曰"渾, 字長源. 有才望, 歷尙書·凉州刺史."

② 虞預의 ≪晉書≫에 "王戎은 이 일로 인하여 이름이 드러났다." 하였다.
虞預晉書曰"戎, 由是顯名."

【頭註】

○ 王世懋 : 만년에는 상아로 만든 주판을 잡았고135) 오얏씨에 구멍을 뚫었다.136)

---

134) 世語 : ≪世說新語箋疏≫에 이 책은 郭頒이 편찬하였다고 하였고, ≪隋書≫ 〈經籍志〉에 의하면 곽반은 晉나라의 襄陽令을 지낸 인물이며 그가 편찬한 것은 ≪魏晉世語≫ 10권이라고 되어 있다. 이에 따르면 ≪世語≫와 ≪魏晉世語≫는 동일 서적으로 추정된다.

135) 상아로……잡았고 : 王戎은 竹林七賢에 속하는 인물이나, ≪晉書≫ 〈王戎傳〉에는 그가 재물을 좋아하여 상아로 만든 주판〔牙籌〕을 손에 쥐고 밤낮으로 돈을 계산했다

(劉)〔王〕137)云 "晩節乃握牙籌, 鑽李核."

1-35 【補】 裴叔則(裵楷)이 새 집을 지었는데 매우 훌륭하였다. 형과 같이 둘러볼 때 형이 내심 그 집을 원하였으나 입으로 말하지는 않았다. 그런데 배숙칙이 형의 의중을 알고는 바로 양보하여 형을 그 집에 살게 하였다.

裴叔則이 **營新宅**한대 **甚麗**라 **與兄共遊**할새 **兄心欲之**나 **而口不言**이로대 **叔則**이 **知其意**하고 **便推使兄住**하다

1-36 王平子(王澄), 胡毋彦國(胡毋輔之) 등의 사람들은 모두 마음대로 처신하는 것을 통달한 것이라 여겼으니 어떤 이는 나체로 있는 자도 있었다. 樂廣이 비웃으며 말하였다.

"名教 안에도 자연히 즐거운 경지가 있는데 어찌 이와 같이 한단 말인가."

王平子와 **胡毋彦國諸人**은 **皆以任放爲達**하니 **或有裸體者**①라 **樂**(악)**廣**이 **笑曰 名教中**에 **自有樂地**어늘 **何爲乃爾也**②오하다

① ≪晉諸公贊≫에 "王澄은 字가 平子이고, 識見이 높았으며, 荊州刺史를 지냈다." 하였다.

≪永嘉流人名≫에 "胡毋輔之는 字가 彦國이고 泰山 奉高 사람이며, 湘州刺史를 지냈다." 하였다.

王隱의 ≪晉書≫에 말하였다. "魏나라 말에 阮籍은 술을 좋아하고 放達하였으며

는 고사가 나온다.

136) 오얏씨에 구멍을 뚫었다 : 王戎의 집에 좋은 오얏나무가 있어 이 오얏을 따서 내다 팔곤 했는데, 혹 남들이 그 종자를 받아서 심을까 염려하여 언제나 그 씨앗에 구멍을 뚫어서 심을 수 없게 했다고 한다. 왕융이 만년에 탐욕스러웠다는 것을 말한다.(≪晉書≫ 〈王戎傳〉)

137) (劉)〔王〕: 저본에는 '劉'로 되어 있으나, 淩瀛初 校訂本 ≪世說新語≫와 張懋辰 교정본 ≪세설신어≫에 의거하여 '王'으로 바로잡았다. 劉辰翁의 비평이 실린 元刊本 ≪세설신어≫에도 이 내용이 없다.

머리를 드러내 산발하고 나체로 지내며 다리를 벌리고 앉았다. 그 후 귀족의 자제인 阮瞻・王澄・謝鯤・胡毋輔之의 무리가 모두 완적을 추종하는 것이 大道의 근본을 얻는 것이라 여겼기 때문에 두건을 쓰지 않고 의복을 벗어버려 추악함을 드러내 금수와 같이 되었다. 그런 행위가 심한 자는 通이라 하고, 그보다 못한 자는 達이라 하였다."

晉諸公贊曰"王澄, 字平子, 有達識, 荊州刺史." 永嘉流人名曰"胡毋輔之, 字彦國, 泰山奉高人, 湘州刺史." 王隱晉書曰"魏末阮籍, 嗜酒荒放, 露頭散髮, 裸袒箕踞. 其後貴游子弟阮瞻・王澄・謝鯤・胡毋輔之之徒, 皆祖述於籍, 謂得大道之本, 故去巾幘, 脫衣服, 露醜惡, 同禽獸. 甚者名之爲通, 次者名之爲達也."

② 樂廣은 따로 보인다.
廣, 別見.

【頭註】

○ 李贄 : 嗣宗(阮籍)은 〈술에〉 의탁해 도피하였다.[138]
李云"嗣宗有托而逃."

1-37 【補】 衛洗馬(衛玠)는 늘 사람이 부족한 점이 있으면 情으로 용서할 수 있고 고의로 침해한 것이 아니라면 이치로 용서할 수 있다고 생각하였다. 그러므로 죽을 때까지 얼굴에 기뻐하거나 화내는 기색을 보이지 않았다.

衛洗馬常以人有不及이면 可以情恕하고 非意相干이면 可以理遣이라하니 故終身不見(현)喜慍之色①하다

① 衛玠는 따로 보인다.
衛玠, 別見.

---

138) 嗣宗(阮籍)은……도피하였다 : 韓愈의 〈送王秀才序〉에 "阮籍과 陶潛의 詩를 읽고서야, 저들이 비록 좌절하여 세상과 접촉하려 하지 않았지만 여전히 그 마음을 平靜하게 지니지 못하여, 혹 사물의 是非에 감정이 폭발하면 이에 〈술에〉 의탁해 〈醉鄕으로〉 도피한 것임을 비로소 알았다.〔及讀阮籍陶潛詩 乃知彼雖偃蹇不欲與世接 然猶未能平其心 或爲事物是非相感發 於是有託而逃焉者也〕" 하였다.

顧榮

1-38 顧榮이 洛陽에 있을 때 어느 날 어떤 사람의 초청에 응하여 갔는데, 구이를 나르는 사람이 구이를 먹고 싶어 하는 기색이 있는 것을 알아채고 자기가 먹으려던 고기를 그에게 주었다. 같은 자리에 있던 사람들이 비웃자, 고영이 말하였다.

"어찌 하루 종일 〈고기를〉 만지면서 그 맛을 알지 못해서야 되겠습니까."

후에 난리를 만나 강을 건널 때 매번 위급한 일을 만나면 늘 어떤 사람이 자신을 도와주었는데, 그 이유를 물어보니 바로 그때 구이를 받아먹었던 사람이었다.

顧榮이 **在洛陽**에 **嘗應人請**한대 **覺行炙人**이 **有欲炙之色**하고 **因輟己施焉**하다 **同坐嗤之**하니 **榮曰 豈有終日執之而不知其味者乎**아하다 **後**에 **遭亂渡江**할새 **每經危急**에 **常有一人左右已**한대 **問其所以**하니 **乃受炙人也**①라

① ≪文士傳≫139)에 말하였다. "顧榮은 字가 彦先이고, 吳郡 사람이다. 그의 선조는 越王 勾踐의 후손인데 顧邑에 봉해져 자손들이 마침내 〈邑名으로〉 姓氏를 삼았다. 대대로 吳나라의 명문가가 되어 大父 顧雍은 오나라의 승상을 지냈고, 부친 顧穆은 宜都太守였다. 고영은 젊어서부터 명철하고 민첩하였으며 풍채가 빼어나고 눈에 띄었으며, 廷尉正을 역임하였다. 한번은 省에 있을 때 동료와 같이 음식을 먹는데 구이를 나르는 자가 다른 종과 남다른 것을 보고 고기를 잘라주어 먹게 하였다. 후에 趙王 司馬倫이 찬탈하고 그 아들이 中領軍이 되자 고영을 핍박하여 長史

139) 文士傳 : 晉나라의 張隱이 편찬한 史部 傳記類에 속하는 책으로, 원본은 5권이었으나 산실되었고 지금 魯迅이 집록한 輯本 등이 남아 있다. 張隱에 대해서는 미상이나, ≪晉書≫ 〈陶侃傳〉에 실린 '廬江太守 張夔의 아들로, 陶侃의 參軍을 지낸 인물'이라는 주장도 있다.

에 기용하였다. 사마륜이 주살되자 고영 역시 붙잡혔는데 같은 무리 중에 죽임을 당한 자가 10여 인이나 되었다. 그런데 어떤 이가 고영을 구제해주어 그 이유를 물으니 '저는 성에서 구이를 받았던 신하입니다.' 하였다. 고영이 마침내 기억해내고는 '밥 한 끼 은혜를 베풀었는데 그 은혜를 지금까지 잊지 않았으니, 옛사람이 어찌 빈말을 했겠는가.[140]'라고 감탄하였다."

文士傳曰 "榮, 字彦先, 吳郡人. 其先越王勾(賤)〔踐〕[141]之支庶, 封於顧邑, 子孫遂氏焉. 世爲吳著姓, 大父雍, 吳丞相, 父穆, 宜都(大)〔太〕[142]守. 榮, 少朗俊機警, 風穎標徹, 歷廷尉正. 曾在省與同僚共飮, 見行炙者有異於常僕, 乃割炙以噉之. 後趙王倫簒位, 其子爲中領軍, 逼用榮爲長史. 及倫誅, 榮亦被執, 凡受戮等輩十有餘人. 或有救榮者, 問其故, 曰 '某, 省中受炙臣也.' 榮乃悟而嘆曰 '一餐之惠, 恩今不忘, 古人豈虛言哉.'"

【頭註】

○ 劉應登 : 청하였다는 것은 술과 밥으로 초청한 것을 말한다.
應登云 "請, 謂以酒食(사)請之."

○ 劉辰翁 : 은혜를 아는 이가 없다고 말해서는 안 된다.
劉云 "不可謂無知恩[143]."

1-39 祖光錄(祖納)은 젊어서 부친을 잃고 빈곤하였는데 성품이 지극히 효성스러워 항상 모친을 위하여 직접 불을 때서 음식을 만들었다. 王平北(王乂)이 그의 훌륭한 명성을 듣고 계집종 둘을 보내 접대하게 하고, 그를 中郎으로 기용하였다. 어떤 이가 농담으로 말하였다.

"사내종의 값이 계집종의 곱절이로군요."

---

140) 밥……했겠는가 : ≪春秋左氏傳≫ 宣公 2년 條에 나오는 일화를 가리키는 것으로, 趙宣子가 首山에서 사냥할 때 3일을 굶은 靈輒이라는 사람에게 밥과 고기를 후하게 주어 먹였는데 그 후 晉 靈公의 甲士가 된 영첩이 전쟁터에서 창을 돌려 조선자를 위험에서 구해준 일을 말한다.

141) (賤)〔踐〕 : 저본에는 '賤'으로 되어 있으나, ≪史記≫ 〈越王句踐世家〉와 ≪世說新語≫에 의거하여 '踐'으로 바로잡았다.

142) (大)〔太〕 : 저본에는 '大'로 되어 있으나, 安永本에 의거하여 '太'로 바로잡았다.

143) 知恩 : 元刊本 ≪世說新語≫에는 '知恩' 2자가 없다.

조광록이 말하였다.

“百里奚 역시 어찌 염소 가죽 다섯 장보다 쌌겠는가.”

祖光錄은 少孤貧한대 性至孝하여 常自爲母炊爨作食①하다 王平北이 聞其佳名하고 以兩婢로 餉之하고 因取爲中郎②하다 有人戱之者曰 奴價倍婢라하니 祖云 百里奚도 亦何必輕於五羖之皮邪(야)③오하다

① 王隱의 ≪晉書≫에 말하였다. “祖納은 字가 士言이고 范陽 遒 사람이며, 9대 동안 孝廉이었다. 조납의 세 이복형이 행실과 절조가 가장 뛰어났고 淸言에 능하였다. 太子中庶子·廷尉卿을 지냈다. 피난지인 강남에서 溫嶠가 그를 천거하여 光祿大夫로 삼았다.”

王隱晉書曰 “祖納, 字士言, 范陽遒人, 九世孝廉. 納諸母三兄, 最治行操, 能淸言. 歷太子中庶子·廷尉卿. 避地江南, 溫嶠薦爲光祿大夫.”

② ≪王乂別傳≫에 말하였다. “王乂는 자가 叔元이고 瑯琊 臨沂 사람이다. 당시 蜀나라가 새로 〈魏나라에〉 평정되었는데 두 장수144)가 난을 일으키자 魏 文帝가 서쪽의 長安으로 옮겨 가 왕예를 불러 相國司馬로 삼았다. 大尙書145)를 지냈고, 지방으로 나가 幽州諸軍事都督 平北將軍을 지냈다.”

王乂別傳曰 “乂, 字叔元, 瑯琊臨沂人. 時蜀新平, 二將作亂, 文帝西之長安, 乃徵爲相國司馬. 遷大尙書, 出督幽州諸軍事平北將軍.”

百里奚

③ ≪楚國先賢傳≫146)에 말하였다. “百

144) 두 장수 : 鍾會와 鄧艾이다.(≪世說音釋≫)

145) 大尙書 : 東晉 이후 吏部尙書를 大尙書라 하였다.(≪資治通鑑≫ 권128 胡三省 注)

146) 楚國先賢傳 : 晉나라의 張方이 편찬한 책으로, ≪隋書≫ 〈經籍志〉나 ≪新唐書≫ 〈藝文志〉 등에 따르면 원본은 12권이었던 것으로 보이나 산실되었고, 지금은 淸나라

里奚는 자가 井伯이고 楚國 사람이다. 젊어서 虞나라에서 벼슬하여 大夫가 되었다. 晉나라가 虢을 치기 위해 虞나라에 길을 빌리고자 하였는데 백리해가 간하여 〈이를 말렸으나〉 들어주지 않자 드디어 떠나갔다."

≪說苑≫ 〈臣術〉에 말하였다. "秦 穆公이 상인을 시켜 虞나라에서 소금을 싣고 오게 하였는데 상인들이 백리해를 양가죽 다섯 장에 샀다. 목공이 소금을 살펴보다가 그들의 소가 살진 것을 이상하게 여겨 그 이유를 물으니, '〈백리해가〉 제때에 먹이고 마시게 하며 거칠게 다루지 않으니 이 때문에 살졌습니다.'라고 대답하였다. 목공이 有司에게 그를 목욕시키고 의관을 갖추게 하였으며 公孫支가 자신이 맡았던 卿의 지위를 양보하였다. 五羖大夫라고 불렸다."

楚國先賢傳曰 "百里奚, 字井伯, 楚國人. 少仕於虞, 爲大夫. 晉欲假道於虞以伐虢, 諫而不聽, 奚乃去之." 說苑曰 "秦穆公使賈人載鹽於虞, 諸賈人買百里奚以五羊皮. 穆公觀鹽, 怪其牛肥, 問其故, 對曰 '飮食以時, 使之不暴, 是以肥也.' 公令有司沐浴衣冠之, 公孫支讓其卿位. 號曰五羖大夫."

【頭註】

○ 王世懋 : 당시 사람들의 농담을 살펴보면, 王平北(王乂)이 계집종 2명으로 사내종 1명을 교환했다 하였다. 그러므로 祖光祿(祖納)이 이와 같이 농담으로 답한 것이다. 처음에는 조납의 효행을 칭찬하였으나 나중에는 기롱하는 말로 들어갔다.

王云 "詳時人之戲, 王平北用二婢, 換得一奴. 故光祿戲答如此. 始雖稱祖孝行, 旣乃入於排調."

○ 李贄 : 〈言語〉편에 넣어야 한다.

李云 "言語."

1-40 庾公(庾亮)이 타던 말 중에 的盧馬가 있었다. 어떤 사람이 팔아버리라고 말하니 유공이 말하였다.

"그 말을 팔면 반드시 사는 사람이 있을 것이고 그러면 곧 다시 그 주인을 해칠 것이니, 어찌 자신에게 편안하지 않다고 타인에게 넘겨서야 되겠는가. 옛날에 孫叔敖는 머리 둘 달린 뱀을 죽여 후세 사람이 美談이라 여겼으니, 그것을

때 陳運溶이 집록한 輯本이 남아 있다.

본받는 것이 또한 達이 아니겠는가."

庾公乘馬有的盧①한대 或語令賣去②하니 庾云 賣之必有買者하고 卽復害其主리니 寧可不安己而移於他人哉아 昔孫叔敖가 殺兩頭蛇하여 以爲後人古之美談③하니 效之不亦達乎아하다

① ≪晉陽秋≫에 말하였다. "庾亮은 字가 元規이고 潁川 鄢陵 사람이며, 明穆皇后(晉明帝의 皇后)의 長兄이다. 深遠하고 高雅하며 德量이 있어 당시 사람들이 夏侯太初(夏侯玄)·陳長文(陳群)의 부류에 견주었다. 부친 庾琛을 모시고 會稽 땅으로 피란갔는데 몸가짐이 단정하고 걸출하여 郡 사람들이 어렵게 여기고 경외하여 그를 접견한 자가 겨우 몇 명에 그쳤다. 여러 번 승진하여 征西大將軍·荊州刺史가 되었다."

白樂의 ≪相馬經≫에 말하였다. "말의 이마의 흰색이 입으로 들어가 이빨에 이른 것을 '楡鴈'이라 부르며 '的盧'라고 부르기도 한다. 종이 타면 客死하고 주인이 타면 시신이 저자에 내걸리는 신세가 되니 凶馬이다."

晉陽秋曰 "庾亮, 字元規, (穎)〔潁〕川鄢陵人, 明穆皇后長兄也. 淵雅有德量, 時人方之夏侯太初·陳長文之倫. 侍從父琛, 避地會稽, 端拱嶷然, 郡人嚴憚之, 覯接之者, 數人而已. 累遷征西大將軍·荊州刺史." 白樂相馬經曰 "馬白額入口至齒者, 名曰楡鴈, 一名的盧. 奴乘客死, 主乘棄市, 凶馬也."

② ≪語林≫147)에 "殷浩가 庾公에게 말을 팔도록 권하였다." 하였다.

語林曰 "殷浩勸公賣馬."

③ 賈誼의 ≪新書≫에 말하였다. "孫叔敖가 어린아이였을 때 길에 나갔다가 머리 둘 달린 뱀을 보고 죽여서 묻고는 돌아와 그 모친을 보고 울었다. 모친이 그 이유를 묻자 대답하기를 '머리 둘 달린 뱀을 본 자는 반드시 죽게 마련인데 지금 밖에 나갔다가 그것을 보았기 때문입니다.' 하였다. 모친이 '뱀은 지금 어디 있느냐?' 하

---

147) 語林 : 東晉의 裴啓가 10권으로 편찬하였으며, 주로 漢나라 이후 동진까지의 인물을 품평한 일화로 구성되어 있다. 이 책은 당시에 사람들 사이에서 '裴氏學'을 형성할 정도로 널리 傳誦되었으나, 수록된 일화 중 謝安이 裴啓와 支道林을 품평한 일화를 사안 자신이 사실이 아니라고 부정하면서 명성을 잃어 결국 폐기되었다. 隋나라 때 亡失되었고, 지금 周楞伽의 輯本이 있다. ≪世說新語≫에 82조의 일화가 수록되어 있다. 裴啓는 裴榮이라고도 하며, 河東(지금의 山東省 永濟 夏縣) 사람인데 평생 벼슬하지 않았다.

니, 그가 '뒷사람이 볼까 두려워 죽여서 묻었습니다.'라고 대답하였다. 모친이 '陰德이 있으면 반드시 陽德이 있게 마련이니 너는 걱정하지 마라.' 하였다. 나중에 마침내 楚나라 조정에서 성공하여 장년에 초나라 令尹이 되었다."

賈誼新書曰"孫叔敖爲兒時, 出道上, 見兩頭蛇, 殺而埋之, 歸見其母泣. 問其故, 對曰'夫見兩頭蛇者必死, 今出見之故爾.' 母曰'蛇今安在?' 對曰'恐後人見, 殺而埋之矣.' 母曰'夫有陰德, 必有陽報, 爾無憂也.' 後遂興於楚朝, 及長爲楚令尹."

【頭註】

○ 李贄 : 孫叔敖를 모방하였기 때문에 비록 達하였다 해도 達하지 못하다.

李云"模倣孫叔敖, 故雖達不達."

1-41 鄧攸가 처음에 避難 갈 때 도중에 자기 자식을 버리고 동생의 자식을 살렸다. 강을 건너간 뒤에 妾을 하나 취하였는데 매우 총애하였다. 몇 년이 지난 뒤에 첩의 지난 이력을 물었더니 첩이 자신은 난리를 만나 북쪽에서 온 사람임을 상세히 말하였고, 부모의 성명을 기억해냈는데 바로 등유의 조카딸이었다. 등유는 평소 德行이 있고 언어와 행동에 결점이 없었는데 그 말을 듣고 비통하고 한스러워 죽을 때까지 마침내 다시는 첩을 두지 않았다.

鄧攸가 始避難할새 於道中에 棄己子全弟子①하다 旣過江에 取一妾한대 甚寵愛러니 歷年後에 訊其所由하니 妾具說是北人遭亂하고 憶父母姓名한대 乃攸之甥也라 攸는 素有德業하고 言行無玷하니 聞之哀恨하고 終身遂不復(부)畜妾하다

① ≪晉陽秋≫에 "鄧攸는 字가 伯道이고 平陽 襄陵 사람이다. 7세 때 부모와 조부모를 여의어 9년 동안 喪服을 입었다. 성품이 청렴하고 신중하며 온화하고 관대하였다." 하였다.

鄧粲의 ≪晉紀≫[148]에 말하였다. "永嘉(307~313) 중에 등유가 石勒에게 잡혔

---

148) 鄧粲의 ≪晉紀≫ : 東晉의 史家 鄧粲이 편찬하였으며 모두 10권이다. 西晉시기 특히 元帝와 明帝의 역사를 다루어 ≪元明紀≫라고도 한다. 名臣・文人・處士・列女・清談家의 舊聞과 軼事에 대한 내용이 많다. 원본은 산실되었고, 지금은 清나라 때 湯球와 陳運溶이 집록한 輯本 2종이 있다. 鄧粲은 字가 長眞이며 東晉의 대대로 벼슬한 집안 출신으로, 그의 부친 鄧騫은 동진의 저명한 정치가였다.(≪晉書≫ 〈鄧粲傳〉)

다. 〈석륵이〉 그를 만나볼 때 幕下에 세워두었다가 대화를 나누어보고는 기뻐하여 앉아서 식사를 하게 하였다. 등유의 수레를 세워둔 곳은 胡人과 수레를 이웃하고 있었는데 호인이 실수로 불을 내 車營이 불에 탔다. 석륵의 관리가 호인을 심문하자 호인이 등유를 무함하였다. 등유는 그와 더불어 다툴 수 없다는 것을 깨닫고 결국 '지난번에 노모를 위해 죽을 끓이다가 실수로 불을 내 번지게 되었으니 그 죄가 만 번 죽는 데 해당합니다.'라고 말하였다. 석륵이 사정을 알아채고 등유를 보내주게 하니, 그를 무고하였던 호인이 등유에게 깊이 감사하여 그에게 驢馬를 보내 호송하여 빠져나가게 해주었다.

王隱의 ≪晉書≫에 말하였다. "등유가 갈 길이 멀기 때문에 수레를 찍어 부수고 소와 말에 처자를 태웠는데, 반군이 또 그 소와 말을 노략질하였다. 등유가 자신의 처에게 '나의 동생이 일찍 죽어 오직 遺民[149]만 있소. 지금 걸어서 도망하는데 두 아이를 업고 가게 되면 모두 죽게 될 것이니 우리 아이를 버리고 유민을 안고 가는 것만 못하오. 우리는 나중에 또 아이가 생길 것이오.' 하니 부인이 그 말을 따랐다."

≪中興書≫[150]에 말하였다. "등유가 수풀 속에 아이를 버리자 아이가 소리치고 울며 따라와 저물녘에 다시 그들이 있는 곳에 이르렀다. 등유가 다음날 아이를 나무에 묶어두고 떠나 마침내 강을 건너갔다. 지위가 尙書左僕射에 이르렀다. 등유가 죽자 동생의 자식인 鄧綏가 3년간 齊衰服(자최복)을 입었다."

晉陽秋曰 "攸, 字伯道, 平陽襄陵人. 七歲喪父母及祖父母, 持重九年. 性淸愼平簡." 鄧粲晉紀曰 "永嘉中, 攸爲石勒所獲. 召見, 立幕下, 與語說(열)之, 坐而飯焉. 攸車所止, 與胡人隣轂, 胡人失火, 燒車營. 勒吏案問胡, 胡誣攸. 攸度(탁)不可與爭, 乃曰 '向爲老姥作粥, 失火延逸, 罪應萬死.' 勒知遣之, 所誣胡厚德攸, 遺其驢馬, 護送令得逸." 王隱晉書曰 "攸以路遠, 斫壞車, 以牛馬負妻子, 以叛賊又掠其牛馬. 攸語妻

---

149) 遺民 : 저본에는 '遺民'으로 되어 있으나, ≪晉書≫ 〈良吏傳〉에는 '一息'으로 되어 있다. ≪世說箋本≫에는 '유민'을 鄧綏의 어릴 적 字라 하였다.

150) 中興書 : 宋(南朝)나라 사람 何法盛이 편찬하였고, 東晉의 事跡을 기록한 紀傳體 史書이다. ≪晉中興書≫라고도 하며 78권이다. 何法盛은 宋 孝武帝때 奉朝請·校書東宮을 지냈다. 사료적 가치가 뛰어나, 劉知幾는 이 책이 東晉의 史書 중에 가장 뛰어나다고 평가하였다. 원본은 산실되었고, 지금 黃奭의 輯本 등 여러 종의 집본이 있다. 何法盛은 宋나라의 湘東太守를 지냈다. 李延壽의 ≪南史≫에서는 이 책의 편찬자가 하법성이 아니라 郗紹라고 하였다.

曰 '吾弟早亡, 唯有遺民. 今當步走, 儋兩兒盡死, 不如棄己兒抱遺民. 吾後猶當有兒.' 婦從之." 中興書曰 "攸棄兒於草中, 兒啼呼追之, 至暮復及. 攸明日繫兒於樹而去, 遂渡江. 至尙書左僕射(야). 卒, 弟子綏服攸齊衰三年."

【頭註】

○ 劉辰翁 : 아이를 나무에 묶은 것을 조카를 살리기 위한 것이었다고 좋게 말하나, 그것은 심한 것이다. 그 아이가 따라올 수 있었다면 그가 갈 수 있는 대로 놔두어야 하지, 어찌 묶어놓는 짓을 했단 말인가. 〈조카를 살리기 위해〉 묶어놓았다고 말하는 것은 잘못이고, 묶어놓은 것을 탓하는 것 또한 잘못이다.

劉云 "謂繫兒樹上者, 喜談全姪, 而甚之也. 使其追及, 任所能行, 何事於繫? 言繫者謬, 罪繫又非."

○ 王世懋 : 당세의 난리 속에서는 도저히 두 아이를 다 보전할 수 없었을 것이다. 형세상 주선하지 못한 것은 그럴 수 있으나 어찌하여 굳이 나무에 묶었단 말인가. 필시 그 아이를 죽이고자 한 것이다. 〈이 일화는〉 본래 鄧公의 고상한 덕행을 칭송하기 위한 것인데 결국은 너무나도 잔인한 사람으로 만들어버렸다. ≪中興書≫에서는 이 일에 대하여 無情하다고 하였다.

王云 "世難萬不兩全. 勢不周旋則可, 何爲苦繫之樹? 必欲殺之. 本欲頌鄧公高誼, 乃令成一大忍人. 中興書於是爲不情矣."

1-42 阮光祿(阮裕)이 剡山에 있을 때 좋은 수레를 가지고 있었는데 그것을 빌리려는 자가 있으면 모두 빌려주지 않은 적이 없었다. 어떤 사람이 모친을 장사 지낼 때 내심 그 수레를 빌리고 싶었으나 감히 말하지 못하였다. 완광록이 나중에 그 말을 듣고 탄식하며 말하였다.

阮光祿

"내가 수레를 가지고 있으나 사람들이 감히 빌려달라는 말을 하지 못하게 하였으니 이 수레로 무엇을 하겠는가."

마침내 그 수레를 불태웠다.

阮光祿이 在剡에 曾有好車한대 借者無不皆給하다 有人葬母에 意欲借而不敢言하니 阮後聞之하고 歎曰 吾有車나 而使人不敢借하니 何以車爲리오하고 遂焚之①하다

① 〈阮光祿別傳〉에 말하였다. "阮裕는 字가 思曠이고 陳留 尉氏(위지) 사람이다. 조부인 阮略은 齊國內史였고, 부친인 阮顗는 汝南太守였다. 완유는 서적에 두루 통달하였으며 다스리는 식견이 있었다. 여러 번 승진하여 侍中이 되었다. 병이 들어 會稽 剡山에 집을 짓고 살았는데 金紫光祿大夫로 부름을 받았으나 나아가지 않았다. 61세에 죽었다."
阮光祿別傳曰 "裕, 字思曠, 陳留尉氏人. 祖略, 齊國內史, 父顗, 汝南太守. 裕淹通有理識. 累遷侍中. 以疾築室會稽剡山, 徵金紫光祿大夫, 不就. 年六十一卒."

【頭註】

○ 李贄 : 명예를 좋아하면 일이 많다.
李云 "好名多事."

1-43 謝奕이 剡令(섬령)이 되었을 때 어떤 노인이 법을 범하였다. 사혁이 독한 술을 마시게 하는 것으로 그를 처벌하여 마침내 만취하게 되었는데도 여전히 멈추지 않았다. 太傅(謝安)가 당시 7, 8세쯤 되었는데 푸른 베 바지를 입고 형의 무릎에 앉아 있다가 간하였다.

"형님, 노인이 걱정됩니다. 어찌 이렇게 하십니까?"

사혁이 이에 용모를 고치고 말하였다.

"너는 그를 풀어주기를 바라는구나."

마침내 그를 보내주었다.

謝奕이 作剡令①에 有一老翁犯法하니 謝가 以醇酒罰之하여 乃至過醉어늘 而猶未已하다 太傅가 時年七八歲에 箸(착)青布絝하고 在兄膝邊坐라가 諫曰 "阿兄이여 老翁可念이니 何可作此오하니 奕이 於是에 改容曰 阿奴欲放去邪(야)아하고 遂遣之하다

① ≪中興書≫에 말하였다. "謝奕은 字가 無奕이고 陳郡 陽夏 사람이다. 조부 謝衡은

太子少傅였고, 부친 謝裒는 吏部尙書였다. 사혁은 젊어서부터 기량과 식견이 있었다. 太尉掾·剡令에 초빙되었으며 여러 번 옮겨 豫州刺史에 이르렀다."

中興書曰"謝奕, 字無奕, 陳郡陽夏人. 祖衡, 太子少傅, 父裒, 吏部尙書. 奕少有器鑒, 辟太尉掾·剡令, 累遷豫州刺史."

【頭註】

○ 王世懋 : 이것은 〈夙惠〉편에 들어가야 되지 않겠는가. 그러나 어린아이일 때이기 때문에 훌륭한 덕이 된다.

王云"此不當入夙惠邪. 然在兒年, 故爲盛德."

1-44 謝太傅(謝安)가 褚公(褚裒)을 각별히 소중하게 여겨 늘 그를 칭찬하였다.

"褚季野(저부)는 비록 말하지 않아도 四時의 기운을 그 역시 갖추고 있다.151)"

謝太傅絶重褚公①하여 常稱 褚季野雖不言이나 而四時之氣亦備②라하다

① ≪文字志≫152)에 말하였다. "謝安은 字가 安石이고 謝奕의 동생이다. 대대로 學行이 있었다. 사안은 통이 크고 순수하며 통달하고 高遠하였으며 溫雅하고 명민하였다. 桓彝가 4살 때의

謝安

151) 비록……있다 : ≪論語≫ 〈陽貨〉편에서 孔子가 제자들에게 더 이상 말하지 않겠다고 하면서 하늘은 말하지 않고도 사계절이 운행하고 만물이 생장하는 것으로 보여줄 뿐이라고 한 것을 援用한 말이다. 여기서는 褚裒 역시 말이 없어도 孔子처럼 하늘의 도를 체득하고 있다는 의미이다.

152) 文字志 : 3권으로 이루어진 書法 이론에 관한 책으로, 北朝의 書家이자 서법평론가인 王愔이 편찬하였다. 왕음은 魏(三國)나라의 平北將軍 王乂의 아들로, 草書를 잘 썼다. 立傳되지 않아 자세한 사적은 알 수 없다. 이 책은 ≪文字志目≫ 또는 ≪古今文字志目≫이라고도 부른다. 원본은 산실되었고 목록만 남아 있는데, 상권은 古書體 36종, 중권은 秦·漢·吳 시기 서법가 59인, 하권은 魏·晉 시기 서법가 58인에 대한 기록이다. 이밖에 ≪書史會要≫ 등의 저술이 있었으나 역시 산실되었다.

사안을 보고 '이 아이는 풍채가 맑고 빼어나니 王東海(王承)를 계승할 것이다.[153]' 라고 칭찬하였다. 行書를 잘 썼다. 여러 번 승진하여 太保・錄尙書事에 이르렀고, 太傅에 追贈되었다."

文字志曰"謝安, 字安石, 奕弟也. 世有學行. 安弘粹通遠, 溫雅融暢. 桓彝見其四歲時, 稱之曰'此兒風神秀徹, 當繼蹤王東海.' 善行書. 累遷太保・錄尙書事, 贈太傅."

② ≪晉陽秋≫에 말하였다. "褚裒는 字가 季野이고 河南 陽翟 사람이다. 조부 褚䂮은 安東將軍이었고, 부친 褚洽는 武昌太守였다. 저부는 젊어서 대범하고 고귀한 기풍을 지녔고 겸허하고 과묵하다는 칭송을 받았다. 여러 번 옮겨 江州와 兗州 2州의 刺史에 이르렀다. 侍中・太傅에 추증되었다."

晉陽秋曰"褚裒, 字季野, 河南陽翟人, 祖䂮(략), 安東將軍, 父洽, 武昌太守. 裒少有簡貴之風・沖默之稱. 累遷江兗二州刺史, 贈侍中・太傅."

【頭註】

○ 劉辰翁 : 겉으로 말하지는 않았으나 마음속에 분별이 없던 적이 없었다는 말이니,[154] 즉 ≪春秋≫의 뜻을 지녔다는 것이다.

劉云"謂外雖不言, 而未嘗中無分別, 卽陽秋[155]之意."

1-45 劉尹(劉惔)이 郡에 있을 때 임종을 맞아 숨이 끊어지려 하는 참에 누각 아래에서 신에게 제사하느라 북치고 춤추는 소리를 듣고는 얼굴색을 바로하고 말하였다.

"淫祀를 지내지 말라."

밖에서 수레를 끄는 소를 죽여 신에게 제사할 것을 청하자 眞長(유담)이 대답

---

153) 王東海(王承)를 계승할 것이다 : 王東海는 東海內史였던 王承을 가리킨다. 東晉을 중흥시킨 名臣이다.(≪世說箋本≫)

154) 겉으로…말이니 : ≪晉書≫ 〈褚裒傳〉에서 桓彝가 褚裒를 품평하기를, "季野(저부)는 거죽 안에 ≪春秋≫가 있다."라고 하였는데, 이는 그가 겉으로는 褒貶하지 않으나 마음속에서는 포폄하는 것이 있다고 본 것이다.〔譙國桓彝見而目之曰 季野有皮裏春秋 言其外無臧否 而內有所褒貶也〕

155) 陽秋 : 孔子의 저술인 ≪春秋≫를 말한다. 晉나라 때 晉 簡文帝의 鄭后 阿春의 이름을 피하여 '春'을 '陽'으로 바꿔 사용하였다. 여기서는 ≪춘추≫처럼 褒貶하는 뜻을 지녔다는 의미이다.

하였다.

"〈孔子가〉 '내가 기도한 지 오래되었다.'[156]고 하였으니, 더 이상 번거롭게 하지 말라."

劉尹이 **在郡臨終綿惙**에 **聞閣下祠神鼓舞**하고 **正色曰 莫得淫祀**①하라하다 **外請殺車中牛**하여 **祭神**하니 **眞長答曰 丘之禱久矣**니 **勿復爲煩**②이라하다

① ≪劉尹別傳≫에 말하였다. "劉惔은 字가 眞長이고 沛國 蕭 사람이다. 漢나라 종실의 후예이다. 진장은 雅正한 풍모가 있었고 누추한 골목의 초가집에 살아도 태연하였다. 司徒·左長史·侍中·丹陽尹을 지냈다. 정무를 처리할 때 침착하고 성실하여 거친 세파에 동요되지 않았다."
劉尹別傳曰"惔(담), 字眞長, 沛國蕭人也. 漢氏之後. 眞長有雅裁, 雖蓽門陋巷, 晏如也. 歷司徒·左長史·侍中·丹陽尹. 爲政務, 鎭靜信誠, 風塵不能移也."

② 包咸의 ≪論語≫[157]에 말하였다. "'기도했다는 것은 청했다는 것이다.'라는 구절에 孔安國이 〈註에서〉 '孔子의 평소 행동이 神明에 맞았기 때문에 「내가 기도한 지 오래되었다.」라고 말한 것이다.' 하였다."
包氏論語曰"'禱, 請也.' 孔安國曰 '孔子素行合於神明, 故曰「丘之禱久矣.」'"

【頭註】

○ 李贄 : 아무 맛이 없다.
李云"無味."

1-46 謝公(謝安)의 부인이 자식을 교육하다가 太傅(사안)에게 물었다.

"어째서 당신이 자식을 가르치는 것을 통 보지 못하겠는지요?"

사안이 대답하였다.

"나는 일상 속에서 자연스럽게 자식을 가르치고 있소."

---

156) 내가……오래되었다 : 孔子의 병이 위독해졌을 때 子路가 기도할 것을 청하자 공자가 한 말이다.(≪論語≫ 〈述而〉)

157) 包咸의 ≪論語≫ : 東漢의 경학가 包咸이 지은 ≪論語章句≫를 말한다. 포함(B.C. 7~65)은 字가 子良이고 會稽 曲阿(지금의 江蘇省 丹陽) 사람이다. 建武 연간에 諫議大夫·侍中·右中郎將·大鴻臚를 지냈다.(≪後漢書≫ 〈儒林傳〉)

謝公夫人이 教兒라가 問太傅하되 那得初不見君教兒오하니 答曰 我常自教兒①라하다

① ≪謝氏譜≫158)에 "謝安은 沛國 劉耽의 딸에게 장가들었다." 하였다.

내(劉孝標)가 살피건대, 太尉 劉子眞(劉寔)은 청결하고 지조가 있었으며 禮로써 처신하였다. 그러나 두 아들은 재주가 없고 모두 뇌물을 탐하여 죄를 얻게 되니, 유자진이 연좌되어 관직에서 파면되었다. 客이 말하기를 "그대는 어찌 자식을 가르쳐 인도하지 않으셨소?" 하니, 子眞이 말하였다. "내가 행하는 일은 그들이 귀로 듣고 눈으로 볼 수 있는 것인데 그것을 본받지 않으니 어찌 엄하게 훈육하여 변하게 할 수 있겠소?" 安石(謝安)의 뜻은 子眞의 생각과 같다.

謝氏譜曰 "安娶沛國劉耽女." 按, 太尉劉子眞清潔有志操, 行己以禮, 而二子不才, 並黷貨致罪, 子眞坐免官. 客曰 "子奚不訓導之?" 子眞曰 "吾之行事, 是其耳目所聞見, 而不倣效, 豈嚴訓所變邪(야)?" 安石之旨, 同子眞之意也.

【頭註】

○ 劉辰翁 : 사람으로 하여금 그의 도량을 상상하게 하고 그의 진정에 더욱 감탄하게 한다. 후세 사람들 중 〈자식교육을〉 放棄하는 것을 자랑하고 꾸미는 자는 모두 죽도록 부끄러워해야 한다.

劉云 "使人想見其度, 益嘆其眞. 後人矜飾曠廢, 皆當媿死."

1-47 范宣이 8세 때 뒷동산에서 나물을 뜯다가 잘못하여 손가락을 다쳐 큰소리로 울었다. 사람들이 "아파서 그러냐?" 하고 묻자 그가 대답하였다.

"아파서 우는 것이 아닙니다. 〈부모에게 받은〉 신체와 머리털과 피부는 감히 훼손해서는 안 되는 것이므로 이 때문에 우는 것일 뿐입니다."

범선은 청렴하고 검소하였다. 韓豫章(韓伯)이 비단 100필을 보냈는데 받지 않았다. 50필을 줄여서 보냈으나 또 받지 않았다. 이와 같이 반씩 줄여서 마침

---

158) 謝氏譜 : 謝氏 宗親의 家譜로, ≪陳郡陽夏謝氏譜≫와 ≪會稽山陰謝氏譜≫ 2종이 있었다. 이밖에도 ≪隋書 經籍志≫에 ≪謝氏譜≫ 10권, ≪新唐書 藝文志≫에 ≪謝氏家譜≫ 1권 등이 있었다고 하나 모두 逸失되었다. 편찬자는 미상이나 謝氏 族人에 의해 이루어졌을 것으로 보이며, 2종의 ≪사씨보≫에는 東晉시기 두 謝氏의 名諱·字號·承屬關係·官爵·姻婭·子女·子女婚配 등이 기록되었다.

내 1필에 이르렀으나 끝까지 받지 않았다. 한예장이 나중에 범선과 같이 수레를 타게 되었을 때 수레 안에서 비단 2丈을 끊어 범선에게 주며 말하였다.

"사람이 어찌 부인에게 잠방이마저 없게 해서야 되겠습니까?"

범선이 웃으며 받았다.

范宣이 年八歲에 後園挑菜라가 誤傷指하여 大啼한대 人問痛邪(야)아하니 答曰 非爲痛이라 身體髮膚는 不敢毁傷하니 是以啼耳①니이다하다 宣은 潔行廉約하여 韓豫章이 遺絹百匹한대 不受②하고 減五十匹한대 復不受하다 如是減半하여 遂至一匹이어늘 既終不受하다 韓이 後與范으로 同載에 就車中裂二丈與范하고 云 人寧可使婦無褌邪(야)아하니 范이 笑而受之하다

① 〈范宣別傳〉에 말하였다. "范宣은 자가 子宣이고 陳留 사람이이며, 漢나라 萊蕪長인 范丹[159]의 후손이다. 10세 때 ≪詩經≫과 ≪書經≫을 암송할 수 있었다. 어린 아이일 때 손을 다치자 낯빛을 고치니 집안사람들이 그의 나이가 어렸기 때문에 모두들 특이하게 여겼다. 太學博士·散騎常侍에 부름을 받았으나 일체 나아가지 않았다. 54세에 죽었다."

宣別傳曰 "宣, 字子宣, 陳留人, 漢萊蕪長范丹後也. 年十歲, 能頌詩書. 兒童時, 手傷改容, 家人以其年幼, 皆異之. 徵太學博士·散騎常侍, 一無所就. 年五十四卒."

② ≪中興書≫에 말하였다. "范宣의 집안이 매우 가난하여 사람들과의 교제가 매우 드물었다. 예장태수 殷羨이 범선의 초가집이 부실한 것을 보고 집을 고쳐주려고 하였으나 범선이 굳이 사양하였다. 은선은 범선을 아꼈는데, 그가 가난한 데다 기근이 들고 전염병이 돌자 식량을 후하게 지급하려 하였으나 범선이 또 받지 않았다."

≪續晉陽秋≫에 "韓伯은 자가 康伯이고 潁川 사람이다. 학문을 좋아하였고 이치에 관해 말하는 것을 잘하였다. 豫章太守·領軍將軍을 지냈다." 하였다.

中興書曰 "宣家至貧, 罕交人事. 豫章太守殷羨見宣茅茨不完, 欲爲改室, 宣固辭. 羨愛之, 以宣貧, 加年饑疾疫, 厚餉給之, 宣又不受." 續晉陽秋曰 "韓伯, 字康伯, (潁)〔穎〕川人. 好學, 善言理, 歷豫章太守·領軍將軍."

---

159) 范丹 : ≪後漢書≫ 〈獨行傳〉에는 范冉(염)으로 되어 있다.

【頭註】

○ 李贄 : 아마도 아팠을 것이다.
李云 "還是痛."

○ 劉辰翁 : 정은 진실하고 말은 통쾌하다.
劉云 "情眞語快."

○ 李贄 : 韓伯은 재치 있는 사람이다.
李云 "韓, 趣人也."

1-48 王子敬(王獻之)이 위독할 때였다. 道家에서는 하늘에 글을 올려 자신의 과오를 고백하여야 했으므로 子敬에게 물었다.160)

"지금까지 무슨 잘잘못이 있었습니까?"

왕자경이 말하였다.

"특별히 어떤 일이 생각나지는 않는다. 오직 郗家와 이혼한 것이 기억난다."

王獻之

王子敬이 **病篤**에 **道家上章應首過**할새 **問子敬**하되 **由來有何異同得失**고하니 **子敬云 不覺有餘事**하고 **唯憶與郗**(치)**家離婚**①이라하다

① ≪王氏譜≫에 "王獻之는 高平 郗曇의 딸 郗道茂에게 장가들었다가 나중에 이혼하였다." 하였다.

〈王獻之別傳〉에 말하였다. "王獻之는 字가 子敬이다. 조부 王曠은 淮南太守였고, 부친 王羲之는 右將軍이었다. 咸安(371~372) 연간에 황제의 명으로 餘姚公主161)

160) 道家에서는……물었다 : 후한 말에 일어난 天師道 이후 道教의 신자는 병들었을 때 자신의 도덕상의 과오를 고백하여 쾌유를 청하는 관습이 있었는데, 王獻之 집안은 천사도를 믿었다.

161) 餘姚公主 : 東晉 簡文帝의 셋째 딸 司馬道福이다. 처음에 餘姚公主에 봉해졌다가,

에게 장가들었다. 中書令에 이르러 죽었다."

王氏譜曰 "獻之娶高平郗曇女, 名道茂, 後離婚." 獻之別傳曰 "獻之, 字子敬. 祖曠, 淮南太守, 父羲之, 右將軍. 咸(寧)〔安〕[162]中, 詔尙餘姚公主, 遷中書令卒."

【頭註】

○ 劉辰翁 : 사람의 인생이 이 정도였다면 잘못이 적었다고 칭찬할 만하지만, 다시 공주에게 장가간 것은 유감스런 일이다.

劉云 "人生至此, 足稱寡過, 更以尙主爲慊耳."

○ 王世懋 : 이것이 〈德行〉편에 들어간 것에서 子敬(王獻之)이 평생 숨기고 꺼릴 일이 없었음을 볼 수 있다. 이혼은 조칙을 받들어 공주에게 장가들기 위해서였다. 자경은 언젠가 편지를 써서 옛 부인에게 주었는데 내용이 매우 애절하였다.[163] 宋弘은 그렇게 되지 않게 만들었으니[164] 〈왕자경에게〉 잘못이 없을 수 없다.

王云 "此得入德行者, 見子敬生平無隱慝耳. 離婚, 以奉詔尙主. 子敬嘗有書遺故婦, 辭甚楚. 宋弘律之, 不得爲無過."

1-49 殷仲堪이 형주를 맡고 나서 홍수를 만났는데 식사는 항상 주발 5개 분량이었고 소반 위에 다른 반찬이 없었다.[165] 밥알이 소반과 자리 사이에 떨어지

新安公主에 追封되었다. 桓溫의 아들 桓濟와 혼인하였다가 이혼하고 王獻之와 재혼하였다.

162) 咸(寧)〔安〕: 저본에는 '咸寧'으로 되어 있는데, 함녕(275~279)은 西晉 武帝의 연호이므로 王獻之(348~388)와 시기적으로 맞지 않는다. 이에 ≪世說音釋≫에 의거하여 東晉 簡文帝의 연호인 咸安(371~372)의 오류로 보아, '寧'을 '安'으로 바로잡아 번역하였다.

163) 자경은……애절하였다 : 이 편지는 ≪全晉文≫ 권27과 ≪淳化閣帖≫ 권9에 실려 있다. 일명 〈奉對帖〉으로도 불린다.

164) 宋弘은……만들었으니 : 송홍은 漢 光武帝 때 관리로, 청렴하고 품행이 고상하기로 정평이 났다. 광무제의 누이 湖陽公主가 그를 배우자감으로 지목하자 광무제가 송홍의 의중을 알아보기 위해 "속담에, 신분이 귀하면 친구를 바꾸고, 부자가 되면 아내를 바꾸는 것은 人之常情이 아닌가?" 하고 말하니, 송홍이 "저는 어려울 때 마음을 같이했던 친구를 잊어서는 안 되고, 고락을 같이했던 아내를 버려서는 안 된다고 들었습니다."라고 대답하여 혼사가 성립되지 않았다.(≪後漢書≫ 〈宋弘傳〉)

165) 식사는……없었다 : 백성과 고통을 같이하기 위해 반찬 없이 밥만 먹었다는 것이

면 그때마다 그것을 주워서 먹었으니 비록 남에게 솔선수범하려고 한 것이긴 하나 또한 그의 성품이 본래 소탈해서였다. 매번 子弟들에게 말하였다.
"내가 한 州를 다스리는 자리에 임명되었다 하여 예전 때의 뜻을 버렸다고 말하지 말라. 지금 나는 처지가 바뀌지 않았다. 가난은 선비의 일상이니 어찌 가지에 올랐다고 하여 그 뿌리를 버리겠는가. 너희는 그것을 보존하라."

殷仲堪이 **旣爲荊州**에 **値水儉**한대 **食常五盌**하고 **盤外無餘肴**라 **飯粒脫落盤席間**이면 **輒拾以噉之**하니 **雖欲率物**이나 **亦緣其性眞素**라 **每語子弟云 勿以我受任方州**라하여 **云我豁平昔時意**하라 **今吾處之不易**이라 **貧者**는 **士之常**이니 **焉得登枝而捐其本**가 **爾曹其存之**①하라하다

① ≪晉安帝紀≫에 말하였다. "殷仲堪은 陳郡 사람이고, 太常인 殷融의 손자이다. 車騎將軍 謝玄이 초청하여 長史로 삼았고, 孝武帝(司馬曜)가 그를 총애하여 얼마 뒤에 黃門侍郎으로 삼았다. 袁悅을 죽인 후로 황제가 자신이 죽은 뒤의 대책을 깊이 생각하였으므로 먼저 王恭을 北蕃으로 내보냈고, 荊州刺史 王忱이 죽자 中詔[166]로 은중감을 그 자리에 대신 임명하였다."
晉安帝紀曰 "仲堪, 陳郡人, 太常融孫也. 車騎將軍謝玄, 請爲長史, 孝武說(열)之, 俄爲黃門侍郎. 自殺袁悅之後, 上深爲晏駕後計, 故先出王恭爲北藩, 荊州刺史王忱死, 乃中詔用仲堪代焉."

【頭註】

○ 劉辰翁 : 주발 5개 분량은 적은 것이 아니다.
劉云 "五盌卽不爲少."

1-50 처음에 桓南郡(桓玄)과 楊廣이 殷荊州(殷仲堪)에게 함께 설득하기를, 殷覬의 南蠻校尉 자리를 빼앗아 자신들의 세력을 심어야 한다고 하였다. 은기

고, 하루에 주발 5개 분량은 荊州와 같이 큰 지방을 맡은 자에게는 많은 양이 되지 않는다.(≪世說箋本≫)

166) 中詔 : 황제의 명령이 門下省을 거치지 않고 직접 내려진 것을 말한다. 手詔와 같다.(≪世說音釋≫)

역시 곧 그 뜻을 알아채고 어느 날 약을 복용하고 산책하러 나갔다가[167] 갑자기 집으로 가버려 다시는 돌아오지 않았다. 안팎에서 이러한 사정을 미리 안 자가 없었으나, 은기는 조금도 동요하지 않고 먼 옛날 鬪生(令尹子文)이 화내지 않았던 것처럼 처신하였으니, 당시 사람들이 이로 인하여 그를 칭찬하였다.

初에 **桓南郡楊廣**이 **共說**(세)**殷荊州**하되 **宜奪殷覬南蠻**하여 **以自樹**①라하다 **覬**도 **亦卽曉其旨**하여 **嘗因行散**이라가 **率爾去下舍**하여 **便不復還**하다 **內外無預知者**나 **意色蕭然**하고 **遠同鬪生之無慍**하니 **時論以此多之**②하다

① 〈桓玄別傳〉에 말하였다. "桓玄은 字가 敬道이고 譙國 龍亢 사람이며, 대사마 桓溫의 작은 아들이다. 어린 자식들 중에 환온이 그를 매우 사랑하여 후계로 삼으라고 명하여 7세 때 南郡公을 물려받았다. 太子洗馬·義興太守에 임명되었으나 뜻을 얻지 못하여 젊었을 때 관직을 떠나 자기 고향으로 돌아갔다. 荊州刺史 殷仲堪과 평소 친하게 지내 우호가 매우 돈독하였다."

周祇의 ≪隆安記≫[168]에 "楊廣은 字가 德度이고 弘農 사람이다. 楊震의 후손이다." 하였다.

≪晉安帝紀≫에 말하였다. "殷覬는 字가 伯道이고 陳郡 사람이다. 中書郎을 거쳤고 외직으로 나가 南蠻校尉가 되었다. 은기 역시 솔직하고 재기가 뛰어난 것으로 널리 알려졌으며 從弟인 殷仲堪과 함께 모두 이름이 알려졌다."

≪中興書≫에 말하였다. "처음에 은중감이 군사를 일으키려 할 때 몰래 은기를 불렀으나 은기가 동조하지 않았다. 楊廣과 아우 楊佺期가 은기를 죽이라고 권하였으나 은중감이 허락하지 않았다."

桓玄別傳曰"玄, 字敬道, 譙國龍亢人, 大司馬溫少子也. 幼童中, 溫甚愛之, 命以爲嗣, 年七歲襲封南郡公. 拜太子洗馬·義興太守, 不得志, 少時去職, 歸其國. 與荊

---

167) 약을……나갔다가 : 여기서 藥은 晉나라 名士들이 복용하던 寒食散 또는 일명 八石散이라고 하는 일종의 마약이다. 그 약을 복용한 후 散步하러 나가는 것을 '行散'이라고 하였다.(≪世說新語補觿≫)

168) 周祇의 ≪隆安記≫ : 周祇는 字는 穎文이고 陳郡 사람이다. 東晉 義熙(405~418) 초에 國子博士였고 문집 20권이 있었다. 隆安은 동진 安帝 때의 연호(397~405)이므로, 이 책은 이 시기에 관한 기록으로 추정된다.

州刺史殷仲堪素舊，情好甚隆.” 周祗隆安記曰 “廣，字德度，弘農人，楊震後也.” 晉安帝紀曰 “覬，字伯道，陳郡人. 由中書郎，出爲南蠻校尉. 覬亦以率易才悟著稱，與從弟仲堪俱知名.” 中興書曰 “初，仲堪欲起兵，密邀覬，覬不同. 楊廣與弟佺期勸殺覬，仲堪不許.”

② ≪春秋左氏傳≫에 “楚나라의 令尹子文(鬪穀於菟)은 鬪氏이다.” 하였다.

≪論語≫ 〈公冶長〉에 “令尹子文은 세 번 令尹이 되었으나 기뻐하는 낯빛이 없었고, 세 번 파직되었으나 화내는 기색이 없었다.” 하였다.

春秋傳曰 “楚令尹子文，鬪氏也.” 論語曰 “令尹子文，三仕爲令尹，無喜色，三已之，無慍色.”

【頭註】

○ 劉辰翁 : 이와 같이 관직을 떠나는 것 역시 매우 좋다.
劉云 “如此去官，亦大善.”

1-51 桓南郡(桓玄)이 殷荊州(殷仲堪)를 격파하고 난 뒤 은중감의 장수와 보좌 10여 인을 잡았는데 咨議參軍 羅企生도 거기에 끼어있었다. 환현은 평소 나기생을 후대하였으므로 죽여야 할 때가 되자 먼저 사람을 보내 “만약 나에게 사죄한다면 죄를 면해줄 것이다.” 하니 나기생이 답하였다.

“나는 은형주의 관리로서 지금 은형주는 도망하여 죽었는지 살았는지 알 수 없는데 내가 무슨 면목으로 桓公에게 사죄하겠습니까.”

〈처형되려고〉 저자에 나간 뒤에 환현이 다시 사람을 보내 무슨 하고 싶은 말이 있는지 묻자 나기생이 대답하였다.

“예전에 晉 文王(司馬昭)이 嵇康을 죽였으나 〈그의 아들인〉 嵇紹는 晉나라의 충신이 되었습니다. 따라서 공

嵇康

께서는 부디 제 아우 하나를 살려주어 노모를 봉양하게 해주소서."

환현이 또한 그 말대로 〈아우 하나를〉 사면해주었다.

환현이 그 전에 염소 가죽으로 만든 갖옷 하나를 나기생의 모친 胡氏에게 준 적이 있었다. 호씨가 당시 豫章에 있다가 나기생의 訃告를 듣고는 그날로 갖옷을 불태웠다.

桓南郡이 旣破殷荊州에 收殷將佐十許人한대 諮議羅企生도 亦在焉[①]하다 桓이 素待企生厚하여 將有所戮에 先遣人語云 若謝我면 當釋罪하리라하니 企生答曰 爲殷荊州吏하니 今荊州奔亡하여 存亡未判이어늘 我何顔謝桓公[②]하리잇가하다 旣出市에 桓又遣人하여 問欲何言하니 答曰 昔晉文王이 殺嵇康[③]이나 而嵇紹는 爲晉忠臣[④]이니이다 從公乞一弟하여 以養老母하노이다하니 桓이 亦如言宥之하다 桓이 先曾以一羔裘로 與企生母胡한대 胡가 時在豫章이라가 企生問至하고 卽日焚裘하다

① 〈桓玄別傳〉에 "桓玄이 荊州를 이기고 殷道護와, 殷仲堪의 참군 羅企生・鮑季禮를 죽였으니 모두 은중감이 가까이하고 의지했던 사람들이다." 하였다.
玄別傳曰 "玄克荊州, 殺殷道護及仲堪參軍羅企生・鮑季禮, 皆仲堪所親仗也."

② ≪中興書≫에 말하였다. "羅企生은 字가 宗伯이고 豫章 사람이다. 殷仲堪이 처음에 초청하여 府의 功曹가 되었다. 桓玄이 공격해왔을 때 咨議參軍으로 옮겼다. 은중감이 의심이 많고 결단력이 부족하여 나기생이 매우 걱정하며 그 아우 羅遵生에게 '殷侯(은중감)는 인자하나 결단력이 없어 일이 필시 성공하지 못할 것이다. 성패는 하늘에 달렸으니 나는 생사를 걸고 가겠다.' 하였다. 은중감이 도주하게 되었을 때 文官과 武官 중에 아무도 그를 전송하는 자가 없었으나 오직 나기생만 그를 따랐다. 가는 길에 자신의 집 문을 지나게 되었는데 나준생이 그를 속여 '이와 같이 이별하게 되었는데 어찌 손을 잡지 않을 수 있습니까?' 하니, 나기생이 말을 되돌려 그의 손을 잡았다. 그러자 나준생이 손을 잡아당겨 말에서 내리게 하고는 '집에 노모가 계신데 어디를 가려고 하십니까?' 하였다. 나기생이 뿌리치며 울면서 '오늘의 일로 나는 필시 죽게 될 것이니, 너희는 모친을 잘 봉양하여 자식의 도리를 잃지 말라. 한 집안 안에서 충신과 효자가 있게 된다면 또한 더 이상 무슨 한이 있겠느냐.' 하니 나준생이 더욱 절박하게 그를 껴안았다. 은중감이 길에서 기다리고 있자 나기생이 멀리서 소리치기를 '오늘 생사를 같이할 것이니 조금만 기다려주십시오.' 하였다. 은중감이 그가 이탈할 리가 없다는 것을 알

고는 말을 채찍질하여 갔다. 얼마 후 환현이 이르러 인사들이 모두 환현에게 나아갔는데 나기생만 유독 가지 않고 은중감의 집을 관리하였다. 어떤 이가 '환현은 성품이 의심이 많고 조급하여 경의 변치 않는 충절을 인정하지 않을 것이오. 만약 끝까지 나아가지 않는다면 화가 반드시 미칠 것이오.' 하니, 나기생이 정색하고 말하였다. '나는 은후의 관리로서 國士로 대접받았소. 추악한 역적을 같이 죽일 수 없어 이렇게 달아나 패하게 되었는데 무슨 면목으로 환현에게 나아가 살려달라 하겠소?' 하였다. 환현이 듣고 노하여 그를 잡아다 '이와 같이 대접해주었는데 무엇 때문에 등을 돌리는가?' 하니 나기생이 말하였다. '使君(환현)은 맹세의 피가 마르기도 전에[169] 이렇게 간사한 꾀를 내었으니 나 자신이 무력하여 흉악한 역적을 처벌할 수 없어 마음 아프고 나의 죽음이 늦은 것이 한스러울 뿐입니다.' 하였다. 환현이 마침내 그를 베었다. 죽을 때의 나이가 37세였으니 사람들이 모두 애도하였다."

中興書曰 "企生, 字宗伯, 豫章人. 殷仲堪初請爲府功曹, 桓玄來攻, 轉咨議參軍. 仲堪多疑少決, 企生深憂之, 謂其弟遵生曰 '殷侯, 仁而無斷, 事必無成. 成敗天也, 吾當死生以之.' 及仲堪走, 文武並無送者, 唯企生從焉. 路經家門, 遵生紿之曰 '作如此分別, 何可不執手?' 企生回馬授手. 遵生便牽下之, 謂曰 '家有老母, 將欲何行?' 企生揮泣曰 '今日之事, 我必死之, 汝等奉養, 不失子道. 一門之內, 有忠與孝, 亦復何恨?' 遵生抱之愈急. 仲堪於路待之, 企生遙呼曰 '今日死生是同, 願少見待.' 仲堪見其無脫理, 策馬而去. 俄而玄至, 人士悉詣玄, 企生獨不往而營理仲堪家. 或謂曰 '玄, 性猜急, 未能取卿誠節. 若遂不詣, 禍必至矣.' 企生正色曰 '我, 殷侯吏, 見遇以國士. 不能共殄醜逆, 致此奔敗, 何面目就桓求生乎?' 玄聞, 怒而收之, 謂曰 '相遇如此, 何以見負?' 企生日 '使君口血未乾, 而生此奸計, 自傷力劣, 不能剪定凶逆, 我死恨晚爾.' 玄遂斬之. 時年三十有七, 衆咸悼之."

③ 〈嵇康에 대해서는〉 따로 보인다.

別見.

④ 王隱의 ≪晉書≫에 말하였다. "嵇紹는 字가 延祖이고, 부친은 嵇康이다. 혜소는 10세 때 부친을 여의고 모친을 효성스럽고 정성스레 섬겼다. 여러 번 승진하여 散騎常侍가 되었다. 晉 惠帝가 蕩陰에서 패배하자 백관과 좌우의 신하가 모두 달아

---

169) 使君(환현)은……전에 : 殷仲堪과 楊佺期 등은 尋陽에서 동맹을 맺었는데 그때 환현이 盟主였다. 동맹을 맺을 때는 희생을 죽여 피를 마시는 관례가 있었으므로 이렇게 말한 것이다.(≪世說箋本≫)

나 흩어졌는데, 오직 혜소가 비장하게 의관을 정제하고 자신의 몸으로 황제를 호위하다가 황제의 수레에 무기가 교차하고 날아드는 화살이 비처럼 쏟아져서 마침내 죽임을 당했다."

王隱晉書曰 "紹, 字延祖, 父康. 紹十歲而孤, 事母孝謹. 累遷散騎常侍. 惠帝敗於蕩陰, 百官左右皆奔散, 唯紹儼然端冕, 以身衛帝, 兵交御輦, 飛箭雨集, 遂以見害."

【頭註】

○ 李贄 : 좋은 말이로다, 좋은 말이로다.

李云 "好話好話."

○ 王世懋 : 한스럽다. 이 모친 역시 〈후세에〉 전할 만하다.

王云 "恨哉! 此母亦以足傳."

嵇紹

1-52 王恭이 會稽에서 돌아오자 王大(王忱)가 그를 방문하였는데, 그가 앉은 6자〔尺〕짜리 대자리를 보고는 왕공에게 말하였다.

"경이 동쪽에서 왔기 때문에 응당 이 물건이 있을 것이니[170] 나에게 하나 줄 수 있겠는가?"

왕공이 아무 말도 없다가 왕대가 가고 난 뒤 즉시 깔고 앉았던 대자리를 거둬 그에게 보냈다. 그리고는 여분의 자리가 없어 짚방석을 깔고 앉았다. 나중에 왕대가 듣고는 매우 놀라면서 말하였다.

---

170) 동쪽에서……것이니 : 동쪽은 대자리의 생산지로 널리 알려진 곳이다.(≪世說箋本≫)

“나는 실은 경이 많이 가지고 있다고 생각해서 달라고 한 것이네.”

왕공이 대답하였다.

“丈人께서는 저를 잘 알지 못하시는군요. 저라는 사람은 여분의 물건이 없는 사람입니다.”

王恭이 **從會稽還**①하니 **王大看之**②에 **見其坐六尺簟**(점)하고 **因語恭**하되 **卿東來**라 **故應有此物**이리니 **可以一領及**171)**我**오하니 **恭無言**하고 **大去後**에 **卽擧所坐者**하여 **送之**라 **旣無餘席**에 **便坐薦上**하다 **後**에 **大**가 **聞之**하고 **甚驚曰 吾本謂卿多**라 **故求耳**라하니 **對曰 丈人不悉恭**이니이다 **恭**은 **作人**이 **無長物**172)이로이다하다

① 周祗의 ≪隆安記≫에 말하였다. “王恭은 자가 孝伯이고 太原 晉陽 사람이다. 조부 王蒙은 司徒左長史였는데 風流로 이름이 높았다. 부친 王蘊은 鎭軍將軍이었는데 그 역시 당대의 명성을 얻었다.”

〈王恭別傳〉에 말하였다. “왕공은 청렴하고 고귀한 기품이 있고 세상의 폐단을 바로잡고자 하는 뜻이 있었다. 著作郎으로 벼슬을 시작하여 丹陽尹과 中書令을 지냈으며 외직에 나가 五州都督・前將軍・靑州刺史・兗州刺史를 지냈다.”

周祗隆安記曰“恭, 字孝伯, 太原晉陽人. 祖父蒙, 司徒左長史, 風流標望. 父蘊, 鎭軍將軍, 亦得世譽.” 恭別傳曰“恭, 淸廉貴峻, 志存格正, 起家著作郎, 歷丹陽尹・中書令, 出爲五州都督・前將軍・靑兗二州刺史.”

② 王忱은 어릴 적 字가 佛大이다. ≪晉安帝紀≫에 말하였다. “왕침은 자가 元達이고 平北將軍 王坦之의 넷째 아들이다. 당대에 매우 이름이 높았다. 친척 조카인 王恭과 젊어서 서로 친하게 지냈는데 함께 명성이 높았고 칭찬을 받았다. 벼슬이 荊州刺史에 이르렀다.”

王忱, 小字佛大. 晉安帝紀曰“忱, 字元達, 平北將軍坦之第四子也. 甚得名於當世. 與族子恭少相善, 齊聲見稱. 仕至荊州刺史.”

【頭註】

○ 劉辰翁 : 긴요함은 없으나 식견과 도량이 있다.

---

171) 及 : ‘給(주다)’과 같다.

172) 長物 : ≪書叙指南≫에 賸物을 長物이라 하였다.(≪世說音釋≫)

劉云 "無緊無要, 有識有度."

○ 劉辰翁 : 〈無長物은〉 단지 대자리가 하나만 있고 여분의 대자리가 없음을 말한다. 又云 "謂只有一席, 無餘席也."

1-53 吳郡의 陳遺는 집에 있었을 때 지극히 효성스러웠다.[173] 모친이 냄비 바닥의 누룽지를 좋아하였다. 진유가 郡主簿가 되었을 때 늘 자루 하나를 가지고 다니다가 밥을 할 때마다 누룽지를 모아 담았다가 돌아와 모친에게 드렸다. 후에 역적 孫恩이 吳郡에 출몰하였을 때 袁府君[174](袁山松)이 그날로 출정하니, 진유가 이미 몇 말의 누룽지를 모아두었으나 미처 집에 돌아가지 못하고 결국 그대로 가지고 從軍하였다. 滬瀆에서의 전투에서 패하여 군인들이 뿔뿔이 흩어져 산과 늪으로 도망하였다가 대부분 굶주려 죽었으나 진유만은 누룽지 덕분에 살아날 수 있었다. 당시 사람들이 지극한 효성에 대한 보답이라고 말하였다.

吳郡陳遺는 家至孝하다 母好食鐺底焦飯하니 遺가 作郡主簿에 恒裝一囊이라가 每煮食에 輒貯錄焦飯하여 歸以遺母하다 後值孫恩賊이 出吳郡①할새 袁府君②이 即日便征하니 遺가 已聚斂하여 得數斗焦飯이나 未展[175]歸家하고 遂帶以從軍하다 戰於滬瀆敗에 軍人潰散하여 逃走山澤이라가 皆多饑死나 遺가 獨以焦飯으로 得活하니 時人이 以爲純孝之報也라하다

① ≪晉安帝紀≫에 말하였다. "孫恩은 일명 孫靈秀이며 瑯琊 사람이다. 숙부 孫泰가 五斗米道[176]를 섬기다가 모반죄로 죽임을 당했다. 손은이 바닷가로 달아나 무리

---

173) 집에……효성스러웠다 : 저본에는 '家至孝'로 되어 있으나, '家' 앞에 '在'가 탈락된 듯하다.(≪世說啓微≫) 집에 있었을 때란 아직 벼슬하지 않았을 때를 말한다.(≪世說講義≫)

174) 袁府君 : 東晉 吳郡太守 袁山松(?~401)을 가리킨다. 府君은 태수를 말한다. 孫恩의 난에서 죽었다.

175) 未展 : '未及'과 같다.(≪世說新語箋疏≫)

176) 五斗米道 : 後漢 말기에 張陵이 四川 지방에서 창시한 종교, 또는 그 교단이다. 장

10만여 인을 모아 郡縣을 공격하여 함락시켰다. 후에 臨海太守 辛昺에게 斬首되어 보내졌다."

晉安帝紀曰"孫恩, 一名靈秀, 瑯琊人. 叔父泰, 事五斗米道, 以謀叛誅. 恩逸逃於海上, 聚衆十萬人, 攻沒郡縣. 後爲[177]臨海太守辛昺[178]斬首, 送之."

② 袁山松은 따로 보인다.

山松, 別見.

【頭註】

○ 李贄 : 이 효자는 진실되다.

李云"此孝子眞."

○ 劉辰翁 : 이와 같이 세세한 일을 완연하고 지극하게 묘사하여 더욱 싫증나지 않는다.

劉云"如此細事, 寫得宛至, 更有不厭."

1-54 吳道助(吳坦之)와 吳附子(吳隱之) 형제는 丹陽郡에 살았다. 후에 모친 童夫人의 상을 당하여 아침저녁으로 곡을 할 때 모친 생각이 지극해져 빈객들이 조문을 오면 애절하게 울부짖고 발을 구르며 슬퍼하니, 길 가는 사람이 그로 인해 눈물을 흘렸다. 韓康伯(韓伯)이 당시에 丹陽尹이어서 그의 모친 殷氏가 郡에 거처하고 있었는데 오씨 형제의 곡하는 소리를 들을 때마다 슬퍼하고 측은하게 생각하여 한강백에게 말하였다.

"네가 만약 인사권을 가진 관원이 되면 이 사람들을 잘 대해주어야 한다."

한강백 역시 그들을 잘 알았다. 한강백이 나중에 과연 吏部尙書가 되었는데 大吳(오탄지)는 喪을 끝낼 수 없었고,[179] 小吳(오은지)는 마침내 크게 영

릉은 사천 鵠鳴山에서 도를 닦아 道書를 만들어 전파하였는데 따르는 백성이 많았다. 그 도를 믿는 자는 쌀 5말[斗]을 바쳤기 때문에 세간에서는 그들을 '米賊'이라 하고 그 도를 '오두미도'라 불렀다. 長吏를 두지 않고, 최고 지도자를 '師君'이라 하고 중간 지도자를 '祭酒'라 하여 처음 도를 배우는 자인 '鬼卒'을 다스리게 하였다. 장릉이 죽자 그 아들 張衡, 손자 張魯가 이끌었으며, 張角에 이르러 黃巾賊이 되어 後漢 멸망의 결정적 계기가 되었다.(≪三國志≫ 〈魏志 長魯傳〉)

177) 爲 : 安永本에는 '寇'로 되어 있다.

178) 辛昺 : 安永本에는 '辛景'으로 되어 있다.

달하였다.

吳道助와 附子兄弟는 居在丹陽郡이라 後에 遭母童夫人艱①하여 朝夕哭臨에 及思至[180]하여 賓客弔省이면 號踊哀絶하니 路人이 爲之落淚라 韓康伯이 時爲丹陽尹하여 母殷이 在郡한대 每聞二吳之哭에 輒爲悽惻하여 語康伯曰 汝若爲選官이면 當好料理此人하라하니 康伯도 亦甚相知라 韓이 後果爲吏部尙書한대 大吳는 不免哀制하고 小吳는 遂大貴達②하다

① 道助는 吳坦之의 어릴 때 字이고, 附子는 吳隱之의 어릴 때 자이다.
≪吳氏譜≫에 말하였다. "오탄지는 字가 處靖이고 濮陽 사람이다. 벼슬이 西中郎將功曹에 이르렀다. 부친 吳堅은 東苑 童儈의 딸 秦姬에게 장가들었다."
道助, 坦之小字, 附子, 隱之小字也. 吳氏譜曰 "坦之, 字處靖, 濮陽人. 仕至西中郎將功曹. 父堅, 娶東苑童儈女, 名秦姬."

② 鄭緝의 ≪孝子傳≫[181]에 말하였다. "吳隱之는 字가 處默이다. 젊어서부터 孝行이 있었다. 모친상을 당했을 적엔 禮보다 지나치게 슬퍼하여 몸이 상했다. 당시에 太常 韓康伯과 이웃하여 살았는데 강백의 모친은 揚州刺史 殷浩의 누이로 총명한 부인이었다. 오은지가 곡할 때마다 강백의 모친이 하던 일을 멈추고 눈물을 흘리며 슬픔을 스스로 이겨내지 못하였으며 그들이 상을 끝낼 때까지 이와 같았다. 〈모친이〉 강백에게 이르기를 '네가 나중에 銓衡하는 위치에 있게 된다면 이 사람들을 등용해야 한다.' 하였다. 후에 강백이 吏部尙書가 되어 마침내 그들을 등용하였다."
≪晉安帝紀≫에 말하였다. "오은지는 천부적으로 빼어난 성품을 지녔고 청렴

---

179) 喪을……없었고 : 喪을 끝낼 수 없었다는 것은 居喪 중에 슬픔으로 몸이 상해 죽었다는 것이다.(≪世說箋本≫)

180) 思至 : 淸나라 末의 학자인 李慈銘(1830~1895)은 이 두 글자가 '周忌'의 오류라고 보았고, ≪世說新語箋疏≫(余嘉錫)에서도 思는 周와 글자 형태가 비슷하고 至는 忌와 소리가 비슷하여 생긴 오류이므로 '周忌'로 수정하여야 한다고 하였다. 그에 따르면 '忌日이 되어'가 된다.

181) 鄭緝의 ≪孝子傳≫ : ≪舊唐書≫ 〈經籍志〉와 ≪新唐書≫ 〈藝文志〉에는 "鄭緝之 孝子傳贊 三十卷"으로 되어 있는데, 원본은 산실되어 전하지 않는다. 淸나라 때 茆泮林이 집록한 ≪古孝子傳≫에는 "鄭緝孝子傳"으로 되어 있다. 鄭緝은 宋(南朝)나라 사람이다.

결백하기까지 하였다. 봉록을 친척들에게 나누어주어 겨울철에 덮을 이불이 없었다. 桓玄이 嶺南의 폐해를 혁파하고자 하여[182] 그를 廣州刺史로 삼았다. 광주에서 20리 떨어진 곳에 貪泉이 있었는데 대대로 그 물을 마시는 자는 그 마음에 만족이 없다고 전해왔다. 오은지가 드디어 탐천에 가서 그 물을 떠서 마시고 시를 지어 말했다.

石門에 貪泉이 있는데
한 번 마시면 천금을 원한다 하나
伯夷 叔齊에게 마셔보게 한다면
끝내 마음 바꾸지 않으리라

盧循의 공격을 받아 경사로 돌아갔다. 尙書·領軍將軍을 지냈다.

≪晉中興書≫에 말하였다. "옛날에 광주에 가서 탐천의 물을 마시면 청렴결백한

伯夷　　　　叔齊

182) 桓玄이……하여 : 嶺南은 진귀한 재화가 많이 나는 지역으로, 이곳에 부임하는 관리는 탐오한 사람이 많았다. 桓玄이 이곳에 청렴한 관리를 보내 부패로 인한 폐해를 혁파하고자 吳隱之를 廣州刺史로 보낸 것이다.(≪世說箋本≫)

성품을 잃는다고들 하였는데, 오은지가 자사가 되어 자기 스스로 탐천의 물을 떠서 마시고 석문에 시를 지어 썼다……."

鄭緝孝子傳曰 "隱之, 字處默. 少有孝行. 遭母喪, 哀毁過禮. 時與太常韓康伯隣居, 康伯母, 揚州刺史殷浩之妹, 聰明婦人也. 隱之每哭, 康伯母輒輟事流涕, 悲不自勝, 終其喪如此. 謂康伯曰 '汝後若居銓衡, 當用此輩人.' 後康伯爲吏部尙書, 乃進用之." 晉安帝紀曰 "隱之, 旣有至性, 加以廉潔. 奉祿頒九族, 冬月無被. 桓玄欲革嶺南之敝, 以爲廣州刺史. 去州二十里有貪泉, 世傳飮之者, 其心無厭. 隱之乃至水上, 酌而飮之, 因賦詩曰 '石門有貪泉, 一歃重千金. 試使夷齊飮, 終當不易心.' 爲盧循所攻, 還京師. 歷尙書・領軍將軍." 晉中興書曰 "舊云往廣州, 飮貪泉, 失廉潔之性, 吳隱之爲刺史, 自酌貪泉飮之, 題石門爲詩云云."

【頭註】

○ 劉辰翁 : 본래 두 吳氏의 孝行을 위한 것이었는데 韓氏의 모친이 거기에 들었으니 사람을 잘 관찰하는 사람이다.

劉云 "本爲二吳孝行, 而韓母在焉, 善觀人者也."

○ 王世懋 : 효성스럽고 청렴한 吳隱之가 결국에 桓玄의 관리가 되었으니 완벽하게 처신하는 사람은 없다.

王云 "隱之孝廉, 乃爲桓玄吏, 人無完行."

1-55 【補】 郭文擧(郭文)는 吳興 餘杭山의 깊은 산중에 들어가 나무에 막대기를 기대놓고 이엉을 덮고 살았는데 전혀 가리는 벽이 없었다. 餘杭令 顧颺(고양)이 가죽 바지 하나를 선물하였으나 곽문거가 받지 않자 심부름꾼이 방안에 놔두고 갔다. 옷이 썩을 때까지 결국 입지 않았다.

郭文擧는 **入吳興餘杭山窮谷中**하여 **倚木於樹**하고 **苫覆**(부)**而居**한대 **都無壁障**하다 **餘杭令顧颺**이 **贈以韋袴褶一具**한대 **文擧不納**하니 **使者**가 **置室中而去**하다 **乃至衣爛**하여도 **竟不服用**①하다

① 王隱의 ≪晉書≫ 〈郭文傳〉에 말하였다. "郭文은 字가 文擧이다. 餘杭山에 들어갔는데 蘇峻이 아직 난을 일으키기 전에 臨安의 산속으로 이사하였다. 臨安令 萬寵이 縣에 맞이하여 병을 요양하게 하였다. 소준이 餘杭을 격파하였을 때 臨安은 예전처럼 무사하니 사람들이 비로소 그를 기이하게 여겼다. 그 후로 더 이상 말을 하지 않고 단지 손을 들어 자신의 의사를 보였다. 위독해지자 만총이 '선생은 며

칠이나 더 살 수 있겠소?' 하고 묻자 곽문이 세 번 자신의 손을 들었는데 과연 15일 만에 죽었다."

王隱晉書曰"郭文, 字文擧. 入餘杭山, 蘇峻未亂之前, 徙臨安山中. 臨安令萬寵, 迎着縣中養病. 及峻破餘杭, 臨安如故, 人始異之. 自後不復語, 但擧手以宣[183]其意. 病甚, 寵問'先生可復得幾日?' 文三擧其手, 果以十五日終."

【頭註】

○ 李贄 : 아무 맛이 없다.

李云"無味."

1-56【補】謝石奴(謝石)가 〈황제에게〉 吳隱之를 청하여 衛將軍의 主薄로 삼았다.[184] 오은지가 딸을 시집보내려 할 때였다. 사석노가 그의 집이 淸貧하니 딸을 시집보낼 때 필시 검소하게 할 것이라는 것을 알고 주방용 장막을 가져다주어 준비를 돕게 하였다. 심부름꾼이 당도해보니 계집종 하나가 개를 끌고 팔러 가는 것을 보았을 뿐 이밖에는 썰렁하니 아무 준비가 없었다.

謝石奴[①]가 **請吳隱之**하여 **爲衛將軍主薄**하다 **隱之**가 **將嫁女**할새 **謝**가 **知其貧潔**하니 **遣女**에 **必當率薄**이리라하고 **乃令移廚帳**하여 **助其經營**한대 **使者至**하니 **方見一婢牽犬賣之**하고 **此外蕭然無辦**하다

① ≪晉書≫〈謝石傳〉에 "謝石은 字가 石奴이고 승상 謝安의 아우이다. 假節[185]大都督이 되어 兄의 아들인 謝玄・謝琰과 함께 苻堅을 격파하였다." 하였다.

---

183) 宣 : '示(보여주다)'와 같다.(≪世說音釋≫)

184) 吳隱之를……삼았다 : 당시 謝石이 衛將軍으로 있었는데 황제에게 청하여 吳隱之를 자신의 主薄로 삼은 것이다.(≪世說新語補考≫)

185) 假節 : 魏晉南北朝 시기 지방의 軍政을 관할하던 사람에게 주던 칭호로, 등급에 따른 구분이 있었다. 가절은 평시에 사람을 처벌할 권리가 없으나 전시에 군령을 어긴 사람을 죽일 수 있었으며, 持節은 평시에 관직이 없는 사람을 죽일 수 있었고 전시에 二千石 이하의 관원을 죽일 수 있었으며, 使持節은 평시와 전시에 모두 이천석 이하의 관원을 죽일 수 있었으며, 假節鉞(假黃鉞)은 가절・지절・사지절 등 節將을 죽일 수 있었다.

晉書曰"謝石, 字石奴, 丞相安之弟. 假節大都督, 與兄子玄·琰破苻堅."

【頭註】

○ 李贄 : 石奴(謝石) 역시 괜찮다.
李云"石奴亦可."

○ 李贄 : 심히 무정하다.
李云"不情甚矣."

1-57【補】氾毓(범육)의 집안은 대대로 화목하였다. 淸州에서 객지살이를 하여 범육에 이르기까지 7대째였는데 사람들이 그 집안에 대해 말하였다.
"아이는 일정한 아비가 없고 옷은 일정한 주인이 없다."[186)]

氾毓은 家世敦睦하니 客居靑州하여 逮毓七世한대 人號其家하되 兒無常父요 衣無常主①라하다

① ≪晉中興書≫에 "氾毓은 字가 稚春이고 北海 盧 사람이다." 하였다.
晉中興書曰"氾毓, 字稚春, 北海盧人."

1-58【補】王悅之는 젊어서부터 엄격하고 깨끗한 절조가 있었다. 吏部郎이 되었을 때 이웃 省에 있었던 잔치 모임에서 그에게 떡 한 사발을 보냈는데 사양하고 받지 않으며 말하였다.
"들인 비용이 참으로 소소하나 저는 어려서부터 남의 은혜를 받는 것을 원하지 않아 왔습니다."

王悅之는 少厲淸操라 爲吏部郎時에 隣省有會同者가 遺之餠一甌한대 辭不受曰 所費가 誠復小小나 然少來不欲當人之惠①라하다

① ≪晉中興書≫에 말하였다. "王悅之는 字가 少明이다. 조부 王獻之는 中書令이었고, 부친 王靖之는 司徒左長史였다. 왕열지는 젊어서 엄격하고 깨끗한 절조가 있

186) 아이는……없다 : 숙부와 조카 사이가 父子와 같고 형제간에 의복을 구별하지 않았다는 의미이다.(≪世說箋本≫)

었으며 성실하고 정직한 데다 자기의 언행을 잘 검속하였다. 吏部郞이 되었다."
晉中興書曰 "王悅之, 字少明. 祖獻之, 中書令, 父靖之, 司徒左長史. 悅之少厲淸操, 亮直有風檢. 爲吏部郞."

【頭註】

○ 李贄 : 필경 양이 적은 것을 싫어한 것이다.
李云 "畢竟是嫌少."

世說新語補 卷二

2. 덕행 하 德行 下

王鑒

2-1【補】王令明(王惠)의 형 王鑒은 재물을 모으는 것을 매우 좋아하고 광대한 田地를 경영하였다. 왕영명은 형과 뜻이 전혀 같지 않았다. 언젠가 왕감에게 말하였다.

"형님은 전지를 어디에 쓰십니까?"

왕감이 말하였다.

"전지가 없으면 어떻게 먹을 수 있겠느냐?"

왕영명이 말하였다.

"어찌 아직도 더 먹을 게 필요하십니까?"

王令明兄鑒은 頗好聚斂하고 廣營田業이어늘 令明은 意甚不同하다 嘗謂鑒曰 尊何用田爲잇가 鑒曰 無田이면 何由得食가 令明曰 亦復何須得食①잇가하다

① ≪南史≫ 〈王惠傳〉에 말하였다. "王惠는 字가 令明이고 瑯琊 사람이다. 조부 王劭는 車騎將軍이었고, 부친 王默은 左光祿大夫였다. 왕혜는 어려서부터 대범하여 숙부인 司徒 王謐의 인정을 받았다. 차분한 성품을 지녔고 함부로 교유하지 않아 분란이 생긴 적이 없었다. 宋 武帝가 그의 명성을 듣고 그의 종형인 王誕에게 묻자 왕탄이 대답하였다. '왕혜는 앞으로 훌륭하게 되어 저희 가문의 아름다움이 될 것

입니다.'"

南史曰 "王惠, 字令明, 瑯琊人. 祖劭, 車騎將軍, 父默, 左光祿大夫. 惠幼而夷簡, 爲叔父司徒謐所知. 恬靜不妄交遊, 未嘗有雜事. 宋武帝聞其名, 以問其從兄誕, 誕曰 '惠後來秀令[1], 鄙宗之美也.'"

【頭註】

○ 李贄 : 아무 맛이 없다.
李云 "無味."

2-2 【補】 王僕射(王裕之)의 아들 王恢之는 秘書郎으로 부름을 받았는데, 왕복야가 아들을 奉朝請[2]으로 삼아주기를 〈조정에〉 청하고 왕회지에게 말하였다.

"秘書郎은 인원 제한이 있기 때문에[3] 경쟁을 해야 하나 봉조청은 제한이 없기 때문에 경쟁이 없다. 나는 너를 경쟁이 없는 곳에 있게 하고 싶다."

宋 太祖가 가상히 여기고 허락하였다.

王僕射(야)①子恢之②가 被召爲秘書郎한대 僕射가 爲求[4]奉朝請하고 語恢之曰 秘書有限이라 故有競이요 朝請無限이라 故無競하니 吾欲使汝處不競之地라하다 太祖가 嘉而許之③하다

① ≪宋書≫ 〈王敬弘傳〉에 말하였다. "王敬弘은 瑯琊 臨沂 사람이다. 본명은 王裕之인데, 宋 高宗(劉裕)의 諱를 피하려고 字로 칭한 것이다. 증조부 王廙는 晉나라의

---

1) 秀令 : '之秀'로 되어 있는 곳도 있다.(≪世說箋本≫)

2) 奉朝請 : 古代에 제후가 봄에 천자를 조회하는 것을 '朝', 가을에 조회하는 것을 '請'이라 하였으며, '봉조청'은 정기적으로 조회에 참가하는 것을 뜻하였다. 漢나라 때 외척·종실·제후들이 '봉조청'을 명목으로 조회에 참가하는 경우가 많았다. 晉代에 奉車·駙馬·騎三都尉를 봉조청으로 삼으면서 이것이 관직명으로 변하였다. ≪宋書≫ 〈百官志〉에 의하면, 봉조청은 정해진 인원수가 없고 또 정식 관원이 아니다.(≪世說箋本≫, ≪世說音釋≫)

3) 秘書郎은……때문에 : 비서랑은 4인으로 인원이 정해져 있고 명문가의 자제가 모두 탐내는 자리여서 순서를 기다려야 제수되었으며 관직에 있는 기간이 10일 정도였다.(≪宋書≫ 〈百官志〉)

4) 爲求 : ≪唐六典≫ 〈秘書省〉에는 '求爲'로 되어 있다.

驃騎將軍이었고, 조부 王胡之는 司州刺史이었으며, 부친 王茂之는 晉陵太守였다. 왕경홍은 젊어서부터 깨끗하고 고상하였고, 본국의 左常侍[5]로 벼슬을 시작하여 여러 관직을 거쳐 僕射에 이르렀다."

宋書曰"王敬弘, 瑯琊臨沂人. 本名裕〔之〕[6], 避高宗諱, 故稱字, 曾祖廙, 晉驃騎將軍, 祖胡之, 司州刺史, 父茂之, 晉陵太守. 敬弘少有淸尙, 起家本國左常侍, 歷官至僕射."

② ≪南史≫ 〈王裕之傳〉에 "王恢之는 敬弘(王裕之)의 큰아들이고 지위가 新安太守・中大夫에 이르렀다." 하였다.

南史曰"恢之, 敬弘長子, 位至新安太守・中大夫."

③ ≪宋書≫ 〈文帝本紀〉에 "宋 太祖 文帝는 諱가 義隆이고, 高祖의 셋째 아들이다." 하였다.

宋書曰"太祖文帝, 諱義隆, 高祖第三子."

2-3 【補】 孔中丞(孔顗)은 수도에 있고 아우 孔道存은 江夏內史가 되었을 때였다. 당시에 동쪽 지역에 가뭄이 들어 수도의 쌀값이 비쌌다. 공도존은 형 공중승이 궁핍할 것을 염려하여 관리를 보내 500斛의 쌀을 실어다 주게 하였다. 공중승이 관리를 불러 말하였다.

孔顗

"내가 그곳에 3년간 있었지만 〈관직을〉 떠나는 날에 길에서 먹을 식량을 마련하지 못했었다.

5) 본국의 左常侍 : 西晉 때 瑯琊에 王國이 있었으며 常侍는 왕의 관원이다.(≪世說箋本≫)

6) 〔之〕 : 저본에는 '之'가 없으나, ≪南史≫에 의거하여 보충하였다. ≪宋書≫에는 이름을 쓰지 않았다.

그런데 아우는 부임한 지 얼마 안 되는데 어떻게 이 쌀을 얻을 수 있었는가? 싣고 돌아가라."

관리가 말하였다.

"예로부터 쌀을 싣고 물을 거슬러 올라간 일은 없습니다."

공중승이 받아주지 않아 결국 싣고 江夏로 돌아갔다.

孔中丞은 **在都**하고 **弟道存**은 **爲江夏內史**할새 **時**에 **東土旱儉**하여 **都下米貴**하니 **道存**이 **慮中丞貧乏**하여 **遣吏載五百〔斛〕**[7]**米餉之**하다 **中丞呼吏語曰 我在彼三載**로대 **去之日**에 **不辦有路糧**이어늘 **郎至未幾**한대 **何緣得有此米**오 **可載還**하라하니 **吏白 自古無有載米上水者**니이다하다 **中丞不聽**하니 **竟載還江夏**①하다

① ≪宋書≫ 〈孔顗傳〉에 말하였다. "孔顗는 字가 思遠이고 會稽 山陰 사람이다. 조부 孔琳之는 太常에 추증되었고, 부친 孔邈은 楊州治中이었다. 공의는 剛直하고 기상이 있었으며 是非를 가리는 것을 자신의 임무로 삼았다. 말을 더듬었고 독서를 좋아하였다. 秀才로 천거되어 主簿에 보임되었고 관직이 御史中丞에 이르렀다. 孔道存은 관직이 南海太守에 이르렀다."
宋書曰 "孔顗(의), 字思遠, 會稽山陰人. 祖琳之, 贈太常, 父邈, 楊州治中. 顗骨鯁有風力, 以是非爲己任. 口吃, 好讀書. 擧秀才, 補主簿, 官至御史中丞. 道存, 官至南海太守."

2-4 **【補】** 朱百年은 집이 가난하여 모친이 겨울에 돌아가셨는데 〈입으셨던〉 옷에 모두 솜이 들어 있지 않았다. 주백년이 이로부터 면이나 비단으로 만든 옷을 입지 않았다. 어느 추운 날 孔思遠(孔顗)을 찾아가 묵게 되었는데, 그가 입은 옷이 모두 두 겹의 베[8]로 만든 것이었다. 술을 마시다 취해서 잠이 들자 공사원이 이불을 그에게 덮어주었다. 주백년이 처음에는 알지 못하다가 깨어난 뒤 이불을 젖히며 공사원에게 말하였다.

---

7) 〔斛〕: 저본에는 '斛'이 없으나, ≪宋書≫ 〈孔顗傳〉에 의거하여 보충하였다.
8) 두 겹의 베 : ≪世說音釋≫에 "옷에 솜이 없는 것이다." 하였다.

朱百年

"綿이 정말 따뜻하군요."

그러고는 눈물을 흘리며 슬퍼하니 공사원도 따라 울었다.

朱百年은 家貧하여 母以冬月亡에 衣並無絮라 百年自此로 不衣綿帛하다 嘗寒時에 就孔思遠宿한대 衣悉裌布라 飮酒醉眠에 思遠이 以臥具로 覆(부)之한대 百年初不知라가 旣覺(교)引去[9)]하고 謂思遠曰 綿定奇[10)]溫이라하고 因流涕悲慟하니 思遠도 亦爲感泣[①]하다

① ≪南史≫ 〈隱逸 上〉에 말하였다. "朱百年은 會稽 山陰 사람이다. 조부 朱凱之는 晉나라의 左衛將軍이었고, 부친 朱濤는 揚州主簿이었다. 주백년은 젊어서 고상한 정취가 있었다. 부모가 죽자 〈喪期가 끝난 뒤〉 아내 孔氏를 데리고 회계의 南山에 들어가 땔감과 乾草 채취를 업으로 삼았다. 그는 땔감과 건초를 길가에 놔두었는데 그때마다 행인이 가져갔으나 다음날 아침에 또다시 이와 같이 하니, 사람들이 매우 이상하게 여겼다. 조금 지나고 보니 이는 朱隱士(주백년)가 팔려고 내놓은 것이라는 것을 알게 되어, 필요한 사람이 그 수량의 정도에 따라 돈을 놔두고 가져갔다. 현묘한 이치에 대하여 담론을 잘하였고 지은 시에는 고상한 말이 담겨 있었다. 같은 縣 출신의 孔顗와 교우하였는데 두 사람 모두 飮酒를 좋아하여 자주 만나 실컷 즐겼다."

---

9) 引去 : ≪何氏語林≫에는 '引臥具去'로 되어 있다.

10) 奇 : '甚'과 같다.(≪世說音釋≫)

南史曰"朱百年, 會稽山陰人. 祖凱之, 晉左衛將軍, 父濤, (楊)〔揚〕11)州主簿. 百年少有高情. 親亡, 携妻孔氏, 入會稽南山, 伐樵採(箬)〔若〕12)爲業. 以樵(箬)〔若〕置道頭, 輒爲行人所取, 明旦已復如此, 人稍怪之. 稍久知是朱隱士所賣, 須者隨其多少留錢而去. 頗言玄理, 爲詩有高勝之言. 與同縣孔顗友善, 俱嗜酒, 輒酣對盡歡."

【頭註】

○ 李贄 : 저절로 사람을 감동시킨다.
李云"自然動人."

2-5【補】劉凝之가 荊州에 은거할 때 흉년을 만났는데 衡陽王(劉義季)이 10만 전을 보내주었다. 유응지가 크게 기뻐하여 돈을 가지고 市門에 가서 굶주린 기색이 있는 자를 보면 다 나누어주어 얼마 안 가 모두 써버렸다.

劉凝之가 隱居荊州할새 適歲儉한대 衡陽王①이 餉錢十萬이라 凝之大喜하여 持錢至市門하여 見有飢色者면 悉分與之하여 俄頃都盡②하다

劉凝之

① ≪宋書≫〈武三王傳〉에 "衡陽王 劉義季는 어려서부터 대범하였고 비근한 잘못이 없어 특별히 太祖(劉裕)의 아낌을 받았다." 하였다.
宋書曰"衡陽王義季, 幼而夷簡, 無鄙近之累, 特爲太祖所愛."

② 酈道元의 ≪水經註≫〈江水〉에 말하였다. "劉凝之는 字가 志安이다. 兄 劉盛公은 고상하여 벼슬하지 않았다. 유응지는 老萊子와 嚴子陵(嚴光)의 사람됨을 흠모하였

11) (楊)〔揚〕: 저본에는 '楊'으로 되어 있으나, ≪南史≫〈隱逸 上〉에 의거하여 '揚'으로 바로잡았다.

12) (箬)〔若〕: 저본에는 '箬'으로 되어 있으나, ≪南史≫에 의거하여 '若'으로 바로잡았다. 아래도 같다. ≪何氏語林≫에도 '若'으로 되어 있다. 다만 ≪宋書≫에는 '箬'으로 되어 있다. ≪世說音釋≫에서 '若'을 '풀이 마른 것〔草乾〕'이라 하였으며, ≪世說箋本≫에서도 '乾草'라고 하였다. ≪廣韻≫에 "若은 乾草의 뜻이다."라고 보인다.

으며 江湖에 집을 짓고 자신의 힘으로 이룬 것이 아니면 먹지 않았다. 그의 처는 梁州刺史 郭全의 딸이었는데, 그 역시 가난을 편안히 여길 수 있었으며, 元嘉(424~453) 중에 부부가 衡山에 은거하였다."

≪南史≫〈隱逸 上〉劉凝之 條에 "유응지는 字가 隱安이다." 하였다.

酈道元水經註曰"劉凝之, 字志安. 兄盛公, 高尙不仕. 凝之慕老萊·嚴子陵之爲人, 立屋江湖, 非力不食. 妻梁州刺史郭全女, 亦能安貧, 元嘉中, 夫妻隱於衡山." 南史曰"凝之, 字隱安."

2-6【補】齊 高帝가 東府를 다스리고 있을 때 당시 虞玩之가 少府였는데 나막신을 신고 연석에 나왔다. 고제가 나막신을 가져다 살펴보니 색이 검게 변하고 한쪽으로 닳았으며 신발 끈이 끊어져 노끈으로 이어놓은 것이었다. 이에 고제가 물었다.

齊 高帝

"경은 이 나막신을 몇 년이나 신었는가?"

우완지가 대답하였다.

"처음 벼슬했을 때 샀으니 신은 지 이미 30년이 되었습니다."

고제가 탄식하며 그 참에 나막신을 선물하였는데 우완지가 받지 않았다. 그 이유를 묻자 그가 대답하였다.

"공께서 하사한 것은 은혜로 보나 영화로 보나 모두 소중합니다만, 쓰던 비녀[13]와 해진 신[14]은 다시 버려서는 안 됩니다."

---

13) 쓰던 비녀 : ≪韓詩外傳≫ 권9에 나오는 고사로, 孔子의 일행이 길을 가다가 어떤 부인이 비녀를 잃어버려 울고 있는 것을 보았는데, 공자의 제자가 위로하자 그 부인이 "없어진 비녀 때문에 슬퍼하는 것이 아니라 옛날을 잊지 못해 웁니다."라고 대답했

고제가 오랫동안 그를 칭찬하였다.

齊高帝가 鎭東府①할새 時에 虞玩之爲少府한대 躡屐造席이라 高帝가 取屐視之하니 訛黑斜銳하고 蔞斷하여 以芒接之라 因問 卿은 此屐已幾載오하니 玩之曰 初釋褐時에 買之하니 著已三十年이니이다하다 高帝가 咨嗟하고 因爲贈屐이어늘 玩之不受하다 問其故하니 答曰 公之賜는 恩華俱重이로대 但遺簪15)과 敝履는 復不可遺니이다하다 帝稱善久之②하다

① ≪齊書≫ 〈高帝本紀 上〉에 말하였다. "高帝는 姓이 蕭氏이고 諱가 道成이다. 처음에 劉宋에서 벼슬하여 功績으로 齊公에 봉해졌으며 결국에 유송을 대신하였다. 4년간 재위하였다."
齊書曰 "高帝, 姓蕭氏, 諱道成. 初仕宋, 以功封齊公, 竟代宋. 在位四年."

② ≪南史≫ 〈虞玩之傳〉에 말하였다. "虞玩之는 字가 茂瑤이고, 會稽 餘姚 사람이다. 젊어서부터 문장을 익혔고 서적을 널리 섭렵하였으며 인물을 품평하기를 즐겼다. 元徽(473~477) 중에 尙書右丞이 되었다."
南史曰 "虞玩之, 字茂瑤, 會稽餘姚人. 少閑刀筆, 汎涉書史, 好臧否人物. 元徽中, 爲尙書右丞."

2-7 **【補】** 謝玄暉(謝朓)는 인재를 권면하는 것을 좋아하였다. 會稽의 孔闓이 약간 文才가 있었으나 아직 당시 사람들의 인정을 받지 못하고 있었다. 孔稚圭가 그에게 관직을 사양하는 상주문을 짓게 하여 사현휘에게 보여주었다. 사현휘가 한참을 감탄하더니 스스로 종이를 잘라 서찰을 쓰고 공치규에게 말하였다. "이 사람은 명성이 아직 서지 않았으니 우리가 같이 권면해주어 칭찬을 아끼

다고 한다. 이후로 '잃어버린 비녀'는 예전에 쓰던 물건이나 옛 정을 비유하는 말로 쓰인다.

14) 해진 신 : 賈誼의 ≪新書≫ 〈諭誠〉에 나오는 고사로, 楚(春秋)나라 昭王이 吳나라와 싸우다 패하여 달아나던 중에 신발 한 짝을 잃어버렸는데, 한참을 가다 다시 돌아와 신발을 찾고는 말하기를, "어찌 신발 한 짝이 아까워서이겠는가. 그것과 더불어 나왔다가 그것과 더불어 들어가지 못함을 싫어한 것이다."라고 하였다 한다. 이후 오래 같이 한 물건이나 사람을 가리키는 비유로 쓰인다.

15) 遺簪 : ≪何氏語林≫에는 '遺'가 '著'로 되어 있다.

지 말아야 합니다."

謝玄暉는 **好奬人才**①라 **會稽孔闓**이 **麤有文筆**이로대 **未爲時人所知**하니 **孔稚圭**②16)가 **嘗令草讓表**하여 **以示玄暉**하다 **玄暉**가 **嗟歎良久**라가 **自折簡寫之**하고 **語稚圭曰 是子**는 **聲名未立**하니 **應共奬成**하여 **無惜齒牙餘論**17)이라하다

① 蕭子顯의 ≪南齊書≫ 〈謝朓傳〉에 말하였다. "謝朓는 字가 玄暉이고 陳郡 사람이다. 젊어서부터 아름다운 명성이 있었고 문장이 신선하고 화려하였다. 豫章王(蕭嶷)의 行參軍으로 벼슬을 시작하고 얼마 뒤 尙書吏部郞으로 옮겼다. 江祏 등이 始安王 蕭遙光을 세우려고 모의하였을 때 사조가 이를 받아들이지 않으려 하여 하옥되었다가 죽었다."
蕭子顯齊書曰"謝(眺)〔朓〕18), 字玄暉, 陳郡人. 少有美名, 文章淸麗. 解褐豫章王行參軍, 稍遷尙書吏部郞. 江祏等謀立始安王遙光, (眺)〔朓〕不肯收, 下獄死."

② 德璋(孔稚圭)은 따로 보인다.
德璋, 別見.

2-8 **【補】** 陸慧曉가 晉熙王(蕭銶)의 長史가 되었는데 屬官이 찾아오면 반드시 일어나 전송하였다. 어떤 사람이 그에게 말하였다.

"長史는 귀하고 중한 자리이니 함부로 자신을 낮추어서는 안 됩니다."

육혜효가 말하였다.

"나는 사람이 무례한 것을 싫어하는 성품이라 禮로써 남을 대하지 않을 수 없습니다."

또 사대부에게 卿이라 부른 적이 없었다. 어떤 사람이 그 이유를 묻자, 육혜효가 말하였다.

---

16) 孔稚圭 : ≪南齊書≫ 〈孔稚珪傳〉에는 '圭'가 '珪'로 되어 있다.

17) 齒牙餘論 : 말로 남을 칭찬해주는 것을 말한다. '齒牙餘芬'이라고도 한다.(≪南史≫ 〈謝朓傳〉)

18) (眺)〔朓〕: 저본에는 '眺'로 되어 있으나, ≪南齊書≫에 의거하여 '朓'로 바로잡았다. 아래도 같다.

"귀한 사람은 경이라 불러서는 안 되고 천한 자만 경이라 불러야 한다면[19] 사람이 어찌 마음속에 輕重을 둘 수 있단 말입니까."

陸慧曉가 爲晉熙王長史①에 僚佐造見(현)이면 必起送之하다 或語云 長史는 貴重하니 不宜妄自謙屈이라하니 陸曰 我性은 惡(오)人無禮하니 不容不以禮處人이라하다 又未嘗卿士大夫하니 或問其故한대 陸曰 貴人은 不可卿이요 而賤者라야 乃可卿이면 人生에 何容立輕重於懷抱②오하다

① ≪南史≫ 〈齊高帝諸子 下〉에 "晉熙王 蕭銶는 齊 太祖의 18번째 아들이다." 하였다.
南史曰 "晉熙王銶, 太祖第十八子."

② ≪南齊書≫ 〈陸慧曉傳〉에 말하였다. "陸慧曉는 字가 叔明이고 吳郡 吳 사람이다. 고조부 陸玩은 晉나라의 太尉였고, 조부 陸萬載는 侍中이었으며, 부친 陸子眞은 元嘉 연간에 海陵太守였다. 육혜효는 청렴하고 단정하였고 잡다하게 교유하지 않았다. 같은 郡 출신인 張暢이 그가 어린아이였을 때 보고 대번에 특별하게 여겼고, 張思曼(張緖) 역시 '이 아이는 강동의 裴頠·樂廣이다.' 하였다."
南齊書曰 "陸慧曉, 字叔明, 吳郡吳人. 高祖玩, 晉太尉, 祖萬載, 侍中, 父子(貞)〔眞〕[20], 元嘉中海陵太守. 慧曉淸介正立, 不雜交遊. 同郡張暢見其童幼, 便嘉異之, 張思曼亦曰 '此江東裴·樂(악)也.'"

2-9 【補】 阮長之가 中書郞이 되어 中書省에 숙직하게 되었는데, 밤에 다른 관사에 나갈 때 실수로 나막신을 신고 관청을 나갔다. 완장지가 규정에 의거하여 스스로 죄를 진술하니, 깜깜한 밤이라 사람들이 알지 못하였다는 이유로 門下省에서 자술서를 받지 않았다. 완장지가 굳이 자술서를 보내며 말하였다.

"저 완장지는 한평생 컴컴한 방에서도 속이지 않았습니다."

---

19) 귀한……한다면 : 秦漢시대에는 '卿'이라 부르는 것이 귀하게 여기는 호칭이었으나, 隋唐시대 이후에는 귀하게 여기는 호칭이 '公'으로 바뀌어서 단지 아랫사람에게만 '경'이라고 불렀다.(≪世說箋本≫, ≪世說講義≫)

20) (貞)〔眞〕 : 저본에는 '貞'으로 되어 있으나, ≪何氏語林≫과 ≪南齊書≫ 〈陸慧曉傳〉에 의거하여 '眞'으로 바로잡았다.

阮長之爲中書郞하여 **直省**할새 **夜往隣省**에 **誤着**屐**出閤**하다 **長之**가 **依事自列**21)하니 **門下**가 **以闇夜人不知**라하여 **不受列狀**하니 **長之**가 **固遣送曰 長之**는 **一生不侮闇室**①이라하다

① ≪南史≫ 〈循吏傳〉에 말하였다. "阮長之는 字가 景茂이며, 善業이라는 字도 있다. 陳留 尉氏(위지) 사람이다. 조부 阮裕는 晉나라의 光祿大夫였고, 부친 阮普는 驃騎將軍이었다. 완장지는 臨海太守에 제수되었는데 관사에 있을 때 항상 해진 솜옷을 입고 있었다. 이전에, 郡의 녹봉은 芒種22)을 기준으로 하였으므로 망종 이전에 관직을 그만두면 1년 동안의 녹봉이 모두 후임자에게 돌아갔다. 완장지가 武昌을 떠날 때 후임자가 아직 도착하지 않았는데 망종 하루 전에 인끈을 풀고 떠나갔으므로 사람들이 그를 칭찬하였다."
南史曰 "阮長之, 字景茂, 一字善業. 陳留尉氏人. 祖裕23), 晉光祿大夫, 父普, 驃騎將軍24). 長之除臨海太守, 在官常擁敗絮. 先是郡中田祿, 以芒種爲斷, 此前去官, 則一年秩祿, 皆入後人. 長之去武昌, 代人未至, 以芒種前一日解印綬去, 時論多之."

2-10 **【補】 裴始安**(裴昭明)이 〈관직을 그만두고〉 郡에서 돌아왔는데 몹시 빈곤하니, 世祖(蕭賾)가 말하였다.

"배소명이 郡에서 돌아왔는데 마침내 머물 집이 없으니, 내가 책을 외지는 못하나 옛사람 중에 이에 비견될 사람이 누구인지 모르겠다."

裴始安이 **在郡還**에 **甚貧**罄하니 **世祖**①**曰 裴昭明**이 **罷郡歸**한대 **遂無宅**하니 **我不諳書**나 **不知古人中誰比**②라하다

① ≪南史≫ 〈齊本紀 上〉에 "齊 武帝는 諱가 賾(색)이고 字가 宣遠이며, 高帝(蕭道成)의 맏아들이다." 하였다.

---

21) 列 : '陳(진술하다)'의 뜻이다.(≪世說音釋≫)

22) 芒種 : 24절기의 하나로, 양력 6월 6일 무렵이다.

23) 裕 : ≪南史≫ 〈阮長之傳〉에는 '思曠'으로 되어 있다. ≪晉書≫ 〈阮裕傳〉에 의하면 '思曠'은 완유의 字이다.

24) 驃騎將軍 : ≪南史≫ 〈阮長之傳〉에는 '驃騎諮議參軍'으로 되어 있다.

南史曰 "齊武帝, 諱(頤)〔賾〕25), 字宣遠, 高帝長子."

② ≪南齊書≫ 〈良政傳〉에 말하였다. "裴昭明은 河東 聞喜 사람이고, 宋나라 太中大夫 裴松之의 손자이다. 부친 裴駰은 南中郎參軍이었다. 배소명은 젊어서부터 儒學과 史學을 전수하였다. 永明(483~493) 연간에 오랑캐에 사신 가게 되었을 때 世祖가 '경은 皇命을 받드는 재주를 지녔으니 한 郡을 맡겨 보상하겠다.' 하였다. 돌아온 뒤 始安內史로 삼았다."

南齊書曰 "裴昭明, 河東聞喜人, 宋太中大夫松之孫也. 父駰, 南中郎參軍. 昭明少傳儒史之業. 永明中使虜, 世祖曰 '卿有將命之才, 當以一郡相賞.' 還爲始安內史."

【頭註】

○ 李贄 : 아무 맛이 없다.

李云 "無味."

2-11 【補】26) 昭明太子(蕭統)가 여러 賢士들과 더불어 玄圃池에 배를 띄웠는데, 이러한 때에는 당연히 女樂(여악)이 있어야 한다고 다들 말하였다. 태자가 처음에는 아무 말 없이 단지 左太冲(左思)의 〈招隱詩〉를 읊었다.

"어찌 반드시 악기가 필요하랴. 산과 물에 清音이 있네."

昭明太子

昭明太子①가 **與諸賢**으로 **汎舟玄圃池**할새 **有盛稱此中宜奏女樂**이어늘 **太子初無言**하고 **但詠左太冲招隱詩曰 何必絲與竹**가 **山水有淸音**②27)이라하다

---

25) (頤)〔賾〕: 저본에는 '頤'로 되어 있으나, ≪南史≫ 〈齊本紀 上〉에 의거하여 '賾'으로 바로잡았다.

26) 【補】: 저본에는 '補'가 없으나, 이 일화는 ≪世說新語≫가 아닌 ≪何氏語林≫에 있으므로 '補'를 보충하였다.

27) 何必絲與竹 山水有淸音 : 左思의 〈招隱詩〉에 보인다. ≪文選≫에는 '何'자가 '非'자로

① 姚思廉의 ≪梁書≫ 〈昭明太子傳〉에 말하였다. "昭明太子 蕭統은 字가 德施이고, 高祖(梁 武帝 蕭衍)의 맏아들이다. 효성과 근면을 천성적으로 타고났고 義學에 정통하였다. 31세 때 죽었다."
姚思廉梁書曰 "昭明太子蕭統, 字德施, 高祖長子也. 孝謹天至, 精於義學. 年三十一薨."

② 左思는 따로 보인다.
左思, 別見.

【頭註】

○ 李贄 : 아무 맛이 없다.
李云 "無味."

2-12 【補】 張思光(張融)이 휴가를 받아 동쪽으로 나갈 때[28] 世祖(齊 武帝 蕭賾)가 물었다.

"경이 사는 곳은 어디에 있는가?"

장사광이 대답하였다.

"신은 뭍에는 집이 없고 배에서 사는데 물 위에 있는 것은 아닙니다."

훗날에 임금이 그의 종형인 張思曼(張緖)에게 물었더니 장사만이 대답하였다.

"장융은 근래 동쪽으로 나갔는데 정해진 거처는 없고 임시로 작은 배를 끌어다 언덕 위에서 살고 있습니다."

張思光이 給暇東出①할새 世祖問 卿住在何處오하니 答曰 臣陸處無屋이요 舟居非水니이다하다 後日에 上以問其從兄思曼하니 思曼曰 融近東出한대 未有居止하고 權牽小船하여 於岸上住②니이다하다

① 蕭子顯의 ≪南齊書≫에 "張融은 字가 思光이고 吳郡 吳 사람이다. 부친 張暢은 會稽太守였다. 장융은 弱冠의 나이에 명성이 있었다." 하였다.

되어 있고, 李善의 注에 "≪禮記≫ 〈樂記〉에 '絲와 竹은 음악을 연주하는 도구이다.' 하였다."라고 하였다.

28) 동쪽으로 나갈 때 : 會稽로 갔다는 말이다.(≪世說音釋≫)

蕭子顯齊書曰 "張融, 字思光, 吳郡吳人. 父暢, 會稽太守. 融弱冠有名."

② ≪南史≫ 〈張緖傳〉에 말하였다. "張緖는 字가 思曼이다. 부친 張演은 宋나라의 太子中舍人이었다. 장서는 젊어서부터 이름이 알려졌고 청렴하며 욕심이 없었다. 종백부 張敷, 숙부 張鏡, 종숙부 張暢이 모두 그를 귀하고 특별하게 여겼다. 孝武帝가 그를 등용하여 尙書倉部郎·都令史로 삼았다."

南史曰 "張緖, 字思曼. 父演, 宋太子中舍人. 緖少知名, 淸簡寡欲. 從伯敷及叔父鏡·從叔暢並貴異之. 孝武用爲尙書倉部郎·都令史."

2-13【補】 明山賓이 靑州에 부임한 처음에, 관할하던 平陸縣에 기근이 들자 창고를 열어 쌀을 내어 빈민들을 구휼하였다. 후임 刺史는 명산빈이 〈나라의 곡식을 써서〉 손실을 냈다고 생각하였고 담당 관원이 소급하여 책임을 물어 명산빈의 집을 몰수하여 관에 귀속시켰다. 그런데도 명산빈은 잠자코 스스로 아무 변명도 하지 않고 다시 땅을 사서 집을 지었다.

明山賓이 **初臨靑州**에 **所部平陸縣歲儉**하니 **啓倉出米**하여 **以贍貧民**하다 **後刺史**가 **以**29) **山賓爲耗闕**하고 **有司**가 **追責**하여 **籍其宅入官**이어늘 **山賓**은 **默不自理**하고 **更市地造宅**①하다

① ≪梁書≫ 〈明山賓傳〉에 말하였다. "明山賓은 字가 孝若이고 平原 鬲 사람이다. 부친 明僧紹는 은거하여 벼슬하지 않았다. 명산빈은 7세 때 현묘한 이치에 대한 말을 잘하였고, 13세 때 經傳에 널리 통달하였다. 喪을 당했을 때 예법을 다하여 喪期가 끝난 뒤 州에서 從事史로 초빙하였으며, 奉朝請으로 벼슬을 시작하여 여러 번 자리를 옮겨 中書侍郎에 이르렀다."

劉璠의 ≪梁典≫30)에 말하였다. "梁나라의 昭明太子가 명산빈이 집을 짓다가 완공하지 못하였다는 말을 듣고 지시하기를, '明祭酒(명좨주)는 지방으로 나가 큰 藩을 다스리면서 군대의 깃발을 잡고 황제의 격려를 받았으며 金印을 잡고 인끈

29) 以 : ≪何氏語林≫에는 이 글자 앞에 "州 관아의 잃어버린 문서들을 조사하다가〔檢州曹失去簿書〕" 7자가 더 있다. 그에 의하면 明山賓이 재임하던 때의 州의 공문서가 없어져서 그간의 기록이 사라지게 되었음을 알 수 있다.

30) 劉璠의 ≪梁典≫ : ≪梁典≫은 梁(南朝)나라에 관한 기록으로, 北周의 관원인 劉璠이 30권으로 편찬하였다. 유번(510~568)은 字가 寶義이고 沛國 沛縣 사람이다.

을 늘어뜨리는 지위에 있었으나 늘 쌀독이 빌 정도로 가난하였다. 내가 들으니, 그가 집을 짓다가 아직 완공하지 못하였다 하니 지금 약간의 지원금을 보내라.' 하였다."

梁書曰 "明山賓, 字孝若, 平原鬲人. 父僧紹, 隱居不仕. 山賓七歲能言玄理, 十三博通經傳. 居喪盡禮, 服闋, 州辟從事史, 起家奉朝請, 累遷中書侍郎." 劉璠梁典曰 "梁昭明太子聞山賓築室不就, 令曰 '明祭酒, 出撫大藩, 擁旄推轂, 攝金拖紫, 而恒事屢空. 聞構宇未成, 今送薄助.'

2-14 【補】 庾子輿의 부친이 임지인 巴西에서 죽었다. 喪具를 받들어 〈고향으로〉 돌아갈 때 巴東에 있는 淫預石(염여석)[31]에 이르렀는데 瞿塘灘의 가을 물이 여전히 장대하였다. 유자여가 가슴을 부여잡고 오래도록 부르짖으니 그날 밤에 수위가 갑자기 낮아져 편안히 하류로 내려갔다. 강을 건너자 수위가 예전처럼 다시 장대해졌다. 당시 사람들이 그로 인해 말하였다.

"염여석이 두건만큼 드러나면 본래 건널 수 없는 법인데, 瞿塘의 수위가 낮아진 것은 庾公 때문이다."

庾子輿①父가 卒官巴西②하여 奉喪歸에 至巴東淫預石한대 瞿塘大灘이 秋水猶莊③이라 子輿가 撫心長叫하니 其夜에 水忽減退하여 安流而下하고 既渡에 水壯如舊하다 時人이 爲之語曰 淫預如襆이면 本不通이어늘 瞿塘水退는 爲庾公④일새라하다

① ≪南史≫ 〈庾域傳〉에 말하였다. "庾子輿는 字가 孝卿이고 南陽 新野 사람이다. 부친 庾域은 효성스런 행실이 있었는데, 모친이 학 울음소리를 좋아하여 유역이 학을 구하려고 애를 쓰자 어느 날 학 두 마리가 날아왔다. 유자여는 어려서부터 총명하여 5세 때 ≪孝經≫을 읽고는 손에서 책을 놓지 않았다. 어떤 사람이 '이 책은 문장이 많지 않은데 어찌하여 스스로 힘들게 하는가?' 하고 묻자, 유자여가 '孝

31) 淫預石(염여석) : 錢大昕의 ≪廿二史考異≫ 〈南史〉 3에 "巴東에 淫預石이 있는데 이것이 바로 灩澦石이다. 이때 '淫'은 '灩'과 음이 비슷하여 후세 사람이 물수변(氵)을 추가한 것이다."라고 하였으니 '淫預石'의 독음은 '음여석'이 아니라 '염여석'임을 알 수 있다. ≪南史≫ 〈庾子輿傳〉에는 巴東에 있는 염여석은 높이가 20여 丈에 이르며 물이 불어난 가을에는 바위가 물에 잠겨 끝부분만 겨우 보인다고 하였다.

는 덕의 근본이니 어찌 대단치 않게 생각하십니까.'라고 답하였다."

南史曰 "子輿, 字孝卿, 南陽新野人. 父域有孝行, 母好鶴唳, 域孜孜營求, 一日雙鶴來下. 子輿幼而岐嶷, 五歲讀孝經, 手不釋卷. 或曰 '此書文句不多, 何用自苦.' 答曰 '孝者, 德之本, 何謂不多.'"

② ≪南史≫ 〈庾域傳〉에 말하였다. "庾域이 巴西와 梓潼 두 郡의 太守로 있을 때 魏나라가 파서를 습격하였다. 유역이 굳게 지키다가 양식이 떨어졌는데, 장수와 군사들이 함께 풀을 씹어 먹으면서도 배반할 마음을 갖지 않았다. 〈재직하던〉 고을에서 죽었다."

南史曰 "庾域爲巴西·梓潼二郡太守, 魏襲巴西. 域固守, 糧盡, 將士齕草供食, 無有離心. 卒於官."

③ ≪水經註≫에 말하였다. "白帝山城의 水門 서쪽 長江 한가운데 바위 하나가 있는데 滟預石이라 한다. 강물이 동쪽으로 廣谿峽[32]을 거치니, 이것이 바로 三峽의 첫 번째이다. 협곡 중에 瞿塘灘과 黃龕灘이 있는데 여름에는 물이 소용돌이쳐 사람들이 하류로 내려가거나 상류로 거슬러 올라가기를 꺼린다."

水經註云 "白帝山城水門之西, 江中有孤石, 名滟預石. 江水東逕廣谿峽, 乃三峽首也. 峽中有瞿塘·黃龕二灘, 夏水回復, 沿泝所忌."

④ ≪古樂府≫ 〈灩澦歌〉에 "〈물위에 나온〉 염여석의 크기가 두건만 해지면 구당에 가서는 안 된다." 하였다.

古樂府灩澦歌曰 "灩澦大如樸, 瞿塘不可觸."

【頭註】

○ 李贄 : 〈강물의〉 수위가 낮아져 편안히 내려간 것은 본래 庾子輿 때문이나 또한 庾域 때문이기도 하다.

李云 "水退安流, 固爲子輿, 亦爲庾域."

2-15 **【補】** 傅茂遠(傅昭)은 담박하게 고요히 거처하고 함부로 교유하지 않았다. 袁司徒(袁粲)가 그의 집 문을 지날 때마다 탄식하며 말하였다.

"그의 집 문을 지날 때면 마치 사람이 없는 것처럼 고요하나 장막을 헤쳐보면

---

32) 廣谿峽 : 三峽의 하나인 瞿塘峽의 별칭이다. 삼협은 四川省과 湖北省 경내의 揚子江 상류에 있는 3개의 협곡인 瞿塘峽·巫峽·西陵峽의 합칭이다.

이 사람이 여기에 있으니[33] 어찌 名賢이 아닐 수 있겠는가."

傅茂遠은 **泊然靜處**하고 **不妄交遊**①하니 **袁司徒**②가 **每經其戶**에 **輒歎曰 經其戶**면 **寂若無人**이나 **披其帷**면 **其人斯在**하니 **豈得非名賢**이리오하다

① 《南史》〈傅昭傳〉에 말하였다. "傅昭는 字가 茂遠이고 北地 靈州 사람이며 晉나라의 司隷校尉 傅咸의 7대손이다. 관직에 있을 때 항상 청렴하고 담박하였으며 조정에 있을 때 청탁하는 법이 없었다. 普通 5년(524)에 散騎常侍가 되었다."
南史曰 "傅昭, 字茂遠, 北地靈州人, 晉司隷校尉咸七世孫. 涖官常以淸靜, 居朝廷無所請謁. 普通五年爲散騎常侍."

② 《宋書》〈袁粲傳〉에 말하였다. "袁粲은 字가 景倩이고 陳郡 陽夏 사람이며, 太尉 袁淑의 형의 아들이다. 부친 袁濯이 일찍 죽자 조모가 어려서 고아가 된 그의 처지를 불쌍히 여겨 '愍孫'이라 이름하였다. 학문을 좋아하고 재능이 있었으며 淸整하고 風操를 지녔다. 〈妙德先生傳〉을 저술하여 자신을 빗대었으며 일찍이 荀奉倩[34]을 사모하여 이름을 粲이라 바꾸고 字를 景倩[35]이라 하였다. 齊王(蕭道成)의 공덕이 이미 막중하여 天命이 그에게 돌아갔는데, 원찬은 자신이 천자의 遺詔를 받았다는 이유로 두 姓氏를 섬기려 하지 않아 이로 인해 죽임을 당하였다."
宋書曰 "袁粲, 字景倩, 陳郡陽夏人, 太尉淑兄子也. 父濯早卒, 祖母哀其幼孤, 名之曰'愍孫'. 好學有才, 淸整持風操. 著妙德先生傳以自况, 嘗慕荀奉倩, 改名爲粲, 字景倩. 齊王功德旣重, 天命有歸, 粲以身受顧託, 不欲事二姓, 由是遇害."

2-16 **【補】** **顧常侍**(顧協)는 청렴하고 꼿꼿하며 절조가 있었다. **廷尉正**이었을 때 〈입고 있는〉 겨울옷이 얇은 홑겹이자, **寺卿**(시경)[36] **蔡子度**(蔡廓)가 사람들에게

---

33) 그의……있으니 : 그의 사람됨이 담박하고 고요하여 외형적으로는 도덕이 없는 것처럼 보이나 그의 마음속에 도덕이 있음을 빗대어 말한 것이다.(《世說講義》)

34) 荀奉倩 : 三國시대 魏나라 사람으로 이름이 '粲'이고 字가 '奉倩'이다. 淸談을 잘하였으며 보통 사람과 교유하지 않았다. 29세에 죽었다. 《世說新語》〈惑溺〉에 일화가 보인다.

35) 景倩 : 이때의 '景'은 사모한다는 뜻이고, '倩'은 荀奉倩을 가리킨다.(《世說音釋》)

36) 寺卿(시경) : '九寺大卿(구시대경)'의 줄임말이다. 漢나라 때 太常·光祿勳·衛尉·太僕·廷尉·大鴻臚·宗正·大司農·少府의 長官을 '구시대경'이라 하였는데, 이후 각

말하였다.

"내가 몸에 걸쳤던 웃옷을 벗어 顧郞(고협)에게 주고 싶으나 고랑이 옷과 음식을 곤란하게 여길까 염려됩니다."

결국 감히 그에게 주지 못하였다.

顧常侍는 **淸介持操**①라 **爲廷尉正時**에 **冬服單薄**하니 **寺卿蔡子度**②가 **謂人曰 我欲解身上襦**하여 **與顧郞**이나 **恐顧郞難衣食者**라하고 **竟不敢遺之**하다

① ≪南史≫ 〈顧協傳〉에 말하였다. "顧協은 字가 正禮이고 吳郡 吳 사람이며, 晉나라 司空 顧和의 6세손이다. 젊어서부터 지조가 있어 內弟인 張率이 梁 武帝에게 천거하였다. 무제가 고협의 나이를 묻자 장솔이 35세라고 말하니, 무제가 말하기를 '북방지역은 땅이 높고 서늘하여 40세에도 〈智力과 體力이〉 강하여 벼슬을 하고, 남방 지역은 땅이 낮고 습하여 30세면 노쇠하니 고협 같은 자는 이미 노쇠한 것이다. 다만 그가 부모에게 효성스럽고 벗들과 信義로 교유하니 역시 초야에 버려두어서는 안 된다.' 하였다. 이에 고협을 太常博士로 삼았다. 散騎常侍舍人으로 있다가 죽었다."

南史曰"顧協, 字正禮, 吳郡吳人, 晉司空和六世孫. 少有志操, 內弟張率薦於武帝, 帝問協年, 率言三十五, 帝曰'北方高凉, 四十强仕,37) 南方卑濕, 三十便衰, 如協便爲已老. 但其事親孝, 與友信, 亦不可遺於草澤.' 於是以協爲太常博士. 終散騎常侍舍人."

② ≪宋書≫ 〈蔡廓傳〉에 말하였다. "蔡廓은 字가 子度이고 濟陽 考城 사람이다. 증조부 蔡謨는 晉나라의 司徒였고, 조부 蔡系는 撫軍長史였으며, 부친 蔡綝(채침)은 司徒府 左西曹의 屬官이었다. 채곽은 서적을 폭넓게 섭렵하였고 말과 행동을 禮에 맞게 하였다. 著作佐郎으로 벼슬을 시작하여 강직하고 소탈한 것으로 高祖의 인정을 받았다. 參軍·太尉從事中郎의 관직을 두루 거쳤다."

宋書曰"蔡廓, 字子度, 濟陽考城人. 曾祖謨, 晉司徒, 祖系, 撫軍長史, 父綝, 司徒左西屬. 廓博涉群書, 言行以禮. 起家著作佐郎, 以方鯁閑素, 爲高祖所知. 歷官參軍·太尉從事中郎."

왕조마다 명칭이 약간 달랐다. 대체로 顯官을 지칭한다.

37) 四十强仕 : ≪禮記≫ 〈曲禮 上〉에 "40세가 되면 〈智力과 體力이〉 强하여 出仕할 수 있다.〔四十强而仕〕"란 말이 보인다.

2-17 【補】 李德林의 부친 校書[38](李敬族)가 죽었다. 때는 바로 엄동설한이었는데 〈이덕림은〉 홑겹의 상복에 맨발로 자신이 직접 상여를 말에 실어 고향으로 돌아와 장사 지냈다. 博陵의 호족 崔諶이라는 자가 휴가차 고향에 돌아왔다가 이덕림에게 조문하러 가려 할 때 따르는 자가 수십 騎였는데 차츰차츰 수를 줄여 이덕림 집 문에 이를 즈음에는 겨우 5기만 남게 하고는 최심이 말하였다. "李生(이덕림)으로 하여금 남의 휘황찬란한 기세에 놀라게 해서는 안 된다."

李德林父校書亡하니 時正嚴冬이어늘 單衰(최)徒跣으로 自駕靈輿反葬하다 博陵豪族崔諶者가 休假還鄉하여 將赴弔德林할새 從者數十騎나 稍稍減留하여 比至德林門하여는 纔餘五騎하고 云 不得令李生怪人熏灼①이라하다

① ≪隋書≫ 〈李德林傳〉에 말하였다. "李德林은 字가 公輔이고, 博陵 安平 사람이다. 부친 李敬族은 太學博士였다. 이덕림은 어려서부터 총명하고 민첩하여 서너 살 때 左思의 〈蜀都賦〉를 암송하여 10일 만에 끝냈으며 15세에 五經의 今文과 古文을 날마다 수천 구절씩 암송했다. 고대의 典籍에 해박하고 陰陽術과 예언서〔緯書〕 등에 모두 통달하였다. 문장을 잘 지어 글이 분명하고 논리가 정연하였다. 隋 文帝 때 相府의 속관이 되었으며 儀同大將軍이 더해졌다."
隋書曰 "李德林, 字公輔, 博陵安平人. 父敬族, 太學博士. 德林幼聰敏, 數歲誦左思蜀都賦, 十日便度, 十五誦五經古今文, 日數千言. 該博墳典, 陰陽緯候[39], 無不通涉. 善屬文, 詞覈而理暢. 隋文帝時, 爲相府屬, 加儀同大將軍."

2-18 【補】 李汧公(李勉)이 젊어서 가난하여 梁宋[40] 지역을 떠돌다가 어떤 諸生(儒生)과 여관에 같이 묵게 되었다. 제생이 병들어 죽게 되자 白金을 꺼내 공에게 말하였다.

---

38) 校書 : ≪隋書≫ 〈李德林傳〉에 의하면 李敬族은 東魏 李靜帝 때 內校書가 되었다.

39) 緯候 : 緯書와 ≪尚書中候≫의 合稱이다. 또는 緯書의 通稱으로도 쓰인다. 여기서는 미래의 예언을 담은 서적을 통칭하는 것으로 보았다.

40) 梁宋 : 지금의 河南省 商丘市 일대이다. 隋나라 때 宋州라 했다가 梁郡으로 고쳤으며, 唐나라 때 다시 宋州라 고쳤다.

"주변에 아는 사람이 없으니 그대가 이것으로 나를 장사 지내고 남은 것은 가지기 바라오."

공이 장례를 맡아주기로 허락하고 남은 금을 몰래 관 아래에 두었다. 나중에 그의 집안사람이 찾아오자 함께 묘를 열어 금을 꺼내 돌려주었다.

李汧公은 少貧하여 客游梁宋이라가 與諸生共逆旅한대 諸生病且死에 出白金하여 語公曰 左右無知者하니 幸君以此葬我하고 餘則君自取之하라하다 公許之託葬하고 密置餘金棺下하다 後에 其家來謁하니 共啓墓하여 出金付之①하다

① 劉昫의 ≪舊唐書≫ 〈李勉傳〉에 말하였다. "李勉은 字가 玄卿이고 鄭王 李元懿(唐高祖의 열셋째 아들)의 증손이다. 어려서는 經史를 부지런히 익혔고 성장하여서는 침착하고 단아하며 맑고 준엄하였다. 德宗(李适) 때 司徒平章事를 지냈는데, 어느 날 임금이 이면에게 '사람들이 모두 盧杞를 간사하다고 하는데 짐은 어찌 알지 못하는가?' 하니, 이면이 대답하였다. '천하가 모두 그가 간사하다는 것을 아는데 폐하만이 알지 못하는 것이 그가 간사하다는 이유입니다.' 당시 사람들이 그의 정직함을 칭찬하였다. 이면은 솔직하고 담박하였으며 옛 것을 좋아하고 기이함을 숭상하였으며 청렴하고 대범하여 宗臣의 표상이 되었다. 가야금을 잘 탔고 시 짓기를 좋아하였다. 재상 자리에 30년간 있었는데 녹봉을 친척들에게 주어 죽은 뒤에 개인 재산이 없었다. 그가 吏部의 관리〔天官〕로 있을 때는 賢士를 예우하고 겸손하게 대하였다. 李巡과 張參을 判官으로 삼았는데 자신의 막하에서 그들이 죽자 3년간 연회가 있을 때마다 반드시 연회석에 빈자리를 마련하고 음식을 차려놓고 술잔을 잡으며 말과 낯빛이 처연하니 논하는 자들이 훌륭하게 여겼다."

劉昫唐書曰 "李勉, 字玄卿, 鄭王元懿曾孫. 幼勤經史, 長而沉雅淸峻. 德宗朝以司徒平章事, 一日上謂勉曰 '衆人皆言盧杞姦邪, 朕何不知.' 對曰 '天下皆知其姦邪, 獨陛下不知, 所以爲姦邪也.' 時人多其正直. 勉坦率素淡, 好古尙奇, 淸廉簡易, 爲宗臣之表. 善鼓琴, 好屬詩. 在相位三十年, 祿俸皆遺親黨, 身沒無私積. 其在天官, 禮賢下士. 以李巡・張參爲判官, 卒於幕, 三歲之內, 每遇宴飮, 必設虛位於筵次, 陳膳執酹, 辭色悽惻, 論者美之."

【頭註】

○ 王世懋 : 李約은 汧公(李勉)의 아들인데 길에서 賈胡(장사하는 胡人)를 만난 일41)이 더욱 기이하니, 대대로 훌륭한 덕을 지녔다고 이를 만하다.

王云 "李約是汧公子, 途遇賈胡事尤奇, 可謂世有盛德."

2-19 【補】 李師古가 권력을 휘두를 때 杜黃裳이 재상이 된 것을 꺼려 감히 예에 맞지 않는 일을 못하였다. 그가 유능한 한 관리에게 명하여 돈 수천 꿰미와 氈車[42] 1乘을 〈두황상에게〉 주게 하니, 使者는 감히 즉각 보내지 못하고 집 대문 밖에서 여러 날 동안 기회를 엿보았다. 그러던 차에 綠輿가 집 밖으로 나왔는데 여종 2인이 시종하고 남루한 푸른색 옷을 입은 사람이 相公(두황상)의 부인이라고 하였다. 사자가 급히 돌아가 이사고에게 보고하니, 이사고가 계략을 접고 죽을 때까지 마음을 바꾸지 않았다.

李師古가 跋扈①할새 憚杜黃裳爲相하여 未敢失禮라 命一幹吏寄錢數千緡幷氈車子一乘하니 使者가 未敢遽送하고 於宅門에 伺候累日이라가 有綠輿出한대 從婢二人에 青衣襤褸가 言是相公夫人이라하다 使者가 遽歸하여 以告師古하니 師古가 折其謀하고 終身不敢改節②하다

① ≪唐書≫에 "李師古는 淄青節度使 李納의 아들이다." 하였다.
唐書曰 "師古, 淄青節度使李納之子."

② 劉昫의 ≪舊唐書≫ 〈杜黃裳傳〉에 말하였다. "杜黃裳은 字가 遵素이고 京兆 杜陵 사람이다. 宏辭科에 등과하였고 杜鴻漸이 그의 才氣를 매우 중하게 여겼다. 郭子儀의 朔方從事가 되었다. 貞元 2년(789)에 檢校司空 겸 河中尹이 되었고, 邠國公에 봉해졌다."
劉昫唐書曰 "杜黃裳, 字遵素, 京兆杜陵人. 登宏辭科, 杜鴻漸深器重之. 爲郭子儀朔方從事. 貞元二年, 爲檢校司空兼河中尹, 封邠國公."

2-20 【補】 陽城은 기근이 들자 자취를 감추고 이웃 동리를 찾아가지 않았으며

---

41) 李約은……일 : 李約이 여행 중에 賈胡를 만났는데, 그가 병으로 위독할 때 이약에게 두 딸과 귀한 구슬 하나를 부탁하였다. 그가 죽자 이약은 고호의 많은 재산을 일일이 기록하여 官에 보내고 두 딸에게 배필을 찾아주었으며, 구슬은 죽은 고호를 염할 때 입에 물려주었다. 나중에 고호의 친척이 찾아오자 官司에 청하여 무덤을 발굴하여 夜光珠를 꺼내주었다.(≪何氏語林≫ 〈德行 中〉)

42) 氈車 : 毛氈으로 덮개를 만든 수레이다.

느릅나무로 가루를 내어 죽을 만들어 먹으면서도 강론을 멈추지 않았다. 그의 종인 都兒가 양성의 덕에 교화되어 그 또한 방정하고 곧았으며 스스로를 단속하였다. 어떤 이가 그가 굶주리는 것을 불쌍하게 여겨 음식을 주었으나 받지 않고 나중에 쌀겨 가루 몇 그릇을 주자 그제야 받았다.

陽城은 歲饑屛迹하고 不過隣里하며 屑楡爲粥하되 講論不輟이라 有奴都兒가 化其德하여 亦方介自約한대 或哀其餒하여 與之食이나 不納하고 後致糠覈數杯하니 乃受①하다

陽城

① 宋祁의 ≪新唐書≫ 〈卓行傳〉에 말하였다. "陽城은 字가 亢宗이고 定州 北平 사람이다. 학문을 좋아하였으나 가난하여 서책을 얻을 수 없자 아전이 되기를 구하여 集賢院에 소속되어 집현원의 책을 훔쳐 밤낮으로 읽으며 문밖에 나가지 않기를 6년 동안 하니 모르는 것이 없게 되었다. 〈관직을〉 떠나 中條山에 은거하였는데 〈가난하여〉 아우인 陽堦·陽域과 항상 옷을 번갈아 갈아 입고 나갔다. 후에 諫議大夫가 되어 裴延齡이 재상이 되는 것을 저지하였으며 지방관으로 나가 道州刺史가 되었다."
宋祁卓行傳曰 "陽城, 字亢宗, 定州北平人. 好學, 貧不能得書, 求爲吏, 隷集賢院, 竊院書, 讀之晝夜, 不出戶六年, 無所不通. 去隱中條山, 與弟堦·域, 常易衣出. 後爲諫議大夫, 以沮裴延齡相, 出爲道州刺史."

2-21 【補】 楊憑이 죄를 얻자 친척과 친구 중에 그를 전송하는 자가 없었다. 오직 徐晦가 전송하러 藍田에 이르니 權載之(權德輿)가 서회에게 말하였다.

"그대가 참으로 楊臨賀(楊憑)에게 돈독하게 하니 그대에게 피해가 없겠는가?"

서회가 말하였다.

"제가 벼슬하기 전부터 양빙이 저를 돈독하게 대해주었습니다. 그분이 이제

유배를 떠나게 되었는데 어찌 차마 말도 없이 작별하겠습니까. 만일 公께서 간사한 이들의 참소를 받는다면 제가 길 가는 사람처럼 대하겠습니까?"

권재지가 그의 너그럽고 후덕함에 감탄하였다.

楊憑得罪[①]하니 **姻友無敢送者**어늘 **獨徐晦**가 **送至藍田**[②]하니 **權載之謂徐**하되 **君**이 **誠厚楊臨賀**하니 **無乃爲累乎**아 **徐曰 晦自布衣時**로 **楊知我厚**하니 **方玆流播**에 **寧忍無言而別**잇가 **有如公爲姦佞譖斥**이면 **敢自同路人乎**잇가하니 **載之**가 **歎其長厚**[③]하다

① ≪舊唐書≫〈楊憑傳〉에 말하였다. "楊憑은 字가 虛受이고 弘農 사람이다. 관직이 湖南江西觀察使에 이르렀다. 문장을 잘 지었으며 젊어서부터 기개와 절조를 자부하였고 同母弟인 楊凝·楊淩과 서로 우애가 있었으며 모두 당시에 명성이 있었다. 교유를 중요하게 여겼으며 약속을 존중하였다. 穆質·許孟容·李鄘·王仲舒와 교유하여 '楊穆許李의 우정'이라고 일컬어졌다. 성품이 거만하여 아랫사람을 잘 대해주지 않아 그를 원망하는 사람들이 많았다. 호남과 강서 두 진의 관찰사가 되자 더욱 사치를 일삼았으므로 李夷簡의 탄핵을 받아 臨賀尉로 좌천되었다."
唐書曰"楊憑, 字虛受, 弘農人. 官湖南江西觀察使. 工文辭, 少負氣節, 與母弟凝·淩相友愛, 皆有時名. 重交遊, 尙然諾. 與穆質·許孟容·李鄘·王仲舒爲友, 稱'楊穆許李之友'. 性簡傲, 不能接下, 人多怨之. 及歷二鎭, 尤事奢侈, 爲李夷簡所劾, 責授臨賀尉."

② ≪舊唐書≫〈徐晦傳〉에 말하였다. "徐晦가 進士에 급제하여 制科에 오를 때 양빙의 추천을 받았다. 양빙이 죄를 얻자 교우와 친척들이 아무도 전송하지 않았는데 오직 서회가 전송하러 藍田에 이르렀다. 며칠 지나지 않아 御使中丞 李夷簡이 청하여 監察로 삼았다. 서회가 이이간에게 '평소에 관공서의 문을 드나들지 않았는데 공께서 어찌 저를 취하여 발탁하셨습니까?' 라고 묻자, 이이간이 말하였다. '그대가 楊臨賀를 전송하여 남의 이목을 두려워하지 않았다는 말을 들었으니 나라를 저버리려 하겠는가.' 이 일로 인해 이름이 알려졌다."
唐書曰"徐晦, 進士擢第, 登制科, 爲楊憑所薦. 及憑得罪, 交親無敢祖送, 獨晦送至藍田. 不數日, 御史中丞李夷簡請爲監察, 晦白夷簡曰'生平不踐公門, 公何取而見奬拔?' 夷簡曰'聞君送楊臨賀, 不顧犯難, 肯負國乎?' 由是知名."

③ ≪舊唐書≫〈權德輿傳〉에 말하였다. "權德輿는 字가 載之이고 天水 略陽 사람이다. 부친 權皐는 天寶(742~756) 연간에 安祿山이 그에게 京師에 포로를 바치게 하였을 때 안녹산이 반역의 마음을 지녔다는 것을 알고 죽은 것처럼 꾸며 달아났

다. 이로 인해 천하에 이름이 알려졌다. 권덕여는 4세 때 시를 지을 수 있었고, 7세 때 부친상을 치르면서 효성스럽다고 이름이 났다. 후에 禮部尙書平章事로 貞元(785~805) 연간부터 元和(806~820) 연간까지 30년간 조정 관원의 모범이 되었다. 성품이 정직하고 관대하였고 행동거지와 언행에 조금도 겉치레가 없었으며 너그럽고 온화한 풍류를 지녀 당시에 칭송을 받았다. 문장을 짓는 데 특히 뛰어났는데 六經과 諸子百家에 능통하여 그의 문장은 雅正하면서도 포괄적이었으므로 王侯將相이나 당시에 이름난 사람이 죽으면 銘文이나 記文를 청하는 사람이 열에 여덟아홉이었을 정도로 당대에 으뜸이었다."

唐書曰"權德輿, 字載之, 天水略陽人. 父皐, 天寶中, 祿山使之獻俘京師, 皐察祿山有異志, 詐死逃逸, 由是名聞天下. 德輿四歲能屬詩, 七歲居父喪, 以孝聞. 後以禮部尙書平章事, 自貞元至元和三十年間, 羽儀朝行(항). 直亮寬恕, 動作言語, 一無外飾, 蘊藉風流, 爲時稱嚮. 於述作特盛, 六經百氏, 游泳漸漬, 其文雅正而弘博, 王侯將相洎當時名人薨歿, 以銘記請者什八九, 時爲宗匠焉."

【頭註】

○ 李贄 : 李夷簡은 매우 통달하였다.

李云"夷簡甚通."

2-22【補】羅可는 성품이 관대하고 도량이 넓었다. 한번은 그의 뜰에 있는 채소를 베어가는 자가 있었는데 마침 우연히 이 광경을 보고는 도리어 풀섶으로 피하여 그 사람이 떠나기를 기다렸다.

또 그의 닭을 훔쳐서 죽인 자가 있었는데 나가가 술병을 가지고 그에게 가서 말하였다.

"그대와 한 동네에 살면서 닭을 삶아 그대에게 대접하지 못해 내가 참으로 부끄럽소."

그리고는 그의 처자식을 불러 둘러앉아 실컷 취하여 돌아갔다. 사람들이 이로부터 서로 주의를 주어 〈그의 재물을〉 범하지 않았다.

羅可는 性度寬宏이라 嘗有竊刈其園蔬者한대 適遇見하고 却避草間하여 以俟其去하다 又有攘殺其雞者한대 可가 携壺就之하여 曰 與子同里閭어늘 不能烹雞以待子하니 我誠自愧라하고 呼其妻孥環坐하여 盡醉而歸하니 人由是相誡無犯①하다

① ≪墨客揮犀≫43)에 "羅可는 沙陽의 뛰어난 유학자이다. 일찍이 鄕薦44)에 응하였다가 禮部의 배척을 받자 마침내 다시는 관직에 나아가지 않고 자유롭게 지내며 유유자적하였다." 하였다.

墨客(惲)〔揮〕45)犀曰"羅可, 沙陽之碩儒也. 嘗應鄕薦, 見黜於禮部, 遂不復進取, 以疎放自適.

【頭註】

○ 李贄 : 이것도 법이다.

李云"亦是法."

2-23【補】蘇長公(蘇軾)이 陽羨에 자리 잡고 살려고 500緡으로 집 한 채를 샀다. 막 들어가 살려 할 때 밤에 길을 가다가 우연히 노부인이 매우 슬프게 우는 소리를 들었다. 공이 노파에게 물었다.

"어찌하여 이렇게 애통하게 우십니까?"

노파가 말하였다.

"대대로 100년간 전해오던 故宅을 하루아침에 결별하게 되었기에 웁니다."

蘇軾

43) 墨客揮犀 : 北宋 때 彭乘이 편찬한 10권의 文言軼事小說이다. 내용 중에 蘇軾이 海南에서 돌아왔다는 것과 章惇이 雷州로 좌천되었다는 기록이 있는 것으로 보아, 宋徽宗시기에 成書된 것으로 보인다. 관직 생활 중에 들은 일들과 文壇의 祕話, 사회의 소문들, 詩話에 대한 文評 등으로 이루어져 있다.

44) 鄕薦 : 唐宋시대에 進士試에 응시하기 위해 州縣에서 받던 추천을 말한다.

45) (惲)〔揮〕: 저본에는 '惲'으로 되어 있으나 ≪何氏語林≫과 사고전서본 ≪墨客揮犀≫에 의거하여 '揮'로 바로잡았다.

그 집의 위치를 물으니 바로 그가 500민에 산 집이었다. 즉시 집문서를 가져다 불태우고 그 값을 요구하지 않았다. 마침내 毘陵으로 돌아가 다시는 땅을 사지 않았다.

蘇長公이 **卜居陽羨**하여 **以五百緡**으로 **買一宅**하다 **將入居**할새 **偶夜行**이라가 **聞老婦人哭極哀**라 **公問嫗 何爲哀傷如是**오하니 **嫗言 舊居相傳百年**이러니 **一旦訣別**하여 **所以泣也**라하다 **問其居所在**한대 **正五百緡買者**하니 **卽取屋劵焚之**하고 **不索其値**하다 **遂還毘陵**하고 **不復買地**①하다

① ≪東都事略≫46)에 말하였다. "蘇軾은 字가 子瞻이고 眉州 眉山 사람이다. 태어나 10세가 되도록 부친 蘇洵은 사방으로 다니며 벼슬살이하면서 공부하였고 모친 程氏가 글을 가르쳤다. 冠禮를 치를 때쯤 되자 학문이 經史에 통달하고 문장을 하루에 수천 言을 지을 수 있었다. 進士에 乙科로 합격하여 英宗 때 史館에 근무하였고, 熙寧(1068~1077) 연간에 黃州團練副使로 좌천되었는데, 哲宗이 불러 翰林學士로 삼았다. 紹聖(1094~1098) 초에, 소식이 先王을 비난했다는 御史의 논핵으로 인하여 파직되어 惠州에 안치되었다."
東都事略曰 "蘇軾, 字子瞻, 眉州眉山人. 生十歲而父洵宦學四方, 母程氏授以書, 比冠, 學通經史, 屬文日數千言. 中進士乙科, 英宗朝直史館, 熙寧中謫黃州團練. 哲宗召爲翰林學士. 紹聖初, 御史論軾譏斥先朝, 落職惠州安置."

【頭註】

○ 李贄 : 진실하다.
李云 "眞."

46) 東都事略 : 宋나라 王偁이 北宋의 역사를 찬술한 紀傳體史書이다. 왕칭은 字가 季平이고 眉州 사람인데, 부친이 實錄修撰官이어서 家學을 이어 받아 이 책을 편찬하였다. 本紀 12, 世家 5, 列傳 105, 附錄 8, 총 130권으로 구성되었다. 일을 기술한 것이 간결하고 해박하며, 의론이 공정하다는 평가를 받는다.

世說新語補 卷二

3. 언어 상 言語 上

본편은 유명 인사들이 한 말이나 대화로 이루어져 있다. 전체 116항목으로 上·中·下 3편으로 나누어져 있는데 상편이 17항목, 중편이 76항목, 하편이 23항목이며, 그중 출처가 ≪何氏語林≫인 것은 전체 43항목으로 상편이 9항목, 중편이 11항목, 하편이 23항목을 차지한다. 인물들의 뛰어난 재치와 임기응변을 보여주는 내용이 대부분이며, 그들의 성격이나 인품을 보여주거나 시대 상황에 대한 인식을 보여주는 것도 다소 있다.

3-1 【補】 漢 哀帝(劉欣)가 尙書 鄭崇에게 물었다.

"경의 집 문 앞은 어찌하여 〈시끄러운〉 저잣거리 같은가?"

鄭崇이 대답하였다.

"신의 집 문 앞은 〈시끄러운〉 저잣거리 같지만 신의 마음은 〈고요한〉 물과 같습니다."

漢哀帝가 問尙書鄭崇하되 卿門은 何以如市오하니 對曰 臣門은 如市나 臣心은 如水①니이다하다

① 班固의 ≪漢書≫ 〈鄭崇傳〉에 말하였다. "鄭崇은 字가 子游이다. 高密의 명문거족인데 조부가 남의 비방 때문에 平陵으로 이주하였다. 정숭은 젊은 나이에 郡의 文學史가 되었고, 大司徒 傅喜가 천거하여 尙書僕射에 발탁되었다. 자주 황제를 알현하여 간쟁하였는데 황제는 〈그의 의견을〉 받아들여 썼다. 알현할 때마다 가죽신을 끌자, 황제가 '나는 鄭尙書의 신발 소리를 안다.'라고 하였다."

班固漢書曰"鄭崇, 字子游. 高密大族, 祖父以貲[1]徙平陵. 崇少爲郡文學史, 大司徒傅喜薦, 擢尙書僕射(야). 數見(삭현)諫諍, 上納用之. 每見曳革履, 上曰'我識鄭尙書履聲.'"

3-2 邊文禮(邊讓)가 袁奉高(袁閬)를 만나면서 예의의 절차에 실수가 있었다. 원봉고가 말하였다.

"옛날에 堯임금이 許由를 불렀는데 허유는 얼굴에 부끄러워하는 기색이 없었습니다. 그런데 선생은 어찌하여 상의와 하의를 뒤집어 입으셨습니까?[2)]"

변문례가 대답하였다.

"太守께서 막 부임하셔서 요임금과 같은 덕이 아직 드러나지 않았기에 이 천한 백성이 상의와 하의를 뒤집어 입었을 뿐입니다."

帝堯

邊文禮[①]가 見袁奉高[②]에 失次序하니 奉高가 曰 昔에 堯聘許由한대 面無怍色[③]이어늘 先生은 何爲顚倒衣裳잇고하니 文禮가 答曰 明府初臨하여 堯德未彰이라 是以로 賤民顚倒衣裳耳[④]니이다하다

① ≪文士傳≫에 말하였다. "邊讓은 字가 文禮이고 陳留 사람으로 재주가 뛰어나고 언변이 좋았다. 大將軍 何進이 그의 명성을 듣고는 불러서 令史[3)]에 임명하고 예를 갖추어 접견했다. 변양의 응대는 우아하고 목소리는 물 흐르듯 하여 좌중에 있던 이들이 모두 우러러보았다. 변양이 나와서 담당 관사로 나아가는데, 당시에 孔融과 王朗 등이 모두 앞서 掾(속관)이 되어 있었기에 함께 명함을 써서 올리고 변양의 뒤를 따랐다. 변양은 자신과 대등하게 대우하며 함께 교유하였다. 후에 九江太守가 되었는데, 魏 武帝(曹操)에게 죽임을 당했다."

---

1) 貲 : '呰(비방하다)'와 통한다.

2) 상의와……입으셨습니까 : 이것은 ≪詩經≫ 〈東方未明〉에 나오는 말이다. 윗옷을 '衣'라 하고 아래옷을 '裳'이라고 하는데, 윗옷을 아래에 입고 아래옷을 위에 입었다는 뜻이다. 여기서는 당황하여 행동을 어떻게 해야 할지 모르는 것을 비유하는 말로 쓰였다.

3) 令史 : 大將軍의 속관으로 令史와 御屬이 있는데 31인을 두었다.(≪世說音釋≫)

文士傳曰 "邊讓, 字文禮, 陳留人, 才儁辯逸. 大將軍何進聞其名, 召署令史, 以禮見之. 讓占對閑雅, 聲氣如流, 坐客皆慕之. 讓出就曹, 時孔融・王朗等, 並前爲掾, 共書刺從讓, 讓平衡與交接. 後爲九江太守, 爲魏武帝所殺."

② ≪汝南先賢傳≫에 말하였다. "袁閬은 字가 奉高이고 愼陽 사람이다. 어릴 때에 黃叔度(黃憲)와 사귀었고, 고향에서 陳仲擧(陳蕃)를 천거하였다.[4] 太尉의 掾(속관)으로 초빙되어 있다가 죽었다."

汝南先賢傳曰 "(表宏)〔袁閬〕[5], 字奉高, 愼[6]陽人. 友黃叔度於童齒, 薦陳仲擧於家巷. 辟太尉掾卒.

③ 皇甫謐이 말했다. "許由는 字가 武仲으로 陽城의 槐里 사람이다. 堯임금과 舜임금이 모두 그를 스승으로 삼아 배우고 섬겼다. 후에 沛澤에 은거했는데, 요임금이 天子의 자리를 내어놓고 허유에게 양위하려 하였다. 허유는 사람됨이 義에 근거하고 正道를 행하여 바르지 않은 자리에는 앉지도 않고 바르지 않은 음식은 먹지도 않았는데, 요임금이 양위하고자 한다는 소문을 듣고는 떠났다. 그의 벗인 巢父는 허유가 요임금에게 양위를 받는다는 말을 듣자 자기를 더럽혔다고 여기고는 연못에서 귀를 씻었는데, 연못 주인이 노하여 말하였다. '어찌하여 내 연못을 더럽히는가?' 허유가 이에 도망쳐서 中嶽의 潁水 북쪽에 있는 箕山 아래에서 농사를 지으며 종신토록 천하를 경영할 생각을 가지지 않았다. 죽어서 기산의 꼭대기에 장사 지냈는데 陽城의 남쪽 십 리 되는 곳에 있었다. 요임금이 이로 인해 그의 묘에 나아가 '箕山公神'이라고 호칭하고 五嶽에 배향하였으니, 대대로 제사를 모셔 지금까지 끊이지 않고 있다."[7]

皇甫謐曰 "由, 字武仲, 陽城槐里人也. 堯舜皆師而學事焉. 後隱於沛澤之中, 堯乃致天下而讓焉. 由爲人據義履方, 邪席不坐, 邪饍不食, 聞堯讓而去. 其友巢父, 聞由爲堯所讓, 以爲汚己, 乃臨池洗耳. 池主怒曰, '何以汚我水.' 由於是遁, 耕於中嶽(頴)〔潁〕水之陽箕山之下, 終身無經天下色. 死葬箕山之巓, 在陽城之南十里. 堯因就其墓, 號曰'箕山公神', 以配食五嶽, 世世奉祀, 至今不絶也."

---

4) 고향에서……천거하였다 : 袁閬과 陳蕃 모두 汝南 사람으로, 진번은 汝南郡 孝廉으로 벼슬을 시작하였다.

5) (表宏)〔袁閬〕: 저본에는 '表宏'으로 되어 있으나, ≪後漢書≫ 〈王龔傳〉에 의거하여 '袁閬'으로 바로잡았다.

6) 愼 : ≪御批資治通鑑綱目≫에는 '汝'로 되어 있다.

7) 皇甫謐이……있다 : 이 내용은 皇甫謐의 ≪高士傳≫에 보인다.

④ 살펴보건대 袁閬은 太尉의 掾(속관)으로 있다가 죽었고 汝南太守를 지낸 적이 없으니, 이 이야기는 잘못된 것이다.

按袁(閔)〔閬〕[8]卒於太尉掾, 未嘗爲汝南, 斯說謬矣.

【頭註】

○ 劉辰翁 : 袁奉高는 〈언행이〉 이러하니 말할 만한 인물이 되지 못한다.

劉云"奉高如此, 不足道."

○ 劉應登 : 袁奉高가 선비를 만나면서 堯임금이 許由를 불렀던 일로 자신을 비유하니, 이 또한 잘못이다.

(劉)〔應登〕[9]云"奉高見士, 乃以堯聘許由自比, 亦非."

○ 劉辰翁 : 〈皇甫謐의 주석은〉 또 괴이한 말을 하나 더 추가하였다.

劉云"又添一怪."

顏回

3-3 【補】[10] 鄭康成(鄭玄)이 袁冀州(袁紹)가 마련한 자리에 있었는데, 당시 汝南의 應劭도 원기주에게 와서 의탁하고 있어서 일어나 자신을 소개하였다.

"前 泰山太守 應仲遠(응소)이 北面하여 弟子라고 칭하겠습니다. 어떠하신지요?"

정강성이 웃으며 말하였다.

"仲尼(孔子)의 門下에서는 〈제자들을〉 四科[11]로 분류하였고, 顏回와 端木賜(子貢)의 무리는 관직이

---

8) (閔)〔閬〕: 저본에는 '閔'으로 되어 있으나, ≪後漢書≫ 〈王龔傳〉에 의거하여 '閬'으로 바로잡았다.

9) (劉)〔應登〕: 安永本에는 '劉'으로 되어 있으나, 元刊本 ≪世說新語≫에 의거하여 '應登'으로 바로잡았다.

10) 【補】: 저본에는 '補'가 없으나, 이 일화는 ≪世說新語≫가 아닌 ≪何氏語林≫에 있으므로 '補'를 보충하였다.

11) 四科 : ≪論語≫ 〈先進〉에서는 제자들의 장점을 지목하여 네 가지로 분류하였으니, 德行・言語・政事・文學이다.

나 가문을 칭하지 않았습니다."

그러자 응소가 부끄러워하는 낯빛을 띠었다.

子貢

鄭康成①이 **在袁冀州坐**②러니 **時**에 **汝南應劭**도 **亦歸於袁**③이라 **因起自贊**하여 **曰 故泰山太守應仲遠**이 **北面稱弟子**하니 **何如**잇고하니 **鄭**이 **笑曰 仲尼之門**에 **考以四科**하고 **回賜之徒**는 **不稱官閥**이라하니 **應有慚色**하다

① 范曄의 ≪後漢書≫에 말하였다. "鄭玄은 字가 康成이고 北海 高密 사람이다. 8대조인 鄭崇은 哀帝 때에 尙書僕射를 지냈다. 정현은 黨錮의 禍12)를 만나 은거하며 저술을 하였으니 모두 백여만 자이다. 大將軍 何進이 정현을 초청하자 이에 縫掖13)을 입고 만나보았다. 정현은 신장이 8척 남짓으로 수염과 눈썹이 아름답고 수려했으며 자태와 용모가 매우 훌륭하였다. 하진은 賓禮로 대접하고 几杖을 주었다. 정현이 〈하진의 잘못을〉 바로잡는 말을 많이 하였는데, 〈하진이 그의 말을〉 받아들이지 않자 물러났다. 袁紹가 정현을 초청하여 떠나게 되자 〈사람들이〉 城의 동쪽에서 전별하였는데, 정현을 반드시 취하게 하려고 모임에 왔던 사람들 3백여 명이 모두 자리에서 일어나 술잔을 올렸다. 아침부터 해질 무렵까지 정현은 3백여 잔을 마셨는데도, 온화하고 공경한 태도가 종일토록 흐트러지지 않았다. 獻帝가 許都에 있으면서 불러 大司農으로 삼았는데, 가다가 元城에 이르러 卒하였다."

范曄後漢書曰"鄭玄, 字康成, 北海高密人. 八世祖崇, 哀帝時尙書僕射. 玄遇黨錮, 隱居著述, 凡百餘萬言. 大將軍何進辟玄, 乃縫掖相見. 玄長八尺餘, 鬚眉美秀, 姿容甚偉. 進待以賓禮, 授以几杖. 玄多所匡正, 不用而退. 袁紹辟玄, 及去, 餞之城東, 欲玄必醉, 會者三百餘人, 皆離席奉觴. 自旦至暮, 度玄飮三百餘桮, 而溫克之

12) 黨錮의 禍 : 東漢의 桓帝(132~168)와 靈帝(156~189) 때 사대부와 귀족 등이 환관들이 정치를 어지럽히는 데에 불만을 품고 환관들을 제거하려다가 도리어 환관들에 의해 '黨人'이라는 죄명이 씌워져 수백 명이 죽고 유배당한 사건이다.(≪後漢書≫ 〈黨錮列傳〉)

13) 縫掖 : 소매가 넓은 홑옷으로 옛날 儒者가 입던 옷이다.

容, 終日無怠. 獻帝在許都, 徵爲大司農, 行至元城卒."

② 袁山松의 ≪後漢書≫에 말하였다. "袁紹는 字가 本初이고 汝南 汝陽 사람이다. 司空을 지낸 袁逢의 庶子인데, 伯父인 袁成의 양자로 가서 뒤를 이었다."

≪英雄記≫[14]에 말하였다. "원소는 함부로 빈객과 교제하지 않아서 천하의 이름난 자가 아니면 만날 수가 없었다. 또 游俠을 좋아하여 張孟卓(張邈), 何伯求(何顒), 吳子卿(吳巨), 許子遠(許攸), 伍德瑜(伍瓊)와는 힘을 다해 서로를 도와주는 막역한 벗이었다."

袁山松後漢書曰 "袁紹, 字本初, 汝南汝陽人. 司空逢之庶子, 出後伯父成." 英雄記曰 "紹不妄通賓客, 非海內知名, 不得相見. 又好游俠, 與張孟卓·何伯求·吳子卿·許子遠·伍德瑜爲奔走之友.

③ ≪東觀漢記≫[15]에 말하였다. "應劭는 字가 仲遠이고 汝南 南頓 사람이다. 부친 應奉은 司隸校尉를 지냈다. 응소는 어려서부터 독실하게 배워 널리 보고 많이 들었다."

東觀漢記曰 "應劭, 字仲遠, 汝南南頓人. 父奉, 司隸校尉. 劭少便篤學, 博覽多聞."

3-4 **【補】** **曹公**(曹操)이 **楊太尉**(楊彪)가 **袁公路**(袁術)와 통혼한 일을 가지고 함께 역모를 꾀하였다고 무함하려고 하였다. **孔文擧**(孔融)가 이를 듣고 미처 **朝服**도 갖추지 못하고 가서 조공을 보고 말하였다.

"**楊公**의 4대에 걸친 맑은 덕은 천하가 우러러보는 바입니다. 〈**周書**〉에 '**父子**와 **兄弟** 간에는 **罪**가 서로에게 미치지 않는다.'[16]라고 하였는데, 하물며 **袁氏**

---

14) 英雄記 : ≪漢末英雄記≫라고도 한다. 후한 말 군벌들의 사적을 기록한 책으로, 저자는 王粲 등이다. 일찍 소실되었는데, 明代의 王世貞이 ≪三國志≫의 주석 등에 인용된 일문을 모아 집본을 편찬하였다.

15) 東觀漢記 : 漢代의 사람들은 ≪東觀漢記≫라고 불렀다. 明帝가 班固 등에게 편찬하도록 하였으며, 후한의 역사를 기전체로 기록한 최초의 관찬 역사서이다. 원래는 143권이었는데 ≪舊唐書≫ 〈經籍志〉에는 127권으로 되어 있다. 東觀에서 편찬된 것에서 서명이 유래되었다.

16) 周書에……않는다 : 〈周書〉는 ≪書經≫의 〈周書〉를 말하는데, 현재의 ≪書經≫에는 이 문장이 없다. ≪春秋左氏傳≫ 昭公 20년에 "〈康誥〉에 '父子와 兄弟간에는 罪가 서로에게 미치지 않는다.〔在康誥 曰父子兄弟 罪不相及〕' 하였다."는 말이 보인다. 〈康誥〉는 ≪書經≫ 〈周書〉의 편명이다.

袁術

孔融

때문에 양공에게 죄를 돌려야 되겠습니까? ≪周易≫에 '善을 쌓으면 자손에게 慶事가 있다.'라고 한 것은 단지 사람을 속이는 말인가 봅니다."

조공이 말했다.

"이는 천자〔國家〕의 뜻이오."

공문거가 말했다.

"가령 成王이 召公을 죽인다면 周公이 모른다고 말할 수 있겠습니까?"[17]

曹公①이 以楊太尉②與袁公路婚으로 將誣以同逆③하니 孔文擧④가 聞之하고 不及朝(報)〔服〕[18]하고 往見曹曰 楊公의 四世清德은 海內所瞻⑤이라 周書에 父子兄弟는 罪不相及⑥이라한대 況以袁氏로 歸罪楊公잇가 易에 稱 積善餘慶은 徒欺人耳⑦니이다하다 曹云

17) 가령……있겠습니까 : 周公으로 曹操를 비유하였다. 조조와 楊太尉가 천자를 보좌하는 일은 주공과 召公이 成王을 보좌하는 것과 마찬가지인데, 가령 이런 일이 있다면 모른다고 말할 수 없다는 뜻이다.

18) (報)〔服〕: 저본에는 '報'로 되어 있으나, ≪後漢書≫ 〈楊彪傳〉에 의거하여 '服'으로 바로잡았다.

此는 **國家之意**라하니 **文擧**가 **曰 假使成王**이 **殺召公**이면 **周公**이 **可得言不知耶**잇가하다

① ≪三國志≫ 〈魏志 武帝紀〉에 말하였다. "曹操는 字가 孟德이고 沛國 譙 사람이다. 어려서 機智가 靈敏하였고 권모술수에 능했다. 俠氣가 있고 방탕하였으며 덕행과 학문을 닦지 않았다. 나중에 아들 曹丕가 漢나라를 대신하고서 〈조조를〉 太祖 武皇帝라고 칭하였다."
魏志曰 "曹操, 字孟德, 沛國譙人. 少機警有權數. 任俠放蕩, 不治行業. 後子丕代漢, 稱太祖武皇帝."

② 范曄의 ≪後漢書≫ 〈楊彪傳〉에 말하였다. "楊彪는 字가 文先이고 弘農 華陰 사람이다. 증조부 楊震은 太尉를 지냈고, 조부 楊秉은 태위를 지냈고, 부친 楊賜는 司空을 지냈다. 양표는 어려서 家學을 전수받았다. 옛 典籍과 전하는 이야기를 널리 익혔으므로 公車[19]에서 불러 議郞에 제수하였다. 〈後漢〉 中平 연간(184~189)에 黃琬을 대신하여 司空이 되었다."
范曄後漢書曰 "楊彪, 字文先, 弘農華陰人. 曾祖震太尉, 祖秉太尉, 父賜司空. 彪少傳家學. 以博習舊聞, 公車徵拜議郞. 中平中, 代黃琬爲司空."

③ ≪英雄記≫에 말하였다. "袁術은 字가 公路이고 汝南 汝陽 사람으로, 司空을 지낸 袁逢의 아들이다. 나중에 壽春에서 참람되게 〈皇帝를〉 칭하였다."[20]
英雄記曰 "袁術, 字公路, 汝南汝陽人, 司空逢之子. 後僭號于壽春."

④ 范曄의 ≪後漢書≫에 말하였다. "孔融은 字가 文擧이고 魯國 사람으로 孔子의 24세손이다. 고조부 孔尙은 鉅鹿太守를 지냈고, 부친 孔宙는 泰山都尉를 지냈다."
≪후한서≫의 주석에서 인용한 ≪孔融家傳≫에 말하였다. "공융은 형제가 일곱 명인데 공융이 여섯 번째이다. 어려서부터 구애되지 않는 성품을 지녔다."[21]
范曄後漢書曰 "孔融, 字文擧, 魯國人, 孔子二十四世孫也. 高祖父尙鉅鹿太守, 父宙泰山都尉." 融家傳曰 "融兄弟七人, 融第六. 幼有自然之性."

⑤ 華嶠의 ≪後漢書≫[22]에 말하였다. "東京의 楊氏와 袁氏는 누대에 걸쳐 재상을 지

---

19) 公車 : 漢代 官署의 이름이다. 皇宮 外門의 경호를 담당하였으며, 天下의 上奏文과 徵召하는 등의 일이 여기에서 처리되었다.

20) 〈皇帝를〉 칭하였다 : 국호는 '仲'이라 하였다.

21) 공융은……지녔다 : 이 내용은 ≪後漢書≫ 李賢의 注에 보인다.

22) 後漢書 : ≪後漢書補逸≫에 華僑의 ≪後漢書≫ 輯佚本이 실려 있으며, 이 내용도 보인다.

내 漢나라의 名族이 되었다. 하지만 원씨는 車馬와 衣服이 지극히 사치스럽고 참람스러워, 家風을 잘 지켜 세상 사람들에게 존경을 받은 데에 있어서는 양씨에게 미치지 못하였다."

華嶠漢書曰 "東京楊氏·袁氏, 累世宰相, 爲漢名族. 然袁氏車馬衣服, 極爲奢僭, 能守家風, 爲世所貴, 不及楊氏也."

⑥ ≪春秋左氏傳≫ 僖公 33년에 말하였다. "≪書經≫ 〈周書 康誥〉에 '아비가 慈愛하지 않고, 자식이 공경하지 않으며, 형이 友愛하지 않고, 아우가 공손하지 않는다고 하더라도 〈그 罰이〉 서로에게 미치지 않는다.'고 하였다."

左傳曰 "康誥曰 '父不慈, 子不祗, 兄不友, 弟不恭, 不相及也.'"

⑦ ≪周易≫ 坤卦 〈文言傳〉에 말하였다. "善을 쌓은 집안에는 반드시 자손의 경사가 있다."

易坤卦之傳曰 : "積善之家, 必有餘慶."

【頭註】

○ 李贄 : 北海(孔融)는 어떠한 사람이었을까?

李云 "北海, 何如人哉."

3-5 禰衡이 魏 武帝(曹操)에게 문책을 당해 鼓吏가 되었다. 正月 보름에 북 치는 것을 시험하였다. 예형이 북채를 들어 〈漁陽摻檛〉[23]를 연주하였는데, 둥둥하고 金石같이 굳센 소리가 울리자 주위의 자리에 있던 사람들이 이 때문에 자세를 바로잡았다. 孔融이 말했다.

"예형은 죄가 胥靡(傅說)처럼 가볍지만 明王(조조)의 꿈에는 나타나지 못했습니다."[24]

위 무제가 부끄러워하며 사면해주었다.

---

23) 漁陽摻檛 : 漁陽摻撾, 漁陽參撾 또는 漁陽摻 등으로 표기 방식이 다양하다. 古代 북으로 연주하는 樂曲 이름이다. 摻檛는 북의 일종이다. 北周 庾信의 〈夜聽擣衣〉와 唐 李頎의 〈聽安萬善吹觱篥歌〉를 볼 때 〈어양참과〉는 곡명임을 알 수 있다.

24) 예형은……못했습니다 : 武丁이 꿈을 통해 傅說을 알게 된 일을 빌려와서 禰衡이 비록 사람들로 하여금 낯빛을 바꾸도록 했지만 魏 武帝의 미혹된 마음만은 일깨우지 못했음을 말한 것이다.(≪世說講義≫)

禰衡이 被魏武謫爲鼓吏러니 正月半試鼓에 衡이 揚枹하여 爲漁陽摻檛[25]어늘 淵淵有金石聲하니 四座가 爲之改容①이라 孔融이 曰 禰衡은 罪同胥靡나 不能發明王之夢②이니이다하니 魏武가 慚而赦之하다

禰衡

① ≪典略≫에 말하였다. "禰衡은 字가 正平이고 平原 般 사람이다."

≪文士傳≫에 말하였다. "예형은 그 선조의 출신을 알 수 없으나 재주는 뛰어나고 언행은 분방하였다. 어려서 孔融과 〈서로 편하게〉 '너'라고 부르는 사이가 되었는데, 그때 예형은 아직 스무 살이 되지 않았고 공융은 이미 쉰 살이었다. 〈공융은〉 예형의 재주가 뛰어난 것을 높이 샀으며, 서로 진심을 다해 사귀었고 〈잠시도〉 서로 떨어지지 못하였다. 建安 연간(196~220) 초에 북쪽 지역에 나가 있으면서 공융이 자주 武帝(曹操)에게 서신을 보내 그의 재주를 칭찬하니, 무제가 마음을 다해 만나고자 하였다. 예형은 병을 핑계대고 가려고 하지는 않고 자주 비판의 말을 하였다. 무제는 이를 심히 분하게 여겼으나 그의 재주와 명성 때문에 죽이지 않고 욕을 보이고자 도모하여 이에 鼓吏로 이름을 올리도록 하였다. 뒤에 8월 朝會 때에 이르러 크게 북의 절도〔鼓節〕를 점검하였는데 3중의 樓閣을 세우고 賓客들을 나열해 앉게 하였다. 비단으로 옷을 제작했는데 岑牟(鼓角吏가 쓰던 모자) 하나와 單絞(짙은 황색의 얇은 윗옷) 하나와 작은 홑바지를 만들었다. 고리로서 연주하는 자는 모두 옛옷을 벗고 이 새로운 옷을 입어야 하였다. 차례가 예형에게 오자, 예형은 북을 쳐서 〈漁陽摻檛〉를 연주했다. 발을 구르며 앞으로 나아가고 빠른 걸음으로 걷는데 容態가 범상치 않았다. 북소리는 매우 비장하고 音節은 몹시 오

25) 摻檛 : 북을 치는 법을 가리키는데, 그 의미에 대해서는 異見이 분분하다. ≪後漢書≫ 〈禰衡傳〉에는 '摻'자가 '參'자로 되어 있고, '檛'자는 '撾'와 통용한다.

묘하니, 자리에 있던 빈객들은 慷慨하지 않는 이가 없었고, 틀림없이 예형일 것임을 알았다. 이미 연주를 시작하고 나서도 옷을 갈아입으려 하지 않자, 관리가 꾸짖으며 '고리가 어찌하여 혼자만 옷을 갈아입지 않는가?' 하였다. 예형은 바로 멈추고, 무제의 앞에 서서 먼저 홑바지를 벗고 다음에 나머지 옷을 벗고 알몸으로 섰다. 천천히 잠모를 쓰고 다음으로 단교를 입고 마지막에 홑바지를 입었다. 옷을 다 입자 다시 〈어양참과〉를 치고는 갔는데, 안색에 부끄러움이 없었다. 무제가 웃으면서 주위를 돌아보며 '본래 예형을 욕보이려고 했는데 예형이 도리어 나를 욕보였다.'라고 하였다. 지금까지 〈어양참과〉가 남아 있는데, 예형이 만든 것이다. 나중에 黃祖에게 피살되었다."

典略曰"衡, 字正平, 平原般人也." 文士傳曰"衡不知先所出, 逸才飄擧. 少與孔融作爾汝之交, 時衡未滿二十, 融已五十. 敬衡才秀, 共結殷勤, 不能相違. 以建安初北游, 融數(삭)與武帝牋, 稱其才, 帝傾心欲見. 衡稱疾不肯往, 而數有言論. 帝甚忿之, 以其才名不殺, 圖欲辱之, 乃令錄爲鼓吏. 後至八月朝會, 大閱試鼓節, 作三重閣, 列坐賓客. 以帛絹製衣, 作一岑牟・一單絞及小幝. 鼓吏度者, 皆當脫其故衣, 着此新衣. 次傳衡, 衡擊鼓爲漁陽摻檛, 蹋地來前, 躡馺脚足, 容態不常. 鼓聲甚悲, 音節殊妙, 坐客莫不忼慨, 知必衡也. 旣度, 不肯易衣, 吏呵之曰'鼓吏, 何獨不易服.' 衡便止. 當武帝前, 先脫幝, 次脫餘衣, 裸身而立. 徐徐乃箸岑牟, 次箸單絞, 後乃箸幝. 畢, 復擊鼓, 摻槌而去, 顔色無怍. 武帝笑謂四坐曰'本欲辱衡, 衡反辱孤.' 至今有漁陽摻(槌)〔檛〕[26], 自衡造也. 爲黃祖所殺."

② 皇甫謐의 ≪帝王世紀≫에 말했다. "武丁이 하늘이 자신에게 賢人을 내려주는 꿈을 꾸고는, 百工으로 하여금 그 모습을 그리게 하여 그 사람을 천하에서 찾게 하였다. 담을 쌓는 공사를 하고 있던 胥靡[27]가 傅巖의 들판에서 거친 베옷을 입고 있는 것을 발견했으니, 이 사람을 '傅說'이라고 하였다."

張晏이 말했다. "서미는 형벌의 이름이다. '胥'는 '서로〔相〕'라는 뜻이고, '靡'는 '따른다〔從〕'는 뜻이니, 相從하여 가벼운 형법을 범하는 것을 이른다."

皇甫謐帝王世紀曰 "武丁夢天賜己賢人, 使百工寫其像, 求諸天下. 見築者胥靡, 衣褐於傅巖之野, 是謂'傅說'." 張晏曰 "胥靡, 刑名. 胥, 相也. 靡, 從也. 謂相從坐輕刑也."

---

26) (槌)〔檛〕: 저본에는 '槌'로 되어 있으나, 宋本 ≪世說新語≫에 의거하여 '檛'로 바로잡았다.

27) 胥靡 : 고대 노역에 복역하던 노예 또는 죄수이다. 형벌의 이름이기도 하다.

【頭註】

○ 李贄 : 北海(孔融)는 어떠한 사람이었을까?
李云 "北海, 何如人乎?"

○ 劉辰翁 : 단지 ≪世說新語≫의 〈내용과〉 같기만 해도 그 자체로 충분하다. 〈예형이〉 옷을 벗는 내용을 더 넣어도 해될 것은 없지만, 다만 '度者(연주하는 자)'라는 글자가 앞에 있는 것이 지극히 껄끄럽다. 저 鼓吏들이 옷을 갈아입는 내용이 어찌 꼭 〈예형이 옷을 갈아입는 것〉 앞에 있을 필요가 있을까.
劉云 "只如世說自可. 增入脫衣無害, 但覺'度者'在前, 極是辛苦. 彼鼓吏易衣, 豈必在前邪."

○ 劉辰翁 : 〈孔融의 말이〉 창졸간에 조조를 위해 그 부끄러움을 덮어주었으니, 참으로 이 구절이 있어야 마땅하다.
劉云 "倉卒爲操掩羞, 固當有此."

○ 李贄 : 묘하고 묘하다.
李云 "妙妙."

3-6 潁川太守가 陳仲弓(陳寔)을 삭발하는 형벌〔髡〕에 처했다. 客이 陳元方(陳紀)에게 물었다.

"府君(태수)은 어떤 분이십니까?"

진원방이 말했다.

"高明하신 분입니다."

"足下의 家君(진식)은 어떤 분이십니까?"

"忠臣이자 孝子입니다."

객이 말했다.

"≪周易≫에 '두 사람이 마음을 함께하면 그 예리함이 쇠를 자를 만하고, 마음을 함께한 말은 그 향기가 난초와 같다.'라고 하였습니다. 고명한 부군이 충신이자 효자에게 형벌을 가하는 일이 어떻게 있을 수 있습니까?"[28]

---

28) 고명한……있습니까 : 客의 말은 태수의 편에서 한 것으로, 陳寔은 충신과 효자가 아니며 잘못이 있기 때문에 태수가 처벌을 내렸다는 뜻이다.

진원방이 말했다.

"그대는 어찌하여 그렇게나 잘못된 말씀을 하십니까. 그러므로 대답하지 않겠습니다."

객이 말했다.

"그대는 곱사등이가 허리가 굽히고 있는 것을 공경히 예를 갖추고 있는 것이라 하였기에[29] 대답하지 못하는 것입니다."

진원방이 말했다.

"옛날 殷 高宗은 효자인 孝己를 내쳤고, 尹吉甫는 효자인 伯奇를 내쳤고, 董仲舒는 효자인 符起를 내쳤습니다. 이 세 분이야말로 고명한 분이었고, 이 세 아들이야말로 충신이자 효자였습니다."

董仲舒

객이 부끄러워하며 물러갔다.

(潁)〔穎〕川太守가 髠陳仲弓①하니 客有問元方하되 府君은 何如오하니 元方이 曰 高明之君也라하다 足下의 家君은 何如오하니 曰 忠臣孝子也라하다 客曰 易에 稱 二人同心이면 其利斷金이요 同心之言은 其臭如蘭②이라하니 何有高明之君而刑忠臣孝子者乎아하니 元方이 曰 足下言何其謬也오 故不相答이라하다 客曰 足下는 但因傴爲恭하니 而不能答이라하니 元方이 曰 昔에 高宗은 放孝子孝己③하고 尹吉甫는 放孝子伯奇④하고 董仲舒는 放孝子符起하니 唯此三君은 高明之君이요 唯此三子는 忠臣孝子라하니 客이 慚而退하다

---

29) 곱사등이가……하였기에 : 곱사등이는 원래 허리가 굽은 것인데 이것을 인사하는 것이라고 했다는 말은, 陳寔이 실제로는 충신과 효자가 아닌데 陳紀가 거짓말을 했다는 뜻이다.

① 살펴보건대 陳寔이 향리에 있을 때에 州郡에 해결할 수 없는 의심스러운 옥사〔疑獄〕가 있으면 모두 진식에게 가지고 왔다. 혹자는 도착하여 사실대로 고하기도 하고, 혹자는 중간에 말을 바꾸기도 하고, 혹자는 제정신이 아니었다고 핑계대기도 하였다. 모두가 "차라리 刑戮으로 고통을 받을망정 陳君(진식)에게 비난받지는 않겠다."라고 하였다. 진식의 성대한 덕이 사람들을 이와 같이 크게 감화시켰는데도 스스로를 지키지 못하고 도리어 형벌을 초래하는 일이 어찌 있었겠는가? 아무래도 그렇지 않았을 듯하다. 이것은 이른바 '齊나라 동쪽 野人의 말30)'일 따름이다.
按寔之在鄕里, 州郡有疑獄不能決者, 皆將詣寔. 或到而情首, 或中途改辭, 或託狂悖. 皆曰"寧爲刑戮所苦, 不爲陳君所非." 豈有盛德感人若斯之甚, 而不自衛, 反招刑辟. 殆不然乎. 此所謂'東野之言'耳.

② 王廙가 ≪周易≫ 〈繫辭傳〉의 주석에서 말하였다. "쇠는 지극히 견고하지만 마음을 같이하는 경우 그 날카로움은 어떤 것도 뚫고 들어갈 수 있으며, 蘭은 향기로운 물건으로 좋아하지 않는 자가 없다. 마음을 같이하는 이들은 남도 좋아하지 않는 경우가 없다는 말이다."
王廙注繫辭曰"金, 至堅矣, 同心者其利無不入, 蘭, 芳物也, 無不樂者. 言其同心者, 物無不樂也."

③ ≪帝王世紀≫에 말하였다. "殷 高宗 武丁에게 어진 아들 孝己가 있었는데 그 어미가 일찍 죽었다. 고종이 후처의 말에 미혹되어 내쫓아 그를 죽게 하니, 천하의 사람들이 슬퍼하였다."
帝王世紀曰"殷高宗武丁有賢子孝已, 其母蚤死. 高宗惑後妻之言, 放之而死, 天下哀之."

④ ≪琴操≫에 말하였다. "尹吉甫는 周나라 卿이다. 伯奇라고 하는 아들이 있었는데, 그 어미가 죽자 〈윤길보가〉 다시 장가들었다. 후처가 伯邦라는 아들을 낳고는 윤길보에게 백기를 참소하자, 이에 백기를 郊野로 내쫓았다. 周 宣王이 밖으로 나가 놀 때 윤길보가 따라갔는데, 백기가 이에 노래를 만들어 그 가사로 선왕을 감동시켰다. 선왕이 이를 듣고 '이는 孝子의 말이다.'라고 하자, 윤길보가 이에 교야에서 백기를 찾아 데려오고 후처를 활로 쏘아 죽였다."
琴操曰"尹吉甫, 周卿也. 有子伯奇, 母死更娶. 後妻生子曰伯邦, 乃譖伯奇於吉甫,

30) 齊나라……말 : ≪孟子≫ 〈萬章 上〉에 나오는 구절로, 어리석고 믿을 수 없는 말이라는 뜻이다.

於是放伯奇於野. 宣王出遊, 吉甫從, 伯奇乃作歌, 以言感之. 宣王聞之曰 '此孝子之辭也.' 吉甫乃求伯奇於野, 而射殺後妻."

【頭註】

○ 王世懋 : ≪後漢書≫ 〈陳寔傳〉을 살펴보건대, 살인을 한 자가 있자 같은 縣의 楊씨 성의 관리가 진식을 의심하였고 縣에서 마침내 체포하여 고문했는데, 실체가 없어서 빠져나올 수 있었다. 바로 이것과 〈내용이〉 부합하니, 어찌 正史가 또한 齊나라 동쪽 野人의 말이겠는가. 또한 劉孝標의 주석이 아닌 듯하다.
王云 "按漢書寔傳, 有殺人者, 同縣楊吏以疑寔, 縣遂逮繫考掠, 無實而後得出. 正與此合, 豈正史亦東野之言乎. 恐亦非孝標注也."

○ 李贄 : 좋은 말이다.
李云 "好言語."

3-7 荀慈明(荀爽)이 汝南의 袁閬과 서로 만났을 때, 〈원랑이〉 潁川의 人士에 대해 물어보았다. 순자명이 먼저 자신의 형들을 언급하자, 원랑이 웃으며 말했다.

"선비께서는 단지 친척과 친구에게 기댈 수밖에 없는 것입니까?"

순자명이 말했다.

"그대가 저를 힐책하시는데 근거는 어떤 경전입니까?"

원랑이 말했다.

"금방 나라의 인재들을 물어보았는데 형들을 언급하였으니, 이 때문에 나무랐을 뿐입니다."

순자명이 말했다.

"옛날 祁奚가 친척을 천거할 때 자신의 아들을 빠트리지 않았고, 외부 사람을 천거할 때 원수를 빠트리지 않았으니, 〈사람들이〉 지극히 공정하다고 여겼습니다. 周公 旦이 지은 詩 〈文王〉에서 堯임금과 舜임금의 德을 논하지 않고 文王과 武王을 칭송한 것[31]은 親親(자기의 친속을 친애하는 것)의 의리입니다. ≪春秋≫

---

31) 周公……것 : ≪詩經≫ 〈大雅 文王〉은 文王에 대한 칭송을 읊은 것이지 武王에 대한

文王

武王

의 의리는 자신의 나라를 안으로 삼고 중원의 다른 제후국들을 밖으로 삼았습니다. 자신의 친족을 사랑하지도 않으면서 다른 이를 사랑하는 것은 悖德이 아니겠습니까?"

荀慈明이 與汝南袁閬으로 相見①에 問(頴)〔潁〕川人士라 慈明이 先及諸兄하니 閬이 笑曰 士但可因親舊而已乎아하다 慈明이 曰 足下相難하니 依據者는 何經고하니 閬이 曰 方問國士어늘 而及諸兄하니 是以로 尤之耳라하다 慈明이 曰 昔者에 (祈)〔祁〕32)奚가 內擧不失其子하고 外擧不失其讎하니 以爲至公②이라 公旦文王之詩에 不論堯舜之德하고 而頌文武者는 親親之義也라 春秋之義는 內其國而外諸夏하니 且不愛其親而愛他人者가 不爲悖德乎아하다

언급은 없으니, 여기서 〈문왕〉 시라 한 것은 〈文王之什〉을 통틀어 말한 것으로 보인다. 〈문왕지십〉에는 〈文王〉, 〈大明〉, 〈綿〉, 〈棫樸〉, 〈旱麓〉, 〈思齊〉, 〈皇矣〉, 〈靈臺〉, 〈下武〉, 〈文王有聲〉의 10편이 있다. 陸德明의 ≪經典釋文≫에 "〈문왕〉에서 〈영대〉까지 8편은 문왕의 〈大雅〉이고, 〈하무〉와 〈문왕유성〉은 무왕의 〈대아〉이다." 하였다. 그런데 이 시들을 주공이 지었다는 것은 확실한 근거가 없다.(≪世說新語箋疏≫)

32) (祈)〔祁〕: 저본에는 '祈'로 되어 있으나, 元刊本 ≪世說新語≫ 및 ≪春秋左氏傳≫에 의거하여 '祁'로 바로잡았다. 아래의 注도 같다.

① 荀爽은 荀諝라고도 한다. ≪漢南紀≫[33]에 말하였다. "순서는 文章과 典籍을 섭렵하지 않은 것이 없었다. 당시 사람들의 속담에 '荀氏의 八龍 중에 慈明이 제일이다.'라고 하였다. 은거하며 〈학문의〉 뜻을 돈독히 하여 벼슬에 불러도 나아가지 않았다."

張璠의 ≪漢紀≫[34]에 말하였다. "董卓이 정권을 잡고 다시 순상을 불렀는데, 순상이 도망가려 하자 관리가 급히 붙잡았다. 〈벼슬 없는〉 布衣에서 발탁되어 95일 만에 〈지위가〉 三公에 이르렀다."

荀爽, 一名諝. 漢南紀曰"諝, 文章典籍, 無不涉. 時人諺曰'荀氏八龍, 慈明無雙.' 潛處篤志, 徵聘無所就." 張璠漢紀曰"董卓秉政, 復徵爽, 爽欲遁去, 吏持之急. 起布衣, 九十五日而至三公."

② ≪春秋左氏傳≫ 襄公 3년에 말하였다. "祁奚가 中軍尉일 때에 연로하여 사직하겠다고 청하자, 晉侯가 후임을 물었다. 解狐를 천거했는데, 그의 원수였다. 장차 해호를 〈후임으로〉 세우려고 했는데 그가 죽어서 또 물어보니, 대답하기를 '祁午가 좋습니다.'라고 하였는데, 그의 아들이었다. 君子들은 기해가 좋은 사람을 잘 추천한다고 이를 만하다고 하였다. 원수를 천거했으나 〈사람들은〉 아첨한다고 여기지 않았고, 아들을 세웠으나 당파를 짓는다고 여기지 않았다."

春秋傳曰"(祈)〔祁〕奚爲中軍尉, 請老, 晉侯問嗣焉. 稱解狐, 其讎也. 將立之而卒, 又問焉, 對曰'午也可.' 其子也. 君子謂(祈)〔祁〕奚可謂能擧善矣. 稱其讎不爲諂,' 立其子不爲比."

【頭註】

○ 李贄 : 아무 맛이 없다.

李云"無味."

3-8 南郡의 龐士元(龐統)이 司馬德操(司馬徽)가 潁川에 있다고 듣고는 일부러 2천리 길을 가서 찾아보았다. 도착하여 사마덕조를 만났는데, 뽕잎을 따고 있었

---

33) 漢南紀 : 後漢의 역사를 기록한 책으로 ≪後漢南紀≫라고도 한다. 東晉의 張瑩이 지었으며 55권 또는 58권이라고 한다. 일찍 망실되었고 남아 있는 부분도 적다.

34) 張璠의 ≪漢紀≫ : 張璠은 삼국시대 魏나라 사람으로, 晉나라에 들어서서는 令史가 되었다. ≪後漢紀≫ 30권을 찬술하였는데 널리 유전되지 못하고 일찍 산실되었다.

다. 방사원이 수레 안에서 〈사마덕조에게〉 말하였다.

"제가 듣건대 丈夫가 세상에 살면서 마땅히 황금빛 印章과 자색 인끈[35]을 차야 한다고 했습니다. 어찌하여 큰 강과 같은 度量을 굽히고서 실 잣는 아녀자의 일을 하실 수 있습니까?"

사마덕조가 말하였다.

"그대는 우선 수레에서 내리시오. 그대는 단지 지름길이 빠른 줄만 알았지, 길을 잃었을 때의 어두움은 염려하지 않는군요. 옛날 伯成子高는 밭을 갈면서도 제후의 영화를 부러워하지 않았고, 原憲은 뽕나무로 지도리를 만든 집에 살면서도 벼슬아치의 집과 바꾸지 않았습니다. 어찌하여 앉을 때는 화려한 집, 행차할 때는 살진 말, 시녀는 수십 명이 있은 뒤에야 훌륭하다고 하겠습니까. 이것이 바로 許由와 巢父(소보)가 강개한 이유이고, 伯夷와 叔齊가 길게 탄식한 이유입니다. 비록 秦나라에서 훔친 작위와 말 4천 필의 부유함이 있더라도 귀하게 여기기에는 부족합니다."

原憲

방사원이 말하였다.

"저는 邊境에서 태어나 大義를 많이 보지 못하였습니다. 만약 한번 큰 종과 큰 북을 쳐보지 않았다면 그 音響을 몰랐을 것입니다."

35) 황금빛……인끈 : 모두 재상이 패용하던 것이다.

南郡의 龐士元이 聞司馬德操在(潁)[穎]川하고 故二千里候之라 至遇德操하니 采桑이라 士元이 從車中謂曰 吾聞컨대 丈夫處世에 當帶金佩紫라하니 焉有屈洪流之量하여 而執絲婦之事①잇가하니 德操曰② 子且下車하라 子適知邪徑之速하고 不慮失道之迷라 昔에 伯成은 耦耕하되 不慕諸侯之榮③하고 原憲은 桑樞로되 不易有官之宅④이라 何有坐則華屋과 行則肥馬와 侍女數十然後에 爲奇리오 此乃許父⑤所以忼慨요 夷齊所以長歎⑥이니 雖有竊秦之爵과 千駟之富⑦라도 不足貴也라하다 士元이 曰 僕은 生出邊垂하여 寡見大義하니 若不一叩洪鍾하고 伐雷鼓하면 則不識其音響也니이다하다

① ≪三國志≫ 〈蜀志 龐統傳〉에 말하였다. "龐統은 字가 士元이고 襄陽 사람이다. 어렸을 때에 순박하고 둔하여 알아주는 사람이 없었다. 穎川의 司馬徽는 사람을 알아보는 눈이 있었다. 龐士元이 약관의 나이에 사마휘를 만나러 갔다. 사마휘는 나무 위에서 뽕잎을 따고 있었는데 나무 아래에 방사원을 앉게 하고는 낮부터 밤까지 함께 이야기를 나누었다. 사마휘는 그를 남다르게 여기고 '그대는 南州 士人의 으뜸이 될 것이다.'라고 하였다. 이때부터 점차 이름이 드러났다."

≪襄陽記≫36)에 말하였다. "방사원은 龐德公의 조카이다. 나이가 어려서는 아직 알아주는 사람이 없었는데 오직 방덕공만이 그를 중하게 여겼다. 18세에 〈방덕공이〉 司馬德操를 만나러 가도록 했는데, 〈사마덕조가〉 함께 이야기를 나누어 보고는 '방덕공은 참으로 사람을 알아보는구나. 진실로 훌륭한 인물이다.'라고 감탄하였다. 후에 劉備가 사마덕조에게 세상의 일을 물어보자, 사마덕조가 '평범한 선비가 요즘의 일을 어찌 알겠습니까. 이곳에 자연히 伏龍과 鳳雛가 있습니다.'라고 하였으니, 諸葛孔明(諸葛亮)과 龐士元을 두고 한 말이었다."

≪華陽國志≫37)에 말하였다. "유비가 방사원을 발탁하여 軍師中郎將으로 삼았다. 〈유비를〉 따라서 洛城을 공격하다가 流矢에 맞아 죽으니, 이때가 38세였다."

蜀志曰"龐統, 字士元, 襄陽人. 少時樸鈍, 未有識者. (潁)[穎]川司馬徽有知人之鑒,

---

36) 襄陽記 : 東晉의 習鑿齒가 지은 襄陽郡의 지방지로 5권인데 산실되었다. ≪襄陽耆舊記≫이라고도 한다. ≪郡齋讀書後志≫에 의하면 앞에는 양양의 인물을, 가운데에는 산천과 성읍을, 뒤에는 수령들에 관해 실었다고 한다.

37) 華陽國志 : 원래는 ≪華陽國記≫라고 하였다. 東晉의 常璩가 편찬하였으며 모두 12권이다. 華陽 즉 巴·蜀·漢中의 중국 서남지역의 역사, 지리, 인물 등을 전문적으로 기술한 지리지이다.

士元弱冠往見徽. 徽采桑樹上, 坐士元樹下, 共語, 自晝至夜. 徽異之曰 '生當爲南州士人之冠冕.' 由是漸顯." 襄陽記曰 "士元, 德公之從子也. 年少未有識者, 惟德公重之. 年十八, 使往見德操, 與語, 歎曰 '德公誠知人. 實盛德也.' 後劉備訪世事於德操, 德操曰 '俗士豈識時務. 此間自有伏龍・鳳雛.' 謂諸葛孔明與士元也." 華陽國志曰 "劉備引士元爲軍(帥)〔師〕[38]中郎將. 從攻洛, 爲流矢所中, 卒. 時年三十八."

② 〈司馬徽別傳〉에 말하였다. "司馬徽는 字가 德操이고 潁川 陽翟 사람이다. 사람을 알아보는 눈이 있었다. 荊州에 살 때에 〈刺史인〉 劉表의 성품이 우매하여 반드시 선한 사람을 해할 것임을 알고는 입을 닫고 是非를 논하지 않았다. 당시에 사람들이 인물에 대해 사마휘에게 물으면, 처음부터 그 높고 낮음을 분별하지 않고 매번 좋다고만 말하였다. 그의 아내가 '사람들이 질의하면 당신께서는 의당 분별하여 논해야 할 것인데 한결같이 모두 좋다고 하시니, 〈이것이〉 어찌 사람들이 당신께 물어본 뜻이겠습니까?'라고 간언하자, 사마휘가 '당신 말도 좋구려.'라고 하였으니, 그의 완곡함과 겸손함이 이와 같았다. 한번은 사마휘의 돼지를 자기 것이라고 오인한 사람이 있자 바로 그에게 주었다. 그가 나중에 자신의 돼지를 찾고는 사죄하며 돌려주자, 사마휘는 또 정중하게 인사하였다. 劉表의 아들 劉琮이 사마휘를 방문하려고 사람을 보내 집에 있는지를 물어보게 하였다. 마침 사마휘는 직접 채마밭에서 김을 매고 있었다. 유종의 시종이 '司馬君께서는 계시는가?'라고 묻자, 사마휘가 '내가 그 사람이오.'라고 하였다. 유종의 시종은 그의 누추함을 보고는 '죽일 놈 같으니라고! 장군의 아드님이 사마군을 뵙고자 하시는데, 너는 어떤 田奴이기에 스스로를 사마군이라고 하느냐?'라며 욕을 하였다. 사마휘가 집으로 돌아가 머리카락을 잘라 가지런히 하고 건을 쓰고 나타났다. 유종의 시종이 사마휘를 보니 바로 조금 전의 늙은이였다. 시종이 두려운 마음에 유종에게 이야기하자, 유종이 일어나 머리를 조아리며 사죄하였다. 사마휘가 이에 말하기를 '경은 정말이지 이러지 마십시오. 제가 심히 부끄럽습니다. 이는 채마밭에서 김을 맸기 때문이니, 오직 경만 알고 계십시오.'라고 하였다. 어떤 이가 누에를 치려고 누에거적을 구하자 사마휘는 자신의 누에를 버리고 그에게 주었다. 혹자가 '보통 사람들이 자신의 물건을 덜어서 다른 사람에게 주는 것은 저쪽은 급하고 자신은 여유가 있기 때문입니다. 이번 경우는 피차가 똑같은데 어찌하여 그 사람에게 주었습니까?'

---

38) (帥)〔師〕: 저본에는 '帥'로 되어 있으나, ≪三國志≫ 〈蜀書 龐統傳〉에 의거하여 '師'로 바로잡았다.

하니, 사마휘는 '그 사람은 나한테 무언가를 달라고 한 적이 없었습니다. 구하는데 주지 않는다면 장차 부끄러워할 것입니다. 어찌 재물 때문에 다른 사람을 부끄럽게 할 수 있겠습니까.'라고 하였다. 사람들이 유표에게 '사마덕조는 奇士입니다. 단지 〈알아주는 사람을〉 만나지 못했을 뿐입니다.'라고 하였다. 유표가 나중에 그를 보고는 '세상 사람들이 망언을 했다. 그 사람은 단지 보잘것없는 書生일 뿐이다.'라고 하였다. 그는 지혜로우면서도 능히 어리석은 듯이 행동할 수 있었으니, 〈사례가〉 모두 이와 비슷하였다. 형주가 함락되어 조조에게 잡혔는데, 조조가 크게 쓰려고 하였으나 때마침 병으로 죽고 말았다."

司馬徽別傳曰 "徽, 字德操, (穎)〔潁〕川陽翟人. 有人倫鑒識. 居荊州, 知劉表性暗, 必害善人, 乃括囊[39]不談議. 時人有以人物問徽者, 初不辨其高下, 每輒言佳. 其婦諫曰 '人質所疑, 君宜辨論, 而一皆言佳, 豈人所以咨君之意乎.' 徽曰 '如君所言, 亦復佳.' 其婉約遜遁如此. 嘗有妄認徽豬者, 便推與之. 後得其猪, 叩頭來還, 徽又厚辭謝之. 劉表子琮往候徽, 遣問在不. 會徽自鋤園. 琮左右問 '司馬君在耶.' 徽曰 '我是也.' 琮左右見其醜陋, 罵曰 '死傭. 將軍諸郎欲求見司馬君, 汝何等田奴, 而自稱是耶.' 徽歸, 刈頭箸幘出見. 琮左右見徽故是向老翁. 恐, 向琮道之, 琮起, 叩頭辭謝. 徽乃謂曰 '卿眞不可然. 吾甚羞之. 此自鋤園, 惟卿知之耳.' 有人臨蠶求簇箔者, 徽自棄其蠶而與之. 或曰 '凡人損己以贍人者, 謂彼急我緩也. 今彼此正等, 何爲與人.' 徽曰 '人未嘗求己, 求之不與, 將慚. 何有以財物令人慚者.' 人謂劉表曰 '司馬德操, 奇士也. 但未遇耳.' 表後見之曰 '世間人爲妄語. 此直小書生耳.' 其智而能愚, 皆此類. 荊州破, 爲曹操所得, 操欲大用, 會其病死."

③ ≪莊子≫ 〈天地〉에 말하였다. "堯임금이 천하를 다스릴 때에 伯成子高를 제후로 세웠는데, 禹임금이 天子가 되자 백성자고는 제후를 그만두고 들판에서 농사를 지었다. 우임금이 그를 보러가서는 아랫자리로 빠른 걸음으로 나아가 물으니, 백성자고가 '옛날 요임금이 천하를 다스릴 때에는 상을 주지 않아도 백성들이 부지런히 일하고, 벌을 주지 않아도 백성들이 두려워했습니다. 그런데 지금은 그대가 상을 주고 벌을 내리는데도 백성들은 어질지 않으니, 덕은 이로 말미암아 쇠하고 형벌은 이로 말미암아 정해질 것입니다. 그대는 어찌하여 가지 않습니까. 내 일을 방해하지 마시오.'라고 하였다."

---

39) 括囊 : 주머니를 묶는다는 뜻으로, 입을 닫고 말을 하지 않는다는 말이다.(≪周易≫ 坤卦)

莊子曰 "堯治天下, 伯成子高立爲諸侯, 禹爲天子, 伯成辭諸侯而耕於野. 禹往見之, 趨就下風而問焉. 子高曰 '昔堯治天下, 不賞而民勸, 不罰而民畏. 今子賞罰, 而民且不仁, 德自此衰, 刑自此立. 夫子盍行邪. 毋落吾事.'"

④ ≪孔子家語≫에 말하였다. "原憲은 字가 子思이고 宋나라 사람으로 孔子의 제자이다. 魯나라에 살 때에 사면의 길이가 한 길〔丈〕인 작은 집은 生草로 지붕을 이었으며, 쑥대로 만든 문은 온전치 않았으며, 뽕나무로 지도리를 만들고 깨진 옹기로 창을 만들었으며, 위는 비가 새고 아래는 축축했는데 앉아서 거문고를 타며 노래를 불렀다. 子貢은 〈자신의〉 軒車가 골목에 들어가지 않자 〈걸어〉 가서 원헌을 보고는 '先生은 무슨 병입니까?'라고 물으니, 원헌이 '제가 듣기로 재물이 없는 것을 가난이라고 하고, 배웠으나 행하지 못하는 것을 병이라고 하였습니다. 지금 저는 가난한 것이지 병이 아닙니다. 세상에 무엇인가를 기대하며 행동하고, 군자와 소인을 가리지 않고 벗하며, 남에게 보이고자 학문을 하고, 자기의 이익을 위해 가르치고, 仁과 義를 더럽히고, 수레와 말을 꾸미는 일을 저는 차마 할 수 없습니다.'라고 하였다."

家語曰 "原憲, 字子思, 宋人, 孔子弟子. 居魯, 環堵之室, 茨以生草, 蓬戶不完, 桑樞而瓮牖, 上漏下濕, 坐而絃歌. 子貢軒車不容巷, 往見之曰 '先生何病也.' 憲曰 '憲聞無財謂之貧, 學而不能行謂之病. 今憲貧也, 非病也. 夫希世而行, 比周而友, 學以爲人, 教以爲己, 仁義之慝, 輿馬之飾, 憲不忍爲也.'"

⑤ 〈許父는〉 許由와 巢父이다. ≪逸士傳≫에 말하였다. "소보는 堯임금 때의 은자이다. 산에 살며 세상의 이익을 도모하지 않았고 늙어서는 나무로 새둥지 같은 집〔巢〕을 만들어 그 위에서 잠을 잤다. 그래서 '소보'라고 불렀다."

許由巢父. 逸士傳曰 "巢父者, 堯時隱人. 山居不營世利, 年老以樹爲巢, 而寢其上, 故號'巢父'."

⑥ ≪孟子≫ 〈萬章 下〉에 말하였다. "伯夷와 叔齊는 눈으로는 나쁜 빛을 보지 아니하며, 귀로는 나쁜 소리를 듣지 아니하고, 鄕人들과 거처하는 것을 마치 塗炭에 앉은 듯이 여겼으니, 아마 聖人으로서 맑은 분일 것이다."

孟子曰 "伯夷·叔齊, 目不視惡色, 耳不聽惡聲, 與鄕人居, 若在塗炭, 蓋聖人之淸也."[40)]

⑦ ≪古史考≫[41)]에 말하였다. "呂不韋가 秦의 子楚(秦 莊襄王)를 위해 華陽夫人에게

---

40) 孟子曰……蓋聖人之淸也 : ≪孟子≫의 문장을 변형하여 인용하였다.

천금의 뇌물을 써서 자초를 後嗣로 세워달라고 청하였다. 자초가 즉위하자 여불위에게 洛陽의 10만 호를 내려주고, '文信侯'라고 호칭하였다. 거짓으로 작위를 얻었기 때문에 〈본문에서〉 '훔치다'라고 말한 것이다."

≪論語≫ 〈季氏〉에 "齊 景公은 말이 千駟나 있었으나, 〈죽는 날에〉 백성들이 德을 칭송하지 않았다." 하였는데, 孔安國은 "千駟는 4,000필이다."라고 하였다.

古史考曰 "呂不韋爲秦子楚, 行千金貨於華陽夫人, 請立子楚爲嗣. 及子楚立, 封不韋洛陽十萬戶, 號'文信侯'. 以詐獲爵, 故曰竊也." 論語曰 "齊景公有馬千駟, 民無(得)〔德〕[42]而稱焉." 孔安國曰 "千駟, 四千匹."

【頭註】

○ 李贄 : 묘하고 묘하다.

李云 "妙妙."

3-9 【補】 曹公(曹操)이 楊德祖(楊脩)를 죽이고 나서 뒤에 太尉(楊彪)를 朝堂에서 만났다. 조공이 태위에게 물었다.

"공은 어찌하여 심하게 수척해졌습니까?"

태위가 답하였다.

"金日磾와 같은 先見之明은 없고, 아직도 늙은 소가 송아지를 핥아주는 〈것과 같은〉 사랑을 품고 있는 것이 부끄러워서입니다."

曹操

41) 古史考 : 魏晉 시기 譙周가 지은 것으로 25권이었는데 산실되었다. 현재는 淸나라 章宗源의 집본 1권이 있다. 司馬遷의 ≪史記≫에 실린 周·秦 이전 역사적 사실의 잘못을 고증하여 바로잡기 위해 만들어졌다.

42) (得)〔德〕 : 저본에는 '得'으로 되어 있으나, 宋本 ≪世說新語≫·安永本·≪論語≫에 의거하여 '德'으로 바로잡았다.

조공이 이 말을 듣고 자세를 바로잡았다.

曹公이 **旣殺楊德祖**[①]하고 **後**에 **與太尉**로 **遇於朝堂**하니 **曹問太尉**하되 **公何瘦之甚**고하니 **太尉**가 **答曰 愧無日磾先見之明**[②]하고 **猶懷老牛舐犢之愛**라하니 **曹公**이 **爲之改容**하다

① 張騭(장즐)의 ≪文士傳≫43)에 말하였다. "楊脩는 字가 德祖이고 부친 楊彪는 漢나라의 太尉였다. 양수는 丞相府主簿로 불려갔는데, 어려서부터 재주와 책략이 있었다. 조조의 미움을 받아 죄를 뒤집어쓰고 죽었다."44)

(楊)〔張〕45)騭文士傳曰 "楊脩, 字德祖, 父彪, 漢太尉. 脩辟丞相府主簿, 少有才策. 爲曹操所忌, 以罪見殺."

② 班固의 ≪前漢書≫에 말하였다. "金日磾의 두 아들은 漢 武帝의 사랑을 받아 弄兒46)가 되었다. 그 뒤 농아가 장성했으나 행실을 조심하지 않고 大殿 아래에서 宮人과 장난을 쳤는데, 김일제가 마침 그것을 보고는 그 음란함을 미워하여 마침내 농아를 죽였다."

班固前漢書曰 "金日磾子二人, 武帝所愛, 以爲弄兒. 其後弄兒壯大, 不謹, 自殿下與宮人戲, 日磾適見之, 惡(오)其淫亂, 遂殺弄兒."

金日磾

43) 張騭(장즐)의 ≪文士傳≫ : ≪隋書≫ 〈經籍志〉에는 작자가 張隱으로 나온다. 東晉 후기에 완성되었고 원래 50권이었는데 산실되어 일부만 남아 있다. 兩漢과 魏晉시대의 文士를 대상으로 한 인물전기작품이다.

44) 조조의……죽었다 : 楊脩는 曹操를 섬겨 재능을 인정받았으나, 후계자 싸움에서 曹植을 편들다가 조조가 그의 재간과 袁術의 조카라는 신분을 우려해 장래의 화를 방지하고자 죽였다.(≪三國志≫ 〈曹植傳〉)

45) (楊)〔張〕 : 저본에는 '楊'으로 되어 있으나, 安永本에 의거하여 '張'으로 바로잡았다. ≪新唐書≫ 〈藝文志〉에도 "張騭駁 文士傳五十卷"으로 되어 있다.

46) 弄兒 : 곁에 두고 데리고 노는 아이이다.

3-10 【補】 許汜가 劉玄德(劉備)과 함께 劉荊州(劉表)가 마련한 자리에서 人物에 대하여 같이 논하였다. 허사가 말했다.

"陳元龍(陳登)은 淮海의 선비47)인데 거만한 기색을 없애지 못했습니다."

유현덕이 물었다.

"許君은 〈진원룡이〉 거만하다고 말하는데, 무슨 일이 있었습니까?"

허사가 말했다.

"예전에 난리를 만나 下邳를 지나다가 진원룡을 만났는데, 손님을 대접할 생각도 하지 않고 말을 걸지도 않았으며 자신은 큰 침상에 올라가 눕고 손님은 아래쪽 침상에 눕도록 하였습니다."

유현덕이 말했다.

"그대에게는 國士라는 명성이 있습니다. 지금 四海는 어지럽고 帝王은 몸 둘 곳이 없는데도, 세상을 구하려는 뜻은 없이 밭을 구하고 집을 물어보기나 하여 취할 만한 말이 없으니, 이는 진원룡이 기피하는 바입니다. 무슨 연유로 그대와 말을 하겠습니까. 나였다면 자신은 백 척의 높은 누각에 눕고 그대는 땅바닥에 눕게 했을 것입니다. 어찌 다만 위아래 침상의 차이만 두었겠습니까."

劉備

許汜①가 與劉玄德②으로 並在劉荊州坐③하여 共論人物이러니 許가 曰 陳元龍은 淮海之士니 豪氣不除④라하니 玄德이 問 許君은 言豪하니 寧有事耶아하다 許가 曰 昔에 遭亂하여 過下

47) 淮海의 선비 : 어디에 매인 곳이 없이 마음이 호쾌하고 기개가 있는 인물이라는 뜻이다.

邳라가 見元龍한대 無客主之意하여 不相與語하며 自上大牀臥하고 使客臥下牀이라하니 玄德이 曰 君有國士之名이라 今四海橫流하고 帝王失所이어늘 而無救世之意하고 求田問舍하여 言無可採하니 是는 元龍所諱也라 何緣當與君語리오 如我면 自臥百尺樓上하고 臥君於地下하리니 何但上下牀之間哉리오하다

① ≪襄陽耆舊傳≫48)에 말하였다. "許汜는 楊慮와 같은 마을 사람이다. 젊을 때에 양려를 스승으로 삼았고, 魏 武帝(曹操)의 從事中郎이 되었다. 옛날 劉表가 마련한 자리에서 陳元龍을 논평했던 이가 이 사람이다."
襄陽耆舊傳曰 "許汜是楊慮同里人. 少師慮, 爲魏武從事中郎. 昔在劉表坐, 論陳元龍者, 其人也."

② ≪續漢書≫에 말하였다. "劉備는 字가 玄德이고 涿郡 사람으로 漢 景帝의 아들인 中山靖王 劉勝의 후손이다."
續漢書曰 "劉備, 字玄德, 涿郡人, 漢景帝子中山靖王勝之後."

③ ≪英雄記≫에 말하였다. "劉表는 字가 景升이고 山陽 高平 사람으로 魯恭王(劉餘)의 후손이다. 領49)荊州牧을 지냈다. 身長이 8尺이고 자태와 용모가 온화하고 아름다웠으며, 張儉 등과 함께 '八顧50)'라고 불렸다."
英雄記曰 "劉表, 字景升, 山陽高平人, 魯恭王之後. 領荊州牧. 身長八尺, 姿貌溫偉, 與張儉等號爲八顧."

④ 謝承의 ≪後漢書≫에 말하였다. "陳登은 字가 元龍이고 下邳 淮浦 사람이다. 학문은 古今에 통달했고, 處身은 禮를 따랐고, 法이 아니면 行하지 않았으며, 성품은 文武를 겸비했고, 영웅의 자태와 뛰어난 책략이 있었다. 領廣陵太守를 지냈다."
謝承後漢書曰 "陳登, 字元龍, 下邳淮浦人. 學通古今, 處身循禮, 非法不行, 性兼文武, 有雄姿異略. 領廣陵太守."

---

48) 襄陽耆舊傳 : 晉의 習鑿齒가 지었다. ≪舊唐書≫ 〈經籍志〉에는 5권으로 되어 있다. 襄陽 지역의 인물, 산천과 城邑 및 그 수령들에 관하여 실었다.

49) 領 : 높은 품계의 관리가 낮은 직무를 겸직할 때 관직명 앞에 '領'을 붙였다.

50) 八顧 : 덕행으로 다른 사람들의 모범이 될 만한 여덟 사람이라는 뜻으로, 後漢시대의 田林·張隱·劉表·薛郁·王訪·劉祗·宣靖·公緖恭을 가리킨다.(≪後漢書≫ 〈黨錮傳序〉)

3-11 劉公幹(劉楨)이 無禮하여 처벌을 받았다. 魏 文帝(曹丕)가 물었다.

"경은 어찌하여 예법을 삼가지 않았는가?"

유정이 답하였다.

"신이 참으로 어리석고 부족하지만 또한 陛下의 법망이 성기지 않기 때문이기도 합니다."

劉公幹이 以失敬罹罪①하니 文帝가 問曰 卿은 何以不謹於文憲고하니 楨이 答曰 臣誠庸短하나 亦由陛下網目不疏②니이다하다

① ≪典略≫에 말하였다. "劉楨은 字가 公幹이고 東平 寧陽 사람이다. 建安 16년(211)에 世子(曹丕)가 五官中郎將이 되었는데, 〈조조가〉 文學51)을 精選하여 유정으로 하여금 太子를 수행하게 하였다. 술이 거나해지고 자리가 흥겨워지자 〈세자가〉 夫人 甄氏로 하여금 나와서 인사하게 하였다. 자리에 있던 客들은 모두 엎드렸는데 유정만이 홀로 엎드리지 않고 그대로 쳐다보았다. 나중에 公(曹操)이 듣고는 유정을 잡아들였고 사형을 감하여 作部52)로 보냈다."

≪文士傳≫에 말하였다. "유정은 天性이 말을 잘하고 생각이 빨라서 묻는 말에 바로 대답하였다. 甄夫人을 엎드리지 않고 그대로 쳐다본 죄를 범하여, 처벌로 작부로 쫓아내 돌을 갈도록 하였다. 魏 武帝(曹操)가 尙方53)에 이르러 작업하는 것을 보았는데, 유정이 단정하게 앉아 진지한 낯빛으로 돌을 갈고 있는 것이 보였다. 무제가 '돌이 어떠한가?'라고 묻자, 유정은 〈돌에〉 자신을 비유하여 스스로를 변호할 수 있는 기회이기에 무릎을 꿇고는 '이 돌은 荊山의 낭떠러지 꼭대기에서 나온 것으로, 바깥에는 다섯 빛깔이 빛나고 안에는 卞氏의 보배54)를 품고 있습니다. 갈아도 더 빛나지 않고 조각해도 문채를 더할 수 없습니다. 타고난 기질은 굳고 바른데 이는 自然에서 받았습니다. 다만 그 결이 구부러지고 휘어져서 펴지 못하고 있습니다.'라고 하였다. 무제가 좌우를 돌아보며 크게 웃고는 그날로 사면해

---

51) 文學 : 관직 이름으로 漢代에 州郡과 王國에 설치하였다. 文學掾 또는 文學史라 칭하기도 하는데 후대의 교육을 담당하는 관리인 敎官에 해당한다.

52) 作部 : 兵器를 만들던 곳이다.

53) 尙方 : 고대 帝王이 쓰던 器物을 만들던 관서이다.

54) 卞氏의 보배 : 卞氏는 卞和로 周나라 시대에 楚나라 왕에게 보배를 헌상한 사람이다. '和氏之璧'과 같은 말이다.

주었다."

典略曰"劉楨, 字公幹, 東平寧陽人. 建安十六年, 世子爲五官中郎將, 妙選文學, 使楨隨侍太子. 酒酣坐歡, 乃使夫人甄氏出拜. 坐上客多伏, 而楨獨平視. 他日公聞, 乃收楨, 減死, 輸作部." 文士傳曰"楨性辯捷, 所問應聲而答. 坐平視甄夫人, 配輸作部, 使磨石. 武帝至尙方觀作者, 見楨匡坐正色磨石. 武帝問曰'石何如.' 楨因得喩己自理, 跪而對曰'石出荊山懸巖之巓, 外有五色之章, 內含卞氏之珍. 磨之不加瑩, 雕之不增文. 稟氣堅貞, 受之自然. 顧其理枉屈紆繞而不得申.' 帝顧左右大笑, 卽日赦之."

② ≪三國志≫ 〈魏志 文帝紀〉에 말하였다. "文帝의 諱는 丕이고 字는 子桓이다. 漢나라로부터 황제의 자리를 禪讓받았다."

살펴보건대 여러 책에서 혹은 "劉楨이 魏 武帝 시절에 형을 받고 建安 20년(215)[55]에 병으로 사망하였다."라고 하였다. 〈그렇다면 그가 사망하고〉 7년[56] 뒤에 文帝가 즉위하였는데 유정이 黃初 연간(220~226)에 죄를 얻었다고 말하는 것[57]은 잘못이다.

魏志曰"帝諱丕, 字子桓, 受漢禪." 按諸書或[58]云"楨被刑魏武之世, 建安二十年病亡." 後七年, 文帝乃卽位, 而謂楨得罪黃初之時, 謬矣.

【頭註】

○ 劉辰翁 : 〈劉楨의〉 광기에 당연히 이런 행동이 있었을 것이고, 〈유정의 모습을 보았으니〉 曹公이 죄를 묻지 않을 수 없었다. 돌을 가는 것에 대한 이야기는 참으로 기묘하지만, 〈유정이〉 단정하게 앉은 것이 때늦은 듯하다.

劉云"狂宜有此, 曹公不得不問. 磨石甚奇, 匡坐似晩."

○ 劉辰翁 : 돌을 가는 것에 대해 이야기한 부분은 상당히 情趣가 있다.

劉云"說磨石, 甚有情致."

○ 劉辰翁 : 〈술자리에 甄氏를 나오게 하여〉 스스로 예의에 맞는 행동을 하지 못하여 신하

---

55) 建安 20년(215) : ≪三國志≫ 〈王粲傳〉에는 건안 22년(217)으로 되어 있다.

56) 7년 : 曹丕가 漢나라의 선위를 받아 帝位에 오른 것은 220년이므로 '7년'이란 숫자는 사실과 부합하지 않는다.

57) 黃初……것 : ≪世說新語≫ 본문에 劉楨이 曹丕를 '陛下'라고 지칭하였으니, 이는 곧 조비가 帝位에 오른 이후를 가리키는 것이다. 조비의 연호가 黃初이다.

58) 或 : ≪世說箋本≫에는 '咸'으로 되어 있다.

가 도리에 어긋난 행동을 하도록 가르쳤다.

劉云 "失自責禮, 以敎臣悖."

○ 王世懋 : 〈劉孝標의〉 주석이 옳다.

王云 "註是."

3-12 何平叔(何晏)이 말하였다.

"五石散[59]을 복용하면 病을 다스릴 뿐만 아니라 또한 정신이 또렷해지는 것을 느낀다."

何平叔云 服五石散하면 **非唯治病**이요 **亦覺神明開朗**①이라하다

① ≪魏略≫에 말하였다. "何晏은 字가 平叔이고 南陽 宛 사람으로 漢나라 大將軍 何進의 손자이다. 혹자는 何苗의 손자라고 한다. 공주에게 장가들었고[60] 또 女色을 좋아하였으므로 黃初 연간(220~226)에는 맡은 직임이 없었다. 正始 연간(240~249) 중에 曹爽이 侍中尙書로 기용하여 인재의 선발을 주관하게 하자, 오랜 친분이 있는 자들을 많이 발탁하였다. 司馬宣王(司馬懿)에게 주살되었다."

秦丞相[61]의 〈寒食散論〉에 말하였다. "寒食散의 처방은 漢代에 나왔지만 그 처방을 쓰는 자가 적어 전해지지 않았다. 魏나라 尙書 何晏이 처음으로 신비한 효과를 보자 이때부터 세상에 크게 유행하여 복용하는 자들이 끊이지 않았다."

魏略曰 "何晏, 字平叔, 南陽宛人, 漢大將軍進孫也. 或云何苗孫也. 尙[62]主, 又好色, 故黃初時無所事任. 正始中, 曹爽用爲侍中尙書, 主選擧, 宿舊者多得濟拔. 爲司馬宣王所誅." 秦丞相寒食散論曰 "寒食散之方, 雖出漢代, 而用之者寡, 靡有傳焉. 魏尙書何晏首獲神效, 由是大行於世, 服者相尋也."

---

59) 五石散 : 寒食散이라는 약의 다른 이름이다. 紫石英・白石英・赤石脂・鍾乳石・硫黃 등의 다섯 가지 돌이 들어가기 때문에 이름이 붙여졌다.

60) 공주에게 장가들었고 : 공주는 曹操의 딸인 金鄕公主이며, 何晏의 어머니가 조조의 첩실로 들어가 낳은 딸이다.(≪三國志≫ 〈曹爽傳〉 裴松之 注)

61) 秦丞相 : 누구를 가리키는지 未詳이다. ≪西晉文紀≫에 "愍帝가 秦王을 봉해 丞相으로 삼았는데, 이 사람이 아닌가 생각한다.〔愍帝封秦王爲丞相 疑是〕"라고 하였다.

62) 尙 : 공주에게 장가가는 것이다.

【頭註】

○ 劉辰翁 : 〈言語〉편에 수록하기에 부족하다.
劉云 "不足辱言語之科."

○ 王世懋 : 六朝의 貴族들은 매번 병에 걸리면 '散動'63)이라고 하며 좋게 여겼다. 왕왕 〈이 약 때문에〉 죽기도 하였으나 깨닫지 못했으니, 이는 金石의 毒 때문일 것이다. 何平叔이 참으로 좋지 않은 선례를 만들었다.
王云 "六朝貴族, 每病輒云散動, 以爲佳. 往往死而不悟, 蓋金石之毒也. 平叔寔始作俑.64)"

3-13【補】何尙書(何晏)가 스스로 말하였다.

"≪周易≫의 뜻에 정통하나 이해하지 못한 것이 아홉 가지 일〔九事〕이다."

하루는 管公明(管輅)을 맞이하여 함께 토론하였는데, 관공명이 현묘한 뜻을 분석하여 밝혀주자 아홉 가지 일이 모두 분명해졌다. 이때 鄧玄茂(鄧颺)도 자리에 함께 있다가 말했다.

"그대는 ≪주역≫에 밝다고 하는데 ≪주역≫ 안의 말이나 뜻은 언급하지 않으니 어떻게 된 것입니까?"

관공명이 질문이 끝나자마자 답하였다.

"대체로 ≪주역≫에 밝은 사람은 ≪주역≫을 논하지 않습니다."

하상서가 미소를 지으며 칭찬했다.

"핵심을 찌르는 말은 복잡하지 않다고 말할 만합니다."

何尙書自言 易義精了로되 **所不解者九事**라하다 **一日**에 **迎管公明**하여 **共論**한대 **公明**이 **爲剖析玄旨**하여 **九事皆明**①이라 **時**에 **鄧玄茂**도 **亦在坐**②한대 **言 君見謂善易**이어늘 **而語**

63) 散動 : '行散'이라고도 한다. 위진남북조시대에 사대부들이 五石散을 복용하고 걸어 다니며 약기운을 발산시키던 일이다.

64) 作俑 : 원래는 사람의 형상을 닮은 허수아비를 만든다는 뜻이다. ≪孟子≫ 〈梁惠王上〉에 "仲尼(孔子)께서 '처음으로 허수아비를 만들어 殉葬에 썼던 자는 자손이 없을 것이다.'라고 하셨으니, 이는 사람과 닮았는데도 썼기 때문이다."라고 하였다. 이로 인해 좋지 않은 선례를 처음 만든다는 뜻으로 쓰이게 되었다.

不及易中辭義하니 何也오하니 公明이 尋聲答言 夫善易者는 不論易이라하니 尙書가 含笑贊之曰 可謂要言不煩이라하다

① ≪三國志≫ 〈魏志 管輅傳〉에 말하였다. "管輅는 字가 公明이고 平原 사람이다. 容貌가 거칠고 추하여 威儀가 없었으며 술을 좋아했다."

〈管輅別傳〉에 말하였다. "관로는 ≪周易≫에 밝아 이름이 徐州에 퍼졌다. 冀州刺史 裴徽가 그를 秀才로 선발하고 '何尙書(何晏)와 鄧尙書(鄧颺)는 나라를 경영할 재주와 책략을 지녔고 사물의 이치에 대해 정밀하지 않은 데가 없습니다. 하상서는 정신이 명철하여 秋毫같이 미세한 것도 거의 간파하니, 그대는 신중하십시오. 스스로 ≪주역≫ 중의 아홉 가지 일을 모른다고 말하니, 틀림없이 그대에게 물을 것입니다. 洛陽에 도착하거든 의당 그 이치를 잘 밝혀주십시오.' 하자, 관로가 '만약 아홉 가지 일이 모두 至義라면 애써 생각할 것도 없습니다. 陰陽 같은 것은 정밀히 공부한 지 오래되었습니다.' 하였다. 관로가 낙양에 도착하자 과연 하상서가 아홉 가지 일에 대해 물었는데, 모두 분명하게 대답하니, 하상서가 '陰陽에 대한 그대의 논의는 이 세상에 대적할 사람이 없습니다.'라고 하였다."

魏志曰 "管輅, 字公明, 平原人. 容貌麤醜, 無威儀, 而嗜酒." 輅別傳曰 "輅明周易, 聲發徐州. 冀州刺史裴徽擧秀才, 謂曰 '何·鄧二尙書, 有經國才略, 於物理無不精也. 何尙書神明淸徹, 殆破秋毫, 君當愼之. 自言不解易中九事, 必當相問, 比至洛宜善精其理.' 輅曰 '若九事皆至義, 不足勞思. 若陰陽者, 精之久矣.' 輅至洛陽, 果爲何尙書問九事, 皆明. 何曰 '君論陰陽, 此世無雙也.'"

② ≪魏略≫에 말하였다. "鄧颺은 字가 玄茂이고 南陽 사람으로 鄧禹의 후손이다. 젊어서 선비로서 명성을 얻었고 魏 明帝(曹叡) 때에 中書郞이 되었다. 李勝 등과 경박하게 교우했다가 일이 드러나자 비난을 받았고, 뒤에 侍中尙書로 자리를 옮겼다. 사람됨이 재물을 좋아하여 臧艾에게 높은 관직을 주었고 장애는 부친의 첩을 등양에게 주었다. 京師 사람들이 이를 두고 '관직을 여자와 바꾼 鄧玄茂'라고 하였다."

魏略曰 "鄧颺, 字玄茂, 南陽人, 鄧禹之後也. 少得士名, 明帝時, 爲中書郞. 與李勝等爲浮華友, 事發被斥, 後遷侍中尙書. 爲人好貨, 許臧艾以顯官, 艾以父妾與颺. 京師爲之語曰 '以官易(富)〔婦〕[65]鄧玄茂.'"

---

65) (富)〔婦〕: 저본에는 '富'로 되어 있으나, ≪何氏語林≫과 ≪三國志≫ 〈曹爽傳〉의 裴松之의 注에 의거하여 '婦'로 바로잡았다.

3-14【補】孫討逆(孫策)이 豫章을 평정하고 돌아와서는 장수와 군사들을 위로하는 잔치를 베풀면서 虞仲翔(虞翻)에게 말하였다. “내가 예전에 壽春에 두 번 가서 馬日磾를 보고 中原의 사대부와 함께 만났을 때에, 〈그들은〉 우리 동방 사람들은 재주가 많지만 안타깝게도 학문이 넓지 못해 談論을 나눌 때에 따라오지 못하는 바가 있다고 하였습니다. 내 생각은 오히려 그렇지 않습니다. 경은 박학다식하기 때문에 전부터 경을 許都(許昌)에 한번 보내 조정의 인사들과 교류하고 만나서 중원의 막말하는 자들을 꺾어버리게 하고 싶었습니다. 경이 가기를 원치 않으면 바로 張子綱(張紘)에게 시키겠지만 장자강이 그자들의 혀를 묶어버리지 못할까 염려됩니다.”

孫策

孫討逆①이 旣定豫章하고 還하여 饗將士에 謂虞仲翔②曰 孤가 昔에 再至壽春하여 見馬日磾③하고 及與中州士大夫로 會에 言我東方人多才耳나 恨學問不博하여 語議有所不及이라하니 孤意猶謂未爾라 卿은 博學洽聞이라 故前欲令卿一詣許하여 交見朝士하여 以折中國妄語兒라 卿不願行하면 便使張子綱④이나 恐子綱不能結兒輩舌也⑤니라

虞翻

① 《三國志》〈吳志 孫策傳〉에 말하였다. “孫策은 字가 伯符이다. 曹操가 表奏하여 討逆將軍으로 삼았다.”

吳志曰 "孫策, 字伯符. 曹操表爲討逆將軍."

② ≪三國志≫ 〈吳志 虞翻傳〉에 말하였다. "虞翻은 字가 仲翔이고 會稽 餘姚 사람이다. 처음에는 王朗의 功曹였다."

≪吳書≫에 말하였다. "우번은 어려서 학문을 좋아하고 높은 뜻이 있었다. 12세에 그 형에게 인사하러 온 客이 우번을 찾아오지 않자, 우번은 나중에 편지를 보냈다. '제가 듣건대 琥珀은 썩은 풀을 취하지 아니하고, 磁石은 굽은 針을 받지 않는다고 하였습니다. 〈그러니〉 들르면서 찾아주지 않으신 것은 당연하지 않겠습니까.' 客이 편지를 받고 奇特하게 여겼다."

吳志曰 "虞翻, 字仲翔, 會稽餘姚人. 初爲王朗功曹." 吳書曰 "翻少好學, 有高志. 年十二, 客有候其兄者, 不過翻. 翻追與書曰 '僕聞虎魄不取腐芥, 磁石不受曲針. 過而不存, 不亦宜乎.' 客得書奇之."

③ ≪三輔決錄≫에 말하였다. "馬日磾는 字가 翁叔으로 馬融의 族孫이다. 漢 獻帝(劉協) 때의 大傅로서 蔡邕・楊賜・堂溪典과 함께 石經[66]을 같이 교정하였다."

三輔決錄曰 "日磾, 字翁叔, 馬融族孫. 獻帝時大傅, 與蔡邕・楊賜・堂溪典同校定石經."

④ ≪三國志≫ 〈吳志 張紘傳〉에 말하였다. "張紘은 字가 子綱이고 廣陵 사람이다. 어려서 京師에서 유학하였다. 뒤에 江東에서 은거하고 있다가, 孫策이 왕조를 세우자 마침내 몸을 의탁하였다. 張昭와 더불어 함께 모의에 참여했는데, 〈손책은〉 항상 둘 중 한 사람은 남아서 지키게 하고 다른 한 사람은 정벌에 나서도록 하였다."

≪江表傳≫에 말하였다. "孫權은 신하들과 있으면서 대부분 그들을 字로 불렀는데, 오직 張昭를 '張公'으로, 張紘을 '東部'라 불렀으니, 두 사람을 존중하기 위한 것이었다."

吳志曰 "張紘, 字子綱, 廣陵人. 少遊學京師, 後避地江東. 孫策創業, 遂委質焉. 與張昭並與參謀, 常令一人居守, 一人征討." 江表傳曰 "權與群臣多呼其字, 唯呼張昭曰'張公', 張紘曰'東部', 所以重二人也."

⑤ ≪吳書≫에 말하였다. "張紘이 녹나무와 석류나무로 만든 베개를 보고는 그 무늬를 사랑하여 賦를 지었다. 陳琳이 북쪽에 있을 때 그것을 보고 사람들에게 보여주며 말했다. '나의 동향 사람인 張子綱이 지은 것입니다.' 뒤에 장굉이 진림이 지은 〈武庫賦〉와 〈應機論〉을 보고 진림에게 서신을 보내 크게 칭송하였다. 진림이 답장

66) 石經 : 돌에 새긴 유가의 경전이다.

을 보내 '제가 河北에 있고부터 天下와 떨어져 있습니다. 이곳은 대체로 문장가가 적어서 걸출한 인물이 되기 쉽기 때문에 제가 이런 과분한 이야기를 듣게 되었습니다. 지금 景興(王郎)이 이곳에 있고 그대와 子布(張昭)는 저쪽에 있으니, 이른바 「작은 무당이 큰 무당을 보자 神氣가 다한다.」는 격입니다.'라고 하였다."

吳書曰 "紘見柟榴枕, 愛其文, 作賦. 陳琳在北見之, 以示人曰 '此吾鄕里張子綱所作.' 後紘見陳琳作武(庳)〔庫〕67)賦·應機論, 與琳書, 深歎美之. 琳答曰 '自僕在河北, 與天下隔. 此間率少於文章, 易(이)爲雄伯, 故使僕受此過差之譚. 今景興在此, 足下與子布在彼, 所謂小巫見大巫, 神氣盡矣.'"

3-15 **【補】** **李令伯**(李密)이 **吳**나라에 사신으로 간 적이 있다. **吳**의 군주와 신하들이 **道義**에 관해 논의하다가 '차라리 동생이 되겠다.'라고 하자, 이영백이 말하였다.

"〈저는〉 형이 되고 싶습니다."

오나라의 군주가 물었다.

"어찌하여 형이 되고 싶은가?"

이영백이 대답하였다.

"형이 되면 〈부모님을〉 봉양할 날이 많습니다."

오나라의 군주와 신하들이 훌륭함을 칭찬하였다.

李令伯常68)**聘吳**러니 **吳主**가 **與群臣**으로 **汎論道義**라가 **因言 寧爲人弟**라하니 **令伯**이 **曰 願爲人兄**이라하다 **吳主**가 **問 何願爲兄**고하니 **令伯**이 **答曰 爲兄**이면 **供養之日**이 **長**이라하다 **吳主及群臣**이 **稱善**①하다

① ≪華陽國志≫에 말하였다. "李密은 字가 令伯이고 犍爲 武陽 사람이다. 祖父 李光은 朱提太守를 역임하였다. 부친이 일찍 죽고 모친 何氏가 다른 사람에게 시집가서 이밀은 조모의 손에 자랐다. ≪春秋左氏傳≫을 정밀하게 연구했으며, 광범위하

67) (庳)〔庫〕: 저본에는 '庳'로 되어 있으나, 安永本과 ≪三國志≫〈吳書 張紘傳〉裴松之의 注에 의거하여 '庫'로 바로잡았다.

68) 常 : '嘗'의 뜻이다.

게 책을 보아 섭렵한 바가 많았으며, 영민하고 언변이 좋았다. 조모를 극진히 모셔 효성이 알려졌다. 병시중을 들 때면 눈물을 흘리며 내쉬는 숨조차 조심하였고 밤낮으로 허리띠를 풀지 않았으며 음식과 탕약은 반드시 직접 맛보았다. 本郡에서 예를 갖추어 임명했으나 응하지 않았다. 州에서 從事尙書郎으로 초빙하였다." 華陽國志曰 "李密, 字令伯, 犍爲武陽人. 祖光朱提太守, 父早亡, 母何氏更適人, 密養於祖母. 治春秋左氏傳, 博覽多所通涉, 機警辯捷. 事祖母以孝聞. 其侍疾則泣涕側息, 日夜不解帶, 膳飮湯藥, 必自口嘗. 本郡禮命不應, 州辟從事尙書郎."

3-16【補】王渾이 吳나라를 평정한 날에 建業의 궁전에 올랐다. 술을 마시다가 술기운이 오르자 오나라 사람들에게 말했다.

"諸君들은 亡國의 남은 백성들이니 슬픈 마음이 없을 수 있겠는가."

이때 周子隱(周處)이 답하였다.

"漢末에 나라가 쪼개져 三國이 鼎立하다가 魏나라는 앞서 망하고 오나라는 뒤에 망하였습니다. 망국의 슬픔이 어찌 한 사람뿐이겠습니까."

왕혼이 크게 부끄러워하였다.

王渾이 平吳之日[①]에 登建業宮하고 釃酒旣酣에 謂吳人曰 諸君은 亡國之餘이니 得無戚乎아하니 時에 周子隱이 答曰 漢末分崩하여 三國鼎立이라가 魏滅於前하고 吳亡於後하니 亡國之戚이 豈唯一人이리오하니 王이 大有慚色[②]하다

① ≪晉書≫ 〈王渾傳〉에 말하였다. "王渾은 字가 玄冲이고 太原 晉陽 사람으로 부친 王昶은 魏나라 司徒였다. 왕혼은 신중하고 기품이 있으며 器量이 뛰어났다. 吳나라를 평정한 공으로 아들 하나가 江陵侯에 봉해졌으며, 지위가 司徒에 이르렀다." 晉書曰 "王渾, 字玄冲, 太原晉陽人, 父昶魏司徒. 渾沉雅有器量. 以平吳功, 封一子江陵侯, 位至司徒."

② 虞預의 ≪晉書≫에 말하였다. "周處는 字가 子隱이고 吳郡 陽羨 사람으로 부친 周魴은 吳나라 裨將軍이었다. 주처는 晉나라에 들어가 御史中丞이 되어 탄핵한 사람이 많았는데 권세가 있는 이라고 피하지 않았다. 齊萬年이 반란을 일으키자 建威將軍으로 서쪽으로 정벌에 나섰다. 전투에 임해 悲憤慷慨하여 奮戰하며 목숨을 돌보지 않다가 마침내 전투에서 죽었다."
虞預晉書曰 "周處, 字子隱, 吳郡陽羨人, 父魴吳裨將軍. 處入晉爲御史中丞, 多所

彈糾, 不避彊禦. 齊萬年反, 以建威將軍西征. 臨陣慷慨, 奮不顧命, 遂死於戰."

3-17 魏 明帝(曹叡)가 外祖母를 위해 甄氏의 땅에 館을 지었다. 완성되자 직접 가서 보고는 좌우의 신하들에게 말했다.

"館은 무엇으로 이름을 지어야 하겠는가?"

侍中 繆襲이 말했다.

"폐하의 깊은 생각은 옛 賢哲한 임금들과 나란하고 망극한 효성은 曾參과 閔子騫보다 더하십니다. 이 館을 세운 것은 외숙을 너무나 사랑하시기 때문이니, 渭陽으로 이름을 짓는 것이 마땅하겠습니다."

魏明帝가 **爲外祖母**하여 **築館於甄氏**①라 **旣成**에 **自行視**하고 **謂左右曰 館**은 **當以何爲名**고하니 **侍中繆襲**이 **曰**② **陛下**는 **聖思**가 **齊於哲王**하고 (罔)〔罔〕69) **極**이 **過於曾閔**이니이다 **此館之興**은 **情鍾舅氏**이니 **宜以渭陽爲名**③이니이다하다

① ≪魏末傳≫에 말하였다. "明帝는 諱가 叡이고 字는 元仲이며 文帝(曹丕)의 太子이다. 그 모친(甄氏)이 폐위되었기 때문에 아직 후사로 정해지지 못하고 있었는데 문제가 명제를 데리고 함께 사냥을 나갔다가 어미와 새끼 사슴을 보았다. 문제가 그 어미를 쏘자 활시위 소리와 함께 쓰러졌다. 다시 명제에게 그 새끼를 쏘게 하자, 명제가 활을 놓고 울면서 '陛下께서 이미 그 어미를 죽이셨기에 신은 차마 다시 그 새끼를 죽이지 못하겠습니다.' 하였다. 문제가 '좋은 말이 사람의 마음을 움직이는구나.' 하고 마침내 후사로 정했으니, 이 사람이 명제이다."

≪魏書≫에 말하였다. "文昭甄皇后는 明帝의 모친이다. 부친은 甄逸인데 上蔡令이었다. 烈宗(명제)이 卽位하고서 上蔡君에 追封하였다. 嫡孫인 甄象이 爵位를 이어받았고, 견상이 죽자 그 아들 甄暢이 뒤를 이었다. 큰 저택을 지어주고 어가를 타고 직접 방문했다."

魏(本)〔末〕70)傳曰 "帝諱叡, 字元仲, 文帝太子. 以其母廢, 未立爲嗣, 文帝與俱獵,

69) (罔)〔罔〕: 저본에는 '罔'으로 되어 있으나, 元刊本 ≪世說新語≫와 安永本에 의거하여 '罔'으로 바로잡았다.

70) (本)〔末〕: 저본에는 '本'으로 되어 있으나, 宋本 ≪世說新語≫에 의거하여 '末'로 바로잡았다. ≪三國志≫ 〈魏志 明帝紀〉 裴松之의 注에도 ≪魏末傳≫으로 되어 있다. ≪隋

見子母鹿. 文帝射其母, 應弦而倒. 復令帝射其子. 帝置弓泣曰 '陛下已殺其母, 臣不忍復殺其子.' 文帝曰 '好語動人心.' 遂定爲嗣, 是爲明帝." 魏書曰 "文昭甄皇后, 明帝母也. 父逸, 上蔡令. 烈宗卽位, 追封上蔡君. 嫡孫象襲爵, 象薨, 子暢嗣. 起大第, 車駕親自臨之."

② ≪文章敍錄≫에 말하였다. "繆襲은 字가 熙伯이고 東海 蘭陵 사람이다. 재주와 학문이 있었으며 여러 관직을 거쳐 侍中과 光祿勳에 이르렀다."
文章敍錄曰 "襲, 字熙伯, 東海蘭陵人. 有才學, 累遷侍中・光祿勳."

③ ≪詩經≫ 〈秦風 渭陽〉의 〈毛傳에〉 말하였다. "〈渭陽〉은 秦 康公이 모친을 생각한 시이다. 진 강공의 모친(秦姬)은 晉 獻公의 딸이었는데, 晉 文公이 驪姬의 亂[71]을 만나 본국으로 돌아가지 전에 진희가 죽었다. 그 후 秦 穆公이 진 문공을 본국으로 들여보내니, 진 강공이 이때 太子가 되어 진 문공을 渭水 북쪽에서 전송하면서 모친을 볼 수 없음을 생각하여 '내 外叔(진 문공)을 보니 모친이 생존한 듯하다.'라고 하였다."

살펴보건대 ≪魏書≫에 明帝가 後園에 甄象의 모친을 위해 누대를 세우고, 그 마을을 '渭陽'이라고 이름했다고 하였다. 그렇다면 甄象의 모친은 바로 明帝의 외숙모이고 외조모가 아닌 것이다. 그리고 '위양'으로 저택의 이름을 삼았다는 것도 옛 사서의 기록과 어긋난다.

秦詩曰 "渭陽, 康公念母也. 康公之母, 晉獻公之女, 文公遭驪姬之難, 未反而秦姬卒. 穆公納文公, 康公時爲太子, 贈送文公于渭之陽, 念母之不見也, '我見舅氏, 如母存焉.'" 按魏書帝於後園爲象母起觀, 名其里曰渭陽. 然則象母, 卽帝之舅母, 非外祖母也. 且渭陽爲館名, 亦乖舊史也.

書≫ 〈經籍志〉에 "魏末傳二卷"이라고 보인다.

71) 驪姬의 亂 : 여희는 춘추시대 晉 獻公의 妃이다. 원래 헌공의 후궁인데 총애를 받아 왕비가 되었다. 아들인 奚齊를 태자로 삼으려고 태자인 申生을 비롯하여 重耳(晉 文公)와 夷吾 등을 모함하여 차례로 죽이려고 하였고 이로 인해 진나라는 혼란에 빠져 국력이 크게 쇠퇴하였다.(≪春秋左氏傳≫ 莊公 28년)

4. 언어 중 言語 中

4-1 鄧艾는 말을 더듬어 말할 때에 "저…… 저……" 하자, 晉 文王(司馬昭)이 놀렸다.

"卿은 '저…… 저……' 하는데 도대체 '저'가 몇 명이오?1)"

〈등애가〉 대답했다.

"'봉황이여! 봉황이여!'라고 하지만 본래 한 마리입니다."

鄧艾

鄧艾는 口喫하여 語稱艾艾①하니 晉文王이 戲之曰 卿云艾艾라하니 定是幾艾오하니 對曰 鳳兮鳳兮라하나 故是一鳳②이니이다하다

① ≪三國志≫〈魏志 鄧艾傳〉에 말하였다. "鄧艾는 字가 士載이고 棘陽 사람이다. 어렸을 때에 농부를 위해 송아지를 기르는 일을 했다. 12세에 모친을 따라 潁川에 이르러 옛 太丘縣의 縣長(陳寔)의 碑文을 읽었는데, '말은 세상의 모범이 되고, 행동은 선비의 준칙이 되었다.'라는 구절을 보고 마침내 이름을 '範'으로, 字를 '士則'으

---

1) 卿은……명이오 : 옛사람들은 서로 이야기를 나눌 때 상대를 공경하는 의미에서 자신의 이름을 자신을 뜻하는 1인칭 대명사처럼 썼다.

로 하였는데, 나중에 宗族 중에 같은 이름이 있었으므로 〈艾로〉 고쳤다. 매번 高山과 大澤을 보기만 하면 軍營의 處所를 가늠해보고 손가락으로 그려보니, 당시의 사람들은 모두 이를 비웃었다. 나중에 司馬宣王(司馬懿)을 만났고 세 번 속관으로 초빙되었다. 여러 관직을 역임한 뒤에 征西將軍이 되어 蜀을 정벌하였고, 蜀이 평정되자 벼슬이 올라 太尉가 되었다. 衛瓘에게 살해당했다."

魏志曰 "艾, 字士載, 棘陽人. 少爲農人養犢. 年十二, 隨母至(穎)〔潁〕川, 讀故太丘長碑文曰 '言爲世範, 行爲士則.'[2] 遂名範, 字士則, 後宗族有同者, 故改焉. 每見高山大澤, 輒規度(탁)指畫軍營處所, 時人多笑焉. 後見司馬宣王, 三辟爲掾. 累遷征西將軍, 伐蜀, 蜀平, 進位太尉. 爲衛瓘所害."

② ≪列仙傳≫에 말하였다. "陸通이란 자는 楚나라의 狂人 接輿이다. 養生術을 좋아했고 여러 명산에 노닐었다. 孔子와 조우하여 '鳳이여, 鳳이여! 어찌 德이 쇠하였는가? 지나간 것은 諫할 수 없지만 오는 것은 아직 따라잡을 수 있네.'라며 노래한 적이 있다. 나중에 蜀으로 들어가 峨嵋山 속에서 지냈다."

列仙傳曰 "陸通者, 楚狂接輿也. 好養性, 游諸(제)名山. 嘗遇孔子而歌曰 '鳳兮鳳兮, 何德之衰. 往者不可諫, 來者猶可追.'[3] 後入蜀, 在峨嵋山中."

【頭註】

○ 王世懋 : 창졸간의 대답인데 절묘하다.
王云 "倉卒對, 乃妙絶."

○ 劉辰翁 : 훌륭한 대답이다.
劉云 "佳對."

4-2 嵇中散(嵇康)이 趙景眞(趙至)에게 말하였다.

"자네는 눈동자의 黑白이 分明하여 白起의 풍모가 있지만 몸이 작아 유감스럽네."

嵇康

---

2) 讀故太丘長碑文曰……行爲士則 : ≪三國志≫ 〈魏志 鄧艾傳〉에는 '言'이 '文'으로 되어 있으며, ≪文選≫과 ≪蔡中郞集≫에 실린 蔡邕의 〈陳太丘碑文〉에는 "文爲德表 範爲士則(문장은 덕의 표준이 되고, 법도는 선비의 준칙이 되었다.)"으로 되어 있다.

3) 鳳兮鳳兮……來者猶可追 : ≪論語≫ 〈微子〉에 보인다.

조경진이 말했다.

"1자〔尺〕의 表[4]로 璣衡[5]의 度數를 살펴볼 수 있고, 1치〔寸〕의 管으로 〈사계절의〉 往復하는 氣를 헤아릴 수 있으니, 어찌 반드시 커야만 하겠습니까. 단지 식견이 어떠한지 물어야 할 뿐입니다."

嵇中散①이 **語趙景眞**②하되 **卿**은 **瞳子**가 **白黑分明**하여 **有白起之風**③이나 **恨量小狹**이라하니 **趙**가 **云 尺表**가 **能審璣衡之度**④하고 **寸管**이 **能測往復之氣**⑤하니 **何必在大**리오 **但問識如何耳**라하다

① 〈嵇康集敍〉에 말하였다. "嵇康은 字가 叔夜이고 譙國 銍 사람이다."

王隱의 ≪晉書≫에 말하였다. "혜강의 본래 姓은 奚이다. 그의 선조가 원수를 피해 上虞에서 譙國 銍縣으로 이주하였다. 會稽에서 나왔기 때문에 譙國 山脈의 한 支脈인 〈嵇山의 嵇자를 성으로〉 취하였는데 音은 똑같이 奚를 근본으로 한 것이다.[6]"

虞預의 ≪晉書≫에 말하였다. "銍縣에 嵇山이 있는데 그 옆에 집을 마련하였기에 성씨로 삼았다."

≪文章敍錄≫에 말하였다. "嵇康은 魏나라 長樂亭主의 남편으로 郎中이 되었다가 中散大夫에 제수되었다."

嵇康集敍曰 "康, 字叔夜, 譙國銍人." 王隱晉書曰 "嵇本姓(溪)〔奚〕[7]. 其先避怨, 從上(黨)〔虞〕[8]移譙國銍縣. 以出自會稽, 取國一支, 音同本奚焉." 虞預晉書曰 "銍有嵇山, 家於其側, 因氏焉." 文章敍錄曰 "康, 以魏長樂亭主壻, 遷郎中, 拜中散大夫."

---

4) 表 : 옛날 해의 그림자를 측정하던 기구인 圭表의 한 부분으로 수직의 막대이다.

5) 璣衡 : 옛날 천문현상을 관측하던 기구이다. 여기서는 천체의 운행을 뜻한다.

6) 會稽에서……것이다 : 上虞는 會稽郡의 屬縣이다. 선대가 살았던 회계의 '稽'자와 嵇山의 '嵇'자의 발음이 같으므로 이것을 성씨로 삼고, 원래의 성인 '奚'씨를 잊지 않았다는 말이다. 우리의 발음으로는 '稽'는 '계', '嵇'는 '혜'이나 중국어로는 모두 'ji'로 발음이 같다.

7) (溪)〔奚〕: 저본에는 '溪'로 되어 있으나, ≪晉書≫ 〈嵇康傳〉에 의거하여 '奚'로 바로잡았다.

8) (黨)〔虞〕: 저본에는 '黨'으로 되어 있으나, ≪晉書≫ 〈嵇康傳〉에 의거하여 '虞'로 바로잡았다.

② 嵇紹의 〈趙至敍〉에 말하였다. "趙至는 字가 景眞이고 代郡 사람이다. 漢末에 그의 선조가 緱氏縣에 흘러들어가 기거하였다. 縣令이 새로 부임할 때 趙至는 12살로 모친과 함께 길가에서 구경하였다. 모친이 '너의 선대는 미천한 가문이 아니었다. 너는 나중에 저렇게 될 수 있겠느냐?'라고 하자 조지가 '할 수 있습니다.'라고 하고, 집으로 돌아와서 바로 스승에게 나아가 글을 읽었다. 어느 아침 부친이 밭을 갈면서 소를 모는 소리를 듣고는 책을 놓고 울었다. 스승이 물어보자 '부귀영화를 이루지 못하여 늙은 부친이 고생을 면치 못하도록 하는 것이 마음 아픕니다.'라고 답하였다. 14살에 太學觀에 들어갔다. 당시 先親(嵇康)께서는 太學에서 石經의 古文을 쓰고 계셨다. 일이 끝나고 가려는데 〈조지가〉 마침내 수레를 따라와 선친의 성명을 물었다. 선친이 '어린 사람이 무슨 일로 나의 이름을 묻는가?'라고 하자, 조지가 '어르신의 풍모가 남다른 것을 보았으므로 여쭐 따름입니다.'라고 하여 선친께서 상세하게 일러주셨다. 조지는 15세가 되자 병이 난 척하고는 자주 미친 듯이 3~5리를 달려갔다가 집안사람들에게 잡혀오기도 하고[9] 또 몸의 열 몇 군데를 지지기도 하였다. 16세에 마침내 도망하여 곧바로 洛陽에 이르러 선친을 찾았으나 찾지 못하자 鄴으로 갔다. 沛國 사람인 史仲和는 魏의 領軍이었던 史渙의 손자인데, 조지는 곧 그에게 의탁하고 마침내 이름을 '翼'으로, 字를 '陽和'로 하였다. 선친이 鄴에 이르자 조지는 太學에서 있었던 일을 자세히 이야기하고는 바로 선친을 따라 山陽으로 돌아가 해를 넘겼다. 조지는 신장이 7尺 3寸이며, 〈얼굴은〉 희고 머리카락은 검으며, 입술은 붉고 눈은 또렷하며, 구레나룻과 수염은 많지 않으며, 말과 행동은 느긋하고 세심하며, 몸은 옷의 무게를 감당할 수 없을 듯하였다. 선친이 일찍이 그에게 '자네는 머리가 작고 〈얼굴은〉 뾰족하며 눈동자는 흑백이 분명하고 시선은 지긋하여 白起의 기풍이 있네.'라고 한 적이 있었다. 조지는 논변이 시원하고 유창하여 뛰어난 재주가 있었지만 또한 스스로 잘났다고 여기지 않았다. 孟元基가 불러서 遼東從事로 삼았는데, 郡에 있으면서 많은 獄事를 심리하고 판결하였으며 〈일의 처리가〉 분명하고 합당하다는 칭송을 들었다. 부모를 버리고 멀리 돌아다니다가 모친의 임종을 보지 못한 것을 스스로 애통해하다가 피를 토하며 발병했는데, 〈모친의〉 상을 마치지 못하고 죽었다."

嵇紹趙至敍曰 "至, 字景眞, 代郡人. 漢末, 其祖流宕客緱氏. 令新之官, 至年十二,

9) 15세가……하고 : ≪晉書≫ 〈文苑傳〉에 趙至가 멀리 유학을 가고자 하였는데 모친이 하지 못하게 하자 마침내 미친 척하였다는 내용이 보인다.

與母共道傍看. 母曰 '汝先世非微賤家也. 汝後能如此不.' 至曰 '可爾耳.' 歸便就師誦書. 蚤聞父耕叱牛聲, 釋書而泣. 師問之, 答曰 '自傷不能致榮華, 而使老父不免勤苦.' 年十四, 入太學觀. 時先君在學寫石經古文. 事訖去, 遂隨車問先君姓名. 先君曰 '年少何以問我.' 至曰 '觀君風器非常, 故問耳.' 先君具告之. 至年十五, 陽病,[10] 數數(삭삭)狂走五里三里, 爲家追得, 又炙身體十數處. 年十六, 遂亡命, 徑至洛陽, 求索先君, 不得, 至鄴. 沛國史仲和, 是魏領軍史渙孫也, 至便依之, 遂名翼, 字陽和. 先君到鄴, 至具道太學中事, 便逐先君歸山陽, 經年. 至長七尺三寸, 潔白黑髮, 赤脣明目, 鬢鬚不多, 閑詳安諦, 體若不勝衣. 先君嘗謂之曰 '卿頭小而銳, 瞳子白黑分明, 視瞻停諦, 有白起風.' 至論議淸辯, 有縱橫才, 然亦不以自長也. 孟元基辟爲遼東從事, 在郡斷九獄, 見稱淸當. 自痛棄親遠遊, 母亡不見, 吐血發病, 服未竟而亡."

③ 嚴尤의 ≪三將敍≫[11]에 말하였다. "平原君(趙勝)이 趙 孝成王에게 馮亭을 받아들이라고[12] 권하였다. 왕이 '그것을 받으면 秦나라 군대가 반드시 올 것이고 武安君(白起)이 반드시 장수가 될 것인데, 누가 능히 그를 당하겠는가?'라고 하자, 평원군이 대답하기를 '澠池의 회맹에서 신이 무안군을 살펴보니, 머리는 작고 얼굴은 뾰족했으며, 눈동자는 흑백이 분병하고 시선을 돌리지 않았습니다. 머리가 작고 얼굴이 뾰족한 자는 과감하게 결단하고, 눈동자의 흑백이 분명한 자는 사태를 명확하게 보고, 시선을 돌리지 않는 자는 의지가 강합니다. 그와 지구전을 펼 수는 있어도 銳鋒을 다투기는 어렵습니다. 廉頗는 사람됨이 용맹하고 병사들을 아끼며 어려움을 알고 치욕을 참으니, 그와 더불어 들판에서 싸운다면 당할 수 없겠지만 굳게 지킨다면 충분히 당해낼 수 있습니다.' 하였다. 효성왕이 그 계책을 따랐다." 嚴尤三將敍曰 "平原君勸趙孝成王受馮亭. 王曰 '受之, 秦兵必至, 武安君必將, 誰能當之者乎.' 對曰 '澠池之會, 臣察武安君, 小頭而面銳, 瞳子白黑分明, 視瞻不轉. 小頭而面銳者, 敢斷決也, 瞳子白黑分明者, 見事明也, 視瞻不轉者, 執志彊也. 可與持久, 難與爭鋒. 廉頗爲人, 勇鷙而愛士, 知難而忍恥, 與之野戰則不如, 持守足以當之.' 孝成王從其計."

---

10) 陽病 : ≪晉書≫ 〈文苑傳〉에는 '陽狂'으로 되어 있다. '陽'은 '佯'과 통한다.

11) 嚴尤의 ≪三將敍≫ : ≪舊唐書≫ 〈經籍志〉, ≪新唐書≫ 〈藝文志〉, ≪通志≫ 등에는 ≪三將軍論≫ 1권이 있다고 하였다. ≪三將論≫이라고도 한다.

12) 馮亭을 받아들이라고 : 풍정은 전국시대 韓나라 上黨太守였다. B.C. 262년 秦나라 白起가 韓나라를 정벌하여 野王縣을 함락시키자 上黨의 도로가 두절되었다. 풍정은 趙나라와 협력하여 秦나라에 대적하고자 조나라에 상당을 바치겠다고 하였다.

④ ≪周髀≫13)에 말하였다. "〈해가〉 夏至에는 北方 26,000리에, 冬至에는 南方 135,000리에 있는데, 해가 중천에 떴을 때 表를 세우면 그림자가 없어진다. 周髀는 길이가 8척으로 夏至日에 그림자가 1자〔尺〕 6치〔寸〕이다. 髀를 股라고 부르고, 晷를 勾라고 부른다.14) 〈해가〉 正南 1,000里에 있으면 勾가 1자 5치이고, 正北 1,000里에 있으면 勾가 1자 7치이다." '주비'는 〈≪周髀算經≫이라는〉 책이다.

周髀曰"夏至北方二萬六千里, 冬至南方十三萬五千里, 日中樹表則無影矣. 周髀長八尺, 夏至日, 晷尺六寸. 髀, 股也, 晷,勾也. 正南千里, 勾尺五寸. 正北千里, 勾尺七寸." 周髀之書也.

⑤ ≪呂氏春秋≫ 〈仲夏紀 古樂〉에 말하였다. "黃帝가 伶倫(황제 때의 樂官)으로 하여금 大夏의 서쪽과 崑崙山 북쪽에서 嶰谷에서 자라는 대나무 중에서 그 구멍의 두께가 균일한 것을 고르게 하여 두 마디의 사이를 잘라 그것을 불어 黃鍾의 管으로 삼았다. 12개의 篇을 만들어 鳳凰의 울음소리를 듣고 수컷의 울음소리 여섯 가지와 암컷의 울음소리 여섯 가지로 律呂를 삼았다."

≪續漢書≫ 〈律曆志〉에 말하였다. "12律의 변화는 60가지에 이르는데, 律로 〈사계절의〉 氣를 알아차린다. 기를 알아차리는 방법은, 방을 3중으로 만들어 문을 닫고 문틈을 막고는 반드시 세밀하게 붉은색 장막을 친다. 나무로 상을 만들어 律을 그 위에 놓고 갈대의 재로 그 안을 채운다. 氣에 의하여 움직이면 그 재가 흩어지니, 이것으로 〈기를〉 알아차린다."

呂氏春秋曰"黃帝使伶倫在大夏之西・崑崙之陰, 取竹之嶰谷生, 其竅厚薄均者, 斷兩節間而吹之, 以爲黃鍾之管. 制十二篇, 以聽鳳凰之鳴, 雄鳴六, 雌鳴六, 以爲律呂." 續漢書律曆志曰"十二律之變, 至於六十, 以律候氣. 候氣之法, 爲室三重, 戶閉, 塗釁, 必周密布緹幔. 以木爲案, 加律其上, 以葭莩灰抑其內. 爲氣所動者, 其灰散也, 以此候之."

【頭註】

○ 劉辰翁 : 〈趙至가〉 叔夜(嵇康)를 흠모하여 이런 지경에 이르렀으니, 마음 아프고 가련하

---

13) 周髀 : ≪周髀算經≫이라고도 한다. 중국의 가장 오래된 天文學과 數學에 관한 저작으로 대략 기원전 1세기경에 이루어졌다. 하늘은 삿갓 모양이며, 지상 8만 리 상에서 덮여 있고, 북극의 부분이 삿갓의 중심이 되어 있다는 蓋天說을 담고 있다.

14) 髀를……부른다 : 髀는 해의 그림자를 측정하는 자〔表〕이고, 晷는 해의 그림자이다. 직각삼각형에서 수직의 변을 股라고 부르고, 수평의 변을 勾라고 부르니, 髀는 股, 晷는 勾로 부르는 것이다.

다. 嵇紹가 그의 분발했던 과정을 꼼꼼하게 서술하였다. 이 어린아이가 忽忽히 일생을 보냈으니, 애석하다.15)

劉云 "爲貪慕叔夜至此, 情痛可憐. 嵇紹敍它感發來歷皆到. 此孺子忽忽過一生, 惜哉!"

○ 王世懋 : 세상 사람들은 단지 蔡中郞(蔡邕)의 石經만 알고 嵇中散(嵇康)이 있다는 것을 모르는데, 이 주석에서 중요한 故事 하나를 기록해놓았다.16)

王云 "世人但知蔡中郞石經, 不知有嵇中散, 此註具一大故事."

○ 李贄 : 매우 기특하다.

李云 "奇甚."

○ 劉辰翁 : 〈趙景眞이 대답한〉 원래 말의 度量이 작고 문채가 지리하니 유감스러울 따름이다.

劉云 "本語量狹, 文采支離, 可恨耳."

4-3 司馬景王(司馬師)이 동쪽을 정벌할 때에 上黨의 李喜를 불러 從事中郞으로 삼았다. 그리고는 이희에게 물었다.

"예전에 先公(司馬懿)께서 그대를 부르실 적엔 나아가지 않더니, 지금 내가 그대를 부르자 온 것은 어떻게 된 것인가?"

이희가 대답하였다.

司馬懿

"先公께서는 禮로써 대우해주셨으므로 禮로써 나아가고 물러갈 수 있었습니다만, 明公(사마경왕)께서는 법으로 통제하시니 저는 법을 두려워하여 왔을 따름입니다."

---

15) 忽忽히……애석하다 : 37세의 젊은 나이에 생을 마감한 것을 두고 이른 말이다.

16) 세상……기록해놓았다 : 劉孝標의 주석 ②에서 嵆康이 '太學에서 石經의 古文을 썼다.'는 것을 가리킨다.

司馬景王이 東征①에 取上黨李喜하여 以爲從事中郎하고 因問喜曰 昔에 先公이 辟君엔 不就러니 今에 孤召君에 何以來오하니 喜가 對曰 先公은 以禮見待니 故得以禮進退어니와 明公은 以法見繩하니 喜가 畏法而至耳②니이다하다

司馬師

① ≪魏書≫에 말하였다. "司馬師는 字가 子元이고 相國 宣文侯(司馬懿)의 長子이다. 도덕이 맑고 순수한 까닭에 조정에서 중용되어 大將軍과 錄尙書事가 되었다. 毌丘儉이 반란을 일으키자 司馬師가 직접 정벌하였다. 죽은 뒤에 시호를 景王이라 하였다."
魏書曰 "司馬師, 字子元, 相國宣文侯長子也. 以道德淸粹, 重於朝廷, 爲大將軍·錄尙書事. (毋)〔毌〕17) 丘儉反, 師自征之. 薨, 諡景王."

② ≪晉諸公贊≫에 말하였다. "李喜는 字가 季和이고 上黨 銅鞮 사람이다. 어려서부터 品行이 고상하였고 經學을 정밀히 연구하였다. 宣帝(司馬懿)가 〈魏의〉 相國일 때에 이희를 불렀는데, 이희는 질병을 이유로 고사하였다. 景帝(司馬師)가 정사를 보좌하여 다스릴 때에 從事中郎이 되었다. 여러 관직을 역임한 뒤에 光祿大夫와 特進에 이르렀다. 〈사후에〉 太保에 追贈되었다."
晉諸公贊曰 "喜, 字季和, 上黨銅鞮人也. 少有高行, 硏精藝學. 宣帝爲相國, 辟喜, 喜固辭疾. 景帝輔政, 爲從事中郎. 累遷光祿大夫·特進, 贈太保."

【頭註】

○ 王世懋 : 말의 뜻이 거칠고 솔직하다.
王云 "語意疎直."

---

17) (毋)〔毌〕 : 저본에는 '毋'로 되어 있으나, 宋本 ≪世說新語≫·安永本 등에 의거하여 '毌'으로 바로잡았다.

4-4 晉 武帝(司馬炎)가 처음 즉위했을 때 점을 치자 '一'자가 나왔는데, 王朝의 世數가 이것의 많고 적음과 관련 있다고 여겨졌다. 무제의 기분이 좋지 않은 상태인지라 신하들은 얼굴이 창백해져 누구도 말을 할 수 있는 사람이 없었다. 侍中 裴楷가 앞으로 나아가 말하였다.

司馬炎

"신이 듣건대 하늘은 '一'을 얻어 맑아지고, 땅은 '一'을 얻어 편안해지며, 제후들은 '一'을 얻어 천하의 바름이 된다[18]고 하였습니다."

〈이 말을 듣고〉 무제는 기뻐하였고 신하들은 탄복하였다.

晉武帝가 始登阼에 探策得一이라 王者世數가 繫此多少라 帝既不說(열)하고 群臣失色하여 莫能有言者라 侍中裴楷가 進하여 曰 臣聞 天은 得一以淸하고 地는 得一以寧하고 侯王은 得一以爲天下貞이라하니 帝說하고 群臣歎服①하다

① 王弼의 《老子》 注에 말하였다. "一은 數의 시작이고 사물의 궁극이니, 각각 하나의 사물이 중심으로 삼는 것이다. 각각 그 '一'을 가지고 이 맑음과 편안함과 바름에 도달한다."
王弼老子注云 "一者, 數之始, 物之極也, 各是一物所以爲主也. 各以其一, 致此淸·寧·貞."

【頭註】

○ 王世懋 : 이렇기 때문에 저절로 응하여 이런 상황(晉나라가 魏나라를 찬탈한 것)에 이른 것이다.
(劉)〔王〕19)云 "此故自應至此."

18) 하늘은……된다 : 《老子》 39章에 나오는 말이다.

4-5 滿奮은 바람을 두려워하였다. 晉 武帝와 자리를 함께했을 때에 북쪽 창이 유리 병풍으로 되어 있었다. 실제로는 막혀있지만 비어 있는 듯 보였는데 만분이 난처한 얼굴을 하였다. 무제가 웃자 만분이 답하였다.

"신은 吳 땅의 물소가 달을 보고도 헐떡이는 것과 마찬가지입니다."

滿奮이 **畏風**이라 **在晉武帝坐**에 **北窓作琉璃屛**하여 **實密似疎**하니 **奮有難色**이라 **帝**가 **笑之**①하니 **奮**이 **答曰 臣**은 **猶吳牛**가 **見月而喘**②이니이다하다

① 荀綽의 ≪冀州記≫[20]에 말하였다. "滿奮은 字가 武秋이고 高平 사람으로 魏나라의 太尉 滿寵의 자손이다. 성품이 맑고 조용했으며 식견이 있었다. 吏部郞으로 있다가 지방으로 나아가 冀州刺史가 되었다.

≪晉諸公贊≫에 말하였다. "만분은 품성이 청아하여 증조부인 만총의 풍모가 있었다. 尙書令에 올랐다. 荀顗에게 살해당했다."

荀綽冀州記曰 "奮, 字武秋, 高平人, 魏太尉寵之孫也. 性淸平有識. 自吏部郞, 出爲冀州刺史." 晉諸公贊曰 "奮體量淸雅, 有曾祖寵之風. 遷尙書令. 爲荀顗所害."

② 오늘날의 물소는 오직 長江과 淮河 사이의 지역에서만 살기 때문에 吳牛라고 부른다. 남쪽 지역은 많이 덥기에 이 소는 더위를 두려워하여 달을 보고 해로 착각하여 달을 보면 헐떡이는 것이다.

今之水牛, 唯生江淮間, 故謂之吳牛也. 南土多暑, 而此牛畏熱, 見月疑是日, 所以見月則喘.

【頭註】

○ 劉辰翁 : 소가 과도하게 일하여 더운 것을 두려워하기에 달을 보고 해인 줄 생각했다는 말이다. '달을 보고 헐떡인다.'와 같은 말은 그냥 일상적인 말일 뿐이다.

劉云 "謂其作勞過多, 畏熱, 見月疑日. 若見月而喘, 直常語耳."

---

19) (劉)〔王〕: 저본에는 '劉'로 되어 있으나, 淩瀛初 校訂本 ≪世說新語≫와 張懋辰 교정본 ≪세설신어≫에 王世懋의 評으로 되어 있는 것에 의거하여 '王'으로 바로잡았다.

20) 荀綽의 ≪冀州記≫ : 西晉 말기의 역사가이다. 서진의 역사와 인물을 기록한 ≪晉後略≫을 지었는데 일부만 남아 있다. ≪三國志≫의 裴松之의 주석에 荀綽이 ≪九州記≫를 지었으며 ≪冀州記≫, ≪兗州記≫ 등의 편으로 나누어져 있다고 하였다.

4-6 여러 名士들이 함께 洛水에 가서 놀고 돌아오자, 樂令(樂廣)이 王夷甫(王衍)에게 물었다.

"오늘의 놀이는 즐거웠습니까?"

왕이보가 말했다.

"裴僕射(裴頠)는 名理에 대해 잘 이야기하였는데 흐르는 물처럼 끊임없는 것이 雅致가 있었고, 張茂先(張華)은 ≪史記≫와 ≪漢書≫에 대해 논하였는데 흥미진진한 것이 들을 만하였고, 나와 王安豐(王戎)은 延陵(季札)과 子房(張良)에 대해 이야기했는데 이 또한 말이 진실하여 허황되지 않았습니다."

季札

張良

諸名士가 共至洛水하여 戲[①]하고 還하니 樂(악)令[②]이 問王夷甫曰 今日戲樂乎[③]아하니 王曰 裴僕射(야)는 善談名理에 混混有雅致[④]하고 張茂先은 論史漢에 靡靡可聽[⑤]하고 我與王安豐은 說延陵子房에 亦超超玄箸(착)[⑥][21]이라하다

① ≪竹林七賢論≫[22]에 말하였다. "王濟 등 여러 사람들이 洛水에 가서 禊祭祀[23]를 지낸 적이 있었다. 다음날 누군

---

21) 箸(착) : 安永本, ≪世說講義≫ 등에는 '著'으로 되어 있다.

22) 竹林七賢論 : 晉의 戴逵가 지었고 2권이었는데 지금은 일부만 남아 있다. 魏晉 시대 죽림 아래 거칠 것 없이 술을 마시던 阮籍・嵇康・山濤・向秀・劉伶・阮咸・王戎 등의 竹林七賢에 대한 기록이다.

23) 禊祭祀 : 액운을 떨어버리기 위하여 물가에서 지내는 제사로, 1년에 두 번 음력 3월

가가 왕제에게 '어제 놀이에서 어떤 말과 논의가 있었습니까?'라고 묻자, 왕제가 〈위와 같이〉 운운하였다."

竹林七賢論曰 "王濟諸人, 嘗至洛水, 解禊事. 明日, 或問濟曰 '昨游, 有何語議.' 濟云云."

② 〈樂令은〉 樂廣이다.

廣也.

③ 虞預의 ≪晉書≫에 말하였다. "王衍은 字가 夷甫이고 瑯琊의 臨沂 사람으로 司徒인 王戎의 從弟이다. 부친 王乂는 平北將軍이었다. 王夷甫는 일찍 이름이 알려졌는데 淸虛하고 이치에 통달한 것으로 유명하였으며, 벼슬이 太尉에 이르렀다. 石勒에게 살해당했다."

虞預晉書曰 "王衍, 字夷甫, 瑯琊臨沂人, 司徒戎從弟. 父乂, 平北將軍. 夷甫蚤知名, 以淸虛通理稱, 仕至太尉. 爲石勒所害."

④ ≪晉惠帝起居注≫[24]에 말하였다. "裴頠는 字가 逸民이고 河東 聞喜 사람으로 司空 裴秀의 막내아들이다."

≪冀州記≫에 말하였다. "배외는 도량이 크고 넓었으며 탁견이 있었다. 옛일을 살펴 名理(명칭과 이치)에 대해 잘 이야기하였고, 행실이 고상하고 반듯하여 어려서부터 이름이 알려졌다. 侍中과 尙書左僕射를 역임하였다. 西晉의 趙王 司馬倫에게 해를 당했다."

晉惠帝起居注曰 "裴頠, 字逸民, 河東聞喜人, 司空秀之少子也." 冀州記曰 "頠弘濟有淸識, 稽古善言名理, 履行高整, 自少知名. 歷侍中・尙書左僕射. 爲趙王倫所害."

⑤ 王隱의 ≪晉書≫에 말하였다. "張華는 字가 茂先이고 范陽 사람이다. 여러 자리를 거쳐 司空에 이르렀다. 趙王 司馬倫에게 해를 당했다.

≪晉陽秋≫에 말하였다. "장화는 널리 보고 두루 들어서 사물의 이치에 통달하지 않은 것이 없었다. 한번은 世祖(司馬炎)가 漢나라의 일을 물어보다가 〈이야기가〉 建章宮[25]의 많은 건물에 미치자, 장화가 바닥에 그림을 그리면서 물처럼 막

삼짇날과 7월 14일에 지냈다.

24) 晉惠帝起居注 : 2권이다. ≪隋書≫ 〈經籍志〉에는 저자가 나와 있지 않는데 姚振宗의 ≪隋書經籍志考證≫에서는 陸機가 지었다고 하고 여러 輯本에서도 육기가 지었다고 하였다. 起居注란 史官이 천자의 곁에서 매일의 언행을 시간에 따라 기록한 역사 기록이다.

힘없이 대답하였는데 張安世[26]도 그보다 나을 순 없었다."

王隱晉書曰"張華, 字茂先, 范陽人也. 累遷司空, 爲趙王倫所害." 晉陽秋曰"華博覽洽聞, 無不貫綜. 世祖嘗問漢事, 及建章千門萬戶, 華畫地成圖, 應對如流, 張安世不能過也."

⑥ ≪晉諸公贊≫에 말하였다. "王夷甫는 담론을 좋아하였는데 당시 사람들에게 으뜸으로 추앙되었다."

晉諸公贊曰"夷甫好尙談稱, 爲時人物所宗."

【頭註】

○ 劉辰翁 : 玄箸은 沈著(진실하여 허황되지 않음)과 뜻이 같다.
劉云"玄箸, 猶沈著."

○ 王世懋 : 옛 판본에는 원래 '箸'자로 되어 있는데, 참으로 이해가 되지 않는다. 뒤에는 모두 이를 따른다.[27]
王云"古本原作箸字, 殆不可曉. 後皆倣此."

4-7 王武子(王濟)와 孫子荊(孫楚)이 각기 〈자기 고장의〉 토지와 인물들의 훌륭함에 대해 이야기하였다. 왕무자가 말했다.

"그 땅은 평탄하고 물은 맑으니, 사람들이 청렴하고 곧습니다."

손자형이 말하였다.

"그 산은 높아 우뚝하고 물은 넘실넘실 흐르면서 물결이 높게 이니, 사람들이 호방하고 뛰어납니다."

王武子①와 孫子荊②이 各言其土地人物之美하다 王云 其地는 坦而平하고 其水는 淡而淸하니 其人이 廉且貞이라하고 孫云 其山은 崋巍以嵯峨하고 其水는 泙渫[28]而揚波하니

---

25) 建章宮 : 漢 武帝가 長安城 외곽에 지은 궁전이다.

26) 張安世 : 西漢 武帝에서 宣帝 때까지 重臣으로, 어릴 때부터 한번 보면 기억할 정도로 기억력이 비상하였다. 行幸 중의 무제가 소중히 여기는 책 세 상자를 분실했는데, 장안세가 그 책의 내용을 전부 외워 썼고 나중에 책을 찾은 뒤 비교해보니 일치하였다.(≪說郛≫, ≪緯略≫)

27) 뒤에는……따른다 : '箸'으로 잘못 쓰인 것을 '著'으로 고친다는 말이다.

其人이 磊砢而英多③라하다

① ≪晉諸公贊≫에 말하였다. “王濟는 字가 武子이고 太原 晉陽 사람으로, 司徒 王渾의 둘째 아들이다. 뛰어난 재주가 있었고 고아한 담론을 잘하였다. 中書郎으로 벼슬을 시작했으며 太僕으로 있다가 죽었다.”

晉諸公贊曰“王濟, 字武子, 太原晉陽人, 司徒渾第二子也. 有儁才, 能淸言. 起家中書郎, 終太僕.”

② ≪文士傳≫에 말하였다. “孫楚는 字가 子荊이고 太原 中都 사람이다.”

≪晉陽秋≫에 말하였다. “孫楚는 驃騎將軍 孫資의 손자이고 南陽太守 孫宏의 아들이다. 같은 고향 사람인 王濟는 재주와 지혜가 뛰어난 公子로 本州의 大中正[29]이 되었다. 訪問[30]이 鄕里의 品狀(인물의 品行을 기술한 글)을 작성하자, 王濟가 ‘이 사람(손초)은 그대가 품평할 수 있는 사람이 아니다. 내가 직접 작성하겠다.’라고 하고는 ‘天才로 英特하며 출중하여 평범하지 않다.”라고 하였다. 벼슬이 馮翊太守에 이르렀다.”

文士傳曰“孫楚, 字子荊, 太原中都人也.” 晉陽秋曰“楚, 驃騎將軍資之孫, 南陽太守宏之子. 鄕人王濟, 豪俊公子, 爲本州大中正. 訪問(宏)[31]爲鄕里品狀, 濟曰‘此人非卿[32]評所能名, 吾自狀之.’曰‘天才英特, 亮拔不群.’仕至馮翊太守.”

③ 살펴보건대 ≪三秦記≫와 ≪語林≫에 蜀人 伊籍이 吳 지역의 토지와 인물을 칭찬한 것이 실려 있는데, 이 말과 같다.

按三秦記·語林載蜀人伊籍稱吳土地人物, 與此語同.

---

28) 泙澲 : 물이 廣大하게 흐르는 모양이다.(≪世說音釋≫)

29) 大中正 : 관직 이름이다. 魏晉南北朝 시대에는 각 州와 郡에 中正官을 두고 각 지방의 인재를 재능에 따라 9개의 등급으로 나누어 그 등급에 따라 등용하는 九品中正制를 운영하였다. 司馬懿가 정권을 잡았을 때 中正 외에 大中正을 두었다.

30) 訪問 : 관직 이름이다. 九品中正制에서 中正의 속관으로, 평판을 조사하여 品狀을 기록하는 일을 하였다.

31) (宏) : 저본에는 ‘宏’이 있으나, ≪三國志≫〈劉放傳〉裴松之의 注에서 인용한 ≪晉陽秋≫에는 ‘訪問關求楚品狀(방문이 공문을 보내 孫楚의 品狀을 구하자)’이라고 되어 있어 衍文으로 처리하였다.(≪新釋漢文大系 世說新語≫)

32) 卿 : ≪世說新語≫, ≪世說新語箋疏≫ 및 安永本에는 ‘鄕’으로 되어 있다. ≪晉書≫〈孫楚傳〉에 ‘卿’으로 되어 있다.

【頭註】

○ 王世懋 : 주석의 말이 옳다. 吳와 蜀이 여기의 말에 부합하니, 이것이 〈그곳의〉 본래의 면목이다. 살펴보건대 王濟와 孫楚는 동일하게 太原 사람이니, 풍토가 이렇게 다른 것은 맞지 않다.
王云 "注是也. 吳蜀當此語, 是本色. 按王孫同爲太原人, 不當土風之異如此."

4-8 樂令(樂廣)의 딸이 大將軍인 成都王 司馬穎에게 시집갔다. 성도왕의 형인 長沙王(司馬乂)이 洛陽에서 실권을 잡고 마침내 군대를 정비하여 〈성도왕을〉 노렸다. 장사왕이 小人을 가까이 두고 君子를 멀리하여 조정에 있는 모든 이들이 위태롭고 두려운 마음을 품었다. 악령은 이미 조정의 명망을 얻은 데다가 혼인으로 인척관계였기에 소인배들이 장사왕에게 참소하였다. 장사왕이 한번은 악령에게 물어보자 악령이 태연한 안색으로 천천히 답하였다.

"어찌 아들 다섯을 여식 하나와 바꾸겠습니까."

이로 말미암아 〈장사왕은〉 마음을 풀고 다시는 의심하지 않았다.

樂(악)令女가 適大將軍成都王穎①이라 王兄長沙王이 執權於洛②하고 遂構兵相圖라 長沙王이 親近小人하고 遠外君子하니 凡在朝者가 人懷危懼라 樂令이 既允朝望하고 加有婚親하니 群小가 讒於長沙하다 長沙가 嘗問樂令하니 樂令이 神色自若하고 徐答曰 豈以五男易一女③리오하다 由是로 釋然하고 無復(부)疑慮하다

① 虞預의 ≪晉書≫에 말하였다. "樂廣은 字가 彦輔이고 南陽 사람이다. 성품이 맑고 욕심이 없었으며 담박하고 활달하였다. 여기에 더해 식견도 있었다. 여러 벼슬을 거쳐 侍中과 河南尹이 되었다. 조정에 있을 때에 마음씨가 淸虛하여 당시 사람들이 그의 곧고 고상함을 중시하였다. 王戎을 대신하여 尚書令이 되었다."
≪八王故事≫33)에 말하였다. "司馬穎은 字가 叔度이고 世祖(晉 武帝)의 19번째 아들34)로 成都王과 大將軍에 봉해졌다."

---

33) 八王故事 : 晉의 盧綝이 지었다. 西晉 말기 황족들이 중앙의 권력을 잡기 위해 16년 동안 이어진 내란인 '八王의 亂'이라는 역사적 사실을 기록하고 있다. ≪隋書≫ 〈經籍志〉에는 10권으로, ≪新唐書≫와 ≪舊唐書≫에는 12권으로 기록하고 있다.

虞預晉書曰 "樂廣, 字彦輔, 南陽人. 淸夷冲曠, 加有理識. 累遷侍中・河南尹. 在朝廷用心虛淡, 時人重其貞貴. 代王戎爲尙書令." 八王故事曰 "司馬穎, 字叔度, 世祖第十九子, 封成都王・大將軍."

② ≪晉百官名≫[35]에 말하였다. "司馬乂는 字가 士度이고 長沙王에 봉해졌다." ≪八王故事≫에 말하였다. "世祖의 17번째 아들[36]이다."

晉百官名曰 "司馬乂, 字士度, 封長沙王." 八王故事曰 "世祖第十七子."

③ ≪晉陽秋≫에 말하였다. "成都王이 군대를 일으키자 長沙王이 樂廣을 의심하였다. 악광이 '어찌 여식 하나와 아들 다섯을 바꾸겠습니까.'라고 하였으나, 司馬乂가 여전히 의심하자 마침내 걱정 때문에 죽었다."

晉陽秋曰 "成都王之起兵, 長沙王猜廣. 廣曰 '寧以一女而易五男.' 乂猶疑之, 遂以憂卒."

【頭註】

○ 劉辰翁 : 한 번 말하여 〈상대의〉 마음을 안정시키니, 탄복하고 또 탄복할 만하다.

劉云 "一語坦然, 敬服敬服."

4-9 孫子荊(孫楚)이 젊었을 때에 은둔하려고 했는데, 王武子(王濟)에게 '돌을 베개 삼고 흐르는 물에 양치한다.'라고 말해야 할 것을, 잘못하여 '돌로 양치하고 흐르는 물을 베개로 삼는다.'라고 하였다. 왕무자가 말했다.

"흐르는 물은 베개로 삼을 수 있어도 돌로 양치할 수 있습니까?"

손자형이 말했다.

"흐르는 물을 베개로 삼는 것은 귀를 씻고자 함이요, 돌로 양치하는 것은 치아를 갈고자 함입니다."[37]

孫子荊이 **年少時**에 **欲隱**이러니 **語王武子**에 **當枕石漱流**어늘 **誤曰 漱石枕流**라하다 **王曰 流**는 **可枕**이나 **石**은 **可漱乎**아하니 **孫曰 所以枕流**는 **欲洗其耳**요 **所以漱石**는 **欲礪其齒**라하다

---

34) 19번째 아들 : ≪晉書≫ 〈成都王穎傳〉에는 晉 武帝의 16번째 아들로 되어 있다.

35) 晉百官名 : ≪隋書≫ 〈經籍志〉에는 30권으로 되어 있다. 저자에 대해서는 알 수 없다.

36) 17번째 아들 : ≪晉書≫ 〈長沙王乂傳〉에는 晉 武帝의 6번째 아들로 되어 있다.

37) 孫子荊(孫楚)이……함입니다 : 이 내용이 ≪世說新語≫에는 〈排調〉에 들어 있다.

【頭註】

○ 王世懋 : 실수로 말했는데 아름다운 문구를 얻었고 마침내는 〈그것을 바탕으로〉 변명을 하였다. 이는 王子敬(王獻之)이 파리를 그린 일38)이나 마찬가지이다.
王云 "誤語, 乃得佳, 遂爲口實. 此王子敬畫蠅也."

4-10 陸機가 王武子(王濟)를 방문하자, 왕무자가 양의 젖으로 만든 타락죽 몇 斛을 앞에 놓고는 손가락으로 가리켜 육기에게 보이며 말하였다.

"경의 고향인 江東에서는 무엇을 이것에 비기겠소?"

육기가 말하였다.

"千里湖39)의 순채국(蓴羹)이 있으니 다만 아직 鹽豉(염시)40)를 넣어 〈調味하지〉 않았을 뿐입니다."

陸機

陸機가 詣王武子①하니 武子가 前置數斛羊酪하고 指以示陸曰 卿江東은 何以敵此오하니 陸云 有千里蓴羹이니 但未下41)鹽豉耳라하다

① ≪晉陽秋≫에 말하였다. "陸機는 字가 士衡이고 吳郡 사람이다. 조부 陸遜은 吳의

---

38) 王子敬(王獻之)이……일 : ≪歷代名畫記≫와 ≪橘山四六≫ 등에는 曹不興이 孫權의 명으로 병풍을 그리다가 실수로 종이에 붓을 떨어뜨리는 바람에 점이 찍혔는데, 이에 조불흥이 그 점을 파리의 모양으로 그렸으며, 王獻之가 부채에 그림을 그리다가 같은 실수를 하여 얼룩소를 그렸다는 이야기가 있다. 곧 王子敬이라고 한 것은 잘못이다.

39) 千里湖 : 千里湌・菁蓴湖라고도 하며, 지금의 江蘇省 漂陽市 동남쪽에 있다.

40) 鹽豉(염시) : 콩을 물에 불려서 찌거나 끓인 후에 발효시켜 만든 조미료의 일종이다.

41) 未下 : ≪晉書≫ 〈陸機傳〉에 '千里의 蓴羹과 末下의 鹽豉'라는 구절이 있고, 王懋의 ≪野客叢書≫에 '혹자는 千里와 末下가 모두 지명으로 순채와 鹽豉가 생산되는 곳이다.'라고 한 것을 근거로 '未下'를 지명인 '末下'의 오기로 보는 견해도 있다.

丞相이었으며, 부친 陸抗은 大司馬였다. 육기는 동생 陸雲과 함께 뛰어난 재주가 있었다. 司空인 張華가 보고는 기뻐하며 '吳를 평정한 이로움이 이 두 재주 있는 이를 얻은 데에 있다.'라고 하였다."

≪陸機別傳≫에 말하였다. "〈육기는〉 박학다식하고 글을 잘 지었으며 禮가 아니면 움직이지 않았다. 晉나라에 들어가 著作郞이 되었고 〈벼슬이〉 平原內史에 이르렀다."

晉陽秋曰 "機, 字士衡, 吳郡人. 祖遜, 吳丞相, 父抗, 大司馬. 機與弟雲, 竝有儁才. 司空張華見而說(열)之, 曰 '平吳之利, 在獲二儁.'" 機別傳曰 "博學善屬文, 非禮不動. 入晉, 仕著作郞, 至平原內史."

【頭註】

○ 劉辰翁 : 아주 절묘하게 대답하였다. 言外로 鹽豉를 넣은 뒤에는 〈그 맛이〉 그 정도에 그치지 않을 것임을 말하였다. 다만 말이 깊이가 있고 간결하여 음미할 수는 있으나 제대로 품평하기 어려울 따름이다.

劉云 "最得占對之妙. 言外謂下鹽豉後, 尙未止此. 第語深約, 可以味得, 難以俊賞耳."

○ 王世懋 : 千里는 湖水 이름이니, 요즘의 地理誌에서도 찾아볼 수 있다.

王云 "千里, 湖名, 今志猶可考."

4-11 中朝(西晉)[42] 때에 어떤 아이의 부친이 병이 들었다. 다니며 약을 구걸하자 主人이 어떤 병인지 물었다. 〈아이가〉 말하였다.

"瘧疾을 앓고 있습니다."

주인이 말하였다.

"너의 부친은 밝은 덕을 지닌 군자이신데 어찌하여 학질에 걸렸는가?"

〈아이가〉 답하였다.

"군자를 병들게 하기 때문에 '학질'이라고 하는 것입니다."[43]

---

42) 中朝(西晉) : 晉나라가 남쪽으로 강을 건너가기 전을 中朝라고 한다.(≪世說音釋≫)

43) 너의……것입니다 : 주인의 말은 너의 아버지는 군자가 아니라는 譏弄의 뜻을 담고 있고, 소년은 '瘧(학질)'과 '虐(사납다)'의 발음이 같은 것을 이용해 군자를 병들게 하는 사나운 병이기 때문에 학질이라고 응수한 것이다.

中朝에 有小兒가 父病하니 行乞藥이라 主人이 問病하니 曰 患瘧也니이다하다 主人이 曰 尊侯는 明德君子이니 何以病瘧①고하니 答曰 來病君子하니 所以爲瘧耳니이다하다

① 俗說에 학질을 퍼뜨리는 귀신은 작아서 대개 큰 사람을 병들게 하지 않는다고 한다. 그래서 後漢 光武帝(劉秀)가 景丹[44]에게 "壯士는 학질에 걸리지 않는다고 들은 적이 있는데, 대장군이 도리어 학질에 걸렸소이다."라고 한 적이 있었다.
俗傳行瘧鬼小, 多不病巨人. 故光武嘗謂景丹曰 "嘗聞壯士不病瘧, 大將軍反病瘧耳."

【頭註】

○ 王世懋 : 〈학질에 대해〉 해석한 말이 매우 훌륭하다.
王云 "轉語甚佳."

4-12 【補】 郭洗馬(郭訥)가 洛陽에 들어가서 妓女의 노래를 듣고 훌륭하다고 말하자, 石季倫(石崇)이 무슨 曲이냐고 물었다. 곽세마가 모른다고 하자, 석계륜이 웃으며 말하였다.

"경은 무슨 곡인지 모르면서 어떻게 훌륭하다고 말할 수 있습니까?"

곽세마가 대답하였다.

"예를 들어 西施를 보는 것과 같으니, 어찌 꼭 姓名을 안 뒤에야 아름다운 줄 알겠습니까?"

郭洗馬가 入洛하여 聽伎人歌하고 言佳하니 石季倫이 問其曲①한대 郭이 云 不知라하니 季倫이 笑曰 卿은 不識曲이어늘 那得言佳오하니 郭이 答曰 譬如見西施②니 何必識姓名然後에 知美③리오하다

① 石崇은 따로 보인다.
石崇, 別見.

② 西施는 따로 보인다.
西施, 別見.

---

44) 景丹 : 後漢 開國의 명장으로, 관직은 驃騎大將軍에 이르렀다.

③ 鄧粲의 ≪晉紀≫에 말하였다. "郭訥은 字가 敬言이고 관직은 太子洗馬에 이르렀다."

≪晉陽秋≫에 말하였다. "처음에 곽눌은 吳나라에서 벼슬하여 蒸陽令이 되었는데, 晉나라에 들어와서는 오래도록 벼슬이 오르지 못하였다. 陸機가 천거하면서 '곽눌은 풍채와 태도가 시원하고 활발하며, 度量과 식견이 총명하고 뛰어나며, 성품이 명랑하고 활달하며, 재주가 일을 해내기에 충분하지만 낯선 곳에서 왔기에 조정에 알아주는 사람이 없습니다. 거처는 먼 바깥에 있지 않고 뜻은 자신의 이익을 도모하는 데 있지 않건만, 세월이 빨리 지나가는데 딛고 올라갈 계단이 전혀 없으니 참으로 鄕里의 어리석은 사람도 지혜로운 사람도 모두 안타깝게 여기는 바입니다.'라고 하였다."

鄧粲晉紀曰 "郭訥, 字敬言, 官至太子洗馬." 晉陽秋曰 "初, 訥仕吳爲蒸陽令, 入晉久不進序. 陸機薦之曰 '訥風度簡曠, 器識朗拔, 通濟敏悟, 才足幹事, 出自新邦, 朝無知己. 居不遐外, 志不自營, 年時倏忽, 邈無階緒, 實州黨愚智, 所爲恨恨.'"

4-13 蔡洪이 洛陽으로 찾아갔더니 낙양 사람들이 물었다.

"幕府가 막 설치되고 여러 公卿들이 인재를 초빙하는 명을 내려, 英雄과 奇士를 미천한 이들 속에서 구하고 賢人과 俊才를 산속 동굴에서 찾고 있습니다. 그대는 吳楚 지역의 선비이자 亡國의 유민으로 무슨 특별한 재주가 있기에 이번 선발에 응했습니까?"

채홍이 답하였다.

"夜光珠는 반드시 孟津의 강에서만 나오지 않고 손아귀에 가득 찰 정도의 璧玉은 반드시 崑崙山에서만 캐지 않습니다. 大禹는 東夷에서 나셨고 文王은 西羌에서 나셨으니 聖賢이 태어나는 곳이 어찌 반드시 정해져 있겠습니까. 옛날 武王께서 紂를 토벌하고 〈周나라를 따르지 않던〉 頑固한 백성들을 洛邑에다 옮기셨는데, 諸君들은 그 후손이 아니겠습니까?"

蔡洪①이 赴洛하니 洛中人이 問曰 幕府初開에 群公이 辟命하여 求英奇於仄陋하고 采賢儁於巖穴한대 君은 吳楚之士요 亡國之餘니 有何異才완대 而應斯擧오하니 蔡가 答曰 夜光之珠는 不必出於孟津之河②하고 盈握之璧은 不必采於崑崙之山③이라 大禹는 生於東夷하고 文王은 生於西羌④하니 賢聖所出이 何必常處리오 昔에 武王이 伐紂하고 遷頑民於

洛邑⑤하니 **得無諸君**이 **是其苗裔乎**⑥아하다

① ≪蔡洪集錄≫에 말하였다. "蔡洪은 字가 叔開이고 吳郡 사람이다. 재능이 있고 말주변이 뛰어났다. 처음에는 吳나라에서 벼슬을 했다. 〈西晉〉 太康 연간(280~289)에 本州의 從事가 되었으며 秀才로 천거되었다."

王隱의 ≪晉書≫에 말하였다. "채홍은 벼슬이 松滋令에 이르렀다."

洪集錄曰 "洪, 字叔開, 吳郡人. 有才辯. 初仕吳朝. 太康中, 本州從事, 擧秀才." 王隱晉書曰 "洪仕至松滋令."

② 舊說에 말하였다. "隋侯가 길을 나섰는데 잘려서 가운데가 끊어진 뱀이 있었다. 수후가 붙여서 이어주니 뱀이 마침내 살아나서 갔다. 나중에 明月珠를 물고 와서 그 덕에 보답하였는데, 빛이 밝게 비추어 밤이 낮과 같았다. 그리하여 '隋珠'라고 불렀다." 左思의 〈蜀都賦〉에서 이른바 '隋侯가 〈이에〉 자신의 夜光珠를 천시하였다.'라는 것이다.

舊說云 "隋侯出行, 有蛇斬而中斷者. 侯連而續之, 蛇遂得生而去. 後銜明月珠以報其德, 光明照夜同晝, 因曰'隋珠'." 左思蜀都賦所謂'隋侯鄙其夜光'45)也.

③ 韓氏가 말하였다. "和氏의 璧玉은 대개 井里에서 나오는 것이다."

韓氏曰 "和氏之璧, 蓋出於井里之中."

④ 살펴보건대 ≪孟子≫ 〈離婁 下〉에서 '舜임금은 諸馮에서 태어나셨으니, 東夷 사람이시다. 文王은 岐周에서 태어나셨으니, 西戎 사람이시다.'라고 하였으니, 동이는 舜임금이지 禹임금이 아니다.

按孟子曰 '舜, 生於諸馮, 東夷人也. 文王, 生於岐周, 西戎人也.' 則東夷是舜非禹也.

⑤ ≪尙書≫ 〈周書 多士〉의 小序에 말하였다. "成周(洛邑)가 조성되고 나서 殷의 頑固한 백성들을 옮기고 〈多士〉편을 지었다." 〈이것에 대한〉 孔安國의 注에 "殷나라 大夫들이 마음으로 德義의 바른길을 준칙으로 삼지 않았기 때문에 王都 가까이로 옮겨 가르쳤다."라고 하였다.

尙書曰 "成周旣成, 遷殷頑民, 作多士." 孔安國注曰 "殷大夫心不則德義之經, 故徙於王都邇, 敎誨也."

⑥ 살펴보건대 華令思(華譚)가 秀才로 천거되어 洛陽에 들어가서 王武子(王濟)와 서

45) 左思蜀都賦所謂隋侯鄙其夜光 : '隋侯鄙其夜光'은 左思의 〈蜀都賦〉가 아니라 〈吳都賦〉에 나오며, "隋侯於是鄙其夜光(隋侯가 이에 자신의 夜光珠를 천시하였다.)"로 되어 있다.

로 이야기를 주고받았는데, 모두 여기의 말과 다르지 않다. 두 사람이 똑같이 이 말을 했을 리가 없으니, 아마 ≪世說新語≫에서 억지로 갖다 붙인 것이 아닐까 싶다.

按華令思擧秀才入洛, 與王武子相酬對, 皆與此言不異. 無容二人同有此辭, 疑世說穿鑿也.

【頭註】

○ 李贄 : 별다른 맛이 없다.
李云 "無大味."

4-14 崔正熊(崔豹)이 都郡46)에 갔더니, 陳씨 성을 가진 都郡將이 최정웅에게 물었다.

"그대는 崔杼47)로부터 몇 代나 떨어졌습니까?"

최정웅이 대답하였다.

"제가 최저로부터 떨어진 것은 明府(진씨 도군장)께서 陳恒48)으로부터 떨어진 것과 같습니다."

崔正熊이 **詣都郡**하니 **都郡將姓陳**이 **問正熊**하되 **君**은 **去崔杼幾世**오하니 **答曰 民去崔杼**는 **如明府之去陳恒**이니이다하다

① ≪晉百官名≫에 말하였다. "崔豹는 字가 正熊이고 燕國 사람이다. 惠帝(司馬衷) 때에 관직이 太傅丞에 이르렀다."
晉百官名曰 "崔豹, 字正熊, 燕國人. 惠帝時, 官至太傅丞."

【頭註】

○ 王世懋 : 이 질문을 한 자는 파탄을 자초했다.
王云 "此問者, 自賣破綻."

---

46) 都郡 : 郡의 행정중심인 治所가 있는 고을을 말한다.
47) 崔杼 : 春秋時代 齊나라 대부로 임금인 莊公을 시해하였다.(≪春秋左氏傳≫)
48) 陳恒 : 春秋時代 齊나라 대부로 임금인 簡公을 시해하였다.(≪春秋左氏傳≫)

4-15 庾公(庾亮)이 周伯仁(周顗)을 찾아갔더니, 주백인이 말했다.

"그대는 무슨 기쁜 일이 있기에 갑자기 살이 쪘습니까?"

유공이 말했다.

"그대는 또 무슨 걱정스러운 일이 있기에 갑자기 살이 빠졌습니까?"

주인백이 말했다.

"나는 걱정스러운 일이 없습니다. 다만 淸虛함이 날마다 찾아오고 더러움이 날마다 떠나갔을 따름입니다."

庾公이 造周伯仁①하니 伯仁曰 君은 何所欣說(열)이완대 而忽肥아하니 庾曰 君은 復何所憂慘이완대 而忽瘦아하다 伯仁曰 吾無所憂라 直是淸虛日來하고 滓穢日去耳②라하다

① 虞預의 ≪晉書≫에 말하였다. "周顗는 字가 伯仁이고 汝南 安城 사람으로 揚州刺史인 周浚의 長子이다."

≪晉陽秋≫에 말하였다. "주의는 風流와 才氣가 있어 젊어서 이름이 알려졌다. 몸가짐이 반듯하고 端正하며 莊重하여 또래들이 감히 업신여기지 못하였다. 汝南의 賁泰는 해박하고 이치에 밝으며 맑은 志操를 지닌 선비로 일찍이 탄식하며 말하기를 '汝南과 潁川에는 본래 어진 선비가 많았으나 근래 내리막길을 걸어 忠厚한 道가 거의 쇠퇴하였는데 지금 다시 周伯仁을 보았다. 주백인이 장차 옛 기풍을 없애고 우리 지역의 姓氏들을 맑게 할 것이다.'라고 하였다. 寒素科49)에 천거되었고 여러 관직을 역임한 뒤에 尙書僕射가 되었다. 王敦에게 살해당했다."

虞預晉書曰 "周顗(의), 字伯仁, 汝南安城人, 揚州刺史浚長子也." 晉陽秋曰 "顗有風流才氣, 少知名. 正體嶷然, 儕輩不敢媟也. 汝南賁泰淵通淸操之士, 嘗歎曰 '汝(穎)〔潁〕固多賢士, 自頃陵遲, 雅道殆衰, 今復見周伯仁. 伯仁將祛舊風, 淸我邦族矣.' 擧寒素, 累遷尙書僕射(야). 爲王敦所害."

② ○ 어린아이가 말을 배우는 것 같다.

○ 稚子學語.

---

49) 寒素科 : 漢나라와 晉나라에서 士人을 선발하던 科目 이름이다. 이름 그대로 집안이 한미하고 벼슬이 없던 사람들 가운데 선발하였다.

【頭註】

○ 劉辰翁 : 지극히 평범하지만 은유적이다.
劉云"極鄙而隱."

○ 李贄 : 맛이 너무 없다.
李云"太無味."

4-16 江南으로 건너온50) 사람들은 매번 좋은 날이면 新亭으로 서로를 불러 花草를 자리 삼아 酒宴을 열었다. 周侯(周顗)가 자리에서 탄식하며 말했다.

"風景은 〈江北과〉 다르지 않은데 다만 山河가 다르구나."

〈이 말에〉 모두가 서로를 보면서 눈물을 흘렸는데, 王丞相(王導)만이 정색하며 말하였다.

"마땅히 함께 王室을 위해 힘을 합쳐 神州(洛陽)를 수복해야 할 것인데, 어찌하여 楚나라 포로의 꼴을 하고서 서로 마주보는 데에 이르렀단 말인가?"

過江諸人은 每至美日이면 輒相邀新亭하여 藉卉飮宴①이러니 周侯②가 中坐而歎曰 風景은 不殊로되 正自有山河之異로다하니 皆相視流淚어늘 唯王丞相③이 愀然變色曰 當共戮力王室하여 克復神州니 何至作楚囚相對④아하다

① ≪丹陽記≫51)에 말하였다. "新亭은 吳나라가 예전에 세웠는데 전의 터는 무너졌다. 隆安 연간(397~401)에 丹陽尹 司馬恢之가 지금의 자리로 옮겨 세웠다."
丹陽記曰"新亭, 吳舊立, 先基崩淪. 隆安中, 丹陽尹司馬恢之徙創今地."

② 〈周候는〉 周顗이다.
顗也.

③ 〈丞相別傳〉에 말하였다. "王導는 字가 茂弘이고 瑯琊 사람이다. 조부 王覽은 德行

---

50) 江南으로 건너온 : 西晉이 망하자 琅琊王 司馬睿가 長江 남쪽의 南京에 晉을 다시 세웠다. 이 시기를 東晉이라 한다.

51) 丹陽記 : 南北朝 시대 建康 즉 지금의 南京 주변의 地方史로 劉宋의 山謙之가 편찬했다. 원본은 전하지 않고 현재 남아 있는 것은 淸代의 抄錄이다. 六朝時代의 丹陽郡과 속현의 지리, 풍속 등에 관해 기술하였다.

으로 유명하였고, 부친 王裁는 侍御史였다. 왕도는 젊어서부터 이름이 났는데, 집안이 대대로 貧窮하였으나 조용하고 활달하며 道를 즐겨 세상일을 마음에 둔 적이 없었다."

丞相別傳曰 "王導, 字茂弘, 瑯琊人. 祖覽, 以德行稱, 父裁, 侍御史. 導少知名, 家世貧約, 恬暢樂道, 未嘗以風塵經懷也."

④ ≪春秋左氏傳≫에 말하였다. "楚나라가 鄭나라를 치자 諸侯들이 정나라를 구원하였다. 鄭나라가 鄖公[52] 鍾儀를 잡아 晉나라에 바쳤다. 晉 景公이 軍中의 府庫를 살펴보다가 그를 보고서 '南方의 冠을 쓴 채 묶여 있는 자는 누구인가?'라고 물으니 有司가 '초나라 포로입니다.'라고 하였다. 풀어주게 하고 그의 宗族을 물어보사 '樂工입니다.'라고 하였다.' '음악을 연주할 수 있는가?'라고 묻자 '先父의 職任인데 감히 다른 일을 할 수 있겠습니까.'라고 하였다. 그에게 琴을 주자 남방의 음악(楚나라의 음악)을 연주하였다. 范文子(士燮)가 '초나라 포로는 군자입니다. 고향의 樂曲을 연주하니, 옛날을 잊지 않은 것입니다. 임금께서는 어찌 그를 돌려보내 진나라와 초나라의 講和를 이루지 않으십니까?'라고 하였다."

春秋傳曰 "楚伐鄭, 諸侯救之. 鄭執鄖公鍾儀獻晉.[53] 景公觀軍府, 見而問之曰 '南冠而縶者爲誰.' 有司對曰 '楚囚也.' 使稅(탈)之, 問其族. 對曰 '伶人也.' '能爲樂乎.' 曰 '先父之職, 敢有二事.' 與之琴, 操南音. 范文子曰 '楚囚, 君子也. 樂操土風, 不忘舊也. 君盍(합)歸之, 以合晉楚之成.'"[54]

【頭註】

○ 劉辰翁 : 〈지난 역사를〉 생각해보니 여러 감정이 일어난다.
劉云 "俯仰情至."

4-17 衛洗馬(衛玠)가 처음 長江을 건너려고 할 때, 심신이 초췌하였다. 주위의 사람들에게 말하였다.

"이 망망한 〈강물을〉 보니 나도 모르게 온갖 생각이 교차한다. 만약 〈사람으로서〉 감정이 없다면 모를까 또 누가 이런 〈심사를〉 떨쳐버릴 수 있겠

---

52) 鄖公 : 鍾儀의 封號이다.
53) 楚伐鄭……鄭執鄖公鍾儀獻晉 : ≪春秋左氏傳≫ 成公 7년에 보인다.
54) 景公觀軍府……以合晉楚之成 : ≪春秋左氏傳≫ 成公 9년에 보인다.

는가."

衛洗馬가 初欲渡江에 形神이 慘顇러니 語左右云 見此芒芒하니 不覺百端交集이라 苟未免有情이면 亦復誰能遣此①리오하다

① ≪晉諸公贊≫에 말하였다. "衛玠는 字가 叔寶이고 河東 安邑 사람이다. 조부 衛瓘은 太尉였고, 부친 衛恒은 黃門侍郎이었다."

≪衛玠別傳≫에 말하였다. "위개는 학식이 뛰어나고 사리에 통달하였으며 타고난 풍격이 훌륭하여 陳郡의 謝幼輿(謝鯤)가 부친에 버금하는 예로써 공경하였다. 樂廣(악광)의 딸을 아내로 맞이하였는데, 裴叔道(裴遐)가 '장인은 얼음처럼 맑은 자태를 지녔고, 사위는 壁玉처럼 윤택한 명망이 있으니, 이른바 「秦과 晉이 서로 짝을 맺었다.」[55]는 것이다.'라고 하였다. 太子洗馬가 되었다. 永嘉 4년(310)에 남쪽으로 江夏에 이르러 형(衛璪)과 梁里澗에서 작별하면서 '임금과 어버이와 스승을 예로써 공경하는 의리는 사람이 소중히 여기는 바입니다. 오늘날 충신으로서 〈나라를 위해〉 몸을 바치는 도리에 힘쓰지 않을 수 있겠습니까.'라고 하였다. 행차가 豫章에 이르러 卒하였다."[56]

晉諸公贊曰"衛玠, 字叔寶, 河東安邑人. 祖父瓘, 太尉, 父恒, 黃門侍郎." 玠別傳曰"玠穎識通達, 天韻標令, 陳郡謝幼輿敬以亞父之禮. 娶樂廣女, 裴叔道曰 '妻父有冰淸之姿, 壻有璧潤之望, 所謂秦晉之匹也.' 爲太子洗馬. 永嘉四年, 南至江夏, 與兄別於梁里澗, 語曰 '在三[57]之義, 人之所重, 今日忠臣致身之道, 可不勉乎.' 行至豫章, 乃卒."

---

55) 秦과……맺었다 : 秦나라와 晉나라는 대대로 혼인 관계를 맺었는데, 여기서는 두 집안의 혼인이 서로 어울린다는 것을 말한다.

56) 형(衛璪)과……卒하였다 : ≪太平御覽≫에서 ≪晉中興書≫를 인용한 것에 따르면, 이때 衛玠의 형인 衛璪는 散騎侍郎이었는데 위개의 말은 형에게 나라를 위해 헌신하라는 뜻으로 한 것이며, 위개가 모친을 모시고 豫章에 이르렀을 때에 洛陽城이 함락되어 위조가 그곳에서 사망한 것으로 되어 있다.(≪世說新語箋疏≫)

57) 在三 : ≪國語≫ 〈晉語〉에 "'사람은 세 사람에 의해서 생존하기 때문에 섬기기를 한결같이 하여야 한다.'고 하였다. 아버지는 낳아주시고 스승은 가르쳐주시고 임금은 먹여주시니, 아버지가 아니면 태어나지 못하고 먹여주지 않으면 생장하지 못하고 가르침이 아니면 알지 못한다.〔民生於三 事之如一 父生之 師教之 君食之 非父不生 非食不長 非教不知〕" 하였는데, 韋昭의 注에 "三은 임금〔君〕과 아버지〔父〕와 스승〔師〕이다." 하였다.

【頭註】

○ 劉辰翁 : 〈衛洗馬의 말은〉 멍한 듯 나른한 듯 많은 듯 적은 듯한 것이 점차 사람들의 여린 마음을 금방이라도 애간장이 끊어지는 것처럼 아프게 만드니 장부가 할 말은 아니다. 그러나 우리의 무리가 아니라면 쉽게 할 수 없는 말이다.
  劉云 "似癡, 似嬾, 似多, 似少, 轉使柔情易斷, 非丈夫語. 然非我輩, 未易能言."
○ 王世懋 : 지금 읽어도 애가 끊어지려 하는데 더구나 당시에 德音을 직접 들은 이들은 오죽하였을까.
  王云 "至今讀之欲絶, 況在當時德音面聆者邪(야)."

4-18【補】[58] 溫太眞(溫嶠)이 郭文擧(郭文)에게 물었다.

"굶주리면 먹고 싶고 장성하면 결혼하고 싶은 것이 자연스러운 본성입니다. 선생만 어찌 홀로 감정이 없겠습니까."

곽문거가 대답하였다.

"〈무엇을〉 하고 싶다는 마음은 생각에서 생겨납니다. 생각하지 않기 때문에 감정이 없는 것입니다."

溫嶠

溫太眞이 問郭文擧하되 饑則思食하고 壯則思室이 自然之性이니 先生은 安獨無情乎아하니 文擧가 答曰 思는 由憶生하나니 不憶이니 故無情①이라하다

① ≪抱朴子≫에 말하였다. "郭文擧는 陸渾山에 들어가 道를 배웠다. 홀로 감정이 없을 수 있었으니, 생각이 생기지 않았기 때문이었다."
  抱朴子曰 "郭文擧入陸渾山學道. 獨能無情, 意不生也."

---

58)【補】: 저본에는 '補'가 없으나, 이 일화는 ≪世說新語≫가 아닌 ≪何氏語林≫에 있으므로 '補'를 보충하였다.

【頭註】

○ 李贄 : 훌륭하구나, 溫太眞이여! 〈먹고 싶다는〉 마음은 배고픔에서 생기고 배가 고프면 생각나기 마련이다. 〈그런〉 마음도 들지 않고 생각도 나지 않는 것은 〈의지가〉 굳건하긴 하지만, 배가 고프지 않을 수 있겠는가. 人之常情이 아니다.
李云 "好個太眞. 思由餓生, 餓則憶至. 不思不憶, 固也, 能不餓乎. 非人情矣."

4-19 劉琨은 비록 敵軍에게 가로막혔지만 뜻을 本朝(晉)의 〈중흥에〉 두었다. 溫嶠에게 말했다.

"班彪는 劉氏가 〈漢나라를〉 復興하리라는 것을 알았고, 馬援은 後漢 光武帝(劉秀)가 보필할 만하다는 것을 알았습니다. 지금 晉나라의 운수가 비록 쇠하였지만 天命이 아직 바뀌지 않았습니다. 나는 河北에서 공을 세우고 경으로 하여금 江南에서 명성을 떨치게 하고자 하는데, 그대는 가주겠습니까?"

온교가 말했다.

"제가 비록 不敏하고 재주는 옛사람만 못하지만 明公께서 齊 桓公과 晉 文公 같은 資質로 〈나라를〉 바로잡고 세우는 공을 이루려고 하시니, 어찌 감히 명을 사양하겠습니까."

劉琨은 雖隔閡寇戎이나 志存本朝①라 謂溫嶠曰 班彪는 識劉氏之復興하고 馬援은 知漢光之可輔②니 今晉祚가 雖衰나 天命未改라 吾欲立功於河北하고 使卿延譽於江南하니 子其行乎아하니 溫이 曰 嶠雖不敏하고 才非昔人이나 明公이 以桓文之姿로 建匡立之功하니 豈敢辭命③이리오하다

① 王隱의 ≪晉書≫에 말하였다. "劉琨은 字가 越石이고 中山 魏昌 사람이다. 조부 劉邁는 나라를 경영할 만한 재주가 있었고, 부친 劉璠은 光祿大夫였다. 유곤은 어려서부터 준수하고 영민한 것으로 이름이 났으며, 여러 관직을 역임한 뒤에 司徒長史와 尙書右丞이 되었다. 長安에서 〈황제의〉 大駕를 맞이하여 걸출한 功勳이 있었기에 廣武侯에 봉해졌다. 35세에 나가서 幷州刺史가 되었고 段匹磾에게 살해당했다."
王隱晉書曰 "琨, 字越石, 中山魏昌人. 祖邁, 有經國之才, 父璠, 光祿大夫. 琨, 少稱儁朗, 累遷司徒長史・尙書右丞. 迎大駕於長安, 以有殊勳, 封廣武侯. 年三十五,

出爲幷州刺史, 爲段匹[59]磾所害."

② ≪漢書≫ 〈敍傳〉에 말하였다. "班彪는 字가 叔皮이고 扶風 사람이다. 天水와 隴西에서 객지 생활을 하였다. 隗囂가 모반할 뜻을 가지자 반표가 〈王命論〉을 지어 풍자하였다."

≪東觀漢記≫에 말하였다. "馬援은 公孫述과 외효를 따라 교유하였는데, 나중에 光武帝를 보고 '천하가 혼란하여 실제와 부합하지 않게 명성을 얻은 자를 이루 다 헤아릴 수가 없습니다. 지금 폐하를 보니 기개가 활달하고 도량이 큰 것이 高祖(劉邦)와 같습니다. 이에 帝王 중에 본래 참된 제왕이 따로 있다는 것을 알겠습니다.'라고 하니, 광무제가 그를 매우 장하다고 여겼다."

漢書敍傳曰"彪, 字叔皮, 扶風人. 客於天水·隴西. 隗囂有窺覦之志, 彪作王命論以諷之." 東觀漢記曰"馬援從公孫述·隗囂游, 後見光武曰'天下反覆, 盜名字者, 不可勝數. 今見陛下, 寥廓大度, 同符高祖, 乃知帝王自有眞也.' 帝甚壯之."

③ 虞預의 ≪晉書≫에 말하였다. "溫嶠는 字가 太眞이고 太原 祁 사람이다. 어려서부터 외모가 수려하고 정신이 맑았으며 총명하여 이름이 났다. 司空 劉琨의 左司馬가 되었는데 이때 두 도성(洛陽과 長安)이 적에게 넘어가 천하가 크게 혼란스러웠다. 유곤이 元帝(司馬睿)가 천명을 받아 〈진나라를〉 中興하려 한다는 소식을 듣고 幽州와 朔州 지역에서 비분강개하며 本朝의 〈중흥에〉 뜻을 두었다. 온교를 〈원제에게〉 使者로 보내려고 하자, 온교가 탄식하며 '제게는 비록 管仲과 張良 같은 재주가 없지만 明公께는 齊 桓公과 晉 文公 같은 뜻을 가지고 계시니, 감히 불민하다고 사양하여 높으신 뜻을 저버릴 수 있겠습니까.'라고 대답하였다. 左長史로 使者가 되어 원제에게 가서는 황제에 오를 것을 권하였다. 여러 벼슬을 거쳐 驃騎大將軍이 되었다."

虞預晉書曰"嶠, 字太眞, 太原祁人. 少標俊淸徹, 英穎顯名. 爲司空劉琨左司馬, 是時二都傾覆, 天下大亂. 琨聞元皇受命中興, 忼慨幽朔, 志存本朝. 使嶠奉使, 嶠喟然對曰'嶠雖乏管·張之才, 而明公有桓·文之志, 敢辭不敏, 以違高旨.' 以左長史奉使勸進. 累遷驃騎大將軍."

4-20 郗太尉(郗鑒)가 司空에 제수되었을 때 동석했던 이들에게 말하였다.

---

59) 匹 : 宋本 ≪世說新語≫·安永本 등 각본에는 '日'로 되어 있으며, ≪晉書≫에는 '匹'로 되어 있다.

"평소의 뜻은 많은 것을 얻는 데 있지 않았는데 세상이 변고로 혼란한 때를 만나 마침내 정승의 자리에 올랐습니다. 朱博처럼 〈실질은 없이〉 이름만 알려진 것이라 참으로 마음에 부끄럽습니다."

郗(치)太尉拜司空①에 語同坐曰 平生에 意不在多러니 値世故紛紜하여 遂至台鼎[60]하니 朱博翰音이 實愧於懷②라하다

① ≪郗鑒別傳≫에 말하였다. "郗鑒은 字가 道徽이고 高平 金鄉 사람으로 漢나라의 御史大夫 郗慮의 후손이다. 젊어서부터 몸가짐이 반듯했으며 경전을 깊이 연구하여 학문으로 이름이 났다. 領軍으로 초빙되었고, 司空과 太尉에 올랐다."
郗鑒別傳曰 "鑒, 字道徽, 高平金鄉人, 漢御史大夫郗慮後也. 少有體正, 耽思經籍, 以儒雅著名. 徵爲領軍, 遷司空・太尉."

② ≪漢書≫[61]에 말하였다. "朱博은 字가 子元이고 杜陵 사람이다. 丞相이 되어 제수될 때 전각에 올라 임명장을 받으려는데 종이 울리는 듯한 큰 소리가 났다. 황제가 楊雄(揚雄)과 李尋에게 물으니 '〈洪範〉[62]에서 말한 「鼓妖」[63]라는 것입니다. 군주가 총명하지 않아 실질은 없이 이름만 있는 자가 벼슬에 나아가면 물체가 없는데 들리는 소리가 있습니다.'라고 대답하였다. 주박은 나중에 사건에 연루되어 자살하였다."

그러므로 ≪漢書≫ 〈序傳〉에서 "주박이 〈실질은 없이〉 이름만 알려져서 괴성이 들리는 상스럽지 못한 조짐이 먼저 일어났다."라고 하였다. ≪周易≫ 中孚卦에 "上九는 翰音이 하늘로 올라가니, 貞固하여 흉하도다."라고 하였는데, 王弼의 注에 "翰은 '높이 날다'는 뜻이니, '날다'는 말은 명성은 알려졌지만 실제가 뒤따르지 않는다는 뜻이다."라고 하였다.
漢書曰 "朱博, 字子元, 杜陵人. 爲丞相, 臨拜, 延登受策, 有大聲如鐘鳴. 上問楊雄・李尋, 對曰 '洪範所謂鼓妖者也. 人君不聽, 空名得進, 則有無形之聲.' 博後坐

---

60) 台鼎 : 최고의 관직인 三公, 三政丞 등을 이르는 말로, 하늘에 세 개의 台星이 있고 鼎에는 세 개의 다리가 있는 것으로 인간 세상의 삼공을 비유한 것이다.

61) 漢書 : '杜陵 사람이다'까지는 ≪漢書≫ 〈朱博傳〉에 보이고, 그 이후는 〈五行志〉에 보인다.

62) 洪範 : ≪尚書大傳≫ 〈洪範五行志〉에 보인다.

63) 鼓妖 : 공중에서 북소리 같은 요상한 소리가 들리는 괴변으로, 불길한 조짐이다.

事自殺.” 故序傳曰 “博之翰音, 鼓妖先作.” 易中孚曰 “上九, 翰音登于天, 貞凶.” 王弼注曰 “翰, 高飛也, 飛者, 音飛而實不從也.”

【頭註】

○ 劉辰翁 : 〈상황에 대한〉 이해가 정확하고 진실하다.
劉云 “解得精(爽)〔實〕64).”

4-21 周僕射(周顗)는 풍모가 온화하고 儀容을 잘 갖추었다. 王公(王導)을 찾아가서 처음 수레에서 내릴 때에 여러 사람들의 부축을 받았는데65) 이를 왕공이 웃음을 머금으면서 보았다. 자리에 앉고 나서 〈주복야가〉 도도하게 노래를 읊자 왕공이 말했다.

“경은 嵇康이나 阮籍처럼 되고 싶으십니까?”

〈주복야가〉 대답했다.

“어찌 감히 가까이 明公을 놔두고서 멀리 嵇康이나 阮籍을 본받겠습니까.”

周顗

周僕射(야)는 雍容하고 好儀形이라 詣王公하여 初下車에 隱數人하니 王公이 含笑看之라 旣坐에 傲然嘯詠하니 王公이 曰 卿은 欲希嵇・阮邪(야)아하니 答曰 何敢近舍明公하고 遠希嵇・阮①이리오하다

64) (爽)〔實〕: 安永本에 ‘爽’으로 되어 있으나, 元刊本 ≪世說新語≫에 의거하여 ‘實’로 바로잡았다.

65) 여러……받았는데 : ≪世說新語箋疏≫에 의거하여 ‘隱’을 ‘依’의 뜻으로 보아 번역하였다. ‘隱’을 글자 그대로 번역하면 ‘여러 사람들을 숨겼는데’가 된다. 安永本의 頭註에서도 ‘隱’자의 뜻에 대한 해석을 각기 달리 하고 있다.

① 鄧粲의 ≪晉紀≫에 말하였다. "周伯仁(周顗)은 儀容이 듬직하였고 주선과 응대를 잘하여 풍기는 기풍이 여러 사람을 압도하기에 충분하였다. 몹시 자긍심이 높아 사람들을 자신에게 오게 하는 것은 잘했으나 자신이 〈사람들을〉 찾아간 적은 없었다."
鄧粲晉紀曰 "伯仁儀容弘偉, 善於俛仰應答, 精神足以蔭映數人. 深自持, 能致人, 而未嘗往焉."

【頭註】
○ 王世懋 : '隱'자는 이해하기 쉽지 않은데 주석에 나오는 '蔭映(가리다)' 두 글자만 못하다.
王云 "隱字費解, 不如註中蔭映二字."
○ 李贄 : '隱'자는 '蔭映'의 뜻이 아니다.
李云 "隱字, 非蔭映也."
○ 劉應登 : '隱'은 '映(가리다)'의 뜻으로 풀이한다.
(劉)〔應登〕66)云 "隱作映解."

4-22 高坐道人(尸黎密)은 漢語를 쓰지 않았는데, 혹자가 그 이유를 묻자 晉 簡文帝(司馬昱)가 말했다.
"응대하는 번거로움을 줄이기 위해서이다."

高坐道人은 不作漢語①러니 或問此意하니 簡文曰 以簡應對之煩②이라하다

① 〈高坐別傳〉에 말하였다. "和尙은 원래 이름이 尸黎密(帛尸黎密多羅)이고 西域 사람이다. 전하는 말로는 〈龜玆國〉 국왕의 아들로 나라를 동생에게 양보하고 마침내 沙門이 되었다고 한다. 永嘉 연간(307~312)에 처음 이 땅에 도착했고 큰 저잣거리에 머물렀다. 화상은 타고난 자질이 高明하였고 기풍이 굳세었다. 丞相 王公(王導)이 한번 보고는 특별하게 생각하여 자기와 같은 부류라고 여겼다. 周僕射(周顗)는 관리를 천거하는 일을 담당했는데, 화상의 등을 어루만지면서 '이런 어진 사람을 얻을 수 있다면 한이 없겠다.'라며 감탄하였다. 얼마 뒤에 周侯(주의)가 해를 당하자 화상이 그의 영전에서 서역말로 축원 수천 자를 읊었는데 그 소리가 높게 울

66) (劉)〔應登〕: 安永本에는 '劉'로 되어 있으나, 元刊本 ≪世說新語≫에 劉應登의 注로 되어 있는 것에 의거하여 '應登'으로 바로잡았다.

렸다. 마치고 나서 눈물을 흩뿌리고는 〈금세〉 거두었다. 슬픔과 기쁨의 일어남과 사라짐이 모두 이러하였다. 성품은 고상하고 소탈했으며 晉나라 말을 배우지 않았다. 사람들이 그와 말할 때에 모두 통역을 통했지만 문득 말하기 전에 마음으로 알아차렸다."

≪塔寺記≫[67]에 말하였다. "尸黎密의 무덤을 '高坐冢'이라고 하며, 石子岡에 있다. 그는 늘 頭陀[68]를 행하였는데 梅岡에서 죽자 바로 그곳에 장사 지냈다. 晉 元帝(司馬睿)가 무덤 옆에 절을 세우고 '高坐寺'라고 이름하였다."

高坐別傳曰 "和尙, 胡名尸黎密, 西域人. 傳云 '國王子, 以國讓弟, 遂爲沙門.' 永嘉中, 始到此土, 止於大市中. 和尙天資高朗, 風韻遒邁. 丞相王公一見奇之, 以爲吾之徒也. 周僕射領選, 撫其背而歎曰 '若選得此賢, 令人無恨.' 俄而周侯遇害, 和尙對其靈坐, 作胡祝數千言, 音聲高暢. 旣而揮涕收淚. 其哀樂廢興皆此類. 性高簡, 不學晉語. 諸公與之言, 皆因傳譯, 然神領意得, 頓在言前." 塔寺記曰 "尸黎密冢[69]曰'高坐', 在石子岡. 常行頭陀, 卒於梅岡, 卽葬焉. 晉元帝於冢邊立寺, 因名'高坐'."

② ≪續晉陽秋≫에 말하였다. "晉 簡文帝는 諱가 昱이고 字가 道萬으로 中宗(元帝 司馬睿)의 막내아들이다. 인자함으로 이름이 났고 지혜와 기량이 있었다. 晉 穆帝(司馬聃)가 어려서 撫軍으로서 정사를 보필하였다. 大司馬 桓溫이 海西公(司馬奕)을 폐위하고 황제로 옹립하였다. 2년간 재위하였다."

續晉陽秋曰 "帝, 諱昱, 字道萬, 中宗少子也. 仁聞[70]有智度. 穆帝幼沖, 以撫軍輔政. 大司馬桓溫廢海西公而立帝. 在位二年."

【頭註】

○ 王世懋 : '高坐'는 절 이름으로, 지금까지 〈그 이름이〉 바뀌지 않았다.

---

67) 塔寺記 : ≪新唐書≫ 〈藝文志〉 등에 의하면 지은이는 승려인 淸徹 또는 淸澈이며 36권이며 ≪金陵塔寺記≫가 정식 명칭이고 金陵, 즉 지금의 南京 지역의 불교 유적에 관한 기록으로 보인다.

68) 頭陀 : 속세의 번뇌를 떨쳐버린다는 뜻이다. 여러 곳을 돌아다니며 탁발하는 일 또는 그렇게 하는 승려를 가리킨다.

69) 冢 : ≪世說新語箋疏≫에서는 景宋本에 '宋'으로 되어 있는데 이것이 맞으며, '宋曰'은 '漢曰'이나 '晉曰'과 마찬가지로 중국어로 서역의 말을 번역하는 것을 이른다고 하였다. 이럴 경우 '尸黎密, 宋曰高坐'가 되는데, 뜻은 '尸黎密을 송나라에서는 高坐라고 한다.'가 된다.

70) 聞 : ≪晉書≫ 〈簡文帝紀〉에는 '明'으로 되어 있다.

王云 "高坐, 寺名, 迄今無改."

○ 劉辰翁 : 〈周顗는 살고자 했으면〉 도망칠 수 있었다.71)

劉云 "可以逃敗."

4-23 【補】72) 王安期(王承)가 관직을 그만두고 동쪽으로 長江을 건넜는데, 길이 험하여 사람들이 두려운 마음을 가졌다. 왕안기는 어려움을 만날 때마다 태연하게 대처하여 비록 집안사람들이라도 그가 근심하거나 기뻐하는 낯빛을 띠는 것을 본 적이 없었다. 下邳에 도착하고 나서 산에 올라 북쪽을 바라보며 탄식하였다.

"사람들이 근심스럽다 말했지만 나는 지금에야 근심스러워지려 합니다."

謝太傅(謝安)가 말했다.

"이런 때를 당하면 몸도 정신도 모두 떠나는 듯한 느낌이 들지요."

王安期가 去官하고 東渡江한대 道路梗澁하여 人懷危懼어늘 王은 每遇艱險에 處之夷然하니 雖家人이라도 不見其憂喜之色이라 既至下邳에 登山北望하고 歎曰 人言愁나 我始欲愁라하니 謝太傅가 曰 當爾時하면 覺形神俱往①이라하다

① ≪名士傳≫에 말하였다. "王承은 字가 安期이고 太原 晉陽 사람이다. 부친 王湛은 汝南太守였다. 왕승은 담박하고 욕심이 없어 즐기거나 좋아하는 것이 없었다. 여러 벼슬을 거쳐 東海內史가 되었는데 정사를 행함이 맑고 간소하여 관리와 백성들이 존경하였다. 난리를 피해 長江을 건넜는데, 晉 元帝(司馬睿)가 鎭東將軍이 되어 불러서 從事中郎으로 삼았다."

名士傳曰 "王承, 字安期, 太原晉陽人. 父湛, 汝南太守. 承冲淡寡欲, 無所循尙. 累遷東海內史, 爲政淸靜, 吏民懷之. 避亂渡江, 元皇爲鎭東, 引爲從事中郎."

---

71) 周顗는……있었다 : 王敦이 亂을 일으켜 東晉을 장악한 뒤에 護軍長史 郝嘏가 주의에게 도망가서 왕돈을 피하라고 권하였으나, 주의는 조정과 存亡을 같이하겠다고 하며 떠나지 않다가 끝내 왕돈에게 죽임을 당했다.(≪晉書≫ 〈周顗傳〉)

72) 【補】 : 저본에는 '補'가 없으나, 이 일화는 ≪世說新語≫가 아닌 ≪何氏語林≫에 있으므로 '補'를 보충하였다.

4-24 庾公(庾亮)이 한번은 사찰에 들어가 臥佛을 보고 말했다.
"이분은 중생들을 구제하느라 피곤하시구나."
당시 사람들이 名言으로 여겼다.

庾公이 嘗入佛圖하여 見臥佛①하고 曰 此子는 疲於津梁이라하니 于時에 以爲名言이라

① ≪涅槃經≫에 "如來께서 등이 아파 沙羅雙樹[73] 사이에서 북쪽으로 머리를 두고 누우셨다."라고 하였으므로 후대의 그림 그리는 자들이 이러한 형상을 그렸다.
涅槃經云 "如來背痛, 於雙樹間北首而臥." 故後之圖繪者爲此象.

【頭註】
○ 劉辰翁 : 맛 너머의 맛이 있다.
劉云 "有味外味."

4-25 【補】[74] 孟萬年(孟嘉)은 술 마시는 것을 좋아하여 痛飮하기를 즐겼다. 桓宣武(桓溫)가 한번은 물어보았다.
"술에는 어떤 좋은 점이 있기에 경께서는 좋아하십니까?"
맹만년이 대답하였다.
"公께서는 단지 아직 술 속의 즐거움을 모르실 따름입니다."

孟萬年은 好飮하여 喜酣暢①이러니 桓宣武가 嘗問 酒有何好완대 而卿嗜之오하니 孟이 答曰 公은 但未知酒中趣耳②니이다하다

① ≪孟嘉別傳≫에 말하였다. "孟嘉는 字가 萬年이고 江夏 鄳(맹) 사람이다. 증조부인 孟宗은 吳나라 司空이고, 조부 孟揖은 晉나라 廬陵太守였다. 맹종이 武昌에 묻혀 자손들이 그곳에 터를 잡았다. 맹가는 어려서부터 맑은 지조로 이름이 났다. 庾亮

---

73) 沙羅雙樹 : 석가모니가 열반할 때 사방에 한 쌍씩 서 있었던 沙羅樹이다. 동쪽의 한 쌍은 常住와 無常을, 서쪽의 한 쌍은 眞我와 無我를, 남쪽의 한 쌍은 安樂과 無樂을, 북쪽의 한 쌍은 淸淨과 不淨을 상징한다고 한다.

74) 【補】: 저본에는 '補'가 없으나, 이 일화는 ≪世說新語≫가 아닌 ≪何氏語林≫에 있으므로 '補'를 보충하였다.

이 江州를 다스리면서 맹가를 초빙하여 廬陵從事를 맡겼다. 下郡(여릉)에서 돌아오니, 유량이 불러서 風俗의 得失에 관해 물어보니, '돌아오기를 기다렸다가 從事吏에게 물어보겠습니다.'라고 대답하였다. 유량이 麈尾[75]로 입을 가리고 웃으며 동생 庾翼에게 '맹가가 이래서 덕이 훌륭한 사람이다.'라고 하고는 勸學從事로 전임시켰다."

孟嘉別傳曰"嘉, 字萬年, 江夏鄳人. 曾祖父宗, 吳司空, 祖父(楫)〔揖〕[76], 晉廬陵太守. 宗葬武昌, 子孫家焉. 嘉少以淸操知名. 庾亮領江州, 辟嘉部廬陵從事. 下都還[77], 亮引問風俗得失, 對曰 '待還當問從事吏.' 亮擧麈尾掩口而笑, 語弟翼曰 '孟嘉故是盛德人.' 轉勸學從事."

② ≪桓溫別傳≫에 말하였다 "桓溫은 字가 元子이고 譙國 龍亢 사람으로 漢나라 五更[78]이었던 桓榮의 후손이다. 부친 桓彝는 사람을 알아보는 눈이 있었다. 환온은 어려서부터 豪邁한 風氣가 있어서 溫嶠의 인정을 받았다. 여러 벼슬을 거쳐 瑯琊內史가 되었으며 征西大將軍으로 승진하여 西夏를 鎭守하였다. 당시 반기를 들었던 오랑캐가 아직 토벌되지 않아 남은 불씨가 꺼지지 않았기에 환온은 직접 郡의 군졸들을 이끌고 깃발을 세우고서 토벌하여 伊水와 洛水 지역을 깨끗이 소탕하고 여러 園陵에 참배하였다. 죽은 뒤 宣武侯라는 시호를 받았다."

桓溫別傳曰"溫, 字元子, 譙國龍亢人, 漢五更桓榮後也. 父彝, 有識鑑. 溫少有豪邁風氣, 爲溫嶠所知. 累遷瑯琊內史, 進征西大將軍, 鎭西夏. 時逆胡未誅, 餘燼假息, 溫親勒郡卒, 建旗致討, 淸蕩伊・洛, 展敬園陵. 薨, 諡宣武侯."

4-26【補】[79] 桓宣武(桓溫)가 한번은 孟萬年(孟嘉)에게 물었다.

---

75) 麈尾 : 옛사람들이 한담을 나눌 때 벌레를 쫓거나 먼지를 털 때 쓰던 도구이다.

76) (楫)〔揖〕: 저본에는 '楫'으로 되어 있으나, 宋本을 비롯한 제본의 ≪世說新語≫에 의거하여 '揖'으로 바로잡았다. 이 주석은 ≪세설신어≫ 〈識鑑〉의 '武昌孟嘉' 항목의 劉孝標 注에 실려 있다.

77) 下都還 : ≪晉書≫ 〈孟嘉傳〉에는 '下'자가 없이 '還都'로 되어 있다. ≪陶淵明集≫, ≪古今事文類聚≫ 등에는 '下郡還'으로 되어 있는데, 이것이 문맥상 근리하여 이에 따라 번역하였다.

78) 五更 : 고대 중국에서 나이가 들어 벼슬을 그만둔 덕망 있는 이들을 대우하기 위해 마련한 자리 중의 하나로, 천자가 父兄의 예로 봉양하여 천하에 孝悌의 덕목을 보여주기 위한 것이다.

"음악을 들을 때에 현악기는 관악기만 못하고 관악기는 肉聲만 못하니 어째서입니까?"

맹만년이 답하였다.

"점차 自然에 가까워지기 때문입니다."

자리에 있던 이들 모두가 감탄하였다.

桓宣武가 嘗問孟萬年하되 聽伎에 絲는 不如竹하고 竹은 不如肉하니 何也오하니 孟이 答曰 漸近自然이라하니 一坐가 咨嗟하다

4-27 摯瞻이 일찍이 네 郡의 太守와 大將軍(王敦)의 戶曹參軍이 되었고, 다시 〈벼슬에〉 나와 內史가 되었는데 〈이때〉 나이가 갓 29세였다. 한번은 王敦에게 작별 인사를 고하자 왕돈이 지첨에게 말했다.

"卿은 나이가 아직 서른이 되지 않았는데 벌써 萬石[80]의 봉록을 받는 지위가 되었으니 너무 이르다."

지첨이 말했다.

"將軍(왕돈)에 비하면 조금은 너무 이르겠지만 甘羅에 비하면 이미 너무 늙었습니다."

摯瞻이 曾作四郡太守와 大將軍戶曹叅軍하고 復出하여 作內史①하니 年始二十九라 嘗別王敦②하니 敦이 謂瞻曰 卿은 年未三十이어늘 已爲萬石하니 亦太蚤로다하니 瞻曰 方於將軍하면 少爲太蚤나 比之甘羅하면 已爲太老③니이다하다

① ≪摯氏世本≫에 말하였다. "摯瞻은 字가 景游이고 京兆 長安 사람으로 太常인 摯虞의 兄의 아들이다. 부친 摯育은 凉州刺史였다. 지첨은 어려서 글을 잘 지어 著

---

79) 【補】: 저본에는 '補'가 없으나, 이 일화는 ≪世說新語≫가 아닌 ≪何氏語林≫에 있으므로 '補'를 보충하였다.

80) 萬石 : 네 郡의 太守가 각각 2천 석이고, 內史도 2천 석이므로 만 석이라 한 것이다.(≪世說音釋≫)

作郞으로 벼슬을 시작하였다. 中朝(西晉)가 어지러워지자 王敦에게 의지하여 戶曹參軍이 되었으며 安豐・新蔡・西陽의 太守를 지냈다. 왕돈이 오래된 낡은 갖옷을 늙고 병든 外部의 都督[81]에게 주는 것을 보고 지첨이 '장군의 갖옷은 비록 오래되었지만 小吏에게 주어서는 안 됩니다.'라고 하자, 왕돈이 '어째서 안 된다는 것인가?'라고 하였다. 지첨은 이때 취기로 인해 '만약 윗사람의 옷을 모두 하사할 수 있다면 貂蟬冠[82]도 하사할 수 있겠습니까?'라고 하였다. 왕돈이 '비유로 든 것이 적절하지 않다. 이와 같아서는 2천 석의 자리[83]를 감당할 수 없다.'라고 하자, 지첨이 '제게는 西陽을 떠나는 것이 신발을 벗는 것이나 마찬가지입니다.'라고 하였다. 왕돈이 반란을 일으키고는 이에 〈지첨을〉 隨郡內史로 좌천시켰다."

摯氏世本曰"瞻, 字景游, 京兆長安人, 太常虞兄子也. 父育, 凉州刺史. 瞻少善屬文, 起家著作郞. 中朝亂, 依王敦爲戶曹叅軍, 歷安豐・新蔡・西陽太守. 見敦以故壞裘賜老病外部都督, 瞻諫曰'尊裘雖故, 不宜與小吏.' 敦曰'何爲不可.' 瞻時因醉曰'若上服皆可用賜, 貂蟬亦可賜下乎.' 敦曰'非喩所引. 如此, 不堪二千石.' 瞻曰'瞻視去西陽, 如脫屣耳.' 敦反, 乃左遷隨(州)〔郡〕[84]內史."

② 〈王敦別傳〉에 말하였다. "敦은 字가 處仲이고 瑯琊 臨沂 사람이다. 어려서부터 論理에 뛰어났다. 여러 벼슬을 거쳐 靑州刺史가 되었다. 난을 피해 江左(東晉)에 가서 侍中・丞相・大將軍・揚州牧을 거쳤고, 죄로 인해 誅殺되었다."

敦別傳曰"敦, 字處仲, 瑯琊臨沂人. 少有名理. 累遷靑州刺史. 避地江左, 歷侍中・丞相・大將軍・(楊)〔揚〕[85]州牧, 以罪伏誅."

③ 《摯氏世本》에 말하였다. "摯瞻은 高尙하고 忠正하였으며 패기와 절개가 있었기 때문에 이런 말로 王敦에게 대답하였다. 나중에 왕돈이 다른 뜻을 품었다는 것을 알고 建興 4년(316)에 第五琦와 함께 荊州를 근거지로 삼아 왕돈에게 저항하였다가 마침내 살해당했다."

《史記》 〈甘茂列傳〉에 말하였다. "甘羅는 秦나라 재상 甘茂의 손자이다. 12살 때에 진나라 재상 呂不韋가 張唐을 燕나라의 相國으로 삼으려고 했으나 장당이 가

---

81) 外部의 都督 : 삼국시대에는 휘하에서 군사를 거느리는 사람을 도독이라 불렀는데, 후대의 경호대 대장과 같다.

82) 貂蟬冠 : 담비 꼬리와 매미 깃털로 장식한 관으로, 侍中이나 常侍 등 고관들이 썼다.

83) 2천 석의 자리 : 太守의 직임을 말한다. 태수의 녹봉이 2천 석이다.

84) (州)〔郡〕 : 저본에는 '州'로 되어 있으나, 安永本에 의거하여 '郡'으로 바로잡았다.

85) (楊)〔揚〕 : 저본에는 '楊'으로 되어 있으나, 安永本에 의거하여 '揚'으로 바로잡았다.

려고 하지 않자 감라가 설득하여 가도록 하였다. 또 수레 5乘을 청하여 趙나라에 사신으로 갔다가 진나라로 돌아와 보고하자,86) 진나라에서는 上卿으로 봉하고 〈조부인〉 감무의 田宅을 하사하였다."

摯氏世本曰 "瞻, 高亮有氣節, 故以此答敦. 後知敦有異志, 建興四年, 與第五琦據荊州以距敦, 竟爲所害." 史記曰 "甘羅, 秦相茂之孫也. 年十二, 而秦相呂不韋欲使張唐相燕, 唐不肯行, 甘羅說(세)而行之. 又請車五乘以使趙, 還報秦, 秦封甘羅爲上卿, 賜以甘茂田宅."

【頭註】

○ 李贄 : 추하다.
李云 "醜."

4-28 陶公(陶侃)이 위독했을 때에 〈정사에 관하여〉 전혀 진언하지 않자 朝士들이 유감스럽게 생각하였다. 仁祖(謝尙)가 이를 듣고 말하였다.

"현재 豎刁87) 같은 사람이 없기 때문에 도공이 말할 필요가 없습니다."

당시 현자들이 〈이를〉 훌륭한 말이라고 여겼다.

陶公이 疾篤에 都無獻替之言하니 朝士가 以爲恨①이라 仁祖가 聞之② 曰 時無豎刁라

陶侃

86) 수레……보고하자 : 이때 呂不韋는 燕나라와 힘을 합쳐 趙나라를 공격하여 河間의 땅을 넓히려 하였는데, 甘羅가 조나라에 가서 여불위의 의도를 설명하고 조나라를 설득하여 하간의 5성을 진나라에 주게 하였고, 조나라는 연나라를 공격하여 上谷 땅 36개 현을 얻어 그 10의 1을 진나라에 주었다.(≪史記≫ 〈甘茂傳〉)

87) 豎刁 : 春秋時代 齊나라 환관으로 간신이다. 스스로 거세하여 환관이 되었다. 桓公의 총애를 받았으며 賢臣들을 죽이는 등 악행을 저질러 제나라가 힘을 잃게 만들었다.(≪中國歷史大辭典≫)

故로 不貽陶公話言③이라하니 時賢이 以爲德音하다

① ≪陶氏敍≫에 말하였다. "陶侃은 字가 士行[88]이다. 그의 선조는 鄱陽 사람인데 후에 尋陽으로 이주하였다. 도간은 젊어서부터 원대한 기상과 천하를 경륜하고자 하는 뜻이 있었다. 孝廉으로 선발되어 洛陽에 들어갔는데 司空 張華가 보고는 '나중에 군주를 바로잡고 백성을 편안하게 할 것이니 그대가 바로 그 사람이다.'라고 하였다. 劉弘이 沔南을 鎭守하면서 데려다가 長史로 삼고 도간에게 '옛날 내가 羊太傅(羊祜)의 參佐였을 때 〈양태부가 나를〉 보고서 「그대는 나중에 내 자리에 앉을 것이다.」라고 하였는데, 지금 살펴보니 〈그대〉 또한 그러하다.'라고 하였다. 여러 벼슬을 거쳐 湘州·廣州·荊州 세 곳의 刺史가 되었다. 羽葆와 鼓吹[89]가 주어졌으며 長沙郡公에 봉해지고 大將軍이 되었다. 천자를 알현할 때 贊禮가 이름을 부르지 않았고, 劍을 차고 신발을 신은 채로 전각에 올랐다.[90] 太尉에 올랐으며 〈사후에〉 大司馬에 추증되고 桓公이란 시호를 받았다."

살펴보건대 王隱의 ≪晉書≫에 도간의 〈臨終表〉가 실려 있는데 "신은 어릴 때 부친을 여의고 빈한하게 성장하여 처음부터 많은 것을 기대하지 않았습니다만, 과분하게 先朝부터 여러 대에 걸친 특별한 은혜를 입었습니다. 신은 나이가 여든에 이르고 신하로서 최고의 지위에 이르렀으니 임종을 맞이한다 해도 더 이상 무엇이 유감스럽겠습니까. 다만 남아있는 적들을 토벌하지 못하였고 山陵을 회복하지 못하였으니, 분하고 걱정스러운 것은 오직 이것뿐입니다. 그래도 犬馬와 같은 신의 목숨을 조금이나마 연장시킬 수 있다면 폐하를 위해 북쪽으로는 石虎를 병탄하고 서쪽으로는 李雄을 토벌하고 싶습니다. 그러나 형세가 마침내 진작되지 못해 좋은 방책이 영원히 그치게 되었습니다. 글을 쓰자니 한 손으로 다른 손목을 꼭 잡게 되며[91] 눈물이 앞을 가립니다. 삼가 원하건대 대신할 사람을 뽑으시되 반드

---

88) 士行 : 陶侃의 字가 '士衡'으로 되어 있는 곳도 있다.

89) 羽葆와 鼓吹 : 羽葆는 새의 깃털로 장식한 수레의 덮개이고, 鼓吹는 軍樂을 연주하는 것으로, 陶侃의 공로를 인정하여 내려준 특권이다.

90) 천자를……올랐다 : 천자를 알현할 때 贊禮가 알현하는 자의 이름과 관직을 부르는데 이름을 생략하였고 전각에 오를 때 칼을 차지 않고 신발을 벗어야 하는데 그대로 오르도록 한 것으로, 이는 陶侃을 특별히 예우한 것이다.

91) 한 손으로……되며 : 한쪽 손으로 다른 손의 손목을 꼭잡는다는 것은 흥분·분노·안타까움 등의 감정이 있음을 말한다.

시 좋은 인재를 얻어 족히 王道를 받들어 펴고 志業을 좇아서 이룰 수 있도록 해 주신다면 비록 죽어도 살아있는 것과 마찬가지이겠습니다."라고 하였다. 表文이 이러하니 진언이 없었던 것이 아니다.

陶氏敍曰 "侃, 字士行, 其先鄱陽人, 後徙尋陽. 侃少有遠槩, 綱維宇宙之志. 擧[92] 孝廉入洛, 司空張華見而謂曰 '後來匡主寧民, 君其人也.' 劉弘, 鎭沔南, 取爲長史, 謂侃曰 '昔吾爲羊太傅參佐, 見語云「君後當居身處.」今相觀, 亦復然矣.' 累遷湘·廣·荊三州刺史. 加羽葆鼓吹, 封長沙郡公·大將軍. 贊拜不名, 劍履上殿. 進太尉, 贈大司馬, 諡桓公." 按王隱晉書載侃臨終表曰 "臣少長孤寒, 始願有限, 過蒙先朝歷世異恩. 臣年垂八十, 位極人臣, 啓手啓足,[93] 當復何恨. 但以餘寇未誅, 山陵未復, 所以憤慨兼懷, 唯此而已. 猶冀犬馬之齒, 尙可少延, 欲爲陛下北呑石虎, 西誅李雄. 勢遂不振, 良圖永息, 臨書(撫)〔扼〕[94]腕, 涕泗橫流. 伏願遴選代人, 使必得良才, 足以奉宣王猷, 遵成志業, 則雖死之日, 猶生之年." 有表若此, 非無獻替.

② ≪晉陽秋≫에 말하였다. "謝尙은 字가 仁祖이고 陳郡 사람으로, 부친은 謝鯤이다. 사상은 어렸을 때에 형을 잃자 남달리 애통해하였으며, 부친의 상을 당해서는 溫嶠가 조문하자 사상은 울부짖으며 극도로 슬퍼하고는 이윽고 눈물을 거두고 호소하였는데 여느 아이들과 달랐다. 온교가 이를 기특하게 여겼고 이로 말미암아 이름이 알려지게 되었다. 벼슬이 鎭西將軍과 豫州刺史에 이르렀다."

晉陽秋曰 "謝尙, 字仁祖, 陳郡人, 父鯤. 尙齠(齕)〔齓〕[95]喪兄, 哀慟過人, 及遭父喪, 溫嶠唁之, 尙號叫極哀, 旣而收涕告訴, 有異常童. 嶠奇之, 由是知名. 仕至鎭西將軍·豫州刺史."

③ ≪呂氏春秋≫ 〈知接〉에 말하였다. "管仲의 병이 심해지자 桓公이 '그대가 만약 죽는다면 누가 그대를 대신하여 재상이 될 자이겠는가? 豎刁는 어떠한가?'라고 물으니, 管仲이 '스스로 거세하여 임금을 섬긴 것은 인지상정으로 할 수 있는 일이

---

92) 擧 : 宋本 ≪世說新語≫에는 '察'로 되어 있다.

93) 啓手啓足 : ≪論語≫ 〈泰伯〉에 나오는 말이다. 曾子는 평소 제자들에게 신체는 부모에게서 물려받았으니 감히 훼상해서는 안 된다고 말하였기에 임종할 때 제자들에게 이불을 걷어 자신의 손과 발을 보게 한 것이다.

94) (撫)〔扼〕 : 저본에는 '撫'로 되어 있으나, 宋本 ≪世說新語≫에 의거하여 '扼'으로 바로잡았다. ≪世說新語箋疏≫에는 '振'으로 되어 있다.

95) (齕)〔齓〕 : 저본에는 '齕'로 되어 있으나, 宋本 ≪世說新語≫에 의거하여 '齓'으로 바로잡았다. ≪세설신어≫ 〈言語〉의 '謝仁祖' 항목에 이 注가 있다.

아닙니다. 결코 써서는 안 됩니다.'라고 하였다. 후에 과연 齊나라를 어지럽혔다."
呂氏春秋曰 "管仲病, 桓公問曰 '子如不諱, 誰代子相者. 豎刁何如.' 管仲曰 '自宮以事君, 非人情, 必不可用.' 後果亂齊."

【頭註】

○ 劉辰翁 : 〈臨終表〉의 말이 매우 아름답다. 丈夫의 본뜻을 반복하며 거의 다 말하였으니 더 이상 무엇을 구하겠는가. 外方의 신하로서 번번이 임금의 곁에 가는 것은 死後에 期必할 수 있는 것이 아니다.[96] 세속에 떠도는 천박한 말은 사실이 아니다.
劉云 "表辭甚佳. 丈夫本志, 反復略盡, 復何求哉. 若以外臣, 輒及君側, 有非可必於身後. 流俗近言, 非事實."

○ 劉辰翁 : 칭찬하는 것 같기도 하고 비난하는 것 같기도 하다.
劉云 "似厚似譏."

4-29 【補】[97] 釋道安은 언변이 뛰어나고 재주와 지혜가 뛰어났다. 북쪽에서 荊州로 와서 習鑿齒와 서로 만났을 때에 석도안이 자신을 소개하였다.

"〈명성이〉 세상천지에 가득한 석도안입니다."

습착치가 대답하였다.

"四海가 다 아는 습착치입니다."

당시의 사람들이 〈이를〉 훌륭한 대답으로 여겼다.

釋道安은 俊辯하고 有高才①라 自北來荊州하여 與習鑿齒로 相見②에 道安이 因自通曰 彌天의 釋道安이라하니 習이 答曰 四海의 習鑿齒라하다 當時에 以爲名對라

① 〈道安和上傳〉에 말하였다. "釋道安은 常山 薄柳 사람으로 本姓은 衛이며 12세에 沙門이 되었다. 예지가 총명하였으나 외모는 대단히 볼품없었다. 佛圖澄[98]이 그

96) 外方의……아니다 : 문맥이 잘 통하지 않는다. 우선 글에 따라 번역하였다. ≪世說箋本≫의 두주에서는 이 부분을 언급하며 오자나 탈자가 있는 듯하다고 하였다.

97) 【補】 : 저본에는 '補'가 없으나, 이 일화는 ≪世說新語≫가 아닌 ≪何氏語林≫에 있으므로 '補'를 보충하였다.

98) 佛圖澄 : 竺佛圖澄으로도 쓴다. 서역 출신의 승려이다. 9살 때 중세 인도의 Udyāna라는 나라에서 출가하였다. 두 차례 Kasmira에 가서 불법을 배웠다. 晉 懷帝의 永嘉

를 매우 중시하였다. 石氏의 亂[99]을 만나 陸渾山에서 학문을 닦았고, 慕容俊(前燕의 景昭帝)에게 핍박을 당해 襄陽에 거주하게 되었다. 佛法이 동쪽으로 전해지면서 經籍에 착간과 오류가 많았기에 다시 條와 章을 만들고 篇目을 세우고 설명하였으며 注解를 달았다. 支道林 등은 모두 그의 이론을 으뜸으로 여겼다."

安和上[100]傳曰"釋道安者, 常山薄柳人, 本姓衛, 年十二作沙門. 神性聰敏, 而貌至陋. 佛圖澄甚重之. 値石氏亂, 於陸渾山修學. 爲慕容俊所逼, 乃住襄陽. 以佛法東流, 經籍錯謬, 更爲條章, 標序篇(自)〔目〕[101], 爲之注解. 自支道林等, 皆宗其理."

② ≪晉中興書≫에 말하였다. "習鑿齒는 字가 彦威이고 襄陽 사람이다."

晉中興書曰"習鑿齒, 字彦威, 襄陽人."

4-30 竺法深(竺潛)이 晉 簡文帝(司馬昱)와 자리를 함께하였는데 劉尹(劉惔)이 물었다.

"道人은 어찌하여 〈권세가의〉 붉은 칠을 한 대문에서 노니십니까?"

〈축법심이〉 대답하였다.

"그대에게는 자연히 붉은 칠을 한 대문이 보이겠지만 貧道에게는 쑥대로 엮은 문이 〈있는 가난한 이의 집에

卞壼

4년(310)에 洛陽에 왔는데 당시 이미 79세였다. 식견과 학식이 뛰어나 많은 사람들이 따랐으며, 유명한 제자로는 法首·法祚·法常·法佐·僧慧·道進·道安·僧朗·竺法汰·竺法和·竺法雅와 비구니 安令首 등이 있다.

99) 石氏의 亂 : 석씨는 石勒·石虎 등을 가리킨다. 석호는 五胡十六國의 後趙의 3대 皇帝로 石勒의 조카이다. 석륵이 사망한 뒤 그의 아들 石弘이 뒤를 잇고 석호가 재상이 되었는데, 延熙 元年(334)에 석호가 석홍을 죽이고 스스로 황제가 되었다.

100) 和上 : 梵語 upādhyāya에서 나왔다. 덕이 높은 명망 있는 출가인을 가리킨다. 和尙·和社·殟社·鶻社·烏社로도 쓴다.

101) (自)〔目〕: 저본에는 '自'로 되어 있으나, 安永本과 ≪何氏語林≫에 의거하여 '目'으로 바로잡았다.

서〉 노니는 것과 마찬가지입니다."

혹은 〈이렇게 물은 이가〉 卞令(卞壺)이라고 한다.

竺法深이 **在簡文坐**하니 **劉尹**이 **問 道人**은 **何以游朱門**고하니 **答曰 君**은 **自見其朱門**이나 **貧道**는 **如遊蓬戶**①라하다 **或云卞令**②이라하다

① 法深은 俗世의 姓[102]이 무엇인지 알 수 없으나 아마도 사대부의 후손일 것이다. 道의 훌륭함이 높이 드날렸으며 명성이 山東에 퍼져 中州 劉公(劉元眞)의 제자가 되었다. 永嘉의 난리[103]를 만나 楊州로 피신하였다가 〈후에〉 도성(建業)에 거주하였다. 안으로는 계율을 지키고 밖으로는 사람들이 신뢰를 받아 불법을 널리 전한 法師였다. 修行이 더욱 청정해지자 〈세속의〉 風塵을 견디지 못해 剡縣 동쪽 2백 리에 있는 岇山(앙산) 속에 자리를 잡고 같이 노닐던 10여 명의 사람들과 은거하며 세상에 미련을 두지 않았다. 支道林(支遁)이 그의 風度를 높이 사서 高麗의 道人에게 주는 편지[104]에서 그의 덕행을 칭송하였다. 나이 79세에 산속에서 죽었다.

≪高逸沙門傳≫[105]에 말하였다. "법사가 會稽에 기거할 때에 皇帝가 그 풍모와 덕행을 중히 여겨 사람을 보내 맞이하였는데, 법사는 잠시 나와 명에 응하였다. 司徒인 會稽王(晉 簡文帝 司馬昱)은 天性이 겸허하고 담백하였기에 법사와 친밀한 관계를 맺었다. 법사는 비록 궁궐에 오르고 권세가의 저택에 출입하였으나 〈마음이〉 막힘없이 트이고 넓어 가난한 이의 집과 다름없이 여겼다."

法深, 不知其俗姓, 蓋衣冠之胤也. 道徽高扇, 譽播山東, 爲中州劉公弟子. 值永嘉亂, 投迹楊土, 居止京邑. 內持法綱, 外允具瞻, 弘道之法師也. 以業慈[106]清淨, 而不耐風塵, 考室剡縣東二百里岇山中, 同遊十餘人, 高棲浩然. 支道林宗其風範, 與

---

102) 俗世의 姓 : ≪高僧傳≫ 〈竺潛傳〉에는 성이 '王'으로 되어 있다.

103) 永嘉의 난리 : 西晉 永嘉 5년(311)에 이민족이 서진의 수도인 洛陽을 함락하고 懷帝 등을 포로로 잡은 사건이다.

104) 高麗의……편지 : 이 편지의 내용은 ≪高僧傳≫ 〈竺潛傳〉에 실려 있다.

105) 高逸沙門傳 : ≪宋高僧傳≫ 등에 따르면 晉 孝武帝 때 法濟가 지었다고 한다.

106) 慈 : 宋本 ≪世說新語≫ 〈德行〉 '桓常侍' 항목의 劉孝標 注에는 '慈'가 '滋'로 되어 있으며, '慈'는 '滋'와 통용할 수 있다. 그리고 ≪高僧傳≫ 〈竺潛傳〉에는 '以業慈清淨 而不耐風塵'이 '以道業靖濟 不耐塵俗(道業으로 靖濟하여 속세의 일을 견디지 못했다.)'으로 되어 있다. 이에 따라 여기서 '慈'를 '滋(보태다, 더욱)'의 의미로 번역했다.

高麗道人書, 稱其德行. 年七十有九, 終於山中也. 高逸沙門傳曰 "法師居會稽, 皇帝重其風德, 遣使迎焉, 法師暫出應命. 司徒會稽王, 天性虛澹, 與法師結殷勤之歡. 師雖升履丹墀, 出入朱邸, 泯然曠達, 不異蓬宇也."

② 卞壺는 따로 보인다.
卞壺, 別見.

4-31 【補】 許玄度(許詢)가 동생을 데리고 혼인을 시키려고 도성으로 갔는데, 모두들 공경하는 마음으로 기다렸다. 도착한 뒤에 〈사람들이〉 그 동생이 몹시 어리석은 것을 보고는 모두 비웃으며 버리려고 하니, 허현도가 賓主의 예의를 차려가며 상대하였다. 劉眞長(劉惔)이 웃으며 말했다.

"허현도가 동생의 혼인을 위해 열 겹의 쇠 가리개를 쳤다."

許玄度가 將弟出都婚하니 諸人이 無不欽遲라 旣至에 見其弟乃甚癡하고 都欲嘲棄之하니 玄度가 爲作賓主相對하다 劉眞長이 笑曰 玄度가 爲弟婚하여 施十重鐵步障①107)이라하다

許詢

① ≪續晉陽秋≫에 말하였다. "許詢은 字가 玄度이고 高陽 사람이다. 魏나라 中領軍

107) 十重鐵步障 : 步障은 '步鄣'으로도 쓰며, 바람이나 먼지 또는 남의 시선을 막기 위해 쓰는 장막이다. 十重은 "열 겹"이다. 열 겹의 쇠로 만든 장막을 쳤다는 것은 철저하게 대비를 했다는 말이다.

許允의 玄孫이다. 어려서부터 수려하고 총명하여 사람들이 神童으로 불렀으며 장성하여서는 마음과 뜻을 간략하고 소박하게 가졌다. 司徒掾으로 초빙되었으나 나아가지 않았다. 일찍 죽었다."

續晉陽秋曰"許詢, 字玄度, 高陽人. 魏中領軍允玄孫. 總角秀惠, 衆稱神童, 長而風情簡素. 司徒掾辟, 不就. 蚤卒."

4-32 庾法暢(康法暢)이 庾太尉(庾亮)를 방문했을 때에 麈尾를 들고 있었는데 지극히 아름다웠다. 庾公(유량)이 말했다.

"이것은 지극히 아름다운데 어떻게 여기에 있습니까?"

유법창이 말했다.

"청렴한 자는 달라고 하지 않고 탐욕스러운 자에게는 주지 않기 때문에 여기에 있을 따름입니다."

庾[108]法暢이 造庾太尉에 握麈尾한대 至佳라 公曰 此는 至佳니 那得在오하니 法暢曰 廉者는 不求하고 貪者엔 不與하니 故得在耳①라하다

① 法暢의 氏族이 어디서 나왔는지에 대해서는 자세히 알지 못한다. 법창이 〈人物論〉을 지었는데 스스로 자신의 훌륭함을 서술하면서 "나〔暢〕는 총명함이 예리하고 신통하며 언사는 재기가 있고 달변이다."라고 하였다.

法暢氏族, 所出未詳. 法暢著人物論, 自敍其美云"暢, 悟銳有神, 才辭通辯."

【頭註】

○ ≪世說新語≫ 옛 판본에는 '竺'자를 '庾'자로 썼다.

世說古本, 竺作庾.

4-33 庾穉恭(庾翼)이 荊州刺史일 때에 깃털 부채를 晉 武帝(司馬炎)에게 바쳤는데 무제는 그것이 쓰던 물건인 줄 의심하였다. 侍中 劉劭가 말했다.

"柏梁臺[109]를 구름 높이 지으면 工匠이 먼저 그 아래 거처해보고, 管絃을 성

---

108) 庾 : 安永本에는 '竺'으로 되어 있다. ≪世說新語≫ 제본에도 '庾'로 되어 있는데, ≪世說新語箋疏≫에서는 ≪高僧傳≫을 인용하여 '康'으로 고쳐야 한다고 하였다.

대히 연주하면 鍾子期와 夔[110]가 먼저 그 소리를 들어봅니다. 유치공이 부채를 바친 것은 좋은 물건이기 때문이지 새것이기 때문이 아닙니다."

유치공이 나중에 듣고는 말했다.

"이런 사람이 황제의 좌우에 있어야 한다."

庾穉恭이 **爲荊州**①에 **以毛扇**으로 **上武帝**하니 **武帝**가 **疑是故物**②이라 **侍中劉劭**가 **曰**③ **栢梁**을 **雲構**면 **工匠**이 **先居其下**하고 **管絃**을 **繁奏**면 **鍾·夔**가 **先聽其音**④하나니 **穉恭**이 **上扇**은 **以好**요 **不以新**이라하다 **庾**가 **後聞之**하고 **曰 此人**이 **宜在帝左右**라하다

① ≪庾翼別傳≫에 말하였다. "庾翼은 字가 穉恭이고, 潁川 鄢陵 사람이다. 젊어서부터 도량이 컸으며 당시의 論者들이 나라를 경영하고 다스릴 만하다고 인정하였다. 형인 太尉 庾亮이 죽자 조정에서 인재를 추천하는 것을 논의하여 유익을 七州都督으로 삼았다. 후에 征南將軍과 荊州刺史로 승진하였다."

庾翼別傳曰 "翼, 字穉恭, (穎)〔潁〕川鄢陵人也. 少有大度, 時論以經略許之. 兄太尉亮薨, 朝議推才, 乃以翼都督七[111]州. 進征南[112]將軍·荊州刺史."

② 傅咸의 〈羽扇賦序〉에 말하였다. "옛날 吳나라 사람들은 단지 새의 날개를 잘라 〈바람을〉 부쳤는데, 바람이 네모나거나 둥근 부채보다 못하지 않았고 힘도 들지 않았다. 그렇지만 中國(中原)에서는 흥미를 느끼는 사람이 없었는데, 오나라를 멸망시키고 난 뒤에 갑작스럽게 그것을 귀하게 여겨 쓰지 않는 사람이 없었다."

살펴보건대 庾懌이 白羽扇을 晉 武帝에게 바치자 무제가 새것이 아닌 것을 못마땅하게 여겨 돌려준 적이 있었다. 庾翼의 일이라고는 듣지 못했다.

傅咸羽扇賦序曰 "昔吳人直截鳥翼而搖之, 風不減方圓二扇而功無加. 然中國莫有生意者. 滅吳之後, 翕然貴之, 無人不用." 按庾懌以白羽扇獻武帝, 帝嫌其非新, 反之. 不聞翼也.

③ ≪文字志≫에 말하였다. "劉劭는 字가 彥祖이고 彭城 叢亭 사람이다. 조부 劉訥은

---

109) 柏梁臺 : 漢나라 때의 궁전 이름이다. 후대에는 궁전을 지칭하는 말로 쓰였다.

110) 鍾子期와 夔 : 종자기는 춘추시대 楚나라 사람으로 音律에 조예가 깊었고, 夔는 舜임금 시대 사람으로 음악을 관장하는 樂正이었다.

111) 七 : 安永本에는 '六'으로 되어 있다.

112) 南 : 安永本에는 '安西'로 되어 있다.

司隸校尉이고, 부친 劉松은 成皐令이었다. 유소는 박학다식하고 학문을 좋아하였으며 다재다능하고 초서와 예서에 뛰어났다. 처음에 領軍參軍으로 벼슬에 나아갔다. 太傅113)가 동쪽으로 출정하자, 유소는 수도인 洛陽이 틀림없이 위태로울 것이라고 생각하여 이에 단기필마로 揚州로 도망갔다. 侍中과 豫章太守를 거쳤다."
文字志曰 "劭, 字彦祖, 彭城叢亭人. 祖訥, 司隸校尉, 父松, 成皐令. 劭博識好學, 多藝能, 善草隸. 初仕領軍叅軍. 太傅出東, 劭謂京洛必危, 乃單馬奔揚州. 歷侍中・豫章太守."

④ 鍾은 鍾子期이며, 夔는 舜의 樂正이다.
鍾, 鍾期也, 夔, 舜樂正.

【頭註】

○ 王世懋 : 살펴보건대 劉公幹(劉楨)의 〈答魏太子書〉에 "큰 집이 처음 완성되면 大匠이 먼저 그 아래에 서보고, 벼가 비로소 익으면 농부가 먼저 그 낟알을 맛본다."라고 하였다. 劉劭가 한 말은 여기에서 나왔다.
王云 "按劉公幹答魏太子書云 '夏屋初成, 而大匠先立其下, 嘉禾始熟, 而農夫先嘗其粒.' 劭語本此."

○ 王世懋 : 騈儷體의 말이 현묘하다.
又云 "騈語乃玄."

4-34 劉尹(劉惔)이 말하였다.
"맑은 바람이 불고 밝은 달이 뜨면 문득 玄度(許詢)가 생각난다."

劉尹云 淸風朗月에는 輒思玄度①라하다

① ≪晉中興士人書≫114)에 말하였다. "許詢은 淸言을 잘하여 당시의 士人들이 모두 공경하고 사랑하였다."
晉中興士人書曰 "許詢能淸言, 于時士人皆欽慕仰愛之."

---

113) 太傅 : 東海王 司馬越이다.(≪世說音釋≫)
114) 晉中興士人書 : ≪文選≫의 江淹의 〈雜體詩〉 李善 注에는 ≪晉中興書≫의 인용문으로 되어 있다.

4-35 何驃騎(何充)가 죽은 뒤에 〈조정에서〉 褚公(褚裒)을 들어오라고 불렀다. 〈저공이〉 石頭에 이르렀을 때에 王長史(王濛)와 劉尹(劉惔)이 함께 저공을 찾아갔다. 저공이 말했다.

"劉眞長(유담)은 어떻게 나를 대우하시겠습니까?"

유진장이 왕장사를 돌아보며 말했다.

"이 사람이 말을 잘합니다."

저공이 그리하여 왕장사 쪽을 보니 왕장사가 말했다.

"나라에 자연히 周公 같은 분이 있습니다."

周公

何驃騎가 亡後①에 徵褚公入하니 旣至石頭에 王長史②와 劉尹이 同詣褚라 褚曰 眞長은 何以處我오하니 眞長이 顧王曰 此子能言이라하다 褚因視王하니 王曰 國自有周公③이라하다

① 何充은 따로 보인다.
何充別見.

② 〈王長史別傳〉에 말하였다. "王濛은 字가 仲祖이고 太原 晉陽 사람이다. 그의 선조는 周나라 왕실에서 나왔으며, 漢나라와 魏나라를 거치는 동안 대대로 명문거족이었다. 조부 王佑는 北軍中候였고 부친 王訥은 葉縣令이었다. 왕몽은 정신과 기운이 맑고 아름다웠으며, 나이 10여세에 호방하고 초탈한 것이 평범하지 않았다. 약관의 나이에 품행이 고상하고 풍류가 雅正하여 밖으로는 명예를 탐하지 않고 안으로는 사욕이 없었다. 司徒掾과 中書郞에 초빙되었다. 황후(東晉 哀帝의 靖皇后)의 부친으로 光祿大夫에 추증되었다."
王長史別傳曰 "濛, 字仲祖, 太原晉陽人. 其先出自周室, 經漢·魏, 世爲大族. 祖(佐)〔佑〕115), 北軍中(侯)〔候〕116), 父訥, 葉令. 濛神氣淸韶, 年十餘歲, 放邁不群. 弱冠檢

115) (佐)〔佑〕: 저본에는 '佐'로 되어 있으나, ≪世說新語箋疏≫에서 ≪晉書≫ 〈王濛傳〉 등을 참조하여 교감한 것에 의거하여 '佑'로 바로잡았다. 安永本에도 '佑'로 되어 있다.

尙, 風流雅正, 外絶榮競, 內寡私欲. 辟司徒掾·中書郎. 以后父, 贈光祿大夫."

③ ≪晉陽秋≫에 말하였다. "王充이 죽자 논의하던 자들이 太后(東晉 康帝의 康獻皇后)의 부친 褚裒가 국정을 맡아야 한다고 하였다. 저부가 丹徒에서 조정으로 들어오자, 吏部尙書 劉遐가 저부에게 '會稽王(晉 簡文帝 司馬昱)은 덕이 훌륭한 분으로 국가의 周公과 같은 분입니다. 足下께서는 정사를 그분께 맡기는 것이 마땅하겠습니다.'라고 권고하였고, 저부의 長史인 王胡之도 蕃鎭으로 돌아갈 것을 권하였다. 저부가 이에 극구 사양하고 번진으로 돌아갔다."

晉陽秋曰 "充之卒, 議者謂太后父裒宜秉朝政. 裒自丹徒入朝, 吏部尙書劉遐勸裒曰 '會稽王令德, 國之周公也, 足下宜以大政付之.' 裒長史王胡之亦勸歸藩. 於是固辭歸(京)〔蕃〕117)."

【頭註】

○ 劉應登 : 의당 會稽王에게 넘겨야 한다는 말이다.

(劉)〔應登〕118)云 "謂宜遜會稽王也."

4-36 桓公(桓溫)이 三峽으로 들어가니, 깎아지른 벼랑은 하늘에 걸려있고 내달리는 파도는 급히 흘러갔다. 이에 탄식하며 말했다.

"충신이 되고 나면 효자가 될 수 없으니 어쩔거나."

桓公이 入峽하니 絶壁은 天懸하고 騰波는 迅急①이라 迺嘆曰 既爲忠臣이면 不得爲孝子하니 如何②오하다

① ≪晉陽秋≫에 말하였다. "桓溫이 永和 2년(346)에 예하 7,000여 명을 거느리고 蜀을 쳤는데, 表文을 올리자마자 곧바로 출발하였다."

晉陽秋曰 "溫, 以永和二年, 率所領七千餘人伐蜀, 拜表輒行."

---

116) (侯)〔候〕: 저본에는 '侯'로 되어 있으나, 宋本 ≪世說新語≫와 安永本에 의거하여 '候'로 바로잡았다.

117) (京)〔蕃〕: 저본에는 '京'으로 되어 있으나, ≪晉書≫ 〈褚裒傳〉에 의거하여 '蕃'으로 바로잡았다.

118) (劉)〔應登〕: 安永本에는 '劉'로 되어 있으나, 元刊本 ≪世說新語≫에 劉應登의 注로 되어 있는 것에 의거하여 '應登'으로 바로잡았다.

② ≪漢書≫ 〈王尊傳〉에 말하였다. "王陽이 益州刺史가 되어 部內를 순시하다가 邛郲의 九折坂에 이르자, '先人의 遺體를 받들고서 어찌 자주 이런 험한 곳을 넘겠는가.'라며 탄식하고는 병을 이유로 관직을 떠났다. 후에 王尊이 자사가 되어 구절판에 이르러 아전에게 '왕양이 두려워하던 길이 아닌가?'라고 물으니, 아전이 '그렇습니다.'라고 하였다. 〈왕존이 이에〉 마부에게 소리치며 '달려라. 왕양은 효자이고 나 왕존은 충신이다.'라고 하였다."

漢書曰 "王陽爲益州刺史, 行部至邛(僰)〔郲〕119)九折坂, 歎曰 '奉先人遺體, 奈何數(삭)乘此險.' 以病去官. 後王尊爲刺史, 至其坂, 問吏曰 '非王陽所畏之道邪.' 吏曰 '是.' 叱其馭曰 '驅之. 王陽爲孝子, 王尊爲忠臣.'"

4-37 桓公(桓溫)이 북방을 정벌할 때에 金城을 지나가다가 전에 琅邪內史로 있을 때에 심었던 버드나무가 모두 이미 열 아름드리가 된 것을 보고 감개에 젖어 말하였다.

"나무도 오히려 이러하거늘 사람이 어떻게 〈세월을〉 견딜 수 있을까."

그리고는 나무줄기에 기대어 버들가지를 잡고는 눈물을 줄줄 흘렸다.

桓公이 北征에 經金城이라가 見前爲琅邪(야)時種柳가 皆已十圍하고 慨然曰 木猶如此하니 人何以堪고하고 攀枝執條하여 泫然流淚하다

【頭註】

○ 劉辰翁 : 적절하게 그려낸 것은 뒤의 8글자(攀枝執條 泫然流淚) 때문이다. 만약에 桓公이 한 말에서 그쳤다면 어떻게 이렇게 구슬펐겠는가.

劉云 "寫得沈至, 正在後八字耳. 若止於桓公口語, 安得如此悽愴."

○ 李贄 : "지극히 느껍고 지극히 슬프다."

李云 "極感極悲."

○ 王世懋 : 모두 王敦이 唾壺를 치며 노래 부르던 마음120)이다.

---

119) (僰)〔郲〕: 저본에는 '僰'으로 되어 있으나, 安永本과 ≪漢書≫에 의거하여 '郲'로 바로잡았다. ≪世說新語≫ 각본에는 '僰'으로 되어 있다.

120) 王敦이……마음 : ≪世說新語≫ 〈豪爽〉에 왕돈은 술을 마시고 나면 曹操의 〈步出夏門行〉의 "늙은 천리마는 마구간에 있어도 뜻은 천 리에 있고, 烈士는 노년에도 웅대

王云"大都是王敦擊唾壺意."

4-38 晉 簡文帝가 撫軍將軍이었을 때 한번은 桓宣武(桓溫)와 함께 조정에 들어갔는데 서로 앞자리를 양보하였다. 환선무가 하는 수 없이 앞에 서서는 말하였다.

"'내 님께서 창〔殳〕을 잡고서 왕의 前驅가 되었도다.'〈라는 격입니다.〉"

간문제가 말하였다.

"이는 이른바 '작은 사람 큰 사람 할 것 없이 〈모두〉 公을 따라가도다.'라는 것입니다."

簡文이 作撫軍時에 嘗與桓宣武로 俱入朝할새 更相讓在前이라 宣武가 不得已而先之하고 因曰 伯也執殳하여 爲王前驅①라하니 簡文이 曰 所謂無小無大히 從公于邁②라하다

① ≪詩經≫〈衛風 伯兮〉詩이다. 殳는 길이가 1丈 2尺이고 날이 없다.
衛詩也. 殳, 長一丈二尺, 無刃.

② ≪詩經≫〈魯頌 泮水〉篇이다.
魯頌泮水篇.

【頭註】

○ 劉辰翁 : 〈인용한〉 두 구절이 적절하게 들어맞았다.
劉云"兩得詞體."

4-39 顧悅121)은 晉 簡文帝와 동갑이었는데 머리카락이 일찍 세었다. 간문제가 말하였다.

"경은 어이하여 〈머리카락이〉 먼저 세었는가?"

고열이 대답하였다.

한 마음이 멈추지 않는다.〔老驥伏櫪 志在千里 烈士暮年 壯心不已〕"라고 읊으며 唾壺를 쳐서 타구의 가장자리가 다 깨졌다고 하였다.

121) 顧悅 : ≪晉書≫〈顧悅之傳〉과 〈顧愷之傳〉에는 '顧悅之'로 되어 있다.

“갯버들의 자태는 가을이 다가오면 〈잎을 미리〉 떨구고, 松柏의 자질은 서리를 맞고 더욱 무성해집니다.”

顧悅은 **與簡文**으로 **同年**이나 **而髮蚤白**①이라 **簡文曰 卿**은 **何以先白**고하니 **對曰 蒲柳之姿**는 **望秋而落**하고 **松栢之質**은 **經霜彌茂**②라하다

① ≪中興書≫에 말하였다. “顧悅은 字가 君叔이고 晉陵 사람이다. 처음에 殷浩 〈밑에서〉 揚州別駕가 되었다. 은호가 죽자 상소를 올려 은호를 위해 해명하였다.122) 혹자는 은호가 太宗(晉 簡文帝)에게 유폐당하여 틀림없이 허락해주지 않을 것이라고 충고하였으나, 고열은 한사코 간쟁하였으니 은호는 과연 신원되었고 여론은 이를 칭송하였다. 나중에 벼슬이 尙書左丞에 이르렀다.”
中興書曰“悅, 字君叔, 晉陵人. 初爲殷浩揚州別駕. 浩卒, 上疏理浩. 或諫以浩爲太宗所廢, 必不依許, 悅固爭之, 浩果得申, 物論稱之. 後至尙書左丞.”

② 顧凱之(顧愷之)가 부친인 〈顧悅을〉 위해 傳을 지었다. “府君은 正道를 걸어 출세가 순탄치 못하였다. 조정에 들어가 王(簡文帝)을 알현하자, 왕은 머리카락에 새치가 없었는데 부군은 이미 斑白이었다. 〈왕이〉 부군의 나이를 묻고는 이에 ‘卿은 어찌하여 유독 일찍 머리가 세었소?”라고 하였다. 부군이 ‘松栢의 자태는 서리를 맞아도 오히려 무성하나, 신은 갯버들 같은 자질이라 가을이 다가오자 먼저 떨어지고 말았습니다. 〈이는〉 받은 命이 다르기 때문입니다.’라고 하니, 왕이 한참을 칭찬하였다.”
顧凱之爲父傳曰“君以直道陵遲於世. 入見(현)王, 王髮無二毛, 而君已斑白. 問君年, 乃曰‘卿何偏蚤白.’ 君曰‘松栢之姿, 經霜猶茂, 臣蒲柳之質, 望秋先零. 受命之異也.’ 王稱善久之.”

4-40 晉 簡文帝(司馬昱)가 華林園에 들어가 좌우 신하들을 돌아보며 말하였다. “마음에 꼭 드는 곳이 반드시 먼 곳에 있지만은 않다. 울창한 山水에 있으면 저절로 濠梁과 濮水에 있는 듯한 생각이 드니, 어느새 새·짐승·물고기가 절

---

122) 은호가……해명하였다 : 東晉은 북쪽에 있던 後趙가 皇帝 石虎의 逝世로 인해 혼란에 빠지자 북벌에 나섰다. 은호는 그 책임자였으나 정벌에 실패하여 廢庶人이 되고 유배되었다.(≪晉書≫ 〈殷浩傳〉, ≪資治通鑑≫)

로 와서 사람을 가까이하는구나."

簡文이 **入華林園**하여 **顧謂左右曰 會心處**는 **不必在遠**이니 **翳然林水**에 **便自有濠・濮間想也**①하니 **覺鳥獸禽魚**가 **自來親人**이라하다

① 濠와 濮은 두 강의 이름이다.

≪莊子≫ 〈秋水〉에 말하였다. "莊子가 惠子와 함께 濠梁의 물가에서 노닐었다. 장자가 '피라미가 느긋하게 헤엄치니, 이는 물고기의 즐거움입니다.'라고 하자, 혜자가 '그대는 물고기가 아닌데 어찌하여 물고기의 즐거움을 안단 말입니까?'라고 하였다. 장자가 '그대는 내가 아닌데 어찌하여 내가 물고기의 즐거움을 모른다는 것을 안단 말입니까?'라고 하였다.

莊周(장자)가 濮水에서 낚시를 하고 있었는데, 楚王이 두 大夫를 보내 '원컨대 境內를 장자께 맡기고 싶습니다.'라고 하였다. 장자는 낚싯대를 잡고 돌아보지도 않은 채 '내가 듣건대 楚나라에 신령한 거북이가 있는데 죽은 지 이미 3천 년이 되었는데 수건에 싸이고 상자에 넣어져 사당에 보관되어 있다고 합니다. 이 거북이로서는 진흙탕 속에서 꼬리를 끌며 사는 것이 낫겠소? 아니면 죽어서 뼈를 남긴 채 귀하게 여겨지는 것이 낫겠소?'라고 하자, 두 대부는 '살아서 진흙탕 속에서 꼬리를 끌며 사는 것이 낫습니다.'라고 하였다. 이에 장자가 '가시오. 나 또한 차라리 진흙탕 속에서 꼬리를 끌며 살겠소.'라고 하였다."

濠・濮, 二水名也. 莊子曰 "莊子與惠子游濠梁水上. 莊子曰 '儵魚出游從容, 是魚樂也.' 惠子曰 '子非魚, 安知魚之樂也.' 莊子曰 '子非我, 安知我之不知魚之樂也.' 莊周釣在濮水, 楚王使二大夫造焉, 曰 '願以境內累莊子.' 莊子持竿不顧, 曰 '吾聞楚有神龜者, 死已三千年矣, 巾笥而藏於廟. 此寧曳尾於塗中? 寧留骨而貴乎?' 二大夫曰 '寧曳尾於塗中.' 莊子曰 '往矣. 吾亦寧曳尾於塗中.'"

【頭註】

○ 劉辰翁 : 고아한 말이 〈경치를 보자마자〉 바로 나왔다.
劉云 "淸言徑造."

○ 應登 : 〈본문의 '覺'자는〉 '不覺(나도 모르게)'이 되어야 한다.
應登云 "作不覺."[123]

---

123) 作不覺 : 劉應登의 元刊本에 이 注는 없고, 본문에서 '覺' 앞에 '不'자를 보충해 넣었다.

4-41 謝太傅(謝安)가 王右軍(王羲之)에게 말했다.

“中年이 되자 슬픔에도 기쁨에도 마음이 아프며, 친한 벗과 이별하면 그때마다 며칠간 마음이 편치 않습니다.”

왕우군이 말했다.

“나이를 먹으면 자연히 그렇게 됩니다. 음악에 의지하여 마음을 기쁘게 하고 슬픔을 씻어내는데, 아이들이 〈이러한 것을〉 알아차려 즐거운 정취를 깰까봐 늘 걱정입니다.”

謝太傅가 **語王右軍曰 中年**이라 **傷於哀樂**하고 **與親友別**하면 **輒作數日惡**이라하니 **王曰**① **年在桑榆**124)면 **自然至此**니 **正賴絲竹陶寫**나 **恒恐兒輩覺**하여 **損欣樂之趣**라하다

王羲之

① ≪文字志≫에 말하였다. “王羲之는 字가 逸少이고 瑯琊 臨沂 사람이다. 부친 王曠은 淮南太守였다. 왕희지는 어려서부터 총명함이 출중하여 叔父 王廙에게 칭찬을 받았다. 草書와 隷書를 잘 썼다. 여러 벼슬을 거쳐 江州刺史・右軍將軍・會稽內史를 지냈다.”

文字志曰“王羲之, 字逸少, 瑯琊臨沂人. 父曠, 淮南太守. 羲之少朗拔, 爲叔父廙所賞. 善草隷. 累遷江州刺史・右軍將軍・會稽內史.”

【頭註】

○ 劉辰翁 : 자신이 노쇠해졌는데 아이들을 걱정하니, 참으로 애정 어린 말이다. 이것을 아는 자가 드물다.

劉云“自家潦倒, 憂及兒輩, 眞鐘情語也. 此少有喩者.”

---

124) 年在桑榆 : 桑榆는 뽕나무와 느릅나무이다. ≪後漢書≫ 〈馮異傳〉과 ≪通鑑節要≫ 〈東漢紀 世祖光武皇帝〉의 注에 상유는 ‘늦음〔晩〕’, ‘해가 들어가는 곳’, ‘해가 서쪽으로 기울어 빛이 나무 끝에 있는 것’이라고 하였다. 저녁 무렵, 일의 뒷단계, 노년을 뜻한다.

4-42 支道林(支遁)은 늘 말 몇 마리를 길렀다. 어떤 이가 말했다.
"道人이 말을 먹이는 것은 고상하지 못합니다."
지도림이 말했다.
"貧道는 말의 뛰어난 기품을 중히 여깁니다."

支道林은 **常養數匹馬**라 **或言 道人畜**(혹)**馬**는 **不韻**이라하니 **支曰 貧道**는 **重其神駿**①이라하다

① ≪高逸沙門傳≫에 말하였다. "支遁은 字가 道林이고 河內 林慮 사람인데 혹은 陳留 사람이라고도 하며 本姓은 關氏이다. 어려서부터 마음 가는 대로 자신의 뜻을 행하였으며 風格이 높고 훌륭하였다. 집안 대대로 불교를 신봉하였는데, 일찍이 餘杭山에서 불법에 대하여 깊이 생각하여 시원스럽게 홀로 통달하였다. 25세에 비로소 승려의 모습을 하고 불도에 입문하였고, 53세에 洛陽에서 생을 마쳤다."
高逸沙門傳曰"支遁, 字道林, 河內林慮人, 或曰陳留人, 本姓關氏. 少而任心獨往, 風期高亮. 家世奉法, 嘗於餘杭山沈思道行, 泠然獨暢. 年二十五, 始釋形入道. 年五十三, 終於洛陽."

【頭註】
○ 劉辰翁 : 세속 바깥의 높은 곳을 보았다.
(王)〔劉〕125)云"高視世外."

4-43 佛圖澄이 여러 石氏들과 교유하였는데, 林公(支遁)이 말했다.
"불도징은 石虎를 갈매기처럼 여긴다."

佛圖澄이 **與諸石**으로 **遊**①러니 **林公曰 澄**은 **以石虎爲海鷗鳥**②라하다

① 〈佛圖澄別傳〉에 말하였다. "道人 佛圖澄은 어디 사람인지 모른다. 燉煌 출신으로 불교를 좋아하여 출가해 沙門이 되었다. 永嘉 연간(307~312)에 洛陽에 왔는데 마침 도성에 난리가 나서 草澤에 은둔했다. 石勒은 영웅이었는데 살해하기를 좋아하였다. 석륵의 대장군인 郭默略을 통해 그를 만났다. 삼씨기름을 손바닥에 바르고서 吉凶을 점치고 수백 리 밖에서 佛塔의 방울 소리를 듣고 禍福을 예측하니 석

---

125) (王)〔劉〕: 安永本에는 '王'으로 되어 있으나, 元刊本 ≪世說新語≫에 의거하여 '劉'로 바로잡았다.

륵이 매우 공경하며 믿었다. 石虎가 즉위해서도[126] 불도징을 스승으로 삼고 '大和尙'으로 불렀다. 불도징은 스스로 죽는 날을 알았다. 〈사후에〉 관을 열어 보니 시신은 없고 袈裟와 法服만 남아있었다."

澄別傳曰 "道人佛圖澄, 不知何許人. 出於燉煌, 好佛道, 出家爲沙門. 永嘉中, 至洛陽, 値京師有難, 潛遁草澤間. 石勒雄異, 好殺害. 因勒大將軍郭默略見勒. 以麻油塗掌, 占見吉凶, 數百里外聽浮圖鈴聲, 逆知禍福, 勒甚敬信之. 虎卽位, 亦師澄, 號'大和尙'. 自知終日. 開棺無屍, 唯袈裟法服在焉."

佛圖澄

② ≪趙書≫[127]에 말하였다. "石虎는 字가 季龍이고 石勒의 從弟이다. 정벌에 나설 때마다 적장의 목을 베고 적의 깃발을 빼앗았다. 석륵이 죽자 그의 자식들을 죽이고 자리를 차지했다."

≪莊子≫[128]에 말하였다. "갈매기를 좋아하는 해변에 사는 사람이 매일 아침 해변에 가서 갈매기를 따라다니며 놀았는데, 그에게 다가오는 갈매기가 수백 마리에 그치지 않았다. 그 부친이 '내가 듣건대 갈매기가 너를 따라서 논다고 하니, 잡아오거라. 〈내가〉 데리고 놀겠다.'라고 하였다. 다음날 바닷가에 가니 갈매기가 맴돌며 내려앉지 않았다."

趙書曰 "虎, 字季龍, 勒從弟也. 征伐每斬將搴旗. 勒死, 誅勒諸兒, 襲位." 莊子曰 "海上之人好鷗者, 每旦之海上, 從鷗遊, 鷗之至者數百而不止. 其父曰 '吾聞鷗鳥從汝游, 取來玩之.' 明日之海上, 鷗舞而不下."

---

126) 石虎가 즉위해서도 : 석호는 五胡十六國시대 後趙의 3대 황제이다.
127) 趙書 : 後趙의 황제인 石勒, 石虎가 기록된 ≪晉書≫ 〈載記〉 부분을 말한다.
128) 莊子 : ≪장자≫가 아니라 ≪列子≫ 〈黃帝〉에 보인다.

【頭註】

○ 劉辰翁 : 石虎를 손바닥 위에 놓고 데리고 놀았다는 말이다.
劉云 "謂玩虎於掌中耳."

○ 王世懋 : 요즘 史書에는 石虎가 石勒의 〈從弟가 아니라〉 조카라고 한다.129)
王云 "今史, 虎是勒從子."

4-44 劉尹(劉惔)이 桓宣武(桓溫)와 함께 ≪禮記≫의 강의를 들었는데, 환선무가 말했다.

"때때로 마음에 이해되는 곳이 있으면 높고도 깊은 경계가 가까운 듯 느껴집니다."

유윤이 말했다.

"이는 아직 지극한 〈이치에〉 관계된 것이 아니라, 고작 金華殿에서 나누던 말일 뿐입니다."

劉尹이 **與桓宣武**로 **共聽講禮記**러니 **桓云 時有**(人)〔入〕130)**心處**면 **便覺咫尺玄門**이라하니 **劉曰 此**는 **未關至極**이요 **自是金華殿之語**①라하다

① ≪漢書≫ 〈敍傳〉에 말하였다. "班伯은 어릴 때 師丹에게 ≪詩經≫을 배웠다. 大將軍 王鳳이 漢 成帝(劉驁)에게 반백을 勸學131)에 적합하다고 추천하여, 〈성제가〉 宴曙殿으로 불러서 보고는 中常侍로 삼았다. 당시 황상은 학문에 마음을 두고 있었기에 鄭寬中과 張禹가 아침저녁으로 입궐하여 ≪尙書≫와 ≪論語≫를 金華殿에서 講說하였는데, 〈성제가〉 반백에게 명하여 그것을 듣게 하였다."
漢書敍傳曰 "班伯少受詩於師丹. 大將軍王鳳薦伯於成帝宜勸學, 召見宴曙, 拜爲中常侍. 時上方向學, 鄭寬中・張禹朝夕入說尙書・論語於金華殿, 詔伯受之."

---

129) 요즘……한다 : ≪晉書≫ 〈載記〉에 보인다.

130) (人)〔入〕: 저본에는 '人'으로 되어 있으나, 宋本을 비롯한 제본의 ≪世說新語≫에 의거하여 '入'으로 바로잡았다.

131) 勸學 : 고대의 관직명이다. 후대의 侍講이나 侍讀에 해당한다.

【頭註】

○ 劉辰翁 : 말을 잘했다.
劉云“〔能言〕132)”

○ 應登 : 講說이 들을 만은 하지만 아직 지극한 경지에는 이르지 못했음을 말하였다.
應登云“言其講說可聽, 而未到至處耳.”

4-45 劉尹(劉惔)이 말했다.

“사람들은 王荊產(王微)이 훌륭하리라고 생각하는데, 이는 큰 소나무 아래에는 당연히 맑은 바람이 있으리라고 생각한 것일 따름이다.”

劉尹이 云 人想王荊產佳하니 此는 想長松下當有淸風耳①라하다

① 荊產은 王微의 어릴 적 이름이다. ≪王氏譜≫에 말하였다. “王微는 字가 幼仁이고 琅琊 사람이다. 조부 王乂는 平北將軍이었고 부친 王澄은 荊州刺史였다. 왕미는 尙書郎과 右軍司馬를 역임하였다.”
荊產, 王微小字也. 王氏譜曰“微, 字幼仁, 琅琊人. 祖父乂, 平北將軍, 父澄, 荊州刺史. 微歷尙書郎·右軍司馬.”

【頭註】

○ 劉應登 : 그가 名家 출신이라 훌륭할 것이라 생각했을 따름이다.
(劉)〔應登〕133)云“以其名家, 意想其佳耳.”

○ 劉辰翁 : 〈劉尹의 말은〉 결국 〈王荊產에 대해〉 불만인 듯하다.
(王)〔劉〕134)云“竟似不滿.”

---

132) 〔能言〕: 安永本에는 없으나, 元刊本 ≪世說新語≫에 의거하여 보충하였다. 안영본에는 “(深)〔善〕於談者 有深有淺 其義(當)〔常〕解不能盡(談論을 잘하는 자도 깊고 얕은 차이가 있어 그 뜻을 다 이해하지 못하는 경우가 茶飯事이다.)”로 되어 있으나, 이 評은 ≪세설신어≫ 〈言語〉의 ‘王長史與劉眞長’ 항목에 대한 것이다. ≪世說新語補≫에는 이 항목이 없다. 안영본의 ‘深’과 ‘當’은 원간본 ≪세설신어≫에 의거하여 ‘善’과 ‘常’으로 바로잡았다.

133) (劉)〔應登〕: 安永本에는 ‘劉’로 되어 있으나, 元刊本 ≪世說新語≫에 의거하여 ‘應登’으로 바로잡았다.

134) (王)〔劉〕: 安永本에는 ‘王’으로 되어 있으나, 元刊本 ≪世說新語≫에 의거하여 ‘劉’

4-46 王仲祖(王濛)가 南蠻의 말을 듣고 알아듣지 못하자 망연해하며 말했다.

"介나라의 葛盧가 來朝한다면 틀림없이 이 말을 모르지 않을 것이다."

王仲祖가 聞蠻語不解하고 茫然曰 若使介葛盧來朝면 故當不昧此語①리라하다

① ≪春秋左氏傳≫ 僖公 29년에 "介나라의 葛盧가 魯나라에 來朝하여 소의 울음소리를 듣고는 '이 소는 세 마리의 犧牲을 낳았는데, 모두 〈제사에〉 썼다. 그 소리가 그렇다고 한다.'라고 하였는데, 물어보니 사실이었다."라고 하였고, 杜預의 注에 "介는 東夷의 나라이고, 葛盧는 그 임금의 이름이다."라고 하였다.
春秋傳曰 "介葛盧來朝魯, 聞牛鳴, 曰 '是生三犧, 皆用之矣. 其音云.' 問之而信." 杜預注曰 "介, 東夷國, 葛盧, 其君名也."

【頭註】

○ 劉應登 : 介나라의 葛盧는 소의 말도 이해했으니 南蠻의 말 역시 그러할 것이라 생각한 것이다.
應登云 "介葛盧能辨牛語, 謂蠻語亦然."

4-47 劉眞長(劉惔)이 丹陽尹이었을 때 許玄度(許詢)가 도성을 나가 유진장에게 가서 묵었는데, 침상과 휘장은 새것이고 아름다웠으며 음식도 풍성하고 맛있었다. 허현도가 말했다.

"만약 이곳을 보전할 수 있다면 〈謝安이 놀았던〉 東山[135]보다 훨씬 낫겠습니다."

유진장이 말했다.

"卿이 만약 吉凶이 사람에게서 비롯한다는 것을 안다면, 내 어찌 이곳을 보전하지 못하겠습니까."

王逸少(王羲之)가 자리에 함께 있다가 말했다.

"만약 巢父와 許由가 后稷과 契을 만났다고 한다면 당연히 이런 말은 하지 않았을 것입니다."

로 바로잡았다.

135) 謝安이……東山 : 東晉의 名臣인 사안은 會稽의 동산에서 20여 년 은거하면서 산수를 즐기며 조정에서 불러도 나아가지 않았다.

巢父

許由

〈이 말을 듣자〉 두 사람 모두 부끄러워하는 기색을 띠었다.

劉眞長이 爲丹陽尹에 許玄度가 出都하여 就劉宿하니 牀帷는 新麗하고 飮食은 豐甘이라 許曰 若保全此處면 殊勝東山이리라하니 劉曰 卿이 若知吉凶由人인댄 吾安得不保此리오하다 王逸少가 在坐라가 曰 令巢·許가 遇稷·契(설)이면 當無此言하리라하니 二人竝有愧色이라

【頭註】

○ 劉辰翁 : 劉眞長과 許玄度가 이런 잘못된 이야기를 했으리라고 생각하지 않는다.
劉云 "不謂眞長·玄度有此謬談."

○ 李贄 : 王逸少가 옛날을 기준으로 지금을 판단하여, 두 노인의 술책에 빠진 것이다.
李云 "逸少執古按今, 落在二老圈櫃中矣".

○ 王世懋 : 두 사람이 일부러 또 이러한 추한 행동을 했을까.

王云 "二君故復有此破綻耶."

4-48 羊秉은 撫軍將軍(東晉 簡文帝 司馬昱)의 參軍이 되었는데 일찍 죽었으나 명성이 높았다. 夏侯孝若(夏侯湛)이 그를 위해 敍를 지어 지극하게 찬미하고 애도하였다. 羊權이 黃門侍郎이 되어 簡文帝(사마욱)를 모시고 앉았는데, 간문제가 물었다.

"하후담이 〈羊秉敍〉를 지어 〈그가 어떤 사람인지〉 충분히 상상할 수 있다. 경과는 어떤 관계이며 후손은 있는가?"

양권이 눈물을 흘리며 대답하였다.

"돌아가신 백부는 명성이 일찍 알려졌으나 후사가 없습니다. 비록 이름이 성상의 귀에까지 들어갔지만 자손은 聖世에 끊어졌습니다."

황제가 한참을 탄식하였다.

羊秉은 爲撫軍叅軍이러니 少亡이나 有令譽①라 夏侯孝若이 爲之敍②하여 極相讚悼하다 羊權이 爲黃門侍郎하여 侍簡文坐일새 帝問曰 夏侯湛이 作羊秉敍하니 絶可想이라 是卿何物이며 有後不③아하니 權이 潸然對曰 亡伯은 令聞이 夙彰이나 而無有繼嗣라 雖名播天聽이나 然胤絶聖世라하니 帝가 嗟慨久之하다

① 〈羊秉敍〉에 말하였다. "羊秉은 字가 長達이고 泰山 平陽 사람이다. 漢나라 南陽太守 羊續의 曾孫이다. 조부(羊秘)는 魏郡府君이었다. 양병은 바로 車騎掾(羊繇)의 장남이다. 그런데 〈조모인〉 府君夫人 鄭氏에게 아들이 없어서 이에 양병을 양자로 삼았다. 어려서부터 뛰어났으며 조심스럽고 신중했다. 10세에 鄭夫人이 죽자 양병은 마음으로도 낯빛으로도 지극히 애통해하였다. 얼마 후 〈생부인〉 公府掾(거기연인 양요)과 부인이 함께 죽자 양병과 여러 백부·숙부들은 예법에 따라 서로 계승하여 사람들이 그 친목함에 이의를 달지 못하였고 일족이 화목하였다. 撫軍將軍(司馬昱)의 參軍으로 벼슬하여 장차 천 리를 내달리고 하늘 높이 솟아오르려고 하였는데 애석하게도 서른두 살에 죽고 말았다. 옛날 罕虎가 죽자 子産이 같이 善을 행할 사람이 없다고 하였는데,136) 夫子(양병)가 죽고 나서 〈사람들이〉 자산이 했던 것처럼 탄식하였다. 죽은 뒤에 아들이 있었지만 또 요절하였으니, 어찌하여 선을 행하였는데 재앙이 빈번한 것인가. 이 어찌 司馬遷이 의문을 가졌던 바137)

가 아니겠는가."

羊秉敍曰 "秉, 字長達, 泰[138]山平陽人, 漢南陽太守續曾孫. 大父魏郡府君, 卽車騎掾元子也. 府君夫人鄭氏無子, 乃養秉. 齠齔而佳, 小心敬愼. 十歲而鄭夫人薨, 秉思容盡哀. 俄而公府掾及夫人並卒, 秉群從父率禮相承, 人不間其親, 雍雍如也. 仕參撫軍將軍事, 將奮千里之足, 揮沖天之翼, 惜乎春秋三十有二而卒. 昔罕虎死, 子產以爲無與爲善, 自夫子之沒, 有子產之歎矣. 亡後有子男又不育, 是何行善而禍繁也. 豈非司馬生之所惑與."

② ≪文士傳≫에 말하였다. "夏侯湛은 字가 孝若이고 譙國 사람으로 魏나라 征西將軍 夏侯淵의 曾孫이다. 재주가 뛰어났는데 문장이 뛰어나고 생각이 치밀했으며 우아한 文辭를 잘 지어 이름이 潘岳에 버금갔다. 中書侍郞을 역임했다."

文士傳曰 "湛, 字孝若, 譙國人, 魏征西將軍淵曾孫也. 有盛才, 文章巧思, 善補雅詞, 名亞潘岳. 歷中書侍郞."

③ ≪羊氏譜≫에 말하였다. "羊權은 字가 道輿이고 徐州刺史 羊悅의 아들이다. 벼슬이 尙書左丞에 이르렀다."

羊氏譜曰 "權, 字道輿, 徐州刺史悅之子也. 仕至尙書左丞."

【頭註】

○ 應登 : 〈'何物'의〉 '物'자는 '親'으로 해석한다.

應登云 "物字作親."

○ 劉辰翁 : 〈이〉 말 한마디를 추가했기 때문에 슬프고 괴롭다.

劉云 "重一語, 故悲苦."

4-49 王右軍(王羲之)이 謝太傅(謝安)와 함께 冶城에 올랐다. 사태부가 여유롭게 상상을 펼치며 세속을 초탈한 흥취를 품었다. 왕우군이 사태부에

---

136) 옛날……하였는데 : 春秋時代 鄭나라 上卿이었던 罕虎는 國政을 잘 다스려 명성이 높았는데, 일찍이 子產이 어질다는 것을 알아보고 정사를 맡겼다.

137) 司馬遷이……바 : 司馬遷은 ≪史記≫ 〈伯夷傳〉에서 "伯夷, 叔齊와 顔淵 같은 선인은 비참하게 살다가 죽고, 盜跖 같은 악인은 천하를 횡행하며 오래 살다가 죽었으니, 그러고 보면 하늘이 선인에게 보답해 준 것이 어떻다고 하겠는가."라고 하며 天道라는 것이 있다면 그것이 옳은 것인지 그른 것인지 물음을 던졌다.

138) 泰 : 각본의 ≪世說新語≫와 ≪世說新語箋疏≫에는 '太'로 되어 있다.

게 말했다.

"夏禹는 王事에 힘을 다해 손발에 굳은살이 박였고 文王은 해가 져서야 식사를 하고 낮에는 먹을 시간이 없었습니다. 지금 사방의 교외에 堡壘가 많으니 마땅히 사람들마다 스스로 최선을 다해야 할 것인데, 공허한 담론으로 업무를 방치하고 실속이 없는 文詞로 중요한 일에 방해가 되게 하니, 時宜에 적절하지 않은 듯합니다."

謝安

사태부가 대답했다.

"秦나라는 商鞅을 임용했지만 2代 만에 망했습니다. 어찌 맑고 고상한 이야기가 환란을 부른 것이겠습니까."

王右軍이 與謝太傅로 共登冶城①하니 謝가 悠然遠想하고 有高世之志라 王이 謂謝曰 夏禹는 勤王하여 手足胼胝②하고 文王은 旰(간)食하여 日不暇給③이라 今四郊에 多壘④하니 宜人人自效어늘 而虛談廢務하고 浮文妨要하니 恐非當今所宜라하니 謝答曰 秦任商鞅하되 二世而亡⑤하니 豈淸言致患邪(야)⑥아하다

① ≪揚州記≫에 말하였다. "冶城은 〈삼국시기〉 吳나라 때 鑄造所가 있던 곳으로 오나라가 평정되고도 폐지되지 않았다. 王茂弘(王導)이 다스리던 곳이다."
揚州記曰 "冶城, 吳時鼓鑄之所, 吳平, 猶不廢. 王茂弘所治也."

② ≪帝王世紀≫에 말하였다. "禹임금이 홍수를 다스리느라 손발에 굳은살이 박였다. 세간에서는 우임금이 몸 한쪽이 마비되는 병을 앓아서 〈걸을 때〉 한쪽 다리가 다른 쪽 다리를 지나가지 못했다고 전해지는데, 요즘의 '禹步'라는 것이 바로 그것이다."
帝王世紀曰 "禹治洪水, 手足胼胝. 世傳禹病偏枯, 足不相過, 今稱'禹步', 是也."

③ ≪尙書≫ 〈無逸〉에 말하였다. "文王은 아침부터 해가 기울 때까지 식사할 겨를이 없었다."
尙書曰 "文王自朝至于日昃, 不遑暇食."

④ ≪禮記≫ 〈曲禮〉에 말하였다. "사방의 郊外에 堡壘가 많은 것은 卿大夫의 치욕이

다."[139]

禮記曰 "四郊多壘, 卿大夫之辱也."

⑤ ≪戰國策≫에 말하였다. "衛나라 商鞅은 왕실 서자의 자식이다. 이름은 鞅이고 姓은 公孫氏이다. 어려서 刑名의 學問을 좋아했다. 秦 孝公의 재상이 되었으며 商 땅에 봉해졌다."[140]

戰國策曰 "衛商鞅, 諸庶孼子. 名鞅, 姓公孫氏. 少好刑名學, 爲秦孝公相, 封於商."

⑥ ○속된 사람과는 말하기가 어렵다.

○難與俗人言.

【頭註】

○ 應登 : 王右軍(王羲之)의 말은 참으로 당시의 藥石과 같은 말인데, 謝太傅(謝安)가 秦나라를 인용하여 晉나라에 비유하였으니 또한 적절하지 않다.

(劉)〔應登〕[141]云 "右軍之言, 眞當時之藥石, 謝傅引秦喩晉, 亦不類矣."

○ 劉辰翁 : 오직 謝東山(謝安)만이 이런 말을 할 수 있고, 다른 사람들은 따라오지 못한다.

(又)〔劉〕[142]云 "惟謝東山能爲此言, 他人不迨."

○ 王世懋 : 이 말은 謝安에게는 자연히 德音이 되겠으나, 王羲之에게는 당시의 폐단을 해결하는 것이 급선무였다.

王云 "此在謝自爲德音, 然王是救時急務."

4-50 荀中郎(荀羨)이 京口에 있을 때 北固山에 올라 바다 쪽을 바라보며 말했다. "비록 三山은 보이지 않지만 절로 사람으로 하여금 구름을 헤치고 하늘로 올라가 〈신선이 되고〉 싶은 생각을 갖도록 한다. 만약 秦나라와 漢나라의 군주였다면 틀림없이 하의를 걷어 올리고 발을 더럽혀가며 〈이곳으로 왔을 것이다.〉"

---

139) 사방의……치욕이다 : 보루가 많다는 것은 적군의 침략을 자주 받았다는 말이 되므로 경대부의 치욕이라고 한 것이다.

140) ≪戰國策≫에……봉해졌다 : ≪전국책≫에는 이 내용이 보이지 않고, ≪史記≫ 〈商君列傳〉에 보인다.

141) (劉)〔應登〕: 安永本에는 '劉'으로 되어 있으나, 元刊本 ≪世說新語≫에 의거하여 '應登'으로 바로잡았다.

142) (又)〔劉〕: 安永本에는 '又'로 되어 있으나, 위의 評을 '應登'으로 바로잡았으므로 이곳은 '劉'로 바로잡았다.

荀中郞이 **在京口**①에 **登北固**하여 **望海云**② **雖未覩三山**이나 **便自使人有淩雲意**하니 **若秦・漢之君**이면 **必當褰裳濡足**③하리라하다

① ≪晉陽秋≫에 말하였다. "荀羨은 字가 令則이고 潁川 사람으로 光祿大夫 荀崧의 아들이다. 맑고 온화하였으며 식견이 있었다. 젊어서 공주(尋陽公主)의 남편으로 駙馬都尉가 되었다. 이때 殷浩가 모든 정사에 관여했는데, 순선을 끌어들여 뒷배로 삼고는 빈번히 義興과 吳郡의 태수가 되게 하고 단계를 뛰어넘어 北中郞將과 徐州刺史에 발탁하여 〈황실을〉 호위하도록 하였다."

≪中興書≫에 말하였다. "荀羨은 28세에 밖으로 나아가 徐州와 兗州 두 곳의 자사가 되었다. 東晉의 方伯 가운데 순선처럼 젊은 사람은 없었다."

晉陽秋曰 "荀羨, 字令143)則, (穎)〔潁〕川人, 光祿大夫崧之子也. 淸和有識裁. 少以主壻爲駙馬都尉. 是時, 殷浩參謀百揆, 引羨爲援, 頻莅義興・吳郡, 超授北中郞將・徐州刺史, 以蕃屛焉." 中興書曰 "羨年二十八, 出爲徐・兗二州. 中興144)方伯之少, 未有若羨者也."

② ≪南徐州記≫에 말하였다. "城의 서북쪽에 別嶺이라고 있는데 長江 쪽으로 돌출해 있다. 삼면이 강에 접해 있고 높이가 수십 丈으로 '北固'라고 부른다."

南徐州記曰 "城西北有別嶺入江. 三面臨水, 高數十丈, 號曰北固."

③ ≪史記≫ 〈封禪書〉에 말하였다. "蓬萊山・方丈山・瀛洲山 이 세 곳의 산은 세상에 전하기로 바다 가운데에 있고 인간 세상과는 멀리 떨어져 있지 않다고 한다. 일찍이 그곳에 가본 사람이 있었는데, 그곳에는 신선들과 불사약이 있고 황금과 白銀으로 궁궐을 지었으며 식물과 동물은 모두 흰색이고 바라보면 마치 구름 같으며, 다가가면 도리어 물 아래에 있고 그곳에 가려고 하면 즉시 바람이 배를 당겨 그곳과 떨어지게 하여 끝내 도착할 수 없다고 하였다. 秦 始皇은 會稽山에 오르고 바닷가에 가서 三神山의 기이한 藥을 구하길 바랐다. 漢 武帝는 泰山에서 천지에 제사를 지냈지만 風雨의 異變도 없었고 方士들이 蓬萊山의 약을 얻을 수 있다고 다시 이야기하자, 이에 무제는 기뻐하며 동쪽으로 바다로 가서는 봉래산을 찾기를 바랐다."

---

143) 令 : 판본에 따라 '今' 또는 '全'으로 되어 있는 곳도 있다.

144) 中興 : 쇠퇴한 나라를 다시 회복한다는 뜻으로, 여기서는 西晉이 망한 후 중흥한 東晉을 가리킨다.

史記封禪書曰 "蓬萊・方丈・瀛洲此三山, 世傳在海中, 去人不遠. 嘗有至者, 言諸仙人不死藥在焉, 黃金白銀爲宮闕, 草物禽獸盡白, 望之如雲, 及至, 反居水下, 欲到, 卽風引舡而去, 終莫能至. 秦始皇登會稽, 並海上, 冀遇三神山之奇藥. 漢武帝旣封泰山, 無風雨變至, 方士更言蓬萊諸藥可得, 於是上欣然東至海, 冀獲蓬萊者."

【頭註】

○ 〈佘則의〉 '佘'자가 어떤 판본에는 '垒'자로 되어 있다.
'佘'一作'垒'.

4-51 謝公(謝安)이 말했다.

"聖賢은 보통 사람과 그 거리가 가깝다."

子姪들이 이를 인정하지 않자, 사공이 탄식하며 말했다.

"만약 郗超가 이 말을 들었다면 〈그는〉 틀림없이 은하수처럼 〈멀다고 여기는 데에는〉 이르지 않았을 것이다."145)

謝公云 賢聖도 **去人**에 **其間亦邇**라하다 **子姪**이 **未之許**하니 **公歎曰 若郗超**가 **聞此語**면 **必不至河漢**①이리라하다

① ≪中興書≫에 말하였다. "郗超는 字가 景興이고 高平 사람으로 司空인 郗愔의 아들이다. 어려서부터 재주가 탁월하고 예법에 구애되지 않았으며 당대에 비길 사람이 없을 정도로 큰 도량을 지녔다. 여러 벼슬을 거쳐 中書郎과 司徒左長史가 되었다."

〈郗超別傳〉에 말하였다. "치초는 이치와 의리에 정밀하여 沙門 支道林(支遁)이 당대의 俊才로 여겼다."

≪莊子≫ 〈逍遙遊〉에 말하였다. "肩吾가 連叔에게 묻기를 '내가 接輿에게 이야기를 들었는데 〈그 말이〉 크기만 하고 사리에 합당하지 않으며 확대되어 가기만 하고 돌아올 줄 몰랐습니다. 그 이야기에 놀라고 두려웠으니, 하늘의 은하수처럼 끝이 없었습니다.'라고 하였다."

中興書曰 "超, 字景興, 高平人, 司空愔之子也. 少卓犖不羈, 有曠世之度. 累遷中書

---

145) 만약……것이다 : 郗超는 식견이 있었기 때문에 이 이야기를 터무니없다고 여기지 않을 것이라는 말이다.(≪世說講義≫)

郞・司徒左長史." 超別傳曰 "超精於理義, 沙門支道林以爲一時之俊." 莊子曰 "肩吾問於連叔曰 '吾聞言於接輿, 大而無當, 往而不反. 怪怖其言, 猶河漢而無極也.'"

【頭註】

○ 李贄 : 〈謝安이〉 '가깝다'고 말했으나 〈子侄들에게는〉 여전히 요원하다.
李云 "說邇猶是遠."

4-52 支公(支遁)은 鶴을 좋아하였다. 剡縣 동쪽의 岇山에 살고 있을 때 어떤 사람이 한 쌍의 학을 보내왔다. 얼마 지나지 않아 날개가 자라나 〈학이〉 날아가려고 하자 지공은 아까운 생각이 들어 깃촉을 잘랐다. 학이 날아오르려고 하였으나 다시 날 수가 없자, 이에 고개를 돌려 날개를 돌아보고는 머리를 늘어뜨렸다. 그 모습을 보니 마치 번민하고 낙담하는 것 같았다. 支道林(지둔)이 말했다.

"이미 하늘로 솟구쳐 오를 자태를 지녔으니 어찌 사람의 눈요깃거리가 되려고 하겠는가."

그리고는 깃이 자라도록 기르고는 날아가도록 두었다.

支公은 好鶴하니 住剡東岇山[①]에 有人遺其雙鶴이라 少時에 翅長하여 欲飛하니 支意惜之하여 乃鎩其翮이라 鶴이 軒翥나 不復能飛하니 乃反顧翅하고 垂頭하다 視之컨대 如有懊喪意하니 林曰 旣有凌霄之姿하니 何肯爲人作耳目近玩이리오하고 養令翮成하고 置使飛去하다

① ≪支公書≫에 말하였다. "岇山은 會稽에서 200리 떨어져 있다."
支公書曰 "山去會稽二百里."

4-53 謝中郞(謝萬)이 曲阿의 뒤쪽 호수를 지나다가 左右의 사람들에게 물었다.

"여기는 무슨 호수인가?"

대답하였다.

"曲阿湖입니다."

사중랑이 말했다.

"〈이름이 曲阿이기〉 때문에 당연히 물이 돌면서 멈추어 있고, 받아들이기만 하고 흐르지 않겠군."

謝中郎이 **經曲阿後湖**라가 **問左右**하되 **此是何水**[①]오하니 **答曰 曲阿湖**[②]니이다하다 **謝曰 故**로 **當淵注渟著**(착)하고 **納而不流**하리라하다

① ≪中興書≫에 말하였다. "謝萬은 字가 萬石이고 太傅 謝安의 동생이다. 재주와 기백이 높고 뛰어나 일찍이 이름이 알려졌다. 吏部郞·西中郞將·豫州刺史·散騎常侍를 거쳤다."
中興書曰"謝萬, 字萬石, 太傅安弟也. 才氣高俊, 蚤知名. 歷吏部郞·西中郞將·豫州刺史·散騎常侍."

② ≪太康地記≫에 말하였다. "曲阿는 본래 이름이 雲陽이다. 秦始皇이 제왕의 氣가 있다고 하여 北阬山을 파서 그 기세를 꺾고 그 곧은길을 끊어 구부러지게 하였다. 그래서 '곡아'라고 한 것이다. 吳나라 때에 '운양'으로 되돌렸다가 지금 다시 '곡아'라고 한다."
太康地記曰"曲阿, 本名雲陽. 秦始皇以有王氣, 鑿北阬山以敗其勢, 截其直道, 使其阿曲, 故曰'曲阿'也. 吳還爲雲陽, 今復名曲阿."

4-54 晉 武帝(司馬炎)는 매번 山濤에게 봉록을 줄 때마다 항상 적게 주었다. 謝太傅(謝安)가 이 일을 子弟들에게 물으니, 車騎(謝玄)가 대답했다.
"바라는 것이 많지 않아서 주는 자로 하여금 적다는 것을 잊게 했기 때문일 것입니다."

晉武帝가 **每餉山濤**에 **恒少**러니 **謝太傅**가 **以問子弟**하니 **車騎答曰 當由欲者不多**하여 **而使與者**로 **忘少**[①]라하다

① ≪謝車騎家傳≫에 말하였다. "謝玄은 字가 幼度이고 鎭西將軍 謝奕의 셋째 아들이다. 이지적이고 명석했으며 玄談을 잘했다. 叔父인 太傅(謝安)가 한번은 子姪들과 편안하게 모이는 자리를 가졌을 때에 '武帝(司馬炎)께서 山公(山濤)을 三公의 지위에 임명하시고 사람들을 등용하는 일을 맡기셨는데 봉록을 하사할 때에 이르러서는 그 양에 매우 적었다. 여기에는 어떤 뜻이 있는가 없는가?'라고 물은 적이 있었는데, 사현의 대답에 意趣가 있었다."

謝車騎家傳曰 "玄, 字幼度, 鎭西奕第三子也. 神理明俊, 善微言. 叔父太傅嘗與子姪燕集, 問'武帝任山公以三事, 任以官人, 至於賜予, 不過斤合146), 當有旨不.' 玄答有辭致也."

4-55 謝胡兒(謝朗)가 庾道季(庾龢)에게 말했다.

"여러 사람들이 저녁에 경에게 와서 담론을 벌일 것이니147) 城壘를 견고히 하는 것이 좋겠습니다."

유도계가 말했다.

"만약 文度(王坦之)가 온다면 나는 한쪽 군대로만 대적하고, 康伯(韓伯)이 온다면 黃河를 건너고서 배를 태우겠습니다."148)

謝胡兒①가 語庾道季②하되 諸人이 莫(모)當就卿談하리니 可堅城壘라하니 庾曰 若文度來하면 我以偏師待之③하고 康伯來하면 濟河焚舟④하리라하다

① 胡兒는 謝朗의 어릴 적 이름이다. ≪續晉陽秋≫에 말하였다. "사랑은 字가 長度이고 謝安의 둘째 형 謝據의 맏아들이다. 사안이 일찍부터 그의 뛰어남을 알아보았다. 문장의 문채가 화려하여 명성이 謝玄에 버금갔다. 벼슬은 東陽太守에 이르렀다."

胡兒, 謝朗小字也. 續晉陽秋曰 "朗, 字長度, 安次兄據之長子. 安蚤知之. 文義艷發, 名亞於玄. 仕至東陽太守."

---

146) 斤合 : 斤은 무게의 단위로 시대마다 기준이 달랐는데 漢 때에는 약 233g이고, 唐 때에는 이것의 약 3배였다. 宋 이후에 1근이 약 600g으로 정착되어 오늘에 이르렀다. 合(홉)은 부피의 단위로 1升(되)의 10분의 1이다. 모두 크지 않은 단위로 적음을 뜻한다.

147) 저녁에……것이니 : 원문은 '莫當就卿談'이다. '莫'는 '暮'의 古字이므로 이에 따라 번역하였다. ≪新釋漢文大系 世說新語≫와 ≪中國歷代名著全譯叢書 世說新語全譯≫도 '暮'의 뜻으로 보았다. ≪世說箋疏≫에서는 '莫'자를 추측을 나타내는 말로 보고 '或'과 뜻이 가깝다고 하였다. 이 경우 번역문은 '경에게 가서 이야기를 나눌 수도 있으니'가 된다.

148) 만약……태우겠습니다 : 한쪽 군대로만 대적한다는 말은 전력을 다할 필요가 없다는 뜻이고, 黃河를 건넌 뒤 배를 태운다는 말은 전력을 다하겠다는 뜻이다.

② 道季는 庾龢의 어릴 적 이름이다. 徐廣의 ≪晉紀≫149)에 말하였다. "유화는 字가 道季이고 太尉 庾亮의 아들이다. 風雅하고 영민했으며 文雅한 담론으로 당시에 칭송받았다. 여러 벼슬을 두루 거쳐 丹陽尹에 이르렀으며 中領軍을 겸하였다."
道季, 庾龢小字. 徐廣晉紀曰 "龢, 字道季, 太尉亮子也. 風情率悟, 以文談致稱於時. 歷仕至丹陽尹, 兼中領軍."

③ 〈王中郎傳〉에 말하였다. "王坦之는 字가 文度이고 太原 晉陽 사람이다. 조부 東海太守 王承은 淸高하고 淡泊하며 性情이 온화하고 흉금이 원대하였다. 부친 王述은 욕심이 없고 장중하며 엄격하고 곧았다. 왕탄지는 도량이 넓고 효성과 우애를 타고났으며, 朝野에 명성이 자자하여 당시의 모범이 되었다. 여러 벼슬을 거쳐 侍中과 中書令에 이르렀고 北中郎將과 徐州·兗州 두 곳의 刺史를 지냈다."
王中郎傳曰 "坦之, 字文度, 太原晉陽人. 祖東海太守承, 淸淡平遠. 父述, 貞貴簡正. 坦之器度淳深, 孝友天至, 譽輯朝野, 標的當時. 累遷侍中·中書令, 領北中郎將·徐兗二州刺史."

④ ≪春秋左氏傳≫ 文公 3년에 "秦伯(穆公)이 晉을 정벌할 때에 黃河를 건너고는 배를 태워버렸다."라고 하였는데, 杜預는 〈注에서〉 "필사의 각오를 보인 것이다."라고 하였다.
春秋傳曰 "秦伯伐晉, 濟河焚舟." 杜預曰 "示必死."

4-56 李弘度(李充)는 늘 자신의 不遇함을 탄식하였다. 殷揚州(殷浩)가 그의 집이 가난하다는 것을 알고 물었다.

"그대는 백 리를 〈다스리는 縣令의 자리를〉 위해 뜻을 굽힐 수 있습니까?"

이홍도가 말했다.

"〈제가〉 北門의 탄식을 〈하고 있다는 것을〉 이미 들으셨을 것입니다. 곤궁한 원숭이가 숲으로 도망치면서 어찌 나무를 가릴 겨를이나 있겠습니까."

〈이홍도는〉 마침내 剡縣에 제수되었다.

149) 徐廣의 ≪晉紀≫ : 徐廣은 東晉 시대의 관료 및 학자이다. 孝武帝에게 학문을 인정받아 비서감이 되었다. 국사를 편찬하라는 安帝의 명을 받고 편년체의 ≪晉紀≫ 46권을 완성했다. 陸機, 謝靈運 등이 지은 같은 이름의 사서가 많이 있다.

李弘度가 常歎不被遇①하니 殷揚州②가 知其家貧하고 問 君은 能屈志百里不아하니 李答曰 北門之歎이 久已上聞③이리니 窮猿이 奔林에 豈暇擇木이리오하다 遂授剡縣하다

① ≪中興書≫에 말하였다. "李充은 字가 弘度이고 江夏 郢 사람이다. 조부 李康과 부친 李矩는 모두 평판이 높았다. 이충은 처음에 丞相掾과 記室參軍에 초빙되었고, 가난 때문에 剡縣의 〈縣令 자리를〉 요청하였다. 〈나중에〉 大著作과 中書郎으로 옮겨갔다."
中興書曰 "李充, 字弘度, 江夏郢人也. 祖康・父矩, 皆有(弄)〔美〕150)名. 充初辟丞相掾・記室參軍, 以貧求剡縣. 遷大著作・中書郎."
② 殷浩는 따로 보인다.
殷浩別見.
③ ≪詩經≫의 衛나라 詩151)인 〈北門〉은 벼슬함에 뜻을 얻지 못함을 풍자한 것이다.
衛詩北門, 刺仕不得志也.

4-57 王司州(王胡之)가 吳興의 印渚 가운데에 이르러 〈풍경을〉 보고는 감탄하며 말했다.
"사람의 마음을 상쾌하게 할 뿐만 아니라 해와 달도 맑고 깨끗한 듯 느끼게 하는구나."

王司州가 至吳興印渚中하여 看①하고 歎曰 非唯使人情開滌이요 亦覺日月淸朗이라하다

① 〈王胡之別傳〉에 말하였다. "王胡之는 字가 脩齡이고 琅邪 臨沂 사람으로 王廙의 아들이다. 吳興太守를 거쳤으며 侍中・丹陽尹・秘書監의 자리에 불렀으나 모두 나아가지 않았다. 使持節・都督司州諸軍事・西中郎將・司州刺史에 제수되었다."
≪吳興記≫152)에 말하였다. "潛縣 동쪽 70리 되는 곳에 印渚가 있고 인저 옆에

---

150) (弄)〔美〕: 저본에는 '弄'으로 되어 있으나, 安永本과 宋本 ≪世說新語≫에 의거하여 '美'로 바로잡았다.
151) 衛나라 詩 : 뒤의 내용은 ≪詩經≫ 〈邶風 北門〉의 〈毛序〉에 보인다. 〈모서〉에는 이 뒤에 "衛나라의 충신이 그 뜻을 얻지 못함을 말한 것이다."라는 내용이 있다.
152) 吳興記 : 南朝 劉宋의 학자인 山謙之가 지었으며 3권이다. 지금의 浙江省 湖州市인 吳興의 연혁, 산천, 풍속, 인물 등을 기록한 읍지로 일부만 전한다.

白石山이 있는데 험준한 절벽의 높이가 40丈이다. 인저는 아마도 여러 溪川의 하류일 것이다. 인저 위로 잠현에 이르기까지는 모두 돌투성이의 여울로 험한 길이여서 배가 다닐 수가 없다. 인저 아래로는 물길에 험한 곳이 없기 때문에 나그네들이 여기에 모인다."

王胡之別傳曰 "胡之, 字脩齡, 琅邪臨沂人, 王廙之子也. 歷吳興太守, 徵侍中・丹陽尹・秘書監, 並不就. 拜使持節・都督司州諸軍事・西中郎將・司州刺史." 吳興記曰 "於潛縣東七十里, 有印渚, 渚傍有白石山, 峻壁四十丈. 印渚, 蓋衆溪之下流也. 印渚, 已上至縣, 悉石瀨惡道, 不可行船. 印渚已下, 水道無險, 故行旅集焉."

4-58 袁彦伯(袁宏)이 謝安南(謝奉)의 司馬가 되었을 때 都下(都城)의 여러 사람들이 瀨鄕까지 전송하였다. 장차 이별하려고 하자 벌써 스스로 슬픈 마음이 일어 탄식하며 말하였다.

"江山이 까마득히 끝이 없으니 마치 만 리는 가야 할 모양이로구나."

袁彦伯이 爲謝安南①司馬하니 都下諸人이 送至瀨鄕이라 將別에 旣自悽惘하고 歎曰 江山이 遼落하니 居然有萬里之勢②로다하다

① 謝奉은 따로 보인다.
謝奉別見.

② ≪續晉陽秋≫에 말하였다. "袁宏은 字가 彦伯이고 陳郡 사람으로 魏나라 郎中令 袁煥의 6世孫이다. 조부 袁猷는 侍中이었고 부친 袁勗은 臨汝縣令이었다. 원굉은 建威參軍으로 벼슬을 시작하여 安南司馬와 記室[153]이 되었다. 太傅 謝安은 원굉의 기지와 언변이 민첩함을 높이 사서, 원굉이 吏部郎에서 東陽郡의 태수로 나아가자 이에 冶亭에서 송별하니 당시의 賢者들이 모두 모였다. 사안은 갑작스레 그를 시험해보고자 손을 잡고 장차 이별하려고 할 때에 좌우를 둘러보고는 부채 하나를 집어주자, 원굉은 바로 이에 답하여 '마땅히 仁風을 받들어 선양하여 저 백성들에게 은혜를 베풀겠습니다.'라고 하니, 좌중의 모든 이가 대답이 적합하면서도 기민함에 감탄하였다. 성품이 올곧았기에 벼슬이 높지 못했다. 동양군에서 죽

153) 記室 : 관직명이다. 長官 밑에서 문장과 기록을 담당하였으며 記室督이나 記室參軍 등으로 불리기도 했다.

었다."

續晉陽秋曰"袁宏, 字彦伯, 陳郡人, 魏郎中令煥六世孫也. 祖猷, 侍中, 父勗, 臨汝令. 宏起家建威參軍, 安南司馬·記室. 太傅謝安賞宏機捷辯速, 自吏部郎出爲東陽郡, 乃祖之於冶亭, 時賢皆集. 安欲卒迫試之, 執手將別, 顧左右取一扇而贈之, 宏應聲答曰'輒當奉揚仁風, 惠彼黎庶.' 合坐歎其要捷. 性直亮, 故位不顯也. 在郡卒."

【頭註】

○ 劉辰翁 : 슬프고 침울하여 넋을 잃게 만든다. 단지 감정을 쏟아낸 말일 뿐이며, 말을 잘 한 것은 아니다.

劉云 黯然銷魂. 直是注情語耳, 未在能言.

4-59 孫綽이 〈遂初賦〉를 짓고 畎川(견천)에 집을 짓고는 그치고 만족할 줄 아는 분수[154]를 알았다고 스스로 말하였다. 서재 앞에 소나무 한 그루를 심고 늘 손수 흙을 북돋우며 길렀다. 高世遠(高柔)도 당시 이웃에 살고 있었는데, 손작에게 말하였다.

"작은 소나무는 자태가 아름다워 사랑스럽지 않은 것은 아니지만, 영원히 棟梁으로는 쓰일 수가 없습니다."

손작이 말했다.

"단풍나무와 버드나무는 비록 아름드리 굵기가 되더라도 어디에 쓰겠습니까."

孫綽

孫綽이 賦遂初하고 築室畎川하여는 自言見止足之分①하다 齋前에 種一株松하고 恒自手壅治之러라 高世遠②이 時亦隣居한대 語孫曰 松樹子는 非不楚楚可憐이나 但永無棟梁

154) 그치고……분수 : ≪老子≫에 "만족할 줄을 알면 욕되지 않고 그칠 줄 알면 위태롭지 않아서 오래도록 편안할 수 있다.〔知足不辱 知止不殆 可以長久〕"라고 하였다.

用耳라하니 孫曰 楓柳는 雖合抱라도 亦何所施오하다

① ≪中興書≫에 말하였다. "孫綽은 字가 興公이고 太原 中都 사람이다. 어려서부터 문장으로 이름이 났으며, 太學博士·大著作·散騎常侍를 거쳤다."

〈遂初賦敍〉에 말하였다. "나는 어려서 老子와 莊子의 道를 흠모하여 그 遺風을 우러러본 지 오래되었는데, 도리어 於陵(오릉)의 어진 아내[155]의 말에 감동하여 悵然히 깨달았다. 이에 東山을 개간하여 5畝가 되는 집을 지었는데, 긴 언덕을 띠처럼 두르고 무성한 숲에 기대어 있다. 그 누가 화려한 장막에 앉아 鐘鼓를 치는 자와 더불어 같은 수준으로 그 즐거움을 말할 수 있겠는가."

中興書曰 "綽, 字興公, 太原中都人. 少以文稱, 歷太學博士·大著作·散騎常侍." 遂初賦敍曰 "余少慕老莊之道, 仰其風流久矣, 卻感於陵賢妻之言, 悵然悟之. 乃經始東山, 建五畝之宅, 帶長阜, 倚茂林. 孰與坐華幕擊鐘鼓者, 同年而語其樂哉."

② 孫統이 지은 〈高柔集敍〉에 말하였다. "高柔는 字가 世遠이고 樂安 사람이다. 才氣가 탁월하였고 仁義를 편안하게 행하였다. 泰山의 胡毋氏의 딸과 결혼했는데, 〈그녀는〉 나이 스물에 이미 나이가 배나 되는 사람의 지각을 가졌으며 용모와 자태가 아름답고 현숙하여 상류층 부인에 가까웠다. 고유는 집안 형편이 좋아 司空參軍과 安固令을 그만두고 나서는 伏川[156]에 집을 마련했는데, 벼슬살이에 대한 마음은 이미 옅어진데다가 또 현숙한 아내를 사랑하여 그곳에서 생을 마치려는 뜻을 가졌다. 尙書令 何充이 데려다가 冠軍參軍으로 삼자, 애써 명에 응했으나 그리워하고 사랑하는 마음이 깊어 서로 떨어지지 못하였다. 서로 주고받은 詩와 서신은 맑고 아름다웠으며 애절하였다."

孫統爲柔集敍曰 "柔, 字世遠, 樂安人. 才理清鮮, 安行仁義. 婚泰山胡毋氏女, 年二十, 旣有倍年之覺, 而姿色淸惠, 近是上流婦人. 柔家道隆崇, 旣罷司空參軍·安固令, 營宅於伏川, 馳動之情旣薄, 又愛翫賢妻, 便有終焉之志. 尙書令何充取爲冠軍參軍, 僶俛應命, 眷戀綢繆, 不能相舍. 相贈詩書, 淸婉辛切."

4-60 東晉 孝武帝(司馬曜)가 장차 ≪孝經≫을 강독하려고 하여 謝公(謝安) 兄弟

---

155) 於陵(오릉)의 어진 아내 : 於陵은 於陵仲子(陳仲子)로, 楚王이 그가 어질다는 이야기를 듣고 재상으로 초빙하려고 하였으나 아내의 간언을 듣고 다른 곳으로 떠나 은거하며 살았다.(≪高士傳≫)

156) 伏川 : ≪世說新語≫ 본문에서는 '畎川'이라 하였다.

가 여러 사람들과 私家에서 〈미리〉 講習하였다. 車武子(車胤)가 사공에게 질문하기를 꺼려하여 袁羊에게 말했다.

"묻지 않으면 훌륭한 말씀을 놓치겠고, 많이 물으면 두 분을 수고롭게 할 것입니다."

원양이 말했다.

"틀림없이 그럴 걱정은 없습니다."

차무자가 말했다.

"어떻게 그렇다는 것을 아십니까?"

원양이 말했다.

"밝은 거울이 자주 비춰보는 것을 피곤하게 여기거나 맑은 물이 부드러운 바람을 꺼리는 것을 어찌 본 적이 있습니까?"

孝武가 **將講孝經**에 **謝公兄弟**가 **與諸人**으로 **私庭講習**①이러니 **車武子**②가 **難苦問謝**하여 **謂袁羊曰 不問**이면 **則德音有遺**하고 **多問**이면 **則重勞二謝**③리라하니 **袁曰 必無此嫌**이라하다 **車曰 何以知爾**오하니 **袁曰 何嘗見明鏡疲於屢照**하고 **淸流憚於惠風**고하다

① ≪續晉陽秋≫에 말하였다. "寧康 3년(375) 9월 9일에 孝武帝가 ≪孝經≫을 강독하였다. 僕射(복야) 謝安은 侍坐하였고, 吏部尙書 陸訥과 兼侍中 卞耽은 執讀157)하고, 黃門侍郎 謝石과 吏部 袁宏은 같이 執經158)하고, 中書郎 車胤과 丹陽尹 王混은 摘句159)하였다."
續晉陽秋曰 "寧康三年九月九日, 帝講孝經. 僕射謝安侍坐, 吏部尙書陸訥·兼侍中卞耽〔執〕160)讀, 黃門侍郎謝石·吏部袁宏兼執經, 中書郎車胤·丹陽尹王混摘句."

② ≪續晉陽秋≫에 말하였다. "車胤은 字가 武子이고 南平 사람이다. 부친 車育은 郡主簿였다. 太守 王胡之는 사람을 알아보는 식견이 있었는데, 〈차윤을〉 보고는 그

157) 執讀 : 경전을 해석하는 것이다.(≪世說箋本≫)

158) 執經 : 의문스럽거나 어려운 문제에 답하는 것이다.(≪世說箋本≫)

159) 摘句 : 의문스러운 것을 묻는 것이다.(≪世說箋本≫)

160) 〔執〕: 저본에는 '執'이 없으나, 安永本과 ≪晉書≫ 〈車胤傳〉에 의거하여 보충하였다. ≪世說新語≫ 각본에는 없다.

부친에게 '이 아이는 장차 경의 집안을 빛낼 것이니 마땅히 학문을 하도록 도움을 주어야 할 것입니다.'라고 하였다. 차윤은 학문을 탐구하기를 엄숙하고 근면하게 하였으며 광범위하게 독서하며 게으름을 피우지 않았다. 집이 가난하여 늘 기름을 얻지 못하여 여름철이면 비단주머니에 수십 마리의 반딧불을 넣어 밤까지 독서를 하였다. 장성하여서는 풍모가 아름다웠으며 기지가 민첩하였다. 桓溫이 荊州에 있으면서 데려다가 從事로 삼았는데 한 해 만에 治中[161]에 이르렀다. 차윤은 박학다식한 데다가 또 칭찬과 격려를 잘하여 당시에 성대한 모임이 있을 때마다 차윤이 반드시 동석하였는데, 모두들 말하기를 '車公이 없으면 즐겁지 않다.'라고 하였다. 太傅 謝公(謝安)은 어울려 노는 날이면 그의 자리를 마련해놓고 기다렸다. 여러 벼슬을 거쳐 丹陽尹・護軍將軍・吏部尙書를 지냈다."

續晉陽秋曰"車胤, 字武子, 南平人. 父育, 爲郡主簿. 太守王胡之有知人識裁, 見謂其父曰'此兒當成卿門戶, 宜資令學問.' 胤就業恭勤, 博覽不倦. 家貧不常得油, 夏月則練囊盛數十螢火以繼日焉. 及長, 風姿美劭, 機悟敏率. 桓溫在荊州取爲從事, 一歲至治中. 胤旣博學多聞, 又善於激賞, 當時每有盛坐, 胤必同之, 皆云'無車公不樂.' 太傅謝公遊集之日, 開筵以待之. 累遷丹陽尹・護軍將軍・吏部尙書."

③ 袁羊은 袁喬의 어릴 적 이름이다.

≪袁氏家傳≫에 말하였다. "원교는 字가 彦升이고 陳郡 사람이다. 부친 袁環은 光祿大夫였다. 원교는 尙書郎과 江夏相을 거쳤다. 桓溫을 따라 蜀을 평정하여 湘西伯과 益州刺史에 봉해졌다."

袁羊, 喬小字也. 袁氏家傳曰"喬, 字彦升, 陳郡人. 父環, 光祿大夫. 喬歷尙書郎・江夏相. 從桓溫平蜀, 封湘西伯・益州刺史."

【頭註】

○ 應登 : '摘句'라는 것은 의문스러운 것을 뽑아서 질문하는 것이다.
應登云 摘句者, 摘其疑以問.

4-61 王子敬(王獻之)이 王孝伯(王恭)에게 말하였다.

"羊叔子(羊祜) 스스로는 더없이 훌륭했습니다. 그렇지만 〈이것이〉 또 사람들의 일과 무슨 관련이 있겠습니까. 그러므로 銅雀臺 위의 기녀만 못합니다."

---

161) 治中 : 관직 이름이다. 州府의 요직으로 문서의 담당을 주로 한다.

王子敬이 語王孝伯曰 羊叔子는 自復佳耳나 然亦何與人事①리오 故로 不如銅雀臺上妓②라하다

① ≪晉諸公贊≫에 말하였다. "羊祜는 字가 叔子이고 太山 平陽 사람이다. 대대로 2천 석을 받는 높은 관리를 지냈는데 양호에 이르기까지 9대째이며 맑은 덕으로 칭송 받았다. 아이였을 때에 汶水의 물가에서 놀고 있는데 지나가던 父老가 멈춰 서서 자세히 보고는 탄식하며 '處士는 크게 좋은 관상이니 열심히 노력하시오. 예순 전에 틀림없이 천하에 큰 공을 세울 것이오. 부귀해져도 나를 잊지 마시오.'라고 하고는 마침내 떠났는데 어디로 갔는지 알 수 없었다. 여러 벼슬을 거쳐 都督荊州諸軍事가 되었다. 남쪽 지역에 있을 때부터 吳 지역 사람들이 감복하여 '羊公'이라 칭하고 감히 이름을 부르는 자가 없었다. 南州(荊州) 사람들이 공의 喪을 듣자 號哭하고 撤市하였다."

晉諸公贊曰 "羊祜, 字叔子, 太山平陽人也. 世長吏二千石, 至祜九世, 以清德稱. 爲兒時, 遊汶濱, 有行父止而觀焉, 歎息曰 '處士大好相, 善爲之. 未六十, 當有重功於天下. 卽富貴, 無相忘.' 遂去, 莫知所在. 累遷都督荊州諸軍事. 自在南夏, 吳人說(열)服, 稱曰'羊公', 莫敢名者. 南州人聞公喪, 號哭罷市."

② 魏 武帝(曹操)의 〈遺令〉에 말하였다. "나의 첩과 기녀를 모두 銅雀臺 위에 두고, 6尺의 침상과 가는 베로 된 휘장을 설치하며, 매월 1일과 15일에 휘장 쪽을 보고 음악을 연주하고 춤추게 하라."

魏武遺令曰 "以吾妾與妓人皆着銅雀臺上, 施六尺牀繐帷, 月朝十五日, 輒使向帳作伎."

【頭註】

○ 劉應登 : 이 또한 농담으로 羊公의 맑은 德은 스스로를 훌륭하게만 했을 따름이어서 銅雀臺의 기녀가 사람들의 눈과 귀를 즐겁게 할 수 있었던 것만 못하다는 말이다.

(劉)〔應登〕162)云 "此亦戲言, 謂羊公清德自佳而已, 不如銅雀妓可以娛人耳目."

○ 劉辰翁 : 이는 바로 墮淚碑의 말163)인데 사람들이 알아차리지 못할 뿐이다.

---

162) (劉)〔應登〕: 安永本에는 '劉'로 되어 있으나, 元刊本 ≪世說新語≫에 의거하여 '應登'으로 바로잡았다.

163) 墮淚碑의 말 : 타루비는 羊祜가 襄陽에 있으면서 선정을 베풀자 그가 죽은 후 사람들이 그의 덕을 기려 생전에 노닐던 峴山에 세운 비석으로, 비석을 보는 사람들마다

(又)〔劉〕164)云 "此正墮淚之言, 人不能識耳."

○ 王世懋 : 羊公은 德이 훌륭한 분인데, 이 말이 王子敬의 敦厚함을 매우 상하게 하였다.
王云 "羊公盛德, 此語殊傷子敬之厚."

4-62 林公(支遁)이 東陽의 長山을 보고 말했다.
"어쩌면 저렇게도 〈산세가〉 완만하고 끊임없이 이어질꼬!"

林公이 **見東陽長山**하고 **曰 何其坦迤**①오하다

① ≪會稽土地志≫165)에 "山이 완만하게 길게 이어졌고, 縣은 〈그런〉 산으로 인해 〈長山縣이라는〉 이름을 얻었다."라고 하였다.
會稽土地志曰 "山靡迤而長, 縣因山得名."

【頭註】

○ 劉辰翁 : 이와 같은 네 글자(何其坦迤)는 지극히 아무 뜻도 없는 듯하지만 또한 생각할 만한 것이 있다.
劉云 "如此四字, 極似無謂, 亦有可思."

4-63 顧長康(顧愷之)이 會稽에서 돌아오자 사람들이 山川의 아름다움에 대해 물어보았다. 고장강이 말했다.
"천 개의 암석은 수려함을 겨루고 만 곳의 골짜기는 물결을 다투는데, 초목이 그 위를 덮어 마치 구름이 일고 노을이 물든 것 같았습니다."

눈물을 흘렸다고 하여 붙여진 이름이다. '타루비의 말'이란 타루비의 내용처럼 사후에 덕을 흠모하여 하는 말이란 뜻이다. 유진옹은 王獻之의 말이 양호를 폄하하는 말인 듯하나 실제로는 그의 덕을 흠모하는 말로 본 것이다.

164) (又)〔劉〕: 安永本에는 '又'로 되어 있으나, 앞의 '劉'를 '應登'으로 바로잡은 것에 의거하여 '劉'로 바로잡았다.

165) 會稽土地志 : ≪會稽土地記≫인 듯하다. ≪隋書≫ 〈經籍志〉에는 삼국시기 山陰 출신의 朱育이 지었으며 1권이라고 하였고, ≪舊唐書≫ 〈經籍志〉에는 주육이 지은 ≪會稽記≫ 4권이 있다고 하였다. 남아 있는 내용이 거의 없으며 그 내용도 매우 단편적이다.

顧長康이 從會稽還하니 人問山川之美라 顧曰 千巖은 競秀하고 萬壑은 爭流일새 草木이 蒙籠其上하여 若雲興霞蔚[①]이라하다

① 丘淵之의 ≪文章錄≫에 말하였다. "顧愷之는 字가 長康이고 晉陵 사람이다. 부친 顧悅은 尙書左丞이었다. 고개지는 義熙 연간(405~418) 초에 散騎常侍가 되었다."
丘淵之文章錄曰"顧愷之, 字長康, 晉陵人. 父悅, 尙書左丞. 愷之, 義熙初爲散騎常侍."

【頭註】
○ 王世懋 : 바로 顧虎頭166)(顧愷之)의 화풍이다.
王云"便是虎頭畵思."

顧愷之

4-64 王子敬(王獻之)이 말했다.

"山陰의 길을 걷노라면 山川이 절로 눈에 눈부시게 비치어 사람으로 하여금 〈하나하나〉 應接하여 〈다 감상할〉 겨를이 없게 하니 가을과 겨울 때라면 더욱 마음 가누기 어려울 것이다."

王子敬이 云 從山陰道上行[①]하면 山川이 自相映發하여 使人應接不暇하니 若秋冬之際면 尤難爲懷[②]리라하다

① ≪會稽土地志≫에 "고을이 山의 뒤편에 있기 때문에 〈山陰이라고〉 이름을 붙였다."라고 하였다.
會稽土地志曰"邑在山陰, 故以名焉."
② ≪會稽郡記≫에 말하였다. "會稽의 경내에는 이름난 山水가 특히 많다. 봉우리와 벼랑은 높고 험하며 雲霧를 토해냈다 들이마신다. 소나무·전나무·단풍나

166) 虎頭 : 顧愷之의 어릴 적 이름이다.

무・측백나무는 그 줄기와 가지가 높이 솟아있고, 깊은 구덩이는 거울처럼 투명하고 맑은 물이 흘러 쏟아져 내린다. 王子敬이 이를 보고는 '山水의 아름다움이 사람으로 하여금 〈하나하나〉 응접하여 〈다 감상할〉 겨를이 없도록 하는구나.'라고 하였다."

會稽郡記曰 "會稽境特多名山水. 峯嶸隆峻, 吐納雲霧. 松栝楓柏, 擢幹竦條, 潭壑鏡徹, 淸流瀉注. 王子敬見之曰 '山水之美, 使人應接不暇.'"

4-65 桓征西(桓溫)가 江陵城을 매우 아름답게 修築하고는 빈객과 막료들을 모아 강가 나루터에 나아가 이를 바라보며 말하였다.

"만약 이 성을 잘 品評할 수 있는 사람이 있으면 상을 내리겠다."

顧長康(顧愷之)이 그때 빈객으로 자리에 참석하였다가 품평하였다.

"높은 성을 멀리서 바라보니 붉은 누각들이 노을 같구나."

환정서가 즉시 두 계집종을 상으로 주었다.

桓征西가 治江陵城甚麗①하고 會賓僚하여 出江津望之하고 云 若能目此城者면 有賞하리라하니 顧長康이 時爲客하여 在坐하니 目曰 遙望層城하니 丹樓如霞라하니 桓이 卽賞以二婢하다

① 盛弘之의 ≪荊州記≫167)에 말하였다. "荊州城은 漢江에 임해 있는데, 臨江王(劉榮)이 다스리던 곳이다. 임강왕이 소환되어 성의 북쪽 문을 나서는데 수레바퀴의 축이 부러지자, 父老들이 울며 '우리 왕께서는 가셔서 돌아오지 못하실 것이다.'168)라고 하고는 이때부터 그 문을 열지 않았다."

盛弘之荊州記曰 "荊州城臨漢江, 臨江王所治. 王被徵, 出城北門而車軸折, 父老泣曰 '吾王去不還矣.' 從此不開其門."

---

167) 盛弘之의 ≪荊州記≫ : 盛弘之는 南朝 劉宋 사람이다. ≪형주기≫는 3권으로 원본은 전하지 않고 24만자의 輯本이 있다. 각 郡을 縣으로 나눠 경내의 명승지, 고적, 동굴, 샘, 특산물, 역사, 典故, 신화, 전설, 높은 산, 큰 강 등을 기술하고 있다.

168) 우리……것이다 : 劉榮은 前漢 景帝의 아들로, 태자가 되었다가 폐위되어 임강왕이 되었다. 종묘의 영역을 침범하여 궁궐을 지은 문제로 소환되어 심문받다가 자결하였다.(≪史記≫ 〈五宗世家〉, ≪漢書≫ 〈景十三王傳〉)

【頭註】

○ 劉辰翁 : 〈'丹樓如霞'라는〉 짤막한 네 글자는 시샘이 날 만한 정도는 아니다.
　劉云 "堇堇四字, 不直堪妬."

○ 李贄 : 역시 顧虎頭(顧愷之)의 필치이다.
　李云 "亦是虎頭畫筆."

4-66 宣武(桓溫)가 남쪽 고을(荊州)로 鎭을 옮기고서 길을 평탄하고 곧게 만들었다. 사람들이 王東亭(王珣)에게 말했다.

"丞相(王導)이 처음 建康에 〈도읍을〉 조성하면서 옛 제도를 따르지 않고 구불구불하게 〈길을〉 처리하였는데, 이것과 비교하자면 뒤떨어집니다."

왕동정이 말했다.

"이것이 승상이 뛰어난 이유입니다. 江左 지역은 땅이 좁아 중원과는 다릅니다. 만약 길을 남북으로 곧게 만든다면 한번 보고는 다 알게 됩니다. 그러므로 구불구불하여 헤아릴 수 없을 듯이 한 것입니다."

宣武가 移鎭南州에 制街衢平直이라 人謂王東亭曰① 丞相이 初營建康에 無所因承하고 而制置紆曲하니 方此爲劣②이라하니 東亭曰 此는 丞相乃所以爲巧니 江左는 地促하여 不如中國하니 若使阡陌條暢이면 則一覽而盡이라 故로 紆餘委曲하여 若不可測이라하다

① 〈王司徒傳〉에 말하였다. "王珣은 字가 元琳이고 丞相 王導의 손자이며 領軍 王洽의 아들이다. 어려서부터 맑고 수려하다고 칭해졌다. 大司馬 桓溫이 불러다가 主簿로 삼았는데, 〈환온을〉 따라 袁眞을 토벌하여 交趾 望海縣 東亭侯에 봉해졌다. 여러 벼슬을 거쳐 尙書左僕射가 되어 관리의 천거를 담당했으며, 尙書令에 올랐다."
　王司徒傳曰 "王珣, 字元琳, 丞相導之孫, 領軍洽之子也. 少以清秀稱. 大司馬桓溫辟爲主簿, 從討袁眞, 封交趾望海縣東亭侯. 累遷尙書左僕射(야), 領選, 進尙書令."

② ≪晉陽秋≫에 말하였다. "蘇峻이 이미 주살되고 大事가 평정된 후에 都邑이 황폐하였다. 溫嶠는 도읍을 豫章으로 옮겨 번영과 온전함을 이루려 꾀하였고, 朝士들과 三吳169)의 豪傑들은 會稽로 천도할 수 있다고 하였다. 王導만 홀로 '천도하는 것은 옳지 않습니다. 建業은 과거의 秣陵으로, 예부터 이미 帝王이 다스렸던 표지가 있습니다. 또 孫仲謀(孫權)와 劉玄德(劉備)이 모두 王者의 터전이라고 하였습니

다. 지금 비록 황폐하지만 마땅히 〈백성들을〉 위로하고 안정시키는 방도를 닦아 사람들의 마음을 진정시켜야 합니다. 또 건물들이 모두 지어지면 원래대로 회복하지 못할까 어찌 근심하겠습니까.'라고 하였다. 끝내 안정에 이르렀으니, 이는 왕도의 시책 덕분이었다."

晉陽秋曰 "蘇峻旣誅, 大事克平之後, 都邑殘荒. 溫嶠議徙都豫章, 以卽豐全, 朝士及三吳豪傑, 謂可遷都會稽. 王導獨謂 '不宜遷都. 建業, 往之秣陵, 古者旣有帝王所治之表. 又孫仲謀・劉玄德俱謂是王者之宅. 今雖凋殘, 宜修勞來旋定之道, 鎭靜群情. 且百堵皆作, 何患不克復乎.' 終至(建康)〔康寧〕[170], 導之策也."

4-67 謝太傅(謝安)가 자식과 조카들에게 물었다.

"너희들 또한 어찌하여 다른 사람들의 일에 관여하여 그들이 잘되도록 하려 하는가?"

누구도 말하는 자가 없었는데 車騎(謝玄)가 답하였다.

"비유하자면 芝蘭과 玉樹가 계단 앞 정원에서 자라도록 하려는 것과 같을 뿐입니다."[171]

謝太傅가 **問諸子姪**하되 **子弟亦何預人事**하여 **而正欲使其佳**아하니 **諸人莫有言者**어늘 **車騎**가 **答曰 譬如芝蘭玉樹**를 **欲使其生於階庭耳**라하다

【頭註】

○ 劉辰翁 : 힐문을 상대에게 향하도록 바꾸어 놓았으니, 다른 사람들은 생각하지 못한 것이다.

---

169) 三吳 : 晉에서는 吳興・吳郡・會稽를 '삼오'라고 하였다. 시대에 따라 대상이 달라졌는데, 唐에서는 吳興・吳郡・丹陽을, 宋에서는 蘇州・常州・湖州를 가리켰다.

170) (建康)〔康寧〕 : 저본에는 '建康'으로 되어 있으나, 安永本에 의거하여 '康寧'으로 바로잡았다.

171) 비유하자면……뿐입니다 : 자신들이 남들의 일에 관여하여 일이 잘되기를 바라는 것은, 謝安이 자신들에게 관여하여 잘되기를 바라는 것과 마찬가지의 마음이라는 뜻이다. '芝蘭과 玉樹가 계단 앞 정원에서 자란다.'는 말은 '자제들이 훌륭하게 자라는 것'을 의미한다.

劉云 對易(역)問難, 他人無此懷也.

4-68 道壹道人은 말을 반듯하게 꾸미기를 좋아하였다. 都下(都城)에서 東山으로 돌아오는 길에 吳中을 지났는데 얼마 안 있어 눈이 내렸지만 그다지 춥지는 않았다. 여러 道人들이 길에서 본 것을 물어보자 壹公이 말했다.

"風霜이야 본디 말할 것도 없고 먼저 음산한 기운이 모이더니 교외의 고을에는 〈눈이〉 획획 휘날리고 山林은 금세 하얗게 되더이다."

道壹道人은 好整飾音辭①라 從都下還東山에 經吳中이라가 已而會雪下나 未甚寒이라 諸道人이 問在道所經하니 壹公이 曰 風霜은 固所不論이요 乃先集其慘澹이러니 郊邑은 正自飄瞥하고 林岫는 便已皓然이라하다

① 王珣의 〈遊嚴陵瀨詩敍〉에 "道壹은 姓이 竺氏이다."라고 하였다.
≪名德沙門題目≫에 "도일은 文才가 풍부하였다."라고 하였다.
孫綽이 그를 위해 지은 贊에서 말하였다. "〈사방을〉 돌아다니며 遊說(유세)하였는데 말이 참으로 허황되지 않았다. 오직 이 道壹公만 느긋이 여유가 있었으니, 비유하자면 봄날의 園圃에 꽃향기 향기롭게 퍼지고 가지와 줄기가 무성하고 우거진 것과 같았다."
王珣遊嚴陵瀨詩敍曰 "道壹, 姓竺氏." 名德沙門題目曰 "道壹, 文鋒富贍." 孫綽爲之贊曰 "馳騁遊說, 言固不虛. 唯兹壹公, 綽然有餘. 譬若春圃, 載芬載敷, 條柯猗蔚, 枝榦扶疎."

【頭註】

○ 劉辰翁 : 어린아이가 말을 배우는 듯 체제와 격조가 아직 이루어지지 않았다. 彭利用의 책보따리172)와 같은 격이니 그 면목이 가증스럽다.
劉云 小兒學語, 體格未成. 利(錐)〔用〕173)書袋, 面目可憎.

---

172) 彭利用의 책보따리 : 팽리용은 南唐 시기 사람이다. 집의 종에게 이야기할 때에도 經史에 나오는 구절을 쓰며 박학다식함을 자랑하였다.(≪南唐書≫ 〈彭利用傳〉)

173) (錐)〔用〕: 저본에는 '錐'로 되어 있으나, ≪南唐書≫에 의거하여 '用'으로 바로잡았다.(≪世說音釋≫)

4-69 張天錫은 凉州刺史가 되었다가 서쪽 변방에서 즉위하였다. 苻堅에게 포로로 잡히고 나서는 侍中으로 기용되었다. 뒤에 壽陽에서 〈부견과〉 함께 패하여 도성(建康)에 이르렀다. 東晉 孝武帝(司馬曜)에게 重用되어 매번 입궁할 때마다 이야기를 나누느라 해가 저물지 않은 적이 없었다. 그러자 질시하는 사람들이 꽤 많았는데, 〈그 사람들이〉 어느 자리에서 장천석에게 물었다.

"北方에는 어떤 물건이 귀합니까?"

장천석이 말했다.

"뽕나무 오디가 달고 향기로워 〈그것을 먹은〉 올빼미의 소리가 〈부드럽게〉 변하고, 〈가축의〉 질 좋은 젖이 性情을 함양해주어 〈그것을 먹은〉 사람들은 시기하는 마음이 없습니다."

張天錫은 爲凉州刺史라가 稱制西隅라 既爲苻堅所禽하고 用爲侍中이라 後에 於壽陽俱敗하여 至都①라 爲孝武所器하여 每入에 言論無不竟日하니 頗有嫉己者한대 於坐問張하되 北方은 何物이 可貴오하니 張曰 桑椹은 甘香하여 鴟鴞革響②하고 淳酪은 養性하여 人無嫉心③이라하다

① 張資의 ≪凉州記≫[174]에 말하였다. "張天錫은 字가 公純嘏(공순하)이고 安定 烏氏 사람으로 張耳의 후예이다. 증조부 張軌는 永嘉 연간(307~312)에 凉州刺史가 되었는데 京師가 크게 혼란하자[175] 마침내 양주 땅을 차지하였다. 장천석이 그 지위를 찬탈하고 스스로 凉州牧이 되었다. 苻堅이 장수 姚萇으로 하여금 양주를 쳐서 함락시키게 하자 장천석은 長安(前秦)으로 귀순하였고, 부견은 그를 侍中과 比部尙書로 삼고 歸義侯로 봉하였다. 부견을 따라 壽陽에 이르러 부견의

174) 張資의 ≪凉州記≫ : 張資에 관해서는 단지 ≪高僧傳≫ 〈鳩摩羅什傳〉에서 내용을 볼 수 있는데, 十六國 北凉의 대신으로 학문을 좋아하였다고 한다. ≪凉州記≫는 ≪凉記≫라고도 하며 ≪隋書≫ 〈經籍志〉에 따르면 8권으로 北凉의 著作佐郎을 지낸 段龜龍이 지었다. ≪新唐書≫에는 張諮가 지은 ≪凉記≫ 10권이 있다고 하였는데, 張諮에 관해서도 자세히 알 수 없다. 혹 張資와 張諮가 동일 인물인지도 모르겠다.

175) 京師가……혼란하자 : 西晉 永嘉 5년(311)에 이민족이 서진의 수도인 洛陽을 함락하고 懷帝 등을 포로로 잡은 사건을 말한다.

군대가 패하자 장천석은 마침내 남쪽(東晉)으로 귀순하였다. 散騎常侍와 西平公에 제수되었다."

≪中興書≫에 "장천석은 뒤에 가난을 이유로 廬江太守에 제수되었다. 죽은 뒤에 侍中에 추증되었다."

張資涼州記曰 "天錫, 字公純嘏, 安定烏氏(지)人, 張耳後也. 曾祖軌, 永嘉中爲涼州刺史, 值京師大亂, 遂據涼土. 天錫(纂)〔篡〕176)位, 自立爲涼州牧. 苻堅使將姚萇攻沒涼州, 天錫歸長安, 堅以爲侍中・比部尙書・歸義侯. 從堅至壽陽, 堅軍敗, 遂南歸. 拜散騎常侍・西平公." 中興書曰 "天錫後以貧拜廬江太守. 薨, 贈侍中."

② ≪詩經≫ 〈魯頌 泮水〉에 노래하였다. "이리저리 나는 저 올빼미여, 저 泮宮의 숲에 모여 앉아서, 우리 뽕나무 오디를 먹고, 나를 좋은 목소리로 회유하도다."

詩魯頌曰 "翩彼飛鴞, 集于泮林, 食我桑椹, 懷我好音."

③ ≪西河舊事≫에 말하였다. "河西는 소와 양이 살쪄서 젖의 질이 대단히 양호하다. 젖을 그냥 가죽 위에 부어도 전혀 풀어져 흩어지지 않는다."

西河舊事曰 "河西牛羊肥, 酪過精好. 但寫酪置革上, 都不解散也."

【頭註】

○ 王世懋 : 세상에 세 글자로 된 字가 있는데, 왜 그런지는 알 수 없다. 〈張天錫은〉 나중에 長江을 건너고서 사람들의 웃음거리가 되자 한 글자를 줄였다.177)

王云 "世乃有三字字, 不可曉. 後過江, 爲人所咲, 減一字."

○ 劉應登 : 질문한 자가 자신을 시기하는 것을 비꼬았다.

應登云 "譏問者之嫉己."

4-70 毛伯成(毛玄)은 진작부터 자신의 才氣를 자부하여 늘 이렇게 말했다. "차라리 난초처럼 꺾이고 옥처럼 부러질지언정 들쑥처럼 무성하고 약쑥처럼 번성하지는 않겠다."

毛伯成은 旣負其才氣하고 常稱 寧爲蘭摧玉折이언정 不作蕭敷艾榮①하리라하다

---

176) (纂)〔篡〕 : 저본에는 '纂'으로 되어 있으나, 安永本과 각본의 ≪世說新語≫에 의거하여 '篡'으로 바로잡았다.

177) 대대로……줄였다 : 張天錫은 東晉에 귀순한 뒤에 자신의 字인 '公純嘏'를 '純嘏'로 바꾸었다.(≪十六國春秋≫)

① ≪征西寮屬名≫에 말하였다. “毛玄은 字가 伯成이고 潁川 사람이다. 벼슬이 征西行軍參軍에 이르렀다.”
征西寮屬名曰“毛玄, 字伯成, (潁)〔潁〕川人. 仕至征西行軍參軍.”

【頭註】

○ 劉辰翁 : 매우 한스럽다.
劉云“恨甚.”

4-71 王中郎(王坦之)이 伏玄度(伏滔)와 習鑿齒에게 靑州와 楚(荊州)의 人物들에 대해 논평하게 하였다. 완성되어 韓康伯(韓伯)에게 보여주었는데 한강백이 도무지 말이 없자 왕중랑이 말했다.

“어찌하여 말씀하지 않으십니까?”

한강백이 말했다.

“可함도 없고 不可함도 없습니다.”

王中郎이 令伏玄度①와 習鑿齒로 論靑楚人物②이라 臨成에 以示韓康伯한대 康伯이 都無言하니 王曰 何故不言고하니 韓曰 無可요 無不可③라하다

① 伏滔는 따로 보인다.
伏滔別見.

② ≪伏滔集≫에 그 논평의 대략이 실려 있다. “伏滔는 ‘春秋시대의 鮑叔178) · 管仲179) · 隰朋180) · 召忽181) · 輪扁182) · 甯戚183) · 麥丘人184) · 逢丑父185) · 晏

---

178) 鮑叔 : 鮑叔牙의 별칭이다. 춘추시대 齊나라 大夫로 管仲을 桓公에게 추천하여 환공이 霸業을 이룰 수 있도록 하였다.

179) 管仲 : 이름은 夷吾이고 齊 桓公을 도와 霸者가 되게 하였다.

180) 隰朋 : 齊나라 사람으로 관중을 도와 桓公의 霸業을 성공시켰다.

181) 召忽 : 齊나라 대부로 公子 糾의 사부가 되었으며 그가 환난을 당했을 때에 목숨을 바쳤다.

182) 輪扁 : 齊나라 사람으로 수레바퀴의 명인이다. 齊 桓公이 책을 읽는 것을 보고 수레바퀴를 만드는 것에 의탁하여 책은 옛사람이 남긴 찌꺼기라고 이야기하였다.

183) 甯戚 : 衛나라 사람으로 남의 소를 먹이는 일을 하다가 齊 桓公에게 인정받아 上卿

嬰186) · 涓子187)와, 戰國시대의 公羊高188) · 孟軻(孟子) · 鄒衍189) · 田單190) · 荀卿191)(荀子) · 鄒奭192) · 莒大夫193) · 田子方194) · 檀子195) · 魯連196) · 淳于髡197) · 盼子198)(田盼) · 田光199) · 顔歜200) · 黔子201) · 於(오)陵仲子202)(陳仲

이 되고 재상까지 되었다.

184) 麥丘人 : ≪韓詩外傳≫에 의하면 齊 桓公에게 충고했다고 하는 麥丘의 사람이다.

185) 逢丑父 : 齊나라 사람으로 頃公의 車右로서 경공이 晉의 欒書와 鞍에서 싸우다가 패하였는데 봉축보가 경공과 자리를 바꾸어 경공이 화를 면하도록 하였다.

186) 晏嬰 : 齊나라 대부로 靈公과 莊公을 섬겼고 景公의 재상이 되었다.

187) 涓子 : ≪列仙傳≫에 의하면 齊나라 사람으로 仙人이며 ≪天人經≫ 48편을 지었다고 한다.

188) 公羊高 : 齊나라 사람으로 子夏의 제자이며 ≪春秋公羊傳≫을 지었다.

189) 鄒衍 : 齊나라 臨淄 사람으로 燕의 昭王과 惠王을 모셨으며 陰陽家의 비조로 불린다.

190) 田單 : 齊나라 臨淄 사람으로 燕의 군대를 卽墨城에서 막아내고, 그 뒤 소에게 무기를 장착하고 꼬리에 불을 붙여 한밤중에 燕의 군대를 공격하여 승리하였다.

191) 荀卿 : 荀子이다. 越나라 사람으로 性惡說을 주장하였다.

192) 鄒奭 : 齊나라 사람으로 鄒衍의 학술 즉 陰陽說로 신임을 받아 大夫가 되었다. 마치 용의 무늬를 조각하듯 문장을 다듬어 사람들이 '雕龍奭'이라고 불렀다.

193) 莒大夫 : 莒나라 太史 敫(교)이다. 齊 閔王이 살해당하자 그 아들 法章이 성명을 바꾸고 莒太史집 머슴이 되었는데, 그 딸이 법장을 보통사람이 아니라고 여겨 돌보았고 후에 법장이 襄王이 되자 왕후가 되었다. 거태사는 딸이 중매 없이 시집갔다고 하여 종신토록 보지 않았다.

194) 田子方 : 魏나라 사람으로 無擇이 이름이고 자방은 字이다. 공자의 제자인 子貢을 스승으로 섬겼으며 도덕과 학문으로 제후에게 이름이 나서 魏文侯가 스승으로 모셨다.

195) 檀子 : 齊나라 사람이다. 平陸에서 회합했을 때 梁惠王이 威王에게 제나라에 어떤 보물이 있는지 묻자 위왕이 보배같은 檀子 · 盼子 · 黔夫 · 種首의 네 신하가 있다고 대답하였다.

196) 魯連 : 齊나라 高士 魯仲連이다. 사람들을 위해 기꺼이 분쟁을 중재하였으며 후에 田單이 왕에게 천거하여 작위를 주려고하자 海上으로 도망가 숨었다.

197) 淳于髡 : 齊나라 사람으로 威王의 데릴사위이다. 뛰어난 해학과 언변으로 간언을 하였고 여러 번 다른 나라에 사신으로 가서도 굴욕을 받은 적이 없다.

198) 盼子 : 齊나라 사람으로 田盼이다. 平陸의 회합에서 梁惠王이 제나라에 어떤 보물이 있었는지 물었을 때 威王이 말한 보배 같은 네 신하 중 한명이다.

199) 田光 : 田文의 잘못이다. 전문은 齊나라 사람으로 宰相이 되었다. 시호가 孟嘗君이

子)・王叔[203]・卽墨大夫[204]와, 前漢시대의 伏徵君[205](伏勝)・終軍[206]・東郭先生[207]・叔孫通[208]・萬石君[209](石奮)・東方朔[210]・安期先生[211]과, 後漢시대의

다. 식객을 많이 둔 것으로 유명하며 秦나라에 갔다가 탈출할 때 식객 중에 도둑질에 뛰어난 사람과 닭울음 소리를 잘 흉내내는 사람이 있어 무사히 탈출하였다는 '鷄鳴狗盜' 고사가 유명하다.

200) 顔歜 : 齊나라의 處士로 宣王에게 선비를 귀하게 여겨야 함을 이야기하여 설득하였고, 선왕이 제자 되기를 청하며 부귀영화를 약속하였으나 사양하고 돌아갔다.

201) 黔子 : 黔夫이다. 齊나라 사람으로 平陸의 회합에서 梁惠王이 제나라에 어떤 보물이 있었는지 물었을 때 威王이 말한 보배 같은 네 신하 중 한명이다.

202) 於(오)陵仲子 : 齊나라 陳仲子이다. 於陵에 은거할 때 楚王이 불렀으나 아내의 말을 따라 나아가지 않았다. 소소한 청렴결백을 주장하여 孟子에게 윤리를 저버리고 소소한 청렴에 급급하였다는 비난을 받았다.

203) 王叔 : ≪新釋漢文大系 世說新語≫에서는 王斗로 보았다. 왕두는 齊나라 사람으로 宣王을 모시며 간언을 잘 하였고, 어진 인재 5인을 천거하여 나라가 잘 다스려지게 하였다.

204) 卽墨大夫 : ≪新釋漢文大系 世說新語≫에서는 卽墨成으로 보았다.

205) 伏徵君 : 伏勝이다. 漢나라 濟南 사람으로 경학자인데 秦나라 때 분서갱유로 없어진 ≪尙書≫를 외워 전하였다고 한다.

206) 終軍 : 漢나라 濟南 사람으로 武帝 때 謁者給事中이 되었고 후에 諫大夫가 되었다. 南越을 귀속시키기 위해 자원하여 사신으로 가서 南越王은 설득시켰으나 남월의 재상 呂嘉가 반대하여 남월왕과 사신들을 죽였고 종군도 그때 죽었다.

207) 東郭先生 : 산에 들어가 은거하고 있었는데 재상이 되었으며 漢의 개국공신인 曹參에 의해 上賓으로 대우받았다.

208) 叔孫通 : 秦의 博士였다가 진나라가 망하리라는 것을 알고 피하였다가 項羽의 밑으로 들어갔고, 후에 劉邦이 공격할 때 투항하였다. 漢 高祖의 명에 의해 예법을 정리하였다.

209) 萬石君 : 石奮이다. 漢文帝 때 太中大夫가 되고 景帝 때 九卿에 이른 石奮이다. 石建・石甲・石乙・石慶 등 네 아들과 함께 각기 연간 2천 석의 녹을 받는 고관이 되어 5부자의 녹이 만석에 이르렀으므로 만석군으로 불렸다.

210) 東方朔 : 前漢의 관료로 武帝 때 太中大夫給事中에 올랐다. 걸출한 외모, 익살스러운 언변과 거침없는 행동으로 유명하며 정치에 관해 간언을 잘하였다.

211) 安期先生 : 琅琊 阜鄕 사람으로 동해 가에서 약을 팔았는데, 당시 사람들은 千歲翁이라 불렀다. 秦 始皇이 동쪽으로 노닐다 만나서 사흘 밤낮 동안 이야기를 나누고 많은 금은보화를 주었으나, 모두 그대로 남겨 두고 봉래산으로 떠났다.

大司徒 伏三老[212](伏恭)・江革[213]・逢萌[214]・禽慶[215]・承幼子[216](承宮)・徐防[217]・薛方[218]・鄭康成[219](鄭玄)・周孟玉[220](周璆)・劉祖榮[221](劉寵)・臨孝存[222]・侍其[223]・元矩[224](宋則)・孫賓碩[225](孫崇)・劉仲謀[226]・劉公山[227](劉

---

212) 伏三老 : 後漢 사람인 伏恭으로 明帝와 章帝 때의 大臣이다. 劇의 縣令과 常山太守 등을 역임했는데 공정하고 청렴결백하였으며 선정을 베풀고 학교를 세운 것으로 유명하다. 황제가 은퇴한 三公(三老)의 예로 대우하였다.

213) 江革 : 後漢 때의 큰 효자로, 소년 시절에 아버지를 잃고 어머니와 살다가 난리를 만나자 어머니를 업고 산속으로 피했는데, 피란길에 賊을 만나게 되었을 때 어머니를 살려 달라고 간청하니 적이 감동하여 목숨을 부지하였다.

214) 逢萌 : 王莽의 정사에 환멸을 느껴 관을 벗어서 동쪽 도성의 문에 걸어 놓고는 곧장 시골로 돌아갔다는 고사가 있다. 後漢 光武帝 때 琅琊의 勞山에서 도를 닦았는데 사람들이 모두 그의 덕에 감화되었다.

215) 禽慶 : 漢나라 王莽 때의 은자로, 자는 子夏이고 北海 사람이다. 유생으로 관직을 버리고 왕망 정권에 출사하지 않았다. 五嶽 등 명산을 유람하며 생을 마쳤다.

216) 承幼子 : 承宮이다. ≪後漢書≫에는 字가 少子로 되어 있다. 어려서 부친을 잃고 苦學하여 經典에 밝았다. 천하가 혼란할 때 蒙陰山에서 농사를 지었는데 가을에 곡식이 익을 때 땅의 소유권을 주장하는 사람이 있자 넘겨주고 떠난 것으로 이름이 알려졌다. 後漢 明帝 때 侍中과 祭酒를 지냈다.

217) 徐防 : 永平 연간에 孝廉科에 천거되었고 벼슬은 司徒에 이르렀다. 安帝 때 太尉인 徐防이 나라에 도적이 들고 장마로 인한 災異를 당하자 자신의 책임이라고 상소하여 면직되었는데, 이때부터 재이를 만나면 三公이 면직되는 전례가 생겼다.

218) 薛方 : 西漢 말기의 高士이다. 王莽이 정권을 잡고 安車를 보내 불렀으나 '위에 堯舜과 같은 이가 있으면 巢父와 許由 같은 이가 있을 것이며 자신은 허유를 본받겠다.' 라고 하며 사양하고 집에서 경서를 가르치며 살았다.

219) 鄭康成 : 康成은 鄭玄의 字이다. 大儒學者로 漢代의 경학을 집대성하였다. ≪詩≫・≪書≫・≪易≫・≪禮記≫・≪儀禮≫・≪論語≫・≪孝經≫ 등을 注解하였다.

220) 周孟玉 : 周璆이다. 陳蕃이 樂安太守로 있으면서 주교를 초청하였는데, 진번은 탁자를 하나 매달아 두고 오직 주교가 왔을 때만 이 탁자를 내려 접대하고 끝나면 다시 매달아 놓았다고 한다.

221) 劉祖榮 : 後漢의 宗室인 劉寵이다. 會稽太守로 있을 때 청렴하고 善政을 베풀었는데, 승진하여 조정으로 돌아갈 때 山陰縣에서 5, 6명의 노인이 각자 100錢을 가지고 와서 노자로 주자 유총은 노인들의 호의를 거절하기 어려워 각각 1전씩만 받았다.

222) 臨孝存 : 未詳이다.

223) 侍其 : 復姓이다. 凌迪知의 ≪万姓統譜≫에 따르면 漢나라 酈食其(역이기)의 曾孫이 하사받아 食其를 氏로 삼고 玄孫이 武帝 때에 侍中이 되어 侍其氏로 바꾸었다고 한다.

岱)・王儀伯[228](王璋)・郎宗[229]・禰正平[230](禰衡)・劉成國[231]과, 魏나라 시대의 管幼安[232](管寧)・邴根矩[233](邴原)・華子魚[234](華歆)・徐偉長[235](徐幹)・任昭先[236](任嘏)・伏高陽[237]은 이들 모두 靑州의 선비들로 재주와 덕이 있는 사람들

---

224) 元矩 : 後漢 때의 사람으로 東平相 宋漢의 아들 宋則이다. 鄢陵令이었을 때 10살 된 아들이 노비와 쇠뇌를 쏘다가 줄이 끊어지는 바람에 잘못되어 죽었는데, 송칙은 사정을 살펴보고 그 노비를 용서하였다.

225) 孫賓碩 : 後漢의 孫嵩이다. 桓帝 때 中常侍 唐衡의 난을 피해 성명을 바꾸고 떡을 팔던 趙岐를 숨겨주었는데, 조기는 그 도움으로 벽장 속에 숨어 지내면서 ≪孟子章句≫를 썼다.

226) 劉仲謀 : 未詳이다.

227) 劉公山 : 劉寵의 조카인 劉岱이다. 兗州刺史로 있으면서 黃巾賊과 싸우다가 죽었다.

228) 王儀伯 : 後漢 때의 王璋이다. 벼슬은 少府卿에 이르렀는데 자세한 것은 알 수 없다.

229) 郎宗 : ≪京氏易≫을 배웠고 점술에 능했다. 吳의 縣令일 때 갑자기 바람이 부는 것을 보고 점을 쳐 京師에 불이 나는 것을 맞췄는데 이로 인해 博士로 부름을 받자 점 때문에 알려진 것을 부끄러워하여 밤에 印信을 걸어두고 떠나서는 종신토록 벼슬하지 않았다.

230) 禰正平 : 禰衡이다. 개성이 강하였고 재주를 믿고 오만하였다. 공융이 ≪荐禰衡表≫를 지어 曹操에게 예형을 추천했는데, 병을 핑계대고 나아가지 않아 조조의 미움을 받아 鼓手가 되었던 이야기가 전한다.

231) 劉成國 : 未詳이다.

232) 管幼安 : 삼국시대 魏나라의 管寧이다. 黃巾賊의 난을 피해 遼東으로 건너가 20여 년을 머물렀는데, 그동안 魏明帝의 부름을 받았으나 나아가지 않았다. 50여 년 동안 하나의 나무 榻牀에 무릎을 꿇고 앉아 무릎이 닿은 곳이 닳아 구멍이 뚫렸다는 이야기가 전한다.

233) 邴根矩 : 삼국시대 魏나라의 邴原이다. 젊을 때 管寧과 더불어 절조가 있다고 일컬어졌다.

234) 華子魚 : 삼국시대 魏나라의 華歆이다. 曹操에게 발탁되어 尙書를 역임하였고 曹丕 때에 相國이 되고 博平侯에 봉해졌다. 管寧과 함께 독서할 때 문밖에 지나가는 벼슬아치를 달려 나가 구경하자 관영이 친구로 여기지 않았다고 한다.

235) 徐偉長 : 徐幹으로 後漢 말 獻帝의 建安 연간에 활동했던 7인의 문학가인 建安七子의 한사람이다. 어려서 五經을 익히고, 성인이 되기 전에 이미 뛰어난 문장과 높은 식견으로 이름을 알렸다.

236) 任昭先 : 삼국시대 魏나라 任嘏이다. 어려서부터 학문에 뛰어나 神童으로 불렸다. 文帝 때 黃門侍郎이 되었고 東郡, 趙郡, 河東의 태수를 역임했다.

이다.'라고 하였다.

習鑿齒는 '神農氏는 黔中에서 태어났고, ≪詩經≫ 〈召南〉에서는 아름다운 교화를 노래했고, ≪春秋≫에서는 인재가 많다고 칭찬하였고, ≪詩經≫ 〈周南 漢廣〉의 風致는 〈齊風 鷄鳴〉과 다르다. 子文[238]・孫叔敖[239]는 管仲・晏嬰과 德이 비교되는 것을 부끄럽게 여겼고, 接輿[240]는 「봉황이여! 봉황이여!」라고 노래를 불렀고, 漁父[241]는 滄浪을 노래하였고, 漢陰의 노인은 子貢을 꾸짖었고, 시장 남쪽의 熊宜僚[242]와 屠羊說[243]은 이익 때문에 절의를 굽히지 않았다. 魯仲連은 老萊子[244]

---

237) 伏高陽 : 未詳이다.

238) 子文 : 춘추시대 楚나라 大夫 鬪穀於菟(투누오도)이며 鬪於菟(투오도)라고도 한다. 세 번 令尹이 되었어도 기뻐하는 기색이 없었고 세 번 그만두어도 성내는 기색이 없었으며 후임자에게 착실하게 업무를 인계해 주었으므로, 孔子가 충성스럽다고 평하였다.

239) 孫叔敖 : 춘추시대 楚나라 재상으로 선정을 베풀어 莊王이 覇業을 달성하도록 하였다. 어릴 때 나가 놀다가 머리가 둘 달린 뱀을 보고, "이 뱀을 보는 사람은 반드시 죽는다고 하는데, 이 뱀을 그냥 두면 많은 사람이 죽을 것이다." 하고 죽여 묻은 다음 울고 돌아오니 그의 모친이 "남에게 陰德을 끼쳤으니 죽지 않고 오래 살 것이다."고 했다는 고사가 있다.

240) 接輿 : 춘추시대 楚나라 은자로 미친 척하며 세상을 피했다. 공자의 수레 앞을 지나가며 "鳳이여, 鳳이여! 어찌 德이 쇠하였는가? 지나간 것은 諫할 수 없지만 오는 것은 아직 따라잡을 수 있으니, 그만둘지어다, 그만둘지어다! 오늘날 政事에 종사하는 자들은 위태롭다."라고 하였다.

241) 漁夫 : 전국시대 楚나라 屈原이 조정에서 쫓겨나 초췌한 안색으로 강변을 거닐다가 만난 어부로, 굴원이 더러운 세상에 대해 푸념하자, 어부가 웃으면서 "滄浪의 물이 맑으면 나의 갓끈을 빨 것이요, 창랑의 물이 흐리면 나의 발을 씻겠네."라고 노래를 부르면서 떠났다.

242) 熊宜僚 : 춘추시대 楚나라 勇士로, 구슬을 공중에 높이 던졌다가 받는 놀이인 弄丸의 명수였다. 宋과 싸울 때 軍前에서 그 재주를 부려 송의 군사들의 정신을 팔리게 하여 참패하게 만들었다. 楚나라 太子 建의 아들인 白公에게 楚王과 子西・子期를 죽이는 데 동참할 것을 제안받았는데 목에 칼이 들어왔음에도 꼼짝하지 않고 거절하였다.

243) 屠羊說 : ≪莊子≫ 〈讓王〉에 나오는데, 전국시대 楚나라 사람으로 양을 잡는 백정 說이다. 昭王이 전쟁에 패해 도망갈 적에 도양열이 소왕을 수행하여 공을 세웠는데, 소왕이 환국한 뒤 내린 상과 작록을 왕으로 하여금 작록을 함부로 베푼다는 말을 듣게 할 수 없다고 하며 끝내 받지 않고 계속 양 잡는 일을 업으로 삼았다.

부부에 미치지 못하였고, 田光은 屈原[245]만 못하였고, 鄧禹[246]와 卓茂[247]는 天下에 대적할 자가 없었고, 管幼安은 龐公[248]보다 뛰어나지 못하였고, 龐士元[249]은 華子魚에 손색이 없었고, 何晏[250]과 鄧颺[251]의 두 尙書는 魏나라 조정에서 독보적이었고, 樂令[252]은 晉의 시대에 상대가 없었다. 옛날 伏羲氏는 南郡에 장사 지냈고, 少昊氏는 長沙에 장사 지냈고, 舜임금은 零陵에 장사 지냈다. 그 인물들을 비교하자면 모범 됨이 이와 같고, 그 땅을 논하자면 뭇 성인들이 묻힌 곳이고, 그 풍치를 살펴보자면 시인들이 노래한 바이고, 있었던 일을 찾아본다면 赤眉[253]와 黃巾[254] 같은 도적이 아직까지 없었다. 이 어찌 靑州와 같겠는가.'라고 하였

---

244) 老萊子 : 춘추시대 楚나라의 隱士로, 70의 나이에도 부모님을 기쁘게 해 드리기 위하여 색동옷을 입고 재롱을 떨었다. 난을 피해 있을 때 왕이 불렀으나 아내의 말을 듣고 나아가지 않았다.

245) 屈原 : 전국시대 楚나라 사람으로 三閭大夫를 지냈으나 간신들의 참언 때문에 추방당해 방랑하다가 汨羅에 투신하여 죽었다. 주요 작품으로 ≪離騷≫, ≪漁父辭≫가 있다.

246) 鄧禹 : 後漢 건국의 최고 功臣 중의 하나로, 광무제 즉위 후에 大司徒와 太傅를 지냈으며 高密侯에 봉해졌다.

247) 卓茂 : 後漢 초기의 名臣이다. 고금에 밝고 박학다식하여 '通儒'라 불렸다. 王莽의 簒奪이 있자 병을 이유로 고향으로 돌아갔다. 光武帝 때 太傅에 제수되고 褒德侯에 봉해졌다.

248) 龐公 : 後漢 사람 龐德公이다. 劉表가 예를 갖추어 불렀으나 사양하였다. 鹿門山에 은거하며 생을 마쳤다.

249) 龐士元 : 蜀漢의 軍師 龐統이다. 처음에 劉備가 외모만 보고 방통을 지방인 耒陽縣의 현령으로 보내자 방통은 부임한 후 백여 일 동안 술만 마시고 정사를 돌보지 않았는데, 유비가 장비를 보내어 추궁하자 취한 채 그간 밀린 공무를 반나절 만에 처리하였다고 한다.

250) 何晏 : 삼국시대 魏나라 대신으로 大將軍 何進의 손자이자 曹操의 사위이고, 魏晉시대 玄學의 창시자 중 한사람이다. 司馬懿가 軍權을 장악한 高平陵의 事件 후 멸문지화를 당했다.

251) 鄧颺 : 삼국시대 魏나라 사람으로, 穎川太守와 侍中尙書를 지냈다. 曹爽·何晏 등과 함께 司馬懿에게 살해되었다.

252) 樂令 : 樂廣이다. 西晉의 尙書右僕射와 領吏部를 지냈다. 談論의 명수이다.

253) 赤眉 : 後漢 초기에 山東 지방에서 반란을 일으킨 무리이다. 적군과 아군을 구별하기 위하여 모두 눈썹을 빨갛게 물들인 것에서 이름이 유래하였다.

254) 黃巾 : 後漢 말기에 張角을 우두머리로 반란을 일으킨 무리이다. 머리에 누런 수건

다. 복도가 〈습착치와〉 서로 반복해 논박하니 습착치가 대답하지 못하였다."

滔集載其論略曰 "滔以'春秋時鮑叔·管仲·隰朋·召忽·輪扁·甯戚·麥丘人·逢丑父·晏嬰·涓子, 戰國時公羊高·孟軻·鄒衍·田單·荀卿·鄒奭·莒(거)大夫·田子方·檀子·魯連·淳于髡·盼子·田光·顔歜·黔子·於(오)陵仲子·王叔·卽墨大夫, 前漢時伏徵君·終軍·東郭先生·叔孫通·萬石君·東方朔·安期先生, 後(吳)〔漢〕[255]時大司徒伏三老·江革·逢萌·禽慶·承幼子·徐防·薛方·鄭康成·周孟玉·劉祖榮·臨孝存·侍其·元矩·孫(寶)〔賓〕[256]碩·劉仲謀·劉公山·王儀伯·郎宗·禰正平·劉成國, 魏時管幼安·邴根矩·華子魚·徐偉長·任昭先·伏高陽, 此皆青士有才德者也.' 鑿齒以'神農生於黔中, 召南詠其美化, 春秋稱其多才, 漢廣之風, 不同鷄鳴之篇. 子文·叔敖羞與管·晏比德. 接輿之歌鳳兮, 漁父之詠滄浪, 漢陰丈人[257]之折子貢, 市南宜僚·屠羊說之不爲利回. 魯仲連不及老萊夫妻, 田光(之)〔遜〕[258]於屈原, 鄧禹·卓茂無敵於天下, 管幼安不勝龐公, 龐士元不推華子魚, 何·鄧二尙書, 獨步於魏朝, 樂令無對於晉世. 昔伏羲葬南郡, 少昊葬長沙, 舜葬零陵. 比其人, 則準的如此, 論其土, 則群聖之所葬, 考其風, 則詩人之所歌, 尋其事, 則未有赤眉·黃巾之賊. 此何如青州耶.' 滔與相往反, 鑿齒無以對也."

③ ≪論語≫ 〈微子〉의 〈'無可無不可'에 대한〉 馬融의 注에 "오직 義가 있는 곳을 따를 뿐이다."라고 하였다.

馬融注論語曰 "惟義所在."

4-72 司馬太傅(司馬道子)가 밤중에 서재에 앉아있었는데 그때 하늘의 달빛이 밝고 깨끗했으며 구름 한 점 없었다. 사마태부가 감탄하며 아름답다고 하자, 謝

을 쓴 것에서 이름이 유래하였다.

255) (吳)〔漢〕: 저본에는 '吳'로 되어 있으나, 安永本과 각본의 ≪世說新語≫에 의거하여 '漢'으로 바로잡았다.

256) (寶)〔賓〕: 저본에는 '寶'로 되어 있으나, 安永本과 각본의 ≪世說新語≫에 의거하여 '賓'으로 바로잡았다.

257) 漢陰丈人 : 孔子의 弟子 子貢이 楚나라에서 돌아오는 길에 漢水의 남쪽에서 우물물을 긷는 노인을 만나 두레박의 편리함을 가르쳐주자 노인이 도리어 그것의 잘못을 말하여 자공을 부끄럽게 하였다.

258) (之)〔遜〕: 저본에는 '之'로 되어 있으나, 四庫全書 소재 ≪世說新語≫에 의거하여 '遜'으로 바로잡았다.

景重(謝重)이 자리에 함께 있다가 답하였다.

"제 생각으로는 작은 구름이 점점이 떠 있는 것만 못한 듯합니다."

사마태부는 〈그 말을 받아〉 사경중에게 농담하였다.

"경의 마음씨가 맑지 못해 이에 다시 하늘까지 억지로 더럽히고자 합니까?"

司馬太傅가 **齋中夜坐**①하니 **于時**에 **天月明淨**하며 **都無纖翳**라 **太傅**가 **歎以爲佳**하니 **謝景重**이 **在坐**②라가 **答曰 意謂乃不如微雲點綴**이라하다 **太傅**가 **因戲謝曰 卿**은 **居心不淨**하니 **乃復彊欲滓穢太淸邪**(야)아하다

① 〈孝文王傳〉에 말하였다. "孝文王은 諱가 道子로 東晉 簡文帝의 다섯째 아들이다. 會稽王에 봉해졌으며, 司徒와 揚州刺史를 지내고 太傅에 올랐다. 桓玄에게 해를 당했다. 丞相에 추증되었다."
孝文王傳曰 "王諱道子, 簡文皇帝第五子也. 封會稽王, 領司徒・揚州刺史, 進太傅. 爲桓玄所害. 贈丞相."

② ≪續晉陽秋≫에 말하였다. "謝重은 字가 景重이고 陳郡 사람이다. 부친 謝朗은 東陽太守였다. 사중은 맑고 수려했으며 재주가 있었으며 驃騎長史로 있다가 죽었다."
續晉陽秋曰 "謝重, 字景重, 陳郡人. 父朗, 東陽太守. 重明秀有才會, 終驃騎長史."

【頭註】

○ 李贄 : 〈달과 구름이〉 합쳐져도 자연히 아름답다.
李云 "合亦自佳."

○ 李贄 : 孝文王(司馬太傅)이 〈말한 경치가〉 더 아름답다.
李云 "王又佳."

4-73 【補】259) 桓南郡(桓玄)이 謝夫人에게 물었다.

"太傅(謝安)께서는 東山에 20여 년 계셨는데 마침내는 더 이상 뜻을 끝까지 지키지 못했습니다. 그 이유는 무엇입니까?"

---

259) 【補】 : 저본에는 '補'가 없으나, 이 일화는 ≪世說新語≫가 아닌 ≪何氏語林≫에 있으므로 '補'를 보충하였다.

부인이 답하였다.

"돌아가신 숙부이신 先正께서는 無爲를 마음으로 삼았으며, 은거하는 것을 낫다고 여기고 〈세상에 몸을〉 드러내는 것을 그만 못하다고 여기시면서, 처음부터 끝까지 적절하게 動靜을 달리하셨을 뿐입니다."

桓南郡이 **問謝夫人**①하되 **太傅**는 **在東山二十餘年**이로되 **遂復不終**하니 **其理云何**오하니 **夫人**이 **答曰 亡叔先正**은 **以無用爲心**하고 **隱顯爲優劣**하여 **始末正當動靜之異耳**라하다

① ≪婦人集≫에 말하였다. "謝夫人은 이름이 道蘊으로 謝太傅(謝安)의 큰형인 謝無奕(謝奕)의 딸이며 左將軍 王凝의 처이다. 文才가 있어 지은 詩・賦・誄・頌이 세상에 전한다."
婦人集曰 "謝夫人, 名道蘊, 謝太傅大兄無奕女, 左將軍王凝之妻也. 有文才, 所著詩賦誄頌傳於世."

4-74 **【補】** **桓靈寶**(桓玄)가 **殷仲堪**을 정벌하러 가는 길에 **廬山**을 지나게 되어 **遠公**(慧遠)을 방문하였다. 이야기를 나누다가 정벌의 취지를 언급하였는데 원공이 답하지 않았다. 환영보가 다시 물었다.

"무엇으로 축원해주시겠습니까?"

원공이 말했다.

"**檀越**260)께서 **安穩**하게 저들을 다루시기를 원합니다. 더 이상 다른 것은 없습니다."

慧遠

환영보가 여산을 나와 좌우의 사람들에게 말했다.

260) 檀越 : 梵語 Dana-pati의 音譯으로 '施主'라는 뜻이다.

"참으로 평생에 보지 못한 분이다."

桓靈寶①가 **征殷仲堪**에 **道出廬山**②하여 **因詣遠公**하고 **語次及征討之意**하되 **遠**이 **不答**이라 **又問 何以見願**고하니 **遠曰 願檀越安隱使彼**니 **亦復無他**라하니 **桓**이 **出山**하여 **語左右曰 實乃生所未見**③이라하다

① 〈靈寶는〉 桓玄의 어릴 적 이름이다. 〈환현의〉 일은 따로 보인다.
玄小名也. 事別見.

② ≪豫章舊志≫에 말하였다. "廬俗은 字가 君孝이고 본래의 姓은 匡氏로, 夏나라 禹임금의 후예이며 東野王의 아들이다. 秦나라 말기에 百越[261]의 君長이 吳芮와 함께 漢나라를 도와 天下를 평정하였는데, 동야왕은 그 軍中에서 전사하였다. 한나라 8년(B.C. 199)에 여속을 鄡陽男에 봉하고 兹部를 食邑으로 내리고 〈하사한〉 인장에 '廬君俗'이라고 하였다. 兄弟 7명이 모두 道術을 좋아하여 마침내 洞庭山에 살았기 때문에 세상에서 그 산을 廬山이라고 불렀다. 漢 孝武帝(劉徹)가 元封 5년(106)에 남쪽으로 巡狩하면서 강에 배를 띄워 〈산의〉 神靈함을 직접 목도하고 이에 여속을 太明公으로 봉하고 四時마다 제사를 지냈다."

慧遠法師의 ≪廬山記≫에 말하였다. "여산은 江州 尋陽郡에 있는데 왼쪽으로는 彭澤을 끼고 있고 오른쪽으로는 通川을 옆에 두고 있다. 匡俗先生(廬俗)이 殷나라와 周나라의 교체기에 나와 세상과 시대를 피해 그 아래에 은거하였다. 혹은 匡俗이 仙人에게 道를 전수받고 함께 그 산의 고개에 노닐다가 마침내 벼랑의 굴에 기거하고 바위에 의지하여 집을 지었다. 그렇기 때문에 당시의 사람들이 神仙의 廬幕이라고 부르고 〈여산이라고〉 명명하였다."

혜원법사의 ≪遊山記≫에 말하였다. "이 산에 의탁하고부터 23년 동안 두 번 石門을 밟았고 네 번 南嶺을 유람했다. 〈이 산은〉 동쪽으로 香罏峯을 바라보고 북쪽으로 九江을 조망한다. 전해 듣기로는 石井方湖가 있고 그 안에 붉은 비늘의 물고기가 〈물위로〉 뛰어 오르는데, 野人들이라 제대로 묘사하지 못하고 다만 그 기이함을 감탄할 뿐이라고 한다."

伏滔의 〈遊廬山序〉에 말하였다. "여산은 長江 북쪽의 이름난 산이다. 산의 구불구불한 뿌리가 수백 리에 걸쳐있고, 첩첩의 고개와 높은 봉우리는 구름과 해를 찌

---

261) 百越 : 百粵이라고도 한다. 중국 남방의 越人 또는 그들이 거주하던 지역을 일컫는데, 浙·閩·粤·桂 등의 지역이다.

를 듯 솟아있으며, 강과 호수의 물이 흐르는 것을 굽어본다."

豫章舊志曰 "廬俗, 字君孝, 本姓匡, 夏禹苗裔, 東野王之子. 秦末百越君長與吳芮, 助漢定天下, 野王亡軍中. 漢八年封俗鄡陽男, 食邑玆部, 印曰廬君俗. 兄弟七人皆好道術, 遂寓于洞庭之山, 故世謂廬山. 孝武元封五年南巡狩, 浮江親覩神靈, 乃封俗爲太明公, 四時秩祭焉." 遠法師廬山記曰 "山在江州尋陽郡, 左挾彭澤, 右傍通川. 有匡俗先生出自殷周之際, 遁世隱時, 潛居其下. 或云匡俗受道於仙人, 而共遊其嶺, 遂託室崖岫, 卽巖成館. 故時人謂爲神仙之廬而命焉." 法師遊山記曰 "自託此山, 二十三載再踐石門, 四遊南嶺. 東望香罏峯, 北眺九江. 傳聞有石井方湖, 中有赤鱗踊出, 野人不能敍[262], 直歎其奇而已矣." 伏滔遊廬山序曰 "廬山者, 江陽之名嶽. 蟠根所據, 亘數百里, 重嶺桀嶂, 仰插雲日, 俯瞰川湖之流焉."

③ 張野의 〈慧遠法師銘〉에 말하였다. "沙門 釋惠遠은 鴈門 樓煩 사람으로 本姓은 賈氏이고 대대로 벼슬한 집안이다. 20살에 외숙부 令狐氏를 따라 許昌과 洛陽에서 유학하였다. 21살에 남쪽으로 건너가 范宣子(范宣)에게 가서 배우고자 하였으나 길이 막혀 가지 못했다. 釋道安을 만나 스승으로 삼고서 비녀를 뽑고 머리를 깎고는 불법을 硏求하였다. 釋曇翼이 매번 燈燭의 비용을 대주었다. 외우고 본 것은 깊고도 넓었으며 높은 깨달음은 深奧하였다. 석도안이 항상 감탄하며 '道가 동쪽 나라(中國)에 흐르는 것은 혜원에게 달려 있도다.'라고 하였다. 襄陽이 함락되자 錫杖을 짚고 일어나 남쪽에서 돌아다니다가 靈嶽(廬山)에 집을 지었다. 60세부터 다시는 산을 나서지 않았다. 이름이 流沙(西域의 사막 지역)에 퍼져 그 나라의 승려들이 중국 땅에 大乘沙門이 있다고 칭송하고, 매번 향을 피우고 禮拜할 때마다 동쪽을 향해 예를 올렸다. 83세에 생을 마쳤다."

慧皎의 ≪高僧傳≫에 "慧遠이 潯陽에 이르러 여산의 봉우리가 淸靜한 것을 보고 비로소 龍泉精舍에 머물렀다."라고 하였다.

張野遠法師銘曰 "沙門釋惠遠, 鴈門樓煩人, 本姓賈氏, 世爲冠族. 年十二, 隨舅令狐氏遊學許洛. 年二十一, 欲南渡, 就范宣子學, 道阻不通. 遇釋道安以爲師, 抽簪落髮, 硏求法藏. 釋曇翼每資以燈燭之費. 誦[263]鑒淹遠, 高悟冥賾. 安常歎曰 '道流東國, 其在遠乎.' 襄陽旣沒, 振錫南遊, 結宇靈嶽. 自年六十, 不復(부)出山. 名被流沙, 彼國僧衆皆稱漢地有大乘沙門, 每至然香禮拜, 輒東向致敬. 年八十三而終." 慧

262) 敍 : 慧遠의 ≪廬山略記≫에는 '取'로 되어 있다.

263) 誦 : 安永本에는 '通'으로 되어 있다. ≪釋文紀≫와 ≪山西通志≫에는 '誦'으로 되어 있다.

皎高僧傳曰 "慧遠至潯陽, 見廬峯淸靜, 始住龍泉精舍."

4-75 桓玄이 황제의 자리를 찬탈하고 나서 장차 直宿하는 館을 다시 설치하고자 하여 좌우의 사람들에게 물었다.

"虎賁中郞省은 응당 어디에 있어야 하는가?"

어떤 이가 답하였다.

"호분중랑성은 없었습니다."

환현은 당시 〈이 말이〉 매우 마음에 거슬려서 물었다.

"어떻게 없었다는 것을 아는가?"

그가 대답하였다.

"潘岳의 〈秋興賦敍〉에 '내가 虎賁中郞將을 겸직하여 散騎省264)에 숙직하였다.' 하였습니다."

환현이 감탄하면서 칭찬하였다.

桓玄旣簒位하고 將改置直館하여 問左右하되 虎賁中郞省은 應在何處오하니 有人答曰 無省이라하다 當時殊忤旨하여 問 何以知無오하니 答曰 潘岳의 秋興賦叙에 曰 余兼虎賁中郞將하여 寓直散騎之省①이라하니이다 玄이 咨嗟稱善②하다

① 潘岳은 따로 보인다. 그 〈秋興賦敍〉에 말하였다. "晉나라 14년(278) 내 나이 32살에 처음으로 흰머리가 났다. 太尉掾으로 虎賁中郞將을 겸직하여 散騎省에 숙직하였는데, 높다란 누각은 구름에 닿을 정도여서 햇빛이 잘 비치지 않았다. 나는 野人으로 외람되게 조정의 반열에 들었으니, 비유하자면 연못의 물고기와 새장의 새가 江湖와 山林을 그리워하는 것과 마찬가지였다. 이에 붓에 먹물을 묻히고 종이를 쥐고서 탄식하며 賦를 지었다. 이때 가을이 왔으므로 '秋興'이라고 이름을 붙였다."

岳別見. 其賦敍曰 "晉十有四年, 余年三十二, 始見二毛. 以太尉掾兼虎賁中郞將,

264) 散騎省 : 황제의 잘못에 대해 간언하고 황제의 자문에 응하며 바깥으로 나갈 때에는 수행하는 직무를 했했다.

寓直散騎之省, 高閣連雲, 陽景罕曜. 僕野人也, 猥厠朝列, 譬猶池魚籠鳥, 有江湖山藪之思. 於是染翰操紙, 慨然而賦. 于時秋至, 故以秋興命篇."

② 劉謙之의 ≪晉紀≫265)에 말하였다. "桓玄은 虎賁中郎將을 부활시키고자 했는데 응당 숙직을 해야 하는지의 여부가 의심스러워 屬官에게 물어보았으나 아무도 확정하여 말하지 못하였다. 參軍 劉簡之가 대답하기를 '옛날 潘岳의 〈秋興賦敍〉에 「내가 虎賁中郎將을 겸직하여 散騎省에 숙직하였다.」라고 하였으니 이것을 근거로 말한다면 응당 숙직해야 합니다.'라고 하자, 환현이 기뻐하며 그 말을 따랐다."

본문의 말은 〈이것과〉 조금 다르고 또 답한 사람의 성명을 알 수 없으므로 상세히 기록하였다.

劉謙之晉紀曰 "玄欲復虎賁中郎將, 疑應直與不, 訪之僚佐, 咸莫能定. 參軍劉簡之對曰 '昔潘岳秋興賦敍云「余兼虎賁中郎將, 寓直于散騎之省.」以此言之, 是應直也.' 玄懽然從之." 此語微異, 又答者未知姓名, 故詳載之.

【頭註】

○ 王世懋 : 주석이 상세하다.

王云 "註爲詳."

4-76 謝靈運은 曲柄笠266)을 쓰기 좋아했는데, 孔隱士(孔淳之)가 그것을 두고 말했다.

"卿께서는 마음으로 高遠함을 희구하시면서 어찌하여 曲蓋의 모양을 버리지 못하십니까?"267)

사영운이 답했다.

---

265) 劉謙之의 ≪晉紀≫ : 유겸지는 東晉 사람으로 義熙 연간에 始興의 相으로 있으면서 徐道期가 刺史인 謝欣이 죽었을 때 난을 일으켜 평소 유감이 있던 자들을 죽이자 사람들을 모아 난을 평정했고 나중에 太中大夫가 되었다. ≪晉紀≫는 20권으로 貞觀 연간 ≪晉書≫ 편찬 시 참고 자료로 사용되었는데 동명의 책으로 陸機, 干寶 등의 것도 있었다.

266) 曲柄笠 : 밑이 넓은 원추형 모양의 삿갓이다.

267) 卿께서는……못하십니까 : 曲蓋는 儀仗用의 자루가 굽은 日傘이다. 曲柄笠이 존귀한 자들이 사용하는 곡개와 비슷한 것을 가지고 謝靈運이 부귀영화를 바라고 있다고 생각하여 이렇게 말한 것이다.

"장차 그림자를 두려워하지 않으려는 사람268)이 아직도 〈부귀영화를〉 잊지 못했습니다."

謝靈運은 **好戴曲柄笠**①하니 **孔隱士**②가 **謂曰 卿**은 **欲希心高遠**하니 **何不能遺曲蓋之貌**아하니 **謝**가 **答曰 將不畏影者**가 **未能忘懷**③라하다

① 丘淵之의 ≪新集錄≫269)에 말하였다. "謝靈運은 陳郡 陽夏 사람이다. 조부 謝玄은 車騎將軍이었고, 부친 謝瑍은 祕書郎이었다. 사영운은 康樂公의 작위를 물려받았으며, 祕書監・侍中・臨川內史를 역임하였다. 죄로 인해 伏誅되었다."

沈約의 ≪宋書≫에 말하였다. "사영운은 어려서부터 학문을 좋아하여 많은 책을 두루 보았으며 문장의 아름다움은 江左(東晉)에서 따라올 사람이 없었다."

謝靈運

丘淵之新集錄曰"靈運, 陳郡陽夏人. 祖玄, 車騎將軍, 父瑍, 祕書郎. 靈運襲封康樂公, 歷祕書監・侍中・臨川內史. 以罪伏誅." 沈約宋書曰"靈運少好學, 博覽群書, 文章之美, 江左莫逮."

② 孔淳之는 따로 보인다.
孔淳之, 別見.

③ ≪莊子≫〈漁父〉에 말하였다. "漁父가 孔子에게 말하였다. '자신의 그림자를 두려워하고 자신의 발자국을 싫어하여 그것을 떨쳐버리려고 달리는 자가 있었는데,

---

268) 장차……사람 : ≪莊子≫에서 비롯된 표현이다. 外物에 구애되지 않고 道를 추구하는 사람을 말하는데, 孔隱士 즉 孔淳之를 가리킨다.

269) 丘淵之의 ≪新集錄≫ : 구연지는 南朝의 宋나라 사람이다. 太常으로 있다가 죽었으며 光祿大夫를 추증받았다. 박학다식하고 재주가 있어서 秘閣에서 典籍을 정리하였다. ≪晉義熙四年秘閣目錄≫의 뒤를 이어 ≪晉義熙已來新集目錄≫ 3권을 지었는데 ≪新集錄≫은 이를 가리키는 것으로 보인다. 다른 저서로 ≪文章≫ 100권이 있다.

발을 자주 올릴수록 발자국은 더욱 많아지고 더 빨리 뛰어도 그림자는 떨어지지 않았습니다. 스스로 아직도 느리다고 생각하여 그치지 않고 빨리 달리다가 힘이 다하여 죽고 말았습니다. 그늘에 들어가 그림자를 쉬게 하고 조용한 데 있어 발자국을 멈추게 할 줄을 몰랐으니, 어리석음이 또한 심합니다. 그대가 몸을 닦고 참된 道를 지키고서 또 〈功名 등의〉 外物을 사람들에게 주어버리면 허물이 없게 될 것입니다. 자신의 몸을 닦지 않고 다른 사람에게서 구하니, 또한 바깥에 힘쓰는 것이 아니겠습니까.'"

莊子云 "漁父謂孔子曰 '人有畏影惡(오)跡而去之走者, 擧足逾數(삭)而跡逾多, 走逾疾而影不離. 自以尙遲, 疾走不休, 絶力而死. 不知處陰以休影, 處靜以息跡, 愚亦甚矣. 子脩(心)〔身〕[270]守(貞)〔眞〕[271], 還以物與人, 則無(異)〔累〕[272]矣. 不脩身而求之人, 不亦外事者乎.'"

【頭註】

○ 劉辰翁 : '將不'은 '將無'와 같다.

劉云 "'將不', 猶'將無'也."

---

270) (心)〔身〕: 저본과 각본의 ≪世說新語≫에는 '心'으로 되어 있으나, ≪莊子≫와 安永本에 의거하여 '身'으로 바로잡았다.

271) (貞)〔眞〕: 저본에는 '貞'으로 되어 있으나, 각본의 ≪世說新語≫·≪莊子≫·安永本에 의거하여 '眞'으로 바로잡았다.

272) (異)〔累〕: 저본과 각본의 ≪世說新語≫에는 '異'로 되어 있으나, ≪莊子≫와 安永本에 의거하여 '累'로 바로잡았다.

5. 언어 하 言語 下

5-1 【補】殷仲文이 宋 武帝(劉裕)에게 歌妓를 두라고 권하자 무제가 말했다.

"나는 음악을 잘 모르오."

은중문이 말했다.

"가기를 두기만 하면 저절로 알게 됩니다."

무제가 말했다.

"잘 알게 될까봐 두지 않는 것이오."

殷仲文①이 勸宋武帝畜伎하니 帝曰 我不解聲이라하다 仲文曰 但畜이면 自解리라하니 帝曰 畏解니 故不畜②이라하다

宋 武帝

① ≪續晉陽秋≫에 말하였다. "殷仲文은 字가 仲文으로 陳郡 사람이다. 조부 殷融은 太常이었고, 부친 殷康은 吳興太守였다. 은중문은 桓玄의 咨議參軍이 되었다. 당시 王謐은 예우를 받았지만 친하지 못했고 卞範之는 친하게 여겨졌지만 예우가 덜했는데, 은중문에 대한 총애와 대우는 왕밀과 변범지를 합친 것과 같을 정도로 융성했다. 환현이 황제의 자리를 찬탈할 때에 도운 일로 가까워지고 지위가 높아졌다. 수레·말·그릇·의복은 지극히 화려하고 아름다웠으며, 妓妾이 수십 명이었고 음악소리가 끊이지 않았다. 성품이 매우 인색하여 뇌물을 많이 받아 집에 千金을 쌓아두고도 늘 부족하게 여겼다. 환현이 패배하자 먼저 義軍(劉裕의 군대)에 투항하였고, 侍中과 尙書를 지냈다. 죄로 인해 伏誅되었다."

續晉陽秋曰"仲文, 字仲文, 陳郡人. 祖融, 太常, 父康, 吳興太守. 仲文爲桓玄咨議參軍. 時王謐見禮而不親, 卞範之被親而少禮, 其寵遇隆重, 兼於王·卞矣. 玄簒位, 以佐命親貴. 輿馬器服, 窮極綺麗, 妓妾數十, 絲竹不絶音. 性甚貪吝, 多納賄賂, 家累千金, 常若不足. 玄敗, 先投義軍, 遷侍中·尙書. 以罪伏誅."

② ≪宋書≫에 말하였다. "황제의 姓은 劉氏이고 諱는 裕로 晉나라로부터 禪讓받았다. 청렴하고 검약하며 욕심이 적어 珠玉과 輿馬 같은 사치품을 본 적이 없으며 後庭에는 歌妓와 음악의 소리가 없었다. 3년간 재위하였다."
宋書曰"帝, 姓劉氏, 諱裕, 受晉禪. 淸簡寡慾, 未嘗視珠玉輿馬之飾, 後庭無紈綺絲竹之音. 在位三年."

【頭註】

○ 李贄 : 劉裕(宋 武帝)의 답이 더욱 좋다.
李云"裕答更好."

5-2【補】王韶之는 어렸을 때에 집이 가난하였으나 학문을 좋아하였다. 한번은 사흘 동안 식량이 떨어졌는데도 책을 잡고 놓지 않자 집안사람들이 나무라며 말했다.

"이렇게 곤궁한데 어찌하여 밭을 갈지 않는가?"

왕소지가 천천히 대답하였다.

"나는 늘 내 자신을 〈밭으로 삼아〉 갈고 있습니다."

王韶之는 少家貧이나 而好學하다 嘗三日絶糧이어늘 執卷不輟하니 家人이 誚之曰 困窮이 若此어늘 何不耕가하니 王이 徐答曰 我常自耕耳①라하다

① 沈約의 ≪宋書≫〈王韶之傳〉에 말하였다. "王韶之는 字가 休泰로 瑯琊 臨沂 사람이다. 증조부 王廙는 晉나라 驃騎將軍이었고, 조부 王羨之는 鎭軍掾이었고, 부친 王偉之는 郎中令이었다. 왕소지는 집이 가난하여 부친이 烏程縣令이 되자 오정현 경내에 살았다. 史籍을 좋아하여 두루 읽고 많이 들었다. 처음에 衛將軍 謝琰의 行參軍이 되었다."
沈約宋書曰"王韶之, 字休泰, 瑯琊臨沂人. 曾祖廙, 晉驃騎將軍, 祖羨之, 鎭軍掾, 父偉之, 郎中令. 韶之家貧, 父爲烏程令, 因居縣境. 好史籍, 博涉多聞. 初爲衛將軍謝琰行參軍."

【頭註】

○ 李贄 : 맛이 없다.
〔李云〕1) "無味."

○ 王世懋 : 이는 이른바 '붓으로 밭을 간다〔筆耕〕'라는 것이다.
王云 "此所謂筆耕."

5-3 【補】 戴仲若(戴顒)이 봄날에 귤 2개와 술 1말을 들고 가는데, 어떤 이가 어디에 가는지 묻자 〈이렇게〉 답하였다.

"꾀꼬리 소리를 들으러 갑니다. 이는 속된 귀에 놓는 針이요, 詩想을 북돋우는 음악이지요."

戴仲若이 春日에 携雙柑斗酒하니 人問 何之오하니 答曰 往聽黃鸝聲이니 此는 俗耳의 針砭이요 詩腸의 鼓吹①라하다

① ≪宋書≫ 〈戴顒傳〉에 말하였다. "戴顒은 字가 仲若이고 譙郡 銍 사람으로 戴逵의 아들이다."
宋書曰 "戴顒, 字仲若, 譙郡銍人, 戴逵子也."

【頭註】

○ 李贄 : 단지 이것만으로도 매우 좋다.
李云 "只此甚妙."

5-4 【補】 宋 世祖(劉駿)가 일찍이 謝中書(謝莊)에게 寶劍을 내려준 적이 있는데, 사중서가 이를 魯豫州(魯爽)를 送別하면서 주었다. 뒤에 노예주가 반란을 일으켰는데, 세조가 한번은 연회를 열었다가 검의 소재에 대해 물어보았다. 사중서가 말했다.

"예전에 魯爽과 헤어질 때에 陛下 대신에 제가 그에게 〈白起가〉 杜郵에서 〈자

1) 〔李云〕 : 저본에는 '李云'이 없으나, ≪李贄全集注≫(社會科學文獻出版社)를 참조하여 보충하였다.

결한 것처럼 하라고〉 주었습니다."

세조가 크게 기뻐하였다.

宋世祖[①]가 **嘗賜謝中書寶劒**[②]한대 **謝**가 **以與魯豫州送別**[③]이라 **後**에 **魯**가 **作逆**이라 **世祖**가 **嘗因宴集**하여 **問劒所在**하니 **謝曰 昔與魯爽別**에 **竊爲陛下杜郵之賜**라하니 **世祖大悅**[④]하다

① ≪宋書≫ 〈孝武帝紀〉에 "황제의 이름은 駿으로, 文帝의 셋째 아들이다."
宋書曰 "帝名駿, 文帝第三子."

② ≪宋書≫ 〈謝莊傳〉에 말하였다. "謝莊은 字가 希逸이고 陳郡 陽夏 사람으로 太常 謝弘微의 아들이다. 7살에 글을 지을 줄 알았다. 벼슬이 光祿大夫에 이르렀으며, 죽어서 憲子라는 시호를 받았다."

≪南史≫ 〈謝密傳〉에 말하였다. "謝莊은 총명하고 풍모가 아름다웠는데, 宋 文帝가 보고서 남다르게 여겨 '藍田[2]에서 玉이 나온다는 것이 어찌 거짓이겠는가!' 라고 하였다."

宋書曰 "謝莊, 字希逸, 陳郡陽夏人, 太常弘微子也. 七歲能屬文. 仕至光祿大夫, 卒諡憲子." 南史曰 "莊韶令美風儀, 宋文帝見而異之, 曰 '藍田生玉, 豈虛也哉.'"

③ ≪宋書≫ 〈魯爽傳〉에 말하였다. "魯爽은 어릴 적 이름이 女生으로 扶風 郿 사람이다. 조부는 魯宗之이고 부친은 魯軌이다. 노상은 어려서 무예가 뛰어나 世祖가 左軍將軍과 都督豫州諸軍事로 삼았다. 南郡王 劉義宣과 반란을 일으켰는데, 薛安都가 전장에서 노상을 찔러 죽이고 그 머리를 京都로 보냈다."

宋書曰 "魯爽, 小名女生, 扶風郿人. 祖宗之, 父軌. 爽少有武藝, 世祖以爲左軍將軍・都督豫州諸軍事. 與南郡王義宣作逆, 薛安都臨陣刺爽, 傳首京都."

④ ≪史記≫ 〈白起傳〉에 말하였다. "秦나라가 趙나라 邯鄲(한단)을 공격하였는데, 武安君(白起)이 가려고 하지 않았다. 이에 〈昭襄王이〉 武安君의 작위를 박탈하여 士卒로 삼고는 陰密로 추방하였다. 杜郵에 이르자 使者를 시켜 칼을 내려 자결하게 하였다."

史記曰 "秦攻趙邯鄲, 武安君不肯行. 於是免武安君爲士伍, 遷之陰密. 至杜郵, 使使者賜之劒自裁."

---

2) 藍田 : 縣의 이름으로, 아름다운 玉이 나오는 것으로 유명하다.

5-5【補】元凶(劉劭)이 簒立하고서 顔延之를 光祿大夫로 삼았다. 이에 앞서 안연지의 아들 顔竣은 宋 世祖(孝武帝)의 參軍이었는데, 〈세조의〉 義軍이 〈도성으로〉 들어와 반군을 토벌할 때에 안준은 은밀한 모의에 참여하고 아울러 격문도 지었다. 유소가 안연지를 불러 격문을 보여주며 물었다.

"이 글은 누가 지었는가?"

안연지가 대답했다

"안준의 글입니다."

유소가 물었다.

"어떻게 그것을 아는가?"

안연지가 말했다.

"안준의 필체(문체)를 신이 어떻게 모를 수 있겠습니까."

또 물었다.

"〈격문의〉 言辭가 어찌하여 이렇게까지 심한가?"

안연지가 말했다.

"안준은 늙은 아비가 있는 것도 돌아보지 않는데, 어찌 폐하를 염두에 두겠습니까."

유소의 〈안연지에 대한 의심이〉 드디어 풀렸다.

元凶이 簒立[①]하고 以顔延之로 爲光祿大夫[②]라 先是에 延之子竣이 爲世祖參軍이러니 及義師入討에 竣이 參定密謀하고 兼造書檄이라 劭가 召延之하여 示以檄文하고 問曰 此筆은 誰所造오하니 延之曰 竣之筆也라하다 問 何以知之오하니 延之曰 竣筆體를 臣不容不識이라하다 又問 言辭가 何至乃爾오하니 延之曰 竣은 尙不顧有老父하니 何緣復有陛下리오하니 劭意가 遂釋[③]이라

① ≪宋書≫ 〈劉劭傳〉에 말하였다 "元凶 유소는 字가 休遠이고 文帝의 長子이다. 始興王 劉濬과 같이 弑逆을 도모하였는데, 世祖가 들어가 토벌하였고, 유소는 〈이에〉 伏誅되었다."

宋書曰 "元凶劭, 字休遠, 文帝長子也. 與始興王濬同謀弑逆, 世祖入討, 劭伏誅."

② 沈約의 ≪宋書≫ 〈顔延之傳〉에 말하였다. "顔延之는 字가 延年이고 瑯琊 사람으로

晉나라 光祿大夫 顔含의 曾孫이다. 讀書를 좋아하여 보지 않은 것이 없었으며, 文章의 아름다움은 당시의 으뜸이었다. 吳國內史 劉柳가 行軍參軍으로 삼았고, 나중에 秘書監이 되었다."

沈約宋書曰"顔延之, 字延年, 瑯琊人, 晉光祿大夫含之曾孫. 好讀書, 無所不覽, 文章之美, 冠絶當時. 吳國內史劉柳以爲行軍參軍. 後爲秘書監."

③ ≪姓氏英賢錄≫[3]에 말하였다. "顔竣은 字가 士遜으로 顔延之의 長子이다. 어려서부터 명성이 알려졌다. 宋 孝武帝(劉駿)의 撫軍主簿가 되어서는 크게 인정받았고 안준은 마음을 다해 보필하였다. 효무제가 潯陽을 鎭守하자 南中郎記室로 자리를 옮겼다. 文帝가 붕어하였다는 부고가 이르자 효무제가 거병하여 도성으로 들어가 토벌하였고, 〈안준은〉 諮議參軍과 領軍錄事에 올랐다."

姓氏英賢錄曰"顔竣, 字士遜, 延之長子也. 少有令譽, 爲宋孝武撫軍主簿, 甚被知遇, 竣盡心補益. 孝武鎭潯陽, 遷南中郎記室. 及文帝崩問至, 孝武擧兵入討, 轉諮議參軍・領軍錄事."

【頭註】

○ 李贄 : 이런 점이 顔延之가 陶淵明과 벗할 수 있었던 이유이다.

〔李云〕[4] "此延之所以能友陶淵明也."

5-6【補】謝孺子는 聲律에 특히 뛰어났다. 王車騎(王彧)와 桐臺에서 연회를 열었는데 사유자는 생황을 불고 왕거기는 직접 일어나 춤을 추었다. 얼마 후 〈왕거기가〉 감탄하며 말하였다.

"참으로 사람으로 하여금 확 伊水와 洛水를 생각하게 하는구나."

謝孺子는 **特善聲律**①이라 **與王車騎**로 **張宴桐臺**할새 **孺子**는 **吹笙**하고 **王**은 **自起舞**라 **旣而歎曰 眞使人**으로 **飄颻有伊洛間意**②라하다

---

3) 姓氏英賢錄 : ≪隋書≫ 〈經籍志〉에 ≪姓氏英賢譜≫ 100권을 賈執이 지었다고 하였고, ≪漢魏六朝百三家集≫에 가집을 탄핵하는 내용의 〈彈賈執傳湛文〉이 있는데 작자는 南朝 梁나라 문학가인 劉孝儀이다. ≪姓氏英賢錄≫과 ≪姓氏英賢譜≫에 등장하는 인물과 시대 등을 고려할 때 두 책은 같은 책이고 작자는 가집인 듯하다.

4) 〔李云〕: 저본에는 '李云'이 없으나, ≪初潭集≫에 의거하여 보충하였다.

① ≪南史≫ 〈謝裕傳〉에 말하였다. "謝孺子는 陳郡 陽夏 사람이다. 조부 謝景仁(謝裕)은 左僕射였고, 부친 謝恂은 鄱陽太守였다. 사유자는 어려서부터 族兄인 謝莊과 이름을 나란히 하였다. 다재다능하였으며 특히 聲律에 뛰어났다. 집이 가난하여 西陽太守가 되기를 구하였다."

南史曰 "孺子, 陳郡陽夏人. 祖景仁, 左僕射, 父恂, 鄱陽太守. 孺子少與族兄莊齊名. 多藝能, 尤善聲律. 家貧, 求爲西陽太守."

② ≪南史≫ 〈王彧傳〉에 말하였다. "王彧은 字가 景文인데, 〈이름이〉 宋 明帝(劉彧)의 諱와 같았기 때문에 〈이름 대신에〉 字를 사용하였다. 조부 王穆은 司徒 王謐의 큰 형이고, 부친 王僧朗은 尙書였다. 왕경문은 풍모가 아름다웠으며 이치에 대해 말하기를 좋아하였다. 어려서부터 謝莊과 이름을 나란히 하였으며 從叔인 王球의 인정을 받았다."

南史曰 "王彧, 字景文, 與明帝諱同, 故以字行. 祖穆, 司徒謐之長兄, 父僧朗, 尙書. 景文美風姿, 好言理. 少與謝莊齊名, 爲從叔球所知."

【頭註】

○ 王世懋 : 周나라 太子 晉(王子喬)은 笙簧 부는 것을 좋아했는데, 伊水와 洛水에서 노닐다가 浮丘公(전설상의 仙人)을 만나 신선이 되었다. 王車騎(王彧)의 뜻은 표연히 신선이 되고 싶다는 것이다.

王云 "周太子晉好吹笙, 遊伊洛, 遇浮丘公, 成仙. 王意飄飄欲仙也."

5-7 【補】 王侍中(王份)이 한번은 연회에 입시하였는데, 梁 高祖(武帝 蕭衍)가 군신들에게 물었다.

"朕은 有爲를 행하는가? 無爲를 행하는가?"

왕시중이 답하였다.

"陛下께서는 萬物에 응하여서는 有爲를 행하고 至理를 체화하여서는 無爲를 행하십니다."

王侍中이 **嘗因侍宴**[①]에 **高祖**가 **問群臣**하되 **朕**은 **爲有**오 **爲無**오하니 **侍中**이 **答曰 陛下**는 **應萬物**하여 **爲有**요 **體至理**하여 **爲無**[②]라하다

① ≪南史≫ 〈王份傳〉에 말하였다. "王份은 字가 季文으로 瑯琊 사람이다. 조부 王僧朗은 宋의 尙書僕射였고, 부친 王粹는 黃門侍朗이었다. 왕빈은 侍中과 丹陽尹을

역임하였다."

南史曰"王份, 字季文, 瑯琊人. 祖僧朗, 宋尙書僕射, 父粹, 黃門侍朗. 份歷官侍中·丹陽尹."

② ≪梁書≫ 〈武帝紀〉에 말하였다. "황제의 姓은 蕭氏이고 諱는 衍이다. 齊나라를 대신하여 즉위하였고 48년간(502~549) 재위하고 붕어하였다."

梁書曰"帝姓蕭氏, 諱衍. 代齊立, 四十八年而崩."

5-8 【補】 蕭引의 필법은 웅건하고 품위가 있었다. 陳 宣帝(陳頊)가 한번은 그의 署名을 가리키며 사람들에게 말했다.

"이 글자는 필력이 마치 새가 날아가려는 것처럼 퍼덕퍼덕한다."

소인이 대답하였다.

"이는 바로 폐하께서 그 깃털을 빌려주셨기 때문입니다."

蕭引은 書法이 遒逸①이라 陳宣帝가 嘗指其署名하여 語諸人曰 此字는 筆勢가 翩翩하여 似鳥之欲飛라하니 引이 答曰 此는 乃陛下假其羽毛②라하다

① ≪南史≫ 〈蕭引傳〉에 말하였다. "蕭引은 字가 叔休로 南蘭陵[5] 사람이다. 증조 蕭思話, 조부 蕭惠休, 부친 蕭介는 모두 유명하였다. 소인은 행실이 방정하고 器量이 있으며 총명하고 박학하며 글을 잘 지었다. 梁나라에서 벼슬하여 西昌侯主簿를 지냈다. 侯景의 난리[6] 때에 남쪽으로 嶺表(五嶺 남쪽)로 도망갔다가 북쪽으로 돌아와서 尙書金部侍郎에 제수되었다."

南史曰"蕭引, 字叔休, 南蘭陵人. 曾祖思話, 祖惠休, 父介, 並有名. 引方正有器度, 聰敏博學, 善屬文. 仕梁, 位西昌侯主簿. 侯景之亂, 南奔嶺表, 北還, 拜尙書金部侍郎."

② ≪陳書≫ 〈宣帝紀〉에 말하였다. "황제의 이름은 頊으로 始興王(陳 武帝의 형인 陳道

---

5) 南蘭陵 : 蘭陵郡은 晉나라 때 설치되고 徐州에 속하였는데, 수도인 洛陽이 함락되고 懷帝가 포로로 잡힌 永嘉의 난리 뒤에 난릉의 本土를 五胡에 뺏기게 되자 남쪽에 다시 설치한 것이다.

6) 侯景의 난리 : 南北朝 시기 梁 武帝 太淸 2년(548)에 東魏의 대장이었다가 투항했던 후경이 황제의 조카 臨賀王 蕭正德과 일으킨 모반 사건이다.

譚)의 아들이다. 臨海王이 폐위되자[7] 이에 大統을 이었다."
陳書曰 "帝名頊, 始興王子. 臨海王廢, 乃承大統."

5-9 【補】 徐孝穆(徐陵)이 魏나라에 사신으로 가자, 위나라 사람들이 숙소를 제공하고 잔치를 열었다. 이날 날씨가 매우 더웠는데, 主客[8]인 魏收가 서효목을 조롱하였다.

"오늘의 더위는 당연히 徐常侍(서효목) 때문에 왔을 것입니다."[9]

서효목이 조용히 답하였다.

"전에 王肅이 이곳에 와서 위나라를 위해 비로소 禮儀를 제정하였고, 이번에 제가 사신으로 와서 경에게 추위와 더위를 다시 알게 하였습니다."[10]

徐孝穆이 使魏하니 魏人이 授館宴賓이라 是日甚熱한대 主客魏收가 嘲孝穆曰 今日之熱은 當由徐常侍來①리라하니 孝穆이 從容答曰 前에 王肅이 至此하여 爲魏始制禮儀하고 今에 我來聘하여 使卿復知寒暑②라하다

① ≪南史≫ 〈徐摛傳〉에 말하였다. "徐陵은 字가 孝穆이고 東海 郯 사람으로 徐摛의 아들이다. 모친 臧氏가 오색구름이 봉황이 되더니 왼쪽 어깨 위로 내려앉는 꿈을 꾸었고 얼마 있지 않아 서릉을 낳았다. 13세에 ≪老子≫와 ≪莊子≫의 뜻에 통달하였고, 장성하고 나서는 史籍을 두루 섭렵하였으며 문장이 아름다웠다. 벼슬이 中書監과 領太子詹事에 이르렀다."
南史曰 "徐陵, 字孝穆, 東海郯人, 徐摛子也. 母臧氏夢五色雲化爲鳳, 集左肩上, 已而誕陵. 十三通老莊義, 及長, 博涉史籍, 美文辭. 官至中書監·領太子詹事."

② ≪北史≫ 〈王肅傳〉에 말하였다. "王肅은 字가 恭懿이고 瑯琊 臨沂 사람이다. 부친

---

7) 臨海王이 폐위되자 : 임해왕은 南朝 陳나라의 3대 황제인 陳伯宗이다. 어린 나이에 즉위하여 숙부 陳頊에게 실권이 넘어갔고 결국 폐위되었다.

8) 主客 : 손님의 접대를 담당하는 사람이다.

9) 오늘의……것입니다 : 徐陵이 위엄과 기세가 있어 접대하기 어려운 것을 은근히 나무란 것이다.(≪世說講義≫)

10) 이번에……하였습니다 : 이번에 오면서 상당히 위엄 있게 군 것은 魏나라가 예전부터 관용만 알고 위엄은 모르기 때문에 알게 하고자 그렇게 했다는 말이다.(≪世說講義≫)

王奐은 齊나라의 雍州刺史였다. 왕숙은 어려서부터 총명하며 언변이 좋았고, 經史를 두루 섭렵하였고, 자못 큰 뜻을 품었다. 秘書丞을 지냈다. 부친 왕환이 齊 武帝에게 살해당하자 왕숙은 建業에서 〈北魏로〉 도망쳐 왔다. 北魏 孝文帝(元宏)는 겸허하게 그를 대우하였고 引見하여 까닭을 물어보았는데, 왕숙의 말이 민첩하고 뜻은 절실하며 답변에다 예의가 있었기에 효문제가 매우 가엽게 여겼다. 散騎常侍와 揚州刺史를 지냈다."

北史曰"王肅, 字恭懿, 瑯琊臨沂人. 父奐, 齊雍州刺史. 肅少聰辯, 涉獵經史, 頗有大志. 位秘書丞. 父奐爲齊武帝所殺, 肅自建業來奔, 孝文虛(矜)〔衿〕11)待之. 引見問故, 肅辭義敏切, 辯而有(體)〔禮〕12), 帝甚哀惻之. 官散騎常侍・揚州刺史."

5-10 **【補】 魏佛助(魏收)13)가 盧思道에 대하여는 성대히 칭찬하고 盧詢祖는 〈그에〉 미치지 못한다고 하자, 노순조가 말했다.**

"높이 날아오르지 못하는 자를 보면 깃털을 빌려주고, 기세 좋게 하늘로 오르는 자임을 알면 그 날개를 잘라버린다."

魏佛助①가 盛譽盧思道②하고 以詢祖爲不及이라하니 詢祖가 曰 見未能高飛者하면 借其羽毛하고 知逸勢冲天者하면 剪其翅翮③이라하다

① ≪北史≫ 〈魏收傳〉에 말하였다. "魏收는 字가 伯起이고 어릴 적 이름은 佛助로 鉅鹿 下曲陽 사람이다. 어려서부터 영민하였으며 사소한 일에 구애받지 않았다. 부친을 따라 변경에 있으면서 말 타고 활 쏘는 것을 익히기 좋아하였는데, 후에 평소의 뜻을 바꾸어 독서를 하였고 문장의 화려함으로 세상에 드러났다. 太學博士에 제수되었고 中書監에 이르렀다."

北史曰"魏收, 字伯起, 小字佛助, 鉅鹿下曲陽人. 少機警, 不持細行. 隨父在邊, 好習騎射, 後折節讀書, 以文華顯. 除太學博士, 至中書監."

---

11) (矜)〔衿〕: 저본에는 '矜'으로 되어 있으나, 安永本・≪魏書≫・≪北史≫・≪冊府元龜≫에 의거하여 '衿'으로 바로잡았다.

12) (體)〔禮〕: 저본과 安永本에는 '體'로 되어 있으나, ≪魏書≫, ≪北史≫, ≪冊府元龜≫에 의거하여 '禮'로 바로잡았다.

13) 魏佛助(魏收): ≪北齊書≫ 〈盧詢祖傳〉에는 邢卲로 되어 있다.

② ≪北齊書≫[14]에 말하였다. "盧思道는 字가 子行이다. 총명하였으며 언변이 뛰어났다. 16세에 中山의 劉松이 다른 사람을 위해 碑文을 짓고 노사도에게 보여주었는데, 노사도는 이해하지 못하는 부분이 많았다. 이에 發奮하여 책을 읽고 邢子才(邢邵)를 스승으로 모셨다. 나중에 다시 글을 지어 유송에게 보여주자 유송이 도리어 잘 이해하지 못하였다. 이로 인해 魏收에게 나아가 異書를 구하니 재주와 학문이 모두 드러나게 되었다. 그렇지만 품행을 조심하지 않고 가볍게 사람을 업신여기기를 좋아하였다. 天保 연간(550~559)에 ≪魏史≫가 완성되자 노사도가 많은 비방을 하였다. 이 때문에 笞刑을 당하는 치욕을 두 번 겪었고 실의한 채 등용되지 못하였다. 楊遵彦(楊愔)이 조정에 천거하여 布衣에서 벗어나 司空行參軍이 되고 散騎侍郎을 겸하였다."

北齊書曰"盧思道, 字子行. 聰爽俊辯. 年十六, 中山劉松爲人作碑, 以示思道, 思道多所不解. 乃感激讀書, 師事邢子才. 後復爲文示松, 松乃不能甚解. 因就魏收求異書, 才學兼著. 然不持操行, 好輕侮人. 天保中魏史成, 思道多所非毁. 由是再被笞辱, 落泊不調. 楊遵彦薦於朝, 解褐司空行參軍, 兼散騎侍郎."

③ 李百藥의 ≪北齊書≫ 〈盧文偉傳〉에 말하였다. "盧詢祖는 范陽 涿 사람이다. 조부 盧文偉는 大夏男에 봉해졌는데 부친 盧恭道가 일찍 죽어 노순조가 작위를 이어받았다. 학문이 뛰어나고 문사가 화려하고 아름다워 선대를 이을 만한 俊才가 되었다. 秀才로 천거되었고 司徒記室을 지냈다."

李百藥齊書曰"盧詢祖, 范陽涿人. 祖父〔文〕[15]偉, 封大夏男, 父恭道, 蚤卒, 詢祖襲爵. 有術學, 文辭華美, 爲後生之俊. 擧秀才, 官司徒記(空)〔室〕[16]."

5-11 【補】 薛道衡이 한번은 鍾山의 開善寺에서 놀다가 한 沙彌에게 말했다.
"金剛은 어째서 성난 눈을 하고, 菩薩은 어째서 눈썹을 늘어뜨리고 있는가?"
사미가 대답했다.
"금강이 성난 눈을 하는 것을 四魔를 항복시키기 위해서이고, 보살이 눈썹을

---

14) 北齊書 : 이 내용은 ≪北史≫ 〈盧思道傳〉에 보인다.

15) 〔文〕: 저본에는 '文'이 없으나, ≪北齊書≫와 ≪北史≫에 의거하여 보충하였다.

16) (空)〔室〕: 저본에는 '空'으로 되어 있으나, 安永本과 ≪北史≫에 의거하여 바로잡았다.

늘어뜨리는 것은 六道에 慈悲를 베풀기 위해서입니다."

설도형이 깜짝 놀라며 칭찬하였다.

薛道衡이 **嘗遊鍾山開善寺**①할새 **謂一沙彌曰 金剛**은 **何爲努目**②이며 **菩薩**은 **何爲低眉**③오하니 **沙彌**가 **答曰 金剛努目**은 **所以降伏四魔**④요 **菩薩低眉**는 **所以慈悲六道**⑤라하니 **道衡**이 **憮然稱善**하다

① ≪隋書≫〈薛道衡傳〉에 말하였다. "설도형은 字가 玄卿이고 河東 汾陰 사람이다. 6세에 부친을 여의었는데 전심전력으로 학문을 좋아하였고, 장성하여서는 재주와 이름이 더욱 드러났다. 河東의 裴獻이 그를 지목하여 말하기를 '九鼎이 황하 북쪽으로 옮겨가서 내 關西의 孔子[17] 같은 이는 만날 수 없을 것이라고 생각하였는데, 지금 다시 薛君을 만났다.'라고 하였다. 벼슬이 司隸大夫에 이르렀다."

隋書曰 "道衡, 字玄卿, 河東汾陰人. 六歲而孤, 專精好學, 及長, 才名益著. 河東裴獻[18]目之曰 '鼎遷河朔, 吾謂關西孔子, 罕遇其人, 今復遇薛君矣.' 官至司隸大夫."

② ≪法苑珠林≫에 말하였다. "西方에 여덟 분의 神人이 있는데 모습은 사납게 생겼고 몸에는 금빛 갑옷을 입었고 손에는 寶刀를 들고 있고 이름은 金剛이라고 한다. 일찍이 世尊께서 雷音寺에서 설법하시는 것을 보위한 적이 있었다."

法苑珠林云 "西方有神八人, 相貌猙獰, 身被金甲, 手持寶刀, 名曰金剛. 嘗衛世尊說法于雷音寺."

③ ≪金剛經≫의 註에 말하였다. "'菩'는 '넓다'는 뜻이고, '薩'은 '구제한다'는 뜻이다. 능히 衆生을 널리 구제하기 때문에 '菩薩'이라고 하니, 儒者 중에서 '仁人君子'라는 호칭과 마찬가지이다."

金剛經註云 "菩, 普也, 薩, 濟也. 能普濟衆生, 故曰 '菩薩'. 猶儒者仁人君子之稱."

④ ≪婆娑論≫에 말하였다. "묻기를, 무슨 까닭에 '魔'라고 이름을 붙이는가? 답하기를, 慧命[19]을 끊어버리기 때문에 '마'라고 하며, 그 다음으로는 늘 放逸함을 행하

---

17) 關西의 孔子 : 楊震을 가리킨다. 弘農 華陰 사람으로 경전에 밝고 광범위하게 독서를 하여 보지 않은 책이 없어서 사람들이 '관서의 공자'라고 불렀다. 관서는 長安 서쪽을 말한다.(≪世說音釋≫)

18) 獻 : ≪何氏語林≫의 注, ≪隋書≫, ≪北史≫, ≪通志≫, ≪山西通志≫, ≪冊府元龜≫에는 '讞'으로 되어 있다.

여 자신을 해치기 때문에 '마'라고 한다."

≪淨印法門經≫에 말하였다 "함이 없는 마음으로 모든 魔를 항복시킬 것이다. 四魔[20]가 있다는 것을 알아야 할 것이니, 첫째는 蘊魔요, 둘째는 煩惱魔요, 셋째는 死魔요, 넷째는 天魔이니라."

婆娑論 "問云'何故名魔.' 答曰'斷慧命, 故名魔, 復次常行放逸害自身, 故名魔.'" 淨印法門經云 "以無所爲心(印)[21], 降諸魔. 當知有四, 一者蘊魔, 二者煩惱魔, 三者死魔, 四者天魔."

⑤ ≪法華經≫에 말하였다. "六道에는 모두 罪過가 있으니, 〈육도는〉 天道·人道·魔道[22]·地獄道·餓鬼道·畜生道를 말한다."

法華經云 "六道皆有罪過, 謂天道·人道·魔道·地獄道·餓鬼道·畜生道."

5-12【補】楊遵彦(楊愔)이 관리 선발을 담당했을 때에 60명의 사람을 하나의 단위로 묶었다. 양준언은 〈후보자에게〉 자신의 경력을 서술하게 하고 마치면 名簿를 보지도 않고 바로 차례대로 〈이름을〉 불렀다. 한번은 盧士深을 盧士琛으로 잘못 불렀다. 노사심이 스스로 자신의 이름을 말하자 양준언이 말했다. "盧郞이 밝고 윤기가 있기에 玉을 보탰소."[23]

楊遵彦①이 典選時에 以六十人으로 爲一甲이라 楊이 令其自敍하고 訖에 不省文簿하고 便次第呼之러니 嘗誤以盧士深爲士琛이라 士深이 自言其名하니 遵彦이 曰 盧郞이 朗潤하여 所以加玉②이라하다

① ≪北史≫〈楊播傳〉에 말하였다. "楊愔은 字가 遵彦이고 弘農 華陰 사람으로 楊津

---

19) 慧命 : 佛法을 가리키며 또한 승려를 높여 부르는 말이기도 하다.

20) 四魔 : 사람의 생명이나 佛法을 빼어가는 네 가지 魔를 가리킨다. 色·受·想·行·識 등의 五蘊은 각종의 번뇌를 일으키므로 蘊魔라고 하고, 탐욕 등의 번뇌는 심신을 괴롭게 하므로 煩惱魔라고 하고, 죽음은 사람의 목숨을 앗아가므로 死魔라고 하고, 欲界第六天의 魔王은 사람들의 선한 행위를 방해하므로 天魔(또는 天子魔)라고 한다.

21) (印) : 저본에는 '印'이 있으나, ≪佛說海意菩薩所問淨印法門經≫에 의거하여 衍文으로 처리하였다.

22) 魔道 : 阿修羅道가 되어야 한다.(≪世說音釋≫)

23) 玉을 보탰소 : 罙에 氵을 보태지〔深〕 않고 玉을 보탰다〔琛〕는 것이다.

의 아들이다. 어릴 적 이름은 秦王이다. 어린아이일 때에 입은 말을 하지 못하는 것 같았으나 행동거지와 자태는 묵직하고 장중하였다. 6세에 史書를 배웠고, 11세에 ≪詩經≫과 ≪易經≫을 배웠으며, ≪春秋左氏傳≫을 좋아하였다. 벼슬이 開府儀同三司와 尙書右僕射에 이르렀다."

北史曰"楊愔, 字遵彦, 弘農華陰人, 楊津子也. 小名秦王. 兒童時, 口若不能言, 而風度深敏. 六歲(擧)〔學〕[24]史書, 十一受詩易, 好左氏春秋. 仕至開府儀同三司·尙書右僕射.

② ≪三國典略≫에 말하였다. "東魏에서 楊愔에게 관리의 선발을 맡겼다. 양음은 選人(관리 후보자)에게 자신의 경력을 서술하게 하였는데, 名簿를 살펴보지도 않고 차례대로 불렀다. 한번은 慕容을 長孫이라고 잘못 불렀는데 〈잘못 부른 것은 이〉 한 사람뿐이었다. 魯漫漢이라는 후보자가 있었는데 미천하여 기억하지 못할 것이라고 스스로 말하자, 양음이 '卿은 전에 元子思의 동네에서 나귀를 타다가 멀리서 나를 보고도 나귀에서 내리지 않고 方麴[25]으로 얼굴을 가렸으니, 내 어찌 경을 모르겠소?'라고 하였다. 노만한은 깜짝 놀라고 탄복하였다."

三國典略曰"東魏以楊愔典選, 愔令選人自敍, 不省文簿, 次第呼之. 嘗誤呼慕容爲長孫一人而已. 有選人魯漫漢, 自言微賤不蒙記. 愔曰'卿前在元子思坊乘驢, 遙見我不下, 以方麴障面, 我何不識卿邪(야).' 漫漢驚服."

【頭註】

○ 王世懋 : 楊遵彦이 관리 선발을 맡았으니 〈그의〉 말 한마디가 華袞[26]처럼 〈귀중한데〉 실수로 인해 상을 주었으니, 이는 盧士深의 행운이다.
王云"遵彦典選, 一言華袞, 因誤加賞, 便是士深之幸."

○ 어떤 판본에는 〈劉孝標 注 ②에서 '一人而已'의〉 '一'자가 '二'자로 되어 있다.
一一作二.

5-13 **【補】** 북쪽의 사신 李諧가 남쪽으로 오자 梁 武帝(蕭衍)가 그와 함께 유람하다가 放生하는 곳에 이르렀다. 황제가 물었다.

---

24) (擧)〔學〕: 저본에는 '擧'로 되어 있으나, 安永本과 ≪北史≫에 의거하여 '學'으로 바로잡았다.

25) 方麴 : 대나무로 짠 네모난 부채이다.

26) 華袞 : 고대 王公과 貴族들이 입던 화려한 예복이다.

"그쪽 나라에서도 방생합니까?"

이해가 답하였다.

"잡지도 않고 방생하지도 않습니다."

황제가 크게 부끄러워하였다.

北使李諧가 至南[①]하니 梁武가 與之遊歷이라가 至放生處라 帝가 問曰 彼國도 亦放生否아하니 諧가 答曰 不取하고 亦不放이라하니 帝大慙[②]하다

梁 武帝

① ≪北史≫ 〈李諧傳〉에 말하였다. "李諧는 字가 虔和이다. 부친 李平은 尙書僕射였다. 이해는 어려서부터 風采가 좋아서 趙郡 李搔가 한번은 그를 보고 '領軍의 門下에서 神人 한 명을 보았다.'라고 하였다. 彭城侯(조부 李嶷)의 작위를 이어받았으며, 中書侍郎을 거쳤다. 天平 연간(534~537) 말에 東魏가 梁나라와 화친하고자 이해를 사신으로 보냈는데, 梁 武帝가 좌우의 사람들에게 '경들은 일찍이 북쪽에 인물이 전혀 없다고 말했는데, 이런 사람들은 어디에서 온 것인가?'라고 하였다." 北史曰 "李諧, 字虔和. 父平, 尙書僕射. 諧幼有風采, 趙郡李搔嘗見之曰 '領軍門下, 見一神人.' 襲爵彭城侯, 歷位中書侍郎. 天平末, 魏欲與梁和好, 以諧聘焉. 梁武謂左右曰 '卿輩嘗言北間都無人物, 此等何處來.'"

② ≪郡國志≫에 말하였다. "潤州의 長命洲는 梁 武帝가 放生하던 곳이다." 郡國志曰 "潤州長命洲, 梁武帝放生處."

5-14 【補】 賈思伯은 천성이 겸허하고 온화하여 士大夫를 만나면 비록 길거리에서도 수레를 멈추거나 말에서 내려 공손히 맞이하였고 싫증내는 기색을 한 적이 없었다. 어느 客이 말했다.

"公은 지금 지체가 높으시니 어떻게 〈오래도록〉 교만하지 않을 수 있겠습니까?"

가사백이 말했다.

"쇠락해지면 교만해지나니, 어찌 한결같을 수 있겠습니까."

당시에 사람들이 高雅한 말이라고 하였다.

賈思伯은 至性謙和하여 遇士大夫[27]면 雖在街道라도 停車下馬하여 接誘恂恂하되 曾無倦色이라 客曰 公은 今貴重하니 寧能不驕리오하니 思伯이 曰 衰至면 便驕니 何常之有리오하다 當時以爲雅言①이라

① ≪北史≫ 〈賈思伯傳〉에 말하였다. "賈思伯은 字가 士休이고 齊郡 益都 사람이다. 동생 賈思同과 北海의 陰鳳을 스승으로 섬겼다. 학업이 끝나고 보수로 낼 비용이 없자, 음봉이 옷과 물건을 저당잡았다. 당시의 사람들이 이를 두고 '陰生은 책을 읽었어도 어리석음을 면치 못했으니 두 봉황을 몰라보고 옷을 벗겨버렸다.'라고 하였다. 가사백은 여러 벼슬을 거쳐 中書侍郎에 올랐고 北魏 孝文帝(元宏)의 인정을 받았다."
北史曰"賈思伯, 字士休, 齊郡益都人. 與弟思同師事北海陰鳳. 業竟, 無資酬之, 鳳質其衣物. 時人爲之語曰'陰生讀書不免癡, 不識雙鳳脫人衣.' 思伯累遷中書侍郎, 爲孝文所知."

【頭註】

○ 王世懋 : 사람들은 교만함이 왕성함에서 비롯된다고 생각할 뿐이고 쇠락함에서 비롯된다는 것을 모른다. 이 말이 이래서 맛이 있다.
王云"人謂驕由盛耳, 不知乃由衰. 此語故有味."

5-15 **【補】** 潘師正은 嵩山의 逍遙谷에 살았는데 唐 高宗(李治)이 불러서 필요한 것을 물어보았다. 반사정이 대답했다.
"신이 필요한 것은 무성한 소나무와 맑은 샘인데, 산중에 모자라지 않습니다."

潘師正은 居嵩山逍遙谷한대 高宗이 召하여 問所須하니 師正이 對曰 臣所須者는 茂松淸泉이니 山中不乏①이라하다

① ≪舊唐書≫에 말하였다. "潘師正은 趙州 贊皇[28] 사람이다. 젊어서부터 孝誠으로 알려졌다. 〈隋나라〉 大業 연간(605~618)에 度牒[29]을 받아 道士가 되어 王知遠을

---

27) 遇士大夫 : ≪何氏語林≫과 ≪北史≫ 〈賈思伯傳〉과 ≪魏書≫ 〈賈思伯傳〉에는 '몸을 앞으로 숙여 士에게 예를 표했다.〔傾身禮士〕'로 되어 있다.

28) 趙州 贊皇 : ≪新唐書≫ 〈隱逸傳〉에는 '貝州 宗城' 사람으로 되어 있다.

스승으로 섬겼다. 마음이 청정하고 욕심이 없었으며, 嵩山에 20년 동안 살면서 단지 솔잎과 물만 먹었다. 죽은 뒤 '體元先生'이라는 칭호를 받았다."
唐書曰 "潘師正, 趙州贊皇人. 少以孝聞. 大業中, 度爲道士, 師事王知遠. 淸淨寡欲, 居嵩山積二十年, 但服松葉飮水而已. 卒贈體元先生."

5-16 **【補】** 田游巖은 〈황제가〉 자주 불렀으나 나아가지 않았다. 唐 高宗(李治)이 嵩山에 行幸하여 직접 그 집을 이르렀다. 전유암이 野人의 복장으로 나와 절을 올렸는데, 威儀와 행동이 신중하고 소탈하였다. 황제가 물었다.
"先生은 근래 잘 지내고 계십니까?"
전유암이 대답했다.
"신은 이른바 '泉石膏肓'과 '烟霞痼疾'[30]입니다."

田游巖은 頻召나 不出이라 高宗이 幸嵩山하여 親至其門하니 游巖이 野服으로 出拜일새 儀止가 謹樸이라 帝가 問 先生은 比佳否아하니 游巖이 對曰 臣은 所謂泉石膏肓과 烟霞痼疾①이라하다

① ≪新唐書≫ 〈隱逸傳〉에 말하였다. "田游巖은 京兆 三原 사람이다. 처음에는 太學生으로 뽑혔다가 뒤에 그만두고 돌아갔다. 太白山을 유람하다가 마음에 드는 은거할 곳을 만나서는 머물며 떠나지를 못했다. 모친과 처자도 모두 속세를 떠나고자 하는 뜻이 있어서 같이 산수를 20여 년간 유람하였다. 뒤에 箕山에 들어가 許由의 사당 동쪽에 집을 짓고 살았다. 황제가 뒤에 奉天宮을 지었는데, 전유암이 전부터 궁의 옆에 살았기에 특별히 허물지 못하게 하고 이어서 '處士田游巖宅'이라고 편액을 달았다."
唐書曰 "田游巖, 京兆三原人. 初補太學生, 後罷歸. 遊太白山, 遇林泉會意, 留連不能去. 母及妻子, 竝有方外之志, 同遊山水二十餘年. 後入箕山, 就許由廟東, 築室而居. 帝後營奉天宮, 游巖先居宮側, 特令勿毁, 仍題曰 '處[31]士田游巖宅'."

---

29) 度牒 : 승려나 도사가 출가하면 관에서 발급해주는 증명서이다.
30) 泉石膏肓과 烟霞痼疾 : 산수를 좋아하는 것이 불치병과 고질병이 되었다는 말로, 황제의 부름에 나아가지 않겠다는 뜻으로 말한 것이다.
31) 處 : ≪新唐書≫ 〈隱逸傳〉과 ≪舊唐書≫ 〈田游巖傳〉에는 '隱'으로 되어 있다.

則天武后

5-17【補】則天武后가 한번은 徐有功을 불러 꾸짖었다.

"公이 근래 獄事를 판결하면서 처벌을 약하게 한 일이 많다. 어찌 된 것인가?"

서유공이 답하였다.

"처벌을 약하게 한 것은 신의 작은 잘못이고, 살리기를 좋아하는 것은 폐하의 큰 은덕입니다."

天后가 **嘗召徐有功**①하여 **責之曰 公**이 **比斷獄**에 **多失出**32)하니 **何邪**(야)오하니 **有功**이 **答曰 失出**은 **臣小過**요 **好生**은 **陛下大德**②이라하다

① ≪舊唐書≫〈徐有功傳〉에 말하였다. "徐有功은 國子博士 徐文遠의 손자이다. 明經科에 선발되어 蒲州의 司法參軍에 제수되었는데, 너그럽고 인자하게 정사를 펼치고 형벌을 행하지 않았다. 아전들과 백성들이 그 은덕과 신의에 감동하여 서로 약속하기를 '〈죄를 지어〉 徐司法(서유공)의 刑杖을 받는 자는 모두가 꾸짖고 벌한다.' 라고 하였다. 이로 말미암아 임기가 끝나 그만둘 때까지 한 사람도 〈형벌로〉 죽이지 않았다."
唐書曰 "徐有功, 國子博士文遠孫也. 擧明經, 除蒲州司法參軍, 爲政寬仁, 不行杖罰. 吏人感其恩信, 遞相約曰 '若犯徐司法杖者, 衆斥罰之.' 由是終於代滿, 不戮一人."

② 劉餗의 ≪隋唐嘉話≫33)에 말하였다. "大理34) 徐有功은 武后가 사람을 죽이려는

32) 失出 : 죄는 무거운데 가볍게 처벌하거나 판결해야 하는데 판결하지 않는 것을 이른다.

33) 劉餗의 ≪隋唐嘉話≫ : 유속은 唐나라 사람으로 史學家 劉知幾의 아들이다. 박학다식하였으며 다수의 저술을 남겼다. ≪舊唐書≫와 ≪新唐書≫에는 기록이 보이지 않고

것을 보면 반드시 법에 의거하여 조정에서 간쟁하였다. 한번은 무후와 논쟁을 반복하다가 언사와 안색이 갈수록 거칠어지자, 무후가 크게 노하여 끌어내어 목을 베라고 하였다. 그런데도 돌아보며 '신은 비록 죽더라도 법은 끝내 바꿀 수 없습니다.'라고 하였다. 저잣거리에 이르러 형이 집행되기 직전에 풀려났고 제명되어 庶人이 되었다. 이런 적이 두세 번이었는데 끝내 굽히지 않았다. 朝廷이 〈그에게〉 의지하였고 지금까지도 〈사람들이〉 그리워한다. 그의 아들이 관리 선발에 응시하자 有司들이 모두 '徐公의 아들이 어찌 일반적인 선발 규정에 구애될 수 있겠는가.' 하였다."

劉餗隋唐嘉話曰"徐大理有功, 見武后將殺人, 必據法廷爭. 嘗與后反覆, 辭色愈厲, 后大怒, 令拽出斬之. 猶廻顧曰'臣雖死, 法終不可改.' 至市臨刑得免, 除名爲庶人. 如是再三, 終不挫折. 朝廷倚賴, 至今懷之. 其子預選, 有司皆曰'徐公之子, 豈可拘以常調者乎.'"

5-18【補】陸羽가 張志和에게 물었다.

"누구와 왕래하십니까?"

장지화가 말했다.

"〈저는〉 太虛[35]를 집 삼고 밝은 달을 촛불 삼아 〈살고 있습니다.〉 그러니 四海의 諸公들과 함께 거처하며 잠시도 이별한 적이 없거늘 어찌 왕래할 것이 있겠습니까."

陸羽①가 問張志和하되 孰與往來오하니 志和가 曰 太虛爲室하고 明月爲燭하니 與四海諸公으로 共處하여 未嘗少別이어늘 何有往來②리오하다

① 宋祁의 ≪新唐書≫〈隱逸傳〉에 말하였다. "陸羽는 字가 鴻漸이다. 또 다른 이름은 疾이고 字는 季疵이다. 復州 竟陵 사람이다. 부모가 누구인지 모르고 어떤 승려가 물가에서 주웠다. 장성하고 나서 ≪周易≫으로 점을 쳐서 蹇卦가 漸卦로 옮겨가는 것이 나왔는데, 그 占辭에 '기러기가 공중에 漸進함이니, 그 깃이 儀法이 될 만하

南宋 陳振孫의 ≪直齋書錄解題≫에 1권으로 되어 있다.

34) 大理 : 刑法을 관장하는 관직 이름이다.

35) 太虛 : 하늘 또는 우주를 이른다.

陸羽

張志和

다.〔鴻漸於陸, 其羽可用爲儀〕'36)라고 하였다. 이에 陸을 姓氏로 하고 그것에서 이름과 자를 가져왔다. 苕溪에서 은거하며 스스로 桑苧翁이라고 칭했다. 문을 닫아 걸고 책을 저술했는데, 혹 홀로 들 가운데를 거닐면서 시를 읊으며 나무를 두들기곤 했고, 배회하다가 〈시가〉 마음에 들지 않으면 혹 통곡하며 돌아오기도 했다. 당시 사람들이 그를 '요즘의 接輿37)'라고 하였다."

宋祁隱逸傳曰"陸羽, 字鴻漸. 一名疾, 字季疵. 復州竟陵人. 不知所生, 有僧得諸(저)水濱. 既長以易自筮, 得蹇之漸曰'鴻漸於陸, 其羽可用爲儀.' 乃以陸爲氏, 名而字之. 隱苕溪, 自稱桑苧翁. 闔門著書, 或獨行野中, 誦詩擊木, 徘徊不得意, 或慟哭而歸. 時謂'今接輿'也."

② ≪唐詩紀事≫38)에 말하였다. "張志和는 字가 子周로 婺州 사람이다. 모친이 단풍나무가 배 위에서 나는 꿈을 꾸고 낳았다. 장지화는 16세에 明經科에 급제하였으

36) 기러기가……其羽可用爲儀〕: ≪周易≫ 漸卦 上九의 爻辭이다.

37) 接輿 : 춘추시대 楚나라 은자로, 미친 척하며 벼슬에 나아가지 않았다. ≪論語≫ 〈微子〉에 "초나라 광인 접여가 孔子의 수레 앞을 노래하며 지나갔다."라는 구절이 보인다.

38) 唐詩紀事 : 南宋의 計有功이 편찬했다. 唐代의 詩歌 작품이 점점 실전되자 이를 보존하기 위해 자료를 모은 것으로 모두 81권이며 당대의 시인 1,150여 명을 수록했다.

며, 唐 肅宗(李亨) 때에 南浦縣尉로 좌천되고 나서 다시 벼슬길에 나아가지 않았다. 江湖에 살며 스스로를 '烟波釣徒'라 칭하고 ≪玄眞子≫[39]를 지었다. 그의 형 張鶴齡은 그가 세상을 피해 은거할까 걱정이 되어 越州의 東郭에 집을 지어주고 陸羽와 왕래하도록 하였다. 李德裕가 '장지화는 은거하였으나 이름이 나고, 현달하였으나 無爲를 행하였다. 곤궁하지도 않고 영달하지도 않았으니 嚴光[40]에 비견된다.'라고 칭송하였다."

○〈이덕유의 평은〉 장지화를 잘 묘사했을 뿐만 아니라 엄광에 대해서도 깊이 알았다.

唐詩紀事曰"張志和, 字子周, 婺州人. 母夢楓生腹上而産. 志和十六, 擢明經, 肅宗時, 貶南浦尉, 不復仕. 居江湖, 自稱烟波釣徒, 著玄眞子. 兄鶴齡恐其遁世, 爲築室越州東郭, 與陸羽往還. 李德裕稱'志和隱而有名, 顯而無事. 不窮不達, 嚴光之比'云." ○非但善狀志和, 亦且深識嚴光.

【頭註】

○ 李贄 : 참된 道學者는 얼굴 가죽이 3치〔寸〕이며, 太虛를 집으로 삼으니 시체는 〈棺을 쓰지 않고〉 노출시킨다.

李云"眞个道學, 臉皮三寸, 太虛爲室, 屍骸暴露."

5-19 【補】 寇萊公(寇準)이 大名府를 鎭守하고 있을 때 북쪽(거란)의 사신이 이르러 구래공에게 말했다.

"相公께서는 명망이 높으신데 무슨 까닭에 中書省에 계시지 않으십니까?"

구래공이 말했다.

"주상께서 조정에는 일이 없으니 북방의 방비는 제가 아니면 안 된다고 하셨

---

39) 玄眞子 : 唐나라 시인 張志和가 지었으며 그 自號가 玄眞子이다. 벼슬을 버리고 은거하였으며 顔眞卿과 교유하였다. ≪현진자≫는 陳振孫의 ≪直齋書錄解題≫에 따르면 원래는 12권이었는데 南宋 때 이미 흩어져 3권만 남았다고 한다. 현재 ≪四庫全書≫에 1권이 수록되어 있고 ≪碧虛≫·≪鸑鷟≫·≪濤之靈≫의 3편으로 이루어져 있다.

40) 嚴光 : 東漢 시기의 유명한 은자이다. 어릴 때에 光武帝와 함께 공부하였는데, 광무제가 즉위하자 이름을 바꾸고 몸을 숨겨 나타나지 않았다. 광무제가 찾아서 벼슬을 주려 하였으나 받지 않고 나오지 않고 평생을 마쳤다.(≪後漢書≫ 〈嚴光傳〉)

습니다."

寇萊公이 鎭大名에 北使가 至하여 語寇曰 相公은 望重하니 何故로 不在中書오하니 寇曰 主上이 以朝廷無事니 北門鎖鑰은 非準이면 不可①라하니이다

① ≪寇萊公遺事≫41)에 말하였다. "公의 諱는 準이고 字는 平仲으로 華州 사람이다. 宋 太宗(趙匡義)이 魏州에 行幸했을 때 공은 16세로 부친이 蕃鎭에 묻혀있다고 行在所에 글을 올렸는데 언사와 안색이 격앙되었고 행동거지에 두려움이 없었다. 황상이 이를 장하게 여겨 有司에게 성명을 기록해두게 하였다. 2년 뒤에 進士科에 급제하였고 점차 지위가 높아졌다."
寇萊公遺事曰 "公諱準, 字平仲, 華州人. 太宗幸魏, 公年十六, 以父陷蕃, 上書行在, 辭色激昻, 擧止無畏. 上壯之, 命有司記姓名. 後二年, 進士及第, 寖以貴顯."

寇準

5-20【補】王荊公(王安石)이 재상이 되어 宗室에 대한 恩典을 줄이자 종실의 적장자들이 잇따라 왕형공의 말 앞으로 와서 상황을 진술하였다.
"모두 같은 宗廟의 자손들인데 어떻게 선조의 얼굴을 볼 수 없단 말입니까?"
왕형공이 버럭 큰 소리로 말했다.
"제왕의 선조도 제사를 지내는 代의 數가 다하면 또한 祧遷42)하는데 하물며

41) 寇萊公遺事 : ≪文獻通考≫ 〈經籍考〉 등에 1권이며 저자는 알 수 없다고 하였다.
42) 祧遷 : 사당에 모셨던 신주를 遠祖의 사당으로 옮기는 것을 말한다. 王家에서는 5代 동안 제사를 모시고 士庶人은 2대 동안 제사를 모시는데 이 제사를 지내는 代數가 끝

후대의 자손들은 말할 것이 있겠는가!"

이에 모두들 흩어졌다.

王安石

王荊公이 作相에 裁損宗室恩數하니 宗子가 相率馬首하여 陳狀云 均是宗廟子孫이어늘 那得不看祖宗面가하니 荊公이 厲聲曰 祖宗도 親盡43)이면 亦祧어늘 何況賢輩44)아하니 於是에 皆散去①하다

① ≪五朝名臣言行錄≫45)에 말하였다. "王安石은 字가 介甫로 撫州 사람이다. 지위가 丞相 左僕射에 이르렀고 荊公에 봉해졌으며 舒王에 追贈되었다."
五朝名臣言行錄曰 "王安石, 字介甫, 撫州人. 位至丞相左僕射, 封荊公, 追贈舒王."

5-21 【補】 王介甫(王安石)가 한번은 燈燭을 켠 것을 보고는 말했다.

"佛家의 책에 '日月燈光明佛'46)이라는 말이 있는데, 등불이 어떻게 해와 달에 짝할 수 있겠는가."

나면 신주를 따로 모셨다. 다만 나라를 세우거나 특별한 공이 있는 임금은 제사를 모시는 대수가 끝나도 옮기지 않는다.

43) 親盡 : 제사를 지내는 代數가 다한 것을 말한다. 천자는 七廟인데 太祖와 祭主로부터 6대조까지를 제사를 지내고, 제후는 5묘인데 태조와 4대조까지를 제사를 지낸다. 이 대수가 지나면 신주를 遠祖의 사당으로 옮기는 祧遷을 행하게 된다.

44) 賢輩 : 晩輩(후대의 자손)의 敬稱이다.

45) 五朝名臣言行錄 : 宋나라 朱熹와 李幼武가 지은 ≪宋名臣言行錄≫의 한 부분이다. ≪송명신언행록≫은 주희가 지은 前集 10권(≪五朝名臣言行錄≫), 後集 14권(≪三朝名臣言行錄≫), 이유무가 지은 續集·別集·外集51권으로 이루어져 있다. 文集과 傳記 중에 보이는 남송과 북송의 중요 인물들 225명의 사적을 모았다.

46) 日月燈光明佛 : 부처의 한 호칭인 '日月燈明佛'을 가리키는 듯하다. 부처의 광명이 하늘에서는 해와 달 같고, 땅에서는 등불과 같다는 뜻이다.

呂吉甫(呂惠卿)가 말했다.

"해는 낮에 빛나고 달은 밤에 빛나는데, 등불은 낮과 밤에 해와 달이 미치지 못하는 곳에서 빛납니다. 그 쓰임에는 차이가 없습니다."

왕개보가 참으로 옳은 말이라 여겼다.

王介甫가 嘗見擧燭하고 因言 佛書에 有日月燈光明佛이나 燈光이 豈得配日月이리오하니 呂吉甫가 曰 日昱乎晝하고 月昱乎夜어니와 燈光은 昱乎晝夜日月所不及이라 其用이 無差別이라하니 介甫가 大以爲然①하다

① ≪東都事略≫에 말하였다. "呂惠卿은 字가 吉甫로 泉州 晉江 사람이다. 集賢校勘이었는데 王安石이 制置三司條例司를 총괄하면서 여혜경을 檢詳으로 삼았으며, 왕안석이 〈재상의〉 자리를 떠나면서 參知政事로 천거하였다."
東都事略曰"呂惠卿, 字吉甫, 泉州晉江人. 爲集賢校勘, 王安石領制置三司條例司, 以惠卿爲檢詳, 安石去位, 薦爲參知政事."

【頭註】

○ 李贄 : 이는 佛經 안에 나오는 말이니 王介甫(王安石)가 어찌 몰랐겠는가. 그러나 呂吉甫(呂惠卿)는 본디 慧業(지혜의 業緣)을 닦은 사람이다.
李云 此經中語, 介甫何以不知. 然吉甫自是慧業人.

5-22 【補】 馮當世(馮京)가 幷州知事로 있을 때에 편지를 王平甫(王安國)에 부쳐 말하였다.

"幷門(幷州)은 歌舞가 아름다워 눈을 감고 보지 않으면서 날마다 禪에 대해 담론하는 것을 상책으로 여기고 있습니다."

왕평보가 답하였다.

"만약 말씀하신 바와 같다면 아직 선의 이치에 통달하지 못하였습니다. 눈을 감고 보지 않는 것이 이미 하나의 公案47)입니다."48)

---

47) 公案 : 禪宗에서 參禪者를 깨달음에 이끌기 위해 주어지는 課題를 이른다.

48) 눈을……公案입니다 : 눈을 감고 보지 않는다는 것 자체가 이미 마음이 흔들렸다는

馮當世가 知幷州[①]에 以書로 寄王平甫曰 幷門은 歌舞妙麗하니 閉目不窺하고 日以談禪爲上이라하니 平甫答曰 若如所論이면 未達禪理니 閉目不窺가 已是一種公案[②]이라하다

① ≪東都事略≫에 말하였다. "馮京은 字가 當世로 鄂州 江夏 사람이다. 어려서부터 특별하게 뛰어났다. 進士에 급제하였는데, 鄕試부터 廷試까지 모두 일등을 하였다. 宰相 富弼이 풍경의 장인이다. 풍경이 知制誥일 때에 韓琦가 재상이었는데, 풍경은 몇 달간 한 번도 찾아가서 만나지 않았다. 한기가 그를 거만하다고 여기고 부필에게 이야기하였다. 부필이 가서 보게 하자, 풍경이 〈가서 한기에게〉 '공께서 재상이신데 제가 함부로 공을 찾아뵙지 않은 것은 공을 높이기 위함입니다. 어찌 거만해서이겠습니까.'라고 하였다. 벼슬은 參知政事를 지냈으며 시호는 文簡이다."
東都事略曰"馮京, 字當世, 鄂州江夏人. 幼雋邁不群. 擧進士, 自鄕選至廷對, 俱第一. 宰相富弼, 京之婦翁也. 京知制誥日, 韓琦爲相, 京數月不一見. 琦謂其傲, 以語(動)〔弼〕49). 弼使往見之, 京曰 '公爲宰相, 而京不妄詣公者, 乃所以重公也. 豈傲哉.' 官參知政事, 謚文簡."

② 王介甫(王安石)가 지은 〈王平甫墓誌〉에 "王安國은 字가 平甫로 臨川 사람이다. 熙寧 연간(1068~1077)에 大理寺丞을 지냈다."
王介甫撰王平甫志曰"安國, 字平甫, 臨川人. 熙寧間, 歷官大理寺(시)丞."

【頭註】

○ 李贄 : 王安國은 그래도 家學이 있다.
李云"王安國尙有家學."

5-23【補】黃太史(黃庭堅)가 말했다.

"士大夫가 사흘 동안 독서를 하지 않으면 理와 義가 가슴속에서 交流하지 않아 바로 모습이 可憎스럽고 말에 별다른 맛이 없는 듯 느껴진다."

黃太史云 士大夫가 三日不讀書면 則理義가 不交於胸中하여 便覺面貌可憎하고 語言無

것이니, 이것이 잘못이라는 말이다.(≪世說講義≫)

49) (動)〔弼〕: 저본에는 '動'으로 되어 있으나, ≪何氏語林≫과 安永本에 의거하여 '弼'로 바로잡았다. ≪東都事略≫에는 '富弼' 2자로 되어 있다.

味[①]라하다

① ≪山谷年譜≫에 말하였다. "公의 諱는 庭堅이고 字는 魯直으로 分寧 사람이다. 治平 丙午年(1066)에 鄕試에 응시했는데 詩題로 '재야에 남겨진 賢者가 없다.〔野無遺賢〕'가 나왔다. 廬陵의 李詢이 先生의 시 중 '渭水는 달을 부질없이 품고, 傅巖은 안개 속에 깊이 잠겼네.[50]〔渭水空藏月 傅巖深鎖烟〕'라는 두 구절을 읽고는 무릎을 치며 '이 사람은 문리가 응시생 가운데 으뜸일 뿐만이 아니라 나중에 詩名을 四海에 떨칠 것이다.'라고 하였다. 마침내 수석으로 뽑혔으며, 著作佐郎과 兼史館을 거쳤다."

黃庭堅

山谷年譜曰"公諱, 庭堅, 字魯直, 分寧人. 治平丙午, 赴鄕擧, 詩題出'野無遺賢'. 廬陵李詢讀先生詩中兩句云 '渭水空藏月, 傅巖深鎖烟.' 擊節稱賞云 '此人不惟文理冠場, 異日當以詩名擅四海.' 遂膺首選, 歷官著作佐郎・兼史館."

50) 渭水는……잠겼네 : 위수는 周 文王이 姜太公을 얻은 곳이고, 부암은 殷 高宗이 傅說(부열)을 찾은 곳으로 모두 현자를 얻은 곳이다. 두 구절 모두 훌륭한 인재들이 재야에 있으면서 등용되지 못하고 있다는 뜻으로 한 말이다.

6. 정사 政事

본편에는 後漢부터 宋에 걸쳐 당시 政界의 모습과 施政의 특징을 보여주는 총 30條의 일화가 실려 있는데, ≪世說新語≫에서 18조, ≪何氏語林≫에서 12조의 일화를 가져왔다. 대체로 유교의 仁政과 관련하여 勤勉·忠孝 등 官吏로서의 자질을 칭송하는 일화가 주된 내용이며, 기타 魏晉시대 이후의 특징적인 모습인 無爲의 政事 등을 보여주는 일화 등으로 구성되어 있다.

6-1 陳仲弓(陳寔)이 太丘長이 되었을 적에 財主를 위협하여 죽인 자가 있어 체포하러 갔다. 〈진중궁이〉 범죄가 일어난 곳에 아직 도착하지 않았을 때, 낳은 자식을 돌보지 않아 죽게 한 백성이 있다는 말을 듣고 도중에 수레를 돌려 그곳에 가서 그 일을 처리하려 하니 主簿가 말하였다.

"도적을 처리하는 일이 중대하니 그 일을 먼저 처리하셔야 합니다."

진중궁이 말하였다.

"도적이 재주를 죽인 일이 어찌 血肉을 해친 일과 같겠는가."

陳仲弓爲太丘長에 有劫賊殺財主(主)[1]者하여 捕之라가 未至發所에 道聞民有在草不起子者[2]하고 回車往治之하니 主簿曰 賊大하니 宜先按討이니다하니 仲弓曰 盜殺財主가

---

1) 主(主) : 저본에는 '主'가 2자로 되어 있으나, ≪世說新語箋疏≫의 李慈銘 註에 의거하여 '主' 1자를 衍文으로 처리하였다.

2) 在草不起子者 : '在草'는 分娩을 의미한다. 古代에는 임산부가 출산할 때 짚자리〔草蓐〕에 앉아 분만하였기 때문에 이렇게 명명하였다. '起子'는 낳은 자식을 기르는 것이므

何如骨肉相殘①가하다

① 내(劉孝標)가 살피건대, 後漢 때 賈彪에게 이 일이 있었고,[3] 陳寔에게 이 일이 있었다는 말은 듣지 못하였다.
按後漢時賈彪有此事, 不聞寔也.

【頭註】
○ 劉辰翁 : 〈在草不起子는〉 낳은 자식을 거두어 기르지 않은 것이다.
劉云 "生子, 不收育."

6-2 【補】 孔君魚(孔奮)가 姑臧長이 되었을 적에 청렴하고 검소한 것이 거의 빈궁한 백성에 가까우니,[4] 그것을 비웃는 자가 있었다.[5] 이에 공군어가 답하였다.
"내가 기름진 곳에 있으나 나 자신을 윤택하게 할 수는 없다."

孔君魚가 爲姑臧長에 淸儉逼下하니 有識之者한대 答曰 奮이 身處脂膏나 不能自潤①이라하다

① ≪東觀漢記≫에 "孔奮은 字가 君魚이고, 扶風 茂陵 사람이다. 姑臧의 守長이 되었는데, 연로한 모친에게만 반찬을 극진히 대접하였고 처자식은 다만 채소를 먹었다." 하였다.
東觀漢記曰 "孔奮, 字君魚, 扶風茂陵人. 守姑臧長, 惟老母極膳, 妻子但食葱菜."

6-3 【補】[6] 龐仲達(龐參)이 漢陽太守가 되었을 적에 郡 안에 뛰어난 절조를 지

로, 여기서 '在草不起子者'는 분만한 자식을 돌보지 않아 죽게 한 자를 말한다.(≪世說音釋≫)

3) 後漢……있었고 : 이 일은 ≪後漢書≫ 〈黨錮傳〉 賈彪 條에 보인다.

4) 청렴하고……가까우니 : 저본에는 '淸儉逼下'로 되어 있으나, '逼下'는 ≪論語≫ 〈述而〉 邢昺의 疏에 '검소하면 下民에 가까워져 비루해진다.[儉則偪下而窶陋]'라는 말이다.

5) 그것을……있었다 : 당시에 지방관이 부유한 고을에 부임하면 몇 년 되지 않아 부자가 되는 것이 일반적이었다. 姑臧은 부유한 고을이었는데 孔奮이 이 고을에 4년이나 있었으면서도 여전히 궁핍한 생활을 하자 당시 사람들이 이를 비웃은 것이다.(≪世說新語補觿≫)

닌 任棠이라는 사람이 은거하여 가르치고 있었다. 방중달이 임지에 도착하여 우선 그를 찾아 갔으나, 임당이 그와 말하려 하지 않고 다만 커다란 염교 한 뿌리와 물 한 사발을 戶屛[7] 앞에 두고 자신은 손자를 안고 문 아래에 엎드려 있었다. 主簿는 그가 거만하다고 말하였으나 방중달은 그의 행동의 숨은 뜻을 생각하다가 한참 만에 말하였다.

"임당은 태수를 깨우쳐주려는 것이니, 물이란 내가 깨끗하기를 바라는 것이고, 커다란 염교 한 뿌리를 뽑은 것은 내가 강성한 집안을 공격하기를 바라는 것이며,[8] 아이를 안고 문에 있던 것은 내가 문을 열어 외롭고 약한 이들을 돕기를 바라는 것이다."

그러고서 감탄하고 돌아갔다. 방중달은 관직에 있는 동안에 과연 강성한 자를 억제하고 약한 자를 도와 은혜로운 정사를 펼친 것으로 民心을 얻었다.

龐仲達이 爲漢陽太守①에 郡人任棠이 有奇節하고 隱居敎授하다 仲達이 到하여 先候之어늘 棠이 不交言하고 但以薤一大本과 水一盂로 置戶屛前하고 自抱孫兒하여 伏於戶下하니 主簿가 白以爲倨어늘 仲達이 思其微意라가 良久曰 棠是欲曉太守로다 水者는 欲吾清이요 拔大本薤者는 欲吾擊强宗이요 抱兒當戶는 欲吾開門恤孤也라하고 歎息而還하다 仲達이 在職에 抑强助弱하여 果以惠政으로 得民②하다

① 司馬彪의 ≪續漢書≫에 "龐參은 字가 仲達이고 河南 緱氏(구지) 사람이다. 관직이 太尉에 이르렀다." 하였다.
司馬彪續漢書曰 "龐參, 字仲達, 河南緱氏人, 官至太尉."

② ≪後漢書≫ 〈黃瓊傳〉에 말하였다. "永壽(155~158) 연간에 太尉 黃瓊이 상소하여 '삼가 處士를 살펴보니, 巴郡의 黃錯(황조)와 漢陽의 任棠이 모두 연로하였으나 은

---

6) 【補】: 저본에는 '補'가 없으나, 이 일화는 ≪世說新語≫가 아닌 ≪何氏語林≫에 있으므로 '補'를 보충하였다.

7) 戶屛 : 照壁을 가리킨다. 절이나 저택 앞에 설치한 담으로 정문을 마주하고 있고 안을 가리거나 장식하는 용도이며 도안이나 문자로 꾸몄다.

8) 염교……것이며 : 염교는 한 뿌리에서 여러 덩이가 생겨 서로 의지하여 사는 식물이므로, 백성을 해치는 폐해의 근본이 강성한 가문임을 빗댄 것이다.(≪世說講義≫)

거한 7인과 같은 뜻[9]이 있으니, 마땅히 불러들여서 만나보시고 큰 교화를 이루는 데 도움이 되게 하소서.' 하였다. 公車[10]에 조서를 내려 불렀으나 결국 임당은 오지 않았다.

後漢書曰"永壽中, 太尉黃瓊上疏曰'伏見處士巴郡黃錯・漢陽任棠, 年皆耋耆, 有作者七人之志, 宜見引致, 助崇大化.' 詔公車徵, 棠竟不至."

【頭註】

○ 李贄 : 전혀 맛이 없다. 필시 전에 道學을 강론하였을 것이다.
李云"大無味. 必曾講道學也."

6-4【補】任延이 會稽都尉가 되었을 때 나이가 19살이어서, 마중 나온 관원이 그가 젊은 것에 놀랐다. 부임하여서는 조용하고 담박하게 지내며 하는 일이 없었으나, 오직 먼저 제물을 보내 延陵季子[11]에게 제향을 지냈을 뿐이었다.

任延이 爲會稽都尉에 時年十九하니 迎官이 驚其壯이라 及到하여는 靜泊無爲로되 唯先遣饋하여 禮祠延陵季子①하다

任延

① 范曄의 ≪後漢書≫ 〈循吏傳〉에 말하였다. "任延은 字가 長孫이고, 南陽 宛 사람이다. 12살에 諸生이 되어 長安에서 공부하였는데, ≪詩經≫・≪周易≫・≪春秋≫에 밝아 태학에서 명성이 자자하여 학내에서 '任聖童'이라 불렀다. 更始(23~25)

---

9) 은거한……뜻 : ≪論語≫ 〈憲問〉의 "子曰 作者七人矣"라는 구절에서 인용한 것으로, 여기서 '作'은 '退隱'의 의미이다. 何晏은 長沮・桀溺・丈人・石門・荷蕢・儀封人・楚狂 接輿를 7인으로 꼽았고, 王弼은 伯夷・叔齊・虞仲・夷逸・朱張・柳下惠・小連을 7인이라 하였다.(≪世說新語補觿≫, ≪世說箋本≫)

10) 公車 : 官司名으로, 천하의 上書 및 徵召의 일을 관장하는 곳이었다.

11) 延陵季子 : 周나라때 吳王 壽夢의 아들로 성은 姬이고 이름은 札인데, 季札이라고도 한다. 왕위를 양보하고 延陵에서 살았다.(≪史記≫ 〈吳太伯世家〉)

연간에 大司馬의 屬官으로 會稽都尉에 제수되었다.
范曄後漢書曰 "任延, 字長孫, 南陽宛人. 年十二爲諸生, 學於長安, 明詩易春秋, 顯名太學, 學中號爲任聖童. 更始中以大司馬屬, 拜會稽都尉."

6-5【補】孔文擧(孔融)가 北海에 있을 때 高密令에게 지시하였다.[12)]

"志士 鄧子然이 궁핍하다고 고해왔으니 어찌 몇 말의 곡식을 아껴서 烈士의 마음을 상하게 하겠는가. 콩 30말을 주고 후에 부족하면 다시 말하라."

孔文擧가 在北海時에 敎高密令曰 志士鄧子然이 告困하니 焉得愛釜庾之間[13)]하여 以傷烈士之心이리오 與豆三斛하고 後乏이면 復(부)言하라하다

孔融

6-6 賀太傅(賀邵)가 吳郡太守가 되었을 적에 처음에 문 밖을 나가지 않았더니 오군 안의 강성한 가문들이 그를 얕잡아보고 府門에 "회계의 닭은 울 줄 모른다."라고 써 붙였다. 하태부가 그 말을 듣고 일부러 出行하여 부문에 이르러 둘러보고 붓을 찾아 더 보충해서 써넣었다.

"울어서는 안 되니 〈울게 되면〉 吳나라 사람을 죽일 것이다.[14)]"

그리고는 이에 여러 屯營에 가서 顧氏와 陸氏 중에 官兵을 부린 자와 도망자

---

12) 北海에……지시하였다 : 孔融이 北海太守로 있었을 때이며, 高密은 북해의 屬縣이다.

13) 釜庾之間 : '釜'는 6말〔斗〕 4되〔升〕이고, '庾'는 16되를 말한다.(≪世說音釋≫) 여기서는 적은 양을 가리키는 의미로 쓰였다.

14) 울어서는……것이다 : 울 수 없는 것이 아니라 울어서는 안 되니, 울게 되면 오나라 사람을 죽일 수 있다는 의미이다.(≪世說新語補觽≫, ≪世說箋本≫)

를 숨긴 자를 조사하여 모두 사안에 따라 상부에 보고하니, 죄를 범한 자가 매우 많았다. 陸抗이 이때 江陵都督이었는데 일부러 〈수도에〉 가서 孫皓(삼국시대 吳王)에게 청한 뒤에야 그들을 풀어줄 수 있었다.

賀太傅가 作吳郡에 初不出門하니 吳中諸强族이 輕之하여 乃題府門云 會稽雞不能啼①라하다 賀聞하고 故出行하여 至門反顧하고 索筆足(주)之曰 不可啼니 殺吳兒라하다 於是에 至諸屯邸하여 檢校諸顧陸役使官兵及藏逋亡하여 悉以事言上하니 罪者甚衆이라 陸抗이 時爲江陵都督②한대 故下請孫皓然後에 得釋하다

① 環濟의 ≪吳紀≫[15]에 "賀邵는 字가 興伯이고 會稽 山陰 사람이다. 조부 賀齊와 부친 賀景은 모두 고관을 지냈다. 하소는 散騎常侍를 지냈고 지방으로 나가 吳郡太守가 되었으며 후에는 太子太傅로 옮겼다." 하였다.
環濟吳紀曰 "賀邵, 字興伯, 會稽山陰人. 祖齊父景並歷美官. 邵歷散騎常侍, 出爲吳郡太守, 後遷太子太傅."

陸抗

② ≪吳錄≫[16]에 "陸抗은 字가 幼節이고 吳郡 사람이다. 승상 陸遜의 아들이고 孫策의 외손이다. 江陵都督이 되었고 여러 관직을 거쳐 大司馬·荊州牧에 이르렀다." 하였다.
吳錄曰 "抗, 字幼節, 吳郡人. 丞相遜子, 孫策外孫也. 爲江陵都督, 累遷大司馬·荊州牧."

---

15) 環濟의 ≪吳紀≫ : 晉나라 太學博士 環濟가 편찬한 吳(三國)나라 역사를 다룬 史書이다. ≪隋書≫ 〈經籍志〉에는 9권, ≪舊唐書≫와 ≪新唐書≫에는 10권이라 하였는데, 현재는 전해지지 않는다.

16) 吳錄 : 吳(三國)나라 사람 張勃이 편찬한 吳(三國)나라 역사를 다룬 史書이다. ≪隋書≫ 〈經籍志〉에는 30권으로 나와 있으나 원본은 산실되고 지금은 輯本 1권만 전해진다. ≪三國志≫ 〈吳志〉의 내용은 이 책에 근거하는 것이 많다.

【頭註】

○ 王世懋 : 賀公(賀邵)은 바른 선비이므로 이렇게 하지 않았을 것이다.
王云 "賀公雅士, 恐不當爾."

○ 劉辰翁 : 이 일 때문에 일부러 수도(建業)에 갔다는 것은 말이 되지 않는다고 생각한다.
劉云 "謂以此故下都, 不成語."

6-7 山司徒(山濤)가 그간 거의 온갖 관원들을 두루 선발하였는데, 선발된 이 중에 잘못 뽑은 인재가 없었고 인물을 품평한 것이 모두 그의 말과 같았다. 오직 陸亮을 서용하라는 조서에 대해서는 公의 뜻과 달라서 버티고 따르지 않았는데, 그 육량마저도 얼마 뒤 뇌물수수로 파면되었다.

山司徒가 前後選에 殆周遍百官하니 擧無失才하고 凡所題目이 皆如其言이라 惟用陸亮하여는 是詔所用이 與公意異하여 爭之不從한대 亮亦尋爲賄敗①하다

① ≪晉諸公贊≫에 말하였다. "陸亮은 字가 長興이고 河內 野王 사람이며, 太常인 陸乂의 형이다. 성품이 高明하고 진솔하여 賈充이 가까이하고 우대하였다. 山濤가 左僕射가 되어 관리를 선발할 적에 자신의 行業은 가충과 다른 데다가 스스로 世祖(晉 武帝 司馬炎)의 존중을 받는다고 여겨, 선발하는 일을 가충과 논의할 때 가충은 매번 바라는 것을 얻지 못하였다. 일 만들기 좋아하는 자가 가충에게 조언하기를, '심복에게 吏部尙書를 제수하여 선발에 함께 참여하게 해야 합니다. 그렇게 되면 서로 의견이 달라 일이 원만하지 않을 때 山公을 불러 같이 선발하지 않고도 실제로 마음먹은 바를 펼 수 있을 것입니다.' 하였다. 가충이 그 말이 옳다고 생각하여 마침내 '육량은 공평무사한 인물입니다.'라고 황제에게 아뢰었다. 산도는 육량이 장차 자기와 뜻이 다를 것이라 생각하였고, 또 그가 私心을 가져 공정하지 못할 것을 염려하였으므로 누차 '육량은 左丞相으로 삼을 만하고 관리 선발을 맡을 인재가 아닙니다.'라고 황제에게 아뢰었다. 그런데도 세조가 윤허하지 않자, 산도가 마침내 병을 칭하고 집으로 돌아갔다. 육량은 관직에 있을 때 과연 공정하지 못하여 일에 연루되어 파면되었다.

晉諸公贊曰 "亮, 字長興, 河內野王人, 太常陸乂兄也. 性高明而率至, 爲賈充所親待. 山濤爲左僕射(야)領選, 濤行業旣與充異, 自以爲世祖所敬, 選用之事, 與充咨論, 充每不得其所欲. 好事者說(세)充, '宜授心腹人, 爲吏部尙書, 叅同選擧. 若意不齊, 事不得諧, 可不召公與選, 而實得敍所懷.' 充以爲然, 乃啓'亮公忠無私.' 濤以亮

將與己異, 又恐其協情不允, 累啓'亮可爲左丞相, 非選官才.' 世祖不許, 濤乃辭疾還家. 亮在職, 果不能允, 坐事免官."

6-8 王安期(王承)가 東海郡을 다스릴 적에 小吏가 연못의 물고기를 훔쳐 綱紀[17]가 그를 처벌하려 하자 왕안기가 말하였다.

"文王의 동산도 백성과 공유하였는데 연못의 물고기를 또 어찌 아까워하겠는가."

王安期가 **爲東海郡**에 **小吏盜池中魚**하니 **綱紀推之**한대 **王曰 文王之囿**도 **與衆共之**①어늘 **池魚**를 **復**(부)**何足惜**이리오하다

① ≪孟子≫ 〈梁惠王 下〉에 말하였다. "齊 宣王이 물었다. '文王의 동산이 사방 70리였다고 하는데, 그런 일이 있었습니까? 동산이 그렇게 컸습니까?' 맹자가 대답하였다. '백성들은 그것도 오히려 작다고 여겼습니다.' 제 선왕이 말하였다. '과인의 동산은 사방 40리인데, 백성들이 이것을 오히려 크다고 여기는 것은 어째서입니까?' 맹자가 말하였다. '문왕의 동산은 꼴 베고 나무하는 사람들이 출입하여 백성과 함께 공유하였으니, 백성들이 작다고 여기는 것도 당연하지 않겠습니까? 지금 왕의 동산에서 사슴을 죽이는 자를 사람을 죽인 죄와 똑같이 처벌하고 있으니, 이것은 나라 안에 40리의 함정을 만든 것입니다. 백성들이 크다고 여기는 것 또한 당연하지 않겠습니까?'"
孟子曰 "齊宣王問 '文王之囿方七十里, 有諸? 若是其大乎?' 對曰 '民猶以爲小也.' 王曰 '寡人之囿方四十里, 民猶以爲大, 何邪(야)?' 孟子曰 '文王之囿, 芻蕘者往焉, 與民同之, 民以爲小, 不亦宜乎? 今王之囿, 殺麋鹿者, 如殺人罪, 是以四十里爲穽於國中也. 民以爲大, 不亦宜乎?'"

6-9 嵇康이 죽임을 당한 뒤 山公(山濤)이 혜강의 아들 嵇紹를 천거하여 秘書丞으로 삼으려 하였다. 혜소가 산공에게 자신의 出處에 대해 자문을 구하자 산공이 말하였다.

---

17) 綱紀 : 관사 내에서 기강을 잡는 임무를 맡은 자를 말하는데, 州의 綱紀는 功曹의 관원이고 郡의 강기는 注簿·錄事를 가리킨다.(≪世說音釋≫, ≪世說箋本≫)

"그대를 생각한 지 오래되었다. 하늘과 땅, 四時도 소멸하는데 더군다나 사람이겠는가."

嵇康이 被誅後에 山公이 擧康子紹하여 爲秘書丞[①]한대 紹가 咨公出處[②]하니 公曰 爲君思之久矣라 天地四時도 猶有消息이어늘 而況人乎[③]아하다

① ≪山公啓事≫에 말하였다. "詔書를 내려 〈嵇紹를〉 秘書丞에 선발하였다. 山濤가 천거하기를 '혜소는 공평하고 대범하며 온화하고 민첩하며 文才가 있습니다. 또 晉律을 잘 아니 政事를 잘 처리할 것입니다. 그래도 우선은 秘書郎에 임명해야 마땅합니다.' 하니, 조서를 내리기를 '혜소가 이와 같다면 바로 丞으로 삼아야 되지 더는 郎으로 삼기에 적절치 않다.' 하였다.

嵇紹

≪晉諸公贊≫에 "嵇康의 사건이 있은 지 20년이 지난 뒤에 혜소가 마침내 산도에 의해 발탁되었다." 하였다.

王隱의 ≪晉書≫에 "당시에 혜소의 부친 혜강이 법에 의해 처벌을 받았으므로 選官이 감히 〈혜소를〉 천거하지 못하였다. 〈혜소가〉 28세 때 산도가 그를 등용할 것을 아뢰니, 세조가 조서를 내려 秘書丞으로 삼았다." 하였다.

山公啓事[18)]曰 "詔選秘書丞. 濤薦曰 '紹, 平簡溫敏, 有文思. 又曉音, 當成濟也. 猶宜先作秘書郎.' 詔曰 '紹如此, 便可爲丞, 不足復爲郎也.'" 晉諸公贊曰 "康遇事後二十年, 紹乃爲濤所拔." 王隱晉書曰 "時以紹父康被法, 選官不敢擧. 年二十八, 山濤啓用之, 世祖發詔, 以爲秘書丞."

② 〈竹林七賢論〉에 "嵇紹는 자신이 용납되지 못할까 두려워하여[19)] 관직에 나아가려

---

18) 山公啓事 : 山濤가 吏部尙書가 되어 인물을 선발할 때 각 인물에 대한 품평을 적어 황제에게 아뢴 것을 당시 사람들이 '산공계사'라 칭하였다.(≪晉書≫ 〈山濤傳〉)

19) 嵇紹는……두려워하여 : 혜소는 부친이 법에 의해 처벌받아 죽었기 때문에 만약 자

하였다. 그러므로 山濤에게 자문을 구한 것이다." 하였다.

竹林七賢論曰 "紹懼不自容, 將解褐. 故咨之於濤."

③ 王隱의 ≪晉書≫에 "嵇紹는 字가 延祖이고 본래 文才가 있었다. 山濤가 西晉 武帝에게 '……'이라 아뢰었다." 하였다.

王隱晉書曰 "紹, 字延祖, 雅有文才. 山濤啓武帝云云."

【頭註】

○ 劉辰翁 : 이 역시 〈言語〉편에 들어가야 하지 〈政事〉편에 들어가서는 안 된다.

劉云 "也是語言, 不當入政事."

6-10 王丞相(王導)이 揚州刺史에 임명되었을 때 빈객 수백 명을 모두 은혜로 대접하고 베푸니 사람마다 기뻐하는 기색이었다. 오직 臨海 출신의 任氏 성을 가진 빈객 한 사람과 胡人 몇 명만 마음에 흡족한 기색이 없었다. 공이 소변을 보고 돌아오다가 임씨 옆을 지나가며 말하였다.

王導

"그대가 임해를 나왔으니 〈임해에는〉 더 이상 인물이 없겠습니다."

그러자 임씨 성의 빈객이 크게 기뻐하였다. 胡人 옆을 지나면서는 손가락을 튕기며[20] 말하였다.

"蘭闍(난사)[21], 蘭闍."

신이 벼슬에 나가지 않으면 晉나라에 복수하려는 마음을 가진 것으로 의심받아 그 역시 죽임을 당하게 될까 두려워하였다는 의미이다.(≪世說箋本≫)

20) 손가락을 튕기며 : 원문은 '彈指'인데, 중국 고유의 풍습에서는 '탄지'가 不滿을 나타내는 표현이지만, 불교나 인도의 풍습에서는 허락・환희・경고를 의미한다. 여기서는 좋다는 표현으로 사용되었다.

21) 蘭闍(난사) : '蘭奢'라고도 한다. 胡語에서 칭찬하는 말이다.(≪世說箋本≫, ≪世說音釋≫)

그러자 호인들이 모두 웃었다. 이리하여 사방의 빈객이 모두 기뻐하게 되었다.

王丞相이 拜揚州에 賓客數百人을 竝加霑接하니 人人有說(열)色이어늘 惟有臨海一客姓任①과 及數胡人이 爲未洽이라 公因便還에 到過任邊하며 云 君出臨海하니 便無復(부)人이리다하니 任이 大喜悅하고 因過胡人前에 彈指云 蘭闍蘭闍라하니 群胡가 同笑하여 四坐竝懽②하다

① ≪語林≫에 "任氏는 이름이 顒이다. 당시 관원으로 수도에 있다가 王公의 연회에 참석한 것이다." 하였다.
語林曰 "任, 名顒. 時官在都, 預王公坐."

② ≪晉陽秋≫에 말하였다. "王導는 사람을 접하고 응대할 때 거슬리는 자가 드물었다. 비록 소원한 사이이거나 보통의 빈객이라 하더라도 한번 만나면 성의와 정성을 다하니, 그들은 자신이 왕도에게 오래되고 친밀한 사이와 같이 대접받았다고 여겼다."
晉陽秋曰 "王導接誘應會, 少有(忤)〔牾〕22)者. 雖疎交常賓, 一見多輸寫款誠, 自謂爲導所遇, 同之舊暱."

【頭註】

○ 劉辰翁 : 이처럼 아첨하는 것도 政事라고 말할 만한가.
劉云 "如此爲佞, 亦足稱政事邪(야)?"

○ 李贄 : 최고의 훌륭한 정사이나 다만 알아주는 사람이 적다.
李云 "第一美政, 只少人解."

6-11 王安期가 東海太守가 되었을 때 관리가 야간 통금을 어긴 자를 잡아왔다. 왕안기가 어디에서 오는 중이었냐고 묻자, 그가 말하였다.

"스승 집에서 수업을 받고 오는 중이었는데 시간이 늦은 줄 몰랐습니다."

왕안기가 말하였다.

"甯越에게 매를 쳐서 위엄을 세우는 것은 다스리는 근본이 아닌 듯하다."

관리를 시켜 돌려보내 집으로 돌아가게 하였다.

22) (忤)〔牾〕: 저본에는 '忤'로 되어 있으나, 安永本에 의거하여 '牾'로 바로잡았다.

王安期가 作東海郡에 吏錄一犯夜人來한대 王問 何處來오하니 云 從師家受書還하니 不覺日晚이라 王曰 鞭撻寗越하여 以立威名은 恐非致理之本①이라하고 使吏送令歸家하다

① ≪呂氏春秋≫ 〈博志〉에 말하였다. "寗越은 中牟 鄙 사람이다. 농사짓는 일이 힘들어 자신의 벗에게 '어떻게 하면 이 괴로움을 면할 수 있겠는가?' 하니, 그 벗이 '공부하는 것만 한 것이 없을 것이네. 30년 동안 공부하면 영달할 수 있을 것이네.' 하였다. 영월이 '15년으로 하겠네. 남이 쉴 때 나는 쉬지 않을 것이고, 남이 누울 때 나는 눕지 않겠네.' 하였다. 15년간 공부하여 周 威公[23]의 스승이 되었다." 呂氏春秋曰 "寗越者, 中牟鄙人也. 苦耕稼之勞, 謂其友曰 '何爲可以免此苦也?' 其友曰 '莫如學也. 學三十歲, 則可以達矣.' 寗越曰 '請以十五歲. 人將休, 吾不敢休, 人將臥, 吾不敢臥.' 學十五歲, 而爲周威公之師也."

6-12 陸太尉(陸玩)가 王丞相(王導)에게 나아가 일을 자문하였다가 얼마 지난 뒤에는 번번이 생각을 바꿨다. 왕공이 이와 같이 하는 것을 이상하게 여겨 나중에 육태위에게 그 이유를 묻자 육태위가 대답하였다.

"공께서는 지위가 높고 저는 낮아서[24] 그때 당시에는 어떻게 말해야 할지 몰랐는데, 얼마 지난 뒤에 그렇게 해서는 안 된다는 것을 깨달았을 뿐입니다."

陸太尉가 詣王丞相하여 咨事하고 過後輒翻異하니 王公怪其如此하여 後에 以問陸①하니 陸曰 公長民短하니 臨時하여는 不知所言하되 既後에 覺其不可耳라하다

① 〈陸玩別傳〉에 말하였다. "陸玩은 字가 士瑤이고, 吳郡 吳 사람이다. 조부 陸瑁와 부친 陸英은 郡에서 벼슬하여 명예가 있었다. 육완은 도량이 넓고 고상하였고 侍中·尚書左僕射·尚書令 등의 여러 관직을 거쳤다. 太尉에 추증되었다."

---

23) 周 威公 : ≪呂氏春秋≫ 高誘의 注에 "西周의 군주"라고 하였다. 여기서 西周는 洛陽으로 천도하기 이전의 周나라가 아니라, 전국시대 낙양 일대에 있던 小國을 가리킨다. 周 考王 元年(B.C. 440)에 고왕의 동생을 西周 桓公으로 봉하였고, 그 다음에 지위를 계승한 환공의 아들이 威公이다.(≪史記≫ 〈周本紀〉)

24) 공께서는……낮아서 : 王導는 揚州刺史를 겸임하였고, 陸玩은 양주 吳郡 사람이어서 이렇게 말한 것이다.

陸玩別傳曰 "玩, 字士瑤, 吳郡吳人. 祖瑁・父英, 仕郡有譽. 玩器量淹雅, 累遷侍中・尙書左僕射・尙書令, 贈太尉."

【頭註】

○ 劉應登 : 〈'公長民短'에서〉 '民'은 陸玩 자신을 가리키는 말이다.
應登云 "民, 乃陸自稱之辭."

6-13 丞相(王導)이 어느 여름날에 石頭에 가서 庾公(庾氷)을 방문하였는데, 유공이 한창 정무를 처리하고 있었다. 승상이 말하였다.

"더울 때는 좀 쉬어야 합니다."

유공이 말하였다.

"공이 정무를 소홀히 하는 것을 천하 사람들도 온당하다고 여기지 않을 것입니다."

丞相嘗夏月에 至石頭하여 看庾公한대 庾公正料事하니 丞相云 暑可小簡之라한대 庾公曰 公之遺事를 天下亦未以爲允①이라하다

① ≪殷羨言行≫25)에 말하였다. "王公(王導)이 죽은 뒤 庾氷이 승상을 대신하였는데 법망이 촘촘하고 형벌이 준엄하였다. 殷羨이 당시에 길을 가다가 죄인을 잡아가는 자를 도중에 만나자 개연히 탄식하기를 '丙吉이 소가 헐떡이는 것을 묻는 정사26)는 아마도 이와 같지 않았을 것이다.' 하였다. 한번은 은근하게 유빙에게 '경의 무리는 단지 법망이 잘못되지만 않게 하나, 모두 小道이고 小善일 뿐입니다.

---

25) 殷羨言行 : 東晉 때 사람인 殷羨(?~?)이 편찬한 책인데, 현재는 전해지지 않는다. 은선은 字가 洪喬이고 陳郡 長平 사람으로 관직이 光祿勳에 이르렀다.(≪晉書≫ 〈殷浩傳〉)

26) 丙吉이……정사 : 병길이 漢나라의 승상이 되었을 때, 길에서 사람들이 싸워 死傷者가 생겼는데도 그대로 지나쳤으나, 소가 헐떡이는 것을 보고는 그 소가 몇 리나 걸어왔는지를 물었다. 아전이 병길의 질문이 일의 경중에 맞지 않다고 여겨 그 이유를 묻자, 병길이 사람들간의 싸움은 담당 관리가 있으므로 재상이 물을 일이 아니고, 소가 헐떡이는 것은 계절의 기후가 조화를 잃은 것이므로 陰陽의 조화를 맡은 三公, 즉 자신의 책임이라 여겨 물은 것이라 답하였다.(≪後漢書≫ 〈丙吉傳〉) 여기서는 승상은 小事에 집착하지 말고 大體에 힘써야 함을 말한 것이다.

왕공으로 말할 것 같으면 無爲의 정사를 행할 수 있었습니다.' 하였다. 謝安石(謝安)이 매번 이 말을 감탄하며 외웠다. 庾赤玉(庾統)이 은선에게 '왕공의 다스림은 어떠하였습니까? 어떤 점이 뛰어났습니까?'라고 물으니 은선이 말하였다. '다른 훌륭한 업적은 더 거론할 것이 없으나, 세 번 죄인을 잡아오면〔三捉〕 세 번 용서해주고〔三休〕 세 번 일을 처리하면〔三治〕 세 번 일을 그르쳤다.〔三敗〕27)'"

殷羨言行曰 "王公薨後, 庾氷代相, 網密刑峻. 羨時行遇收捕者於途, 慨然歎曰 '丙吉問牛喘, 似不爾.' 嘗從容謂氷曰 '卿輩自是網目不失, 皆是小道小善耳. 至如王公, 故能行無理事.' 謝安石每歎詠此唱. 庾赤玉曾問羨 '王公治何似? 詎是所長?' 羨曰 '其餘令績, 不復(부)稱論, 然三捉三治, 三休三敗.'"

6-14 丞相(王導)은 말년에 대체로 더 이상 일을 챙기지 않았고 단지 문서를 함에 넣어둔 채 일을 허락해줄 뿐이었다. 그가 스스로 한숨 쉬며 말하였다.

"사람들은 내가 정신이 혼몽해졌다고 말할 테지만, 후인들은 나의 이 혼몽함을 그리워할 것이다."

丞相이 末年에 略不復省事하고 正封籙28)諾之러니 自歎曰 人言我憒憒(궤궤)나 後人當思此憒憒①리라하다

王導

① 徐廣의 ≪晉紀≫에 말하였다. "王導는 3대에 걸쳐29) 재상이 되어 온갖 풍파를 겪었는데, 정무는 관대하게 처리하고 일은 간결함을 원칙으로 하였다. 그러므로 德政을 베풀었다는 칭송이 전해진다."

---

27) 세……그르쳤다 : 원문은 '三捉三治 三休三敗'인데, '捉'은 죄인을 잡는 것이고, '休'는 용서한다는 뜻이다. 여기서는 王導가 無爲의 정사를 하였다는 것을 표현하고자 한 것이다.(≪世說音釋≫)

28) 籙 : '簏(대나무로 만든 상자)'과 같다.(≪世說音釋≫)

29) 3대에 걸쳐 : 東晉의 元帝・明帝・成帝를 말한다.

徐廣(歷)〔晉〕[30]紀曰 "導阿衡[31]三世, 經綸夷險, 政務寬恕, 事從簡易(이). 故垂遺愛[32]之譽也."

【頭註】

○ 劉辰翁 : 그 당시에는 혹시 스스로 견해가 있어 政事라고 생각하였을 것이나, 법으로 보면 〈그렇게 해서는〉 안 된다.
劉云 "當其時, 或自有見, 以爲政事, 法則不可."

6-15 陶公(陶侃)은 성품이 검소하였고 일에 열심이었다. 荊州刺史가 되었을 때 船官에게 지시하여 나무를 톱질할 때 나온 톱밥을 양이 많든 적든 상관없이 모두 모으게 하니 모두 이렇게 하는 의중을 이해하지 못하였다. 후에 정월 첫 조회 날에 눈이 쌓인 뒤 갰는데 관사 앞마당은 눈을 치운 뒤에도 여전히 질척거렸다. 그러자 〈모은〉 톱밥을 모두 써서 땅에 덮으니 전혀 지장이 없게 되었다.
관청에서 대나무를 쓸 때는 모두 두꺼운 머리 부분을 모으게 하니 〈대나무 조각이〉 산처럼 쌓였다. 나중에 桓宣武(桓溫)가 蜀나라를 정벌하기 위해 선박을 만들 때 그것을 모두 못으로 만들었다.
또 "한번은 소재지의 대나무 장대를 징발하였는데, 어떤 官長이 대나무 뿌리를 이어서 〈장대로 삼아〉 鐵足을 대신하니 마침내 〈상으로〉 두 품계를 뛰어 그를 서용하였다."고 한다.

陶公은 性檢厲하고 勤於事①라 作荊州時에 敕船官하여 悉錄[33]鋸木屑하되 不限多少하니 咸不解此意라 後正會에 値積雪始晴한대 廳事前은 除雪後猶濕하니 於是에 悉用木屑하여

---

30) (歷)〔晉〕: 저본에는 '歷'으로 되어 있으나, 安永本과 ≪晉書≫ 〈徐廣傳〉과 ≪世說箋本≫ 등에 의거하여 '晉'으로 바로잡았다. 각본의 ≪世說新語≫에는 '歷'으로 되어 있다.

31) 阿衡 : ≪詩經≫ 〈商頌 長發〉 鄭玄의 注에, "阿는 倚이고, 衡은 平이다. 湯임금이 伊尹에게 의지하여 천하를 평정하였기 때문에 〈아형으로〉 관직명을 삼았다." 하였다. 후에는 국가를 보필하는 임무를 맡은 '宰相'을 의미하는 말로 쓰였다.

32) 遺愛 : 仁愛를 남겼다는 뜻으로, 여기서는 德政을 베풀어 후대에까지 은택이 미치게 하였음을 말한다.

33) 錄 : 收集·采取의 뜻이다.

覆(부)之하니 都無所妨하다 官用竹에 皆令錄厚頭하니 積之如山한대 後桓宣武가 伐蜀裝船할새 悉以作釘하다 又云 嘗發所在竹篙한대 有一官長이 連根取之하여 仍當足하니 乃超兩階用之하다

① ≪晉陽秋≫에 말하였다. "陶侃은 모든 일에 숙달되고 정통하였으며 농사에 부지런히 힘썼다. 비록 군영의 武士라 하더라도 모두 격려해주었고, 선물을 바치는 자가 있으면 모두 그 이유를 물어 만약 力役으로 얻은 것이면 기뻐하고 위로하였으나 만약 달리 얻은 것이면 꾸짖고 되돌려주었다. 이 때문에 軍民이 농사를 부지런히 지어 집집마다 넉넉하고 사람마다 풍족하게 되었다. 성품은 섬세하고 꼼꼼하였으며 묻기를 좋아하여 趙廣漢[34]과 상당히 흡사하였다. 한번은 군영에 버드나무를 심으라고 시켰는데 都尉 夏施가 武昌郡 西門에 심었던 버드나무를 훔쳐 뽑아왔다. 도간이 후에 직접 나가 수레를 하시의 군문에 멈추고 '이것은 무창군 서문에 있던 버드나무인데 어찌하여 훔쳤는가?'라고 물으니, 하시가 두려워 죄를 자백하였다. 三軍이 그의 명철함을 칭송하였다. 도간은 부지런하고 엄정하였으며 끊임없이 노력하였다. 또 사람들을 독려하기를 좋아하였는데, 항상 '백성의 생활은 근면에 달려 있다. 禹임금은 성인이신데도 寸陰을 아꼈으니, 평범한 사람들은 마땅히 分陰을 아껴야 하거늘 어찌 한가로이 지낼 수 있는가. 생전에는 당대에 도움이 되지 못하고 죽어서는 후세에 이름이 들리지 않는다면 이는 자신을 포기한 것이다. 또 老子와 莊子의 말은 허황되어 先王의 法言이 아니니 행해서는 안 된다. 군자는 마땅히 그 衣冠을 바로하고 威儀를 지켜야 하는데, 어찌 머리를 산발하고 거짓 명성을 쌓으며 스스로 宏達하다고 여긴단 말인가.'라고 하였다."

≪中興書≫에 말하였다. "도간이 檢校佐吏였을 때 樗蒲,[35] 雙六, 바둑에 쓰는 기구를 얻으면 던져버리고 '저포는 老子가 오랑캐 땅에 들어가서 만든 것이니 외국의 유희일 뿐이고, 圍棊는 堯舜이 어리석은 자식을 가르칠 때 썼던 것이며, 쌍륙과 바둑은 紂가 만든 것인데, 그대들은 국가의 인재들로서 어찌하여 이런 것을 한단 말인가. 만약 공무를 수행하는 여가에 무료할까 걱정된다면, 文士는 어찌 서

34) 趙廣漢 : ?~B.C. 65. 西漢 宣帝 때 사람으로, 潁川太守와 京兆尹 등을 지냈다. 권력자나 귀족에게 굽히지 않고 법을 집행한 것으로 이름났다.(≪漢書≫ 〈趙廣漢傳〉)

35) 樗蒲 : 옛날의 도박 성격의 놀이로, 漢나라 때부터 있었고 晉나라 때 더욱 성행하였다. 검은 송아지〔黑犢〕, 꿩, 개〔盧〕 등 5가지 색이 있는 주사위를 던져 승부를 정하였는데, 개가 나오면 이겼다.(≪世說音釋≫)

책을 읽지 않고 武士는 어찌 활을 쏘지 않는가?' 하니, 담론하는 자들이 어떻게도 〈그의 뜻을〉 바꿀 수가 없었다."

晉陽秋曰 "侃練核庶事, 勤務稼穡. 雖戎陳武士, 皆勸厲之, 有奉饋者, 皆問其所由, 若力役所致, 懽喜慰賜, 若他所得, 則呵辱還之. 是以軍民勤於農稼, 家給人足. 性纖密好問, 頗類趙廣漢. 嘗課營種柳, 都尉夏施盜拔武昌郡西門所種. 侃後自出, 駐車施門, 問'此是武昌西門柳, 何以盜之?' 施惶怖首伏. 三軍稱其明察. 侃勤而整, 自強不息. 又好督勸於人, 常云 '民生在勤. 大禹聖人, 猶惜寸陰, 至於凡俗, 當惜分陰, 豈可遊逸? 生無益於時, 死無聞於後, 是自棄也. 又老莊浮華, 非先王之法言, 而不敢行. 君子當正其衣冠, 攝以威儀, 何有亂頭養望, 自謂宏達耶?'" 中興書曰 "侃嘗檢校佐吏, 若得樗蒲(저포)·博奕[36]之具, 投之曰 '樗蒲, 老子入胡所作, 外國戲耳, 圍碁[37], 堯舜以教愚子, 博奕, 紂所造, 諸君國器, 何以爲此? 若王事之暇患邑邑者, 文士何不讀書? 武士何不射弓?' 談者無以易也."

【頭註】

○ 劉辰翁 : 〈'連根取之 仍當足'은〉 대나무 뿌리를 가지고 연결하여 장대로 삼아 鐵足을 대신하였음을 말한다.

劉云 "謂就連竹根以爲篙, 以代鐵足."

○ 劉辰翁 : 이 해설이 아니면 아마도 이해하지 못할 것이다.

劉云 "非此解, 殆不喩."

6-16 東晉 簡文帝(司馬昱)가 재상이었을 적에 걸핏하면 해를 넘겨서야 일을 끝마쳤다. 桓公(桓溫)이 그의 더딘 일처리를 매우 걱정하여 항상 권면하자 太宗(간문제)이 말하였다.

"하루에 만 가지 일의 기미를 처리하니 어찌 빨리 할 수 있겠습니까."

簡文爲相에 **事動經年然後**에 **得過**[38]하니 **桓公甚患其遲**하여 **常加勸勉**이어늘 **太宗曰 一**

---

36) 博奕 : 옛날의 도박 성격의 놀이로, 말판에 12갈래의 길이 있으며 말은 흑백 각각 6개이다. 上古때 烏曹가 만들었다 한다.(≪世說音釋≫)

37) 圍碁 : 바둑의 일종으로, 奕이라고도 한다. 堯임금이 처음 만들었고, 丹朱가 잘하였다고 한다. 양쪽이 黑과 白의 바둑돌로 서로 둘러싸서 공격하여 죽이기 때문에 '圍碁'라 하였다.(≪世說音釋≫)

日萬幾니 那得速①이리오하다

① ≪尙書≫ 〈皐陶謨〉에 "一日萬幾"라 하였는데, 孔安國이 "幾는 기미이니, 모든 일의 은미함을 경계하여야 함을 말한 것이다."라고 하였다.
尙書皐陶謨"一日萬幾", 孔安國曰"幾, 微也, 言當戒懼萬事之微."

【頭註】

○ 劉辰翁 : 하루에 만 가지 일의 기미를 처리하는 것은 정말 빨리 하고자 하는 것이다.
劉云"一日萬幾, 正欲速."

○ 王世懋 : 東晉 簡文帝가 言語에 능하자 謝安石(謝安)은 그를 西晉 惠帝(290~306 재위)와 같은 부류라고 여겼는데,39) 이것이 그 근거에 해당한다.
王云"簡文能言, 謝安石以爲惠帝之流, 其意坐此."

6-17 王濛과 劉惔이 林公(支遁)과 함께 何驃騎(何充)를 방문하였는데 하표기는 서류만 보면서 그들을 돌아보지 않았다. 왕몽이 하표기에게 말하였다.

"우리가 지금 일부러 임공과 함께 와서 경을 방문한 것은 경이 일상적인 업무를 제쳐두고 玄言으로 같이 응대해주기를 바라서인데, 어찌 고개를 숙이고 이것만 바라보고 있단 말이오?"

하표기가 말하였다.

"내가 이것을 보지 않는다면 경들이 어떻게 〈청담을 하며〉 생활할 수 있겠소."

사람들이 훌륭하다고 여겼다.

王劉가 與林公으로 共看何驃騎①한대 驃騎看文書하고 不顧之②라 王謂何曰 我今故與林公으로 來相看은 望卿擺撥常務하고 應對玄言이어늘 那得方低頭看此邪(야)아하니 何曰 我不看此면 卿等이 何以得存이리오하니 諸人이 以爲佳하다

① ≪晉陽秋≫에 말하였다. "何充은 字가 次道이고 廬江 사람이다. 재주가 많고 식견이 풍부하였으며 文辭와 才思가 있었다. 여러 번 자리를 옮겨 會稽內史·侍中·驃

---

38) 過 : '了(마치다)'의 뜻이다.(≪世說音釋≫)

39) 東晉……여겼는데 : ≪晉書≫ 〈簡文帝紀〉에 보인다.

驃騎將軍・揚州刺史에 이르렀고 司徒에 추증되었다."

晉陽秋曰 "何充, 字次道, 廬江人. 思韻淹通, 有文義才情. 累遷會稽內史・侍中・驃騎將軍・揚州刺史, 贈司徒."

② ≪晉陽秋≫에 말하였다. "何充은 王濛이나 劉惔과 취향이 같지 않았다. 이 때문에 당시 사람들에게 비난을 받았다."

晉陽秋曰 "何充與王濛・劉惔, 好尙不同. 由此見譏於當世."

6-18 何驃騎(何充)가 會稽內史가 되었을 때 虞存의 아우 虞謇이 郡主簿로 있었다. 그는 하표기가 손님을 만나느라 피곤하고 지쳤다고 여겨, 일반 손님은 일체 차단하고 家人에게 접견할 만한 자를 알아서 택하게 하도록 건의하려 하였다. 건의문이 완성되자 우존에게 그것을 보여주었다. 우존은 당시 하표기의 上佐로 있었는데, 마침 우건과 함께 식사를 하던 중이었다. 우존이 말하였다.

"건의문이 매우 좋구나. 내가 식사를 마치고나거든 지시하는 말을 작성해주겠다."

식사가 끝나자 붓을 가져다 건의문 뒤에 적었다.

"만약 郭林宗(郭泰)과 같은 門亭長을 얻는다면 건의하려는 대로 될 것이나, 너는 어디에서 이런 사람을 얻겠느냐?"

우건이 마침내 그만두었다.

何驃騎가 作會稽에 虞存弟謇이 作郡主簿①한대 以何見客勞損이라하여 欲白斷常客하고 使家人節量하여 擇可通者라 作白事40)成에 以見(현)存하니 存이 時爲何上佐한대 正與謇共食이라가 語云 白事甚好라 待我食畢하여 作敎하리라 食竟에 取筆하여 題白事後云 若得門(庭)〔亭〕41)長如郭林宗者면 當如所白②이나 汝何處得此人고하니 謇於是止하다

---

40) 白事 : 일을 서술하고 뜻을 진술하는 것을 '白'이라 하고, 아랫사람이 윗사람에게 고하는 것을 '稟白'이라 한다. ≪資治通鑑≫ 〈魏紀〉 注에 "章表는 魏朝에 올리고, 白事는 晉公에게 아뢴다."라고 하였다.(≪世說音釋≫)

41) 門(庭)〔亭〕長 : 저본에는 '門庭長'으로 되어 있으나, ≪晉書≫와 ≪宋書≫의 〈百官志〉에 의거하여 '庭'을 '亭'으로 바로잡았다. 門亭長은 刺史의 屬官으로 州의 正門을 주관

① 孫統의 〈存誄敍〉에 말하였다. "虞存은 字가 道長이고 會稽 山陰 사람이다. 조부 虞陽은 散騎常侍였고, 부친 虞偉는 州西曹였다. 우존은 어려서부터 탁월하였고 志趣가 고상하고 뛰어났다. 관직은 衛軍長史・尙書吏部郎을 지냈다."

范汪의 ≪棋品≫에 "虞謇은 字가 道眞이고 벼슬은 郡功曹에 이르렀다." 하였다.

孫統存誄敍曰 "存, 字道長, 會稽山陰人也. 祖陽, 散騎常侍, 父偉, 州西曹. 存幼而卓拔, 風情高逸, 歷衛軍長史・尙書吏部郎." 范汪棋品曰 "謇, 字道眞, 仕至郡功曹."

② 〈郭泰別傳〉에 말하였다. "郭泰는 字가 林宗이다. 사람을 鑑識하는 능력이 있어 海內의 선비들을 품평하였다. 그중에는 어린아이도 있었고 마을이나 가게에 있는 사람도 있었는데 나중에 모두 60여 인의 빼어난 인물이 되었다. 스스로 한 권의 책을 저술하여 선비를 취하는 근본을 논하였는데, 미처 전해지기 전에 난리 중에 없어졌다."

泰別傳曰 "泰, 〔字林宗.〕[42] 有人倫鑒識, 題品海內之士. 或在幼童, 或在里肆, 後皆成英彦六十餘人. 自著書一卷, 論取士之本, 未行, 遭亂亡失."

【頭註】

○ 劉辰翁 : 말은 매우 옳으나 이 일도 '政事'라고 할 만한 일은 아니다.
劉云 "語甚是, 然亦非所謂政事."

○ 〈言語〉편에 넣어야 한다.
言語.

6-19 桓公(桓溫)이 荊州刺史로 있을 적에 오로지 德으로 長江과 漢水 지역을 다스리고자 하였고 위엄과 형벌로 다스리는 것을 수치로 여겼다. 令史가 杖을 맞는데 단지 관복 위를 스치는 정도이자, 나이 어린 桓式(桓歆)이 밖에서 돌아와 말하였다.

"아까 전각 아래를 지나다가 영사가 장을 맞는 것을 보았는데, 위로는 구름의 뿌리를 치고 아래로는 땅의 발을 때리더군요."

하는 관리이다.(≪世說音釋≫)

42) 〔字林宗〕: 저본에는 '字林宗'이 없으나, 각본의 ≪世說新語≫에 의거하여 보충하였다.

〈杖이 몸에〉 닿지 않은 것을 비끈 것이었으나 환공은 말하였다.
"나는 그것도 〈처벌이〉 무거울까 걱정이다."

桓公이 在荊州에 全欲以德으로 被江漢하고 恥以威刑으로 肅物[①]이라 令史受杖에 正從朱衣上過하니 桓式이 年少한대 從外來[②]하여 云 向從閣下過라가 見令史受杖한대 上捎雲根하고 下拂地足이러이다하니 意譏不著(착)이어늘 桓公云 我猶患其重이라하다

① 〈桓溫別傳〉에 말하였다. "桓溫은 永和 원년(345)에 徐州에서 荊州刺史로 옮겼다. 州에 있을 때 관대하고 온화하여 백성들이 편안하였다."
溫別傳曰 "溫, 以永和元年, 自徐州遷荊州刺史. 在州寬和, 百姓安之."
② 式은 桓歆의 어릴 때 이름이다.
≪桓氏譜≫에 "桓歆은 字가 叔道이고 桓溫의 셋째 아들이다. 벼슬이 尙書에 이르렀다." 하였다.
式, 桓歆小字也. 桓氏譜曰 "歆, 字叔道, 溫第三子. 仕至尙書."

6-20 殷浩가 揚州刺史가 된 처음에, 劉尹(劉惔)이 길을 가다가 날이 저물려고만 하면 곧 시종에게 이불을 가져오게 하였다. 사람들이 그 이유를 묻자 그가 답하였다.
"刺史가 엄하여 감히 밤에 다녀서는 안 되기 때문입니다."

殷浩가 始作揚州[①]에 劉尹이 行이라가 日小欲晚이면 便使左右取襆하니 人問其故한대 答曰 刺史嚴하여 不敢夜行이라하다

① 〈殷浩別傳〉에 말하였다. "殷浩는 字가 淵源이고 陳郡 長平 사람이다. 조부 殷識은 濮陽相이었고, 부친 殷羨은 光祿勳이었다. 은호는 젊어서부터 명망이 두터웠고 벼슬은 揚州刺史・中軍將軍에 이르렀다."
≪中興書≫에 말하였다. "建元(343~344) 초에 庾亮 형제와 何充 등이 연이어 사망하자 太宗(東晉 簡文帝 司馬昱)이 撫軍將軍으로서 정사를 보좌하였는데, 殷浩를 초빙하여 양주자사로 삼았으니, 이는 백성의 輿望에 따른 것이다."
浩別傳曰 "浩, 字淵源, 陳郡長平人. 祖識, 濮陽相, 父羨, 光祿勳. 浩少有重名, 仕至揚州刺史・中軍將軍." 中興書曰 "建元初, 庾亮兄弟何充等相尋薨, 太宗以撫軍輔政, 徵浩爲揚州, 從民譽也."

【頭註】

○ 劉辰翁 : 襆은 오늘날 사람들의 보자기 같은 것이다.
劉云 "襆, 如今人包袱之類."

○ 王世懋 : 襆은 이불이다.
王云 "襆, 被也."

6-21 謝公(謝安) 때 군졸 중에 도망한 자들이 대부분 가까이 南塘에 있는 선박들 안에 숨었다. 어떤 이가 일시에 수색하기를 원하자 사공이 허락하지 않고 말하였다.

"만약 이 무리를 용납하지 않는다면 어찌 京都가 되겠습니까.43)"

謝公時에 兵厮44)逋亡하여 多近竄南塘下諸舫中하니 或欲求一時搜索이어늘 謝公이 不許하고 云 若不容置此輩면 何以爲京都①아하다

① ≪續晉陽秋≫에 말하였다. "中原(洛陽) 땅이 전란에 휩싸이고부터 백성이 본래 살던 곳을 떠나 江左(建康)에서 새 출발을 하였는데, 호족이 이들을 겸병하여 어떤 이는 客으로 부쳐 살고 어떤 이는 떠돌아다녀 名籍이 제대로 수립되지 않았다. 太元(376~396) 연간에 밖으로 강성한 氐族을 막고 民戶의 실제 수를 찾아내고자 三吳 지역을 매우 철저히 조사하고 里伍45)를 바로잡았다. 그 와중에 당시 산과 호수로 달아나 숨어 있으면서 도읍에 왕래하는 자들이 있었다. 後將軍 謝安이 한창

---

43) 어찌……되겠습니까 : 京都의 京은 '大'와 뜻이 같으므로 이들 도망자를 포용하는 것이 경도가 말 그대로 큰 도읍이 되는 것이라는 의미이다.(≪世說講義≫, ≪世說音釋≫)

44) 兵厮 : 저본에는 '兵厮'로 되어 있는데, '厮(시)'는 옛날에 장각을 패거나 말을 키우는 등의 일을 하는 奴僕을 지칭하는 말이다.(≪世說音釋≫, ≪史記≫ 〈張耳陳餘傳〉) 여기서는 '兵'과 결합하여 '〈軍役을 지는〉 군졸'이라는 의미로 번역하였다.

45) 里伍 : 옛날에는 같은 鄕里의 사람들을 조직하여 서로 보호하게 하였는데, 1만 2,500家를 1鄕, 25家를 1里, 10人을 1什, 5인을 1伍로 편제하여 한 번 북을 치면 兵器를 정돈하고, 두 번 북을 치면 陣 치는 방법을 익히고, 세 번 북을 치면 밥 먹으러 달려가고, 네 번 북을 치면 行裝을 엄격히 챙기고, 다섯 번 북을 치면 行列로 나아가게 하였다. 여기서는 里와 伍로 대표되는 민간 군사 편제를 가리킨다.(≪吳子直解≫ 〈治兵〉)

빈객을 접대하고 있을 때 좌중에 있던 어떤 사람이 '〈도망자를〉 숨겨준 죄를 범한 자들을 적발해야 합니다.' 하였다. 사안은 늘 후한 덕으로 백성을 교화시키고 번잡한 법을 없애야 한다고 생각하였고, 또 강한 적이 국경 안에 침입하였으므로 백성의 마음을 동요시켜서는 안 된다고 생각하여, 마침내 답하기를 '경이 우려하는 것은 客[46]에 있을 뿐입니다. 그러나 이렇지 않으면 어떻게 큰 도읍〔京都〕이 되겠습니까." 하니, 말한 자가 부끄러운 기색이 있었다.

續晉陽秋曰 "自中原喪亂, 民離本域, 江左造創, 豪族弁兼, 或客寓流離, 名籍不立. 太元中, 外禦强氐, 蒐簡民實, 三吳頗加澄檢, 正其里伍, 其中時有山湖遁逸往來都邑者. 後將軍安方接客時, 人有於坐言 '宜糾舍藏之失者.' 安每以厚德化物, 去其煩細, 又以强寇入境, 不宜加動人情, 乃答之云 '卿所憂在於客耳. 然不爾, 何以爲京都?' 言者有慚色."

【頭註】

○ 劉辰翁 : 이 말은 맞기도 하고 맞지 않기도 하다. 직무를 소홀히 하는 것은 그래도 용납할 수 있으나, 軍政은 소홀히 해서는 안 된다.
　劉云 "此語有可, 有不可. 遊手尙可容, 軍政不可忽也."

○ 〈劉孝標 注에서 '山湖'의〉 '湖'가 어떤 본에는 '胡'로 되어 있다.
　湖一作胡.

6-22 王東亭(王獻之)은 張冠軍(張玄之)과 친하였다. 왕동정이 吳郡太守가 되고 난 뒤 어떤 사람이 小令(王珉)에게 물었다.

"東亭(왕헌지)이 태수가 되었는데 교화와 治積이 어떠한가?"

그가 대답하였다.

"백성을 얼마나 잘 교화시켰는지는 모르겠으나, 張祖希(장현지)와의 우정만은 나날이 돈독해지고 있습니다."

王東亭은 與張冠軍으로 善①이러니 王이 旣作吳郡에 人問小令曰② 東亭作郡하니 風政何似오하니 答曰 不知治化何如나 惟與張祖希로 情好日隆耳라하다

---

46) 客 : 산과 호수로 달아나 숨어 있으면서 도읍에 왕래하는 자들을 가리킨다. 이들은 京都에 드나드는 客에 불과하다는 의미이다.(≪世說箋本≫)

① ≪續晉陽秋≫에 말하였다. "張玄之는 字가 祖希이고, 吳郡太守 張澄의 손자이다. 젊어서부터 학문으로 이름이 드러났다. 吏部尙書를 거쳤으며 지방관으로 나가서는 冠軍將軍・吳興太守・會稽內史를 지냈다. 謝玄과 같은 시기에 〈태수가 되어〉 郡으로 나갔는데, 論者들이 그들을 '남북의 名望'이라고 하였다. 장현지의 명망이 사현에 버금가니 당시에 그들을 '南北二玄'이라고도 불렀다. 〈재직하던〉 郡에서 죽었다."

續晉陽秋曰 "張玄之, 字祖希, 吳郡太守澄之孫也. 少以學顯, 歷吏部尙書, 出爲冠軍將軍・吳興太守・會稽(太守)〔內史〕[47]. 謝玄同時之郡, 論者以爲南北之望. 玄之名亞謝玄, 時亦稱南北二玄, 卒於郡."

② ≪續晉陽秋≫에 말하였다. "王獻之가 中書令이었는데 王珉이 그 후임이 되니 당시 사람들이 '大王令', '小王令'이라 하였다."

〈王珉別傳〉에 말하였다. "王珉은 字가 季琰이고 瑯琊 사람이다. 승상 王導의 손자이고 中領軍 王洽의 작은 아들이다. 才藝가 있었고 行書를 잘 썼다. 명망이 형인 王珣보다 더 높았다. 侍中・中書令을 두루 거쳤으며 太常에 추증되었다."

續晉陽秋曰 "王獻之爲中書令, 王珉代之, 時人謂 '大小王令'." 珉別傳曰 "珉, 字季琰, 瑯琊人. 丞相導孫, 中領軍洽少子. 有才藝, 善行書. 名出兄珣右. 累遷侍中・中書令, 贈太常."

【頭註】

○ 王世懋 : 이것은 형을 사랑하는 말이 아닌 듯하다.

王云 "此似非愛兄之言."

○ 李贄 : 이것이 최고의 교화이다.

李云 "此是一等治化."

6-23 **【補】** 孔思遠(孔顗)이 後軍府의 長史가 되었을 적에 비록 술에 취한 날이 대부분이었으나 정무를 훤히 알았고 술이 깼을 때의 판결은 막힌 적이 없었다. 사람들이 모두 말하였다.

"孔公(공의)은 한 달에 29일을 취해 있으나 세상 사람이 29일을 깨어있는 것

---

47) (太守)〔內史〕: 저본에는 '太守'로 되어 있으나, 安永本과 각본의 ≪世說新語≫에 의거하여 '內史'로 바로잡았다.

보다 낫다."

孔思遠이 爲後軍府長史에 雖醉日居多나 而曉明政理하고 醒時判決이 未嘗有壅하니 衆咸曰 孔公은 一月二十九日醉나 勝世人二十九日醒이라하다

【頭註】

○ 李贄 : 농담으로 한 품평이 아니다.
李云 "非戱論也."

6-24【補】劉玄明은 관리로서 매우 유능하였다. 建康令과 山陰令을 지냈는데 治積이 항상 천하제일이었다. 후에 傅翽(부홰)가 산음령의 후임이 되자 유현명에게 물었다.

"전임 수령의 정사의 비법을 신임 수령인 저에게 말씀해주십시오."

유현명이 대답하였다.

"나는 특별한 비법을 지녔는데 경의 家譜에는 안 실려 있을 겁니다. 작별할 때가 되면 당연히 알려드리겠소."

얼마 있다 말하였다.

"현령일 때는 오로지 하루 1되의 밥을 먹고48) 술을 마시지 않는 것, 이것이 최고의 비법입니다."

劉玄明은 甚有吏能하니 歷建康과 山陰令한대 政常爲天下第一①이라 後에 傅翽가 代爲山陰하니 問玄明曰 願以舊政으로 告新令尹하소서하니 玄明이 答曰 我有奇術하니 卿家譜所不載②리이다 臨別에 當以相示리이다하다 旣而言 作縣令하여는 唯日食一升飯하고 而不飮酒니 此第一策也니이다하다

① ≪南史≫ 〈循吏傳〉에 "劉玄明은 臨淮 사람이고, 관직은 司農卿에 이르렀다." 하였다.

48) 하루……먹고 : 저본에는 '一升'으로 되어 있으나, 1승은 오늘날의 4·5홉이며 中人이 먹는 양이다.(≪世說箋本≫) 여기서는 적게 먹는다는 의미로 쓰였다.

南史曰"劉玄明, 臨淮人, 官至司農卿."

② ≪南史≫ 〈循吏傳〉에 말하였다. "傅翽는 北地 靈州 사람이다. 조부 傅僧祐는 山陰令이었고, 부친 傅琰은 建康令·산음령을 지냈는데 모두 유능하다는 명성이 자자하여 두 縣에서 그들을 '傅聖'이라고 불렀다. 부홰는 지위가 驃騎諮議에 이르렀다."

孔平仲[49]의 ≪續世說≫[50] 〈政事〉에 "傅氏 문중에는 ≪理縣譜≫가 있었는데, 자손끼리 서로 전하고 남에게는 보여주지 않았다." 하였다.

南史曰"傅翽, 北地靈州人. 祖僧祐, 山陰令, 父琰爲建康·山陰令, 並著能名, 二縣謂之傅聖. 翽位至驃騎諮議." 孔平仲續世說曰"諸傅有理縣譜, 子孫相傳, 不以示人."

6-25 **【補】** **蘇瓊**이 **清河太守**가 되었을 적에 청렴하고 신중하며 사욕이 없었다. 승려인 **道研**이 만나기를 청하였는데 **債務** 처리에 목적이 있었다.[51] 소경은 만날 때마다 현묘한 이치에 대해 담론하고 질문하여 도연은 도무지 말을 꺼내지 못하였다. 제자가 그 이유를 묻자 도연이 말하였다.

"府君(太守)을 만날 때마다 곧장 나를 푸른 구름 사이로 들어가게 하니 어떻게도 땅 위의 일을 논할 길이 없구나."

마침내 그 文券을 불태워버렸다.

蘇瓊이 **爲清河太守**에 **清愼無私**라 **有沙門道研**이 **求謁**한대 **意在理債**어늘 **瓊**이 **每見**에 **則**

---

49) 孔平仲 : ?~?. 字는 義甫인데 毅父(의보)라고도 한다. 新喩(江西省 新餘市) 사람이다. 孔子의 47대손으로, 형 孔文仲·孔武仲과 함께 文名이 높아 '三孔'으로 병칭되었다. 治平 2년(1065)에 進士가 되었고 이후 教授, 秘書丞, 集賢殿 校理 등을 역임하였다. 저술로 ≪續世說≫, ≪孔氏談苑≫, ≪珩璜新論≫, ≪釋稗≫ 등이 있다.

50) 續世說 : 北宋의 孔平仲이 편찬한 12권의 筆記小說集이다. 南北朝시대에서 唐나라와 五代까지의 朝野의 일화들을 기록하였는데, 体例는 劉義慶의 ≪世說新語≫를 모방하였다. 주로 李延壽의 ≪南北史≫, 劉昫의 ≪舊唐書≫, 薛居正의 ≪舊五代史≫에서 내용을 수집하였고 이전 시대의 필기소설에서도 수집하였다.

51) 債務……있었다 : 道研은 濟州의 승려로 巨萬의 자산을 가지고 사람들에게 돈을 빌려주고 이자를 받아왔는데, 그에게 돈을 빌려간 뒤 갚지 않는 사람들을 처리해달라고 太守에게 청하러 간 것이다.(≪世說箋本≫)

談問玄理하니 道硏無由啓口라 弟子問其故하니 道硏曰 每見府君에 徑將我入青雲間하니 無由得論地上事라하고 遂焚其券[①]하다

① ≪北史≫ 〈循吏傳〉에 말하였다. "蘇瓊은 字가 珍之이고 長樂 武强 사람이다. 부친 蘇備는 魏나라 衛尉였다. 소경이 부친을 따라 변방에 있을 때 東荊州刺史 曹芝가 長流叅軍에 제수하였고, 北齊 文襄帝(高澄 521~549)가 이끌어 刑獄參軍으로 삼고 매번 위로하고 권면하였다."
北史曰 "蘇瓊, 字珍之, 長樂武强人. 父備, 魏衛尉. 瓊隨父在邊, 東荊州刺史曹芝署爲長流叅軍, 齊文襄引爲刑獄叅軍, 每加勞勉."

【頭註】

○ 王世懋 : 이 승려 역시 괜찮다.
王云 "此僧亦自可."

○ 〈無由得論地上事의〉 '無'는 '何'로 되어 있는 본도 있다.
無一作何.

6-26 【補】 楊德幹이 萬年令이었을 적에 唐 高宗(李治) 때의 어떤 환관이 〈황제의〉 총애를 믿고 새매를 放飼하여 남의 벼농사를 망치는 짓을 꺼리지 않았다. 그러자 양덕간이 그 환관에게 杖 20대를 치고 새매의 머리를 다 뽑아버렸다. 환관이 눈물을 흘리며 〈장 맞은〉 등을 드러내 황제에게 보여주니, 황제가 말하였다.

"본래 그 인간(양덕간)이 모진 것을 알면서 어찌 다른 백성을 침해하였느냐?"

楊德幹爲萬年令에 高宗朝有宦官이 恃寵放鷂(요)하고 不避人禾稼하니 德幹이 杖之二十하고 悉拔去鷂頭하다 宦者가 涕泣袒背하여 以示帝하니 帝曰 情知此漢獰이어늘 何須犯他百姓[①]가하다

① 宋祁의 ≪新唐書≫ 〈循吏傳〉에 말하였다. "洛陽令 楊德幹은 혹독하게 다스리는 것을 자랑으로 여기고 사람을 죽여 위엄을 세웠다. 澤州·齊州·汴州·相州 4주의 刺史를 두루 지냈는데, 당시 사람들이 '차라리 3년간 숯을 먹을지언정 양덕간은 만나지 않겠다.' 하였다."
宋祁唐書曰 "洛陽令楊德幹矜酷烈, 殺人以立威. 歷澤·齊·汴·相四州刺史, 時語

曰 '寧食三年炭, 不逢楊德幹.'"

6-27【補】宋廣平(宋璟)은 백성을 사랑하고 재물을 아껴 朝野에서 그를 훌륭하게 여겼다. 사람들이 모두 그를 '발 달린 봄볕[52]'이라 불렀다.

宋廣平이 愛民惜物하니 朝野歸美하여 人咸謂 有脚陽春①이라하다

宋璟

① 劉昫의 ≪舊唐書≫〈宋璟傳〉에 말하였다. "宋璟은 邢州 南和 사람이다. 그의 선조가 廣平에서 이주해왔다. 송경은 젊어서부터 꼿꼿하고 대단히 절조가 있었으며 박학하였고 문장에 뛰어났다. 20세에 진사에 합격하였고 여러 관직을 거쳐 鳳閣舍人[53]에 이르렀다. 관직에 있을 때는 안색을 엄숙하게 하니[54] 則天武后가 그를 매우 소중하게 여겼다. 玄宗 때 여러 관직을 거쳐 尙書右丞相에 이르렀고 廣平郡公에 봉해졌다.

劉昫唐書曰 "宋璟, 邢州南和人. 其先自廣平徙焉. 璟少耿介, 有大節, 博學攻文翰. 弱冠擧進士, 累轉鳳閣舍人. 當官正色, 則天甚重之. 玄宗朝累官尙書右丞相, 封廣平郡公."

【頭註】

○ 〈正色의〉 '色'은 '己'로 되어 있는 본도 있다.
色一作己.

---

52) 발 달린 봄볕 : 그가 이르는 곳마다 봄볕과 같이 훈훈해진다는 뜻으로 가는 곳마다 은혜를 베푸는 지방관이었음을 말한다.(≪世說箋本≫)

53) 鳳閣舍人 : 鳳閣은 中書이니, 則天武后 때의 명칭이다. 즉 봉각사인은 中書舍人을 말한다.(≪世說箋本≫)

54) 안색을……하니 : 원문은 '正色'인데, 아부하지 않는 것을 가리킨다. 얼굴빛을 좋게 한다는 의미의 '令色'과 상반되는 말이다.(≪世說箋本≫)

6-28【補】唐 玄宗이 한번은 3일 동안 酺(포)宴[55]을 내려주었다. 임금이 五鳳樓에 나아가니 구경꾼이 가득하여 음악을 연주할 수 없을 정도였고, 金吾[56]가 휘두르는 몽둥이가 빗발쳤으나 도저히 제지할 수가 없었다. 임금이 이러한 상황을 염려하자 高力士가 상주하였다.

唐 玄宗

"河南丞 嚴安之가 엄하게 다스려서 백성들이 그를 두려워하니 그에게 제지하게 하소서."

임금이 그 말을 따랐다. 엄안지가 도착하여 手板[57]으로 마당을 빙 둘러 금을 긋고 말하였다.

"이 금을 넘는 자는 죽는다."

이리하여 3일 동안 그 금을 가리키며 서로들 경계하여 감히 침범하는 자가 없었다.

玄宗이 嘗賜酺三日①에 上御五鳳樓하니 觀者喧溢하여 樂不得奏하고 金吾白挺如雨로되 不能遏止라 上患之하니 高力士②가 奏하되 河南丞嚴安之가 爲理嚴하여 爲人所畏하니 請

---

55) 酺(포)宴 : 酺는 술 마시며 즐긴다는 뜻인데, 酺宴은 평소에 백성들에게 飮酒歌舞를 못하도록 금하다가 그 보상으로 임금이 특별히 허락하여 베푸는 연회를 말한다.

56) 金吾 : 옛날의 官名으로, 皇帝나 大臣을 경호하고 수도를 순찰하며 치안을 담당하는 武官을 말한다. '金吾'란 명칭의 유래에 대해서는 여러 說이 있는데, 우선 '금오'는 상서롭지 못한 것을 물리치는 일을 맡은 새의 이름인데, 이 새를 잡고 있는 형상으로 관직을 부른 것이라고도 하고, 또 金吾의 '吾'는 막을 '禦'와 같아 "무기를 잡고서 불상사를 막는다."는 뜻을 가진 관직명이 되었다고도 하며, 금오란 漢나라 관원이 잡던 황금으로 양쪽 끝을 도금한 銅으로 만든 棒을 가리킨다고도 한다.(≪漢書≫ 〈百官公卿表〉, ≪後漢書≫ 〈百官志〉)

57) 手板 : 笏을 말한다. 晉宋 이래로 홀을 수판이라 불렀다.(≪世說箋本≫)

使止之하소서하니 上從之하다 安之가 至하여 以手板으로 繞場畫(획)地하고 曰 犯此者는 死라하니 於是에 三日指其畫하여 以相戒하여 無敢犯者③하다

① ≪漢書≫〈文帝紀〉顔師古 注에 말하기를 "漢나라 法律에서는 3인 이상이 아무 이유 없이 〈모여〉 술을 마시면 벌금이 4냥이었다. 그러므로 酺宴을 하사하는 것이 은혜를 베푸는 것이다." 하였다. 唐나라에는 酺禁이 없었는데도 酺宴을 내려준 것이니, 백성을 모이게 하여 음악을 연주하고 노인에게 술과 국수를 하사한 것이다.
漢書注曰 "漢律三人以上, 無故飮酒, 罰金四兩, 故以賜酺爲惠澤." 唐無酺禁, 賜酺者, 聚作伎樂, 高年賜酒麪也.

② ≪新唐書≫〈宦者傳〉에 말하였다. "高力士는 馮盎의 증손인데, 高氏 성을 가탁하였다.[58] 則天武后가 給事左右로 삼았다. 玄宗 때 進開府儀同三司를 지냈는데 후에 名籍에서 제거되고 巫州로 유배 가서 죽었다."
唐書曰 "高力士, 馮盎曾孫也. 冒姓高氏. 武后勅給事左右. 玄宗時歷進開府儀同三司, 後除籍, 流巫州卒."

③ ≪雲溪友議≫[59]에 "嚴安之와 嚴定之는 형제이다. 엄안지는 長安戎曹로 있을 때 임시로 京尹을 맡았다." 하였다.
≪封氏聞見錄≫[60]에 "嚴安之가 赤縣의 尉[61]가 되어 정사를 엄하게 처리하는데 힘썼다."
雲溪友議曰 "嚴安之定之昆弟也. 安之爲長安戎曹, 權過京尹." 封氏聞見錄曰 "嚴安

---

58) 高氏 성을 가탁하였다 : 高力士의 본명은 馮元一인데, 內官 高延福이 그를 양아들로 삼았으므로 고씨 성을 쓴 것이다.(≪世說箋本≫)

59) 雲溪友議 : 唐나라 范攄(범터 ?~?)가 편찬한 筆記小說集이다. 범터는 僖宗 때 吳縣 사람이다. 越州 若耶溪에 은거하였는데, 若耶는 또 '五雲'이라고도 불렸으므로 自號를 '五雲溪人'이라 하였다 한다. ≪운계우의≫는 ≪新唐書≫에는 3권, ≪宋史≫에는 11권, ≪直齋書錄解題≫에는 12권 등으로 기록되어 있어 여러 본이 있었던 것으로 추측되는데, 오늘날 ≪四部叢刊≫ 본에는 上·中·下 3권이 실려 있다. 開元(713~741) 이후의 기이한 일화와 野史를 다루었으며 특히 詩話에 대한 것이 많다.

60) 封氏聞見錄 : 唐나라 渤海 蓨縣 사람인 封演(?~?)이 편찬한 책으로, 封演은 당나라 玄宗에서 代宗 때 관원으로 활동하였다. 이 책은 모두 10권인데, 1~6권은 掌故, 7~8권은 古跡, 9~10권은 士大夫의 軼聞을 다루었다. 唐나라 때의 사료를 상세하게 기록하여 ≪四庫全書總目提要≫에서 이 책의 사실성을 높이 평가하였다.

61) 赤縣의 尉 : 여기서 赤縣은 畿內의 땅을 가리킨다.(≪世說音釋≫, ≪世說箋本≫)

之爲赤縣尉, 力行猛政."

【頭註】

○ 李贄 : 이러한 즐거움에 임했으니 어찌 음악을 연주할 필요가 있겠는가.
李云 "卽此是樂, 安用奏樂(악)."

6-29【補】開成(836~840) 연간에 延英殿에서 奏對할 때 李石이 아뢰었다.

"신이 한번은 西蜀의 中元日(7월 15일)에 절에 가서 故 劍南節度使 韋皐의 초상화를 보았는데, 절에 온 백성이 먼저 그 초상에 절을 한 뒤 부처에게 참배하였습니다. 신이 나이 많은 노인들에게 물어보니 모두 '한창 조세가 과중하였을 때 令公(위고)이 해를 돌아가며 조세를 전부 면제해주어[62] 蜀지역에 내린 은혜가 깊었습니다.[63] 지금은 이런 은택이 없어 더욱 그분을 추모하는 것입니다.' 라고 하였습니다."

開成中에 延英奏對할새 李石[①]言 嘗西蜀中元日에 詣佛寺하여 見故劍南節度使韋皐圖形한대 百姓至者가 先拜而後謁佛이러이다 臣訪於故老하니 皆曰 方稅重할새 令公이 輪年全放하여 恩深於蜀이니이다 今無此惠澤하여 追思益切[②]이니이다하다

① ≪舊唐書≫ 〈李石傳〉에 말하였다. "李石은 字가 中玉이고, 隴西 사람이다. 임기응변에 잘 대처하고 方略이 있었으며, 특히 관리로서의 행정 능력이 뛰어났다. 太和 3년(829)에 鄭滑行軍司馬[64]가 되었는데, 조정에 들어가 일을 上奏할 때 답변이 명확하여 文宗이 그를 가상하게 여겼다. 檢校司空·平章事의 관직을 지냈다."
唐書曰 "石, 字中玉, 隴西人. 機辯有方略, 尤精吏術. 太和三年爲鄭滑行軍司馬, 入朝奏事, 占對明辯, 文宗嘉之. 歷官檢校司空·平章事."

62) 해를……면제해주어 : 3년에 한 번 조세를 면제해주었다.(≪世說講義≫)

63) 한창……깊었습니다 : 韋皐가 3년에 한 번씩 租賦를 면제해주어, 그가 죽자 蜀지역 사람들이 畫像을 만들어 土神으로 삼아 집집마다 제사하였다.(≪世說箋本≫, ≪舊唐書≫ 〈韋皐傳〉)

64) 鄭滑行軍司馬 : 河南道에 鄭州와 滑州가 있으므로, 정주와 활주를 담당하는 행군사마라는 의미의 관직명이다.(≪世說箋本≫)

② ≪舊唐書≫에 "韋皐는 字가 武臣[65]이고, 京兆 사람이다. 貞元 원년(785)에 劍南西川節度使가 되었고, 공적으로 인해 檢校司徒·中書令을 더했으며 南康郡王에 봉해졌다." 하였다.
唐書曰 "韋皐, 字武臣, 京兆人. 貞元元年爲劍南西川節度使, 以功加檢校司徒·中書令, 封南康郡王."

6-30 【補】 李文靖(李沆)이 재상이 되었을 때는 태평한 시기에 해당하였는데, 건의 중에 〈舊政을〉 바꾸는 데만 힘쓰거나 격앙하기 좋아하는 것은 모두 허락하지 않고 말하였다.
"이렇게 하여 나라에 보답하는 것이다."

李沆

李文靖이 爲相①에 當太平之際한대 凡有建議에 務更張喜激昂者는 一切報罷하고 曰 用此報國②이라하다

① ≪東都事略≫[66]에 말하였다. "李沆은 字가 太初이고, 洺州 肥鄕 사람이다. 부친 李炳은 侍御史를 지냈다. 이항은 진지하였으며 말수가 적고 器局과 風度가 크고 넓었다. 咸平(998~1003) 연간에 平章事에 제수되었고 죽은 뒤 中書令에 추증되었다. 시호는 文靖이다."
東都事略曰 "李沆, 字太初, 洺州肥鄕人. 父炳, 侍御史. 沆沉厚寡言, 器度宏遠. 咸平中拜平章事, 卒贈中書令. 謚文靖."

② ≪湘山野錄≫[67] 〈續錄〉에 말하였다. "李公(李沆)이 한번은 同年[68] 馬亮에게 책망

---

65) 武臣 : ≪新唐書≫·≪舊唐書≫ 모두 '城武'로 되어 있다.

66) 東都事略 : 南宋 宋 孝宗 때 眉州 사람 王稱(?~?)이 편찬한 北宋 역사에 대한 紀傳體 서적이다. 왕칭은 字가 季平이다. 북송이 汴梁에 수도를 두었기 때문에 변량을 뜻하는 '東京'을 넣어 서적명을 지었다. 帝紀 12권, 世家 5권, 列傳 105권, 부록 8권 등 총 130권으로 구성되어 있다. 송 太祖 趙匡胤에서 시작하여 송 欽宗 趙桓에서 끝난다.

을 듣기를 '밖에서는 兄을 입 없는 표주박[69]이라고 합니다.' 하니, 공이 웃으면서 말하였다. '내가 政府[70]에 있기는 하나 뛰어난 능력은 없소. 다만 중외에서 말하는 利害를 일체 허가하지 않을 뿐이니, 오로지 이렇게 하여 나라에 보답할 뿐이오. 지금 국가의 방비와 통제가 주도면밀하여 마치 응고된 기름과 같이 치밀한데, 만일 아뢰는 것을 따라주어 일일이 행한다면 폐해가 실로 많을 것이오.'"

湘山野錄曰 "李公嘗被同年馬亮責之曰 '外議以兄爲無口瓠.' 公笑曰 '吾居政府, 然無長才. 但中外所陳利害, 一切報罷, 聊以此補國耳. 今國家防制(統)〔纖〕[71]悉, 密若凝脂, 苟徇所陳, 一一行之, 則所傷實多.'"

【頭註】

○ 李贄 : 최고이다.

李云 "第一著."

---

67) 湘山野錄 : 宋나라 승려 文瑩이 편찬한 筆記體 野史로, ≪湘山野錄≫ 3권, ≪續錄≫ 1권으로 구성되어 있다. 문형은 字가 道溫이고 錢塘 사람이다. 이 책은 熙寧(1068~1077) 연간에 편찬되었고 北宋의 雜事에 대한 내용이 많다.

68) 同年 : 同榜進士를 말한다. 즉 진사에 함께 합격한 사이이다.(≪世說音釋≫)

69) 입 없는 표주박 : 원문은 '無口瓠'인데 李沆의 과묵함을 비꼬는 것이다. 길고 가는 박을 匏라 하고, 입이 작고 배가 불룩한 박을 瓠라 한다.(≪世說音釋≫)

70) 政府 : ≪資治通鑑≫ 注에는 政事堂이라 하였고, ≪十八史略≫ 주에는 宰相이 정무를 처리하는 곳이라 하였다.(≪世說音釋≫)

71) (統)〔纖〕: 저본에는 '統'으로 되어 있으나, 安永本·≪何氏語林≫·≪湘山野錄≫에 의거하여 '纖'으로 바로잡았다.

世說新語補 卷四

7. 문학 상　文學 上

〈문학〉편은 文章과 관련된 일화를 기술하고 있다. ≪世說新語≫에서 77항목, ≪何氏語林≫에서 31항목을 뽑아 상편에 11항목, 중편에 59항목, 하편에 38항목을 편차하여 총 108항목으로 구성하였다.

'문학'의 의미는 문장의 내용과 형식, 작문의 태도와 수준, 문장가에 대한 품평 등을 포괄한다. 본편에 수록된 내용은 淸談과 관련된 것이 대부분이지만, 북방인과 남방인의 학문하는 태도의 차이(8-20항), 殷仲文에 대한 傅亮의 탄식(9-21항) 등 하나의 사안과 한 명의 인물에 대한 평론도 있다. 아울러 詩文의 한두 구절에 대한 褒貶, 저서와 문장에 대한 평가, 담론에 대한 직접적인 是是非非 등이 있고, 7-1항의 曆算과 卜筮처럼 '문학'과 직접적으로 연관이 없는 내용도 있다.

7-1 【補】 淮南王(劉安)이 20편 분량의 ≪鴻烈≫을 저술했는데, 그 책을 ≪淮南子≫라고 부른다. 회남왕이 스스로 말하였다.

"글자마다 모두 세찬 바람과 매서운 서리처럼 엄중한 기상이 깃들어 있다."[1)]

揚子雲(揚雄)이 〈이 책에 대해〉 평가하였다.

"문장을 쓸 때 명확하게 드러내기도 하고 은미하게 숨기기도 하였으니, 글자마다 百金의 가치가 있다."[2)]

---

1) 글자마다……있다 : '이 책은 의미가 꿋꿋하고 세차며 글자마다 경계하고 깨우치니 범할 수 없다.'는 뜻이다.(≪世說講義≫)

2) 문장을……있다 : 원문의 '一出一入'은 ≪荀子≫ 〈勸學〉에 처음 보이는 구절로, "한 번

淮南王이 著鴻烈二十3)篇①하니 號淮南子라 自云 字中에 皆挾風霜之氣라하고 揚子雲은 以爲 一出一入하니 字直百金②이라하다

① ≪楚辭≫ 〈招隱士〉의 王逸 주석에 말하였다. "淮南王 劉安은 박식하고 우아하며 옛 문화를 좋아하였다."

劉歆의 ≪西京雜記≫에 말하였다. "'鴻'은 '크다'는 뜻이고, '烈'은 '밝힌다'는 뜻이니, 禮敎를 크게 밝힌다는 것을 말한다."

楚詞注曰 "淮南王安, 博雅好古." 西京雜記曰 "鴻, 大也, 烈, 明也, 言大明禮教也."

揚雄

② ≪漢書≫ 〈揚雄傳〉에 말하였다. "양은 훌륭하고 한 번은 훌륭하지 않은 것은 길거리에 지나가는 보통사람의 경우이다.〔一出焉一入焉 涂巷之人也〕"라고 하였다. 揚雄의 ≪法言≫ 〈君子〉에 "나가기도 하고 들어오기도 한 경우는 ≪회남자≫이다.〔乍出乍入 淮南也〕"라고 했는데, 그 주석에 "법도에 맞지 않기도 하고 법도에 맞기도 한다.〔或出經 或入經〕"라고 하였다. ≪世說音釋≫·≪世說新語補考≫에서는 '일출일입'에 대해 ≪법언≫ 〈군자〉의 '乍出乍入'과 동일하게 보아 "박잡하여 순일하지 않다."라고 하였다. ≪世說講義≫에서는 "그 문장에 살아있는 기틀이 있어 쉼 없이 변화무쌍하니 한 글자에 백금의 가치가 있다."라고 하였고, ≪世說箋本≫에서는 ≪법언≫ 〈군자〉의 '사출사입'과 뜻이 다르다고 하면서 "이 장에서는 文勢의 억양 및 배치와 수습을 말했으니, ≪西京雜記≫의 내용을 가져온 것이다."라고 하였다. 汪榮寶의 ≪法言義疏≫에서는 '사출사입'에 대해 "어떤 때는 정도에 가깝고 어떤 때는 정도에 어긋난다는 말이니, 정도에 가까운 내용은 儒學에 포함되는 것이고 정도에 어긋나는 내용은 유학에서 벗어나는 것이다."라고 하고, ≪서경잡기≫의 구절을 인용하면서 이곳의 '一出一入'은 양웅의 〈解嘲賦〉의 '깊게 들어간 것은 황천에 이르고, 높이 올라간 것은 하늘에 이른다.'는 내용처럼 문장을 쓸 때 명확하게 하기도 하고 은미하게 하기도 하는 것으로, 〈군자〉에서 말한 '出入'과 뜻이 다르니, 〈군자〉의 '출입'은 義理로 판단하여 비판한 것이고, ≪서경잡기≫의 '출입'은 文辭를 감상하여 칭찬한 것이라고 하였다. 이어지는 '字直百金'이라는 구절과 연계하면 양웅이 ≪회남자≫를 비판한 것이 아니라 칭찬한 것으로 보는 것이 합리적이다.

3) 二十 : ≪西京雜記≫에는 '二十一'로 되어 있다.

웅은 字가 子雲으로, 蜀郡의 成都 사람이다. 배움을 좋아하여 다방면의 서적을 읽고, 기호와 욕심이 적었으며, 한두 섬의 식량을 집에 비축하지 못해도 태연히 편안하였다. 40여 세에 京師에서 유람했는데, 大司馬 王音이 그를 불러 門下史[4]로 삼았고 待詔[5]로 추천하였다. 1년쯤 뒤에 郎中과 給事黃門侍郎[6]이 되었다."
漢書曰 "揚雄, 字子雲, 蜀郡成都人. 好學博覽, 少嗜欲, 家無擔[7]石之儲, 晏如也. 年四十餘遊京師, 大司馬王音, 召爲門下史, 薦雄待詔. 歲餘, 爲郎中・給事黃門."

7-2 鄭玄이 馬融의 문하에 들어갔는데, 3년 동안 마융을 만나지 못하고 〈마융의〉 수준 높은 학생으로부터 학업을 전수받을 뿐이었다. 한번은 〈마융이 渾天儀[8]로〉 天體의 도수를 계산했는데 정확히 일치하지 않고, 그의 모든 제자들도 풀이할 수 없었다. 어떤 이가 정현은 풀이할 수 있는 사람이라고 하자, 마융이 정현을 불러 계산하게 하였다. 〈정현이 혼천의를〉 한번 돌려 즉시 해결하니 모든 사람이 깜짝 놀라면서 탄복하였다.

정현이 학업을 마치고 마융에게 고별인사를 올린 뒤에 고향으로 돌아갔다. 〈정현이 떠난 지〉 얼마 뒤에 마융은 '예악이 모두 동쪽으로 옮겨가는구나.〔禮樂皆東〕'라고 한탄하고, 정현이 명성을 독점할까 두려워하면서 마음속으로 그를 시기하였다. 정현 역시 〈마융이 자신을 죽이기 위해〉 추격할 것이라고 의심하

---

4) 門下史 : 門下掾이라고도 하는데, 漢나라 때 州와 郡의 장관이 스스로 선발한 屬吏이다.

5) 待詔 : 漢나라 때 재주와 기예가 있어 조정으로 불렀으나, 아직 정식 관직을 제수하지 않고 천자의 질문에 응대하게 한 사람인데, 이후에는 정식 관직명이 되었다.

6) 給事黃門侍郎 : 황제를 시종하고 황제의 명령을 전달하는 직책이다.

7) 擔 : ≪漢書≫에는 '儋'으로 되어 있다. 顔師古의 주석에 "儋石에 대한 해석은 〈蒯通傳〉에 있다." 하였다. ≪한서≫ 〈五蒯伍江息夫傳〉의 '守儋石之祿者 闕卿相之位'에 대한 주석에서 應劭는 "齊나라에서는 '작은 항아리〔小甖〕'를 '儋'이라고 부르는데, 2斛을 수용한다." 하였고, 안사고는 "'儋'의 발음은 都와 濫의 半切이다." 하면서 혹자의 견해를 인용하여 "'儋'이라는 것은 한 사람이 메는 용량이다." 하였다.

8) 渾天儀 : 璇璣玉衡이라고도 하는데, 日月星辰의 天象을 그려서 천체의 운행과 위치를 관측하던 기계로, 네 개의 다리를 지닌 틀 위에 올려놓고 회전시키면서 관측하였다.

고는 〈흙으로 만든〉 다리 아래에 앉아 물가에서 나막신을 신고 걸터앉아 있었다. 마융은 예상대로 式[9]을 돌려 점을 치면서 정현을 추격하다가 좌우의 사람들에게 "정현이 흙 아래, 물가에서 나무에 걸터앉아 있으니,[10] 이는 틀림없이 그가 죽었다는 점괘이다." 하고는 마침내 추격을 멈추었다. 정현은 이로써 마침내 재앙을 피할 수 있었다.

鄭玄이 **在馬融門下**①러니 **三年不得相見**하고 **高足弟子**가 **傳授而已**라 **嘗筭渾天**에 **不合**하고 **諸弟子莫能解**라 **或言玄能者**라하니 **融召令筭**에 **一轉便決**하니 **衆咸駭服**이라 **及玄業成**에 **辭歸**하고 **既而**요 **融有禮樂皆東之歎**②하고 **恐玄擅名而心忌焉**이라 **玄**이 **亦疑有追**하고 **乃坐橋下**하여 **在水上據屐**한대 **融**이 **果轉式逐之**라가 **告左右曰 玄**이 **在土下水上而據木**하니 **此必死矣**라하고 **遂罷追**하니 **玄**이 **竟以得免**③이라

① 馬融의 〈自敍〉에 말하였다. "마융은 자가 季長이니 右扶風의 茂陵 사람이다. 어려서부터 질문하기를 좋아하고 배우는 데 일정한 스승이 없었다. 大將軍 鄧騭(등즐)이 舍人으로 삼기 위해 그를 불렀는데, 그는 그 벼슬에 나아가지 않고 凉州의 武都에서 유람하였다. 그때 마침 오랑캐인 羌族이 거병하여 函谷關 이서 지역의 길이 차단되었다. 마융이 생각하기를, '옛사람의 말에 「왼손에 천하의 지도와 호적장부를 쥐어 〈세상을 호령하면서〉 오른손으로 자신의 목을 베는 일은 바보 천치도 하지 않을 것이다.」[11] 하였으니, 무엇 때문인가? 자신의 생명이 천하보다 귀중하기 때문이다. 어찌 세속에 조금 굽히는 것을 수치로 여겨 무한 가치의 몸을 죽인단 말인가.' 하고는 가서 〈등즐의 부름에〉 호응하여 〈出仕하였다.〉 校書郎이 되고, 지방으로 나아가 南郡太守가 되었다."

融自敍曰 "融, 字季長, 右扶風茂陵人. 少而好問, 學無常師. 大將軍鄧騭, 召爲舍

---

9) 式 : 栻의 통용자이다. 고대에 時日을 점칠 때 사용하던 기구로, 후대에는 星盤(별을 관측하는 쟁반)이라고 불렀다. ≪史記≫ 〈日者列傳〉의 '旋式正棋'에 대한 司馬貞의 ≪索隱≫에서 "式은 바로 栻이고, 旋은 돌리다라는 뜻이다. 栻의 모양은, 상층은 天綱으로 하늘의 모양을 본떠 원형이고 하층은 地辰으로 땅의 모양을 본떠 사각형이다. 이것을 사용할 때는 천강을 돌리고 지신을 더하기 때문에 旋式이라고 한 것이다." 하였다.

10) 흙……있으니 : 죽어서 관에 들어가 있는 것을 표현한 말이다.

11) 왼손에……것이다 : ≪文子≫ 〈上義〉에 보이는 구절이다.

人, 棄遊武都. 會羌虜起, 自關以西, 道斷. 融以謂 '古人有言「左手據天下之圖, 而右手刎其喉, 愚夫不爲.」何則? 生貴於天下也. 豈以曲俗咫尺爲[12]羞, 滅無限之身哉.' 因往應之. 爲校書郞, 出爲南郡太守."

② 〈鄭玄別傳〉에 말하였다. "정현은 어릴 때부터 문자와 산술의 학습을 좋아하였다. 13세에는 五經을 암송하고, 天文·占候[13]·風角[14]·隱術[15]을 좋아하였다. 17세에는 거센 바람이 부는 것을 보고 縣廳에 나아가 '某時가 되면 틀림없이 화재가 발생할 것입니다.' 했는데, 그 시각이 되어 과연 그의 말처럼 〈화재가 발생하자〉 지혜롭다는 자들이 기이하게 여겼다. 21세에는 다방면의 서적을 섭렵하여 통달하고, 歷數[16] 및 圖讖[17]과 緯書[18]에 관한 학설에 정통하며, 아울러 算術에도 정통하였다. 마침내 관직생활을 그만두고[19], 兗州刺史를 역임했던 第五元先을 스승으로 섬기고, 東郡의 張恭祖에게 나아가 ≪周禮≫·≪禮記≫·≪春秋左氏傳≫을 배웠다. 사방을 두루 유람하면서 광범위하게 구경했는데, 매번 산천을 지날 때에 한 번이라도 직접 목격한 것은 죽을 때까지 잊지 않았다. 부풍의 馬季長(마융)이 老師宿儒로서 명성이 자자했기 때문에 그를 찾아가 종유하면서 경전에 대한 서로의

---

12) 爲 : 安永本과 ≪後漢書≫ 〈馬融傳〉에는 '之'로 되어 있다. 각본의 ≪世說新語≫에는 '爲'로 되어 있다.

13) 占候 : 天象의 변화에 근거하여 길흉화복을 점치는 것이다.

14) 風角 : 고대에 유행하던 占卜術의 하나로, 五音으로 사방의 바람을 점쳐서 길흉을 정한다.

15) 隱術 : 기후를 점치는 하나의 방법이다. ≪世說音釋≫에서 '隱身術〔隱形之術〕'이라 했는데, ≪世說箋本≫에서 "隱祕術이니, 은신술이라고 풀이하는 것은 잘못이다." 하였다.

16) 歷數 : 天象이 운행하는 度數로, 이를 통해 달력을 만든다. 아울러 帝位의 계승이 천상의 운행에 상응한다고 인식하여 제왕을 계승하는 순서를 지칭하기도 한다.

17) 圖讖 : 제왕이 천명을 받는 징험에 관해 方士나 儒生이 엮어 만든 책으로, 대부분 은어와 예언으로 구성되어 있는데, 秦나라 시기에 발생하여 後漢시대에 대유행하였다.

18) 緯書 : 前漢 말기에 발생하여 後漢시대에 대유행했던, 유가 경전의 의미에 의탁하여 인사의 길흉을 판단하고 미래의 흥망성쇠를 견강부회한 책으로, 經書에 상대하여 '위서'라고 부른다. ≪詩經≫·≪書經≫·≪易經≫·≪禮記≫·≪樂經≫·≪春秋≫·≪孝經≫에 대해 모두 위서가 있는데, 이를 '七緯'라고 부른다.

19) 마침내……그만두고 : 鄭玄은 젊은 시절 鄕嗇夫가 되었는데, 관리가 되는 것을 좋아하지 않았기 때문에 마침내 관직생활을 그만두었다.(≪世說新語補觿≫)

견해 차이를 살피고자 하였다. 그런데 마계장은 황후의 인척[20]으로서 선비를 대접하는 데에 소홀했기 때문에 정현은 그를 만날 수 없었다. 정현은 그 근처에 머물면서 스스로 서재를 지어 거처했는데, 얼마 뒤에 〈어떤 사람의〉 소개로 그를 만날 수 있었다. 당시에 涿郡의 盧子幹(盧植)이 마계장의 문인 가운데 으뜸이었다. 마계장에게는 분석하지 못한 일곱 가지 사안이 있었는데, 정현은 다섯 가지를 解得하고 노자간은 두 가지를 해득하자, 마계장이 노자간에게 '나와 네가 모두 〈정현만〉 못하구나.' 하였다. 마계장이 정현과 이별할 때 그의 손을 잡고는 '大道가 동쪽으로 옮겨가니 그대는 부디 힘쓰라.' 하였다."

玄別傳曰"玄, 少好學書・數, 十三誦五經, 好天文・占候・風角・隱術. 年十七, 見大風起, 詣縣曰'某時當有火災.' 至時果然, 智者異之. 年二十一, 博極群書, 精歷數・圖緯之言, 兼精筭術. 遂去吏, 師故兗州刺史第五元先, 就東郡張恭祖, 受周禮・禮記・春秋傳. 周流博觀, 每經歷山川, 及接顔一見, 皆終身不忘. 扶風馬季長, 以英儒著名, 玄往從之, 參考同異. 季長, 后戚, 嫚於待士, 玄不得見. 住左右, 自起精廬, 旣因紹介得通. 時涿郡盧子幹, 爲門人冠首. 季長(又)〔有〕[21]不解剖裂七事, 玄思得五, 子幹得二, 季長謂子幹曰'吾與汝, 皆弗如也.' 季長臨別, 執玄手曰'大道東矣, 子勉之.'"

③ 馬融은 천하의 알아주는 위대한 유학자로서 仁義를 몸소 실천하였고, 정현은 마융의 문인 반열에 이름을 올리고 직접 그의 학업을 전수받았으니, 어찌 〈마융이 정현을〉 시기하여 악독한 짓을 했겠는가. 이는 길거리에 떠도는 유언비어가 남의 자식(마융)을 해치는 것이다.

○어쩌면 마융의 추천장을 요구한 문인으로부터 나온 말일 수도 있는데, 명확히 알 수는 없다. 어쩌면 神秀의 무리 중에 하나인 惠明[22]과 같은 경우일 수도 있다.

---

20) 마계장은……인척 : 後漢 明帝의 馬皇后는 馬援의 딸이고, 마융은 마원의 형인 馬余의 후손 馬嚴의 아들이다.(≪世說箋本≫)

21) (又)〔有〕: 저본에는 '又'로 되어 있으나, 安永本과 ≪世說新語補考≫에 의거하여 '有'로 바로잡았다. 각본의 ≪世說新語≫에는 '又'로 되어 있다.

22) 神秀의……惠明 : ≪六祖法寶壇經≫에 따르면 六祖 慧能이 五祖 弘忍에게 衣鉢을 전수받고 남쪽으로 떠난 지 두 달 만에 大庾嶺에 이르렀을 때, 홍인의 수제자였던 神秀의 무리 수백 명이 의발을 탈취하기 위해 추격해왔는데, 그 무리 중에 俗姓이 陳으로 四品將軍을 역임했던 혜명이 누구보다도 앞서 혜능을 찾으려 하였다.(≪世說新語補考≫)

馬融, 海內大儒, 被服仁義, 鄭玄, 名列門人, 親傳其業, 何猜忌而行鴆毒乎. 委巷之言, 賊夫人之子. ○或出求帖[23]門人, 未可知也. 或如神秀之徒惠明乎.

【頭註】

○ 〈季長有不解剖裂七事의〉 '有'는 '所'로 되어 있는 본도 있다.
有一作所.

○ 李贄 : 盧子幹(盧植)[24]이 〈鄭玄을〉 추격한 것이 틀림없다.
李云 "必是盧子幹逐之."

○ 劉辰翁 : 式은 추격하는 것에 대한 점을 칠 때 사용하는 도구이다. 그 점이 이와 같았기 때문에 정현이 죽었다고 생각했지만, 〈그렇게 점이 나오도록 취한 조처가〉 도망치기 위한 술수에서 나왔다는 것은 알지 못하였다.
劉云 "式, 所以卜追也. 其兆如此, 故知其死, 而不知出於逃遁之術也."

○ 劉辰翁 : 〈이런 내용은〉 모두 그 문인이 서로 神聖하게 여겨 전수한 것이니, 많은 변론이 필요치 않다.
又云 "皆其門人互相神聖所傳, 不足多辨."

○ 王世懋 : 원주 ③의 반박이 매우 정확하다.
王云 "註駁甚正."

7-3 鄭玄이 ≪春秋左氏傳≫을 注解하려고 했는데 미처 완성하지 못한 상황이었다. 당시에 길을 가면서 服子愼(服虔)과 만나 객관에서 묵게 되었는데, 이전에는 〈복자신과〉 안면이 없었다. 복자신이 바깥의 수레 위에서 어떤 사람에게 자신의 주해를 설명하면서 그 의미를 전달하고 있었는데, 정현이 매우 오랫동안 그의 해설을 들어보니 대부분 자신의 의견과 일치하였다. 정현이 수레에 다가가서 복자신에게 말하였다.

---

23) 求帖 : 李贄의 ≪初潭集≫에는 '投刺'로 되어 있다.(≪世說新語補考≫)

24) 盧植 : ?~192. 後漢시대 학자로, 字는 子幹이며 幽州 涿郡 涿縣 사람이다. 젊었을 때 鄭玄과 함께 馬融 문하에서 몇 년 동안 수학하였다. 마융이 주변에 여자들로 하여금 춤추고 노래 부르게 해도 전혀 눈길을 주지 않아 스승의 존중을 받았다. 저서로 ≪尙書章句≫와 ≪三禮解詁≫가 있으며, 蔡邕·楊彪·韓說과 함께 ≪漢記≫를 집필하였다.

"제가 오랫동안 〈≪춘추좌씨전≫을〉 주해하려고 했는데 아직 완성하지 못하던 차에 그대가 조금 전에 설명한 내용을 들어보니 대부분 저의 견해와 일치합니다. 지금 제가 주해한 내용을 모두 그대에게 드리는 것이 마땅합니다."

〈복자신이〉 마침내 〈정현의 주석을 바탕으로〉 服氏의 주해를 완성하였다.

鄭玄이 **欲注春秋傳**이러니 **尙未成**이라 **時**에 **行與服子愼**으로 **遇宿客舍**한대 **先未相識**이라 **服**이 **在外車上**에 **與人說己注傳意**[①]할새 **玄**이 **聽之良久**하니 **多與己同**이라 **玄**이 **就車**하여 **與語曰 吾久欲注**러니 **尙未了**한대 **聽君向言**하니 **多與吾同**이라 **今當盡以所注與君**이라하니 **遂爲服氏注**라

① 張瑩의 ≪漢南紀≫에 말하였다. "服虔은 字가 子愼으로, 河南의 滎陽 사람이다. 어릴 때 가난한 삶을 견디면서 각고의 노력 끝에 太學에 들어가 諸生(儒生)이 되었는데, 여러 과목 가운데 특히 ≪春秋左氏傳≫에 정통하여 그에 대한 訓解를 지었다.[25] 孝廉[26]에 천거되고, 尙書郎과 九江太守가 되었다."
漢南紀曰 "服虔, 字子愼, 河南滎陽人. 少行淸苦, 爲諸生, 尤明春秋左氏傳, 爲作訓解. 擧孝廉, 爲尙書郎·九江太守."

7-4 鄭玄의 집안에서는 여종도 모두 글을 읽었다. 한번은 〈정현이〉 한 여종에게 심부름을 시켰는데 마음에 들지 않아 종아리를 때리려고 하였다. 그때 그 여종이 직접 변명을 하자, 정현이 화가 나서 다른 사람을 시켜 그 여종을 진흙탕에 끌어다 처넣었다. 잠시 뒤 다른 여종 하나가 그곳에 와서 물었다.

"무엇 때문에 진흙탕 속에 빠져 있나?"

〈진흙탕에 빠져 있던 여종이〉 대답하였다.

---

25) ≪春秋左氏傳≫에……지었다 : 陸德明의 ≪經傳釋文≫ 〈序錄〉에 "≪春秋左氏解誼≫ 30권과 ≪春秋左氏音≫ 1권을 저술했다." 하였는데, ≪隋書≫ 〈經籍志〉에는 ≪춘추좌씨해의≫가 31권이라 하였다.

26) 孝廉 : '孝'는 효성, '廉'은 청렴을 이르는데, 옛날에 인재를 선발하는 과목이었다. 이는 前漢시대에 비롯되었고, 後漢시대에는 벼슬을 구하는 자가 반드시 거쳐야 할 길이 되었는데, 후세에 종종 이를 합하여 하나의 과목으로 삼았다.

"하소연하러 갔거늘 저 어른의 노여움만 샀다네."

鄭玄家는 奴婢도 皆讀書라 嘗使一婢한대 不稱旨하여 將撻之하니 方自陳說에 玄怒하여 使人으로 曳箸(착)泥中이라 須臾에 復有一婢來하여 問曰 胡爲乎泥中①고하니 答曰 薄言往愬어늘 逢彼之怒②라하다

① ≪詩經≫ 〈邶風 式微〉의 한 구절이다. 毛亨의 주석에 "'泥中'은 衛나라 邑名이다." 하였다.
(衛)〔邶〕27)式微詩也. 毛公曰 "泥中, 衛邑名也."

② ≪詩經≫ 〈패풍 柏舟〉의 한 구절이다.
(衛)28)邶柏舟之詩.

7-5 服虔이 ≪春秋≫에 해박해진 뒤에 주해하려고 할 때에 〈다른 사람의 견해와〉 같은 점과 다른 점을 참고하고자 했는데, 〈마침〉 崔烈이 문하생을 모집하여 〈≪춘추≫를〉 강의한다는 소식을 듣고는 마침내 자신의 성명을 숨기고 최열의 문하생에게 밥을 해주는 품팔이꾼으로 고용되었다.

매번 최열이 강론할 때가 되면 그때마다 지게문과 벽 사이에서 몰래 엿들었는데, 〈최열의 강론 수준이〉 자신을 능가하지 못한다는 것을 안 뒤에 잠시 여러 문하생들에게 강론의 장점과 단점을 진술하였다. 최열이 〈복건의 평가를〉 듣고는 그가 누구인지 추측하지 못했으나, 평소에 복건의 이름을 들었던 터라 마음속으로 〈복건이 아닌지〉 의심하였다.

다음날 아침 〈최열이 복건의 거처에〉 갔는데 〈복건이〉 아직 깨기 전이었다. 최열이 '子愼, 子愼' 하면서 〈복건의 字를〉 부르자, 복건이 부지불식간에 놀라면서 대답하여 〈신분이 드러나게 되었고〉 마침내 이들은 서로 친밀하게 되었다.

---

27) (衛)〔邶〕: 저본에는 '衛'로 되어 있으나, 安永本과 ≪詩經≫에 의거하여 '邶'로 바로잡았다.

28) (衛) : 저본에는 '衛'가 있으나, 安永本과 ≪詩經≫에 의거하여 衍文으로 처리하였다.

服虔이 旣善春秋하고 將爲注에 欲參考同異러니 聞崔烈이 集門生講傳①하고 遂匿姓名하여 爲烈門人賃作食이라 每當至講時하여는 輒竊聽戶壁間이러니 旣知不能踰己하고 稍共諸生으로 敍其短長하니 烈聞에 不測何人이나 然素聞虔名하니 意疑之라 明蚤往하니 及未寤할새 便呼子愼子愼하니 虔이 不覺驚應하고 遂相與友善이라

① 摯虞29)의 ≪文章志≫30)에 말하였다. "崔烈은 字가 威考로, 高陽의 安平 사람이고, 崔駰의 손자이자 崔瑗의 형의 아들이다. 後漢 靈帝 때에 관직이 司徒와 太尉에 이르고 陽平亭侯에 봉해졌다."
摯虞文章志曰 "烈, 字威考, 高陽安平人, 駰之孫·瑗之兄子也. 靈帝時, 官至司徒·太尉, 封陽平亭侯."

7-6【補】蔡中郞(蔡邕)이 〈유배지인〉 朔方郡(현재 內蒙古自治區 杭錦旗 북쪽)에서 돌아온31) 뒤에 원한을 피하기 위해 吳會(吳郡과 會稽郡) 지역으로 간 적이 있었는데,32) 顧元歎(顧雍)이 그에게 琴의 연주와 書法을 배웠다. 고원탄은 배움

---

29) 摯虞 : 지우(250~300)는 西晉시대 저명한 학자로, 字가 仲洽이고, 京兆 長安 사람이다. 젊어서 皇甫謐(황보밀)을 섬겼으며, 재주와 학문이 뛰어나 박식하였고, 저서로 ≪族姓昭穆≫·≪文章志≫·≪流別集≫이 있다.

30) 文章志 : 魏晉南北朝시대에 처음 출현한 것으로, 문장가의 小傳, 작자가 지은 문장의 유형·제목·편수, 문장에 대한 논평 등으로 구성되어 있다. 摯虞의 ≪문장지≫를 시작으로 傅亮의 ≪續文章志≫, 丘深之의 ≪晉義熙以來新集目錄≫, 宋 明帝의 ≪晉江左文章志≫, 沈約의 ≪宋世文章志≫, 顧愷之의 ≪晉文章志≫, 丘靈鞠의 ≪江左文章錄序≫ 등이 있는데, 모두 散佚되었다. ≪晉書≫ 〈摯虞傳〉에 "지우가 ≪문장지≫ 4권을 지었다." 하였다.

31) 蔡中郞(蔡邕)이……돌아온 : 蔡邕은 평소에 司徒 劉郃(유합)과 관계가 좋지 않았고, 채옹의 숙부인 衛尉 蔡質은 將作大匠 陽球와 관계가 좋지 않았다. 양구의 장인인 中常侍 程璜이 사람을 시켜 익명으로 채옹과 그의 숙부 채질이 개인적인 일로 유합에게 청탁했는데, 유합이 들어주지 않자 앙심을 품었다고 무고하였다. 棄市刑을 당할 위험에 처했는데, 중상시 呂强이 靈帝에게 간청하여 사형을 면하고 朔方郡으로 유배되었고, 9개월 뒤에 대사면령으로 유배에서 풀려났다.(≪後漢書≫ 〈蔡邕列傳〉)

32) 원한을……있었는데 : 蔡邕이 사면되어 고향으로 돌아오려고 할 때, 中常侍 王甫의 아우인 五原太守(楡柳塞로, 현재 內蒙古自治區 五原縣) 王智가 전별연을 베풀었는데, 왕지가 춤추면서 채옹에게 춤추라고 하자 채옹이 들은 척도 하지 않았다. 왕지는 본래

에 專心致志하고 마음이 맑고 안정되며, 머리가 좋아 가르치기 수월하였다. 채중랑이 감탄하고 기특하게 여기면서 말하였다.

"그대는 틀림없이 성공할 것이니 오늘 나의 이름을 그대에게 주노라."

고원탄이 마침내 '雍'33)이라고 개명하였다.

蔡中郞이 **從朔方還**①하고 **嘗避怨於吳**할새 **顧元歎**이 **從學琴書**한대 **顧**가 **專一淸靜**하고 **敏而易**(이)**敎**라 **中郞**이 **歎異之曰 卿**은 **必成致**리니 **今以吾名**으로 **與卿**하노라하니 **顧**가 **遂名雍**②이라

① 張璠의 ≪漢記≫에 말하였다. "蔡邕은 字가 伯喈(백개)로, 陳留의 圉 사람이다. 6대조 조부인 蔡勳은 鮑宣·卓茂와 함께 新室34)에 出仕하지 않았다. 부친인 蔡稜도 청렴결백하게 행동하였고, 시호는 貞定이다."

≪續漢書≫에 말하였다. "채옹은 사리에 통달하고 뛰어난 재주를 지녔으며, 광범위하게 배우고 문장을 잘 지었으며, 각종의 기예와 술수에도 모두 정통하였다. 관직이 左中郞將에 이르렀고, 王允에 의해 죽임을 당했다."

蔡邕

張璠漢記曰"蔡邕, 字伯喈, 陳留圉人. 六世祖勳, 與鮑宣·卓茂不仕新室. 父稜, 亦有淸白行, 謚貞定." 續漢書曰"邕, 通達有儁才, 博學善屬文, 技藝術數, 無不精綜. 仕至左中郞將, 爲王允所誅."

② ≪三國志≫ 〈吳書 顧雍傳〉에 말하였다. "고옹은 字가 元歎으로, 吳郡의 吳 사람이

교만한 사람이었기 때문에 체면이 깎인 것에 대해 원한을 품고는 "채옹이 불만을 품은 채 조정을 비방한다." 밀고하자, 靈帝의 총신들도 채옹을 무함하였다. 채옹은 재앙을 피할 방법이 없다고 판단하고 멀리 吳會지역으로 달아나 12년 동안 泰山羊氏에게 의지하였다.(≪後漢書≫ 〈蔡邕列傳〉)

33) 雍 : 蔡邕의 '邕'자와 통용한다.

34) 新室 : 王莽이 新都侯에 봉해졌기 때문에 前漢의 왕위를 찬탈하고 세운 新나라를 사람들이 '신실'이라고 불렀다.(≪世說音釋≫)

다. 州와 郡을 연달아 다스렸는데 모두 치적을 세웠다. 奉常과 尙書令을 역임하고 陽遂鄕侯에 봉해졌다. 양수향후에 봉해진 뒤에 집에 돌아왔는데 집안사람들은 그 사실을 알지 못하였다. 그의 사람됨은 술을 마시지 않고 말수가 적었으니, 孫權이 한번은 '顧侯(고옹)가 자리에 있으면 사람들로 하여금 즐겁지 않게 만든다.' 하였다. 지위가 丞相에 이르렀다."

顧雍

吳志曰"顧雍, 字元歎, 吳郡吳人. 連牧州郡, 皆有治迹. 歷奉常·尙書令, 封陽遂鄕侯. 拜侯還第, 家人不知. 爲人, 不飮酒, 寡言語. 孫權嘗曰'顧侯在坐, 令人不樂.' 位至丞相."

【頭註】

○ 王世懋 : 〈蔡稜의 시호인〉 貞定은 〈국가에서 하사한 시호가 아니라 개인이 부여한〉 私謚이다. 사시는 오직 陳仲弓(陳寔)[35]과 陶淵明(陶潛)[36] 두 명의 경우만 타당하다. 나머지는 대부분 그의 자제나 문하생이 지은 것이니, 荀爽이 이에 대해 '마땅하지 않다'고 여긴 것[37]이 옳다.

王云"貞定, 私謚也. 私謚, 唯陳仲弓·陶淵明二人, 可當. 餘多出其子弟門人, 荀爽以爲不

35) 陳仲弓(陳寔) : 187년(中平 4) 진식이 84세로 사망했을 때 대장군 何進이 사신을 보내 제사를 도왔는데, 장례에 참여한 사람이 3만여 명, 상복을 입은 자가 1백 단위로 셀 수 있을 정도였고, 함께 비석을 세우고 '文範'이라는 시호를 부여하였다.(≪後漢書≫ 〈陳寔傳〉)

36) 陶淵明(陶潛) : 427년(元嘉 4) 도잠이 潯陽에서 사망했는데, 그 이후 벗들이 개인적으로 '靖節'이라는 시호를 부여하고, 후대에는 그를 '陶靖節'이라고 불렀다.(袁行霈, ≪陶淵明集箋注≫ 852~865)

37) 荀爽이……것 : ≪後漢書≫ 〈荀淑傳〉에 "개인이 사적으로 자신의 태수와 부친 및 여러 명사들에 대해 시호를 지었는데, 순상이 이에 대해 모두 중요한 의리를 증명하고 경전을 통해 바로잡았다. 비록 모두 변경하지는 못했으나, 역시 자못 수정하게 되었다.〔私謚其君父及諸名士 爽皆引據大義 正之經典 雖不悉變 亦頗有改〕" 하였다.

宜, 是也."

7-7 【補】 陳孔璋(陳琳)이 檄文의 초안을 완성하여 曹公(曹操)에게 바쳤다. 조공은 이전부터 頭風(두통)을 앓아왔는데, 그날 발병하여 누워서 진공장이 쓴 격문을 읽다가 벌떡 일어나서 말하였다.
"이 글이 나의 병을 낫게 하는구나."

陳孔璋이 草檄文成하여 以呈曹公이라 公이 先苦頭風이러니 是日疾發하여 臥讀孔璋所著라가 翕然而起曰 此愈我疾①이라하다

曹操

① 魚豢의 ≪魏略≫에 말하였다. "陳琳은 字가 孔璋으로, 廣陵 사람이다. 冀州에서 피난 생활을 할 때 袁紹가 문장을 주관하게 하니, 원소가 돌린 격문은 바로 진림이 지은 문장이다. 뒤에 太祖(曹操)에게 귀의했는데, 태조가 그에게 '경이 예전에 本初(원소)를 위해 포고문을 돌렸을 때 오직 나의 죄상만 고발했어야 하네. 악을 미워하는 것은 그 악을 저지른 당사자에게 그쳐야 하는 법인데, 어찌 위로 부친과 조부에까지 이르렀는가?'38) 하였다. 진림이 사죄하자, 태조는 그의 재주를 아껴서 문책하지 않았다."

○〈태조는〉 英明한 군주이다.

魏略曰 "陳琳, 字孔璋, 廣陵人. 避難冀州, 袁紹使典文章, 紹檄文, 卽琳之辭也. 後歸太祖, 太祖謂曰 '卿昔爲本初移書, 但可罪狀孤而已. 惡惡(오악)止其身, 何乃上及父祖耶.' 琳謝罪, 太祖愛其才而不責也." ○聖主.

7-8 【補】 朱公叔(朱穆)은 배움에 몰두하여 專心致志하며, 마음을 가다듬어 강

---

38) 경이……이르렀는가 : 陳琳이 〈爲袁紹檄豫州文〉을 지었는데, 曹操의 죄상을 열거하는 데에 그치지 않고 그의 부친 曹崇과 조부 曹騰도 격렬하게 비난하였다. 이 글은 蕭統의 ≪文選≫에 실려 있다.(≪世說箋本≫)

학하고 암송하였다. 간혹 영감이 떠올라 생각에 잠길 때면 의관을 잃어버린 사실조차 모르기도 하고 구덩이에 빠지는 것을 모르기도 하였다. 그의 부친은 그를 專愚[39]라고 불렀으니, 말의 다리가 몇 개인지도 거의 모를 지경이었다.

朱公叔은 躭學專精하고 銳意講誦이러니 或時思至면 不自知亡失衣冠하고 顚墜阬岸이라 其父以爲專愚하니 幾不知馬之幾足[40]①이라

① 張璠의 ≪漢記≫에 말하였다. "朱穆은 字가 公叔으로, 南陽의 宛 사람이다. 부친 朱暉는 尙書令을 역임하였다. 주목은 5세 때부터 배움을 좋아하였다."

謝承의 ≪後漢書≫에 말하였다. "주목은 어릴 때부터 걸출한 재주가 있었고 학문은 五經에 정통하였다. 성품은 까다롭고 근엄하며 악행을 미워하며, 자신과 뜻이 다른 사람과는 교류하지 않았다."

袁山松의 ≪後漢書≫에 말하였다. "주목은 저술한 글이 매우 아름다워 蔡邕이 직접 그의 집에 찾아가 필사하였다. 주목은 경박한 시대 풍조를 유감스러워하고 돈독함을 숭상하여 〈崇厚論〉을 지었다."

張璠漢記曰 "朱穆, 字公叔, 南陽宛人. 父暉, 尙書令. 穆五歲好學." 謝承後漢書曰 "穆少有英才, 學明五經, 性矜嚴疾惡, 不交非類." 袁山松後漢書曰 "穆著論甚美, 蔡邕自至其家, 寫之. 穆感時澆薄, 慕尙敦篤, 乃作崇厚論."

7-9 【補】 王充이 ≪論衡≫을 저술하여 완성했는데, 중원지역에서는 아직 전파되지 않은 상황이었다. 蔡中郎(蔡邕)이 江東에 가서 그 책을 얻고는 훌륭한 문장이라고 감탄하여 항상 비밀리에 읽음으로써 談論의 보조자료로 삼았다. 〈채중랑이〉 북쪽으로 돌아왔을 때 여러 공들은 그의 담론 수준이 훨씬 높아졌다고 느꼈는데, 〈채중랑의〉 장막 안을 뒤졌더니 과연 ≪논형≫ 한 부가 발견되었다.

王充이 著論衡成이어늘 中土未有傳者①라 蔡中郎이 到江東得之에 歎爲高文하고 恒秘翫하여 以爲談助이라 及還北에 諸公이 覺其談更遠이러니 檢求帳中하여 果得論衡一部②라

---

39) 專愚 : 한 곳에 온 정신이 집중되어 여타의 사정을 모르는 사람을 이른다.

40) 馬之幾足 : ≪後漢書≫ 〈朱穆列傳〉에는 '數馬足(말의 다리 개수를 세다.)'으로 되어 있다.

① 袁山松의 ≪後漢書≫에 말하였다. "王充은 字가 仲任으로, 會稽의 上虞 사람이다. 어려서부터 총명하였고, 太學에 입학한 뒤에 천자가 辟雍(천자의 태학)에 행차하는 것을 보고는 〈六儒論〉을 지었다."

謝承의 ≪後漢書≫에 말하였다. "〈왕충과 동향인〉 謝夷吾가 章帝에게 왕충을 추천하면서 '왕충의 천부적인 재능은 배움으로 미칠 수 있는 바가 아닙니다. 비록 전시대의 孟軻(孟子)와 荀卿(荀子), 근세의 揚雄·劉向·司馬遷이라도 그를 능가할 수는 없습니다.' 하였다."

王充

袁山松後漢書曰 "王充, 字仲任, 會稽上虞人. 幼聰明, 詣太學, 觀天子臨辟雍, 作六儒論." 謝承後漢書曰 "謝夷吾薦充曰 '充之天才, 非學所加. 雖前世孟軻·荀[41]卿, 近世揚雄·劉向·司馬遷, 不能過也.'"

② 袁山松의 ≪後漢書≫에 말하였다. "그 이후에 王朗이 會稽太守가 되어 또 ≪論衡≫을 얻어 〈탐독하니〉 당시 사람들이 그의 재주가 향상되었다고 칭찬하였다. 혹자가 '神異한 사람을 만난 것이 아니라면 특이한 책을 얻은 것이 틀림없다.' 하고는 왕랑에게 물었더니, 과연 ≪논형≫의 도움을 받았던 것이다."

≪抱朴子≫에 말하였다. "당시 어떤 사람이 蔡邕의 장막 안에서 ≪논형≫을 찾

41) 荀 : 萬曆 14년본과 安永本에는 '孫'으로 되어 있다. 이는 漢나라 사람들이 宣帝의 이름 劉詢의 '詢' 발음을 避諱하여 '孫'으로 바꾼 것이다.(≪世說箋本≫)

아내어 몇 권을 가지고 가려 하니, 채옹이 간절한 어투로 '오직 나와 그대만 이 책을 공유해야 하니 전파하지 마시오.' 하였다."42)

袁山松後漢書曰 "其後, 王朗爲會稽太守, 又得其書, 時人稱其才進. 或曰 '不見異人, 當得異書.' 問之, 果以論衡之益." 抱朴子曰 "時人, 在蔡邕帳中, 搜得論衡, 捉數卷持去. 邕丁寧之曰 '唯我與爾共之, 勿廣也.'"

7-10 【補】 潘元茂(潘勖)가 魏公(曹操)의 冊命43)을 지었는데, 사람들이 ≪書經≫의 문체인 訓誥44)와 풍격이 같다고 평가하였다. 반원무가 사망한 뒤에 王仲宣(王粲)이 명성을 독차지하니 당시에는 줄곧 이 책명이 왕중선이 지은 문장일 것이라고 추측하였다. 晉王(文王 司馬昭)이 황제의 太傅가 되었을 때, 臘日45)에 대규모로 빈객을 모아 회합하는 자리에서 반원무의 아들 潘滿46)에게 말하였다.

"그대의 선친께서 지은 위공의 책명은 더할 나위 없이 오묘하니, 왕중선도 자신이 〈반원무만〉 못하다고 하였네."

사람들이 그제야 이 문장은 반원무가 지었다는 것을 믿게 되었다.

潘元茂①가 作魏公冊命②하니 人謂與訓誥로 同風이라하다 元茂亡後에 王仲宣③이 擅名하니 當時에 便疑此冊이 是仲宣所爲라 及晉王爲太傅에 臘日大會賓客할새 語元茂子滿曰 尊君作魏公冊이 高妙하니 仲宣도 亦以爲不如라하니 人始信是元茂作④이라

42) 당시……하였다 : 현재의 ≪포박자≫에는 이 내용이 없다.

43) 魏公(曹操)의 冊命 : 蕭統의 ≪文選≫에 〈冊魏公九錫文〉이라는 제목으로 실려 있다.

44) 訓誥 : ≪書經≫에는 여섯 종류의 문체가 있는데, 〈堯典〉과 〈舜典〉 등의 典, 〈大禹謨〉와 〈皐陶謨〉 등의 謨, 〈伊訓〉의 訓, 〈湯誥〉와 〈康誥〉 등의 誥, 〈牧誓〉와 〈秦誓〉 등의 誓, 〈說命〉과 〈文侯之命〉 등의 命이 이것이다. '훈'은 교육과 훈도의 내용이고, '고'는 회동할 때 베푼 경계와 권고의 내용이다.

45) 臘日 : 冬至 뒤 세 번째 戌日로, 이날 여러 신에게 제사를 지내는데, 이를 臘祭라고 한다. ≪世說音釋≫에서 "王者는 五行의 왕성한 날을 祖로 삼고 쇠미한 날을 臘으로 삼는데, 魏나라는 土德을 기본으로 하니 土는 辰에 쇠약해지기 때문에 辰日을 납으로 삼았다." 하였다.

46) 潘滿 : 平原太守를 역임하고, 부친 潘勖과 마찬가지로 뛰어난 학문과 훌륭한 행실로 명성이 자자하였다.(≪世說音釋≫)

① ≪文章志≫에 말하였다. "潘勖은 字가 元茂로, 陳留의 中都 사람인데, 어려서부터 뛰어난 재주가 있었다. 後漢 獻帝 때에 尙書郎이 되고, 東海相으로 옮기려고 했는데, 부임지로 출발하기 전에 尙書左丞에 제수되었으며, 〈상서좌승에 임명된 그해에〉 병으로 사망하였다."
文章志曰 "潘勖, 字元茂, 陳留中都人, 少有逸才. 獻帝時, 爲尙書郎, 遷東海相, 未發, 拜尙書左丞, 病卒."

② ≪後漢書≫에 말하였다. "曹操가 스스로 魏公이 되고 九錫을 〈자신에게〉 내렸다."47)
後漢書曰 "曹操自爲魏公, 加九錫."

③ 王粲은 다른 곳에 보인다.
王粲, 別見.

④ 〈魏公의 冊命은〉 문장이 길어서 싣지 않는다.
文多, 不載.

7-11 **鍾會가 〈才性四本論〉의 찬술을 막 끝냈을 때 嵇公(嵇康)에게 한 번 보여주고 싶은 마음이 간절하였다. 〈그 논문을〉 가슴에 품고 보여주기로 마음을 먹었으나,48) 그의 힐난이 두려웠기 때문에 가슴에서 감히 꺼내어 〈직접 보여주지〉 못하고 혜강의 대문 밖에서 〈안으로〉 멀리 던지고는 돌아서서 서둘러 도망쳤다.**

鍾會가 **撰四本論**하여 **始畢**에 **甚欲使嵇公**으로 **一見**이라 **置懷中**하고 **既定**이나 **畏其難**하여 **懷不敢出**하고 **於戶外遙擲**하고 **便回急走**①라

---

47) 曹操가……내렸다 : 조조는 후한 말기에 천자로부터 九錫을 받고 魏王에 봉해진 후, 충분히 황실을 찬탈할 힘이 있었으나, 자신을 周 文王에 비유하고 끝내 찬탈을 감행하지 않았다. '구석'은 천자가 특별한 공로가 있는 신하에게 하사하는 아홉 가지 은전으로, 車馬·衣服·樂器·朱戶·納陛(中陛로 올라갈 수 있음)·虎賁(從者 1백 명)·弓矢·鈇鉞·秬鬯(검은 기장과 향초를 섞어 빚은 술)이다.(≪春秋公羊傳≫ 莊公 元年)

48) 보여주기로……먹었으나 : 원문의 '既定'에 대해 ≪世說音釋≫에서는 "자리가 정해졌다." 하고, ≪世說講義≫에서는 "보여주기 전에 생각이 정해졌다." 하며, ≪世說箋本≫에서는 "좌석이 이미 정해졌다는 뜻인데, 혹자는 定이 衍文이라고 했다." 하였다. ≪世說音釋≫과 ≪世說箋本≫에 따르면, 鍾會가 嵇康을 만난 뒤에 나와서 〈四本論〉을 문 밖에서 던진 것이 된다.

① ≪三國志≫ 〈魏書 鍾會傳〉에 말하였다. "종회는 字가 士季로, 鍾繇의 막내아들인데, 총명하여 일찍 자질이 발휘되었다. 中護軍 蔣濟가 〈萬機論〉을 저술하여 '그 눈동자를 보면 그 사람의 됨됨이를 알 수 있다.' 하였는데, 종요가 5세 된 종회를 보내 장제를 뵙게 하자, 장제가 종회를 매우 기특하게 여기면서 '보통 사람이 아니구나.' 하였다. 성장해서는 재주와 지혜를 지니고 名理49)에 정통하며, 여러 관직을 역임한 뒤 黃門侍郎이 되었다. 諸葛誕이 반란을 일으키자 文王(司馬昭)이 정벌했는데, 이때 종회의 계책이 다수를 차지하니 당시 사람들이 그를 張子房(張良)이라고 하였다. 鎭西將軍에 제수되어 蜀을 정벌하고, 촉이 평정되자 승진하여 司徒의 지위에 올랐다. 자신의 공적이 세상을 덮은 만큼 커서 더 이상 타인의 수하가 될 수 없다고 여기면서 측근들에게 '내가 淮南의 전투50) 이후로 계책을 낼 때마다 실책이 없었다는 것은 온 천하 사람이 아는 사실이다. 이런 큰 공적을 지녔는데 어찌 남에게 의지하고 싶겠는가.' 하였다. 마침내 반란을 도모하다가 주살되었으니, 당시 나이 마흔이었다."

鍾會

일찍이 才性(재주와 본성)의 同異에 대해 논의한 내용이 세상에 전해지는데, 四本이라는 것은 재주와 본성은 '동일한 것〔同〕', 재주와 본성은 '다른 것〔異〕', 재주와 본성은 '상호보완적인 것〔合〕', 재주와 본성은 '분리되는 것〔離〕'을 말한다. 尙書 傅嘏는 동일하다고 주장하고, 中書令 李豊은 다르다고 주장하며, 侍郎 종회는 상호보완적이라고 주장하고, 屯騎校尉 王廣은 분리되는 것이라고 주장하였다.51) 〈사

49) 名理 : 명칭과 이치라는 뜻으로, 魏晉시대 및 그 이후의 淸談家들이 사물의 명칭과 이치가 같은지 다른지, 옳은지 그른지를 변별·분석하였다.

50) 淮南의 전투 : 諸葛誕의 반란을 평정한 일을 이른다. 제갈탄은 楊州刺史가 되어 오랫동안 회남에 있었다.(≪世說音釋≫)

51) 尙書……주장하였다 : 傅嘏는 才性同의 입장으로, 밖으로 드러나는 재주가 바로 하

본론에 대한〉 구체적인 내용은 문장이 길어서 싣지 않는다.

魏志曰 "會, 字士季, 繇少子也, 敏惠夙成. 中護軍蔣濟著論, 謂'觀其眸子, 足以知人'. 會年五歲, 繇遣見濟, 濟甚異之曰 '非常人也.' 及壯, 有才數, 精練(明)〔名〕[52] 理, 累遷黃門侍郎. 諸葛誕反, 文王征之, 會謀居多, 時人謂之子房. 拜鎭西將軍, 伐蜀, 蜀平, 進位司徒. 自謂功名盖世, 不可復爲人下. 謂所親曰 '我, 淮南以來, 畫無遺策, 四海共知, 持此欲安歸乎.' 遂謀反見誅, 時年四十." 嘗論才性同異, 傳於世, 四本者, 言才性同・才性異・才性合・才性離也. 尙書傅嘏論同, 中書令李豐論異, 侍郎鍾會論合, 屯騎校尉王廣論離. 文多, 不載.

【頭註】

○ 王世懋 : 다른 사람으로 하여금 이 정도로 두려워하게 하니, 어찌 죽임을 당하지 않을 수 있겠는가.

王云 "令人畏至此, 那得不爲所中."

늘로부터 부여받은 본성이고, 이 외에 따로 주체적인 본성은 없다고 하고, 李豐은 才性異의 입장으로, 재주와 본성은 각각 별개로, 본성은 근본적인 것이고 재주는 부차적인 것이기 때문에 결코 동일하지 않다고 하며, 鍾會는 才性合의 입장으로, 비록 본성이 근본적인 것이고 재주가 부차적인 것이지만 서로 어울려 서로의 단점을 보완할 수 있다고 하고, 王廣은 才性離의 입장으로, 비록 재주가 본성으로부터 나오는 것이지만, 일단 나온 뒤에는 그 자체로 독자적인 것이 되어 스스로 발전해나가기 때문에 본성과 분리된다고 하였다.(≪中華百科全書≫ 電子版)

52) (明)〔名〕: 저본에는 '明'으로 되어 있으나, 각본의 ≪世說新語≫와 ≪三國志≫〈魏書 鍾會傳〉에 의거하여 '名'으로 바로잡았다.

附 錄

〔附 錄〕

1. ≪世說新語補1≫ 圖版目錄

2. ≪世說新語補≫ 總目次

3. ≪世說新語補≫ 解題

QR코드를 스캔하면 ≪世說新語補≫ 解題를 보실 수 있습니다.

• 집필 : 金鎭玉(한국고전번역원 책임연구원)

責任飜譯

金鎭玉

1959년 출생
西江大學校 文科大學 史學科(東洋史) 碩士 졸업
高麗大學校 文學博士(고전번역)
民族文化推進會 國譯硏修院 상임연구부 졸업
한국고전번역원 책임연구원(現)

論著 및 譯書

論著 〈'推考'의 性格과 運用〉, 〈≪金吾憲錄≫의 자료적 가치〉,
〈≪世說新語≫에 대한 일고찰〉, 〈조선 후기 官署志에 대한 고찰〉 등
譯書 ≪의금부의 청헌, 금오헌록≫ 등
共譯 ≪태종실록≫, ≪세종실록≫, ≪일성록≫, ≪정조실록≫ 등

共同飜譯

金泰勳

1971년 출생
高麗大學校 문과대학 한문학과 학사
高麗大學校 대학원 중어중문학과 석사 수료
한국고전번역원 선임연구원(現)

譯書

共譯 ≪승정원일기≫, ≪신역 조선왕조실록≫

南誠佑

1969년 출생
高麗大學校 한문학과 졸업
民族文化推進會(현 韓國古典飜譯院) 전문위원
民族文化推進會(현 韓國古典飜譯院) 부설 教育研修院 상임연구원(현 전문과정) 졸업
韓國古典飜譯院 표점교감팀 연구원
釜山大學校 점필재연구소 연구원
檀國大學校 동양학연구원 연구원
高麗大學校 한자한문연구소 연구원(現)

論著 및 譯書

譯書 ≪黃山遺藁≫, ≪桑韓唱和塤篪集≫, ≪栢後遺集≫, ≪沔陽雜錄≫ 등
共譯 ≪金鼎奎日記≫, ≪使行錄≫, ≪石谷散稿≫, ≪承政院日記≫,
≪續陰晴史≫, ≪朝鮮王朝御冊:教命・竹冊・金冊≫ 등

東洋古典譯註叢書 130

譯註 世說新語補 1　　　　정가 40,000원

2019년 08월 30일 초판 발행
2024년 02월 15일 초판 3쇄

刪　　定　王世貞
責任飜譯　金鎭玉
共同飜譯　南誠佑 金泰勳
常任原文校閱　吳圭根
潤文校訂　朴勝珠 朴秉勳 李孝宰
編　　輯　東洋古典飜譯編輯委員會

發 行 人　郭成文

發 行 處　社團法人 傳統文化硏究會
등록 : 1989. 7. 3. 제1-936호
서울시 종로구 삼일대로 428 낙원빌딩 411호
전화 : (02)762-8401　전송 : (02)747-0083
전자우편 : juntong@juntong.or.kr
홈페이지 : juntong.or.kr
사이버書堂 : cyberseodang.or.kr
온라인서점 : book.cyberseodang.or.kr

인쇄처 : 한국법령정보주식회사(02-462-3860)
총　판 : 한국출판협동조합(070-7119-1750)

ISBN 979-11-5794-259-6 94820
978-89-85395-71-7(세트)

※이 책은 2019년도 교육부 고전문헌 국역지원사업 지원비에 의해 초판(비매품) 간행.